羅素與杜威

Russell & Dewey

對直接影響中國的
兩位西方大哲之比較

丁子江———著

1920 年，羅素與多拉‧勃拉克到達北京後的留影。

1920 年，羅素訪華時在中國公學前的合影。

羅素與多拉與 1920 年 10 月 31 日到達北京後，住在東城遂安伯胡同二號。這是一個寬敞的四合院，羅素和多拉住在北上房，為羅素當翻譯的趙元任住在東廂房，西廂房是書房。圖為多拉在院子裡為羅素留影。

羅素在北京時所住過的東城遂安伯胡同二號院門，上面的對聯在文革破四舊中被塗抹掉了，僅留下了沒有完全磨滅的印記。

1921 年，羅素在北京寓所的留影。

1921 年，羅素登上長城後的留影。

1920 年，杜威夫婦訪問南京。

1920 年 10 月，杜威被中國大學授予榮譽博士學位。

1921 年，杜威夫婦與福州學界人士。

杜威與中國學人合影。

杜威與胡適。

1921 年，杜威夫婦與胡適等人合影。

1921 年，羅素、杜威與趙元任。　　1921 年，羅素等人合影，左起第三人為趙元任。

1921 年，羅素和勃拉克女士與《羅素月刊》同人合影。後排：瞿世英、趙元任、王賡、孫伏園（從左到右），前排：蔣百里、勃拉克女士、羅素（從左到右）。

羅素夫婦實驗學校的孩子們。

1968 年，羅素和第四任夫人艾迪斯與趙元任（第二排右）合影。

寫作中的杜威。　　　　　杜威研究中心。

自序

　　這部題為《羅素與杜威——對直接影響中國的兩位西方大哲之比較》的拙作，是著者三十多年教學與研究生涯的重要心得體會之一，也是對一代大哲羅素思想和方法進行審思與探討的學術結晶。可說是與著者其他三部拙作《羅素：所有哲學的哲學家》（九州出版社，2012 年版）、《羅素與中華文化——東西方思想的一場直接對話》（北京大學出版社，2015 版；本書經過重大的修改與增刪，以《羅素與中西方對話》為書名由臺灣的秀威出版社推出了 2016 年繁體版）以及《羅素與分析哲學——現代西方主導思潮的再審思》（北京大學出版社，2017 版）構成了「羅素研究四重奏」。這四者所不同的是，前三者注重的是人物評傳、跨文化研究以及「純粹」哲學思想；而這本書稿則強調對羅素與杜威，即對直接影響現代中國的兩位西方大哲加以比較。對他們所進行分別研究的著述也許可達成千上百，數不勝數，但對他們加以緊密相聯而進行更全面深入詳備的比較研究，恐怕少之又少，甚至空白。

　　羅素（Bertrand Russell,1872-1970）與杜威（John Dewey，1859-1952）是 20 世紀的兩位卓越的西方哲學家。有意思的是，西方竟有人稱他們倆是「哲學中的孿生兄弟」。有西方學者指出，杜威和羅素的相似之處是二者皆為 20 世紀首屈一指的哲學家。在他們漫長的一生中（他倆都活到九十歲以上），兩者的道路曾有數次交集。尤其是羅素與杜威都於中國社會轉型的重要時期幾乎同時訪問了中國。不過，雖然彼此友好，但兩人絕對不是最好的朋友。認識並欽佩他們的胡克（Sidney Hook）曾經說過，只有兩個男人是杜威最不喜歡的：即阿德勒（Mortimer Adle）和羅素。對他而言，羅素永不停歇地貶損一般的實用主義者，杜威尤其為此而激怒無比。不過，這兩人分享了許多哲學的特徵：國際主義的觀點，對科學方法的高度重視，對社會問題的關注，並懷疑教條，特別是宗教的教條。羅素與杜威之間的區別更為顯著，一種絕對的障礙將他們分開：即杜威的實用主義。無論如何，對羅素來說，「實用主義是一種世俗的褻瀆（secular blasphemy）」。杜威說到：我要重述在羅素先生的《探究意義與真理》（*An Inquiry into Meaning and Truth*）一書中對我的批評。我完全同意他的說法：「他的觀點與我的觀點有很大的區別，除非我們能相互理解，否則不會引起這些區別」。對中國知識界來說，最有意義的是，這兩位享有世界盛名的西方大哲，竟於華夏重大的社會轉型期，幾乎同時訪華並極大地影響了中國。

杜威與羅素對中國的影響和衝擊是空前的，儘管不一定是絕後的；但歷數訪華過的西方哲人或著名學者，至今還沒有哪一位能達到這種熱烈程度。這種「空前」至少表現在：一、杜威與羅素訪華之前，歷史從未有過任何重要西方哲學家或著名學者（傳教士除外）來過中國；二、綜合來說，當時杜威與羅素的博學智慧與文理皆通的學術造詣、思想的敏銳與豐富的閱歷、人格的力量與強烈的社會責任感，都盛名於世；三、當時的中國正處在辛亥革命和五四運動後社會轉型與重建的關鍵時期，也是動亂暫停百廢待興而相對和平發展的短瞬階段，思想文化界和知識分子的理性、求知、包容、活躍，科學態度以及追求真理和批判探索精神是古今未有的；四、杜威在華超過兩年多，羅素在華也有十個多月，他們都作過大量的演講，也進行了相當廣泛的社會接觸，在後來的各種著作和場合經常提及中國，以致形成了獨到的中國觀與難以忘懷的中國情結。大哲杜威與羅素與中華文化難以割捨的關係，正是形成於中華民族亙古未有的社會轉型期，即新文化運動與五四運動剛剛發生的時期。當羅素與杜威訪華時，不僅被人們稱為西方「德先生」和「賽先生」的化身，還都曾被譽為「西方孔子」或「孔子第二」。杜威與羅素是擯棄 18 世紀以來歐洲「恐華觀」的主流思潮，而作為「恐華觀」的尖銳批判者與「崇華觀」的熱情鼓吹者與踐行者來到中國的。可以說，1920 年代的中國經歷了一個「羅素化」與「杜威化」的交叉過程。

　　杜威與羅素在中國各自都作了所謂五大演講。杜威的題目是：「社會哲學與政治哲學」；「教育哲學」；「思維的方式」；「我們時代的三大哲學家（柏格森、羅素、詹姆斯）」；以及「論倫理學」；其實杜威一共作了五十八次大大小小的演講。而羅素的題目是：「哲學問題」；「心的分析」；「物的分析」；「數理邏輯」；以及「社會的結構」；此外羅素還作了近二十次其他各種題目的演講。

　　在杜威與羅素之間有一些相似性：1.在政治上，都相信自由主義和個人主義；2.在文化上，都主張了無神論、科學主義、聖像破壞以及反宗教主義，這些都會適應新中國知識分子的需要，如反儒家、反規範、反倫綱等；3.在哲學上，都強調經驗主義與實證主義；4.在教育上，都傾向進步主義與功能主義。然而，我們應當考察兩位哲學家的區別而並非那些相似性。有三種可能的方法討論這個問題：1.通過兩位哲學家之間的辯論；2.通過中國知識界和西方學術界對兩位哲學家的評論或批判；3.通過兩位哲學家活動的結果。本書將集中討論關於 1920 年代他們對中國不同影響的比較。

　　本書除導言外，分上篇下篇補篇共 16 章。導言從 1920 年代中國的「羅素化」與「杜威化」談起，闡述了「德先生」、「賽先生」與「西方孔子」，「恐華觀」的尖

銳批判者與「崇華觀」的熱情知行者,「羅素化」與「杜威化」的形成以及當時所形成的「羅素熱」與「杜威熱」等。在上篇中,著者從「羅素化「與「杜威化」出發,接著深入比較了羅素的「貴族主義」與杜威的「大眾主義」;羅素的「主智主義」與杜威的「反智主義」;羅素的「原子主義」與杜威的「整體主義」;羅素的「激進主義」與杜威的「漸進主義」;羅素的「浪漫主義」與杜威的「務實主義」;羅素的「悲觀主義」與杜威的「樂觀主義」;羅素的「批蘇主義」與杜威的「讚蘇主義」等。在下篇中,作者更進一步對羅素哲思與杜威哲思的深入比較:如二者不同的知識觀、邏輯觀、倫理觀、教育觀、美學觀、科學觀等。其中值得強調的是,著者對羅素為何沒有美學專著和杜威為何美學著作大放異彩作了較為深入的闡述。在補篇中,著者還比較了羅素與杜威各自在中國的重大演講及其影響。這兩位大哲在中國最重要最有影響的活動就是他們的演講,其中他們各自都有「五大演講」最受關注。然而,很遺憾的是,由於各種原因,這些演講的英文原稿並沒有得到保留。本書著者並不單純複述當年出版的中文譯稿,而是結合他們對這些演講論題的一貫思想,尤其是其英文原著,並聯繫最近一些西方學者對這些演講的重新追溯與深究,而再加以評述、闡釋與比較。為方便讀者,本書提供了羅素著作列表、杜威著作列表、羅素著作中文譯本列表、杜威著作中文譯本列表、羅素訪華大事記、杜威訪華大事記、羅素生平年表、杜威生平年表等,並刊登羅素與杜威訪華圖片約 30 張。

　　羅素在其後期最成熟的名著《人類知識》一書的序言中,稱自己與笛卡爾、萊布尼茲、洛克、貝克萊和休謨的著作一樣,都並非為職業哲學家,而是為非專業的普通讀者而作的。實際上,他的這本書以及幾乎所有著作所產生的效應可說是深者見深,淺者見淺。杜威的各種著述也是如此。也許這就是哲學著述應達到的一種境界。本書的寫作目的正是朝這個方向的努力。

丁子江　2021 年 5 月修改稿

目次

導言　1920 年代中國的「羅素化」與「杜威化」

羅素（Bertrand Russell, 1872-1970）與杜威（John Dewey, 1859-1952）是 20 世紀的兩位卓越的西方哲學家。有意思的是，西方竟有人稱他們倆是「哲學中的孿生兄弟」。[1] 有西方學者指出，杜威和羅素的相似之處是二者皆為 20 世紀首屈一指的哲學家。在他們漫長的一生中（他倆都活到九十歲以上），他們的道路曾有數次交集。尤其是羅素與杜威都於中國社會轉型的重要時期幾乎同時訪問了中國。有意思的是，兩位大哲之間既有友誼，又曾結怨。這兩人分享了許多哲學的特徵：國際主義的觀點，對科學方法的高度重視，對社會問題的關注，並懷疑教條，特別是宗教的教條。羅素與杜威之間的區別更為顯著，一種絕對的障礙將他們分開：即杜威的實用主義。無論如何，對羅素來說，「實用主義是一種世俗的褻瀆（secular blasphemy）」。[2] 杜威說到：我要重述在羅素先生的《探究意義與真理》（*An Inquiry into Meaning and Truth*）一書中對我的批評。我完全同意他的說法：「他的觀點與我的觀點有很大的區別，除非我們能相互理解，否則不會引起這些區別」。[3] 對中國知識界來說，最有意義的是，這兩位享有世界盛名的西方大哲，竟於中國重大的社會轉型期，幾乎同時訪問並極大地影響了中國。

第一節　「德先生」、「賽先生」與「西方孔子」

1919 年初，向哥倫比亞大學申請了學術休假（Sabbatical leave）的杜威在訪日時，接到北京大學的講學邀請；就在五四運動爆發的四天前，即 1919 年 4 月 30 日，杜威夫婦到達中國，開始了持續超過兩年訪華演講。5 月 12 日，孫中山設宴招待了杜威夫婦。羅素於 1920 年 10 月 12 日到達中國，並與杜威在長沙見了面，後來

---

[1] John L. McKenney, "Dewey and Russell: Fraternal Twins in Philosophy", *Educational Theory,* Volume 9, Issue 1, January 1959, pp 24-30, 1959.

[2] T. Madigan, Russell and Dewey on Education: Similarities and Differences, *Project MUSE,* The Johns Hopkins University Press in collaboration with The Milton S. Eisenhower Library. 2017, p.3.

[3] John Dewey, *The Later Works of John Dewey, 1925-1953: 1939-1941, Essays, Reviews,* Souther Illinois University Press, 2008, p. 168.

又在同住在北京，時常碰面討論有關哲學問題，因而建立了一定密切的私人關係。在這個國家的轉型時期，這兩位哲人都曾對中國有過十分重要影響。當時，為發揚五四運動的精神，中國新型的知識分子試圖尋找一個理想的道路來重建自己的祖國。他們繼續歡迎德（民主 Democracy）先生與賽（科學 Science）小姐。杜威與他的妻子以及羅素與他的第二任妻子被當成了德先生與賽小姐的化身。當時出現一個構成悖論，學生目空一切，卻又表現出明顯的崇拜領袖、追隨精英的傾向。在其崇拜的思想及學術領袖中，羅素和杜威的影響最為直接。1920 年代初，杜威、羅素應邀來北大任客座教授。兩位西方哲學家在貢獻中國學術的同時，對學生運動也極具貢獻。杜威引導中國青年根據個人和社會需要來研究教育，激起學生對現實問題的關注，導致各種社會矛盾和糾紛的「被」發現。[4] 胡漢民有一次對蔣夢麟說，各校風潮迭起，就是受了杜威學說影響。羅素則使青年人對社會進化發生興趣。研究進化原理的結果，使學生同時反對基督教和帝國主義，故傳教士和英國使館都不喜歡羅素。蔣夢麟曾聽到一位英國領事館官員表示，他們很後悔讓羅素來華訪問。[5] 一些教員也對此不滿。《民國日報》記述，杜威來華所講，皆「教育上之德謨克拉西」，叫學生自主自治，注重平民教育，實行社會服務。「某教員」聽後大不謂然，對同事說：「請他演講，是請他勸學生用心讀書，聽我們的教訓。哪曉得他總在叫學生革我們的命，真是豈有此理！」[6] 1919 年 10 月 20 日正是杜威的六十歲壽辰，北京大學校長蔡元培特地為這位貴客舉行了生日晚餐會。會上，蔡元培致詞說：「我所最先感想的，就是博士與孔子同一生日……博士的哲學，用 19 世紀的科學作根據，用孔德的實證哲學、達爾文的進化論、詹美士的實用主義遞演而成的，我們敢認為是西洋新文明的代表。」他還說：「我覺得孔子的理想與杜威的學說很有相同的點。這就是東西文明要媒合的證據了。但媒合的方法，必先要領得西洋科學的精神，然後用它來整理中國的舊學說，才能發生一種新義。」約一年後，1920 年 10 月 17日，北京大學舉行典禮授予杜威名譽博士學位。在這次典禮上，蔡元培稱杜威為「西方的孔子」，在場的人對此給以熱烈的掌聲。杜威本人後來說，這給他留下了深刻的印象。[7]

　　1930 年代，近代史學家郭湛波評價道：「中國近五十年思想最大之貢獻，即在西洋思想之介紹……這些介紹對於中國近代思想影響甚大，尤以杜威、羅素之來華

[4]　楊天宏：〈學生亞文化與北洋時期學運〉，《歷史研究》，2011 年 4 期第 88-105 頁。

[5]　蔣夢麟：《西潮‧新潮》，長沙：嶽麓書社，2000 年，第 126-127 頁。

[6]　〈杜威講演會中之趣聞〉，《民國日報》（上海），1920 年 11 月 12 日，第 2 張第 8 版。

[7]　參見單中惠：〈「西方孔子」杜威先生在中國〉，《中國教育報》，2007 年 6 月 8 日第 3 版。

講學（為最）。此外如德國哲學家杜里舒之一九二二年講學，印度大詩人、哲學家泰戈爾之一九二三年之來華講學，都給中國思想上不少的痕跡。」[8] 杜威和羅素是「中國進步思想界的共同客人」，他們的演講也造成了相當的社會影響。「聽者之眾，幾於無席可容」。[9]

胡適盛讚恩師，「自從中國與西洋文化接觸以來，沒有一個外國學者在中國思想界的影響有杜威先生這樣大的。」（〈杜威先生與中國〉，《晨報》1921 年 7 月 11 日）1952 年就在杜威去世不久，胡適如此緬懷道：「杜威先生是我的老師。我們三十九年來，不但是師生的關係，而且還是很好的朋友。他在六十歲的時候在北平講學；那個時候我在北京大學，我替他做翻譯。以後他到太原、天津、濟南各地去講學，我也替他做翻譯。我們又繼續幾十年的朋友關係。他在北京過六十歲生日的時候，我參加了；他過七十歲生日的時候，我沒有參加，因為他在國外，我在國內。到了 1939 年，他八十歲的時候，我在美國做外交官，參加了他的生日慶祝；1949 年，他九十歲的時候，我在紐約也參加了他的生日慶祝。他今年夏天剛過去，算起來活了九十二歲多。……」[10]

郭秉文也高度評價杜威，「外交上，則美人自杜威處探得我國之情形而有正確之輿論；教育上，則杜威來後，如久旱逢甘雨，精神煥發矣。」（參見袁剛等主編《民治主義與現代社會：杜威在華講演集》，北京大學出版社，2004 年版，第 776 頁）在 1921 年為杜威離開北京餞行時，梁啟超直言：「杜威博士來華轉瞬二年，當他來時，正在中國學術界饑荒的時候。現在雖然時間尚短，不能遽見效驗，但前途卻很遠大。」杜威自己也感歎在中國的兩年「是我生活中最有興味的時期」，到了北京「彷彿是到家了」（〈五團體公餞杜威席上之言論〉，《晨報》1921 年 7 月 1 日）。在為羅蒂《哲學與自然之鏡》作序時，賀麟讚譽道：「在現代西方哲學各家各派中，對舊中國思想界影響最大的應該首推杜威。」美國學者郝大維（David Hall）與安樂哲（Roger Ames）《在先賢的民主：杜威、孔子與中國民主之希望》一書中，曾宣稱：「是孔子引導我們走向杜威」。[11]

羅素讚譽杜威是「美國在世的哲學領導者。」「杜威不僅在哲學家中，而且在教育、美學和政治理論方面夠有著深刻的影響。」羅素高度評價道：「任何對於人

---

[8] 郭湛波：《近五十年中國思想史》，山東人民出版社，1997 年版，第 282 頁。

[9] 周由廑：〈約翰杜威博士教育事業記〉，《東方雜誌》，第 16 卷第 6 號。

[10] 胡適：〈杜威哲學〉，原載 1952 年 12 月 4 日、9 日，臺北《中央日報》。

[11] 〔美〕郝大維、安樂哲：《在先賢的民主：杜威、孔子與中國民主之希望》，何剛強譯，劉東校。江蘇人民出版社，2004 年。

類的未來發展感到興趣的人，應該特別對美國進行研究。就我看來，本世紀內在哲學和心理學方面最傑出的成就產生於美國。聰明機敏的美國在其粉碎歐洲桎梏而取得成功時，已經發展了一種不同於傳統的嶄新眼光，這主要是詹姆斯和杜威的研究所結成的碩果。」「杜威的見解，我幾乎全然接受。」美國教育學者施瓦茨（Robert Schwartz）曾說：「在 20 世紀中國的學術史上，約翰・杜威與現代中國之間的交往是最吸引人的事件之一。」美國教育學者羅思（R. J. Roth）指出：「未來的思想必定會超過杜威……但很難想像，它在前進中怎麼能夠繞過杜威。」[12]

　　杜威的女兒伊芙琳（Evelyn Dewey）在《杜威夫婦書信集》的序中寫道。「為爭取統一、獨立和民主而發出的熱烈奮鬥，正在中國展開，這一奮鬥，迷住了他們，使他們改變了計劃。原來的計劃，是預定 1919 年夏天就回國的。」[13] 在 1919 年 6 月 5 日給女兒的信中，杜威夫婦寫道：「此刻是星期四的早晨。昨天晚上我們聽說，大約有一千左右的學生在前天被捕了。北京大學已做了臨時『監獄』，法學院的房子已關滿了人，現在又開始關進理學院的房子。……在那裡面的學生們開了一個會，決議要質問政府能不能保證他們的言論自由。如果政府不能保證言論自由，他們就不離開那裡。……這些學生不肯離開這個『監獄』倒給政府很大的為難。」[14] 1919 年 12 月，在〈中國人的國家情感〉一文中，杜威聲言，五四運動是「中國國家感情存在與力量的突出證明，如果還有什麼地方的人對中國人愛國主義的力量和普及程度抱懷疑態度，那麼這種證明就是深切而且令人信服的教訓」。第二年，杜威又在〈中國的新文化〉一文中，宣稱「新文化運動為中國未來的希望打下了最為堅實的基礎」。1921 年 6 月 30 日午間，北京中央公園來今雨軒裡，在歡送杜威博士夫婦及女兒的餞行宴會上，杜威說：「這兩年，是我生活中最有興味的時期，學得也比什麼時候都多……我向來主張東西文化的匯合，中國就是東西文化的交點。」杜威回國後，仍不斷在《新共和》和《亞洲》雜誌上發表有關中國的論文。正如他的女兒簡・杜威後來所講的那樣，中國一直是杜威深為關切的國家，這種關切僅次於他自己的祖國。[15]

　　由於在邏輯與認識論上的非凡建樹，在當時的中國，羅素已被譽為「世界上最著名的哲學家」。[16] 有學者認為，在訪華時，羅素作為一個著名哲學家的聲名，十

---

[12] 參見單中惠：〈「西方孔子」杜威先生在中國〉，《中國教育報》2007 年 6 月 8 日第三版。

[13] John Dewey and Alice Chipman Dewey, *Letters from China and Japan*. E. P. Dutton & Company, 1920, p. vi.

[14] Ibid., p.219.

[15] 參見周惠斌：〈1919-1921：杜威在中國〉，《中華讀書報》，2011 年 1 月 21 日。

[16] Chu Shih-ying, "Russell", *The Russell Monthly*. January 1921. P.1.

分有助於提高他的社會政治觀的可信度。實際上，羅素在這之前出版的一些著述，如《自由之路：社會主義、無政府主義和工團主義》（1919年），《社會重建的原理》（1916年）等，已經在歐洲得到廣泛的反響。[17]為了使中國知識界對即將到來的羅素先有所瞭解，主辦方請先來的杜威引介羅素的思想，故1919年年末杜威在北京特意做了「當代三大哲學家」的演講，講的是美國的詹姆士、法國的柏格森，再有一個就是羅素。

　　幾乎同期訪華的杜威與羅素對中國的影響和衝擊是空前的，儘管不一定是絕後的；但歷數訪華過的西方哲人或著名學者，至今還沒有哪一位能達到這種熱烈程度。這種「空前」至少表現在：一、杜威與羅素訪華之前，歷史從未有過任何重要西方哲學家或著名學者（傳教士除外）來過中國；[18]二、綜合來說，當時杜威與羅素的博學智慧與文理皆通的學術造詣、思想的敏銳與豐富的閱歷、人格的力量與強烈的社會責任感，都盛名於世；三、當時的中國正處在辛亥革命和五四運動後社會轉型與重建的關鍵時期，也是動亂暫停百廢待興而相對和平發展的短暫階段，思想文化界和知識分子的理性、求知、包容、活躍，科學態度以及追求真理和批判探索精神是古今未有的；四、杜威在華超過兩年多，羅素在華也有十個多月，他們都作過大量的演講，也進行了相當廣泛的社會接觸，在後來的各種著作和場合經常提及中國，以致形成了獨到的中國觀與難以忘懷的中國情結。大哲杜威與羅素與中華文化難以割捨的關係，正是形成於中華民族亙古未有的社會轉型期，即新文化運動與五四運動剛剛發生的時期。

　　什麼是羅素與杜威訪華時最重要的社會歷史語境？有西方學者對此評析道：「從政治上說，中國正處於一個巨大變動的年代。被羅素與英國1868年光榮革命相提並論的辛亥革命，從理論上說，使這個國家成為了一個君主立憲的形態，但實際上，它變成了權力真空的狀態。在孫中山領導下帶有溫和社會主義色彩的國民黨，正是羅素和杜威所希望獲勝的力量。儘管為毛澤東等所質疑，但在1920年的中國，也存在著以非暴力革命來實現社會主義的可能性。在學生與政治進步分子中，出現了一種強烈而廣泛的要求，即渴望某種新的政治哲學。儘管有不少人試圖

---

[17] S. P. Ogden, "The Sage in the Inkpot: Bertrand Russell and China's Social Reconstruction in the 1920s", *Modern Asian Studies*.16,4, 1982, pp.529-600.

[18] 在中國歷史上，西方傳教士曾不斷來華傳教，如利瑪竇（1552-1610）於1583年進入中國，此後一直在華居住。他與中國最早的「大學」——白鹿洞書院的學人們開創了直接思想對話，並後來與徐光啟翻譯了歐幾里德的《幾何原本》等。利瑪竇等無疑對西方思想在中國的傳播有著重大影響，但他畢竟是因來華以後的活動而歷史留名；而不像羅素在來華之前就已經名揚世界，並在中國最根本的社會轉型期進行了頗具規模和影響巨大的東西方對話。

採取蘇俄式的方式，但仍有很多人來聽羅素的演講，希望這位《社會重建的原理》與《自由之路》的作者，能提供可與列寧和托洛斯基相競爭的學說。」[19] 可以說，儘管也許有些偏見，但這種觀點代表了西方主流學術界的看法。就在杜威剛到中國不久，就有中國學者歡呼道：「我們在國內的人，居然有機會把世界第一流的學者請了來，聽他的言論，接近他的聲音笑貌，這樣的幸福是不容易得的。他所說的，我們多數人或者未必全能領會和瞭解，但在『觀感之間』所得到的，也就不少了。……這時候有一個大家尊仰的『論師』在我們中間，新思想就得了一個很好的指導，很有力的興奮。頑舊的人，能聽聽這樣名哲的議論，或者能受些感化，換些新空氣，也未可知。」[20] 有學者評述道：「1919-1924 年，在新文化運動發展的重要階段，先後有五位國際著名學者應邀來華講學：杜威、羅素、孟祿、杜里舒和泰戈爾。他們分別來自美、英、德、印四個國家。每人講學時間不等，長者兩年多，短者數月。主辦者為此作了精心的組織與宣傳：每位開講之前，都安排中國學者介紹其學說梗概，預為鋪墊；組織大江南北巡迴演講，配以高手翻譯，場場爆滿；媒體全程報導，許多報刊雜誌都闢有專欄與專號；演講中譯稿不僅全文刊發，且迅速結集出版，各地熱銷。因之，講學一時風行海內，盛況空前。在長達六年的時間裡，每年都有一位享譽世界的著名學者在華講學，每年都在學界與思想界形成了一個熱點；每位學者的影響自有不同，但作為整體，卻構成了歐戰後西學東漸的文化壯舉，成為新文化運動的一個影響深遠的重要歷史景觀。」[21]

有中國學者在中國社會政治環境中審視實用主義傳入中國的過程，在當代學術語境中考察實用主義的中國之旅；並將實用主義在中國之旅大體分為五個時期：五四運動前後，實用主義中國之旅順利啟程，果實纍纍；20 世紀三四十年代，實用主義中國之旅的深入發展；20 世紀五六十年代，實用主義遭受挫折，陷入困境；20 世紀 80 年代初到 20 世紀末，實用主義中國之旅迎來繁榮的新時代；21 世紀以來，實用主義中國之旅向廣度和深度前進。[22]

當羅素與杜威訪華時，不僅被人們稱為西方「德先生」和「賽先生」的化身，還都曾被譽為「西方孔子」或「孔子第二」。1920 年 10 月 17 日，北京大學舉行典禮授予杜威名譽博士學位。在這次典禮上，蔡元培讚譽道：「我所最先感想的，就是博士與孔子同一生日……博士的哲學，用 19 世紀的科學作根據，用孔德的實證

[19] Ray Monk, *Bertrand Russell, The Spirit of Solitude*, 1872-1921, Volume 1. The Free Press, 1986, p.592.
[20] 〈美國教育者杜威〉，《晨報》，1919 年 5 月 14 日，第 7 版。
[21] 鄭師渠：〈五四前後外國名哲來華講學與中國思想界的變動〉，《近代史研究》2012 年 02 期。
[22] 楊壽堪、王成兵：《實用主義的中國之旅》，中國社會科學出版社，2014 年。

哲學、達爾文的進化論、詹美士的實用主義遞演而成的，我們敢認為西洋新文明的代表。」「我覺得孔子的理想與杜威的學說有很相同的點。這就是東西文明要媒合的證據了。但媒合的方法，必先領得西洋科學的精神，然後用他來整理中國的舊學說，才能發生一種新義。」[23] 同樣也有國人稱羅素為「孔子第二」。湯用彤對羅素和杜威來中國講學時所受到的聖人式崇拜，很不以為然，但也反映了當時某種狂熱崇拜：「羅素抵滬，歡迎者擬之於孔子；杜威蒞晉，推崇者比之於慈氏。今姑不言孔子、慈氏在中印所占地位，高下懸殊，自不可掩。此種言論不但擬於不論，而且喪失國體。」[24] 張申府曾如此說道，在所有的哲學家中，自己最尊敬和景仰的就是孔子與羅素，「羅素本人不認識孔子，但他的思想事實上十分接近孔子。其他人看不到這點，但我看到了。就算羅素不承認他的學說接近孔子，但我的哲學能把他倆拉在一起。我是他們的橋樑。」[25] 杜威和羅素兩人先後在 1919、1920 年應邀到過中國來講學，當時在中國被奉為神明，西方與日本的現代文學流行的風尚，被盲目的模仿，而西方古典作品反而被忽略了。在這種情況之下，梅光迪等人責備那些新文化運動的領袖的話是有道理的，因為他們對西方文學與哲學的深厚傳統缺乏瞭解；他們只知貪新好奇……。」[26] 這裡順便提及一件有趣的事，1921 年 3 月 14 日，羅素在河北保定的育德中學演講時受到風寒，感染了肺炎。他在一家德國醫院治療多日，3 月 26 日瀕於死亡。同在北京的杜威還為他擬好了遺囑草稿。羅素掙扎著簽了字。消息傳回英國國內，倫敦報紙曾報導羅素已病逝。他在給波蘭公爵的妹妹——即情人奧托琳（Ottoline Morrell, 1873-1938）的信中這樣悲蒼地寫到：當望著窗外的太陽時「我不知道明天是否還能看到他！」[27] 但在 4 月 17 日，羅素竟奇蹟般地好起來了。此時，勃拉克已經有了身孕，羅素決定回國。在羅素垂死時，有人建議將其葬西湖邊上，並蓋座廟供後人朝拜。羅素聽聞後，以其慣有的英式口吻說，中國人要像供神那樣供我，而我又是個無神論者，這可如何是好？

　　杜威與羅素在中國各自都作了所謂五大演講。杜威的題目是：「社會哲學與政治哲學」；「教育哲學」；「思維的方式」；「我們時代的三大哲學家（柏格森、羅素、詹姆斯」；以及「論倫理學」；其實杜威一共作了 58 次大大小小的演講。而羅素的題目是：「哲學問題」；「心的分析」；「物的分析」；「數理邏輯」；以及「社會的結構」；

[23] 蔡元培：〈杜威為「西方的孔子」〉，1920.10.17。

[24] 《湯用彤選集・評近日之文化研究》，天津人民出版社。

[25] 參見〔美〕舒衡哲：《張申府訪談錄》，李紹明譯，北京圖書館出版社，2001 年 3 月出版。

[26] 夏志清，《中國現代小說史》，中文大學出版社，2015 年，第 11 頁。

[27] Ray Monk, *Bertrand Russell, The Spirit of Solitude, 1872-1921*, Volume 1, The Free Press,1986, p.603.

此外羅素還作了近 20 次其他各種題目的演講。蔣夢麟評價說：「這兩位西方的哲學家，對中國的文化運動各有貢獻。杜威引導中國青年，根據個人和社會的需要，來研究教育和社會問題……他的學說使學生對社會問題發生興趣也是事實。這種情緒對後來的反軍閥運動卻有很大的貢獻。……羅素則使青年人開始對社會進化的原理發生興趣。研究這些進化的原理的結果，使青年人同時反對宗教和帝國主義。」[28] 據當時《民國日報》記述，杜威來華所講，皆「教育上之德謨克拉西」，叫學生自主自治，注重平民教育，實行社會服務；「某教員」聽後大不謂然，對同事說：「請他演講，是請他勸學生用心讀書，聽我們的教訓。哪曉得他總在叫學生革我們的命，真是豈有此理！」[29]

　　據當時的描述，比較起來，杜威在口才上真有些叫人難以恭維。這一點胡適心知肚明，所以他儘管非常佩服導師的學識，也不得不極為婉轉地承認，同羅素的瀟灑自如相比，杜威就顯得木訥得多。杜威說話時字斟句酌，給人的感覺好像非常吃力。杜威的穿著也很不講究，這一直是他的習慣。他走上講臺時，不是領帶鬆鬆垮垮，就是頭髮亂糟糟地披在額上。羅素是和一名女友兼助手一起來華的，兩人在感情與事業上志同道合，但卻承受著巨大的輿論壓力，更何況前妻正在萬里之遙的英吉利海峽那邊起訴他。所以羅素當時的心情並不怎麼好，在北京曾一度住進了醫院裡。但這也沒有遮掩住他的演說才華，一旦站在講臺上，他仍然神采奕奕，口若懸河，所以他的講學受到熱烈歡迎。[30]

　　對羅素的純哲學演講，其實中國學人們很難解釋，故並不算成功。1915 年考入清華學校的梅貽寶先生在 1980 年代初寫回憶文章〈清華與我〉，文中把杜威和羅素的演講一併敘述，「杜、羅二先生的演講，我在清華聽了若干次，又趕到城裡，在北大、師大聽了若干次，不能說完全聽懂，但是深受刺激。」這段敘述讓人覺得杜威和羅素都在清華有過演講。實際上，杜威在清華的演講是在 1919 年 9 月至 1920 年初。作為清華學校專任講師，杜威每週或隔周為高等科學生演講「倫理學」，同時也為清華教員開講座。後來杜威在清華的演講結集出版，書名《實驗倫理學》。梅貽寶先生在清華聽了杜威演講若干次，到北大、師大才是去聽羅素的演講。梅先生描述了他到師大（當時稱北京高等師範學校）聽羅素演講的情形。那次是羅素在師大的首次演講，題目是：「物質是什麼？」開講前，一間特大教室已經座無虛席，連人行道、窗臺都擠滿了人。羅素和翻譯趙元任一同走進教室，全場掌聲雷動。羅

---

[28] 蔣夢麟：《西潮》，遼寧教育出版社，1997 年版，第 114 頁。

[29] 〈杜威講演會中之趣聞〉，《民國日報》（上海），1920 年 11 月 12 日，第 2 張第 8 版。

[30] 張寶貴編著，《杜威與中國》，河北人民出版社，2001 年版。

氏開講，分析物之為物，講辭甚為抽象。約十分鐘後，聽眾只剩下一半了。講到關鍵環節，羅氏發問：「我們何以知道那塊桌布下面有張桌子呢？」聞此，聽眾又走了不少，後來只剩下二三十人了。「由此可知，當時學生對羅素的演講，能聽懂的應是少數，大多是莫名而來。這一點，羅素本人非常清楚，他在給友人的信裡曾談到，與北京的學生們在一起，對他本人的哲學進展毫無幫助，而且因為中國學生的基礎知識太差，對他們談論高深的哲學實際上徒勞無功。」[31]

　　與羅素不一樣，杜威出生於美國佛蒙特州的一個普通家庭。1879 年畢業於佛蒙特大學，1884 年獲約翰‧霍普金斯大學哲學博士學位。1884-1888、1890-1894年在美國密西根大學，1889 年在明尼蘇達大學教授哲學。1894-1904 年在芝加哥大學任哲學系、心理學系和教育系主任，1902-1904 年還兼任該校教育學院院長。這一期間所寫的《學校與社會》（*The School and Society*）（1899）一書被公認是他的所有作品中影響最大的。1904-1930 年，他在紐約哥倫比亞大學哲學系兼任教授教職。還擔任過美國心理學聯合會、美國哲學協會、美國大學教授聯合會主席。1896年他創立一所實驗中學作為他教育理論的實驗基地，並任該校校長。反對傳統的灌輸和機械訓練的教育方法，主張從實踐中學習。提出教育即生活，學校即社會的口號。其教育理論強調個人的發展、對外界事物的理解以及通過實驗獲得知識，影響很大。杜威曾經到世界許多地方演講，宣揚他的想法，他曾經到過中國、印度、日本等訪問，因此他的思想也影響著美國以外的地區。

　　羅素表示，杜威同自己一樣，在訪俄與訪華中受了很大影響，前者是消極的影響，後者是積極的影響。1919 年底，羅素即將來華講學，主辦方特請已先到中國近一年的杜威介紹一下羅素的思想，於是他在北京專門做了「當代三大哲學家」的演講，講的是美國的詹姆士、法國的柏格森，以及英國的羅素。羅素來華後，在湖南督軍舉行的宴會上，見到了杜威，後來在羅素生病時，受到他的親切照顧。杜威說，自己被羅素感動了，因為他在病中說胡話時，竟還念念不忘反戰與和平。據當時報導，杜威是去接受羅素的遺囑的；有這樣一段評論：「在杜威訪問垂死的羅素時，羅素正計劃終結中國一場全國性的大辯論，即他與中國共產黨的領袖陳獨秀，並吸引了眾多中國知識分子如年輕的毛澤東和朱德等關注的大辯論。」[32] 在中國，杜威比羅素訪問的地方要更多，除江蘇、浙江、湖北、湖南、河北外，還去過江西、福建和廣東等地；當時中國的 22 個省，他就去過 13 個。在這個國家的偉大轉型時

---

[31] 孟凡茂：〈羅素與清華——何時來訪，有無演講？〉，《愛思想》，2009-06-23。

[32] G. Dykhuizen, *The Life and Mind of John Dewey*, Southern Illinois University Press, 1973, p.198.

期，這兩位哲人都曾對中國有過十分重要影響。當時，為發揚五四運動的精神，中國新型的知識分子試圖尋找一個理想的道路來重建自己的祖國。

兩大巨匠幾乎同時訪華，人們就難免會作比較。杜威的教育思想，對當時的中國要比羅素要廣泛而深遠得多。從客觀上講，晚一年訪華的羅素搶了杜威不少風頭；而且兩人在理念上也漸行漸遠；杜威嘴上不直接說，但對羅素在中國時的一些言行頗有點不以為然，他在給兒女的信中多少表露了一些微詞；幸虧杜威的夫人還是盡力作了一些平衡，不斷緩和氣氛，因而與羅素和多拉始終聯絡感情。[33] 更重要的是，兩人背後的邀請主辦單位本來就有點互別苗頭，呈現了某種競爭的態勢。胡適竟對羅素的演講連一次都沒有出席。不過從另一方面來講，胡適對自己的恩師思想的瞭解又有多深呢？有意思的是，牟宗三在其《我的學思進程》中作了如此評價：「胡適宣傳杜威學說，杜威是實用主義。其實胡適所瞭解杜威的程度很差，但它享有大名，這種大名對中國社會並無實質裨益。胡適所瞭解的杜威思想，其實只是《如何去思考？》（ *How We Think* ）這個小冊子，其它著作可能均未涉獵，以這種程度來吸收西方文化，怎麼夠資格講現代化呢？」，「王船山有句痛心的話：『害莫大於膚淺』，胡適就是膚淺的代表。」

1921 年 6 月 30 日午間，北京大學、男女高師、尚志學會等在北京中央公園來今雨軒為杜威博士夫婦及其女兒餞行。杜威深情地表示：「這兩年，是我生活中最有興味的時期，學得也比什麼時候都多……我向來主張東西文化的匯合，中國就是東西文化的交點」。杜威返美後，同羅素一樣，始終對中國滿懷眷念，連續在《新共和》和《亞洲》等雜誌上發表有關中國的論文；正如他的女兒珍妮‧杜威所說的：中國一直是杜威深為關切的國家，這種關切僅僅次於他自己的祖國。

第二節　「恐華觀」的尖銳批判者與「崇華觀」的熱情知行者

可以說，杜威與羅素是擯棄 18 世紀以來歐洲「恐華觀」的主流思潮，而作為「恐華觀」的尖銳批判者與「崇華觀」的熱情鼓吹者與踐行者來到中國的。

在近現代，「西學東漸」與「東學西漸」形成了東西方思想對話的雙向大格局。西方逐漸形成了「崇華觀」（sinophilia）與「恐華觀」（sinophobia）兩大陣營，當然還會有遊移於這兩派的中間分子。[34] 這兩個術語，不僅在 17-18 世紀，而且也是

---

[33] Caroline Moorhead, *Bertrand Russell, A Life,* Viking, 1993, pp. 327-328.

[34] 有人將這兩個術語譯成「中國之友」何「中國之敵」。以本書著者看，將 Sinophobia 譯成中國之敵恐怕過重，若譯為「恐華派」或「恐華症」更為恰當，因為不喜歡中國文化的人，並不一定是敵人；相應而言，Sinophilia

近年來在中國開始崛起時國際上常用的一種二分法（dichotomy）。

　　由耶穌會士引入的中國思想文化對啟蒙運動有巨大影響，啟蒙學者依照對中國的態度分成「崇華派」和「恐華派」兩大陣營。前者包括伏爾泰、魁奈、萊布尼茲和沃爾夫等，後者包括赫爾德、孟德斯鳩、盧梭、孔多塞和赫爾德等人。18 世紀下半葉，由占主導地位的崇華派轉向了恐華派。恐華派人士將中國看成停滯與專制社會的原型。德國哲學家赫爾德（Johann Gottfried Herder, 1744-1803）在批判中國文明上起到了帶頭作用，竟將中國當作「缺乏生命力和變化能力的『防腐木乃伊』」。[35] 康德屬於哪一陣營呢？人們的印象中似乎康德是「崇華派」，因為他說過：「孔子是中國的蘇格拉底。」[36] 然而，根據康德整體思想來看，他恐怕還是屬於第二個陣營；正如有學者所指出的「儘管康德的恐華觀並不利於中國知識分子將其哲學與中國傳統文化相聯繫，但他的哲學還是被人們探討了。」[37]

　　在 16 至 18 世紀，歐洲人對中國的印象「最典型的傳送方式就是透過在東方的教士之書信，託寄回在歐洲的教士。這些書信結集出版後，成為十八世紀歐洲士人間大量流通的讀物。書志編纂學者對這些書信集散佈的狀況加以研究（研究的項目包括：購書者係何人？收藏這些書信集的是哪家圖書館？哪些書商），結果顯示散佈之廣相當可觀——從波蘭到西班牙都有所發現。……有關中國的知識已成為文化界的常識，……十八世紀任何一名受教育的士人對中國文化的認識，會遠勝於今日一名受過一般教育的知識份子。……透過兩大學說之間的爭論而尤為突出。一派學說是基督教主張的啟示說；一派主張十八世紀所謂的『自然道德律』或『理性』說，此說可溯其源古典希臘羅馬。這個爭論是西方本土固有，但這個本土爭論卻為吸收中國思想預先鋪設好路途。……儒家思想家象徵純粹哲學，不摻雜一絲神啟痕跡，正是人類反觀自省的探索而得的成果，西方很自然地以儒者為哲學家的模範。……直到十八世紀中葉，一般都認為中國遠勝於歐洲，不論在科技或在經濟上皆然。或許實情亦復如此。」[38]

則可譯為「崇華派」。

[35] Chunjie Zhang. 2008. "From Sinophilia to Sinophobia: China, History, and Recognition," *Colloquia Germanica*, 2, 2008, pp. 97-110.

[36] 參見何兆武、柳卸林主編的《中國印象——世界名人論中國文化》，廣西師範大學出版社，2001 年版。第 164 頁。

[37] Gilles Campagnolo (ed.), *Liberalism and Chinese Economic Development: Perspectives from Europe and Asia*, Routledge, 2016, p. 43.

[38] 埃德蒙・萊特斯，〈哲學家統治者〉，《中國哲學史研究》，1989 年第 1 期，第 91、92、96 頁。

　　17 至 18 世紀在西方逐漸興盛的漢學無疑對不少西方大哲與大思想家有著相當的影響。德國大哲萊布尼茲（Gottfried Wilhelm von Leibniz, 1646-1716）對中國相當推崇，在其〈致德雷蒙先生的信──論中國哲學〉中提到：「中國是一個大國，它在版圖上不次於文明的歐洲，並且在人數上和國家的治理上遠勝於文明的歐洲。在中國，在某種意義上，有一個及其令人讚佩的道德，再加上有一個哲學學說，或者有一個自然神論，因其古老而受到尊敬。這種哲學學說或自然神論是自從約 3000 年以來建立的，並且富有權威，遠在希臘人的哲學很久很久以前；而希臘人的哲學卻是第一個，地球上的其餘地方還沒有什麼著作，當然我們的《聖經》除外。因此，我們哲學後來者，剛剛脫離野蠻狀態就想譴責一種古老的學說，理由只是因為這種學說似乎首先和我們普通的經院哲學概念不相符合，這真是狂妄之極！再說，除非用一場巨大的革命，人們似乎也摧毀不了這種學說。因此，如果能夠給它以一種正確的意義，那將是非常合理的。」[39] 他還說道：「我認為這是命運的一個奇妙安排，今天人類的生養和完善應該集中在我們亞歐大陸的兩個極端，即歐洲與中國⋯⋯。也許是上天的安排，使最文明和最遙遠的兩種人民各向對方伸出了自己的手。這兩者之間的人們可能逐漸引向一個更美好的生活方式。」顯然，萊布尼茲將中國與歐洲視為具有同等的文明程度。「16 世紀至 18 世紀中葉，萊布尼茲成了崇華派的最重要代表。在這段時期內，對於宗教、倫理、藝術以及科技等方面，中國在歐洲知識界扮演了中心的角色。」[40] 法國漢學大師若阿基姆・布韋（Joachim Bouvt，漢名白晉，1662-1732 年）向萊布尼茨介紹了《周易》和八卦的系統，他們兩人一直是好朋友。在萊布尼茨眼中，陰與陽基本上就是他的二進位的中國翻版。[41] 另一位德國大哲沃爾夫（Christian Wolff, 1679-1754）也指出，早在 17 世紀前的幾百年間，西方世界就讚頌著「中國哲學」，此外他還探討了如何研究中國哲學的問題。

　　對「法蘭西思想之父」伏爾泰（Voltaire, 1694-1778）而言，中國是改造歐洲的一個積極的參照系。伏爾泰很推崇中國儒家思想，並將中國的政治體制看作最完美的政治體制，因為中國的文官制度能讓下層階級人民得以晉升為統治階層。[42] 他曾評價道，「那個聖人是孔夫子，他自視清高，是人類的立法者，絕不會欺騙人類。

---

[39] Leibniz, Gottfried Wilhelm. *Writings on China*. Ed. Daniel J. Cook and Henry Rose-mont. Chicago and La Salle, Illinois: Open Court, 1994. P.78.

[40] Chunjie Zhang. 2008. "From Sinophilia to Sinophobia: China, History, and Recognition." *Colloquia Germanica* 2, 2008, pp. 97-98.

[41] 杜築生：〈儒學與中華人文精神──歐洲儒學研究之現況〉，《國際儒學研究》第 17 輯，2011 年。

[42] 參見何兆武、柳卸林主編的《中國印象──世界名人論中國文化》，廣西師範大學出版社，2001 年版。

沒有任何立法者比孔夫子曾對世界宣佈了更有用的真理。」[43] 在伏爾泰看來,「中國人是最有理性的」,而中國人的「理」可稱為「自然之光」。為了推廣「中國精神」,伏爾泰根據元曲《趙氏孤兒》,寫出了劇本《中國孤兒》。法國大哲狄德羅(Denis Diderot, 1713-1784)指出:「中國民族,其歷史的悠久、文化、藝術、智慧、政治、哲學的趣味,無不在所有民族之上」[44] 他還特為《百科全書》撰寫了「中國哲學」(Philosophiedes Chinois)一節,不僅強調「中國哲學」的概念,並簡述了中國哲學史。有意思的是,有學者指出:伏爾泰的「崇華觀與反猶觀(judeophobia)是一個銅錢的兩面」,其實都是為了「反對教會。」[45] 另外一位法國大哲霍爾巴赫(Paul-Henri Thiry, baron d'Holbach, 1723-1789),認為:「中國可算世界上所知唯一將政治的根本法與道德相結合的國家。而此歷史悠久的帝國,無疑乎告訴支配者的人們,使知國家的繁榮須依靠道德……歐洲政府非學中國不可」。[46] 事實上,當時所有翻譯工作都是由耶穌會會士用法文所做的,英國皇家學院也都是透過法國而認識中國。[47]

康德基本上屬「恐華派」。康德曾對中國人的民族特性竭盡嘲諷之能事,如描述道:「中國人生性含蓄。他們總是不露聲色地揣摩別人的性情,甚至於連憤怒也從不現於辭色,至多只是表露一種鄙視。他們說謊時顯得極不自然,但卻可以把碎塊的綢布料縫結成一整塊,其手藝之精巧,就連那些最為小心謹慎的商人也難以看出破綻,他們還用鋼絲修補聯結破碎了的瓷器,使其乍一看上去簡直天衣無縫。類似這些騙局一旦敗露,他們也並不感到羞愧,而只是從中看到自己手段的不高明。中國人報復心強,但他們總可以忍耐到適當的時機才發作。他們那裡沒有決鬥的習慣。他們非常貪玩,可膽小怕事;他們勤勉、恭順,奉承起人簡直是天花亂墜。他們抱著傳統習俗死死不放,對未來生活卻漠不關心。……中國人無論什麼都吃,甚至狗、貓、蛇等。食品均按重量出售,所以,他們往雞嗉囊裡填沙子。一頭死豬如果分量重,可以比一頭活豬賣更好的價錢,因此,有些騙子把別人的豬毒死,當別人把死豬扔掉後,他再把它撿回來。……在中國,聽不到人們罵人或者詛咒。到某人處造訪如何事先稟報,應當注意些什麼,主人又應該怎樣招待客人,等等,這一切的言談舉止都清楚地寫在公開出版的各種禮儀書上,不得有半點偏差。人人懂

---

[43] 轉引自杜築生:〈儒學與中華人文精神——歐洲儒學研究之現況〉,《國際儒學研究》第 17 輯,2011。

[44] 轉引自朱謙之:《中國哲學對於歐洲的影響》,第 301 頁。

[45] Peter Kupfer (ed.), *Youtai-Presence and Perception of Jews and Judaism in China*, Peter Long, 2008, p. 241.

[46] Ibid., pp.274、275.

[47] Zbigniew Wesołowski SVD,*An Overview of Chinese Studies in the UK*, pp.3-7.

得，在什麼時候應當如何有禮貌地拒絕，在什麼時候應當順從遷就。」[48] 此外，他還對中國的文化和民族性表示了某種厭惡。[49] 近來，有西方學者針對中國的崛起，指出：在 18 世紀後期，康德在其論文中，有意將中國從國際社會和法律制度中排除出去。的確，康德本人對中國的哲學與文化表示了強烈地批判態度。當前，很顯然，國際社會再將中國排除來實現康德的「永久和平（perpetual peace）」是不可能的。從另一角度說，中國對國際法的承諾對康德計劃的實現是至關重要的。[50] 有不少西方學者強調，康德的哲學曾從中國哲學中獲得靈感。[51] 尼采曾似乎帶點譏諷地說道：康德是「寇尼斯堡的中國人（the Chinaman of Konigsberg）」[52] 有些學者甚至認為，康德與孔子的哲學與人生之間有著不少相似性。[53] 例如，在有的學者看來，康德實際上討論很多的是義務與權利兩者的關係，但顯然對他義務更為優先。[54]「雖然在普魯斯與歐洲，對中國哲學的認可從正面轉為了負面，但在康德與黑格爾的哲學，尤其在政治與政治哲學中仍佔有重要的地位。」[55]

　　有中國學者深刻地指出：「在近代西方哲學家當中，對中國及其文化持強烈批評態度的，莫過於康德、黑格爾與尼采。然而，頗有諷刺意味的是，正是這三個人一再受到中國人的讚賞與重視，特別是康德，他的哲學思想不僅受到專業研究者持久的重視，而且更成了像牟宗三這些試圖推陳出新的中國哲學家們尋找靈感與對話的首要對象。對於近代以來的中國思想界來說，康德哲學不僅是理解西方哲學乃至西方文化不可繞過的一個關口，甚至成了中國哲學－思想重新發現自己、重新闡釋自己的一個可靠而便捷的橋樑。……實際上，康德、黑格爾這些德國啟蒙哲學家之所以一改其啟蒙先驅對中國與中國文化的積極態度，轉而以否定性態度加以評判，更根本的原因乃是出於他們的啟蒙哲學本身，而不是出於其他。換言之，在我看來，從萊布尼茲－沃爾夫到康德－黑格爾，對中國的評價由肯定性態度為主調轉變為否

---

[48] 〔德〕夏端春編《德國思想家論中國》，許雅萍譯，南京，江蘇人民出版社，1995 年版。

[49] 黑格爾：《歷史哲學》，上海：上海書局，1999 年版，第 122-123 頁。

[50] Manik V. Suri.2013. "Conceptualizing China Within the Kantian Peace," *Harvard International Law Journal*, Volume 54, Issue 1: Winter 2013, p.221.

[51] 參見《中國哲學雜誌》（*Jouranal of Chinese Philosophy*）的《康德與中國哲學》（*Kant and Chinese Philosophy*）專輯 33.1, 2006.

[52] See Stephen Palmquist, "How' Chinese' was Kant?", *The Philosipher* LXXXIV. 1 (1996), pp.3-9; quoted from the abstract.

[53] See Julia Ching, "Chenese Ethics and Kant", *Philosophy East and West* 28 (1976), pp.161-72.

[54] See Stephen Palmquist, "How 'Chinese' was Kant?", *The Philosipher,* LXXXIV. 1 (1996), pp.3-9.

[55] Rein Vos. 2010. "Doing Good or Right? Kant's Critique on Confucius," *Cultivating Personhood: Kant and Asian Philosophy*, edited by Stephen R. Palmquist. De Gruyter. P.768.

定性態度為主調，其實是啟蒙運動的深入、啟蒙思想的成熟的結果。」[56]

　　黑格爾的中國觀極為負面，認為這個古老的國度「永無變動的單一」[57]，「無從發生任何變化」[58]。他曾提出一個有名的判斷，即對中國人的民族性，「凡是屬『精神』的一切——在實際上和理論上，絕對沒有束縛的倫常、道德、情緒、內在的『宗教』、『科學』和真正的『藝術』———一概都離他們很遠。」[59]；這是因為中國倫理說教不強調「主體性」，更無「自由精神」，故沒有上升到「精神」的高度。在黑格爾看來，中國朝代的更替「在大部分上還是非歷史的，因為它只是重複著那終古相同的莊嚴的毀滅」；[60]中國「只是預期著，等待著若干因素的結合，然後才能得到活潑生動的進步」。[61]黑格爾宣稱，歷史開始於中國和蒙古人——神權專制政體的地方；兩者都把大家長憲法作為原則。在中國，皇帝好像大家長，地位最高。國家的法律一部分是民事的敕令，一部分是道德的規定；所有雖然那種內心的法律——個人方面對於他的意志力的內容，認為他個人的最內在的自己——也被訂為外在的、法定的條例。既然道德的法律是被當作立法的條例，而法律本身又具有一種倫理的形態，「所以內在性的範圍就不能在中國得到成熟。凡是我們稱為內在性的一切都集中在國家元首身上，這位元首從他的立法上照顧全體的健康、財富和福利。」[62]對這位德國大哲而言，歷史必須從中華帝國說起，因為根據史書的記載，中國實在是最古老的國家；它的原則又具有那一種實體性，所以它既然是最古的、同時又是最新的帝國。中國很早就已經進展到了它今日的情狀；但是因為它客觀的存在和主觀運動之間仍然缺少一種對峙，所以無從發生任何變化，一種終古如此的固定的東西代替了一種真正的歷史的東西。「中國和印度可以說還在世界歷史的局外，而只是預期著、等待著若干因素的結合，然後才能夠得到活潑生動的進步。客觀性和主觀自由的那種統一已經全然消弭了兩者間的對峙，因此，物質便無從取得自己反省，無從取得主觀性。所以『實體的東西』以道德的身份出現，因此，它的統治並不是個人的識見，而是君主的專制政體」。[63]中國傳統的體制乃「道德的專

[56] 黃裕生：〈康德為什麼「不喜歡」中國〉，《文景雜誌》2010 年 5 月。
[57] 黑格爾：《歷史哲學》，王造時譯，三聯書店 1956 年版，121 頁。
[58] 同上，123 頁。
[59] 同上，143 頁。
[60] 同上，113 頁。
[61] 同上，123 頁。
[62] 同上，158 頁。
[63] 同上，160-161 頁。

制政體」，可稱為「緊密到透不過氣來的總體」，[64] 即「唯一的實體」，「簡直只是一個人──皇帝──他的法律造成一切意見。」[65] 這位最高統治者的「普遍意志」「直接命令個人應該做些什麼。個人敬謹服從，相應地放棄了他的反省和獨立……所以這個國家的總體缺少主觀性因素，同時它在臣民的意見裡又缺乏一種基礎。」[66] 黑格爾讀過傳教士翻譯的朱熹的《通鑒綱目》，但對儒家持蔑視態度，說過：「為了保持孔子的名聲，假使他的書從來不曾有過翻譯，那倒是更好的事」。[67] 他在《歷史哲學》中一方面對中國文化的懷疑和批判，另一方面也表現了對中國的推崇，甚至將其譽為「歐洲的樣板」，並主張「歷史必須從中華帝國說起，因為根據史書的記載，中國實在是最古老的國家。」[68]

　　不過在東西方思想對話中，由於各種背景原因，也不斷遭遇不少逆流。本來，經過利瑪竇等在華西方傳教士的不懈努力，1692 年，即康熙三十一年，康熙下達一道容教令：「查得西洋人，仰慕聖化，由萬里航海而來。現今治理曆法，用兵之際，力造軍器、火炮，差往俄羅斯，誠心效力，克成其事，勞績甚多。各省居住西洋人，並無為惡亂行之處，又並非左道惑眾，異端生事。喇嘛、僧等寺廟，尚容人燒香行走。西洋人並無違法之事，反行禁止，似屬不宜。相應將各處天主堂俱照舊存留，凡進香供奉之人，仍許照常行走，不必禁止。俟命下之日，通行直隸各省可也。」[69] 但由於基督教本身的種種矛盾以及西班牙與葡萄牙的利益衝突，發生了「中國禮儀之爭」，也就是康熙與傳教士就儒家崇拜引發的一場大爭論。天主教教皇克勉十一世認為儒家的祭孔及祖先崇拜違反天主教教義，支持當時主要由西班牙背景的道明會，打壓主要由葡萄牙背景的耶穌會，結果引發清朝朝廷反制，嚴厲限制傳教士活動。1721 年，即康熙六十年，康熙閱取教廷特使嘉樂的《自登基之日》禁約後，下旨曰：「覽此條約，只可說得西洋等小人如何言得中國之大理。況西洋等人無一通漢書者，說言議論，令人可笑者多。今見來臣條約，竟與和尚道士異端小教相同。彼此亂言者，莫過如此。以後不必西洋人在中國行教，禁止可也，免得多事。欽此。」[70] 儘管耶穌會教士企圖補救，設法附加了八條變通的辦法，但康熙皇

---

[64] 同上，194 頁。

[65] 同上，165 頁。

[66] 同上，165 頁。

[67] 黑格爾：《哲學史講演錄》，第一卷，北京，商務印書館，1981 版。第 119-120 頁。

[68] 黑格爾：《歷史哲學》．上海：上海書局。1999 年版。第 122-123 頁。

[69] 見黃伯祿編，《正教奉褒》，第 116-117 頁。

[70] 北平故宮博物院編：《康熙與羅馬使節關係文書影印本》，1932 年，第 41-42 頁。

帝不為所動，傳旨曰：「中國道理無窮，文義深奧，非爾等西洋人所可妄論。」[71] 康熙之後，雍正繼續下令禁教；乾隆朝代，傳教士仍受很高禮遇，但傳教仍屬非法；蕭規曹隨的嘉慶、道光兩朝也始終奉行禁教政策。當然，西方列強通過鴉片戰爭還是打破了這種禁教狀況。不過，直到 1939 年，羅馬教廷才撤消禁止中國教徒祭祖的禁令，儘管其並不承認當時的這個禁令是錯誤的。教宗庇護十二世頒佈「眾所皆知」（Plane compertum est）通論：「允許教徒參加祭孔儀式；可以在教會學校中放置孔子之肖像或牌位，並容許鞠躬致敬；如果教徒必須出席帶有迷信色彩的公共儀式時，必須抱持消極的態度；在死者或其遺像、牌位之前鞠躬，是被允許且是適當的。」這場禮儀之爭的一個後果是，就連當時不少不明究底的西方大哲和思想家也對中國產生了負面的印象，如康德、黑格爾、尼采等。法國哲學家狄德羅也不信任崇華觀。[72]

在 17 至 18 世紀，從整體上歐洲人對中國持正面看法，因為他們看到了中國長處。其中最重要的是中國對「自然法」或「自然秩序」的堅持。同樣，西方人認為中國的問題和缺陷與其成就相比是無足輕重的。然而，到了 18 至 19 世紀，歐洲的態度經歷了一個幾乎完全的逆轉。中國被普遍描繪為一個落後，停滯的國家。有學者考證：「啟蒙時代反對崇華觀的思潮從 1754 年雷納爾文學新聞（Raynal's Literary News）。」[73] 到 18 世紀結束，中國在一個以歐洲為中心世界觀的框架下被加以闡述。正當歐洲人試圖瞭解擴展了的世界及其自身的位置，中國——中央之國作為一個相對陌生的先進文明，在啟蒙思想中佔有一個獨特的地位。在近代早期，歐洲的中國觀已被廣泛研究。當占主導地位的範式分析經歷了一個從崇華心態轉為恐華心態轉變時，對這種轉變的範圍，性質和時機的看法分歧表明，剛性並置（the rigid juxtaposition）可能並不總是有用的。為了突出 18 世紀歐洲思想中有關中國構建這一特定論題的重要性，有西方學者專門考察了中國的政府制度。對中國先進文明中中國政府的討論興趣可與啟蒙綱領中對文明和進步意義的界定、解釋和反思聯繫起來。人們發現了一個令人驚訝的共識，即崇華心態與恐華心態的傳統並置。此外，18 世紀的歐洲觀察者也無法設想中國優勢；相反，在他們觀念裡具有一定程度的文明相對主義，並將中國視為有益的借鑒。這種做法同樣讓我們考慮啟蒙思想家沒有尋求答案的那些問題，並為這種遺漏的找出原因。中國作為一個有用的模型

---

[71] 楊森富《中國基督教史》，第 140 頁，臺灣商務印書館，1978 年。

[72] Michel Delon (ed.), *Encyclopedia of the Enlightenment*, Routledge, 2001, p.251.

[73] Henry Vyverberg, *Human Nature, Cultural Diversity, and the French Enlightenment*, Oxford University Press, 1989, p.127.

被拋棄了，因為在許多方面它被認為是無法成為歐洲啟蒙運動普遍模式的一個特例。[74]

　　順便提及，在東西方思想的對話中，曾對古代中國有無哲學發生了激烈的爭論，這涉及到對哲學這一概念的主觀界定，甚至或許只是一個偽論題。本書著者不打算在這裡深入討論。但無論如何，目前至少沒有太大爭論的是，中國古代有「思想」。[75]

　　英國大科學史家李約瑟（Joseph Terence Montgomery Needham, 1900-1995），曾感歎：「當余發現十八世紀西洋思潮多係源於中國之事實，余極感欣慰，彼十八世紀西洋思潮潛流滋長，因為推動西方進步思想之根據……吾人皆知彼啟蒙時期之哲學家，為法國大革命及其後諸種運動導其先河者，固皆深有感於孔子之學說，而曾三覆致意焉」。[76] 瑞典學者漢內斯・阿爾夫（Hannes Alfvén, 1908-1995）宣稱：「如果人類要在 21 世紀生存下去，必須回頭二千五百年，去吸取孔子的智慧」。[77] 托馬斯・福斯（Thomas Fuchs）如此評述道：

　　　　在海外宣教神學「頌華」姿態的激勵下，1650 年之前歐洲已經出版了大量
　　　　有關中國文化及社會的作品。這些作品參與了啟蒙運動關於宗教、政治以及
　　　　國內社會事務的討論。告解時期（confessional period，即「三十年戰爭」）
　　　　的殘酷暴行所留下的創傷使歐洲人將中國設想成一個比自己無限好的世
　　　　界。……對中國文化的讚賞在最初就產生了一種特定的評價標準，中國文化
　　　　被解釋得博大精深。在 18 世紀反對教權的討論中，這種解釋的意義就很有
　　　　轟動性了。……這種觀點──同歐洲相比，中國雖然在科學技術上的發展上

---

[74] Ashley E. Millar, "Revisiting the sinophilia/sinophobia dichotomy in the European enlightenment through Adam Smith's 'duties of government." *Asian Journal of Social Science*, 38 (5), 2010, pp. 716-737.

[75] 中國學者苗潤田有以下闡述：說到「中國無哲學論」，我們馬上會想到黑格爾、文德爾班、德里達之屬。其實，早在他們之前某些西方學者就持有這種思想偏見。就可見的文獻資料看，從利瑪竇開始，一些西方學者就認為「中國哲學」是一種「道德哲學」而不是「思辨哲學」。康德（1724-1804）也說，孔子雖然是「中國的蘇格拉底」，但他並非哲學家，在整個東方根本沒有哲學。黑格爾重述了他們的觀點，認為哲學的起點是思想的自由，只有當人類超脫了自然階段而達到思想自由時才產生了哲學。但是，能稱之為「哲學」的只有希臘哲學和日耳曼哲學。後來的文德爾班繼續其思路，將「東方精神」視為束縛個人創造性的同義語。直到今天，法國哲學家德里達到中國訪問，仍說「中國沒有哲學，只有思想」，並修正說這絲毫沒有文化霸權主義的意味，哲學與思想之間也沒有高低之分，因為西方的哲學是一個特定時間和環境的產物，它的源頭是希臘。（苗潤田：〈中國有哲學嗎──西方學者的「中國哲學」觀〉，《中國思想史研究通訊》第一輯），2007 年。

[76] 轉引自朱謙之：《中國哲學對於歐洲的影響》第 301 頁。

[77] 轉引自《走向世界》雜誌 1989 年第 5 期第 18 頁。

滯後，但他們卻有更發達的倫理──是對中國進行評價的決定性因素之一。……在啟蒙運動早期，自然法問題對於如何評價中國是至關重要的。中國這一實例則似乎就是自然法觀念之普遍性的一種情形。這樣，某種「頌華」的法律理論就與某種「頌華」的政治理論結合起來，它以中國的倫理和政治為標準來衡量歐洲的國家制度。顯然，中國當時擁有 18 世紀的歐洲知識分朝思暮想的東西：一個強大且按理性標準行事的中央政府。[78]

歐洲漢學研究到了 20 世紀，世俗的研究者就逐漸取代了神職人員的地位。儘管不算漢學家，但杜威和羅素就是在 20 世紀 20 年代成為了中國問題的熱情研究者。

杜威的中國情結恐怕最先因為在哥倫比亞的中國學生。如 1911 年進入哥倫比亞大學教育學院，第一個獲得博士學位的，也是杜威第一位中國學生的郭秉文；後來連續不斷地來了蔣夢麟、胡適、陶行知、李建勳、張伯苓以及陳鶴琴等。杜威對中國留學生成立的教育研究團體──中國教育研究會給予了熱心的指導。該會於 1915 年成立，最初是中國學生會組織，後成為最早的中國教育研究團體，吸引了許多熱心中國教育研究的哥倫比亞大學師範學院和其他院系的中國留學生參加，如蔣夢麟、胡適、孫科、莊澤宣、汪懋祖、張彭春等，都曾是該會的。這些成員回國後，「五四」期間成為新文化運動和新教育運動的發起者，一批中國新文化、新教育的領袖，就是從這個研究會誕生的。[79]

第一次世界大戰爆發後，羅素的一些最好的朋友，包括懷特海夫婦都成了好戰分子。使他最難過的是，近百分之九十的人竟享受殘酷的屠殺感，這使自己修正了從前對人性的正面評判。過去他以為，知識分子是熱愛真理的，但眼下發現這樣的人不到百分之十。他歎道：「作為一個熱愛真理的人，所有交戰方的民族主義宣傳都讓我噁心；作為一個熱愛文明的人，向野蠻主義回歸令我驚恐；作為一個受過父母情感挫折的人，對年輕人的血腥屠殺撕扯我的心房。」[80] 對羅素而言，當務之急是尋求一條和平主義的道路來化解人類的危機，而也許東方文明的方式可以有所幫助。

---

[78] 托馬斯・福斯：〈歐洲人眼中的中國：從萊布尼茲到康德〉，載成中英與馮俊主編《康德與中國哲學智慧》，2009 年卷第 1 輯，中國人民大學出版社，第 42 頁-43 頁。

[79] 周洪宇、陳競蓉：〈哥倫比亞大學師範學院與現代中國教育〉，《比較教育研究》，2010 年第 11 期。

[80] Bertrand Russell, *The Autobiography of Bertrand Russell*, Volume II, George Allen and Unwin LTD, 1967, 1968, 1969, p.7.

　　就在這一時期，譯過《論語》、《道德經》和唐詩的漢學家阿瑟‧韋利（Arthur Waley,
1889-1966）寄給羅素一首白居易的七言絕句〈紅鸚鵡〉：「安南遠進紅鸚鵡，色似
桃花語似人。文章辨慧皆如此，籠檻何年出得身？」也許這也是羅素與後來與中國
不解之緣的一個「暗結」。韋利曾是羅素在劍橋大學時的同學。他的第一本書於 1916
年出版，並分發給了自己的 50 位朋友，其中包括羅素。[81] 1917 年，韋利出版《中
國詩歌 170 首》（*A Hundred and Seventy Chinese Poems*）；1919 年，他又出版了《更
多中文譯文》（*More Translations from the Chinese*）一書。當然羅素也曾先睹為快。
有學者曾詳細地討論了中國與羅素等之間的聯繫，而認為這些都是確立韋利地位的
關鍵。[82] 後來羅素曾對韋利所譯白居易的另一首詩借題發揮說道：「儘管中國發生
很多戰爭，但中國人本初的觀點是和平的。我不知道會有任何其他國家會在一
首詩中，就像阿瑟‧韋利先生所譯的白居易的『新豐折臂翁』那樣，將一位為逃
避軍事服役而自殘的人當成英雄。」[83]

　　1919 年，羅素專為著名漢學家維爾納（E.T.C. Werner, 1864-1954）[84] 的《中國
人的中國》（*China of the Chinese*）一書撰寫了書評〈一個英國人的中國〉。他寫到：
一個對中國藝術和文學熱愛，但從未到過中國的人，不可能對這個國家的人民形成
正確的看法。在世界上，中國是一個自古就保持自己傳統的國家。根據維爾納先生
的觀點，中國可靠的歷史大約開始於公元前 2353 年。就像文藝復興前亞里士多德
在歐洲一樣，「孔子在中國，對保守主義、傳統主義和權威主義有著至高無上的影
響。」羅素在談到儒家及其經典後，又提到了道家的老莊。他指出：維爾納先生的
書對中國的民眾和社會生活進行了膾炙人口的描述，不僅對其人格，而且也對其制
度、習俗以及興衰做了考察。「可以感受到，這本書告知讀者，真相與印象是錯綜
複雜而又充滿矛盾的，就如真理往往並非簡單地來自某一中心的理念。」他接著認
為：數千年來，在中國文學的知識與詩詞的寫作可以成為獲取權力的進身之階。然
而這種成功並不意味能理智而有效地執掌權力，而來自外來的壓力卻可造就政府的
有效性。羅素在列舉了中國傳統社會的一些長處與弊端後，頗帶詩意地議論了一下

[81] Sin-Wai Chan, David E. Pollard. 2001. "An Encyclopaedia of Translation: Chinese-English", *English-Chinese*，
　　Hong Kong: Chinese University Press,p.421.
[82] Laurence, Patricia, *Lily Briscoe's Chinese Eyes: Bloomsbury, Modernism, and China.* Columbia, South Carolina:
　　University of South Carolina Press, 2003.
[83] Bertrand Russell, *The Basic Writings of Bertrand Russell, 1903-1959*, p.553.
[84] 維爾納（E.T.C. Werner, 1864-1954）曾是英國駐滿清政府的外交官兼漢學家。他於 1880 年代作為一名學生
　　譯員到達北京，並在那裡一直居住到 1914 年。他的主要著作有：China of the Chinese (1919); Myths & Legends
　　of China (1922); Dictionary of Chinese Mythology (1932); Weapons of China (1932)。

中國傳統所追求的「美（beauty）」。他最後總結道：「當前中國發生的情況，僅是自從工業革命以來文明世界所一直發生的一個案例。在一個相互爭鬥的世界中，『美』是柔弱不堪的，它必將每況愈下。對此有可能發現補救的方式，但人們必須首先有意願去做。」對此，羅素用一句問話結束了他的評論：「在那些文明的國家裡，尋求美的強烈願望何在？」[85] 從這篇書評可以看出，羅素對儒家道家為代表的中華文化以及對當時中國的時局及發展道路，已有了初步形成了一定的真知灼見，儘管還不算成熟。

羅素對戰爭的根源以及人類好戰的原因不斷作了多方面的探索和考察。在《自由人的崇拜》（1903）中，他談到了在對抗黑暗勢力中產生美好的生活。在《人類為何戰鬥》中，他揭示戰爭的心理根源，即人類的全部活動包括戰爭都來自衝動和欲求，而所謂衝動又可分為侵略衝動（包括抗禦侵略的衝動）與佔有衝動兩類。在《自由之路》（1917）中，他指出，權力的集中能夠引發戰爭，反過來，後者也可引起前者；並探索了資本主義和社會主義兩種制度都能促發戰爭的動因。在《政治理想》（1917）中，他揭露專制國家獨裁者的反人類行為，倡議建立「國際議會」，而用和平和外交手段保障正義，解決爭端；鼓吹組織「三權分立」的世界政府以及國際軍事力量或「國際警察力量」來制止國際暴力和衝突。

戰爭期間，俄國爆發了十月革命，當時的羅素對此還感到歡欣鼓舞，也為這點被加了某種罪名。1920 年，羅素到西班牙講學後，有機會隨一個工人代表團訪問了革命後的俄國。羅素說道：「第一次世界大戰使我產生了一種新的興趣。我非常關心戰爭以及如何阻止未來戰爭的問題，這方面的著作使我成了為廣大公眾所熟知的人物。在戰時，我覺得應該把和平的願望化成一種有理智的決心，一次避免未來的大戰。然而，凡爾賽和約打破了我的幻想。我的許多朋友把希望寄託於蘇聯，但我 1920 年訪問那裡時，並沒有什麼事物是值得稱道和喜愛的」[86] 此時的羅素，沒想到華夏那條開始驚醒的睡龍，竟向他張開了熱情的歡迎。

---

[85] Bertrand Russell, "An Englishman's China," Review of E.T.C. Werner", *China of the Chinese*, *The Athenaeum* no. 4,658 (Aug 8 1919), pp715-6; *Uncertain Paths to Freedom: Russia and China, 1919-22*, Routledge, 2000, pp.70-73.

[86] 羅素：〈我的思想發展〉，丁子江譯，載《哲學譯叢》，1981 年第 5 期，原載 P. Schilpp (ed).*The Philosophy of Bertrand Russell*, Northwestern University Press, 1944，pp.3-20。

第三節　「羅素化」與「杜威化」的形成

　　為什麼杜威於 1920 年代對中國有著重大影響？在那期間，有許多主客觀原因，其中之一就是哥倫比亞大學中國高足強有力的「宣傳」。所有這些杜威門徒在中國教育界都是主導人物，而且在五四運動都有著重大貢獻，如胡適、蔣夢麟、陶行知和馮友蘭等。連杜威都驚訝地說：「中國到處佈滿了哥倫比亞大學的人！」[87] 這些教育界的權威人物都不遺餘力地宣傳和推廣恩師，一時間從都市到鄉村造成了一種全國性的杜威教育熱。在他們當中，胡適無疑充當了宣傳杜威的一個統治角色。當胡適於 1917 年 4 月獲哥倫比亞大學博士學位時，他已成為杜威的一個熱心追隨者，並開始系統地學習杜威的思想。1915 年夏，胡適回國後，至少其任務之一就是將介紹杜威的實驗主義或工具主義作為科學方法介紹給中國。胡適說道：「作為一個哲學上的實用主義者，我對朋友們提倡白話實驗……我已經為我的新詩集發現了一個題目叫做《嘗試集》」。[88] 著名旅美華裔學者林毓生將胡適開展的運動稱作「杜威化」（Deweyanization）。他認為，胡適的科學改革是對作為整體杜威化的一個主要手段，因為胡適現代西方文明的概念只有一個含義而不是多義的，「目的很明確，對中國文明進行杜威化。」[89] 林毓生指出胡適的科學改良計劃正是為了推廣「杜威化」運動。[90] 胡適說，「我們可以說，自從中國與西洋文化接觸以來，沒有一個外國學者在中國思想界的影響有杜威先生這樣大的。我們還可以這樣說，在最近的將來幾十年中，也未必有別個西洋學者在中國的影響可以比杜威先生還大的。」[91] 有學者對此評論道：「因其個人非常熟知杜威，聲稱遵循杜威的理念，並處處效仿這位恩師──所有這些使胡適正當地成為杜威的代理人。在正如林毓生所稱謂『中國杜威化』的胡適計劃中，實用主義從對社會不斷探究和實驗的重點變成了對胡適自身文化理智主義的論證。」[92]「無論在美國和中國，對杜威訪華的評價及其對中國

---

[87] John Dewey, *Letters from China and Japan,* J.M. Dent & Sons, 1920, p.243.

[88] 胡適：《中國的文藝復興》，北京：外語教學與研究出版社，第 52 頁。

[89] Lin Yu-sheng, *Crisis of Chinese Consciousness: Radical Antitraditionalism in the May Fourth Era*, 1979, pp. 85-95.

[90] Zijiang Ding, "A Comparison of Dewey's and Russell's Influences on China", June 2007, *Dao*, Volume 6, Issue 2, pp. 149-165.

[91] 胡適：〈杜威先生與中國〉，《胡適全集》第 1 卷，安徽教育出版社。

[92] Jessica Ching-Sze Wang, *John Dewey in China: To Teach and to Learn*, State University of New York Press, 2007, p. 35.

教育的影響都引起極大的爭論。」[93]

　　杜威在北京以外的大部分講座都與教育哲學直接相關。在首都，他發表了稱為「五大系列講座」：一、教育現代化趨勢三講；二、社會與政治哲學十六講；三、教育哲學十六講；四、倫理學十五講；五、思維類型八講。杜威為每一堂課做了簡短的筆記，並事先給他的翻譯準備了一份。此外，這些筆記是給選定的講座記錄者，以便他們可以在出版前審閱他們的報告。[94] 在北京講學時，胡適擔任其前任老師的翻譯和顧問。胡適的建議很有價值，杜威把他「作為中國歷史和時事的導師」。[95] 杜威的講座受到廣泛的宣傳，經常在中文報刊上重新印刷。他的北京講座也以書的形式出版，到 1923 時，每本書都有十四版，每版 10000 冊。[96] 總的來說，正如當時一位評論家所指出的，可以通過口頭和書面的方式推測。「杜威教授對幾十萬中國人說了他的話。」[97]

　　相對而言，羅素比杜威更有聲望。談到「杜威化」，就會對應談到「羅素化」。[98] 1974 年，美國學者克拉克（Ronald Clark）在其《羅素生平》（*The Life of Bertrand Russell*）一書，[99] 以及芒克（Ray Monk）在其《羅素的孤獨精神》（*Bertrand Russell: The Spirit of Solitude, 1872-1921*）一書，都提及了「羅素化」（Russellization）這個概念。[100] 對中國知識分子來說，羅素是一個傳奇人物、一個聖賢以及一個創造性的哲學天才，充滿魅力的社會理想、偉大的慈善、高尚的個性以及豐富多采的人生經歷。在中國的演講中，杜威將羅素高度讚譽為「我們時代三位最重要的哲學家之一」。在羅素訪華前，他的超過 10 部重要著述被翻譯或得到評述，他的生平也被介紹給了中國知識分子。中國激進自由主義者和左派分子都歡迎羅素，重要原因是他贊同社會主義，並曾到蘇聯參訪。實際上，羅素的著述在年輕人和識分子中比杜威更得到廣泛的傳播。然而，這種情況並未持久多長，當他對蘇聯的批判文章被翻譯後，激進左翼人士對此非常失望。很顯然，新中國知識分子中如張申府和趙元

---

[93] Zhixin Zhu, "A Critical Evaluation of John Dewey's Influence on Chinese Education", *American Journal of Education,* May 1995, p. 302.

[94] Ibid.

[95] Keenan, Barry, *John Dewey in China, His Visit and the Reception of his Ideas* 1917-1927. (Unpublished Ph.D. dissertation), Claremont Graduate School, 1969, pp. 216-217.

[96] Ibid., p. 88, p. 72.

[97] Remer, C. F., "John Dewey in China", *Millard's Review*, XIII, No. 5, July 3, 1920, p.267.

[98] 丁子江：《羅素與中華文化：東西方思想的一場直接對話》，北京大學出版社，2015 年版，第 266 頁。

[99] Ronald Clark, *The Life of Bertrand Russell*, Bloomsbury Publishing, 1974.

[100] 參見 Colin McGinn, *Minds and Bodies: Philosophers and Their Ideas*, Oxford University Press, pp.41-42.

任等人以很大的期望試圖在中國進行羅素化的運動。具有諷刺意味地是，不同於杜威，邀請羅素的並非五四運動領導人物的胡適、陳獨秀和李大釗一類的新知識分子，而是由梁啟超等保守的知識分子。因此，羅素錯過了直接與那些激進知識分子領導人物對話的機會。

可以說，1920 年代的中國經歷了一個「羅素化」與「杜威化」的交叉過程。[101] 所謂羅素化包括以下三個方面：其一，中國的重建應該跟隨羅素的社會理想。羅素主張：1，中國應發展工業中止極端貧窮；2，中國應建立一個高效率與憲政化的議會政府，從而得到愛國與具有世界頭腦的平民的支持，中止軍事政變與外國控制，並避免濫權的官僚獨裁；3，中國應建立可能叫做「國家社會主義或列寧稱為國家資本主義」的一種新的經濟制度，因為在中國這一類落後國家不適於建立純粹或完全的社會主義；4，在當前經濟發展階段，俄國類型的共產主義也許可適用與中國，因為其緊迫問題是迅速發展生產，儘管它在西歐不能流行，而且對世界和平也並非一種理想的制度；5，中國的改革應採取和平主義以及非暴力方式。其二，中國教育的重建應該跟隨羅素的模式。羅素主張：1，教育可能幫助中國避免貧窮和落後；2，中國教育應教更多科學與技術技能，而並非從西方文化中獲得的有關道德或倫理格言；3，中國教育應發展民眾的政治意識，並避免使中國學生盲目崇拜西方文明的那些外國控制。[102] 其三，中國想法的重建應該跟隨羅素的哲學方法。羅素建議：1，新中國哲學應建立在現代科學，而非神秘主義的基礎上；2，中國知識分子應運用哲學分析與數理邏輯方法，並取代浪漫式的綜合；3，中國應放棄傳統儒家與道家被動農業和家庭倫理，並發展公共精神、愛國主義或西方民族主義；4，中國應有反宗教運動，除基督教、佛教以及伊斯蘭之外，還包括將馬克思主義作為宗教的形式。[103]

所謂杜威化包括以下五個方面：其一，任何進化與漸進的改革，包括漢語作為社會和文化變動的一個有效手段，都被認為是來自杜威工具主義基本的教條；在一定的意義上，中國改革就是實踐杜威的基本方法。在他的主觀解釋中，胡適企圖將杜威的科學方法作為一個首要條件來解決中國的社會和文化問題。對胡適來說，在中國，一種科學傳統的創立是在為面對美國優越文化，在心理上所需要的中國資源，「與他為杜威化中國的熱情目的在理智上所需要的建立改良派手段之間相互作

---

[101] Zijiang Ding, "A Comparison of Dewey's and Russell's Influences on China," June 2007, *Dao*, Volume 6, Issue 2, pp.149-165.

[102] Tse-tung Chow, *The May Fourth Movement*, Harvard University Press, 1980, pp.232-239.

[103] 馮崇義：《羅素與中國》，三聯出版社，1994 年，第 106-128 頁。

用的結果」。[104] 其二，正如任何一種古老文化，中國文化需要新的「包裝」、「裝飾」和「充電」；「西洋化」僅僅是為結束中國文明活力（vitalization）的手段。在採取了杜威的工具主義之前，胡適對儒家與中國文化傳統的觀點決非是負面的，而從這以後，他開始創立一種方式來改造它們。顯然，這種方式就是根據杜威的科學方法。胡適對杜威的發現決定性地將其早先簡單、模糊、試探性，但真正改良派態度，轉變成根據杜威早年哲學體系所提供的現代性和現代化模式來對中國加以「西化」。其三，因為杜威為社會與文化的漸進而論證，胡適也想沿著這條道路為中國的發展而避免俄國式的革命。對杜威來說，中國需要漸進與溫和的改革，而非需要激進與暴力的革命，因為「改良」對社會政治轉型是一種非常有效的試驗與工具的類型。很清楚，杜威科學改良主義成為杜威化（Deweyanization）的主要手段，而並非尋求一種在中國現代化發展中對中國文化的認同。雖然社會成員成為極端偶像破壞者與反叛者，但「他們仍表達了這樣一個信念，即社會改革應該一步一步地進行」。[105] 其四，胡適企圖採取杜威的工具主義對中國文化加以做「全面變革」，不僅為社會和政治的改變，而且為幾乎所有文化的領域，包括語言、文學、思維方式，如「詩歌革命」、「白話運動」以及「中國邏輯方法」。1917 年夏天，在回國途中，胡適被張勳復辟的消息所懊惱。他認為，環境本身必須被改變的主張下，復辟活動當然會發生。因此，他下決心參加中國文學的改革，並認為這是為政治變革打下基礎。[106] 其五，「杜威化」的最重要的方面是教育。杜威是老師的老師，他教導人們在科技、民主以及社會發展成為人生要務的新時代怎樣生活與思維。他的《學校與教育》（1889）和《民主和教育》（1916）兩部著作為中國的教育家和知識分子所熟知。胡適贊同杜威這樣的主張：教育即生活，並且學校即社會。重要地是，政治改革只有在社會與文化變革後才能實現而這就必須通過教育得到促進。杜威本人在自己有關中國的文章中系統地解釋了與胡適一樣的觀點，正如他指出，因為「民主不僅僅是信仰、人生觀、思想習慣的問題，也不僅僅單純是政府形式的問題」，它要求「普及教育」，並且達到普及教育的首要一步是將口語作為一種書面寫作語言來加以建立。[107]

　　幾乎同期來華的羅素與杜威對當時中國的影響和衝擊是空前的，儘管不一定是絕後的，但至今還沒有其他訪華過的西方哲學家或著名學者能達到這種熱烈程度。

[104] 周策縱：《五四運動》（*The May Fourth Movement*），英文版第 98 頁。

[105] Tse-tung Chow, *The May Fourth Movement*, Harvard University Press, 1980, p.98.

[106] 胡適：〈胡適致孫伏廬和常乃德〉，1922 年 6 月 16 日，《文集》，第 101 頁。

[107] 杜威：〈新文化在中國〉，《亞洲》雜誌，英文版第 581 頁，1921 年 7 月。

這種「空前」至少表現在：1.在羅素和杜威之前，歷史從未有過任何重要西方哲學家或著名學者來過中國；2.綜合來說，羅素和杜威的博學智慧與學術造詣、思想的敏銳與豐富的閱歷、人格的力量與強烈的社會責任感，堪稱楷模；3.當時的中國正處在辛亥革命和五四運動後社會轉型與重建的關鍵時期，也是動亂暫停百廢待興而相對和平發展的短暫階段，思想文化界和知識分子的理性、求知、包容、活躍，科學態度以及追求真理和批判探索精神是古今未有的；4.羅素與杜威分別在中國居住和工作過近一年或近兩年，他們作過大量的演講，也進行了相當廣泛的社會接觸，並在後來的各種著作和場合經常提及中國，以致形成了獨到的中國觀與難以忘懷的中國情結。

　　據考證，蔡元培出國前還應湖南教育會的邀請，與杜威、羅素和章太炎、吳稚暉、胡適等中外著名學者，專程去長沙參加學術演講活動。中國近代思想泰斗章太炎先生也與羅素有過一定的來往。1920 年，章太炎在長沙與當時正在那裡訪問、講學的杜威、羅素不期而遇，他們是真正意義上的學術大師，他們也最有資格進行一次最高水準的東西方文化對話，然而由於雙方知識背景、學術關懷的不一致，致使這次原本最有意義的東西方學術大師的對話索然無味。[108] 原北京大學校長蔣夢麟與羅素很有接觸，他曾這樣回憶到：雖然政治上狂風暴雨迭起，北大卻在有勇氣、有遠見的人士主持下，引滿帆篷，安穩前進。圖書館的藏書大量增加，實驗設備也大見改善。「國際知名學者如杜威和羅素，相繼應邀來校擔任客座教授。這兩位西方的哲學家，對中國的文化運動各有貢獻。杜威引導中國青年，根據個人和社會的需要，來研究教育和社會問題。毋庸諱言的，以這樣的方式來考慮問題，自然要引起許多其他的問題。在當時變化比較遲鈍的中國實際社會中自然會產生許多糾紛。國民黨的一位領袖胡漢民先生有一次對我說，各校風潮迭起，就是受了杜威學說的影響。此可以代表一部分人士，對於杜威影響的估計。他的學說使學生對社會問題發生興趣也是事實。這種情緒對後來的反軍閥運動卻有很大的貢獻。羅素則使青年人開始對社會進化的原理發生興趣。研究這些進化的原理的結果，使青年人同時反對宗教和帝國主義。傳教士和英國使館都不歡迎羅素。他住在一個中國旅館裡，拒絕接見他本國使館的官員。我曾經聽到一位英國使館的官員表示，他們很後悔讓羅素先生來華訪問。羅素教授曾在北京染患嚴重的肺炎，醫生們一度認為已經無可救藥。他病癒後，我聽到一位女傳教士說：『他好了麼？那是很可惜的。』我轉告羅

---

[108] 馬勇：〈章太炎 1920 年長沙之行考實〉，《一九二〇年代的中國》，社會科學文獻出版社，2005 年版。

素先生，他聽了哈哈大笑。」[109]

　　在對待羅素的問題上，作為新文化運動主要領袖之一胡適（1891-1962）的立場極不明朗，最難讓人揣測；他明顯表現出揚杜抑羅的心態。這大概有四個原因：一是他把心思主要放在當時也正訪華，自己在美國哥倫比亞大學的導師杜威身上了；二是他對梁啟超為首的講學社出面邀請羅素恐怕心有芥蒂，文人相輕，看重文化領袖的權爭，故表現出不以為然的樣子；三是他對羅素的整體思想不甚瞭解，尤其是邏輯和分析哲學方面更是一竅不通；四是他與梁啟超等人有根本政治社會理念的不同。

　　胡適對羅素來華演講幾乎不發一詞，甚至沒有出席過任何一次羅素的演講會，他在日記中透露：「羅素與勃拉克女士今晚在教育部會場為最後的演說，我本想去的，為雨後泥濘所阻，不能進順治門，故不能去了。羅素的演講，我因病中不曾去聽，後來我病癒時，他又病了，故至今不曾聽過。今日最後的一次，乃竟無緣，可惜。」1921 年 7 月 11 日，杜威與羅素二人同日離京前，胡適連夜趕寫出〈杜威先生與中國〉一文，以示總結恩師之行的成果，並帶著幼子祖望親往車站餞行，「心裡很有惜別的情感」。而同日下午羅素動身時，胡適卻因與友人陳慎侯談論文法問題，錯過送行時間。數日後，直到南下上海時，胡適才於車中作一白話詩，題為〈一個哲學家〉，竟這樣宣洩某種不滿：「他自己不要國家，但他勸我們須要愛國；他自己不信政府，但他要我們行國家社會主義。他看中了一條到自由之路，但他另給我們找一條路；這條路他自己並不贊成，但他說我們還不配到他的路上去。他說救中國只須一萬個好人，但一兩『打』也可以將就了——我們要敬告他，這種迷夢，我們早已做夠了！」不過，在一個月後，胡適似乎又採納了羅素的建言，在一個題為「好政府主義」的演講中，他提出「要一班『好人』都結合起來，為這個目標作積極的奮鬥，好人不出頭，壞人背了世界走！」[110] 胡適對西方哲學多少有所瞭解，也積極提倡科學方法；他在哥倫比亞大學的博士論文就是關於先秦名學的，而且他與羅素一樣積極地主張自由主義，本來其思想與羅素總有一定相通之處。但除了對梁啟超不滿外，他對羅素哲學也不贊同。1922 年 9 月，在〈五十年來之世界哲學〉一文中，他就對羅素哲學有間接的批判，而說道：「我們看新唯實論者的著作，總不免有一種失望的感想：他們究竟跳不出那些『哲學家的問題』的圈子。」在他看來，這其中就包括羅素。[111] 胡適引用羅素《神秘主義與邏輯》中〈哲學裡的科學

[109] 蔣夢麟：第十五章〈北京大學和學生運動〉，《西潮與新潮》，東方出版社，2006 年。
[110] 陳文彬：〈五四時期知識界的「挾洋自重」〉，《故鄉》，2006 年 8 月 7 日。
[111] 胡適：〈五十年來之世界哲學〉，《胡適文集》第三卷，第 300 頁，北京大學出版社，1998 年。

方法〉一文的某些觀點,來批評羅素的哲學方法。他認為,邏輯是哲學的本質,邏輯只管一些普通的原理,只管「邏輯的法式」的分析與列舉。胡適批評道:「我們要問,如果科學不問『經驗的證據』,他們更從何處得來那些『普遍的原理』?他們說,須用分析。然而分析是很高等的一個知識程度,是經驗知識已進步很高的時代的一種產物,並不是先天的。人類從無量數的『經驗證據』裡得來今日的分析本事,得來今日的許多『邏輯法式』,現在我們反過來說『哲學的命辭須是不能用經驗上的證據來證實或否證的』,這似乎有點說不過去罷?」[112] 羅素認為,哲學命題「必不可論到地球上的事物,也不可論到空間或時間的任何部分」,胡適則相反,認為人類今日的最大責任與最需要是把科學方法應用到人生問題上去。顯然他是堅決地反對羅素把所謂的科學方法與解決人生的實際問題脫離開來的傾向的。他進一步反對羅素的重分析而輕綜合的方法論的特色。根據以上種種理由,胡適指出,不能認為羅素的哲學是「代表時代的哲學了」。杜威在很大程度上推崇羅素哲學,而胡適則基本上否定羅素哲學;這就表明在如何評價羅素哲學的問題上,胡適與其師杜威是各抒己見的。

　　1922 年 10 月,郭沫若發表一篇文章,表達了自己對泰戈爾來訪的看法。在文章中,郭沫若對當時國內熱熱鬧鬧請文化名人杜威、羅素來華演講,表示不滿。他以為,一般國人對這些名人的思想並無精到研究,請他們不過是虛榮心的表現。在他看來,這熱熱鬧鬧的活動就像演辦的一次次「神會」一般;而當時準備請泰戈爾訪華,亦不過是又一次「神會」罷了。郭沫若的這一舉動,竟掀起了後來的「反戈逆流」,與徐志摩大唱對臺戲。[113]

　　梁實秋回顧道,中國在未開海禁以前,所有經天緯地的聖經賢傳、禍國殃民的邪說異端,大半是些本國的土產。「杜威、羅素的影響也似乎不在孔孟以下,然而我們暫且撇開古今中外的學問的是非善惡的問題不論,為命名清晰起見,把本國土產的學問叫做國學,這卻沒有什麼不可以的。」[114] 那時,胡適做杜威的翻譯,但當他有事無法出場時,必請趙元任代譯。當年,在趙元任楊步偉寄給親友的結婚通知書上,說接到這項消息的時候,他們已在 1921 年 6 月 1 日下午三點鐘東經百二十度平均太陽標準時結了婚。除了兩項例外,賀禮絕對不收。例外一是書信、詩文或音樂曲譜等;例外二是捐款給中國科學社。在通知書上定的結婚時間,他們其實是在郵政局寄發通知書和照片呢。第二天《晨報》以特號大字標題〈新人物的新式

---

[112] 胡適:〈五十年來之世界哲學〉,《胡適文集》第三卷,第 301-302 頁。

[113] 郭沫若:《泰戈爾來華的我見》,《創造週報》,1923 年 10 月 4 日。

[114] 梁實秋:〈灰色的書目〉,《晨報副刊》,1923 年 10 月 15 日。

結婚〉。後來趙元任問羅素先生他的結婚的方式是不是太保守，他答稱：「足夠激進」。趙元任有一次舉行屋頂花園聚會，請羅素、勃拉克和英國公使館的班奈特（E. S. Bennett）。他回憶起自己冒昧地對羅素說，那天其相片極似「發怒的獨居人」（Mad Hatter），後者說不那麼妙想天開的比喻也許更為適切。為羅素、勃拉克及杜威送行的宴會多不勝數，趙元任發現翻譯那些客氣話比翻譯數學的哲學要難得多，常常須相機靈活處理，尤其杜威的格調極難表達。例如，他提到的「談話、討論及會議」（talks, discussions and Conferences）。[115] 羅素與杜威在南京的東南大學演講完後，在師生們的要求下，校園裡建立起了羅素館和杜威院。北師大程俊英教授回憶說：「……我參加了北大的羅素研究會、杜威研究會……。不久，羅素研究會開晚會……羅素和他的情人勃拉克也來了，在餘興時，勃拉克跳拉船舞，年輕貌美，博得熱烈掌聲。」[116]

　　陳獨秀深入批判說：哲學雖不是抄集各種科學結果所能成的東西，但是不用科學的方法下手研究、說明的哲學，不知道是什麼一種怪物！杜威博士在北京現在演講底「現代的三個哲學家」：一個是美國的詹姆士，一個是法國的柏格森，一個是英國羅素，都是代表現代思想的哲學家，前兩個是把哲學建設在心理學上面，後一個是把哲學建設在數學上面，沒有一個不採用科學方法的。用思想的時候，守科學方法才是思想，不守科學方法便是詩人底想像或愚人底妄想，想像，妄想和思想大不相同。哲學是關於思想的學問，離開科學談哲學，所以現在有一班青年，把周秦諸子，儒佛耶回，康德黑格爾橫拉在一起說一陣昏話，便自命為哲學大家，這不是怪物是什麼？羅素也不反對宗教，他預言將來須有一新宗教。「我以為新宗教沒有堅固的起信基礎，除去舊宗教傳說的附會的非科學的迷信，就算是新宗教。……前幾天我的朋友張申甫給我的一封信裡也說道：『宗教本是發宣人類的不可說的最高的情感（羅素謂之精神 Spirit）的，將來恐怕非有一種新宗教不可。但美術也是發宣人類最高的情感的（羅丹說：『美是人所有的最好的東西之表示，美術就是尋求這個美的』。就是這個意思）。而且宗教是偏於本能的，美術是偏於知識的，所以美術可以代宗教，而合於近代的心理。現在中國沒有美術真不得了，這才真是最致命的傷。社會沒有美術的趣味，所以社會是乾枯的，種種東西都沒有美術的趣味，所以種種東西都是乾枯的；又何從引起人的最高情感？中國這個地方若缺知識，還可以向西方去借；但若缺美術，那便非由這個地方的人自己創造不可。』」[117] 陳獨秀

---

[115] 參見趙元任：〈為羅素任翻譯及結婚〉，《從家鄉到美國》，關鴻、魏平譯，商務印書館。

[116] 程俊英：〈回憶女師大〉，《程俊英紀念文集》朱傑人等編，華東師大出版社，2004年版。

[117] 陳獨秀：〈新文化運動是什麼？〉，《新青年》7卷5號，《陳獨秀文章選編》，三聯書店，1984。

還引用羅素在《中國人到自由之路》裡的話說：「中國政治改革，決非幾年之後就能形成西方的德謨克拉西。……要到這個程度，最好經過俄國共產黨專政的階段。因為求國民底智識快點普及，發達實業不染資本主義的色彩，俄國式的方法是唯一的道路了。」「羅素這……話，或者是中國政黨改造底一個大大的暗示。」[118]

　　儘管陳獨秀對羅素作過批判，但後者在關鍵時刻還是伸出援救之手。1932 年 10 月 15 日，陳獨秀在上海公共租界寓所被工部局巡捕逮捕，經第一特區法院略事詢問，即將同案人犯引渡給上海市警察局。接著蔣介石命令將陳等解押南京（同案尚有彭述之、濮一凡、王武、王兆群、何阿芸、王子平、郭鏡豪、梁有光、王鑒堂等），交軍政部部長何應欽派軍法司司長王振南審理。這時全國各地報紙紛紛發表消息，國內和國際的著名學者如蔡元培、楊杏佛、羅素、杜威、愛因斯坦等人都打電報給蔣介石，要求釋放陳獨秀。蔣介石在國內外的輿論壓力下，被迫批示，由軍法司移交地方法院審理。於是，陳氏等由軍法司看守所移至江寧地方法院看守所羈押（因軍事法院審理不公開，不得請辯護人。地方法院則反是，故蔣氏為平民憤，而將陳氏改由地方法院審理）。

　　從各種層面都可看出張申府對羅素的癡迷。他稱羅素是「最哲學而又最科學的科學哲學家」，「……現代西洋哲學家最懂得科學方法最能用他的，要數羅素第一，杜威也知重之，便差遠了。」[119] 為羅素訪華，張申府作了很多先行輿論操作，如發表羅素傳略；翻譯了羅素和羅曼‧羅蘭等人聯名公佈的〈獨立精神宣言〉；向《晨報》的編者寫信為杜威稱羅素是「極度悲觀主義者」的說法加以反駁。

　　哲學大師梁漱溟（1893-1988）在其名著《東西文化及其哲學》緒論提到：「後來羅素從歐洲來，本來他自己對於西方文化很有反感，所以難免說中國文化如何的好。因此常有東西文化的口頭說法在社會上流行。」「……大概大家的毛病，因為西洋經大戰的影響對於他們本有的文化發生反感，所以對於東方文化有不知其所以然的羨慕，譬如杜威、羅素兩先生很不看輕中國的文化，而總覺得東西文化將來會調和融通的。大家聽了於是就自以為東方化是有價值了。但假使問他們如何調和融通，他們兩先生其實也說不出道理來。」[120] 梁漱溟還聲稱：「所謂哲學可以說就是思想之首尾銜貫自成一家言的。杜威先生在北京大學哲學研究會演說：西方哲學家總要想把哲學做到科學的哲學。怎樣才是『科學的哲學』自不易說，若寬泛著講，現在西方無論哪一家哲學簡直都是的。純乎科學性格的羅素固然是，即反科學派的

---

[118] 陳獨秀：〈實行民治的基礎〉，《陳獨秀著作選》，任建樹等編，上海人民出版社 1993 年版。
[119] 張申府：〈英法共產黨──中國改造〉（1921 年 6 月 12 日），《一大前後》（一），人民出版社，1980 年版。
[120] 梁漱溟：《東西文化及其哲學》，商務印書館，1987 年版第 2，13 頁。

柏格森也的的確確從科學來，不能說他不是因科學而成的哲學。」在這部著作中，專門有兩節叫〈羅素的意思〉與〈羅素的態度〉，前者談了哲學方法問題，後者則講了社會倫理問題。[121]

　　馮友蘭（1895-1990）在中國哲學界也是積極地提倡分析方法的哲學家。他對於邏輯分析方法傳入中國給予了極高的評價。他說：「在五四運動的時候梁啟超等人組織了一個尚志學會約請了美國實用主義哲學家杜威和英國的哲學家當時是新實在論者的羅素到中國演講。我在哥倫比亞大學研究院的時候在這個大學中恰好也有這兩個學派。杜威在那裡講實用主義還有兩位教授講新實在論。因此這兩派我比較熟悉。在我的哲學思想中先是實用主義佔優勢後來新實在論佔優勢。」「1919 年邀請約翰・杜威和柏特蘭・羅素來北京大學和其他地方講學。他們是到中國來的第一批西方哲學家，中國人從他們的演講第一次聽到西方哲學的可靠說明。……這兩位哲學家，接受者雖繁，理解者蓋寡。可是，他們的訪問中國，畢竟使當時的學生大都打開了新的知識眼界。就這方面說，他們的逗留實在有很大的文化教育價值。……就我所能看出的而論，西方哲學對中國哲學的永久性貢獻，是邏輯分析方法。……佛家和道家都用負的方法。邏輯分析方法正和這種負的方法相反，所以可以叫做正的方法。……正的方法的傳入，就真正是極其重要的大事了。它給予中國人一個新的思想方法，使其整個思想為之一變。……邏輯分析法就是西方哲學家的手指頭，中國人要的是手指頭。」[122] 他還回憶到：在袁世凱的暴力之下，國會不能行使職權，國民黨失敗了，與之對立的進步黨也不能不跟著垮臺。研究系就把它的活動從政治方面轉到學術方面來，辦了一個學會，叫尚志學會。它名叫學會，實際上還是原來那班人主持一切。《哲學評論》就是尚志學會主辦的刊物，原來主編是瞿世英（菊農）。在五四運動的時候，梁啟超等人的尚志學會，約請了美國的實用主義哲學家杜威和英國的哲學家、當時是新實在論者的羅素到中國演講。「我在哥倫比亞大學研究院的時候，在這個大學中，恰好也有這兩個學派。杜威在那裡講實用主義，還有兩位教授講新實在論。因此這兩派我比較熟悉。在我的哲學思想中，先是實用主義佔優勢，後來新實在論佔優勢。實用主義的特點在於它的真理論。……後來我的哲學思想逐漸改變為柏拉圖式的新實在論……總起來說，新實在論所講的，是真理本身存在的問題，實用主義所講的，是發現真理的方法的問題。所以兩派是並行不悖的。」[123] 因此馮友蘭根據羅素和杜威等人的觀點，在他的《人生哲

---

[121] 梁漱溟：《東西文化及其哲學》，商務印書館，1987 年版第 33 頁。
[122] 馮友蘭：《中國哲學簡史》，北京大學出版社，1985 年版第 378 頁。
[123] 馮友蘭：《馮友蘭自述》，中國人民大學出版社，2004 年版第 170，185 頁。

學》回答了當時哲學界及一般思想界所討論的問題，廣泛地討論了一般哲學問題；從宇宙的構成到文學藝術以至宗教，都作了一些解答的嘗試。[124]

不過，湯用彤對羅素和杜威來中國講學時所受到的聖人式崇拜，很不以為然，為此批判說：「羅素抵滬，歡迎者擬之於孔子；杜威蒞晉，推崇者比之於慈氏。今姑不言孔子、慈氏在中印所占地位，高下懸殊，自不可掩。此種言論不但擬於不論，而且喪失國體。」[125]

張岱年回顧說：「近代以來，隨著西方自然科學的傳入，西方近代哲學，也逐漸傳入中國。到了「五四」新文化運動時期，西方的各派哲學更大量移譯過來。杜威、羅素來華講學，於是實用主義與新實在論分析哲學在中國發生了一定影響。20年代後期，馬克思主義唯物論哲學更受到青年學子的熱烈歡迎。同時康德、黑格爾、叔本華、尼采的學說亦皆有一定影響。也有人專習希臘哲學。」[126]

牟宗三在晚年，悲觀地回顧了現代中國哲學界發展的一個脈絡。在他看來，「五.四」新文化運動期間，北大哲學系最熱門，大家都念哲學，但真正能登堂入室的卻很少，多的是空話，不能入哲學之堂奧。新文化運動僅是一般性的思想啟蒙運動，多的是思想者（thinker），但並不一定是哲學家，譬如胡適就是一個典型，所以「五四」運動在哲學方面沒有成就，沒有一個思想家可以站得住腳。清華哲學系在邏輯方面第一代有由金岳霖領導，有所表現，哲學上以實在論、經驗主義為主；第二代出了沈有鼎；第三代有王憲均；第四代是王浩。北大方面，首先是張申府講數理邏輯，後來去了清華；雖然出了個胡世華（與王浩同輩），但是與哲學脫了節；有張季真（名頤）任系主任，但並不太注重邏輯，而是比較重視古典哲學，且不只限於英美的實在論。張季真留學英國，研究黑格爾，在北大講康德哲學，但他是否有黑格爾的頭腦，很有問題。康德哲學講是可以講，學是可以學，可是要掌握得住，並不容易。張申府最崇拜羅素，對其生活的情調與思考問題的格調很熟悉，但對其本人的學問卻講不出來。所以，羅素那一套哲學沒有傳到中國來，即便他有「五大演講」。胡適宣傳杜威，但對其並不瞭解，沒有達到那個程度。胡適所瞭解的杜威只是「我們如何思維（*How We Think*）」中的杜威，但對其後來的著作大概都無興趣

---

[124] 本書作者聽過馮友蘭先生的課，並多次與他交談過有關中西哲學的比較問題，其中也包括羅素。我留下較深印象是因寫一篇文章而上門拜訪了馮老先生。老先生的住宅位於北大燕南園的一個獨立院落裡，環境還算不錯。當時，老先生的精神也不錯，思維敏捷而且非常禮賢下士。我們足足談了兩個小時，其中談到了羅素，張申府和張岱年。

[125] 《湯用彤選集‧評近日之文化研究》，天津人民出版社。

[126] 張岱年：〈論中國哲學發展的前景〉，《張岱年論文集》，安徽教育出版社，1998 年版。

或甚至根本沒有讀過。杜威的學問相當扎實，自成一家之言，美國將來能不能出像杜威這樣的哲學家都有問題。瞭解杜威的那一套並不是容易的。所以胡適當年所宣傳的杜威，根本就沒有傳到中國來；實用主義也就成了望文生義的實用主義。當代的羅素、杜威無法講，十八世紀的康德，就更難了，要講清楚都辦不到。所以北大對西方哲學無所成就，進不了西方哲學之門。以後變成專門講中國哲學。講中國哲學以熊十力為中心，加之湯用彤講佛教史。抗戰期間，北大遷到昆明，完全以湯用彤為中心。湯先生後來的興趣主要集中在佛教史，但是湯先生的佛教史注重考據，代表的是純粹學院的學術作風，對佛教的教義、理論沒有多大興趣，造詣不深，所以他代表的不是佛家的哲學，而只是佛教史，落入了西方的古典學，不是哲學系的本分。因此，北大辦哲學系，歷史最久，師資最多，結果無所成。至於中央大學哲學系，更是亂糟糟，尚不及北大與清華的哲學系。總的來說，這三者的「成就均不大」。此外，除了燕京哲學系出了個張東蓀先生，算是當時幾個念哲學念得不錯的人之一，其他大學的哲學系就更談不上有多少成就了。[127]

有時，羅素為了保持某種英國紳士的風度，相當注意某種禮貌，例如在書中和在私人信中對中國的印象還是有著區別，他在信中寫道：「中國人沒有心腸、懶惰、不誠實。他們將賑災事務全部推給歐洲人，而且他們的政府極端腐敗。絕大多數學生愚蠢而又膽小。我並不真地認為我在此間所做的一切有什麼價值。杜威夫婦在此待了一年，他們已完全失望。」[128]

當然，作為思想家和哲學家的羅素和杜威，不可能像好萊塢的影星，或後現代時期那些歌星球星那樣，直接對中國的普通民眾有什麼直接影響，而只局限於知識精英圈子，但無疑是這個階層人們的一個良師；不管你是否贊同他的某一觀點，你都會感到一種知識與批判的力量。作為中華精英的良師，羅素與杜威究竟產生了什麼影響的效應？中華精英們與這之間是一個良性互動的雙向交流過程。

為什麼哲學家、教育哲學家和民主學者不斷地回到杜威身上，以尋求有關民主和教育問題的見解和啟示？美國學者郭爾登（Mordechai Gordon）認為有四大原因導致學者繼續返回杜威的靈感和指導的需求。首先，杜威的實用主義教育方法力求保持學校的質量和穩定，同時拒絕基於時間的變化來實現教育極端變化的傾向。第二，杜威的作品包含了現代和後現代的元素，因此很難把他稱為某一學派的成員。第三，杜威的研究課題代表了廣泛的話題和興趣，從藝術到政治，從哲學到教育的

[127] 王興國：〈牟宗三論中國現代哲學界〉，《思問》，2002 年 5 月 30 日。
[128] 〈羅素致柯莉的信〉，1920 年 12 月 3 日，原件存羅素檔案館。

本質和目的。事實上，杜威的許多散文和書籍都可以看作是現代與後現代思想的對話。最後，也許最為重要的是，杜威對民主的願景要求我們重建我們的全球社區和我們的教育系統，以滿足所有公民（不僅僅是富人或強國）能夠受益的歷史環境的變化。[129]

　　杜威與羅素訪華旅程有幾點很發人深省。首先，我們可比較這兩人的態度；不僅比較他們對科學與真理、社會與道德、現代與傳統、善與惡、生與死等方面不同的觀念；而且他們的旅行和對「戶外」活動或「異國情調」的體驗，以及他們各自的氣質和哲學思考。我們可審閱杜威夫婦在中國期間給子女的信件。杜威的女兒珍妮（Jane Dewey）曾說過，其母愛麗絲（Alice Chipman Dewey）毫無疑問地為杜威的哲學興趣從評述古典擴展到當代生活領域起到影響。最重要的是，先前的理論論題是通過杜威與她接觸而獲得的「活力與對人類意義的認識」（Good，2006：154）。尤其在《民主和教育》的一些段落中，這種影響是顯而易見的，因此，當愛麗絲在鄉村旅行時，她也會把「膽量和精力投入到工作中」（Westbrook，2010，21）。杜威並未撰寫過有關中國的專著，而羅素卻做到了，正如他於 1921 年 1 月 6 日致考雷特（Colette）信中所提及的：「儘管我不認為我會撰寫一部有關中國的書，因為這是一個複雜的國家，一個古老的文明，對其加以揣測，會很辛苦。」（Russell，2010：216）杜威在中國時寫了很多東西，在離開這個國家的時候，他已經進行了130 多個講座，寫了近四十篇有關政治、文化、教育、心理學與中國問題等文章。當杜威在 1921 年 10 月回到美國時，他很興奮自己回到了哲學界。他對英國實用主義者謝勒（Schiller）說道：「我在中國時完全沒有閱讀哲學。」（Martin，2002：327）。

　　在杜威與羅素之間有一些相似性：1.在政治上，都相信自由主義和個人主義；2.在文化上，都主張了無神論、科學主義、聖像破壞以及反宗教主義，這些都會適應新中國知識分子的需要，如反儒家、反規範、反倫綱等；3.在哲學上，都強調經驗主義與實證主義；4.在教育上，都傾向進步主義與功能主義。然而，我們應當考察兩位哲學家的區別而並非那些相似性。有三種可能的方法討論這個問題：1.通過兩位哲學家之間的辯論；2.通過中國知識界和西方學術界對兩位哲學家的評論或批判；3.通過兩位哲學家活動的結果。本書將集中討論關於 20 年代對中國不同影響的比較。

---

[129] Mordechai Gordon, "Why Should Scholars Keep Coming Back to John Dewey?" *Educational Philosophy and Theory,* Volume 48, 2016 - Issue 10: Dewey's Democracy and Education in an Era of Globalization, pp. 1077-1091.

第四節　「羅素熱」與「杜威熱」

　　五四運動以來，隨著一大批留學生從國外學成回國從事教學研究，西方哲學理論著作翻譯在中國有了較大的發展。1920 年梁啟超、張東蓀從歐洲訪問歸來，曾與上海商務印書館負責人張元濟磋商，希望對他們組織的講學社邀請歐美名人來華演講給予資助。張元濟在同年致梁啟超先生的信中說：「前面談講學社延聘歐美名人來華演講，囑由敝館歲助若干，所有演講稿由敝館出版各節已由同人商定，均遵照尊意辦理。自十年分起，每年歲助講學社 5 千元，專為聘員來華演講之用，三年為限，以後再另作計議。演講稿既承交敝館出版，仍照給講學社版稅，此次羅素演講稿即照此辦法辦理，另由編譯所直接函商。柏格森如可來華，亦統由講學社聘訂，敝館不另擔承，以歸畫一。」[130] 不久，羅素、杜里舒相繼訪華，演講稿陸續由商務印書館出版。西方現代哲學在中國有了較深入的翻譯傳播。

　　有學者考證，1921 年 5 月，北京大學新知書社出版的姚文林筆記《物的分析》似乎是羅素著作在中國的第一次出版。本書作者認為，其實在 1920 年，羅素的一些著作就得到翻譯出版。如《哲學問題》（新青年叢書，黃凌霜譯，新青年社，1920 年版）；《算理哲學》（萬有文庫第一集，付種孫、張邦銘譯，1920 年版）；《社會改造之原理》（晨報叢書，余家菊譯，晨報出版部，1920 年版）；以及《社會改造原理》（公民叢書，岫廬譯，群益書社&伊文思圖書公司，1920 年版）等。羅素訪華中的 1921 年，《羅素五大演講哲學問題》、《羅素五大演講心之分析》、《羅素五大演講物之分析》、《羅素五大演講數理邏輯》、《羅素五大演講社會結構學》等，均由北京大學新知書社出版。此外，出版的還有羅素的《物的分析》附《數理邏輯》（北京惟一日報社叢書，宗錫鈞、李小峰編，北京惟一日報社，1921 年版）、《社會結構學五講》（晨報社，1921 年版）、《羅素勃拉克演講合刊》（北京大學新知書社，1921 年版）、《社會結構學》（晨報社，1921 年版）、《政治理想》（程振基譯，商務印書館，1921 年版）、《社會改造之原理》（余家菊譯，晨報社，1921 年版）。

　　上述幾位早期羅素著作譯者都是很有作為的人：姚文林（1897-1980），1921 年畢業於北京大學，後留學美國芝加哥大學、康乃基工學院。1928 年回國，任東北大學化學系教授，後成為化學家。黃凌霜（黃文山，1898-1988）當時是北大外文系學生，並成為無政府主義和自由社會主義的著名代表，參與了有關社會主義的論

[130] 丁文江編：《梁啟超年譜長編》，上海人民出版社出版，1983 年，第 926 頁。

戰；1922 年赴美留學，獲哥倫比亞大學文學碩士學位，從 1922 年至 1928 年在美國留學期間，黃文山曾經師從人類學家阿爾弗雷德・路易斯・克魯伯（Alfred L. Kroeber）學習文化理論，後成為文化學、社會學、人類學、民族學以及中國文化史學家。余家菊（1898-1976）是臺灣著名教育家、臺灣原「中央大學」校長余傳韜先生的父親，乃著名國家主義教育學派思想家；惲代英的中華大學同班同學，李大釗是他的「二傳手」，胡適是他的「鐵桿」，梁漱溟是他的紅顏知己。余家菊曾在華中師範大學的前身——私立武昌中華大學完成大學學業；在這期間，他曾擔任武昌中華大學附設中學部監學，惲代英則任該中學部主任；隨後赴英國入倫敦大學，主修心理學，後轉入愛丁堡大學研究哲學。他翻譯了羅素的《社會改造之原理》，是由李大釗介紹在《北京晨報》上發表的。付種孫（1898-1962）是數學家，他的《大衍（求一術）》就是國內用現代數學觀點研究中國古算的首例。他所譯維布倫（O. Veblen）的《幾何學的基礎》是在中國發表的第一部幾何基礎理論著作。付種孫事前給羅素的《數學哲學引論》（*Introduction to Mathematical Philosophy*）寫了一篇摘要〈羅素算理哲學入門〉刊於《數理雜誌》，後來又與張邦銘將全書譯為中文，書名《羅素算理哲學》；這是植入中國的第一株數理邏輯新苗。付種孫曾任北京師範大學副校長，57 年被打成右派。岫廬，即王雲五（1888-1979），1907 年春任振群學社社長，1909 年任閘北留美預備學堂教務長，1912 年底任北京英文《民主報》主編及北京大學、國民大學、中國公學大學部等英語教授，1912 年，由胡適推薦到商務編譯所工作，後成為著名出版家及臺灣政治人物。宗錫鈞（宗真甫），1917 年入北京大學哲學系。在校期間，參加了「五四」愛國運動；1923 年，以儉學方式赴法國里昂讀書，1924 年在巴黎經周恩來介紹加入中國社會主義青年團；曾先後任青年團旅法支部的組織部和宣傳部主任；1926 年夏天被法國當局逮捕驅逐至德國。當年秋輾轉來到比利時，入列日大學學習；不久由於繼續從事革命活動被比利時當局發覺，故轉往莫斯科東方大學；1927 年擔任民族班組織部主任，並被吸收為聯共（布）黨員。後任西南師範大學中文系教授。程振基是英國格拉斯科大學、愛丁堡大學經濟碩士，曾在北京大學、北京女子高等師範學校任教，1927 年起任國立第四中山大學商學院、江蘇大學商學院、國立中央大學商學院院長等。

　　1921 年之後，商務印書館出版的《共學社叢書》裡列有「羅素叢書」共有 5 種，如《哲學中的科學方法》（王星拱譯，1921 年）、《算理哲學》（付種孫等譯，1923 年）、《政治理想》（程振基譯，1921 年）、《戰時之正義》（鄭太樸譯，1921 年）及《德國社會民主黨》（陳與漪譯，1922 年）等。在此前後出版的有《物的分析》（任鴻雋等譯記，1922 年）、《羅素論文集（上、下）》（楊端六等譯，1923 年）。1926

年又出版了《我的信仰》（何道生譯，1926 年）。商務印書館出版的《東方雜誌》
發表了胡愈之譯的《社會主義與自由主義》（1920 年）、《羅素的相對原理觀》（關
桐華譯，1922 年）、《哲學問題》（黃凌霜譯，新青年社，1920 年）。1930 年代以後，
中國的現代西方哲學翻譯進入了全面吸收原理的時期。從整個趨勢來看，西方哲學
東漸已不再具有五四時期那樣的力度。不過，總的來說，羅素、杜威的著作翻譯仍
然很多，羅素的有 8 種，杜威有 5 種，尼采有 5 種：

書名	作者	譯者	出版者	出版年
《我的人生觀》	羅素	丘瑾璋	正中書局	1936 年
《懷疑論集》	羅素	嚴既澄	商務印書館	1932 年
《快樂的心理》	羅素	於照倫	商務印書館	1932 年
《科學觀》	羅素	王光煦等	商務印書館	1935 年
《哲學大綱》	羅素	高名凱	正中書局	1937 年
《贊閑》	羅素	柯碩亭	正中書局	1937 年
《婚姻革命》	羅素	野　廬	世界學會	1930 年
《婚姻與道德》	羅素	李惟運	中華書局	1935 年

　　當時，杜威訪華的大劇未開幕就已造成了一陣轟動，不少學者早已開始引介實
用主義的教育哲學。1916 至 1918 年的《教育雜誌》上連續載了署名「天民」的〈杜
威氏之教育哲學〉、〈杜威氏明日之學校〉等等有關杜威教育學說的文章。《新教育》
雜誌 1919 年第 1 卷第 2 期上也推出了沈恩孚的〈杜威教育主義〉、鄭宗海的〈杜威
氏之教育主義〉等文。1919 年 3 月 31 日陶行知在《時報》的《教育週刊》第六號
上發表〈介紹杜威先生的教育學說〉一文。《新教育》還專門出版「杜威專號」（第
1 卷第 3 期），刊出杜威的照片和〈杜威先生傳略〉，以及胡適的〈杜威哲學的根本
觀念〉和〈杜威的教育哲學〉、蔣夢麟的〈杜威之倫理學〉、劉經庶的〈杜威之倫理
學〉等。
　　1919 年 4 月 30 日，應中國五所學術機構的聯合邀請，杜威由日本乘船抵達上
海，這位思想大師在中國的訪問和講學活動正式開始。有意義的是，三天後「五四
運動」爆發了。由於中國學界的盛情難卻，杜威向哥倫比亞大學先是請假一年，後
又續假一年，直到 1921 年 7 月 11 日返美。如此一來，他在中國竟停留了兩年零兩
個月。在華期間，杜威訪問了時局仍為動盪的 12 個省份，除在大學演講外，並由

其學生胡適、陶行知、蔣夢麟等的安排下，還到各地巡迴演講，當然，其中比較系統的是在北京大學所作的《五大演講》。就在華期間，杜威的《五大演講》中譯本已經印了 10 次，每次印數一萬冊。由此可見，杜威的演講在當時產生了多麼大的影響。杜威在華及返美發表了大量有關中國的文章。有學者評價道：「杜威和羅素對中國的態度比較是很有意思的，」「羅素當時說了很多中國的好話，杜威當時對羅素的觀點有過批評，他認為羅素對中國的讚美很大程度上是為了解決自己特別是歐洲的問題，杜威認為，中國這個古老民族的變革和再生是在羅素視野之外的，杜威對中國的態度還有更深切的參與思想。」[131]

　　勤於筆耕的杜威，學術著作甚豐，僅目錄就達 125 頁；一生為後世留下了 5000 多頁的文章和 18000 多頁專著──40 本著作和 700 多篇論文，囊括形而上學、認識論、邏輯、倫理學、美學、方法論、科學觀、教育觀、心理學以及社會政治哲學等各個領域。杜威早年著有《心理學》（1887 年）、《應用心理學》（1889 年）等。晚年更關注純粹哲學問題的討論，如《哲學的重建》（1920 年），《追求確定性》（1929 年），《經驗與自然》（1925 年），《藝術即經驗》（1934 年），《邏輯──探究之理論》（1938 年），《認知與所知》（1949 年）等。當然，他的主要影響是在教育理論方面，如《我的教育信條》（1897 年）、《學校與社會》（1899 年）、《兒童與課程》（1902 年）、《我們怎樣思維》（1910 年）、《明日之學校》（1915 年）、《民主主義與教育》（1916 年）、《進步教育與教育科學》（1928 年）、《芝加哥實驗的理論》（1936 年）、《經驗與教育》（1938 年）、《人的問題》（1946 年）、《教育資源的使用》一書〈引言〉（1952 年）等。其中，《民主主義與教育》（*Democracy and Education*）是杜威的教育代表作，此書共分 26 章：1 教育為生活所必須；2 教育有社會的作用；3 教育有指導都作用；4 教育即生長；5 預備作用開展作用與法式訓練；6 保守的教育與進取的教育；7 教育上的民本主義的觀念；8 教育上的目的；9「自然的發展」與「社會的效率」；10 興趣與訓練；11 經驗與思想；12 教育裡面的思想；13 教學法的性質；14 教材的性質；15 課程中的遊戲與工作；16 地理與歷史的要旨；17 課程中的科學；18 教育的價值；19 勞動與閒暇；20 理智的科目與實用的科目；21 物質的科目與社會的科目：自然主義與人本主義；22 個人與物界；23 教育與職業；24 教育哲學；25 知識論；26 道德論。該書主要一、闡明了教育的社會職能，指出了當時學校教育的嚴重缺陷及改革方向；二、評析了民主社會的教育性質，明確教育即生長、生活和經驗改造的意義，並通過對過去各種教理論的批判來反證民主教育

---

[131] 參見〈羅素曾說中國好話　杜威批其為解決歐洲問題而讚美〉，《東方早報》，2010 年 10 月 26 日。

的正確性和優越性；三、揭示以實用主義教育哲學來調和教育理論中長期存在的各種二元論問題如：興趣和努力、經驗和思想、勞動和休閒、個人和自然、教育和職業等，並論述了對於課程、教材和教法的新觀點。此外，杜威還解讀了實用主義的真理觀和道德論。杜威本人於 1915 年 8 月在該書自序中提到：

> 本書體現我探索和闡明民主社會所包含的思想，和把這些思想應用於教育事業的許多問題所作的努力。討論的內容包括從這個觀點來考察，提出公共教育的建設性的目的和方法，並對在早先的社會條件下形成、但在名義上的民主社會裡仍在起作用以阻礙民主理論充分實現的有關認識和道德發展的各種理論，進行批判性的估價。從本書可以看到，本書所闡明的哲學，把民主主義的發展和科學上的實驗方法、生物科學上的進化論思想以及工業的改造聯繫起來，旨在指出這些發展所表明的教材和教育方法方面的變革。[132]

　　2016 年，恰值杜威的《民主主義與教育》正式出版一百周年。這本書最早的中文版譯為《平民主義與教育》，曾在中國出現了不同的譯者及版本，甚至書名也屢經更易；並在民國時期曾再版十餘次。

　　美國學者勒溫（Barbara Levine）於 1995 年主編出版了最具權威的工具書《關於杜威的著作：1886-1995》（*Works about John Dewey, 1886-1995*）的第三版。編者不僅收錄了 1886 年至 1994 年的 108 年間所有有關杜威的資料，還收錄了 1995 年的許多作品。她核實了所有的資料，並盡可能地獲得了副本。另外，她發現了第二版檢查表中省略的數百個書目，並且自 1977 年以來，已增加的將近兩千個新出版物。該書目分為四個部分：一、「關於杜威的著作和文章」（Books and Articles about Dewey），列出了作者按字母順序寫的作品；二、「杜威著作評論」（Reviews of Dewey's Works），評論是按字母順序分組的。「作者索引」（Author Index），包括作者和編輯以及評論者。「標題關鍵字索引」（Title Key-Word Index），列出了大多數標題與副標題的關鍵詞。[133]

　　據美國學者伊斯特曼（George Eastman）於 1942 年統計，杜威共有專著 36 種和論文 815 篇曾被譯介成 35 種文字，共發行了 327 個版本。如英國 1900 年出版了《學校與社會》；德國 1905 年翻譯出版了《學校與社會》；瑞典 1901 年翻譯出版了

---

[132] 引自杜威：《民主主義與教育》，王承緒譯，人民教育出版社，2001 版。

[133] See Barbara Levine, *Works about John Dewey*. Southern Illinois University Press, 1995.

《和意志有關的興趣》；西班牙 1915 年翻譯出版了《學校與社會》；意大利 1913 年翻譯出版了《我的教育信條》；俄羅斯 1907 年翻譯出版了《學校與社會》等。[134]

　　據考證，在中國，最早介紹杜威的教育思想的是蔡元培在王國維主辦的《教育世界》雜誌上推出的〈對於新教育之意見〉一文。1906 年，張東蓀在他和藍公武創辦於日本的《教育》雜誌第二期上發表〈真理論〉一文，這是目前已知的第一篇中國學者較系統地介紹實用主義的文章。1916 年，商務印書館主辦的《教育雜誌》刊載的〈實效教育之思潮〉一文提到了杜威的實用主義教育思想。從其中可以看出，杜威教育思想最初被引入中國與清末民初的「尚實」或「實利教育」思潮有關。在杜威來華前兩年，他的著作《明日之學校》和《我們怎樣思維》已被陸續引入中國。從表 1 可以看出，20 世紀 20 年代和 30 年代是中國譯介杜威著作的高潮時期，還可看出，20 世紀前半葉中國翻譯引入的杜威作品絕大部分是教育著作，其哲學著作很少被關注，如分別於 1925 年和 1929 年出版的《經驗與自然》和《確定性的尋求》，當時並沒有被翻譯進來。[135] 從 20 世紀 50 年代到 70 年代，由於歷史原因，杜威教育思想成為中國教育界政治性批判的主要對象，對杜威教育思想的學術研究一度沉寂多年。1980 年代初，在改革開放、撥亂反正思想指導下，中國對杜威教育思想的研究進入了一個新階段，「取得了一些突破性的進展」。1982 年，全國教育史研究會第二屆年會專門研討了杜威教育思想。此後，從事教育科學研究的專家、學者從更廣泛的角度深入研究杜威教育思想，先後翻譯出版了一批反映杜威教育思想的原著和研究成果，發表了近 130 篇有價值的相關研究論文。

　　美國南伊利諾斯大學杜威研究中心出版了於 1969-1990 年先後出版了《杜威全集》37 卷，按杜威生平歷程的早、中、晚期年代順序編成三輯：《約翰‧杜威早期著作集，1882-1898 年》（5 卷本，1969-1972 年出版）、《約翰‧杜威中期著作集，1899-1924 年》（15 卷本，1976-1983 年出版）與《約翰‧杜威晚期著作集，1925-1953 年》（17 卷本，1981-1990 年出版）。最後索引單獨成 1 卷。從 2004 年起，華東師範大學出版社購得《杜威全集》中文版權，並啟動翻譯工程，由著名學者劉放桐主編，復旦大學杜威與美國哲學研究中心組譯。2010 年《杜威全集》早期 5 卷問世。2012 年，即杜威冥辰 60 周年之際，《杜威全集》中文譯本中期 15 卷出版。2015 年，1600 多萬字、正文 37 卷、索引 1 卷以及晚期著作補遺 1 卷，共 39 卷，總計約 1600 萬字以上，前後歷時 11 年的中文版《杜威全集》全部出齊。在這期間，3 位副主編

---

[134] 參見滕大春：〈杜威和他的《民主主義與教育》〉。
[135] 塗詩萬：〈行行重行行：杜威教育思想研究在中國〉，華東師範大學學報（教育科學版），2014 年第 2 期。

中的 2 位——復旦大學哲學學院的汪堂家和俞吾金兩位教授於 2014 年先後去世，沒能見到全集的付梓。據出版方介紹，杜威年輕時在一些比較冷門的雜誌上發表了數量不少的學術論文，普通研究者難以接觸到這些文本。文集主編復旦大學哲學系教授劉放桐認為，「瞭解杜威，在一定意義上就是了解美國。」

　　杜威著述與文章都有不同的譯者與中譯本。如有學者對杜威《哲學的改造》的五個中譯本進行比較研究。文章介紹了杜威及其著作《哲學的改造》的地位和影響，並簡要介紹了《哲學的改造》各中譯本及其譯者的情況。杜威訪華期間，中國思想界對《哲學的改造》中的觀點進行了熱烈的評論，並不斷有學者將其重譯。為了使杜威的思想更完整準備地呈現給中國讀者，此學者從詞匯、句子和超句體三個方面對比分析了《哲學的改造》的五種中譯本，並從中總結出影響哲學作品翻譯的各種因素，力圖為今後哲學作品的翻譯提供借鑒，有助於使外國哲學更好地融入中國文化。[136]

---

[136] 楊萌：〈《哲學的改造》中譯本的比較研究〉，西南科技大學，2013 年。

上篇

「羅素化」與「杜威化」
的比較

第一章　羅素的「貴族主義」
與杜威的「大眾主義」

　　通常貴族主義（Aristocracy）可界定為一種享有特權的，主要是世襲的統治階層，或者是由這樣的精英控制的一種政府形式；換言之，貴族階層意味著政府、社會組織、或某種利益團體由相對較小的特權階層或少數世襲組成和掌控，這些人認為自身所形成的狹小圈子最有資格統治和引導社會，也最具話語權。牛津辭典的定義是貴族為「在某些社會中的最高階層，通常包括貴族出生的世襲頭銜和機構」。傳統上，貴族階層的財富，社會地位和政治影響過度集中，一直受到中產階級和下層階級的不滿。身兼作家和貴族雙重身份的斯賓塞（Charles Spencer）指出，英國貴族權力衰退但仍然非常富有和強大的，他們在經歷了農業衰退，遺產稅和世界戰爭之後竟倖免於難。在〈貴族是如何保留他們權力的？〉（How the Aristocracy Preserved Their Power）一文中，布萊恩特（Chris Bryant）揭示：在民主最終拋棄了世襲領主之後，貴族們找到了新的手段來保護其奢侈財富；他們的私人財富和影響力仍然非常顯著。幾個世紀以來，老貴族的生存秘訣就是其輝煌而神秘的教養。他們的穿著、裝飾和包裝極為出色，故沒有人敢質疑他們的統治權。這些人現代生活的秘密就在於其純粹的隱形性。正如《每日郵報》所評論的，2009 年塔特勒（Tatler）雜誌聚會了 10 個公爵，曾幾何時，這些頭銜的保有者在他們那個時代應該是頂級名流，而今非昔比。可能是因為貴族階層經歷了千年來無數宗教、王朝和政治風暴的洗刷，當下正在掩蓋自己以便應付再一次侵襲。

　　大眾主義、平民主義或民粹主義（populism）可界定為支持對普通人的各種利益和權利加以更多重視的觀念體系或社會運動；通常與精英利益和價值形成鮮明對比；可能表現為左右兩個方面，既反對大的商業和經濟利益，也常常敵視已建立的社會主義和工黨。這個詞可以同時指稱民主或獨裁運動，其通常認為對政治代表性和任何調解人民與他們的領導人或政府之間關係的行為至關重要。這種理念通常以其最民主的形式，試圖通過改革而不是革命來維護普通公民的利益和最大限度的權利。然而，在當代的理解中，這種主義往往與威權主義的政治形式相聯繫。按照這一定義，民粹主義政治圍繞著一個魅力領袖，他呼籲並聲稱體現人民的意志，以鞏

固自己的權力。在這種個性化的政治形式中，政黨失去其重要性，並選舉為確認領導的權威而不是反映人們不同的忠誠。民粹主義經常表現了政客為迎合人們的恐懼和熱情。一個民粹主義的經濟計劃取決於人們對民粹主義的看法，它既可表示一個促進普通公民和整個國家利益的平臺，也可是一個重新分配財富以獲取聲望的平臺，而不考慮造成通貨膨脹或債務等國家的後果。

第一節　羅素的「貴族主義」

　　羅素晚年風趣地建議說，要謹慎地挑選祖先。這只是玩笑之說。他一出生當然就在不可避免的家族血脈中成長。

　　據史考，羅素家族是英格蘭著名的輝格黨家族，開初幾代享有貝德福德公爵的稱號。老約翰・羅素（？-1555）因 1549 年參加鎮壓叛亂有功而被封為貝德福德伯爵。他的兒子威廉・羅素是一悲劇人物，於 1681 年被告發參與密謀刺殺查理二世，而被送上了斷頭臺；因此被追思為宗教與政治自由的先烈。政治家約翰・羅素（1792-1878），是哲學家伯特蘭・羅素的祖父，是第六代貝德福公爵 J. 羅素的兒子。這個約翰・羅素在愛丁堡大學讀書時，曾對蘇格蘭哲學異常著迷，也許這也是對孫子伯特蘭所帶來的某種「遺傳基因」。約翰・羅素並未將哲學當成職業，而是走上了政壇，1813 年任國會議員，接著於 1819 年 12 月倡導議會改革，並著手實施。1930-1940 年代，在輝格黨上臺執政後，他作為這個黨自由改革派的主要人物，曾於 30 年代任軍需大臣和內政國務秘書；還曾於 1839-1841 任殖民大臣；並於兩度擔任首相（1846-1852 和 1865-1866）。1852 年，作為首相的他發表著名而強硬的聲明：「一個多世紀以來，在歐洲整個體系中，我們是互相聯繫的，任何一種勢力的擴張，任何破壞歐洲勢力總平衡的擴張儘管還未直接引發戰爭，都決不可能對這個國家是一個漠不關心的事；倘若平衡嚴重受到威脅，那麼最終就會引發戰爭！」[1] 另外，他還兩度擔任過外交大臣（1852-1853 和 1859-1865）。約翰・羅素在政治上頗有建樹，也相當開明，如促進各大城市行政民主化，減少處決刑事死刑犯，建立國家檢查體制，發展公共教育，主張徹底的自由貿易，制定 10 小時工作制，建立全國衛生委員會等等。他在第二次任首相期間，因擴大選舉權問題而倒臺。約翰・羅素在美國內戰中支持北方。約翰・羅素還有一個「遺傳基因」帶給了伯特蘭・羅素，這就是熱衷寫作，沒有另一個英國首相像他那樣留下大量的作品，如詩歌、傳記和

---

[1] J. P. T. Bury (ed), *The New Cambridge Modern History*, Volumee 10, 1960, p.267.

史學論文等。約翰‧羅素在英國近代史還算是舉足輕重的政治人物,就連馬克思在著作中也間接提到過他。1821 年,馬克思在〈根據政治經濟學基本原理得出的國民困難的原因及其解決辦法。致約翰‧羅素勳爵的一封信〉中對這個英國政治家提到:「一個國家只有在使用資本而不支付任何利息的時候,只有在勞動 6 小時而不是 12 小時的時候,才是真正富裕的。財富就是可以自由支配的時間,如此而已。」[2]

　　父母去世後,3 歲的羅素被接到祖父約翰‧羅素伯爵培姆布羅克府邸,並在那裡長大,一直到 18 歲進入劍橋。這個地方就是羅素整個童年和少年時代的搖籃。培姆布羅克府邸是一棟兩層小樓,位於麗茲蒙花園,是由維多利亞女王賞賜給他祖父的。他的首相祖父在這個地方曾多次召開過內閣會議。1853 年至 1856 年英俄之間爆發的克里米亞戰爭,就是在這裡召開的內閣會議上決定的。羅素後來回憶,自己還能記起金萊克也曾在這裡住過,還有不少內閣成員以及英國政府高官都曾拜訪過這裡。童年的羅素同這些人有過很多次有趣交談,儘管他才是 7、8 歲的男孩,但與他們的話題已涉及了大量有關國際事務與歷史問題的探討,例如還很幼小的他,某次與史本塞爵士的聊天中,居然討論了有關金萊克反對拿破崙三世的話題。羅素這樣回憶:「1876 年父親去世後,我被接到祖父的府邸。那時,祖父 83 歲的高齡,身體已經非常虛弱。我記得,有時有人推著他坐在輪椅上到室外轉悠,有時他在屋子裡讀英國國會議事錄。他對我總是很和善,似乎從不厭煩孩子們的喧鬧。但他畢竟太年邁了,所以不能對我有直接的影響。祖父於 1878 年去世,而我對他的瞭解,是通過他的遺孀──我的祖母,她總是那麼敬仰他的聲望。……在祖母看來,祖父為人類的利益而做的一些重要事業似乎是無可非議的。他對我講述有關祖父 1832 年提出的議會選舉法的情況。在祖父去世前不久,一個著名的新教徒代表團集會頌揚他。人們告訴我,五十多年前,祖父曾是改變她們無政治地位狀況的領導人之一。在他的起居室內,有一尊來自意大利的雕像,是意大利政府贈送的,上面還刻有一句題詞:『約翰‧羅素勳爵──意大利敬贈』。我當然很想知道這是什麼意思,於是後來聽說了有關加里波第[3]和意大利統一的整個故事。諸如此類的事情激發了我為某種目的而奮鬥的雄心。」[4]

[2] 馬克思:《馬克思恩格斯全集》,人民出版社,第 263-280 頁;英國經濟學家李嘉圖(1772-1823):《政治經濟學及賦稅原理》,中文版第 6 頁

[3] 1807 年-1882 年,意大利著名愛國者和軍事家,曾為意大利統一作出傑出貢獻。

[4] Bertrand Russell, *The Basic Writings of Bertrand Russell*,1903-1959, ed. by R. Egner and L. Denonn, Simon and Schuster, 1961, p.38.

　　祖父的府邸浸透了以往歷史的印記，各種各樣的擺設反射著英國社會的折光；大廳裡陳列祖父在議院辯論時所依據的多種文件。這裡擴展了羅素的想像力和求知欲，使他對歷史和整個人類社會發生了濃厚的興趣。在羅素眼裡，這座處庭院彷彿回味著昔日的輝煌，漫步在綠茵中的外國大使，以及嫉羨精心護養花圃的王子們……。他說自己也隨著它生活在往日的歲月中。1874 年，父母帶著兩歲的羅素與他的姐姐訪問祖父母的府邸時，正好維多利亞女王也帶著比忒斯公主探訪約翰・羅素。女王將小羅素抱在膝上逗著玩，「伯蒂向女王陛下很規矩地鞠了一小躬，他被把持著而沒有發不尊敬的聲響……」，羅素的姑姑這樣寫道。

　　羅素的父親希望把羅素兄弟培養成具有自由主義思想的人，為此在生前便指定了兩名自由思想者作為他們的監護人。然而在羅素祖父母的請求下，最高法院宣佈父親的遺囑無效。因此，羅素便在一種基督教的薰陶下成長起來。1876 年，父親去世後，羅素和他的哥哥富蘭克・羅素（後來的羅素勳爵二世）就主要由祖母安娜・瑪麗亞撫養長大。羅素的祖母比祖父小 23 歲，是蘇格蘭一個長老教派的信徒，出身於埃里奧特近族。她的外祖父根據埃特納火山坡地熔岩的厚度，宣稱世界是先於公元前 4004 年創造出來的，因此得到不好的名聲。她的祖先中還有一位是查理五世的歷史學家羅伯遜。羅素的祖母正是她所生於的那個時代貴族教養模子裡凝造的樣品，她能用標準口音說法語、德語和意大利語；熟諳莎士比亞、密爾敦以及 18 世紀的詩人；記得所有星座和繆司女神的名字；精通英國歷史。她經常給愛孫談論有關查理二世、查理三世的逸聞；她很瞭解法國、德國和意大利的文學名著；她還能背誦但丁的《神曲》、歌德的《浮士德》和海涅的《德國———一個冬天的童話》等著名詩作。這位老太太常常念誦各種讀物給孫子聽，並且不斷加以解釋；其中大多數故事選自英國作家瑪利亞・埃奇渥斯的小說。祖孫之間的習讀是雙向的，羅素掌握速讀後，也反過來常為祖母念誦包括莎士比亞、密爾頓、德萊頓、高柏、湯姆遜、以及珍妮・奧斯丁等人作品在內的各種讀物；這樣一來，在泛讀中，羅素便受到了英國文學的良好薰陶。與當時大多數上流社會的子女一樣，羅素從小由各種家庭教師專門教授。羅素祖母的家教極嚴。家庭教師也像走馬燈似地不停更換；不是學養不夠標準，就是人品不夠「正統」。祖母為孫子起首定下很多清規戒律，如禁同別的孩子隨便接觸，禁讀所規定之書以外的其他書籍；四季都堅持清晨洗冷水浴，隨後練習半小時的鋼琴，8 點鐘作家庭禱告。哲學家桑塔亞納曾這樣描述過：「在經受大孫子可怕的經驗之後，因為他將她的信不拆開就扔到火中，老夫人恐懼羅素也會受到學校的宿命影響。……伯蒂（羅素的愛稱）至少必須保持純粹宗教情

緒；他必須適於繼承祖父的衣缽而成為首相，而延續祖父神聖的改革使命」。[5]

羅素稱，自己童年存在最生動的內容就是是孤寂。他在《自傳》中這樣感歎：「我的童年存在著日益增長的孤寂感，以及無法找到機會與人交談的失望。而大自然、書籍和數學把我從完全的失望中拯救出來。」由於法國從拿破倫時期就被英國人視為專制獨裁的嫌疑，因而，祖母規定羅素及其哥哥法蘭克以德語為第一外語。直到成年，在家中，他是在德國保姆、德國與瑞士的家庭女教師以及最後的英國男家庭教師的培育下長大的。他幾乎接觸不到其他孩子，即使能接觸，他也認為他們並不重要。正像羅素父母在南威爾士拉文斯克羅夫特位於河谷那座建於 18 世紀的房子一樣，白色而低矮的培姆布羅克府邸座落在瑞奇蒙德公園旁的一個斜坡上，面朝著河流銀色的波浪，不遠處是皇家花園，四周環繞著矮叢林，這裡視野開闊，能夠一直瞭望到地平線上的溫莎古堡，南邊是泰晤士河谷。府邸佔有 11 英畝的土地，綠樹成蔭，當春天來臨時，滿山遍野的鳥語花香，令人心馳神往。羅素這樣描述過，一直到自己滿 18 歲，這座花園在他的生命中的地位無比重要。那時他的大部份時光就是獨自在花園中，一邊遊蕩眺望而鑒賞著外在的自然美景，一邊冥思遐想而流連在內裡的精神世界。羅素回憶到：「我的童年從總體上說，是快樂而平坦的；我受到所接觸到的，大多數培育我成長人們的影響。」對於這一點，羅素本人後來對自己在這座府邸和花園裡的描述是自相矛盾的；例如他又說道：「從青春發育期開始，我遭受了孤寂的可怕磨折，對此我知道只有愛情才能醫治。」可以想像到，一個少年在這種情況下可能會發生什麼？有一天夜裡，小羅素上床時決定第二天就自殺。[6] 而後來他說道自己為什麼沒有死，是因為數學。

所謂新貴族與新型工商階級最初是在專制君主們或多或少的保護傘下積聚力量，因此尚能為都鐸王朝所確立的新君主制所包容。老約翰·羅素就是於 1549 年愛德華六世時期參加鎮壓叛亂有功而被封為貝德福德伯爵，並繼續為亨利八世效力。羅素在討論英國大哲霍布斯時，認為他鼓吹國家的最良好形式是君主制，但真正的焦點在於國家權力的絕對性。宗教改革使新教國家中的王權能夠壓過教權，例如「亨利八世就掌握了以往任何英王所沒有的大權」。但後來清教徒又將亨利八世的霸業完全否定，這樣一來，霍布斯就得出了結論，「對抗主權必出現無政府狀態」。隨著經濟尤其是工商資本的發展，新型階級羽翼漸豐，要求先是產權後是人權上的法律界定和保障。爭取權利的意識更物化為社會民主運動的具體操作，於是在議會

5   R. Clark, *The Life of Bertrand Russell*, Bloomsbury Publishing, 1974, p.27.

6   Ibid., p.33.

中抗衡王權的力量日益強大，同時與王權的衝突也日益激化。都鐸王朝完結後的斯圖亞特王朝也是逆社會潮流而動，羅素的祖先威廉・羅素就是於 1681 年被人告發參與密謀刺殺查理二世，而被送上了斷頭臺。英國內戰和革命便以自己獨特的途徑展開，即用「溫和－暴力－溫和」的模式演進，結果就是 1688 年所謂光榮革命後帶來的妥協──君主立憲制。羅素家族在這期間，始終或多或少地進行了參與。百年之後，羅素的祖父約翰・羅素就是在其祖先政治意識和價值觀的引導下走向了政治舞臺，並有所作為。羅素的祖母也力圖培養這個孫子繼承家族的傳統，這是不難理解的。羅素多少還是繼承了祖先的一些遺傳，他的血液裡流淌著家族特有的某種叛逆因素，也有一定參與政治的熱情，但多次競選議員均告失敗。值得慶幸的是，從此英國現代史上，少了一個可能平庸也許有點作為的政客，而多了一位劃時代的哲學宗師。儘管未能直接參政，不過他還是成為了一個世界知名的社會活動家。[7]

　　在中國時，羅素發現，不同於西方好戰與侵略性的態度，普通中國人尤其鄉下人有一種平靜、祥和、人情以及寬容的態度。而且，大多數中國的倫理和政治哲學沿著這些路線闡述了理想的生活。他感到，中國的道家哲學，如老子與莊子是最有價值的。羅素倡導在發展工業時，不必丟失中國人被動與和平的特徵以及他們在一個農業社會中所發展出的倫理，但這就提出一個問題，即由於難度過大而無法實現。道家哲學「拒絕知識」和「回歸順從自然」是否同現代科學使徒不斷地尋找知識並征服自然相一致，這也是一個未解決的問題。[8]賀麟在《當代中國哲學》中，回憶起，1921 年後，羅素在華講學完畢，轉道訪美；某次，來到威斯康辛大學，正在這裡留學的方東美和幾位中國青年拜訪他的下榻處，就大家最關心的中國問題熱烈地交換意見，竟使主人忘掉了約定的演講，鬧得聽眾空等。有人評論說，這樣的事發生在名士氣兼貴族氣的羅素身上並不奇怪，而方東美等幾位中國留學生也真熱誠得可愛。

　　作為大師的羅素並非一個不食人間煙火的完人，當然會有七情六欲，甚至還有人性和人格上的弱點。從羅素成名開始，不僅其學術和思想，而且其行為和人格就受到來自各個方面人士的抨擊和指責。羅素的家人和家庭生活充滿著不幸。他去世後，孫女露西在給祖母的信中寫道：「如果有魂靈在那裡，那麼就讓它們在那些雄偉的群山中伴隨我們的童年吧！」撒手人世的羅素留下了家族的「不幸」：前妻們遭受著「苦難」；與他脫離關係的大兒子約翰患上了精神分裂症，約翰的妻子蘇珊

---

[7]　丁子江:《羅素：所有哲學的哲學家》，九州出版社，2012 年版，第 42-43 頁。

[8]　Bertrand Russell, *The Problems of Philosophy*, Prometheus Books, 1988, pp.195-209.

也有精神上的疾病，而他們的三個女兒，即羅素的三名孫女都感到自己被「躁動狂的幽靈」所困擾；後來羅素與他第四任妻子成了她們的法定監護人。1952 年，羅素與相處不好的第三任妻子皮特離婚後，他們的兒子康拉德一直到 1968 年才見到父親，正由於這個原因，康拉德與自己母親的關係造成了永久的損害。除了寫作、演講以及參加一些社會活動，羅素幾乎不能掌握任何機械性的設計，也不能親手操作任何最簡單的日常生活技能。很少有人像他那樣脫離物理世界的現實。恐怕他從來沒有自己做過任何一頓飯，或安裝過任何最平常的家具器皿。羅素喜飲茶而不會煮茶，他的第三任妻子皮特出門時，把煮茶的程序一一寫清，放於廚房石板上，但他仍然操作失敗。到了老年，羅素開始耳聾，但他若無人相幫始終不會自己按上助聽器。人類社會與物理世界都在不斷地困擾著他；而人們常常會納悶，一個如此聰明的人對社會和人性竟如此盲目。這些人類精神的導師卻對遠離人類，陷於空談。尤其是羅素，他幾乎無所不包的寫作和演講，大至宇宙的演化，小至雪茄的挑選，都要為人們把握方向。羅素在成名之後便開始搶佔其他領域的「地盤」，誇大自己的知識和智慧，自詡包攬一切的專家權威，致使普通大眾盲目聽從，甚至因他的誤導，而走了彎路。他的第二任妻子就這樣評價羅素：「儘管他熱愛大眾並為其苦難而悲憤，但他仍然遠離他們，因為他身上的貴族氣質，而同普通人缺乏接觸。」[9]

第二節　杜威的「大眾主義」

可謂歷史的巧合，杜威誕生於達爾文（Charles Darwin, 1809-1882）推出其驚世駭俗之巨著《物種起源》（*Origin of Species*）的同一年，即 1859 年。他是這個家庭的第三個孩子。杜威的家鄉位於新英格蘭（New England）佛蒙特（Vermont）州的貝林頓（Burlington）。佛蒙特州（State of Vermont）東鄰新罕布什爾州，西接紐約州，南靠麻薩諸塞州，向北則是加拿大的魁北克省。伊桑・艾倫和他的綠山男孩（Green Mountain Boys）首先反抗英國統治，後來與紐約州和新罕布什爾州作戰，於 1777 年建立了一個獨立的佛蒙特共和國。佛蒙特憲法是北美洲的第一部憲法。1791 年該州加入美國，成為其第 14 個州。佛蒙特州的政治特徵是獨立加激進。

杜威之父名阿奇博爾德・杜威（Archibald Dewey），母親叫盧西娜・瑞救（Lucina Artemisia Rich），父親比母親年長 20 歲。杜威家族的某位先人於 17 世紀上半葉來自英格蘭。據說更早的祖上可能是弗蘭德斯（Flanders）的編織工，故起了「杜威」

9　Dora Russell, *The Tamarisk Tree: My Quest for Liberty and Love*, 1975, p.245.

這個姓氏，其中包含草地之意。阿奇博爾德・杜威原為農民，後來搬到城裡開了間
雜貨鋪。當時的美國幾乎每個城鎮裡都設置公立圖書館，阿奇博爾德是熱心的讀
者。儘管沒有正規學歷，但無師自通，頗具知識與教養。盧西娜擁有加爾文教嚴厲
的道德感。杜威自小便從附近的愛爾蘭和加拿大法國社區感受到其他的文化。他少
年時的一個工作就是送報和在木材廠當童工，這些經歷增加了他的社會知識。在一
次探訪在維吉尼亞（Virginia）的聯邦軍隊服役的父親時，杜威親眼目睹了內戰
（1861-1865）的恐怖。杜威父母對孩子們給予了相當嚴格的家庭教育。童真時的
杜威內向靦腆，羞於與女孩子相處。他天資並不出眾，卻勤學苦讀，乃人人皆知的
「書呆子」。不知道要從事什麼職業，杜威希望能教高中。在一次不成功的暑期找
工作後，他在賓夕法尼亞的一所神學院（神父訓練所）的表弟給他找了一份教書的
工作，他幹了兩年。杜威在業餘時間繼續閱讀哲學。然而，當他的表兄辭職時，杜
威失業了。他回到佛蒙特州，成為夏洛特一所私立學校的唯一老師。他 15 歲在佛
蒙特州公立學校畢業後，就讀於當地離家不遠建於 1791 年的公立佛蒙特大學，現
在全稱為佛蒙特大學暨州立農業學院（The University of Vermont and State
Agricultural College）。[10] 佛蒙特大學通常被稱為「UVM」，來源於拉丁文「Universitas
Viridis Montis」（綠山大學），堪稱全美歷史最悠久的著名公立研究型大學之一，並
為最初的八所公立常春藤大學之一。此校是美國創立的第 23 所學院，也是在新英
格蘭地區創立的繼哈佛大學、耶魯大學、達特茅斯學院和布朗大學之後的第 5 所大
學。不過，這所公立大學，當然與羅素母校——全球最負盛名的貴族型私立劍橋大
學風格大相徑庭。杜威畢業於 1879 年，當時同杜威一起畢業的僅有 18 名學生，因
為 130 多年前的這所大學規模很小，僅是一所農業與工業結合的專科學院；而當今
它占地 451 英畝（1.83 平方公里），共有 10973 名本科生以及 1842 名碩士及博士生
（根據 2016 年的數據）。

　　在當年，佛蒙特大學的學生必修希臘文和拉丁文之類的古典語文。校規要求每
個學生都要跟校內每一位教授學習，因為除了工科教授之外，全校僅有八位教授。
大學本科的前兩年，杜威學習希臘文、拉丁文，西洋古代史，解析幾何及微積分。
第三年開始修習地質學，動物學，進化理論等自然科學課程。他從當時英國生物學
家赫胥黎（T.H. Huxley, 1825-1895）的生理學教本中極受教益。尤其進化論、生物
與環境的理論使他感到心智的震盪。他最好的成績是科學，並始終認為這是人類智
慧的最高表現。大四時，他接觸到人類智慧的更深領域，意識到了思想的世界。心

---

[10] 1990 年代中，本書著者本人曾慕名訪問過這所大學。其中最主要的緣由就是因該校為大哲杜威的母校。

理學課程（心智和行為科學）、宗教、倫理學（道德價值觀的研究）和邏輯學（推理科學）使他對語言和科學的早期培訓更感興趣。對杜威影響最大的是孔德和詹姆士，這種狀態一直持續到他本人創立自己的思想體系。

　　該校哲學教授托瑞（H.A.P. Torrey）堪稱杜威早期哲學陶冶的啟蒙導師，向他介紹了不同哲學家的作品。此時，杜威的學習質量提高了，在 19 歲的時候，他在班上名列第二。杜威大學畢業後，曾計劃當中學老師，但因年輕毫無教學經驗等，謀職計劃落空。一位當中學校長的表兄來電報，請他前往賓州南油城（South Oil City）任教，月薪為 40 美元；一年後他回到家鄉的某一鄉村學校任教，同時得到了佛蒙特大學托瑞教授的指導，開始比較專業地研習哲學，並設想將哲學作為職業生涯。此時，大多數美國哲學教師都是宗教人士，他們更注重宗教思想而非創造性思維。其幸運的是，那時的杜威結識了任全美唯一哲學雜誌《思辨哲學》（Speculative philosophy）主編的哈瑞斯（W.T. Harris）教授。杜威最初不清楚自己是否是可造就哲學之才，便斗膽將一篇哲學論文寄給了哈瑞斯，並在信中請求這位主編判斷此作者能否成為專業哲學研究者。不久，杜威接到了哈瑞斯的回信，明確地答覆說：論此文作者具有出色的哲學見地與才華。哈瑞斯深受德國哲學的影響，尤其癡迷於黑格爾。1880 年 4 月，哈瑞斯在其雜誌發表了杜威首篇處女作哲學論文「唯物主義的形而上學假設」（The metaphysical Assumpations of Materialism）。不久，在哈瑞斯的賞識下，杜威又連續發表了另外兩篇論文。公平而論，這三篇論文雖不見得有多高的學術檔次，但對一個初出茅廬的年輕學者來說，意義格外重大。

　　1882 年之秋，杜威兩次申請約翰‧霍布金斯大學（The Johns Hopkins）教學獎助金，均未成功，在托瑞和哈瑞斯兩教授的建議下，杜威向姑姑借款 500 美元，從而開始了其哲學生涯。這筆款項在當時是一筆大數目，至少頂現在的數萬美元。當時約翰‧霍布金斯大學校長吉爾曼（Gilman）聘請了不少傑出的哲學學者；他本人對每一位研究生的研習都格外關注，並親加指導。哲學研讀課上的熱烈討論，充滿思辨的氣氛，推崇自由思索的精神，打破傳統思想的藩籬等等，所有這一切都使杜威充分發揮了自己的哲學潛質。在杜威獲得博士學位後，吉爾曼親自召見了他，進行了語重心長的勸勉與鼓勵，甚至頒發給他一筆留學歐洲的助學金。據說，校長勸杜威勿將哲學作為職業，因其教職極少，而且大都由神職人員壟斷。在這一點上，他違逆了校長的規勸。約翰‧霍布金斯大學的莫瑞斯教授和霍里教授對杜威影響很大，這兩位當時已是傑出的哲學家和心理學家。莫瑞斯教授把自己的一門本科哲學史課交給杜威去教。第二年，他又幫杜威申請到一筆獎學金，這救了燃眉之急，因 500 美元已花費盡了。

　　1883 年，法國《哲學雜誌》選載了杜威發表在《思辨哲學》上的首篇論文的摘要，這也是外國學術雜誌首度提及杜威的名字。1884 年，杜威完成了博士論文《康德的心理學》的答辯，從而獲得哲學博士學位。莫瑞斯教授再次行使伯樂之舉，向密西根大學推薦了杜威，使之受聘擔任年薪 900 美元的哲學講師。為了感念恩師，杜威把自己最具天賦的第三個兒子取名為莫瑞斯，但不幸是此子後因病夭折。1888 年，他接受了明尼蘇達大學的任命，一年後返回密西根，代替了莫瑞斯。1894，杜威在接受芝加哥大學哲學和心理學系主任的職位後，搬到了芝加哥。為了檢驗自己的教育理論，他讓妻子任校長開辦了一所實驗學校，並從心理發展的角度，來勾畫出教育的各項理論。然而，「杜威學派」卻在其創始人和大學校長哈普（William R. Harper）之間引發了一場鬥爭。1904 年，當哈普試圖解雇杜威的妻子時，他辭職以示抗議。他離開芝加哥大學時，不知何去何從。他寫信給當時心理學界權威詹姆士（William James），敘述事情發生的經過，並希望獲得一個教職。經由詹姆士及杜威老友卡特爾（J. Mckeenl Cattel）在哥倫比亞大學的協助，為他在哥大師範學院謀得一職。

　　紐約把杜威擺在了美國文化和政治生活的中心。1929 年，杜威幫助組織了獨立的政治行動聯盟，並希望建立一個新的政黨。他還擔任《新共和》雜誌的編輯，幫助創立了美國公民自由聯盟。第一次世界大戰後，他周遊世界。杜威是一個比較傾向於自由派的教育家，不希望向權威低頭。在他的鼓勵下，於 1915 年組織了全美大學教授聯合會（The American Association of University Professors），四年之後又在紐約組織了紐約教師聯合會（The New York Teachers Union），作為維護教師權益的一個有力組織，不僅維護了教師的權利，而且積極地爭取教育專業化的實現。

　　1924，他去了土耳其，兩年後，他訪問了墨西哥大學。1928 年，他考察蘇聯對其教育制度的讚揚引來諸多批評。杜威是一個羞澀而安靜的人，作為一名教師，他有時會讓學生昏昏入睡，而那些清醒者則可看到一個人對自己在課堂上發表創造想法的著迷。1930 年，杜威退休，但繼續發表作品澄清自己的思想。在公共事務中，他第一個警告希特勒（1889 - 1945）在德國崛起和遠東的日本威脅。杜威 87 歲時，與一個寡婦格蘭特（Roberta Grant）再婚（他的第一任妻子死於 1927 年）。1950 年代初期，杜威對美國干預韓國的支持招致蘇聯的批評。杜威於 1952 年 6 月 1 日去世。

　　在哥倫比亞大學擔任教職，是杜威的教學生涯中最長的一段時期，其間由於接觸外籍學生的緣故，使他將教育的思想也能影響到世界其他各地。尾野教授是一位日本的留美學生，曾受教於杜威，獲得博士學位後返回日本，擔任東京帝大教授，

促成了 1918 年杜威在日本東京帝大的講學。蔣夢麟也曾在美國受教於杜威，就近邀請杜威於日本講學完畢之後來華講學。1919 年，杜威曾先後在北京、南京、杭州、上海、廣州等地講學，由胡適先生擔任講學的翻譯，把民主與科學的思想直接播種在中國。杜威在哥倫比亞大學任教 26 年才退休，這之後仍從事著作，並熱心於民本主義之闡揚。在他 78 歲時，還一度到墨西哥為蘇聯的托洛斯基（Leon Trotsky）辯護，駁斥史達林對後者的指控。

　　杜威曾與人合著的《認知與所知》（*Knowing and the Known*）在他 90 歲的時候出版。他一生孜孜不倦的為學精神委實令人敬佩。他於 93 歲時（1952 年）因肺炎去世，當時身體並不孱弱，心智情況尚佳。

　　杜威不同意文化或精神修養作為教育目的，將之批評為特殊階級脫離生產而崇尚心靈享受的貴族偏見。在客觀上，杜威的大眾化商業主義對中國現代發展是有利的。羅素說自己說過這樣一段話：「杜威博士的獨特看法表現在，它同工業主義與集體企業的時代相適應。他當然對美國人有最強烈的魅力，並很自然地同樣受到中國以及墨西哥一類的國家中進步認識們的青睞」；[11] 但他沒有想到上述這段本以為無傷大雅的說法卻傷害了杜威，後者回覆：「羅素先生將實用主義認識論與美國工業主義那些可憎之處加以聯繫……幾乎就像我要將他的哲學與英國貴族利益想聯繫一樣」。[12]

　　杜威的大眾主義很完整地表達在《平民主義與教育》一部書裡。他認為平民主義政治的兩大條件是：一、一個社會的利益須由這個社會的所有成員共同享受；二、個人與個人、團體與團體之間，須有圓滿的自由的交互影響。《民主主義與教育》（*Democracy and Education*）也是反映杜威的平民教育的代表作。1916 年出版。依杜威自己的劃分，該書約含 3 個部分：（1）論述了教育的社會職能，指出了當時學校教育的嚴重缺陷及改革方向；（2）闡述了民主社會的教育性質，明確教育即生長、生活和經驗改造的意義，並通過對過去各種教理論的批判來反證民主教育的正確性和優越性；（3）以實用主義教育哲學來調和教育理論中長期存在的各種二元論問題如：興趣和努力、經驗和思想、勞動和休閒、個人和自然、教育和職業等，並闡述了對於課程、教材和教法的新觀點。最後，杜威論述了實用主義的真理觀和道德論。杜威將社會視為有機體，其一個名言是：大眾傳播是社會變遷的工具，並把這些觀念灌輸給了其學生。他還認為，「有組織的資訊」能幫助創造一個「偉大的社會」。

---

[11] S. Meyer, *Dewey and Russell: an Exchange*, Transaction Books, 2010, pp.35-36.

[12] John Dewey, *The Later Works of John Dewey, 1925-1953: 1939-1941*, Souther Illinois University Press, 2008, Volume 14, p.13.

在杜威看來，社會整體的存在高於社會的個人的利益」，而「傳播的功能就是要使個人自由與社會責任相協調」。杜威在《民主與教育》（1915）一書中說「社會不僅是由於傳遞、傳播而得以持續存在，而且還應該說是在傳遞、傳播之中存在。」「傳播就是人們達到共同佔有事物的手段」。

芝加哥實驗學校是杜威哲學、心理學和教育學的實驗室。1894 年杜威到芝加哥大學任哲學、心理學、教育學系主任，1896 年創設了芝加哥實驗學校。他一直強調，這所學校原意是一所實驗學校，它從來不是「模範學校」，也不是「實習學校」。辦這所學校的目的在於「檢驗用作工作假設的某些來自哲學和心理學的思想」，實際上杜威關於實驗學校的設計和理論是他的教育理論在實踐中的檢驗和應用；以他的哲學和心理學研究為根據進行教育創新。他把教師高談闊論的課堂變為學生通過活動去獲得知識的課堂，把學生靜坐聽講的課堂變成兒童能隨時移動位置進行活動的課堂。在此期間他根據自己的教改實踐，發表了許多重要的教育論著。實驗學校於 1896 年 1 月開學，學生共 16 人。同年 10 月，學生增至 32 人，1897年 12 月增至 60 人，到 1903 年學生最多時為 140 人。開辦時正式教師 3 人，隨著學校規模的擴大，教師也不斷增加，1904 年，教職員達 23 人，助教（大學研究生）10 人。芝加哥實驗學校開辦前（1895），杜威擬了一個《組織計劃》，規定實驗學校必須根據實驗，編寫出一整套的課程、教材和相應的教學方法。芝加哥實驗學校的整個實驗進程，經歷了兩個時期：第一個時期（1897-1898）是摸索時期；二個時期（1899-1903）是第一時期證明有效的課程、教材和方法的繼續，並在原有的基礎上進行修正和提高。杜威在芝加哥實驗學校的八年是他的教育理論的形成和發展的關鍵時期。用杜威自己的話來說，這所實驗學校的目的在於，檢驗作為工作假設的某些來自哲學和心理學的思想。在這個時期裡，杜威提出關於實驗學校的組織計劃以及各種具體措施，此外，還發表了一系列的重要著作。為了探索教育事業的新道路，在西方，一些思想家、教育家按照自己的構想，創辦各種形式的實驗學校，芝加哥實驗學校是其中影響最大的一所。在教師的努力和家長的支持下，芝加哥大學初等學校的實驗活動獲得了很大的成功，並成為了美國一所著名的進步學校。在實驗學校中，教師與兒童試圖共同創造一種更好的教育經驗。反對歐美傳統教育的灌輸和機械訓練方法，主張從實踐中學習，提出「教育即生活，學校即社會」的口號。杜威這種教育主張跟美國社會密切聯繫，培育民主美國所需要的公民：理智的自然主義，即關注自然科學和事物的公民精神——個體健全、適應社會的發展——的培育過程。在杜威看來，重要的是生活、自然的教育歷程，教育的目標只是作為導向和指引。他不看重培育「自由人」的人文學科教育，主要不是培育有閒的貴族

品格，而是承襲英國斯賓塞關於理工類科學真理為重點的教育思想，培育能適應實業社會、促進民主政治的公民。為此杜威致力於把學校建成小型的工廠和社會，通過「嘗試→失敗→再嘗試」的實踐式實驗方法，培育學生的社會生活和終身學習的能力。杜威的學生胡克認為芝加哥實驗學校是「美國整個教育史上最重要的大膽的實驗」。不過，陶行知並不苟同恩師的上述做法，認為杜威的「學校即社會」把社會上的東西搬一些進學校，把豐富多彩的社會生活壓縮到渺小的學校中去，把真的社會變成假的社會，把生動活潑的教育內容變成死氣沉沉。

不管他的主觀動機如何，杜威的試驗主義或工具主義在客觀後果上適應美國資本主義發展的需要。從 20 世紀初，作為最年輕而又最發達的國家，美國成為大眾商業文化的世界總部。個人、企業公司以及整個社會的主要生活目的就是如何獲得最大成功和如何成為最強大的優勝者。美國人強調「用途」、「實用」以及和「實際後果」。在羅素看來，實用主義是一種強有力的哲學，並且對它而言，「如果一種信念的結果令人滿意，那麼它就是真實的」。[13] 從 1920 年到 1921 年，杜威的哲學對中國知識分子非常有吸引力，因為他似乎給他們某種「易行」和「有效」的方式應付當前的各種事務。他教導中國人民：（1）更多地關注實際有效性，而並非超物質存在知識或所超感覺真理的幻覺；（2）更多地關注個人與社會生活的直接問題，而並非那些過去的文化傳統，而正是這種傳統限制了這個國家的發展，也並非任何抽象而對今天實際生活非急需的包攬一切的「主義」；（3）更多地關注為滿足與掌握所面對的新社會環境的理智。胡適追隨他重實效的導師，去尋求某種「完善化的持續過程（ever-enduring process of perfecting）」，而並非完善（perfection）。[14] 據此，他說必須為當前社會進程的需要而主張自然科學和實用主義哲學，並破除迷信和臆想。為這個目的，在「多研究些問題，少談些主義」一文中，胡適對陳獨秀以及其他激進左翼分子進行了抨擊。胡適批評了所謂根本的「解答」，並指出，「我們不去研究人力車夫的生計，卻去高談社會主義；不去研究女子如何解放，家庭制度如何救正，卻去高談公妻主義和自由戀愛；不去研究安福部如何解散，不去研究南北問題如何解決，卻高談無政府主義；我們還要得意揚揚誇口道，『我們所談的是根本解決。』老實說罷，這是自欺欺人的夢話，這是中國思想界破產的鐵證，這是中國社會改良的死刑宣告！」[15]

---

[13] P. Schilpp: *The Philosophy of Bertrand Russell*, Northwestern University Press, 1944, p.575.

[14] J. D. Spence: *The Search for Modern China*, W. W. Norton & Company, 1990, p.316.

[15] J. B. Grieder, *Hu Shih and the Chinese Renaissance: Liberalism in the Chinese Revolution, 1917-1937*. Cambridge: Harvard University Press, 1970, p.24.

　　1949 年以後，中國大陸將實用主義批判為美帝國主義「反動和腐朽的哲學」。[16] 在一定意義上，對實用主義的許多批評過於簡單，甚至為誤解。

小結

　　為了對羅素與杜威的思想特徵進行比較，故在最寬泛和相對的意義上，將這分別加以「貴族化」與「大眾化」的「標籤」。羅素出身於英國新貴族政治世家，受過貴族化完整的私立教育，承襲了伯爵稱號；儘管具有對貴族家庭的反叛精神，但不可避免地帶有其貴族習性的烙印。而杜威出身於平民家庭，受的是平民化的公立教育，當然更接普通民眾。與出身顯赫英國新貴族政治世家的羅素相比，出生平民杜威更接地氣：支持有益於大眾的社會改革，滿懷民主政治理想，實踐民本主義和進步主義教育思想。布朗（H. C. Brown）提出：「羅素先生經常為杜威哲學所困擾，但從根本上拒絕瞭解這一哲學。」[17] 薩維瑞（W. Savery）說道：「實用主義或工具主義在很大程度上在歐洲以及被羅素本人所誤解」。[18]

　　羅素的貴族倫理主義對中國傳統生活方式是有利的。正如前面所描述的，羅素出身於「一個資產階級新貴族家庭。」從小在祖父約翰‧羅素伯爵的家中長大，他本人就繼承了爵位。與杜威「實用大眾主義」相比，羅素欣賞中國傳統生活中的某種田園牧歌式的情調。在他的中國觀以及整個政治社會思想中也有著某些矛盾或兩難判定。與杜威以及五四運動早期的大多數中國新知識分子提倡西方思想體系，反對中國傳統倫理和哲學相反，羅素卻強調，西方人應該從中國人那裡學會「生活目的的一個正義觀念」。他相信，中國人不得從西方文化中學會有關政府的道德或倫理格言。對他而言，東西方之間的聯繫對雙方都可能是富有成果的。中國可能從西方學會注重實際效率所不可缺少的部分，而西方則可能從中國學會使他們堅持生存的某種智慧。羅素《閒散頌》（In Praise of Idleness）一書可以被視為一種貴族人生觀。羅素的想法與在五四時期招致廣泛批評的張之洞「中學為體，西學為用」的提法有相似之處，杜威也對此加以了否定。杜威反對在日本所採取的那種西方文明的物質與技術性質的觀念，因為它導致了由於保留傳統日本軍國主義而帶來的殘忍。對此，杜威說道：「對這個論證，羅素可能一定已經這樣回答：如果日本能學會科學技術而同時又保留自己的思想體系，為什麼中國不能達到同樣的結果，而與日本

---

[16] 劉放桐：《現代西方哲學》，第 260-307 頁。

[17] P. Schilpp, *The Philosophy of Bertrand Russell*, Northwestern University Press, 1944, p. 451.

[18] P. Schilpp, *The Philosophy of John Dewy*, Northwestern University Press, 1944, p. 483.

的實踐相反,卻不能保留自己和平與寬容倫理呢?」[19] 對於這個觀點,羅素聲稱:「我希望在反對外國剝削者以及被錯認為文明的那些野蠻與殘暴制度的鬥爭中,不會有更重要的價值遭受毀滅。」[20]

　　雖然胡適極力推廣杜威的實驗主義,但它的影響並不像所期望的那樣成功。根據拜瑞(Thomas Berry)的看法,在哲學領域,其他傳統比杜威和胡適更強大;「作為哲學的特定學派,實用主義僅在中國盛行的很短地時間」。[21] 陳榮捷(Wing-tsit Chan)認為,自從 20 年代中期,「作為體系的實用主義被其它西方哲學所遮蓋。包括胡適在內的實用主義者,將他們的主義轉向了教育改革、社會重建和政治革命。哲學競技場由新實在論、理性唯心新儒家,以及最後由馬克思主義所佔領」。[22] 正如杜伯斯(H. Dubs)所指出的,胡適影響的黃金時期在中國大約是在 1923 年至 1924年,「在那以後,他的影響明顯下降。他未能吸引門徒,而且實用主義在今天是我將提及的最小派別。」[23] 杜威的實用主義僅適用於中國思維方式某一特定方面;作為方法,它與中國人的現實思路與性格相合,其中重要的一個因素就是杜威的「大眾性」(popularity)。與希臘人不同,中國傳統從未為知識本身而提升其地位,而寧可注意它對道德、社會、政治以及文化的有用性。因此,其他中國知識分子以杜威重實效的實驗主義作為武器,用來批判中國文化以及傳統中國價值體系。「杜威的實用主義無疑催促了傳統文化和價值的崩解。即使在當代哲學家使用的意義上,這種實用主義並非一個組織嚴密的哲學體系,但它對方法論、邏輯學以及實踐性的強調,當然會對理智革命或對新文化運動的領導者有著不可抗拒的吸引,並且對促進許多社會、道德和經濟改革有著很大的作用。」[24] 美國知識生活的機制,以及政治化的精英階級的生成機制,並沒有完全為褊狹的專業主義和僵硬的工具主義所主宰。眾多的美國知識界領袖洞悉專業主義對美國民主和公共生活的複雜後果,就當時知識生活細碎化和去公共性的趨勢提出疑慮和批判。比如杜威就探究了專家和共同體生活之間的緊張關係,號召專家承擔「知識大眾化」的公共道德責任。[25] 作為精神需要「空想或空談」與作為物質需要「真正的好處或實質的利益」,可看成中

---

[19]　轉引 Tse-tung Chow, *The May Fourth Movement*, Harvard University Press, 1980, pp.237-238.

[20]　Ibid., p.44.

[21]　John Blewett, *John Dewey: His Thought and Influence*, Greenwood Press, 1973, pp.213-214.

[22]　Wing-Tsit Chan, "Hu Shih and Chinese Philosophy," *Philosophy East and West*, Vol. 6, No. 1 (Apr., 1956), p.4.

[23]　H. Dubs, "Recent Chinese Philosophy," *Journal of Philosophy*, 35 (13), 1938, p.350.

[24]　R. W. Clopton and T. Ou, *John Dewey Lectures in China, 1919-1920*, pp.11-13.

[25]　勞拉・威斯特霍夫,〈知識的大眾化:約翰・杜威論專家和民主〉,《人文學與大學理念》(牛可譯),第133-154 頁。

國人「人性」的兩面。[26] 然而，對於中國知識分子，作為一個哲學體系的美國實用主義似乎「有用」與「令人興奮」，但正如羅素所批評的，過於「膚淺」，過於「物質性」以及過於「商業化」。

---

[26] 中國人對宗教的態度是非常「實用」的。在歷史上，大多數人是為了某種現實的利益而參與一些宗教活動；此外，對待道德也是非常實用。

第二章　羅素的「原子主義」與杜威的「整體主義」

　　所謂原子主義或原子論（atomism），最初表現為一種古代自然哲學，原本主張的是在宇宙中所有的現實和所有的物體是由非常小的，不可分割的，堅不可摧的基本粒子，即原子組成的（來自希臘語「*atomos*」，意思是「不可切」）；從哲學上說，用固定顆粒或單元的集合體解釋複雜現象，它在自然科學中找到了最成功的應用。在現代，這種觀念可界定為將事物通過分析解釋為不同的、可分離的和獨立的基本成分的理論方法。而所謂整體主義或整體論（holism，從 ὅλος 的，希臘語的意思，整個，總括）是指一個給定系統的所有屬性（物理、生物、化學、社會、經濟、心理、語言等）無法由其組成部分單獨解釋；故它可界定為一個整體的部分是緊密相連的理論，主張各部分不能獨立於整體而存在，或若不參照整體就不會被理解，因而被認為整體大於其部分的總和。整體論經常應用於精神狀態、語言和生態。同前一章一樣，為了研究比較的方便，故為羅素與杜威分別貼上了「原子主義」和「整體主義」的「標籤」。

第一節　羅素的「原子主義」

　　20 世紀英美哲學的主流思潮形成了一個分析運動的時代，而開創者就是羅素。[1] 儘管羅素的哲學受到不同的評述與批評，但有一點卻是公認的，這就是「它作為現代分析哲學的範例與鼻祖。」[2] 邏輯證論者萊辛巴赫（H. Reichenbach）認為：羅素樹立了一個光輝的典範，他說明了一個哲學家可以憑著清晰、精確和認真的分析以及對神論的否定而獲成功，如果沒有他的卓越成就，現代的邏輯和認識論簡直很難想像，「羅素是這樣一個人：以他方法的精確性以及思想的廣博性，為我們時代的哲學開拓了足夠的途徑」。[3] 羅素在西方哲學中的地位和影響是不容抹殺的。如

---

[1]　M. Weitz, *Introduction to Twentieth Century Philosophy: The Analytical Tradition*, Free Press, 2000, pp.1-11.

[2]　E. R. Eames, *Bertrand Russell's Theory of Knowledge*, George Braziller, 1969, p.56.

[3]　H.Reichenbach,"Bertrand Russell's Logic," P. Schilpp, *The Philosophy of Bertrand Russell*, Northwestern

果說笛卡爾是近代西方哲學的奠基人，那麼，羅素就是現代西方哲學的開拓者。理由就在於，他為經驗論提供了嚴謹的邏輯系統、新穎的數學觀和科學化的哲學設想，並且是西方第一個系統闡明、論證和實踐分析方法的人。正是這個方法使整個傳統經驗論發生了巨大的變革，使休謨等人的某些思想萌芽迅速長成了繁茂的大樹，從而產生了新實在論、邏輯實證論和語義分析派，並從反面強烈觸動了大陸理性派和德國思辯哲學傳統，甚至在一定意義上說是科學精神向神秘主義的宣戰。它不僅對西方，而且對東方也產生了一定的影響。羅素在中國講學時，有人認為他對中國學術界的貢獻就是分析的方法，對此，他高興地說：「我完全贊同。」的確，羅素提倡的科學方法對「五四」以後的中國哲學界和科學界是有相當魅力的。

　　羅素的分析方法論是對西方從亞里士多德到笛卡爾批判、擯棄、吸取和創新的結果；其中，雖作為英國經驗主義對立面的笛卡爾思想也是羅素認識論和方法論的源泉之一。1996 年，在《羅素與分析哲學的起源》(*Bertrand Russell and the Origins of Analytical Philosophy*) 一書中，一些著名哲學家和羅素研究學者，如格里芬（Nicholas Griffin），希爾頓（Peter Hylton），格雷林（A. C. Grayling），凱爾密斯特（C. M. Kilmister）等，探討了羅素與分析哲學的淵源關係，以及他對這個運動獨特和持久的重要貢獻，對其觀點進行了詳細分析，並探討了其哲學思想的變化過程。[4]

　　分析哲學經歷了數次內部的微型革命，可將其歷史大致分為五個階段：第一階段約從 1900 年到 1910 年。主要特徵為摩爾和羅素的實在論的興起，它以某種準柏拉圖形式來替代唯心主義；這種實在論以「命題」和「意義」的用語中得到表達和維護，因此它涉及到一種語言的轉向。然而，這種實在論另一個重要特徵是遠離哲學宏大的系統或寬泛的合成，而轉向提供狹義的討論，探討單個特定的，孤立的問題，並注重精確和細節的方法。第二階段約從 1910 年到 1930 年。主要特徵為邏輯原子論和理想語言分析的興起，摩爾與羅素都摒棄了那種命題實在論，但前者強調一種常識的現實哲學，而羅素則與維特根斯坦一起發展了邏輯原子論和理想語言分析。第三階段，約從 1930 年到 1945 年。主要特點為邏輯實證主義的興起，由維也納學派的成員開創，並由和英國哲學家艾耶爾（A.J. Ayer）推廣。第四階段，約從 1945 年到 1965 年。主要特徵為日常語言分析興起，由劍橋哲學家維特根斯坦和約翰・維斯德姆（John Wisdom）以及牛津哲學家吉爾伯特・賴爾（Gilbert Ryle），約

University Press, 1944, p.54.

[4] Ray Monk and Anthony Palmer (Eds.), *Bertrand Russell and the Origins of Analytical Philosophy*, Thoemmes Pr, 1996.

翰・奧斯丁（John Austin）、彼德・斯特勞森（Peter Strawson）和保羅・格萊斯（Paul Grice）所發起。在 20 世紀 60 年代，來自內部的批評，並沒有引起分析運動放棄其語言形式。第五階段，約從 60 年代中期到 20 世紀末，其主要特徵為折衷主義和多元主義，以及語言哲學賦予形而上學（玄學）以及哲學的各種分科以新的方式。這種後語言分析哲學不能由一套共同的哲學觀點或興趣，而可由其某種寬鬆的風格來界定，這就對某個狹窄的題目往往注重精確性和徹底性，而對廣泛的議題卻並不再挑剔非精確性或隨意性。

多元的世界觀和分析的方法論將羅素導向了邏輯原子論的思想。羅素稱自己採取邏輯原子論也是一生中最大的革命。20 世紀 20 年代末，他聲稱他之所以稱自己的學說為邏輯原子論，是因為希望得到的在分析中作為最終剩餘物的原子是邏輯的而非物理的原子。這就等於他公開宣佈了他的世界觀是主觀唯心的。羅素說道：「我所希望支持的哲學可以叫邏輯原子論或絕對多元論，因為當主張存在許多事物的時候，這種理論否定存在一種由那些事物組成的整體。因此，我們可以看到，只用考察分散的各種事物，而不必考察事物組成的整體；而且不僅要考察所有的事物，還要考察它們的屬性，這些屬性並不依賴偶然發生的性質，而它們在任何可能的世界裡都是真實的，並獨立那些僅能被我們感官所發現的事實。」[5] 為何劃分為邏輯原子？羅素有幾點理由：（1）不假定存在許多成分，便無法解釋世界的複雜性；（2）常識本來就顯示出有許多獨立事物存在；（3）複合體都是由相關的簡單事物構成的；（4）世界及事實能夠被分析為獨立並且有關係的部分；（5）一個形體可以分為具有關係的成分；（6）一個對象必須被分析到不能再分析為止。因此，那種被分析到終極的構成要素就是非心非物的邏輯原子。但有時候，羅素又認為複合體無限可分析，它很難達到最簡單的要素。這裡似乎又包含某些辯證的因素。羅素認為，人們要想瞭解邏輯原子論，最重要的是瞭解其整個分析過程。它既探求本原的世界觀，又提供了一個完整分析過程的方法論，換言之，既是對世界的結構和關係進行邏輯思維的歸宿，又是構造多元世界的邏輯起點。下面就來考察一下這個分析的過程。

其一，「原子性原則」指導下的命題分解。羅素說道：「凡是完善的哲學都應當由分析命題開始。」[6] 所謂命題可以界定為由表達真假的詞語所構成的形式。在所說的這個原則下，複雜命題被分解為描述其部分的原子命題，即任何複合體的陳述

5　Bertrand Russell, *Mysticism and Logic*, Dover Publications, 2004, p.111.

6　Bertrand Russell, *A Critical Exposition of Philosophy of Leibniz*, The University Press, 1900, p.8.

都可分解為對各部分的陳述；「原子命題是一種表述了事實的東西，或是一種肯定了某物具有某種性質或關係的判斷。」[7] 例如：設 n_1、n_2、n_3……是名稱，p_1、p_2、p_3……是謂詞，R_1、R_2、R_3……是兩項關係，S_1、S_2、S_3……是三項關係等，若 p_1（n_1）代表「n_1 有謂詞 p_1」、R_1（n_1、n_2）代表「n_1 對 n_2 有關係 R_1」、S_1（n_1、n_2、n_3）代表「n_1、n_2、n_3 居於關係 S_1 中」等，以此類推所得到的都是原子命題。一個句子是否為原子的，是純粹的語法問題，例如只含有單一動詞的命題，它有幾種形式，如主謂、關係、否定等。既然原子命題是邏輯的終極構成要素，那麼，它所肯定或否定的東西，就應該是其相應的世界的終極要素，即原子事實。邏輯的全部複合命題都可以分解為原子命題，而世界的所有複合體都可分解為原子事實。所謂「事實」，並非指一個簡單事物，如不是司馬遷而是指司馬遷寫了《史記》，也就是指某物具有某種性質和關係。原子事實是由一種單一關係和兩個以上的事物組成的，使用「事實」一詞來表達各部分被分析了的聯結關係比用複合體更為便利。由於外在關係是無限的，因此就產生了事實的無限層次，所有這些層次便構成了眾多的所謂原子事實。[8] 由此可以看到，邏輯原子論也是出自外在關係的，早年的羅素把原子事實看作是感覺材料，認為它是客觀的，而原子命題卻是主觀的。但後來，他拋棄了感覺材料，這樣一來，原子事實的客觀性也就無從談起、原子的主客之分也就沒有必要了，於是，它便完全成了一種中立的要素，中立一元論的思想便由此而萌生。

其二，「結合法原則」指導下的命題組合。羅素用結合原則把兩個特定的命題如 p 和 q，以「-」、「∨」、「∧」、「→」、「↔」等基本真值聯結詞構成否定、析取、合取、蘊含、等值等所謂分子命題，它由原子真值聯結詞構成並可以無窮組合；「所謂分子命題就是某種連結，如果、或、和、除非等這樣的詞就是分子命題的標記。例如如果天要下雨，那麼我將攜帶我的傘。」[9] 分子命題與否定命題一樣是原子命題的真值函項，因為其真值完全以原子命題的真值為函項。由於存在著命題與事實間的某種層次相應性，因而與否定命題相應的是否定事實，如「孔子是活著的」是肯定事實，而「孔子不是活著的」則是否定事實。然而卻沒有分子事實，只有兩個或兩個以上的原子事實組合，因為分子命題與事實的相應性是與原子命題不同的。[10] 在羅素眼裡，似乎承認分子事實就等於強調了內在關係說。

---

[7]　Bertrand Russell, *Our Knowledge of the External World*, Routledge, 1993, p.55.

[8]　Bertrand Russell, *An Inquiry into Meaning and Truth*, Unwin Paperbacks, 1980, p.259-273.

[9]　Bertrand Russell, *Our Knowledge of the External World*, Routledge, 1993, p.57.

[10]　Bertrand Russell, *Logic and Knowledge*, George Allen and Unwin LTD,1977, p.321-344.

其三,「一般化原則」指導下的命題構造。羅素認為分子命題 F（a_1、a_2、a_3……p_1、p_2、p_3……R_1、R_2、R_3……）包含名稱謂詞、兩項關係等「成分」,這些成分都可為一變項所替代,其結果可判定這個變項的某一值或所有值,這就構成了一種一般命題。以 f（a）為例,如代入變項 x,就會得到命題函項 r（x）,我們就可說在 x 的一切可能值上,「f（x）」是真的,或至少在 x 的一個值上是真的。比方「李白是一個人,而凡人會死,所以李白是會死的」,這就不是一個邏輯命題,因其成分都是特殊事物,故是具有表面變項的命題,即一般命題。此外,含有全稱量詞的一般命題絕不是一些原子命題的相加,它不可能窮盡無數的原子命題來滿足自己,也不單純陳述某些原子事實,而是陳述「一般事實」。如「這是白的」是一特殊事實,「凡人是會死的」是一般事實。羅素認為這種區分非常重要,因為人們不用一般事實就想完全描述世界是荒唐的。[11]

20 世紀以來,分析和科學哲學以技術性、數理性、邏輯性及語言概念遊戲性的哲思特徵。休謨曾這樣宣稱過,那些即不能被經觀察所證實,又不能為數學所計算的東西都是「臆說」;而所謂本體和上帝的那些傳統哲學就是這樣的臆說。人們都知秦始皇焚書,卻不知英國 18 世紀大哲休謨（David Hume, 1711-1776）也主張焚書。不過,他的出發點並非為思想統治,而是為其鼓吹經驗主義學術門戶之見。休謨勸世人:如果走進圖書館,看見有許多藏書,只有兩類書可保留:一類是那些記錄用觀察（observation）、感覺和經驗才可驗證的知識的書,例如對於眼前這盤沙拉,我們可用視覺感知其中蔬菜水果和其他配料的顏色和形狀,用嗅覺聞到它們不同的香味,用味覺嘗到它們不同的口味,用聽覺辨出咀嚼它們時發出的不同聲響,用觸覺摸出它們不同的質感和硬度。總之,從五官的感覺,人們加以歸納和抽象可得到有關沙拉的知識,即可驗證的知識。另一類是用數學或邏輯計算（calculation）推衍出的知識,例如,3＋2＝5,這種知識也是可靠的。除此以外,其他的書,如關於上帝和宗教、關於是物質還是精神等所謂最終本體的書,既不能用經驗來驗證,又不能用數理或邏輯來計算和推演的「知識」,通常是胡說八道的「形而上學」,故應統統燒掉。休謨把洛克和貝克萊的經驗主義哲學發展到了它的邏輯終局。自從他著書以來,可以說,反駁他一向是形而上學家（指玄學）,即傳統歐洲大陸學派中間的一種時興消遣,而鼓吹他也一向是反形而上學家,即分析哲學家中間的一種清談風氣。作為其主要哲學著作,休謨早年的《人性論》（*Treatise of Human Nature*）沒有受到世人的關注。就連受到他深刻影響的康德,似乎也沒聽說過這部著作。如

---

[11]　Bertrand Russell, *My Philosophical Development*, Simon and Schuster, 1959, p.152、227.

同休謨自己說的，這本書從印刷機生下來就是一個死胎，而他是一個樂天派，很快就從這個打擊下振作起來，而改為散文的寫作，並出版了第一部散文集。1744 年，休謨企圖在愛丁堡大學得到一個教授職位未成；在這方面既然失敗，他先作了某個狂人的家庭教師，後來當上一位將軍的秘書。在生活有了某種保證後，再度向哲學進軍。他濃縮了《人性論》一書，將其間精華部分以及大部分結論的根據刪除，以《人類理智研究》（*Inquiry into Human Understanding*）為新書名出版。結果，此書反而比《人性論》成功得多，從而成為把康德從獨斷的睡夢中喚醒過來的動力。休謨似乎給人類的知識指點了迷津，把人們從盲從中解救出來，但又把他們引進一條狹窄的穴道。

　　正如前面所說的，傳統經驗論發展到休謨是一個頂點，而傳統唯理論發展到萊布尼茨（G. W. Leipniz）也是一個頂點。但在此之後，便難於應付自然科學對於哲學認識論的挑戰。自然科學的發展初期必然從經驗開始，但到了 20 世紀初，由於相對論和量子力學的產生，科學已不滿足於經驗的描述，借助公設、定理比僅局限於經驗更為有益，因此，它更多地運用了複雜的邏輯思想和想像力。在這種情況下，唯理論必然興起，例如愛因斯坦的相對論單靠經驗是根本概括不出來的。實證論從根本上說是英國經驗主義者由貝克萊（G. Berkeley）和休謨發端的。休謨肯定數學的必然真理，不公開鼓吹上帝，也不公開否認客觀外界的存在，而採取了不可知論。追隨休謨，而走向極端經驗論的人，一定認為「東方哲學」既不可觀察又不可計算，顯然是一種臆說，也無法與經驗主義的西方哲學相比較。同樣那些追隨極端唯理論的人，也會覺得「東方哲學」浸透著神秘主義或辯證詭辯，當然也與唯理論的西方哲學無法比較。前面提過，經驗主義與形式主義是分析哲學兩個重要特徵。其中任何一個走向極端，都會帶來深刻的危機和挑戰，就會迫使分析哲學改變方式。例如分析哲學的某些最新代表開始反對把哲學僅限於語言等。對一些極端的分析哲學家來說，別說是「東方哲學」，就是連傳統的歐洲哲學都不算哲學。從這個狹隘的角度看，既然東方哲學並非哲學，當然也根本談不上所謂東西方比較哲學了。

　　羅素試圖用邏輯澄清數學基礎的問題，也試圖用邏輯分析澄清哲學問題。美國斯坦福大學哲學百科全書這樣評價道：「作為分析哲學的奠基人之一，羅素對哲學各個領域，包括形而上學，認識論，倫理學和政治理論作出過顯著的貢獻。他在邏輯學和形而上學方面也對卡爾納普和維也納學派有著重大影響。」[12] 在格里芬

---

[12] "Bertrand Russell", *Stanford Encyclopedia of Philosophy, substantive revision Mar 10, 2015,* http://plato.stanford.edu/entries/russell/.

（Nicholas Griffin）看來，羅素對現代哲學有著重大的影響，尤其是在英語世界。與弗雷格、摩爾和維特根斯坦一起將分析變成了專業哲學的主要方法；20 世紀的各種分析運動都歸功於羅素早期著作。[13] 即便對羅素的人格頗有非議的傳記作家芒克（Ray Monk），也承認他對數理哲學的傑出貢獻是無可辯駁的。[14] 羅素對本體論、認識論、倫理學，甚至社會人文思想等方面的貢獻，也得益於他有關科學知識的確定性及其應用到哲學上的分析方法論。在哲學上，這種方法表現在邏輯分析。羅素經常聲稱，他比任何特定的哲學結論更加信任自己的方法論。總的來說，羅素的哲學思想是一種從早年的「綜合主義」到「分析主義」的轉變過程。

在訪華時，羅素的分析主義不能滿足的中國思維方式。實際上，甚至羅素在早期也受到過黑格爾的影響。不過，與杜威不同，羅素與黑格爾徹底決裂，並為哲學發展而創造了一個革命性的分析方法。他批評了杜威的邏輯如下：1.知覺與經驗知識的關係在杜威的書裡並不清楚，而且他拒絕將「感覺材料」（data）看作知識的出發點；2.杜威的「探究」無法為真理用邏輯的概念與知識的理論加以取代；3.杜威對探究的強調是與真理或知識相對立的；4.對杜威來說，知識不可是生活目的的任何部分，它僅僅是滿足其他東西的手段。[15] 羅素說道：「我和杜威博士曾於月蝕期間在長沙；隨著無法追憶的風俗，盲人們敲打銅鑼來消耗天狗，它企圖吞下月亮是月蝕的起因。在數千年裡，敲鑼這一實踐從未失敗過；每一次月蝕都在充分的喧鬧後而告結束。這個例證表明，我們的概括不僅使用同一方法，而且也可用差別方法。」[16] 不過，中國知識分子沒有接受羅素的哲學貢獻，其中原因之一就是它過於技術和瑣細，而不適於中國傳統的思維方式。

羅素自認繼承了英國的傳統，而杜威則屬德國傳統，尤其是黑格爾傳統。雖然杜威的工具主義最大特徵與最重要的教條與分析觀相一致，但杜威採用了與斯瑪茲（General Smuts）在《整體論與進化論》一書中所稱作「整體論」（holism）相聯繫的形式。整體論是一種認為在自然中決定因素為作為有機整體的理論，這種整體不能還原為它的部分之和，也就是說，整體不能被分析為其部分的總和或歸結為分離元素，例如完形心理學。因此，羅素提議首先考察杜威邏輯的「整體」方面及其工具學說；並說道：「杜威博士本人坦承自己借用了黑格爾的思想。他還補充說：『我不能忽略，也儘量不否認一個精明的批判者對某種虛構的發現所偶然談論的東西，

[13] Nicholas Griffin (Ed.), *The Cambridge Companion to Bertrand Russell*, Cambridge University Press, 2003, p.1.

[14] Ray Monk, *Bertrand Russell, 1921-1970, the Ghost of Madness*, Jonathan Cape. 2000, p.5.

[15] S. Meyer, *Dewey and Russell: an Exchange*, pp. 35-45.

[16] Ibid. p.43.

這種東西因熟知黑格爾而在我的思想中留下了一個永恆的儲存。』我在別的場合曾指出，這個學說與另一個前黑格爾主義者馬克思相似；正如馬克思在論費爾巴哈的文章提到，而後來又包含辨證唯物主義的理論（恩格斯從未理解的）中的那些意思：『人的思維是否具有客觀的真理性，這不是一個理論的問題，而是一個實踐的問題。人應該在實踐中證明自己思維的真理性，即自己思維的現實性和力量，亦即自己思維的此岸性。哲學家們只是用不同方式解釋世界，問題在於改變世界。』」[17]

　　從認識論另一角度說，羅素將哲學概念看作一種「分析的模式」（a mode of analysis），而杜威則將哲學概念當成一種「探究的模式」（a mode of inquiry）。羅素的哲學分析概念是為了證明非分析哲學的被取消，而杜威的哲學概念則為選擇性地比較、評價和互動提供一個理論的框架。[18]

第二節　杜威的「整體主義」

　　普拉特（Scott L. Pratt）指出，在一個以新的、多樣化的（通常是為相互對立的）哲學出現的環境中，有必要建立一種哲學概念，以促進對不同見解的交流和批判性思考。根據操作的概念，哲學努力既可視為重要的、有見地的、有益的，或者認作不重要的、被誤導的而不是「真實的」哲學。因此他試圖將杜威的哲學概念作為一種探究模式加以討論，並與羅素作為分析模式哲學觀作了比較。普拉特認為，雖然羅素的分析哲學概念判定了非分析哲學的無效性，但杜威的哲學觀則為替代方案的比較、評價和互動提供了一種理論框架。[19]當時，杜威的綜合主義滿足了中國的思維方式。在早期研究中，黑格爾主義的確影響了杜威。[20]杜威在密西根大學的指導教授莫瑞斯（G. S. Morris）就是一位著名黑格爾哲學的學者，他的哲學觀點最接近德國客觀理想主義。在「從絕對主義到實驗主義」的短文中，杜威說明了黑格爾哲學對自己的感染力以及原因。從黑格爾的唯心主義，在青春後期，他獲得了情與理智的融合，但在幼年的宗教經驗中卻沒有找到。在杜威早年對辯證法的信心讓位給懷疑論之後，對有關更技術的哲學問題，他的那種黑格爾式對連續性與衝突作

---

[17] Ibid. pp. 36-39.

[18] Scott L. Pratt. 1998. "Inquiry and Analysis: Dewey and Russell on Philosophy," *Studies in Philosophy and Education*, Volume 17, Issue 2-3, pp 101-122.

[19] Scott L. Pratt, "Inquiry and Analysis: Dewey and Russell on Philosophy," Studies in Philosophy and Education, June 1998, Volume 17, Issue 2-3, p. 101.

[20] P. A. Schilpp, *The Philosophy of John Dewy*, Northwestern University Press, 1944, pp.16-21.

用的強調堅持了經驗主義的基礎。在芝加哥的一次有關黑格爾邏輯的研討會上，杜威試圖重新用「重新調整」（readjustment）與「重建」（reconstruction）來解釋黑格爾的範疇。謝爾普（P. A. Schilpp）認為凱爾德（EdwardCaird）從黑格爾辯證法思辨中機智地解放出來，這對杜威有極大的影響。[21] 杜威本人說過：「然而，黑格爾對主觀與客觀，物質與精神,神靈與人類的綜合並非單純是一個理智的公式；它作為一種巨大的釋放和解放而運作。黑格爾對人類文化、機構和藝術的治療，涉及了嚴格地分開牆壁的同樣消解，而對我有一種特別的吸引力。」[22] 他還說道：「在 1890 年代早期，實際上所有英語中的重要哲學都受到新康德主義與黑格爾唯心主義的影響。實用主義與所有實在論的派別都是後來成長起來的。」[23]

　　杜威幾乎對以往和當下所有教育學說部進行了批判性的思索，對各種思想觀點都加以分析討論。杜威自詡反對二元論，堅持一元論，總是企圖從分析各種對立的觀點和理論中,尋求「整合」，並試圖在協調來綜合它們，賦予它們以「統一性」和「方向性」，進而構成一種「包羅一切」的思想體系，從而為教育改革注入新的動力。杜威最初關注德國哲學尤其是黑格爾客觀唯心主義哲學，後來又受到達爾文的進化論、霍爾的發展心理學和皮爾士、詹姆斯的實用主義哲學的影響。在上述因素的綜合影響下，杜威形成了自己研究教育問題的特殊方式，故反對傳統哲學中的二元論，強調對教育過程中各種二元論問題並進行調和，如「內發論」和「外爍論」、個人本位和社會本位、自然科目與社會科目、教師中心與兒童中心、活動課程與學科課程、正式教育與偶然教育、個人經驗與種族經驗、科學邏輯與心理邏輯、自由與紀律、興趣與努力、遊戲與工作、學生主動性與教師主動性、短程計劃與長程目標等等問題。杜威注意到「個人至上」或「社會至上」片面性，主張社會和個人是相關互動的有機體。相對完善的社會易於與其他社會交往，屬開放型而非封閉型，互利互惠的共同體。民主社會既應取消階級和種族的藩籬，也要衝出國界，使人類日益融合。

　　杜威從早期的黑格爾唯心主義轉到後來的實用工具主義,而我們仍能發現一些與黑格爾主義相連的「胎記」。1.他將哲學視為某種理智工具的觀點本身就是一種傳統的重建，這就是主要來自黑格爾的歷史觀。2.他對衝突的理解來自黑格爾，儘管它並非僅僅是在經濟，而且也在心理和文化感覺上。3.他有關連續性的理論與黑格爾相似，這種連續性被看作為彌漫與包容一切。4.他的實在概念包括黑格爾的連

---

[21] Ibid. p. 22.

[22] Ibid. p. 138.

[23] Ibid. p. 521.

續性，而他對主觀與客觀的描述是受到黑格爾的影響被包含在一個經驗整體中。5.他將個體看作一個唯一的歷史特徵，也是受到黑格爾的影響。6.他的社會心理學認為黑格爾的觀點，即個人不能與歷史、文化、或環境分開是根本上正確的。[24] 杜威拒將心理分析為各個元素或部分，而主張心理活動是一個連續的整體，故必須關注整個有機體對環境的適應性，以及在活動過程中滿足其自身的需求。羅蒂聲言，「要思考杜威就應該從思考黑格爾開始。」[25] 的確，杜威早年從科學心理學角度來解讀德國古典哲學，聲稱哲學探索的所有對象的性質在於找到經驗對我們說了什麼。心理學正是對這種經驗的科學而系統的探討。[26] 杜威賦予康德的「理性」（reason）以經驗含義，試圖證明康德的判斷力理論是以使理性或精神成為人的整個經驗領域的中心或有機統一體為中介的。[27] 7.杜威指出，當康德試圖超越這種科學方法時，就將自身引向了錯誤的方向，使自己的學說陷入矛盾之中。[28] 羅蒂指出：「20世紀有兩個偉大的哲學家，一個是維特根斯坦，一個是杜威。維特根斯坦的偉大之處在於，他寫出來的東西給人以他似乎一無所知的印象；杜威的偉大之處在於，他寫出來的東西給人以他似乎無所不知的印象。」[29] 杜威提出：「任何一個哲學體系最終都要退回到事物本真存在的事實中。這個事實性的意義是所有哲學的應有之義，作為哲學方法的心理學的確將明確地呈現這個必然意義。只有它才是從這個完整事實出發的，因此只有它才是完整的哲學。」[30] 他推崇說：「心理學是完備的哲學方法，因為在心理學中，科學與哲學、事實與推理是統一的。」[31]

　　杜威實用主義可視為一種整體論，[32] 他的基本元素和偶然的表達似乎都指向了整體論，其經驗主義都被納入了整體的分析。[33] 杜威對中國影響的一個重要原因就是其思想中的「整體」性質，這與中國思想的性質有異曲同工之妙。對他來說，經

---

[24] Ibid. pp. 88-89, 107, 181, 266, 498.

[25] Rorty, Richard. "Dewey between Hegel and Darwin." In Herman J. Saatkamo Jr., ed., *Rorty and Pragmatism: the Philosopher Responds to His Critics*. Nashville, TN: Vanderbilt University Press, 1995, p.3.

[26] 杜威：《杜威全集・早期著作（1882-1888）（第1卷），劉放桐主編，張國清譯，2010年，第98頁。

[27] Randall, John Herman Jr., *Philosophy after Darvin*, Volume III, ed. By Beth J. Singer. New York: Columbia University Press, 1977. P159.

[28] 張國清、劉騰：〈杜威實用主義政治哲學考察〉，華中師範大學學報（社會科學版），54卷第4期，2015年7月。第74頁。

[29] 羅蒂《後形而上學希望》，張國清譯，上海譯文出版社，2009年，第387頁。

[30] 杜威：《杜威全集・早期著作（1882-1888）（第1卷），劉放桐主編，張國清譯，2010年，第127頁。

[31] 同上，第123頁。

[32] Joseph Margolis, *Reinventing Pragmatism: American Philosophy at the End of the Twentieth Century*, Cornell University Press, 2002. p. 126.

[33] Hugh P. McDonald, *John Dewey and Environmental Philosophy*, State University of New York Press, 2004, p. 199.

驗可視為單一、完整、動態的有機整體。經驗是個體對特定情境的整體反應；故可用實驗主義整體論對傳統本體論進行改造。杜威早期政治哲學提及個人的整體論，反精英主義；民主參與是個人自由的一個方面以及非傳統的民主觀點。[34] 杜威的思想是強調整體的，沒有任何一個元素比整個道德關係網更重要。「生活作為一個整體」和生活作為一個「正在進行的活動系統」[35] 是整合價值的整體公式。整體論是基礎主義。杜威曾試圖克服主體和客體的二元論。有多個產物相互關聯，這是一切道德考慮的因素。許多因素之間的這種關係就像一個有機體中的一部分與整體的關係。因為所有因素都必須考慮在內，包括內在價值和後果，故道德論證不能被簡化為最終的基礎。杜威強調關係和意義系統包括在問題語境中所討論的所有相關元素。杜威的「結果論」（consequentialism）涉及對與好的關係，但這些都並非道德考慮的唯一因素。關係和意義系統應包括在問題情境中所討論的所有相關元素。杜威使用有機模型也可以反映其受到黑格爾和達爾文的影響。在某些觀點中，黑格爾對杜威產生了決定性影響。杜威的整體因素可能反映了黑格爾的影響。杜威接受對康德抽象的批判，而非具體的概念。倫理學在杜威思想中被認為是社會性的，[36] 就像黑格爾一樣，倫理學在杜威的《人性與行為》（Human Nature and Conduct）中被認為是社會性的，儘管杜威發展個人倫理的程度更高。杜威對黑格爾的專制主義極為批判。如同青年黑格爾派，杜威需要平均值的概念。

　　格因羅克（James Gouinlock）認為杜威受到黑格爾拒絕二元論的影響。提勒斯（J. E. Tiles）指出，不像摩爾（G. E. Moore）和羅素，杜威並沒有完全擺脫唯心主義思想的影響。杜威的實驗主義與其整體論是互補的。「杜威認為自己方法或整體性判定是實驗性的。它遵循科學的過程，通過仔細分析問題，與以往的情況加以比較，並探討可能的解決辦法等。正如我們並不懷疑科學中的一切，只是發覺知識中的選擇性部分似乎有問題，因此，我們不會把所有的習俗和價值觀棄置於一個有問題的地方。杜威的倫理學是實驗性的，但不是懷疑的。我們在新的環境中進行實驗，過去的解決方案似乎沒有什麼指導作用。習慣和社會共識可能適合日常情況。」[37] 杜威接受了許多傳統倫理思想，包括道德的普遍適用範圍、價值的強力結合、形式與

---

[34] Matthew Festenstein, "Dewey's Political Philosophy," *Stanford Encyclopedia of Philosophy*，2004.

[35] John Dewey, *Human Nature and Conduct* (New York: Modern Library, 1922, 1957), III, 8, p. 231. Another holistic formulation is conduct described as binding together acts into a whole (Dewey, John, *Ethics* (New York: Henry Holt, 1908, 1932 revision)co-authored with J. Tufts, ch.10, ch.10, p.181).

[36] John Dewey, *Human Nature and Conduct*, New York: Modern Library, 1922, 1957.

[37] Hugh McDonald, *Dewey's Holism*, Society for the Advancement of American Philosophy.

目的的關係以及理性的重要作用等。然而，杜威對傳統倫理的批判，卻具有實際拓展道德角色的諷刺效果。杜威是對倫理學狹隘性性的批判者，這是現代思想的潮流。道德源於生命的自然產物，如藝術和科學，但也是它們的一部分，是相互強化的整體關係。杜威呼籲「廢除」道德產品之間的傳統區別，如美德和其他生活產物。作為社會的道德滲透於其他方面，因為它們是社會產品或反映社會狀況。杜威對倫理基礎主義的批判也是完美人格的道德批判。杜威介紹了一種新的理論特徵，它關係到整個生長過程中的變化。這就破壞了以行動為中心的觀點（「做的道德」）和以人物為中心的觀點（即存在的倫理學）的二元論；將增長和發展、考慮後果和其他因素納入一個更大的整體中，所有的因素都被考慮在內。性格在行動中，即在行為習慣中顯現。

對杜威而言，進行判定並非基礎性的，而是整體的。永恆的、靜態的、固定的「給予」的價值或目的是沒有吸引力的。事實上，手段可能與環境與結果的正當性有關，就像它們與某個目的的關係一樣。無論是在目標的意義上，還是在結果的意義上，都不能否認目的。然而，對目的的判定並非其內在價值也不是至善（summum bonum），而是解決一個問題的一整套特徵和構成要素。杜威小心謹慎地以相互加強的方式把這些聯繫起來。因此，環境並非最終的考察，因為它們的決定是基於一個積極的變化方向，包括價值觀、包容性、整體性和後果的參照。結果被一致性所判定，從而形成一種測試或標準。最終的目標並非某種終極標準，因為它必須與境況有關。「總之，問題情境中的每一個元素都與其他事物有著有意義的聯繫，因而並非最終的。論證遵循一個有機的模型，在它之中，一個整體的問題情境是以它的組成部分來加以分析的。境況與後果可能是居於中心地位的。然而，它們通過智力、試驗和錯誤等被納入生物體的整體活動中。」[38] 智力的方法包含了一整套論證，即一種新的、反基礎的模型。儘管有一些基本的因素和偶然的表達，似乎都指向整體論，例如他運用經驗（experience）與經驗主義的（empirical），以及從環境到一般性的歸納等等。杜威認為自己的正當論證的非基礎模式（non-foundational model of justification）並不涉及無限的倒退（infinite regress）。[39] 杜威已從一個基於內在價值的基礎模型轉向活動作為一個過程，並在各種關係中包含了許多元素。杜威經常被誤解為他企圖去除內在價值，這一直是一個神話，很難消除。人們可能誤解杜威對待內在價值的一個原因是其整體論。內在價值在道德上是相當重要的，但不是杜

---

[38] Ibid.

[39] John Dewey, "Theory of Valuation," from the *International Encyclopedia of Unified Science* (Chicago: Univ. of Chicago Press, Vol. II, #4, 1939), sect. 6, p. 425 ff

威的基礎。若無考慮所有情況，沒有一個因素可成為整個道德決定的保證。因此，杜威的整體論是拒斥倫理基礎主義和結果論，因為前者與後者緊密相連。[40]

　　杜威是一個有機整體論者，儘管有機的類比可以透支。他對環境的強調描述了環境中有機體的狀況。他的價值理論包括意動要素和手段，最終關係到一個更大的，整個有機體正在進行操作的語境。對改進的估價必須從現有的估價中發展出來，而採用關鍵的調查方法，使它們相互之間存在系統的關係。」[41]手段與目的關係是以更全面的連續性來構思的。杜威的倫理學形成一個連貫的整體，他的倫理主義包含著結果論（consequentialist）和整體論（holistic）的成分。杜威的整體方法使（內在）價值甚至道德有效性不一定涉及相應的義務。在內在價值與道德有效性的關係中，對基礎主義（foundationalism）的否定同時也是對道德基本模式的否定，即對作為內在價值義務的否定。杜威認為恰當地利用理想工具可作為分析問題的寶貴方法；而包容性的價值觀，如幸福、成長和生活，是整體的價值觀，它以整體的全面發展來協調個人行為。

　　杜威認為恰當地利用理想工具可作為分析問題的寶貴方法；而包容性的價值觀，如幸福、成長和生活，是整體的價值觀，它以整體的全面發展來協調個人行為。道德乃源於生活的自然產物，如藝術和科學，但也是它們的一部分，是相互強化的整體關係。杜威呼籲「廢除」各種道德之間的傳統區別，如美德和其他生活品。作為社會的道德滲透於其他事物，因為它們作為社會產物而反映社會狀況。杜威堅決反對把道德看作一種單獨而隔絕的生活，就像對經濟學或政治學不加以道德的考慮。狹義的道德不僅忽略了條件和後果，而且忽視了大部分生活。杜威相信，對各種的條件的認真審察，過去的經濟實踐和原則可用工具來改善條件。正如在科學方法中，實驗可能涉及到更好或更壞的後果。將實驗邏輯引入道德，可使每一種品質都被認為是好的，因為它有助於改善現存的弊病。」[42]杜威提出了一種道德考量的觀點，其中必須在任何情況審思有關道德決策的許多因素。既然這些都必須加以關注，那麼它們在道義上都是相當可觀的。這是一種整體觀，對其而論，所有在有問題情況下所考慮的因素都在道德的範圍內。杜威的理論並非一種可選擇的基礎主義，它不是建立在代替內在價值的工具價值上。相反，內在價值和工具價值在道德上都是相當重要的。道德辯護並非建立在內在價值上，也不是建立在情境或包容性的結果上，而是建立在關係中所有重要的道德因素。杜威的「程序正義」不是康德

---

[40]　Hugh McDonald, *Dewey's Holism*, Society for the Advancement of American Philosophy.

[41]　John Dewey, *Ethics*, New York: Henry Holt, 1908 (1932 revision)co-authored with J. Tufts, sect. 8, p. 440.

[42]　John Dewey, *Reconstruction in Philosophy*, Boston: Beacon, 1920, 1972, ch.7, p. 172. .

式的義務論（deontological），因為義務是建立後果（consequences）之上。但在功利主義的意義上，杜威不是一個後果主義者。杜威的倫理觀並非從人物道德或後果主義的轉變，他擴大道德的考量，其中包括自我、社會環境等。對他而言，道德義務是基於整體意義上的道德考量。因此，欲望是一個要素，但由環境和欲望所限定。工具性意味著與環境相關。從後果進行評估，可產生新的需要。後果提供了檢驗，但並非基礎性的。[43] 即使是情境也受制於實驗方法，並且被一種習性所改變。這些元素構成了它們自己的關係網，就像自然因素構成環境中的關係網一樣。杜威的程序不僅是規則，還包括道德思考的整個過程，在這個過程中，所有的因素都被考慮在其關係中。

　　杜威敏銳地分析了解決問題情境及其相互關係所涉及的因素。此外，杜威對道德哲學作出了貢獻，他強調了具體情況的獨特性，認為這是解決問題的最重要的因素，他強調智力在審議和評價中的中介作用，以及在活動中首要價值的位置，而並非主觀狀態或對象。他的觀點可以被認為是對現代倫理學所採取的主觀內向的自然主義批評。科學的實驗方法引入道德思考，是一個針對經典問題的新方法。他對目的與手段分離的批評與傳統中將目的作為手段的做法更加一致。杜威認真地看待後果，並強調其修正未來活動的作用。杜威的實驗主義與其整體論的關係是互補的。杜威認對其方法的整體性論證是實驗性的；它遵循科學的過程，仔細分析問題，與過去的情況進行比較，討論可能的解決辦法等。我們並不懷疑科學中的一切，而只是我們知識中的某些部分似乎有問題，所以我們不會把所有的習俗和價值觀棄置一個有問題的地方。杜威的倫理學是實驗性的，但不是懷疑論的。我們在新的環境中進行實驗，過去的解決方案似乎沒有什麼指導作用。習慣和社會共識可能適合日常情況。對杜威來說，論證不是基礎性的，而是整體的。對永恆的、靜態的、固定的、「給予」的價值或目的是沒有吸引力的。事實上，手段可能與環境和結果的正當性有關，正如它們與某個目的的關係一樣。無論是在目標的意義上，還是在結果的意義上，都不能否認結局。

　　為了解決一個問題情境的特徵和構成要素，杜威謹慎地以相互加強的方式把這些聯繫起來。因此，環境不是最終的考驗，因為其決定是基於一個積極的變化方向，包括價值觀、包容性、全面的產物以及後果的參照。結果與推斷一致，從而形成一種測試或標準。最終的目標並不是某種終極標準，因為它必須與境況有關。總之，問題情境中的每一個元素都與其他事物存在有意義的聯繫，因此都並非最終的。論

---

[43] Dewey, John, *Ethics* (New York: Henry Holt, 1908, 1932 revision) co-authored with J. Tufts, ch.10, p. 186.

證遵循一個有機的模型，在它之中，一個整體的問題情境是用它的組成部分來分析的。境況和後果可能居於中心地位。然而，它們通過智力、試驗和錯誤等被納入生物體的整體活動中。智力的方法包含了一整套論證，即一種新的、反基礎的模型。有一些基本的因素和偶然的表達，似乎都指向整體論。[44] 杜威已經從一個基於內在價值的基礎模型轉向將活動視為一個過程，並認為在各種關係中包含了許多元素。杜威思想是一個有機的整體。對環境的強調描述了環境中有機體的狀況。他的價值理論包括意動要素和手段，最終關係到一個更大的，整個有機體正在進行的操作的語境。改進的估值必須從現有的估值中發展出來，並採用關鍵性的調查方法，使它們相互之間存在系統的關係。[45] 而手段－目的關係是以更整體的連續性來加以構思的。人們誤解杜威對待內在價值的一個原因是他的整體主義。內在價值在道德上是相當重要的，但不是杜威的基礎。杜威的整體主義是拒絕倫理學上的基礎主義，從而拒絕結果主義，因為前者與後者緊密相連。

小結

　　對羅素而言，之所以研究哲學，並不是為了對問題要求明確的答案。因為沒有明確的答案；作為一項規則，被認識為真，而只是因問題本身的緣故；因為這些問題擴展我們的概念，豐富我們的知識和想像力，減少那些關閉心靈的教條；更是因為，通過哲學來思考宇宙的偉大，心靈也隨之呈現強大，故而能夠與構成至善的宇宙相結合。在杜威看來：哲學是一種廣義的批評理論。生命體驗的終極價值在於它不斷提供批評這些價值的工具——無論是信仰、制度、行動還是產品——都是從經驗的各個方面獲得的。早在 1947 年，塔耶爾（H. S. Thayer）在〈兩種真理論：杜威與羅素學說的關係〉一文中，指出，我們時代的兩個最有影響的哲學家羅素與杜威在很多根本的哲學問題上是相互對立的。其中最重要的爭論就在於真理的性質方面。甚至各自建立了相互對立的哲學學派。[46] 布拉特（S. L. Pratt）指出，在一個以新的、多樣化的（通常是相互對立的）哲學努力出現的環境中，有必要建立一種哲學概念，以促進對不同見解的交流和批判性思考。根據實踐的概念，哲學努力可以

---

[44] John Dewey, "Theory of Valuation," from the *International Encyclopedia of Unified Science*, Chicago: Univ. of Chicago Press, Vol. II, #4, 1939, p.425.

[45] Dewey, John, *Ethics*, New York: Henry Holt, 1908, 1932 revision, co-authored with J. Tufts, sect. 8, p. 440.

[46] H. S. Thayer, "Two Theories of Truth: The Relation between the Theories of John Dewey and Bertrand Russell," *The Journal of Philosophy,* Vol. 44, No. 19 (Sep. 11, 1947), pp. 516.

被視為重要的、有見地的、有益的，或次要的、被誤導的而並非「真實的」哲學。將「杜威哲學觀作為一種探究模式加以發展與羅素哲學觀作為分析模式作了比較後，我認為，雖然羅素的分析哲學觀念擯棄了非分析哲學，但杜威的哲學觀為替代方案的比較、評價和互動提供了一個理論框架。」[47] 從一定意義上說，羅蒂和普特南都受到杜威「整體論」的影響。羅蒂試圖將杜威，黑格爾和達爾文的里程碑式成就融合到實用主義、歷史主義和自然主義的綜合中。例如，陳獨秀對儒家全面抨擊的其中一個因素，就是將儒家傳統視為一種基本整體論，並由它引導了所有後來儒家的發展。另一方面，他瞭解到，黑格爾哲學的確深遠地影響了現代中國文化，因為它不僅與傳統思維方式，而且也是與共產主義需要相投機。對這種親合力有兩個基本的原因：一是中國思維方式真正地強調辯證，如易經將變化、對立統一以及事物相互作用看作對自然與社會發展最主要的動力；二是馬克思主義將德國古典哲學，尤其是黑格爾的辯證法，當作自己最重要的來源之一。

---

[47] Scott L. Pratt, *Inquiry and Analysis: Dewey and Russell on Philosophy, Studies in Philosophy and Education,*June 1998, Volume 17, Issue 2-3, pp. 101-122.

第三章　羅素的「浪漫主義」
與杜威的「務實主義」

　　所謂浪漫主義（romanticism）是指從 18 世紀底到 19 世紀的藝術和智力運動，它強調強烈的情感作為一種審美經驗的來源，關注恐懼、焦慮等一類的情緒，以及在面對自然的那種敬畏的精神體驗；它提升了民間藝術、語言和習俗，並引起基於習慣的傳統認識論的爭論。而所謂務實主義（actualism）則強調在最廣泛的意義上，一切是實際的，或是實際存在的。亞里士多德將潛存（potentiality）與實存（actuality）作為存在或不存在的事物之間的區別之一。從某種意義上說，一個潛藏存在的事物似乎不存在，但潛存確實存在；而一切事物都是從潛存到實存的發展過程。

第一節　羅素的「浪漫主義」

　　羅素的行為特徵之一就是浪漫主義。有意思地是，他在《西方哲學史》中，對浪漫主義有過精彩的議論：

> 　　浪漫主義觀點所以打動人心的理由，隱伏在人性和人類環境的極深處。出於自利，人類變成了群居性的，但是在本能上一直依然非常孤獨；因此，需要有宗教和道德來補充自利的力量。但是為將來的利益而割棄現在的滿足，這個習慣讓人煩膩，所以熾情一激發起來，社會行為上的種種謹慎約束便難於忍受了。在這種時刻，推開那些約束的人由於內心的衝突息止而獲得新的元氣和權能感；雖然他們到末了也許會遭遇大不幸，當時卻享受到一種登仙般的飛揚感，這種感受偉大的神祕主義者是知道的，然而僅僅有平凡德性的人卻永遠不能體驗。於是他們天性中的孤獨部分再度自現，但是如果理智尚存在，這自現必定披上神話外衣。神祕主義者與神合為一體，在冥想造物主時感覺自己免除了對同儕的義務……浪漫主義運動從本質上講目的在於把人的人格從社會習俗和社會道德的束縛中解放出來。這種束縛一部分純粹是給相宜的活動加的無益障礙，因為每個古代社會都曾經發展一些行為規矩，除

了說它是老傳統而外，沒有一點可恭維的地方。但是，自我中心的熱情一旦放任，就不易再叫它服從社會的需要。基督教多少算是做到了對"自我"的馴制，但是經濟上、政治上和思想認識上的種種原因刺激了對教會的反抗，而浪漫主義運動把這種反抗帶入了道德領域裡。由於這運動鼓勵一個新的狂縱不法的自我，以致不可能有社會協作，於是讓它的門徒面臨無政府狀態或獨裁政治的抉擇。自我主義在起初讓人們指望從別人得到一種父母般的溫情；但是，他們一發現別人有別人的自我，感到憤慨，求溫情的欲望落了空，便轉成為憎恨和兇惡。人不是孤獨不群的動物，只要社會生活一天還存在，自我實現就不能算倫理的最高原則。

　　在當時，羅素的教育浪漫主義與中國理想主義的教育有著異曲同工之處。在1920 年 10 月 14 日上海七團體歡迎宴會上，羅素在即席演講中談到，中國改造社會的第一步是教育。他強調，百年以來的歐洲思想多有違反良知、傾向破壞、獎勵貪婪掠奪的流弊。中國人不可移植此不純正的歐洲思想，以蹈歐洲覆轍。以往歐洲盡力獎勵生產，開發實業，追求物質文明，至今已破綻畢露。中國不必效法歐洲的錯誤經驗。欲改造中國社會，各種改造方法中以教育為第一義。[1] 1920 年 11 月 9 日，在抵達北京後，羅素在講學會歡迎會的答詞中，表示目前暫不主張社會主義；中國的當務之急，是開發財源和發展平民教育。宜先增高人民知識，再實行社會主義。否則，如俄國那樣大多數人民知識尚未發達，一旦實行社會主義、共產主義，也難免於失敗。[2] 與杜威相比，羅素強調：1.建立一所小型的「貴族」式私立學校，它包括一個鄉野莊園作為它的校園、一組謙和教職員、一些僕人以及其父母贊同此項計劃的一小組學生；在那裡，他的教育理念可以得到貫徹。2.學校不應教育學生為競爭或為物質和功利的需要。3.學校不應僅是手段或工具，而是目的。4.學校應多教「想法」而不是「做法」。5.學校應設法儘量減少「社會」的功能和壓力。羅素的教育哲學並未對中國有多大的影響。在一定的意義上，他的「學校」與中國傳統私立學校有些相似。它甚而仿造了孔子的教育模式：包括一個鄉野莊園作為它的校園、一組謙和教職員、一些僕人以及其父母贊同此項計劃的一小組學生；在那裡，孔子的教育理念可以得到貫徹。然而，在羅素與孔子的學校有三大區別：1.前者主張自由思想，而後者則反對；2.前者忽視嚴格紀律與懲戒，而後者則極力強調；3.

---

[1]　〈滬七團體歡迎羅素記〉，《晨報》1920 年 10 月 16 日。

[2]　〈講學社歡迎羅素之盛會〉，《晨報》1920 年 11 月 10 日。

前者倡導開放的性教育，而後者則嚴禁。為中國新教育家而言，最重要的任務是以科學、技術、工業化以及民主來維護和重建中國。他們企圖擴大和發展「大眾教育」，而不是貴族教育。對他們中的大多數，迫切任務是為自己的祖國消滅貧窮、軟弱和落後。因而，對當時的國民黨與共產黨兩大政黨來說，民族主義與愛國主義比個人主義和自由主義更為重要。

羅素的浪漫主義還還表現在其對婚姻與性愛的態度上。羅素在 1929 年出版的《婚姻與道德》一書中，尖銳地抨擊，由於父權制和生殖主義，本來「愛情是男女之間的關係，卻被希望確保孩子合法性的行為毀了」。[3] 儘管婚姻是男女之間可能存在的最好和最重要的關係。但那些從來不知道彼此之間那種深厚幸福愛情的親密關係的人，已經錯過了生命所能給予的最美好的東西。在此書第六章「浪漫愛情」中，羅素相信，浪漫的愛是生命必須給予的最強烈快樂的源泉。「在一個充滿激情、想像力，而溫柔地彼此相愛的男女關係中，有些東西具有不可估量的價值，對任何人來說，若對此無知都為一大不幸。」[4] 羅素批評道：舊道德的首要基本要素是，對女孩的教育應該使其變得愚蠢、迷信和無知。在教會可控的學校裡，這個必要條件已經滿足了。下一個必要條件是對提供性主題資訊的所有書籍進行非常嚴格的審查。然而，這些條件已經存在，顯然還不夠。唯一的辦法就是讓年輕婦女失去與男人獨處的所有機會：必須禁止女孩在外工作謀生；除非有母親或姑媽陪同，否則絕不允許她們外出；也許每個月對所有未婚婦女進行一次由警察醫生進行的體檢，然後把所有被發現不是處女的人送進監獄。當然，必須根除使用避孕藥具，在與未婚婦女交談時懷疑教條肯定是非法的。上述這些措施，如果用百年或更長時間大力推行，也許能起到遏制不道德浪潮的作用。對此，羅素嘲諷道：為了避免某些產生虐待的風險，有必要閹割所有警察和所有醫務人員。考慮到男性性格的固有墮落，把此政策加以進一步推進也許是明智之舉。「我傾向於認為道德家應該提倡除宗教部長以外的所有人都應該被閹割。」[5]

羅素進一步批判了所謂性知識禁忌，指出，在試圖建立一個新的性道德時，人們不得不問如何調節兩性關係？男人、女人和孩子是否應該對與性有關的事實一無所知呢？對這類問題的無知對個人是極其有害的，因此，任何制度如果長期要求這種無知是不可取的。性道德不得依靠無知來吸引人。起初，只有女性是無知的，這種無知是對男性統治的支撐。然而，舊時婦女逐漸承認無知對於美德是必不可少

---

[3] Bertrand Russell. 1929. *Marriage and Morals.* Allen & Unwin, p.27.

[4] Ibid.,p. 74.

[5] Ibid.,p. 91.

的，部分由於她們的影響，人們認為兒童和年輕人，不論男女，都應該盡可能對性方面無知。在這個階段，動機不再是統治的一部分，而是進入了非理性禁忌的區域。傳統教育孩子的課程是儘量讓他們處於父母和老師所能達到的無知狀態，他們被告知永遠不要觸摸自己的性器官或談論它們；所有與性有關的問題都會被「噓，安靜」這個詞嚇到。他們被告知孩子們是被鸛帶來的，或者是在一個醋栗樹叢下面挖到的。他們遲早會從其他孩子那裡學到一些東西，通常是以一種或多或少含糊不清的形式；這些孩子與他們秘密地聯繫在一起，而且由於父母的教導，他們認為這些事實是「骯髒的」。他們自慚形穢，因為他們費盡心思隱藏它。他們也知道自己被那些指導的人系統地欺騙了。他們對父母、對婚姻和對異性的態度因此不可逆轉地被毒化了。很少有受過傳統教育的男人或女人學會了對性和婚姻的尊重。他們的教育告訴他們，欺騙和撒謊被父母和老師認為是美德；性關係，甚至在婚姻中，或多或少是令人厭惡的，而且在繁殖中，男人屈服於他們的動物本性，而女人屈服於痛苦和責任。這種態度使得婚姻對男人和女人都不滿意，缺乏直覺的滿足感而殘酷地被偽裝成道德。英國一份廉價出版物指出，妻子能夠並應該從性交中獲得性快感是違法的。羅素自稱自己也讀過一本被法庭上指責為淫穢的小冊子。正是基於以上關於性的觀點，法律、教會和青年老式教育家的態度才得以確立。[6]

對以上的禁忌，羅素揭示了第一個也是最嚴重的後果是年輕人對科學好奇心的束縛，扼殺了聰明的孩子瞭解世界上一切的希望。除了這種智力上的損害，在大多數情況下還有非常嚴重的精神損害。正如弗洛伊德首先展示的那樣，每一個與孩子親密的人很快發現的，關於鸛和醋栗灌木的寓言通常都是不可信的。這個孩子會得出這樣的結論：因父母撒謊，以致他們的道德和智力權威被摧毀。關於性的神秘性極大地增加了年輕人對這個問題的自然好奇心。倘若成年人像對待其他話題一樣對待性，給孩子回答他所有的問題，並給予孩子他所希望或能理解的資訊，那麼孩子永遠不會產生淫穢的概念，因為這個概念取決於某些話題不應該被提及的信念。對性的好奇心就像其他東西一樣，當它滿足時就會消亡。因此，到目前為止，防止年輕人沉迷於性生活的最好方法是盡可能多地告訴他們自己想知道的事情。色情作品如果公開、無恥，其危害就會小於秘密和秘密的趣味性。[7]

在羅素看來，愛情遠不止是對性交的渴望，而是逃避孤獨的主要手段，孤獨折磨著大多數男人和女人生活的大部分時間。激情的相互之愛，會打破自我的隔牆，

---

[6] Ibid.,pp. 91, 93, 94, 97, 100.

[7] Ibid., pp. 101-105, p.114.

而組成新的存在。大自然並沒有把人類構建成獨立的個體，各自獨立的生活，因為除非有他人的幫助，否則人類無法實現其生物學目的。文明人若沒有愛，就不能完全滿足他們的性本能。那些從來不知道彼此之間親密性和快樂相愛的人，就已經錯過了生命所能給予的最美好的東西；由此產生的失望會使他們傾向於嫉妒、壓迫和殘酷。因此，給激情的愛以應有的地位應該是社會學家所關心的問題，因為倘若男人和女人錯過了這種經歷，就無法達到他們的全部生活目的，也無法對世界其他地區感受到這種慷慨的溫暖，故其害無窮。[8] 羅素大聲疾呼：「害怕愛情就是害怕生命，那些害怕生命的人已經死了」。「生命的喜悅取決於對性的某種自發性。在性壓抑的地方，只有工作仍然存在，為工作而工作的福音從來沒有產生任何值得做的工作。」[9]

有一件例子很能說明羅素的浪漫愛情觀。1901 年秋天，在他娶了第一任夫人愛麗絲・皮爾斯・史密斯（Alys Pearsal Smith）七年之後，羅素突然有了一個閃念：「一天下午，我騎自行車出去，突然，當騎著一條鄉間小路時，我意識到我不再愛愛麗絲了。直到這一刻，我才知道我對她的愛也在減退。這一發現所帶來的問題非常嚴重。自從我們結婚以來，我們一直生活在最親密的關係中。我們總是共享一張床，都沒有單獨的更衣室。我們一起談論著發生在我們身上的一切……我知道她仍然忠於我。我不想不友善，但我相信在那些日子裡……在親密的關係中，人們應該說出真相。」羅素的真相，也許並不出人意料，原來是他的心的改變並不是他的錯。畢竟，愛麗絲的性格缺陷遠沒有什麼了不起。她試圖以比人類可能更善良的美德，從而導致不真誠。像她哥哥洛根一樣，她很惡毒，喜歡讓人們互相看不起，但她沒有意識到這一點，而且本能地巧妙地運用她的方法。她讚美別人的方式會讓別人欽佩她的慷慨，而且她認為被讚美的人比批評他們的人更壞。惡意常常使她不誠實。艾麗斯被羅素的啟示弄得心煩意亂，但她無條件地深愛著她的丈夫，所以希望他繼續和她住在一起。羅素同意這樣做，用他的話說，因為「沒有別的女人是我想娶的，因此似乎沒有理由不按她的意願去做。」然而，在 1911 年 3 月，在羅素與菲利普・莫雷爾的妻子奧托琳・莫雷爾夫人發生性關係之後，情況發生了變化。羅素決定了他的婚姻已經結束了。這對夫婦分手了，最終在 1921 離婚。50 年後，愛麗絲寫了這封信談了他們的婚姻：

---

[8]　Ibid., p.123.

[9]　Ibid., pp. 287, 297.

貝迪（Bertie，羅素名字的愛稱）是一個理想的伴侶，他教給我的東西比我
能報答的還要多。但我對他從來都不夠聰明，也許他對我太老練了。我曾理
想地幸福了好幾年，幾乎天天歡喜快樂，直到一種改變的感情使我們的共同
生活變得非常困難。最後的分離導致離婚，他又結婚了。但這種成就沒有痛
苦，沒有爭吵，沒有相互指責，後來當他被授勳（Order of Marit）時，我十
分高興。然而，我的生活完全改變了，我再也見不到他了，因為恐懼可怕的
痛苦會重演，還有對過去心碎的回憶。我只是偶爾在演講或音樂會上瞥見
他，穿過他切爾西房子未裝上窗簾的窗戶，我常常看到他有時給他的孩子讀
書。不幸的是，我沒有足夠的智慧和勇氣來阻止這場摧毀我幸福能力和生活
熱情的災難。

1949 年，羅素和愛麗絲重新聯繫，並開始了長達兩年的信件，直到她去世。
1950 年 4 月，82 歲的愛麗絲給他寄來了以下的信：

我很享受我們的兩次會晤，你很友好，我覺得我必須誠實，只說一次（但只
一次），我完全忠於你，並且已經超過 50 年了。我的朋友們一直都知道我愛
你勝過世界上任何人，他們現在和我一起高興，因為我現在能夠再次見到
你。但我的奉獻沒有任何要求，也沒有負擔，也沒有任何義務，甚至不必回
答這封信。但我還是希望你能儘快騰出時間來吃午飯或吃晚飯……永遠是你
的愛麗絲。[10]

從中國返英後，羅素便與多拉・勃拉克女士（Dora Black）正式舉辦了婚禮，
她成了他第二任夫人。未婚先孕的多拉於 1921 年 11 月生下了他們的第一個孩子。
這使羅素有一種從壓抑中得到解放的興奮之感，他將今後 10 年生活的主要目標定
為當一個好父親。羅素的第二次婚姻於 1935 年破裂，原因有兩種說法：一是他與
一個美國女記者的婚外情；二是多拉的婚外情，據說她與別人有了身孕。這對羅素
是一種倫理兩難（moral dilemma）：如何裁決自己的性自由與妻子的性自由。本來
與羅素很多離經叛道的方面一拍即合的多拉，曾有過同樣的政治熱情與社會活動興
趣，並是一個能幹的幫手和合作者，卻與他分道揚鑣。羅素與多拉經常為性問題爭

---

[10] Bertrand Russell. 1975. *Autobiography*, Routledge, p. 519. Ray Monk. 1996. *Bertrand Russell, The Spirit of Solitude, 1872-1921*, Volume 1, The Free Press, pp. 145-147.

吵。韋布夫人預言道：與羅素結緣的是「一個輕浮、滿腦子唯物主義哲學觀的姑娘，他不會也不可能尊重她，」因而這段婚姻註定破裂。同托爾斯泰一樣，羅素堅持一種多拉也贊同的「開放性」原則；她說道「伯蒂與我……相互留有性冒險的自由。」對她成為「世界性愛改革同盟」英國分部的書記，羅素並未加以反對；對她出席1926 年 10 月在柏林舉行的「國際性愛問題代表大會」，而與變性手術的先驅馬格納斯‧赫爾斯費爾德博士以及浮誇的婦科專家諾曼‧海爾在一道時，羅素也未加以反對。然而，當她公開地與新聞記者格里芬‧巴瑞調情，並生了兩個孩子時，儘管依據羅素的說法，18 世紀的輝格黨貴婦常有不同父親的孩子，他還是不太舒服。羅素後來坦承：「在第二次婚姻中，我試圖保持對我妻子自由的尊重，這是我的信條命令我所做的。然而，我發現我寬容的能力以及稱作基督教之愛與我所要求的並非等同，而堅持一個毫無希望的努力給我自己造成極大的傷害，同時對他人也達不到預期的益處。」[11] 1936 年 1 月，64 歲的羅素與 5 年多前就結識的牛津大學學生皮特‧斯本斯（Peter Spence）結婚，第二年他最小的兒子康拉德（Conrad）出生。他的第三任妻子很有意思，她改用了一個男人的名字皮特（原名是 Patricia）。

　　1944 年，二戰結束，羅素從美國返回了自己的祖國，並重新執教於三一學院。具有諷刺意味的是，在羅素當年因婚姻與性道德的書遭到保守勢力迫害的美國，他離開不久，金賽（A. C. Kinsey）博士出版了《人類男性性行為》（1948）和《人類女性性行為》（1953）兩本驚世駭俗的書，引起美國全社會對性問題的公開討論；從此人們將婚姻與性作為嚴肅的科學問題加以對待，而對這方面的行為日漸寬容和包容；最終導致於 1960 年代發生了「性革命」與「性解放」運動，羅素所倡導的絕大多數有關婚姻與性關係的意見得到驗證和實現。

第二節　杜威的「務實主義」

　　杜威在實用與務實基礎上結合了教育理論與實踐。正如他的總體社會理想一樣，羅素將自己的教育觀建立在烏托邦式與浪漫理想主義之上。在當時，杜威的教育現實主義的確影響了中國的現代教育。杜威在中國的真正的成功在中國是在他的教育思想方面。幾乎所有他在哥倫比亞大學的中國門徒在中國教育界都有著主導地位。通過那些杜威化的教育家，杜威的影響從大學到農村學校和幼兒園放射到整個國家。杜威的理論，如自我經驗中心的原則（the Own Experience-centered

---

[11] Bertrand Russell. 1975. *Autobiography*, Routledge, Vol. 2, p. 288.

Principle），教、學、做相結合的原則（the Teaching-Learning-Doing Combination Principle），學校即社會原則（the School as a Society Principle），以及教育為生存原則（Education for Living Principle）等主張都被他的學生所延伸和發展；例如陶行知就是其中最有影響的中國教育家之一。對新型中國知識分子，杜威的主要原則是，教育是社會變化與發展的工具。他聲稱：「在今日中國年輕知識分子最常說的一句話就是，教育是重建中國的唯一手段。」[12] 相應地，在新教育制度下成長的的學生可能被考慮作為未來不同政治的一支力量。

在 1920 年代，隨著杜威訪華，似乎整個美國教育系統轉移了到中國，美國人的目的、方法以及材料成為主導。杜威化實驗性學校和培訓計劃在這個國家盛行。甚至中國教育的目的根據杜威的進步主義而重新得到界定，如以做為學，因材施教，以及由學生管理學校等。1922 年，全國教育會議通過的聲明如下：1.使自身適應一個新型與改變的社會；2.促進民主精神；3.發展個性；4.著重考慮普通公民的經濟狀況；5.根據生活需要調整教育；6.促進普及教育的推廣；7.使自身足夠靈活地應付地方變異。[13] 1919 年底，顯然，1911 年革命失敗了，因為政治變革脫離了智力與道德準備；那次政治革命是正式和外在的；在名義上的政府革命得到實現之前，一場智力革命是必須的。很清楚，中國的重建應該通過「擴展民主教育，提高生活水平，改進工業以及消除貧窮等。」[14] 杜威總結道：「中國若沒有一個建立在觀念改變上社會轉型是不可能改變的。政治革命是失敗的，因為它是外在的、正式的，觸及到社會行動的機制，但不影響真正控制社會的生活觀念。」[15] 他斷言中國人應從西方科學方法。有趣的是，胡適的杜威化在哲學和社會變革上並不成功，而在唯在教育上有成效。不過，杜威對門生的思想影響是全方位的，如杜威的「經驗美學」思想強化和充實了胡適現實主義的文學觀念。劉放桐指出，杜威的著作雖涉及科學、藝術、教育、社會政治學、心理學、宗教學等諸多方面，但他的哲學始終以生活世界的現實問題為指向。杜威建立的實用主義理論具有現實關懷，體現了哲學面對生活、面向世界的傾向。[16] 杜威認為，干涉中國內政將導致可怕的後果，故總結說：中國需要我們的幫助。但是我們的幫助必須採取耐心的、同情的說服教育

---

[12] T. Berry, "Dewey's Influence in China," *John Dewey: His Thought and Influence* edited by John Blewett, Greenwood Press, 1973, p.215.

[13] E. R. Hughes, *The Invasion of China by the Western World*, Macmillan, 1938, p. 185.

[14] John Dewey, "The Sequel of the Student Revolt," *The New Republic*, XXI, 273，March 3, 1920, pp. 380-381.

[15] John Dewey, "New Culture in China," *Asian*, #7, 1921, p.581.

[16] 樊麗萍，〈杜威思想與當代世界〉，《文匯報》，005 年 5 月 30 日。

方式，要通過長期的商業交流和思想交流，而並非靠武力強加的外國統治。根據貝里（Thomas Berry）的看法，杜威面臨的難題是要用民主的和現實主義科學的世界秩序來取代儒家的人文主義。[17]

　　不過，很難準確地估計杜威對中國的影響：其一，需要更多時間客觀地評估一位傑出思想家的工作及影響；其二，從杜威訪華後，中國曾遭受了連續的動亂，並經歷了巨大變革；因此，在這樣一個激烈變化的情形下，很難評估一個思想家的影響；其三，杜威作為哲學家與教育家的名聲遭受某些貶低；其四，就像在美國一樣，在中國，杜威的教導經常被誤解和誤用；其五，在中國大陸檔案裡有關文件曾一度不對學者開放。[18] 對杜威對中國的教育影響可以總結為：1.中國教育目標根據杜威的主張曾進行了重新考慮；2.全國學校系統根據美國模式曾進行了改革；3.以兒童為中心的教育在教學大綱中占了優勢；4.與杜威相符合的教學新方法教得到創立；5.實驗性學校得到擴展了；6.學生政府（杜威做過一定數量的報告）被廣泛擴大為學校訓練方式；7.文學改革得到鼓勵，而且小學課本採用了白話文。[19] 公正地說，儘管中國大陸也曾一度嚴厲批判了杜威的教育理論，但仍應用了他的某些普遍適用的原則。

　　相比羅素，杜威的早期個人生活基本上奉行美國清教徒的原則，在其長達四十餘年的第一次婚姻中，似乎沒有留下什麼外遇的緋聞。1886 年杜威和艾麗絲·奇普曼（Alice Chipman）在密西根大學畢業後不久就結婚了。兩人育有六個孩子。1926年，艾麗絲在墨西哥城旅行期間心臟病發作，於 1927 年 7 月 13 日死於腦血栓。美國學者邦格（Nancy Bunge）描述了杜威第一任夫人對杜威心理的影響，指出在墜入愛河之後，杜威成了美國最偉大的思想家之一。[20] 杜威於 1886 年 3 月 29 日致愛麗絲的信寫道：

　　　　今晚，我親愛的，把你的那封來自天堂的甜言蜜語帶給我吧，你的存在就是天堂，你把它帶來了⋯⋯你所有的愛、和平和生命的甜蜜，還有我對你的渴望，親愛的。我要你，甜蜜的愛；我要你的心抵著我的心；我要你甜蜜的嘴唇，你甜蜜的臂膀，還有你甜蜜的手；我要你，我的愛，因為，親愛的，我是你的：你是我的存在，不是你的。

---

[17] 唐納德·戴維斯（Donald E. Davis）、尤金·特蘭尼（Eugene P. Trani）。馬建標等譯，《誤讀異邦：20 世紀美國人與中國、俄國的關係》，秀威資訊，2014 年，第 289 頁。

[18] R. W. Clopton and T. Ou, *John Dewey Lectures in China, 1919-1920*, p. 10.

[19] R. W. Clopton and T. Ou, *John Dewey Lectures in China, 1919-1920*, pp. 22-25.

[20] Nancy Bunge . "Love & Logic," *Philosophy Now*, 2004.

　　由於杜威的聰明才智和洞察力吸引了他的傳記作家，所以他們理所當然地喜歡繞過他寫給他妻子的許多情書。杜威研究學者瑞安（Alan Ryan）果敢地表達了他對信件的看法，他寫道：杜威「似乎發現，戀愛剝奪了他說話的能力，其程度與被貨車撞到的程度大致相同。」[21] 的確，對於偏見的觀察者來說，它們就像是一個相思的年輕人重複的，漫無邊際的閒聊，就像一個十幾歲的女孩子一旦掛斷電話就必須做家庭作業一樣，不願意結束討論。然而，當時身為密西根大學一位 26 歲的哲學教授，杜威在 1885 年開始寫這些信，寫信給那裡的一位 26 歲的大學女本科生。經過仔細的檢查，表面上的青春期愛情筆記記錄了杜威與愛麗絲的關係在他的智力發展和個人生活中所引起的革命。從此，在以後長達四十餘年的婚姻中，後者成為前者忠實和虔誠的精神伴侶，甚至事業和作者。愛麗絲陪伴杜威訪華，夫唱婦隨的恩愛形象給中國知識界留下了深刻的印象。在一定意義上說，這是美國清教徒所追求的理想婚姻生活。杜威談及過一種「愛的邏輯」，聲言：人類只有通過與他人的關係才能實現這種理想的本性：「一個人不可能僅通過與智力或審美材料的接觸，而獨立於他人來發展他的個性。」因此，自我解放終取決於培養同情的能力。「不可能高估同情在情感生活中的重要性……因為它使我們超越了直接人格的構成，超越了個人利益和關切，進入了普遍人格的構成。」[22] 正如作為有情人杜威寫的那樣，與愛麗絲的愛情讓自己懂得了學習知識的含義，它已經發展得如此之深，如此之高，以至於它把整個宇宙帶入了自身。杜威在《心理學》中闡述的情感和智力系統之間的相似性證實了杜威的主張：「簡而言之，邏輯只是對最初以感覺形式而存在的事物進行概括和具體化」[23]。

　　在其導師莫里斯（G.S. Morris）於 1889 年去世後，杜威的紀念文章強調了莫里斯的個人生活和他的哲學之間的聯繫：「他是個傑出的人，他克服了那些內在的分歧，那些內在的分歧吞噬了當代精神生活的心臟，剝奪了理智對真理的信仰和對生命價值的信念。」[24] 杜威解釋說，莫里斯與其他人的關係的多樣性，在追求這種完整性中起著核心作用。因此，莫里斯的事例和愛麗絲的愛情使杜威明白了，智力最好是借助於與他人的深層聯繫所形成的情感發揮作用。在其心理學中，杜威對社

[21] Alan Ryan. 1995. *John Dewey and the High Tide of American Liberalism*. New York: Norton, p. 85.

[22] Dewey, *Psychology*, In *The Early Works 1882-1898* ed. Jo Ann Boydston. Southern Illinois Univ. Press, 1967, pp.281，285-6.

[23] Ibid., p. 265.

[24] Dewey, "Professor Morris," In *The Early Works 1882-1898* ed. Jo Ann Boydston. Southern Illinois Univ. Press, 1967, p.9.

會交往在教育中的作用進行了理性的分析，這是他的哲學體系的中心原則，而其寫給愛麗絲的信則揭示了他是如何學會社會交往的，以及為什麼覺得它如此引人注目。

不過，有趣的是，也許是耐不住寂寞，而晚節不保，80 高齡的杜威似乎也默受了羅素的婚姻觀影響，至少在行動上對婚姻採取與後者相似的態度。杜威的妻子去世約十年後，有位猶太女子到他辦公室請他幫忙謀職，就是伊斯特蕾‧格蘭特（Estelle Roberta Lowitz Grant）。杜威 1937 年起便常和她一起度假，不在乎她有個未婚夫在非洲做事。伊斯特蕾同胡適相好，杜威似知道亦不在乎。伊斯特蕾婚後不久丈夫便逝世，杜威和她重續前緣。1946 年 12 月 11 日，87 歲的杜威與伊斯特蕾結婚，並在她的要求下，收養了兩個兄妹。《胡適先生晚年談話錄》記載胡適 1961年在醫院養病時，與胡頌平談起學者的壽命，提及活到九十二歲的杜威，胡適相當羨慕地說：「杜威先生第一次的太太是患神經分裂病，躺在床上醫了幾年才死的。第二次結婚，是他的一位朋友的女兒，年紀輕，也很有錢。這位太太招呼好；夏天，陪他到涼爽的地方去避暑；冬天，陪他到暖和的地方去過冬……。」順便提及，美國學者馬丁（Jay Martin）出版了一部《杜威傳記》（The Education of John Dewey: A Biography），描述了杜威與第二任妻子伊斯特蕾的戀愛和婚姻逸聞。此書著者查了南伊利諾伊大學「杜威研究中心」保存的杜威資料，其中涉及接胡適與伊斯特蕾之間的一些感情親密的通信。[25] 2004 年，余英時在《胡適的日記》中，發現在 1938年的夏天，胡適與伊斯特蕾往來特別頻密。由此得知，除了很多人都知道的韋蓮司小姐以外，胡適還與這位有過一段情緣。余先生報告這一發現的文章首先在臺北發表，不久，中國大陸就有雜誌轉載。《萬象》雜誌 2004 年第 8 期又有傅建中發表的回應余英時先生的文章（〈胡適和 R. L 的一段情緣〉）。傅建中為我們介紹了伊斯特蕾的身世。原來，她是猶太人，父母與胡適的老師杜威有舊交，故伊斯特蕾青少年時期就與比她大 45 歲的杜威相熟。1936 年，她在紐約定居下來，與杜威往來日多，關係日益密切。久之，乃至誘發了鰥居已久、年已近八十的老哲學家的男女之情。但 1939 年 9 月，伊斯特蕾與一位叫格蘭特（Roy Grant）的男子，有一度短暫的婚姻。格蘭特於 1940 年底病逝。六年之後，1946 年 12 月，42 歲的伊斯特蕾與 87 歲的杜威結了婚，成為杜威的第二任夫人。

杜威本人對婚姻與性愛鮮有直接的論述。1930 年杜威在〈我信仰什麼〉（What I Believe）一文中，重新界定了信仰，並直接挑戰了基督教，其中他對家庭的看法

---

[25] Jay Martin . 2003. *The Education of John Dewey: A* Biography, Columbia University Press.

被解讀為最初的女權主義模式：「現在關於愛情、婚姻和家庭的觀念幾乎都是男性化的……婦女日益增長的自由除了產生更現實、更人性化的道德之外，幾乎不會有其他結果。」另外，杜威對大學女生的狀況在早年就很關注，例如首發的兩篇論文之一的論題為「高等教育中的健康與性別」。[26]

小結

我們在這裡借用這兩個「標籤」分別用來形容羅素與杜威，其意義是相對地表現前者個人行為特徵頗為外放、高調、張揚、灑脫、先聲奪人，彰顯文采與理想色彩；而後者較為內收、低調、含蓄、拘謹，謙恭禮讓，充滿潛力與實效態度。羅素的「浪漫主義」與杜威的「務實主義」不僅表現在政治態度、思想理念、治學特點上，還表現在生活方式與婚姻、家庭和性愛的價值取向上。羅素與杜威都是哲學家、自由思想家以及教育家，但他們有非常不同的教育理念。對杜威來說，教育的理想的目標必須被定義為在一種現代民主制中的社會有效性，並採用與羅素完全不同的方式。羅素贊同任何學校都是一種社會制度的說法，但他同樣主張，由於沒有方式改進它，以致它體現了自由的新奇想法。羅素指出公立學校具有「現代世界的邪惡特性：民族主義、競爭與成功的讚美、機制崇拜、偏愛同一以及蔑視個性等。」他也指出教會學校的目標在於「通過早期和頻繁重複的催眠作用，造就對權威的服從以及對臆說的信仰，只敬仰高貴的個人而非下層群體的精神。」[27] 這些惡質為破壞教室中教學有效性提供了一個機會。因此，我們不能允許由家庭、學校以及社區對兒童施加壓力來製造輕信、迷信以及殘暴的成人。那些社會壓力也許來源於宗教，對愛國主義的訴求，以及兒童訓練傳統習俗。這意味，教育必須與既定信仰為真的做法相脫離。兒童的自由必須受到保護並形成建立在第一手經驗的那些道德問題的獨立評斷。」[28]

---

[26] John Dewey, "Health and Sex in Higher Education," *Popular Science Monthly*, XXVIII (March, 1886), pp.606-614.

[27] Bertrand Rusell, *The Prospect of Industrial Civilization*, The Century Co., 1923, p. 243.

[28] R. S. Brumbaugh, *Dewey, Russell, Whitehead: Philosophers as Educators*, Carbondale: University of Southern Illinois Press, 1985, pp. xvii-xxi.

第四章　羅素的「激進主義」 與杜威的「漸進主義」

　　所謂激進主義（radicalism）來自拉丁語「radicalis」，意思是「根」，轉義為任何政治改革必須根本解決；即通過革命或其他激烈手段徹底改變社會結構，並以根本方式改變整個價值體系。而所謂漸進主義（gradualism）倡導社會變革可以以小的、離散的增量而不是突然的革命，故為一種政治自由主義和改良主義的本質特徵。在一定意義上，漸進主義可視為保守主義（conservatism）的偏左形態。保守主義主張在文化和文明的背景下促進傳統的社會制度。保守主義的核心原則包括傳統、人的不完善、有機社會、等級制度、權力和財產權。

第一節　羅素的「激進主義」

　　對許多中國知識分子而言，羅素是一位非常熱情和革命性社會改革者。在北京大學的演講中，他將自己說成是一個共產主義者，並聲稱在共產主義實現之後，將會有真正的幸福與享樂。他指出，自己相信馬克思主義倡導的許多社會主張。後來，中國知識分子中的不同派別都請求羅素加入他們的「陣線」，或用他們自己的需要和想像來解釋了他的理論。溫和的改革者希望羅素是一個溫和改革者；無政府主義者希望他是無政府主義者；共產主義者希望他是共產主義者。1896 年，羅素開始成為一個社會主義者，這以後，在第一世界大戰期間，他成為了一個付諸行動的社會主義者。俄國革命的勝利使他更認真地擁護社會主義。對他來說，最初為進步資本主義的東西變得越來越反動，最終會成為社會災難，例如戰爭。當時的羅素非常激進，以致呼籲英國工人階級毫不延緩地建立蘇維埃政權。但在他訪問俄國發現許多問題之後，開始對布爾什維克、共產主義和社會主義作了新的考察。一方面，他繼續支持蘇俄；另一方面，他開始批評它。結果，在當時中國所謂有關社會主義大辯論中，他受到左右兩個方面的攻擊。[1]「羅素的和平主義和政治激進主義，給那些已被蘇俄的社會主義實驗吸引的人留下了深刻印象。而他的情人在女子學校和無

---

[1]　馮崇義：《羅素與中國》，三聯出版社，1994 年，第 166-202 頁。

政府主義團體的演講也很有影響力。她在演說中毫不掩飾自己與羅素的關係，讚揚蘇俄對男女關係的改革，告訴中國青年要大膽站起來，反抗舊的婚姻模式，追求自己的精神和經濟自由。在當時的中國，羅素和布萊克帶來的資訊是過於激進了。」[2]

　　陳獨秀及共產黨人也徹底地批判了羅素理論架構。「不妨承認，羅素的中國之行是以兩方面的失望結束，而中國人的失望甚於羅素，是一種雙重失望。七十年前的中國人感到失望，是因為羅素沒有提供一個一面倒的意識形態，不解渴；七十年後的中國人忙於以激進與保守的二分模式切割五四思潮，同樣會感到失望。因為無法把他捺入一個要麼激進要麼保守的簡單模子裡，甚至會感到惱火。怎麼會有這麼一個思想家呢？既激進，又保守，或者說既非激進，亦非保守，說他是個激進的保守主義者好，還是個保守的激進主義者好？既有英國人的冷靜，又有法國人的熱血，或者說是既非英國，又非法國，他是個英國式的法國人呢，還是個法國式的英國人？既然有激進色彩，為何受中國的激進主義者冷遇？既然有保守主義傾向，為何又得不到中國保守主義者歡迎？太讓人彆扭了。總之，四不像，無論用什麼模式都套不進去，讓你左右為難，過去為難，現在繼續為難，讓一切簡化模式為難，這才是羅素，這才是真正思想家、真正思想史事件的應有內含。可以說，一部思想史，就是由一系列為難人物、為難事件組成的。羅素中國之行，也許並不成功，但是這場不成功的思想旅行及其主客兩方的錯綜反映，卻對那種有關英法知識分子傳統、有關五四時期中西思潮交匯的簡單化模式，構成了一個有趣的挑戰。它促使人們重回錯綜複雜的歷史事實，貼著地面運行，懷疑那種非此即彼的二分法；問題一旦想得複雜，那種不是激進就是保守的僵硬模式就會鬆動；某些似是而非的虛假學理——比如說以批評五四激進主義為名，張冠李戴，暗行綏靖思潮的時髦觀點，也就多少露出一點破綻了。有這樣一條積極意義，羅素一九二〇年的中國之行，不也留下了一些可取之處嗎？」[3]

　　《羅素自傳》的最後一卷在他去世前不久就很少受到關注。然而，它引發了許多問題和疑慮，這些問題與美國和西歐今天的激進派和自由派的思想有關。這第三卷相關的時間為 1944 年至 1969 年，主要是羅素主張核裁軍和公民自由的記錄，以及他對美國帝國主義的強烈反對。他代表核裁軍的委員會露面，委員會的戰鬥，以及他的和平基金會的建立，這些文字成為有時讓人沉悶的閱讀，儘管它們是老驥伏

---

[2]　陳軍，《北大之父蔡元培》，人民文學出版社，1999 年，第 416 頁。

[3]　雷啟立，《丁文江印象》，學林出版社，1997 年，第 253 頁。

櫺式的英雄表達。本卷所引用的書信清楚地表明，在其生活的最後一個完全的政治階段，羅素不僅被自己對苦難的同情所驅使，而且越來越多地被憤怒所籠罩：不僅僅是憤怒，更是對人類狀況的廣義哲學的憤怒，以及一種莎士比亞式的厭惡。這種憤怒是針對政府及其科學、商業和官僚機構所始終如一所共犯的邪惡；並在較低程度上，也針對受欺騙公眾的順從和愚昧。倘若各國政府不那麼邪惡地企圖擴大自己的權力，倘若它們的臣民願意聽從簡單的正確觀點，那麼飢餓、暴政和戰爭甚至可以避免。倘若這些條件得不到滿足，人類將自我毀滅；不久將變得不可避免，在走向最終毀滅的道路上，人類將繼續遭受更加嚴重的災難。這些是羅素最後的信念，取代了其以往自信、甚至同性戀的激進主義。晚年羅素的這種絕望態度是在政治上知識分子中激進分子的一個範例：信奉只有知識權威是獨一無二的。尤其值得一提的是正義的憤怒和隨之而來的信念，即那些政府和機構由於擁有權力而特別腐敗。被統治者、被欺騙者和被困惑者，可能仍然願意接受激進分子的合理勸說，因為它們不是純粹出於自私的利益而訴諸於破壞。從這種知識分子激進主義的立場來看，受害者和欺騙者之間存在著天然的分歧，牧羊人總是捕食羊群，不管他們是資本家企業家和管理者，還是政委和黨內黑幫。事實上，名義上是敵人的國防部長和超級大國參謀長們越來越聯合起來，操作著不約而同的陰謀，以維持他們之間殘酷的軍備競賽和以及各種游擊戰爭。這些勢力在自己的領土上鎮壓任何激進的批評和計劃，並都力圖證明自己所玩耍這種遊戲是正當的，從而證明他們利用個人優勢和技能的行使均為正當的。這些勢力都有共同的興趣來壓制異議，學生抗議以及潛在的顛覆活動。[4]

第二節　杜威的「漸進主義」

　　一些知名學者，如卡瑞爾（Clarence Karier）、芬伯格（Walter Feinberg）、卡蘭（Eamonn Callan）等指出杜威在政治上比普遍認為的更保守。[5] 卡瑞爾和芬伯格指出杜威對民主的承諾並非全心全意地。這種觀點很大程度上都取決於杜威提交的1918年聯邦政府報告。克勒爾聲稱，該報告揭示了杜威作為一個保守的人，「用靈

---

[4]　See Stuart Hampshire. 1970. "Russell, Radicalism, and Reason," *The NewYork Reviewof Books*, October 8, 1970 Issue.

[5]　David I. Waddington, "John Dewey: Closet Conservative?," *Philosophical Inquiry in Education*, Vol 17, No 2 (2008)

活實驗性的方式來管理有序的社會變化，其中包括高度的操縱」。[6] 杜威曾支持第一次世界大戰，這是在他個人記錄中黑色標識；其激進自由主義並不能為此辯護。它是將自由主義傳統置於一種實驗中。[7] 霍夫斯塔德特（Richard Hofstadter）評述道：杜威「把生命和心靈定義為內部與外部的對應關係，把它們描繪成本質上是被動的機構。這種方法的社會對應是他的漸進宿命論」。[8] 法拉斯（Thomas Fallace）指出，「杜威是一個漸進主義者」。[9] 懷特（Morton White）自稱：「在幾個主要思潮的影響下，我開始了嚴肅的哲學思考，其中包括杜威和他的實用主義思想……我也是被杜威的漸進認識論以及邏輯學家塔斯基（Alfred Tarski）認識論的整體論所激勵……。」[10] 有學者認為「杜威強調科學方法，堅持非政治性的，漸進式改革方式」。[11] 不過，激進與漸進或保守是相對而言的。一些激進人士怪罪杜威過於保守，而另一些保守人士則指責他過於激進。杜威認為平等是社會的首要目標，一成不變的抵制變革是主要障礙。當然，他又不希望改變太遠，以免社會完全打破慣例，陷入道德混亂之中。

　　什麼是杜威的「保守主義」對當時中國改革的影響？根據杜威主張，民主只有通過一個緩慢的過程才能達到，而且社會目標是相對的。他特別對科學方法感到興趣，並將它描述為根據時間和空間迫切性而解決具體問題的具體方法。正如邁克爾（F. H. Michael）和泰勒（G. E. Taylor）所說的，與杜威一般社會哲學明顯的不確定性相比，「共產主義理論提供中國知識分子一種體系，即科學的並建立在對人生唯物的與反形而上學的解釋體系。此外，共產主義理論為精英提供了行動綱領、確定目標以及一個歷史所決定的角色。」[12]

　　1919-1921 年在中國講課的杜威不可能在其他更有意義的中國現代歷史時期出現。在他訪華前夕和訪華期間，日本侵略的壓力和軍閥政府的公然失敗，激發了許多中國學生和知識分子的「覺醒」。最值得注意的是，西方列強對日本入侵山東的承認激起了憤怒的反應。1919 年 5 月 4 日，成千上萬的中國年輕人於是走上北京

---

[6] Charles L. Zerby, "John Dewey and the Polish Question: A Response to the Revisionist Historians," *History of Education Quarterly*, Volume 15, Spring 1975, pp. 17-30.

[7] Alexander Livingston, "John Dewey's Experiments in Democratic Socialism," *Jacobin*, 01.08.2018.

[8] 轉引自 Larry A. Hickman, *John Dewey's Pragmatic Technology*, Indiana University Press, 1992, p. 180.

[9] Thomas Fallace, "John Dewey's Influence on the Origins of the Social Studies: An Analysis of the Historiography and New Interpretation," *Review of Educational Research*, January 10, 2017.

[10] Morton White, *From a Philosophical Point of View: Selected Studies*, Princeton University Press , 2005, p.5.

[11] Jessica Ching-Sze Wang, *John Dewey in China: To Teach and to Learn*, State University of New York Press, 2007.

[12] F. H. Michael and G. E. Taylor, *The Far East in the Modern World*, Holt, Reinhart and Winston, Inc., 1965, p.232.

街頭，襲擊了一個「親日」部長的軍閥政府，以得到民眾的支持，幫助確保中國官員會沒有簽署凡爾賽條約。中國學生的「最重要的目的」是「維護國家的存在和獨立」，而並不限於街頭示威遊行。從後來被稱為「五四運動」的開始，他們尋求一種能為國家財富和權力提供手段的學說。因此，毫不足怪，中國知識界對西方「主義」的所有品種進行了討論，並引述引領潮流的西方思想家的理念。杜威在中國所鼓吹的社會和政治哲學，如中國人所斷言的，表明北京軍閥政府是不能用「政治」手段改變的，只有中國體制的漸進改革才能實現持久的變革。更具體地說，杜威堅持認為，科學的實驗方法應該適用於社會和政治問題。這種方法要求把理論僅僅看作是假設，並堅持研究謹慎，這樣才能為中國人面臨的危機提供唯一可行的解決辦法。杜威術語「工具主義（Experimentalism）」可作為「整個杜威哲學的主要標誌。」[13] 具體來說，杜威的實驗通常與社會和政治哲學相關聯。這種哲學要求採取行動解決社會中的特定問題，反對「宏大的理論」，強調漸進的「漸進式」改革。[14]

杜威的觀點在中國得到有效地引介，主要是由於他的中國弟子的努力。曾就讀於哥倫比亞大學的胡適幾乎完全認同了現代西方的價值觀。在杜威訪華在之前的兩年裡，1917 回到中國的胡適成為杜威哲學的主要倡導者。杜威回美後，胡適繼續不知疲倦地繼續闡述他老師的觀點。杜威和胡適的哲學主張在中國逐漸開始流行。在五四運動中，學生可能會迫使政府拒絕凡爾賽條約，但對政治體制改革本身則很少有其他明確的選擇。很顯然，連後來作為中國共產黨聯合創始人陳獨秀和李大釗最初也贊同杜威的計劃。然而，杜威的影響在離華後開始減弱。因此，胡適越來越賣力的繼續闡述其恩師的理念，尤其越來越多的中國年輕知識分子迷戀於速成解決方案。

對陳獨秀和李大釗來說，杜威邏輯理論的內在漸進主義根本無法與他們強烈的民族主義願望兼容。因此，他們不能長期堅持一個「循序漸進」的改革，以實現國家現代化。「在仔細觀察中國的具體問題之後，杜威建議他的聽眾們，應該將科學方法應用於社會和政治問題，因為這種方法論在開放的社會中起到了最好的作用，因此，應該設計一種新的教育制度，為人口準備民主。高於一切，然而，杜威堅持改革，他主張中國是慢慢來，謹慎和冷靜的分析和行動的。」[15] 沙夫特（Boyd Shafter）提出民主主義的五種界定。其中有：「一種普通的土壤，種族的愛，語言或文化」和「渴望政治獨立，國家的安全和榮譽。」儘管他認為每種界定本身都「太窄了」，

---

[13] Joseph Ratner, *Intelligence in the Modern World, New York*, 1939, p. 58.

[14] Ibid.

[15] Gary Pavela, "John Dewey in China," *Law and Policy in Higher Education*, July 23, 2016.

他承認,「但這些界定都不是錯誤的。」而沙夫特卻指出「中國近代民族主義的具體情況是獨特的」。[16] 在這種語境下,「民族主義」這個詞被用來表示「對一個共同的土壤或種族的熱愛,以及對國家的政治獨立、安全和威望的強烈渴望」。[17]

杜威聲言:「與其他攻擊或捍衛現有機構的哲學全然不同,我們所討論的第三種哲學承認,在特定的情況下爭取更好的進展,而不是試圖保衛或攻擊現有的機構。」然而,這種進步不是自動的,也不是集體進步的,而是累積起來,向前邁出了一步,故有了一些進步。它是一天天地發生的,並作為個人處理特定情況的方式。這是一種逐步的進步,是人類努力在不同方面修復改正或一個小的替代。進步是零售業,而非批發業;它是零碎的,不是一次性的。如今,有人提出了宏偉的計劃,通過這些,他們將徹底改造世界。而「我根本不相信世界可以完全重建,僅能通過個人的努力逐步地重建。」[18]

在演講中,杜威尖銳地指出,日本帝國主義是中國最直接的威脅,但中國的社會和政治條件削弱了對外國侵略的特別關注;尤其「潛在的傳統主義以及對人類潛能的浪費是可惡的。」[19] 此外,其他各種社會弊端如家族制度[20] 和大眾冷漠。[21] 同樣,他為「北洋軍閥政府的無能腐敗和地方官員的目光短淺而感到震驚。」[22] 杜威觀察到,在中國,社會重建的複雜程度令人望而卻步。[23] 他相信,不能單靠政治改革解決問題,[24] 因為,很顯然,一個政府的改變只會更換一批傳統的獨裁者。相反,中國似乎需要「自下而上」徹底改革。杜威認為自己提出的方案非常適合於這項任務。他總結了他的方法論中的一句話,這是歸納的方法,「從觀察到的事實開始,然後繼續進行控制性的實驗。」[25] 杜威更詳細地闡明,該方法包含五個基本階段:一、個人感覺不協調,這是由於一個不完整情況的充分性是不確定的」;二、嘗試開發了一個初步的解釋,明確問題,提出可能的解決方案;三、仔細調查所有可實現的考慮,確定和澄清手頭上的問題;四、制定一個更精確的假設;五、當然,這

[16] Boyd Shafter, *Nationalism Myth and Reality*, New York, 1955, p. 6, p. 4

[17] Gary Pavela, "John Dewey in China," *Law and Policy in Higher Education*, Jul 23, 2016.

[18] Dewey, "Science and Social Philosophy," pp. 38-9.

[19] Dewey, John, "The Relationship between the Organization and Admin-istration of Schools and Society." Robert W. Clopton, Tsuin-Chen Ou and Chung-wing Lu, translators, *Lectures by John Dewey in China*, p. 254

[20] Dewey, "Social Conflict", *Social and Political Philosophy*, Draft. p. 53.

[21] Dewey, "Transforming the Mind of China," *Asia*, Vol. 19, November, 1919, p. 1104.

[22] Dewey, *Impressions of Soviet Russia and the Revolutionary World.* New York, 1929, p. 244.

[23] Dewey, "Young China and Old", *Asia*, May, 1921, reprinted in Characters and Events, New York, 1929, p. 259.

[24] Dewey, "New Culture in China", *Asia*, July, 1921, reprinted in Characters and Events, p. 272.

[25] Dewey, "The Development of Modern Science," *Philosophy of Education*, Draft. p. 64.

個假設是經過實際檢驗並由結果來判斷的。[26] 杜威進一步強調,科學實驗方法應用於人類的環境,產生了顯著的結果。這使西方「挑戰自然、利用自然的力量為人類服務的結束。」[27] 針對那些支持「東方倫理」和譴責「唯物主義」的西方人士,杜威認為環境能保證人們掌握超越物質的水平,而達到滋養精神生活的高度。[28] 具體來說,新的希望和信心進入生活,一個新的「誠信」已經進入到人類的事務,拋棄了殘酷的和無用的傳統。[29] 最後,科學本身已經成為倫理的或人文的,因為它的方法論促進了物質的變化,從而促進了每個人的「全方位增長」。杜威聲稱科學思維是最有效的邏輯體系,堅持認為社會哲學必須採用科學的方法。[30] 他主張,實驗方法是必要的,可行的社會哲學是由於其固有的漸進主義,也就是組織系統中所採取的一步一步的程序。[31] 杜威注重眼前問題與「假設」,故形成了他所謂的「第三哲學」(而不是「極端激進主義」或「極端保守主義」)。這一理念可以促進生長而不產生可能吞噬世界的危險。

從更具體的意義上說,杜威認為,如果「批判性理智(critical intelligence)」發揮作用,當調查實際情況的科學方法取代籠統的概括時。[32] 人們應能夠看到,「社會是許多群體,而不僅僅是個人的集合體。」[33] 這種觀點將確保社會改革者被視為社會團體代表理性的社會變革,而不是孤立的「麻煩製造者」,反之,「改革運動」領導者能夠採取冷靜地判斷,其社會的需求並未得到合理的滿足,社會各元素並未得到機會發展自身而為社會的發展貢獻力量;這些能力被浪費或做了不充分的利用。當改革運動的領導者們能夠敏銳地診斷出其社會的弊病和缺陷時,改革就變成了主張糾正弊病和改進缺陷的方法,而非廢除現有體制整個結構的革命。在這一理論背景下,改革運動的領導者可以把自己看作為正進行社會重建過程中的有益參與者,而不是把社會當作敵人,因為它堅持自己是社會的敵人。[34] 在類似的意義上,一個「科學」的社會和政治哲學將確保「增長」,而不會摧毀仍然有效解決問題的

---

[26] Dewey, *Democracy and Education*, New York, 1961, p. 150. (Keenen noted that Dewey's course at Peking Teacher's College "was based on Democracy and Education which Dewey used as a text." p. 98).

[27] Dewey, "Trends in Modern Education," *Philosophy of Education*, Draft, p. 34.

[28] Dewey, "The Authority of Science," *Social and Political Philosophy*, Draft. p. 9.

[29] Dewey, "Science and the Moral Life," *Philosophy of Education*. Draft. p. 2.

[30] Dewey, "Science and Social Philosophy," *Social and Political Philosophy*, Draft, p. 34.

[31] Dewey, "Science and Knowing," *Philosophy of Education*, Draft, p. 86.

[32] Dewey, "Social Reform," *Social and Political Philosophy*, p. 74.

[33] Ibid., p. 59.

[34] John Dewey, "Social Reform," *Social and Political Philosophy*, Draft, p. 59.

古老傳統。杜威指出「從某種意義上說，實驗方法是進步的，而另一種則是保守的，因為它試圖保護傳統文化的所有方面，而這些傳統文化都被證實了。……實驗方法只消除了傳統文化中被實驗證明毫無價值的部分。」[35] 正如杜威另外所指出的那樣：「從更大的意義上說，通過與新事物的重新結合來改造舊的，正是智慧。……每一個出現的問題，無論是個人的還是集體的，簡單的或複雜的，只有通過從以往經驗中積累的知識中選擇素材，以及養成已經形成的習慣，才能得到解決。……無論是個人還是社區開會的每一個問題，情報部門都是在舊習慣和新的條件之間進行工作聯繫。」[36]

杜威告知中國，倘若有人能夠將征服自然的方法應用於社會和政治問題，人類進步的前景將大大增強。他認為，輕率和無效的概括將被拋棄，必須確保為具體問題找到有效解決辦法所必須的自由。最重要的是，增長將以既不浪費也不必要破壞的方式促進。根據自己實驗主義的社會政治哲學，杜威主張在中國，需要自由和社會流動性，或稱之為「民主」。建立在「永恆真理」上的專制政府抑制獲取資訊的自由。而假設和實驗的形成都意味著社會可以有效的改變。例如，在科學革命成功之前：人們「必須為之奮鬥；許多人因理智獨立而受苦。但總的來說，現代歐洲社會是首先允許的，然後，至少在某些領域，有意鼓勵個人偏離習慣規定。」[37] 杜威堅持認為：「我們所渴望的是一個自由交流和具有交流最佳機會的社會。這是我們判斷任何一種制度價值的最終標準。」[38] 因此，他讚揚了民主制度發展新聞和公共論壇，例如增強資訊的自由流動。最重要的是，杜威讚賞「計算個人差異變數是重要的」，正是因分享這些變化為社會提供了一種「自我成長的方式」。[39]

然而，對於實驗主義的社會政治哲學理想，「民主」是必不可少的，不僅因為它建立了一個正式的「自由」，而且因為在理論上，它創造了促進溝通的社會條件。杜威堅持認為人與社會環境是相互依存的。因此，如果人們被限制在某一特定的社會群體中，他們將被剝奪結社和交流的自由，這對個人發展和整個社會的發展至關重要。例如，教育上的「種姓制度」是令人憎惡的：「當有優勢的教育嘲笑工人和農民為『鄉巴佬』，因為他們是文盲，或者因為口音或方言不同取笑他們，後者可

[35] John Dewey, "Science and Knowing," p. 89.

[36] *Dewey in Ratner*, p. 452.

[37] John Dewey, *Democracy and Education*, p. 296.

[38] John Dewey, "Communication and Associated Living," *Social and Political Philosophy*, p. 93.

[39] John Dewey, *Democracy and Education*, p. 305.

能默許而表現自卑，並放棄任何努力與優越者溝通。」[40] 幸運的是，一種理想的民主是能夠促進充分交流的手段之一，它通過選擇過程，並通過直接的社會接觸來保證：「民主需要無知者和聰明人之間的溝通，以便有能力的人能更好地衡量整個社會的需要。……領導者要經常與民眾接觸，這樣他們才能知道社會狀況的長處和短處。如果沒有這種聯繫，他們的決定可能純粹是學術性的，其提出的政策可能是高度理論化的，而與社會的實際需要沒有什麼關係。因此，與知識分子相比，民主教育更關注能力上的弱者，這不僅使無知者更聰明，也使聰明人變得更聰明。[41] 從本質上講，杜威認為民主是必要的，並依賴於一個社會的哲學方法論基礎進行實驗。這種「科學」和「民主」的哲學對中國人來說是合理的，它可以產生的結果；它顯然是「一個國家能夠建立起來的最穩定的基礎」。[42] 然而，民主國家根本就不會自己出現。中國人所依據的方法必須由全體人口來實現。因此，「如果沒有教育哲學，杜威向中國解釋的社會和政治哲學是不完整的。」[43]

杜威向中國人提出的教育哲學，直接關係到他的社會政治哲學和對實驗方法的信心。他在演講中說：「教育必須有技巧和方式，使之能夠生活在一個民主國家的人有效。」[44] 為了實現這一目標，教育必須激發「科學」的思想，通過構建學習情境，使學生解決關聯到自己本人的「問題」。解決這些問題的辦法必然付諸行動，從而保證人的成長和發展。教育必須通過幫助學生培養「自由和充分參與共同活動的力量」，來促進與民主有關的「溝通」。[45] 杜威贊同霍瑞思·曼（Horace Mann）的聲明：「人不是生來就有能力參與政治的，但他們必須有能力這樣做。」[46] 民主政體中每個公民最需要「取得」的品質是科學方法論所培養的思維習慣。教育過程應「集中於良好的思維習慣」。[47] 杜威寫道，「良好的思維習慣當然是科學觀的結果」。[48] 他認為，有效激發思維是培養學生最直接的手段，在教師的指導下，發現具體問題之間的關聯。這就是「自然」的人學會重建自己的環境，因此，只有通過

[40] John Dewey, "Communication and Associated Living," p. 92.
[41] John Dewey, "The Development of Democracy in America." (A series of three lectures delivered in Peking in 1919) Draft. p. 238.
[42] John Dewey, "Communication and Associated Living," Draft, p. 92.
[43] Gary Pavela, "John Dewey in China," *Law and Policy in Higher Education*，July 23, 2016.
[44] John Dewey, "Trends in Modern Education," *Philosophy of Education*, p. 26.
[45] John Dewey, *Democracy and Education*, p. 123.
[46] Horace Mann, cited by John Dewey (no reference)in "Development of Democracy in America," p. 237.
[47] John Dewey, *Democracy and Education*, p. 163. Dewey, "The Relation Between School Subjects and Society," *Philosophy of Education*, p. 246.
[48] John Dewey, "The Relation Between School Subjects and Society," *Philosophy of Education*, p. 246.

與問題第一手的角力，尋求自己的出路，即學生的「思考」。[49] 杜威提出了他的「解決問題」的方法：「如果有人問我如何去安排中學和小學高年級的歷史課程，我建議在開始之前，先識別當今社會的重要問題，即政治、社會、經濟、外交以及其他各種問題，是一個好主意。然後在其歷史背景中探討這些問題，試圖確定問題的根源；審視過去處理問題的努力；找出是何種情況使它成為問題。……這種方法比傳統方法更靈活，更有意義，而且對解決目前的問題更有幫助。當學生集中精力研究一個可識別的問題時，他們將獲得大量可應用於這個問題的知識，這樣做將培養批判性思考和獨立判斷的能力。」[50] 杜威呼籲積極參與教育過程，只要有可能，不將學生視為「被動接受者」。[51] 他寫道：「所有思想和知識都必須在經驗的實驗中進行測試，學生應該直接參與更大社會群體的日常活動。」例如，各地的學生可以進行社區調查或調查和宣傳地方工業的弊端。[52]

對於杜威而言，俄國布爾什維克主義並不適合中國，而這個國家唯一可採取的是民主制度。只要民眾在整體上沒有徹底地被灌輸民主態度，而不參與民主生活的過程，甚至一個民主制度，內閣機構以及議會組織都是虛幻的。必須一步步逐漸發展民主，應從每個村莊和每個城市街區開始。[53] 實際上，杜威的民主在中國從未獲得成功。孫中山及國民黨人並不相信，這類民主政府能在中國得到實現。

小結

什麼是羅素的「激進主義」與中國革命主義的關係？羅素的哲學可被劃分為兩種類型：一是「理論哲學」；另一是「實際哲學」。前者顯得冷靜、理性而無任何個人情感；後者顯得溫暖，而具有宗教狂熱般的情感。羅素曾被形容為英國最後一個偉大的激進派。美國學者西爾維斯特（Casper Sylvest）曾以羅素的國際思想為中心展開闡釋。他指出，雖然羅素借鑒並發展了自由主義的國際主義，但激進的傳統對於理解他在國際政治思想中的獨特性和缺陷性是至關重要的。作者認為，羅素的和平主義以及他對世界政府的支持是一個激進計劃的延伸，故將對政治和自由現代性的懷疑與對現實主義的分析相結合。儘管他的想法最初所吸引的支持者很少，但事

[49] John Dewey, *Democracy and Education*, p p. 160.

[50] John Dewey, "Geography and History," Philosophy of Education, pp. 119-120.

[51] John Dewey, "Vocational Education," Philosophy of Education, p. 126.

[52] John Dewey, "The Relationship Between Democracy and Education," p. 178.

[53] B. I. Schwartz, *Chinese Communism and the Rise of Mao*, Harvard University Press, 1989, pp.19-20.

實證明，他的想法更有彈性，更適合於二戰後幾十年，以原子武器，特別是熱核武器的到來為標誌的複雜性。羅素的激進主義在此背景下獲得了新的突出地位，因為它處理了人類戰後生存的焦慮和荒謬，但在這個過程中，其複雜性大部分從人們視野中消失了。儘管在政策層面上發生了一些劇烈的轉變，但羅素仍可被置於英國激進傳統中，並且強調了他思想的一些明顯現實主義的方面。[54]

　　有意思的是，有些中國知識分子認為，杜威是漸進甚至是保守的，而羅素則是激進的。1920 年 10 月 6 日，羅素收到來自中國無政府主義者共產主義協會秘書的一封信：「我們非常興奮，有您這位世界最傑出的社會哲學家來到中國，以便救治中國學生思想上的慢性疾病。自 1919 年以來，學生的圈子似乎是未來中國最巨大的希望；因為他們已準備歡迎中國社會的一個革命時代。就在那一年，杜威博士極為成功地影響了中國的知識階層。然而我斗膽代表大多數中國學生對您說幾句話：儘管杜威博士在這裡是成功的，但我們大多數學生並不滿意他保守的主張。由於我們大多數想要獲得無政府主義、工團主義（Syndicalism）、社會主義等知識；一言以蔽之，我們渴望得到有關社會革命哲學的知識。我們是克魯泡特金的先生追隨者，而我們的目標是在中國建立一個無政府主義的社會。我們希望您，先生，從根本上給我們建立在無政府主義上的徹底的社會哲學。而且，我們想要您糾正美國哲學家杜威博士的理論。我們希望您在中國有與英國不同的絕對自由。因而我們希望您比杜威博士有更巨大的成功……。」[55] 相比較而言，杜威的社會理論比羅素的要保守；他沒有注意那些「主義」，也沒有主張任何激進的革命。

　　20 世紀初勃興於中國的新文化運動，與世界文化思潮緊相交織，成為 20 世紀世界文化對話的一個重要組成部分，「自然也出現了保守主義、自由主義、激進主義這樣的三位一體」。以李大釗、陳獨秀為代表的激進派尊崇馬克思，以胡適等為代表的自由派找到了杜威、羅素，以《學衡》雜誌為代表的現代保守主義者則服膺新人文主義宗師白璧德（Irving Babbitt）。「他們思考和企圖解決的問題大體相同（如何對待傳統，如何引介西方，如何建設新文化等），而又都同樣帶著中國文化啟蒙運動的特色。」[56]

---

[54] Casper Sylvest. 2014. "Russell's Realist Radicalism," *The International History Review,* Volume 36, 2014-Issue 5: Traditions in British International Thought ,pp. 876-893.

[55] Bertrand Russell, *The Autobiography of Bertrand Russell*, George Allen and Unwin LTD, 1967, 1968, 1969, p.136.

[56] 樂黛雲，〈世界文化語境中的《學衡》派〉，《陝西師範大學學報》，2005 年第 3 期。

第五章　羅素的「悲觀主義」
與杜威的「樂觀主義」

　　所謂悲觀主義（pessimism）是一種精神態度，傾向於看到事物最壞的一面或認為最壞的事情會發生；對未來缺乏希望或信心，總是從一個特定的情境中預料不好的結果，或認為生活中不希望的事情會發生在他們身上。而與此相對，所謂樂觀主義（optimism）則是一種積極進取，對事物和未來充滿希望和正面看法的精神態度。羅素雖然較為激進，但對人類前景卻較為悲觀；而杜威則相對抱有一定樂觀主義態度。

第一節　羅素的「悲觀主義」

　　一般所來，哲學家大多應是悲觀主義者。蘇格拉底在被審訊時大聲疾呼：「未經檢驗的生活毫無價值（The unexamined life is not worth living, Plato's *Apology*, 38a5-6）。若貫徹此種價值觀，註定是悲觀的。通常樂觀主義被認為是盲目、膚淺和非理性的。羅素在其《科學對社會的影響》一書中專門談及悲觀主義：「我們這個時代最令人不安的心理特徵，就是為某種死亡願望的非理性信條的必要性提供最好的論證。每個人都知道，一些突然與白人接觸的原始社區變得毫無生氣，最終由於缺乏生存意願而死亡。悲觀主義者抱怨道：『而有生命就有痛苦』……」[1] 紐曼（James R. Newman）曾為羅素《非通俗文選》（*Unpopular Essays*）寫了一篇題為〈羅素的悲觀主義〉的書評。[2] 格林（Keith Green）指出：「……應反對羅素悲觀主義的想法，即情緒與本能不能夠使人類享受理性所創造的科學文明的利益。」[3] 辛格（Amita Singh）認為：「就像盧梭一樣，很顯然，羅素的悲觀主義是由於工業主義而向個人自由的回歸。」[4]

[1] Bertrand Russell, *The Impact of Science on Society*, Routledge, 2016, p. 82.

[2] James R. Newman, The Pessimism of Bertrand Russel, *The New Republic*, March 26, 1951, p. 18.

[3] Keith Green, *Bertrand Russell, Language and Linguistic Theory*, Contiuum International Publishing Group, 2007, p.129.

[4] Amita Singh, *The Political Philosophy of Bertrand Russell,* Mittal Publications, 1987, p74.

　　羅素本人曾對樂觀主義與悲觀主義加以如此評述：「作為宇宙哲學，樂觀主義和悲觀主義顯示相同的幼稚人文主義；我們從**自然**哲學的認識中，可知偉大的世界是既不好也不壞，並不關心我們快樂或不快樂。所有這些哲學都源於自重感，最好用一點天文學來加以修正。」[5] 然而，實際上，對待這個紛亂的世界，他還是充滿悲情，羅素歎道：

> 三種簡約而又無比強勁的激情駕馭著我的一生：對愛情的渴望，對知識的探求，以及對人類苦難不可遏制的悲憫。這些激情，好似颶風一般，在浩瀚無邊的苦海上，瘋狂地把我颳來颳去，一直颳到瀕臨絕望的邊緣。……愛情和知識，盡可能地將我引入天堂，而悲憫總將我帶回塵世。悲慘呼號的回聲在我心中震盪，飢餓的兒童，被壓迫者拷打的受害者，為子女看作負擔的無助老人，以及遍佈孤寂、貧窮和痛苦的整個世界，都是對人類應有生活的譏諷。我祈求減輕那些邪惡，然而我無能為力，甚至連我自身也遭遇磨難。[6]

　　這段話很深刻地反映了他的悲觀主義態度。羅素對於人性的悲觀主義，是由他對戰爭的態度所表現出來的，他認為這是對人性的「侵略衝動」的結果：「戰爭」是從普通的人性中衍生出來的。解決這個問題的唯一方法就是尋找一種平等的，相反的激情，比如代表「建設性的本能」的「愛」和偏離戰爭的「生命的樂趣」。然而，羅素的悲觀主義使他斷言「我們的一切制度都是不公正的」，我們不能破壞「國家和私有財產的權力」。對此我們無能為力，只能等待群眾像精英一樣受到教育。連社會主義也不會結束戰爭。他舉了一個螞蟻的例子，他說這個螞蟻有社會主義的社會，但是進入他們社會的任何一個陌生的螞蟻，都會立即攻擊和殺死。他總結說尤其是在「白種人與黃種人之間」存在重大種族差異的情況下，人類的本能與螞蟻的本能並沒有太大的不同。他在去中國之前寫了這封信，並沒有立即遭到殺害。[7]

　　羅素在 1903 年〈自由人的崇拜〉（A Free Man's Worship）一文中提出了某種自然主義的悲觀主義，認為人類在無動於衷的宇宙中的存在是短暫，毫無意義的，但也主張仍應用全部的力量對自己和人的力量充滿活力和信心。而「杜威（與黑格爾一致）認為人們的自然環境是人類獲得自由的一個方面，而現在許多人認為人類是

5　Bertrand Russell, "What I Believe," Reprinted in *Why I am not a Christian* (1957). What I Believe was published as a little book in 1925.

6　Bertrand Russell. 1956. "What I Have Lived For." The prologue to the *Autobiography*.

7　Thomas Riggins, V. J. McGill on Russell's Critique of Marxism, *Marxism Fresh Daily*, 28 May 2014.

被『拋出』（thrown）」，然而，「他作為孤立的自我意識，意志，決策者或神聖者的對立面而超越自己的能力。」[8] 此文可認作夾雜在主體悲觀主義之中的樂觀主義的當代例子，他寫道：只有在絕望的堅定基礎上，才能安全地建設靈魂的居所。人與人之間的相互作用，與外在的自然力量相比，堪稱小事。然而，感受他們的激情和輝煌，使我們成為自由的人。我們不再屈從於東方不可避免的東西，而是吸收它，使之成為我們自己的一部分。放棄私人幸福的鬥爭，驅逐一切暫時的欲望，對永恆的事物充滿激情──這就是解放，這是自由人的崇拜。但羅素並為看到這個種族的希望和前途，因為「緩慢厄運的降臨是無情而黑暗的」。然而，人類有理想和高尚的思想，應珍惜它們。人們很難記住自己處於悲觀主義的世界，但從黑暗中可見，所閃現的輪廓大膽而嚴峻。人類遺產的偉大特徵更加突出；「……在這裡，我們有同情和自我犧牲，愛和責任，美麗和永恆的真理。我們肯定會跳到這種悲觀主義的一邊，而非過於匆忙的樂觀主義。」[9] 羅素在其自傳中說，自己曾把政治學建立在衝動比有意的目的能更好地控制人類生活這一基點上。羅素對「衝動說」進行過詳細的論述，甚至到晚年，他仍堅持這個思想。「衝動說」在英國傳統人性論中是屢見不鮮的，例如培根認為人類有一種自私的衝動；休謨也認為人的各種欲望，包括讓敵人受害、友人得福的心理往往發生於一種自然的衝動。而羅素則把「衝動說」加以理論系統化了。羅素認為一切哲學和倫理都含有一種衝動的思想，它的目的在於使衝動的放縱有一個合理依據。衝動使人有求知的願望，甚至「人的一切活動都來自衝動和願望」[10]。因此，「應首先找出普通人的根本衝動及其利用環境發展的方式」[11]。

　　羅素把衝動分為佔有的和創造的兩種。佔有性衝動表現在：（1）它追求私人獨佔財產，表現為財產衝動，造成了私有制和貧困；（2）它為了攫取更大的權力，實行專制，造成了殘酷的政治壓迫；它以武力進行掠奪和侵略，成為一切戰爭的根源，造成了不幸與死亡；它專門扼殺創造性，剝奪個性，導致了人類精神財富的毀滅；（3）它把人們投入到瘋狂的競爭之中，追逐虛假的榮譽，造成了敵對的關係，使善行消失。而創造性衝動則表現為：（1）它能無限地發揮才能，激勵社會改革；（2）它是愛的來源，能建立最善和最有益的生活，使人們獲得最大的精神快樂；（3）它

8　Thomson Gale, "Pessimism and Optimism," *Encyclopedia of Philosophy*, 9 Feb. 2018.

9　Bertrand Russell, "A Free Man's Worship," in *The Meaning of Life*, ed. E.D Klemke and Steven Cahn, Oxford: Oxford University Press, 2008.

10　Bertrand Russell, *Principle of Social Reconstruction*, Routledge, 1997, p.l.

11　Bertrand Russell, *Sceptical Essays*, Routledge, 2004, p. 208.

最大限度地促進科技和文化的發展，使社會得到進步；（4）它造成生命和發展，並強烈反對導致死亡的戰爭；（5）它造就了許多傑出的歷史人物，保留了人的最完善的個性；（6）它使人既尊重自己又尊重他人，協調了人們之間的關係。儘管羅素認為前一種衝動是有害的，但又認為有衝動總比無衝動好，因為缺乏衝動就是死亡，而即使具有壞的衝動，也有可能引向生命和發展。如果人生只有目的和願望而沒有衝動，那麼，人的生命就會枯竭。衝動必須是自發的，而不是強迫的，否則，一個藝術家或科學家的工作就會毫無意義。羅素聲稱，一切政治制度的最大目的就是保持造成個性的衝動，使之更加完備和穩固；由於理智與衝動存在著矛盾，道德規範是必要的；「一種使人快樂的道德必須在衝動和抑制兩股力量之間尋找一個中點」。[12] 這個中點就是在政治和私人生活的最高原則下儘量減少佔有的衝動，增大創造的衝動，即是把不良衝動變為有益衝動。衝動還分為內抑與開放的兩種，前者是消極的，包括野蠻、恐懼、嫉妒等；後者是積極的，包括希望、憐憫、友善、好奇等。倫理的真正本質是由開放性衝動組成的[13]。

　　羅素有時似乎也察覺到了自己的非理性傾向，他補充說，要把思想與衝動密切結合起來，使它們成為一種有客觀目標的活動，否則對於兩者都只有害處。例如，他認為愛屬本能，而恨則屬理性。但這樣一來理性和思想就並非在人類一切社會活動中起必要作用了。雖然他承認人類的行為並不都是直接產生於直接的衝動，而有些是有意識的目的所支配的，但他又指出在一定意義上，某些高等動物也具有這種能力。[14] 有一次，羅素在引用了休謨的「理性是而且只能是激情的奴隸」之後說，「它表達了一個我所同意的觀點」[15]。由此看出，羅素人性論的非理性化傾向直接來源於休謨關於本能和激情的思想。理性在休謨看來只是人們靈魂中一種神奇而不可理解的本能，人類心靈的統一性類似於植物動物的統一性，所謂慈善、憤恨、愛生命、愛兒女等都是植根於我們天性中的本能。有關道德的善惡標準不是由於理性，而是由於心靈憑一種原始的本能企圖趨福避禍。直接的激情，如欲望、厭惡、悲喜、希望、恐怖、失望、安心等來自難以說明的本能。[16] 此外，羅素的衝動說與唯意志論和生命哲學等非理性主義派別也有著某種聯繫。

[12] Bertrand Russell, *Human Society in Ethics and Politics*, Simon and Schuster, 1955, p. 16.

[13] Bertrand Russell, *How to be Free and Happy*, The Rand School of Social Science, 1924, p. 24.

[14] Bertrand Russell, *Human Society in Ethics and Politics*, Simon and Schuster, 1955, pp.17-18.

[15] Ibid., pp.17-18.

[16] 休謨：《人性論》，商務印書館，第 201、283、455、495、471 頁。

羅素用一種快樂主義來解釋人性，這與自由主義者邊沁和穆勒有著密切關係，這兩個人都主張追求個人利益和快樂是符合最大多數人的最高幸福原則，一切社會關係的基礎和道德的標準就是個人的利益與快樂。在羅素眼裡，擺脫壓抑的結果就是獲得了快樂。他認為第一次世界大戰就是由於人的內心不快樂，因此人想借毀滅性的屠殺得到發洩。壓抑天性就會產生對抗世界的強烈敵意，甚至會間接地引起殘暴的罪行。只有傳播本能的快樂，才能創造美好的世界。人生為什麼會不快樂？羅素認為：一是由於社會制度，另一是由於個人心理。[17] 羅素還著重分析了個人的心理，他認為正是一種向內滯結的情緒，使人的心思只集中於自我，於是產生了恐懼、嫉妒、自罪、自憐等情緒而不得解脫。天性受到囚禁，完全割斷了向外發展的情緒和興趣，例如中世紀的禁欲主義把人拘泥於自我而犧牲其餘一切，使人既不能享受現實的快樂，也不會達到最終的目標，造成人生極度的乏味，最終會產生意識與潛意識、自我與社會的兩種衝突，接著又帶來自我本身和自我與社會的兩種分裂。這些衝突和分裂勢必會產生種種惡劣的社會後果。而快樂的人格就不會產生衝突和分裂，這種人的生活是客觀的、情感是豪放的、興趣是廣泛的，並且意識到自己是世界的一個成員，有權享受一切快樂。人的根本快樂就是對外界有一種廣泛的興趣，它是從同情感而不是從仇恨感出發的。

羅素主張用疏導法把興趣引向外界，使人的行為能自然而合乎道德地進行，而快樂主義的行為與真正的道德家所主張的行為是一致的。羅素意味深長地說：一個快樂的人死的時候是坦然的，因為他「與具有最大快樂的生命之流是自然而緊密地結合在一起的」。[18] 羅素很欣賞一種「開明的自利心」，他預言：「只要人民追求自身的快樂而不造成他人的苦難，就可使我們的塵世變為天堂」[19]。羅素還把「衝動說」引進了快樂論，提出：「一個對旺盛生命力所具有的本能的衝動持排斥態度的人是得不到快樂的。」[20] 他認為真正的快樂必須體現在精神與肉體兩個方面。前者在於創造力的發揮、思想的自由、事業的順利、愛情的美滿、親友的尊敬等；後者則在於衣食的豐足、身體的健康等。例如科學家就是一種最快樂的人，因為他們基本上具備了快樂的各種條件，尤其是精神條件。羅素正確地認識到個人心理也大都是社會的產物，因此「如果想發展人的快樂就必須改革社會」[21]。羅素生活在壟斷

---

[17] Bertrand Russell, *Human Society in Ethics and Politics*, Simon and Schuster, 1955, p. l.

[18] Ibid., p. 249.

[19] Bertrand Russell, *Sceptical Essays*, Routledge, 2004, p. 25.

[20] Bertrand Russell, *How to be Free and Happy*, The Rand School of Social Science, 1924, p. 30.

[21] Bertrand Russell, *The Conquest Happiness*, Liveright Publishing Corporation, 1996, p. l.

逐漸形成的年代。由於壟斷開始控制了社會生活的每個角落，資本主義的各種矛盾和危機更加劇了。為了謀生，人們終日疲命於高度現代化機器的飛速運轉，因此出現了許多被扭曲、甚至完全變態的人格。兩次世界大戰造成了空前的浩劫，軍國主義、法西斯主義和霸權主義日益威脅著世界。一切正直的人都感到了不同程度的壓抑。

因為反戰，羅素被斥為敗類、間諜、賣國賊，並三次被判刑。某些離經叛道的倫理觀使他在「最民主的」美國也遭到了種種迫害。作為追求自由民主、同情人類苦難的人，作為向社會強者和傳統勢力勇敢挑戰的活動家，羅素感到格外壓抑，是不難理解的。羅素的願望是善良的，他一生都在為擺脫壓抑而鬥爭，但卻找不到一條正確的道路。在某種意義上說，人類歷史就是人性不斷擺脫壓抑的過程。但人們對「人性」和「壓抑」的理解是不同的。「羅素一類的快樂主義在反對禁欲主義的文藝復興時期有著積極意義，在精神追求上，它反映了善良人們的空想；在物質追求上，它反映了某種消極的人生觀。羅素把自己的快樂論標榜為人類的快樂標準只是一廂情願的想法。

麥茲（Rudolf Metz）在《英國哲學百年》一書中，評價：羅素「是這個時代唯一贏得全球尊重的英國思想家」。[22] 羅素的國際聲譽，除了學術和思想外，主要來自主持國際正義，呼籲世界和平。1948 年 11 月 20 日，在對威斯敏斯特學校的演講中，羅素竟一反常態地疾呼：「我們必須在蘇聯擁有原子彈之前發動戰爭先對付它，否則我們就必定跪倒而屈從它的統治」；從而鼓吹應先發制人，用核武徹底摧毀蘇聯，因為這如此作法總比蘇聯研製出核武後爆發核戰爭好得多。在回答一個提問者時，他說道，有三種方式對付蘇聯：一是在蘇聯擁有原子彈之前發動對其戰爭，「以西方的勝利得到迅速的和不可避免的正當結局」；二是在蘇聯擁有原子彈之後發動對其戰爭，「雖仍以西方勝利為結局，但卻是在可怕的大屠殺、毀滅以及苦難之後」；三是屈服。他指出，第三是最壞的選擇。[23] 這些說法都是與他以往的觀點背道而馳的。然而，不久羅素改變了初衷，認為最佳途徑是核武器裁軍，並從此致力於這項運動。1954 年，威力更強大的氫彈爆破成功，羅素進一步意識到核武器將可能給人類帶來毀滅。

冷戰開始，整個人類日益陷入社會制度與意識形態兩大對立陣營之間核威脅之中。羅素便幾乎全力投入反對核戰爭的活動。1954 年 12 月 23 日，羅素在 BBC 廣播電臺發表針對核威脅的「人類的危險」演說後，全世界都為之受到一定的觸動。

---

[22]　轉引自 P. Schilpp, *The Philosophy of Bertrand Russell*, p.539.

[23]　R. Monk, *Bertrand Russell, the Ghost of Madness*, Free Press, 2000, p.302.

七天以後，在「我們要選擇死亡嗎？」的演說中，羅素聲言：「我不是作為一個英國人、一個歐洲人、一個西方民主制度的成員，而是作為一個人，作為其繼續生存無法得到確定的人類的一員在發言。世界充滿了衝突：猶太人與阿拉伯人；印度人與巴基斯坦人；非洲的白人與黑人；以及壓倒所有小衝突的共產主義和反共產主義之間的大決鬥。」他接著起草聲明，並徵求科學家簽名。1955 年 1 月 11 日，羅素致函愛因斯坦，告知他由於核武器競賽，人類前途實在令人擔憂，希望以他為首聯合 6 個著名科學家發表宣言避免毀滅人類戰爭發生；愛因斯坦即覆函道：「你擅長這些組織工作；你是將領，我是士兵；你下軍令，我當跟從」；並提議可以尋求 Niels Bohr 的幫助，但羅素在同這位名人聯繫後，得到的答覆是否定的。羅素與著名法國原子能科學家約里奧－居里（F. Joliot-Curie）反覆商榷了宣言中的一些提法，例如後者不同意他所寫的「我們可以恐懼地看到，倘若許多原子彈被使用，那將是普遍的死亡，而僅有幸運的少數人突然死去，而大多數人將遭受疾病和肢解的緩慢折磨。」居里認為稱少數人為「幸運」是不妥的。羅素還給一名華裔科學家寫了信，但他估計可能由於地址寫錯了，而沒有收到回音；他還聯繫了一些蘇聯科學家，然而由於意識形態原因也沒有響應。1955 年 4 月 11 日，傳來愛因斯坦逝世的噩耗，但這位偉大科學家已經簽名。這份還有萊納斯‧鮑林和湯川秀樹等 11 位諾貝爾獎得主和科學家簽名的「羅素－愛因斯坦宣言（The Russell-Einstein Manifesto）」指出，他們不代表任何國家、民族，或大陸，也不代表任何一種信仰，而僅作為人類的成員抗議氫彈實驗，提醒人類警覺自身面臨的空前危機，呼籲裁軍，消除核武器以及阻止一切戰爭；他們表明，無論什麼陣營，都無法憑藉戰爭取得勝利；他們勸導人類牢記自己的「人性」而忘卻其餘的一切；最後「號召世界各國政府體會並公開宣佈它們的目的不能發展成世界大戰，而我們號召它們，因此在解決它們之間的任何爭執應該用和平手段」。

在這之後，羅素作為演說者或組織者參加了一系列有關反核或反戰的國際活動，如 1955 年「世界政府聯合議會」講壇；1957 年「普格瓦斯科學家大會」（the Pugwash Conferences of scientists）第一屆會議（普格瓦斯組織後獲 1995 年諾貝爾和平獎）；1958 年「消除核武器運動」；1960 年「百人委員會」成立，並開展「公民反戰不服從行動」。1961 年 8 月 6 日，即廣島紀念日，在倫敦海德公園靜坐示威中，89 歲高齡的羅素親自撰寫傳單、發表演講，譴責某些國家當局正在「張羅對全人類的屠殺」；羅素夫婦因此同時被捕，被指控非法煽動宣傳，判兩個月監禁，羅素因病在監獄醫院度過七天後提前獲釋。當宣判時，有人幸災樂禍的大叫：「可恥、可恥，一個 88 歲的老頭！」而法官則責備道：「您年老的足夠做得更好些」。

1960 年代，在甘迺迪遇刺後，羅素是最早對官方說法提出質疑的幾個人之一，列舉了案件的 16 個疑點。

　　1962 年 10 月至 11 月間，人類面臨了一個最危險的時刻，從未如此接近毀滅世界的核大戰。就在這個期間，羅素走上了拯救世界的舞臺。10 月 14 日，中情局的 U2 飛機拍到蘇聯戰略核彈基地非常清晰的照片。蘇聯在古巴秘密修建了 24 座中程彈道導彈發射台及 16 座中遠程彈道導彈發射台，同時還駐有 4.2 萬蘇軍（中情局錯估為 1 萬人）。當時，美方有 5000 枚核彈，蘇方有 300 枚；據中情局估計古巴島約有 30 餘枚核彈，實際上有 162 枚。從 10 月 16 日甘迺迪接到報告到 10 月 28 日蘇聯撤走導彈，史稱「危機 13 天」。美國提出五種對策：一、侵犯古巴；二、轟炸古巴；三、封鎖古巴；四、聯合國調解；五、聽之任之。甘迺迪指出，這最後一種是最壞的選擇；並決定以談判代替開打。10 月 22 日晚，甘迺迪向全美發表廣播，下令封鎖古巴，對所有駛向古巴的輪船加以檢查」。獲知實情的美國人頓感世界末日的迫近。除了在紐約參加示威抗議活動外，10 月 23 日，羅素還分別致電美蘇兩國首腦，怒斥美國威脅人類的繼續生存，呼籲蘇聯停止引發衝突。赫魯曉夫立即發表一封長信答覆羅素，保證其政府不會犯難；羅素覆電表示感謝，並籲求他撤回軍艦。代表兩大陣營的美蘇較了幾天的勁後，經過密集談判和交涉，10 月 28 日，蘇方宣佈自古巴撤出核彈、轟炸機等攻擊性武器以及駐軍，而美方則保證不入侵古巴，並允諾從土耳其撤出導彈但為了面子一直未加公開，拖了一段時間後才實施。當赫魯曉夫下令蘇聯軍艦回航並接受檢查後，羅素讚揚蘇方的妥協行為。由於羅素的調解以及其他因素，赫魯曉夫後來允諾，倘若美國保證不再侵犯古巴，蘇聯將撤除古巴核基地。甘迺迪致電羅素，告知蘇聯存在秘密導彈，並指責蘇聯是「竊賊」，羅素答覆道，這並非秘密的，美蘇雙方早就有遠程潛水艇，屠殺不僅為「竊賊」。羅素譴責美國也在英國和西歐到處竊取情報。他還致函建議赫魯曉夫廢除「華沙條約」以促進和平；致電卡斯特羅敦促撤除軍事基地並接受聯合國的視察；致函聯合國秘書長籲求聯合國視察軍事基地，以保障古巴安全。後來赫魯曉夫透露，有兩件事，即卡斯特羅反覆要求對美發射核彈以及駐古蘇軍自行擊落美國 U2 偵察機，使他頓悟情況馬上失控，一旦爆發核戰，世界將淪於毀滅，於是下令撤出核彈。這是一場極嚴重的政治軍事雙重危機，被國際政治家稱為冷戰的頂峰和轉折點。在冷戰中，二次大戰的兩個戰勝國兼超級大國不斷使用新型武器來炫耀各自的優勢。雙方的戰略都在於向對方實施先發制人的第一次核打擊，使對方癱瘓而無法展開核還擊；這是常規武器所不可能達到的。當時美蘇的導彈技術可達到 18,000 公里外的目標，因此雙方都能夠從自己的國土打擊對方國土內的目標，並且雙方的戰略轟炸

機機隊也可以打擊對方領土內的目標；但缺陷都在於其預警時間過長，因此對方有充分時間進行反制；對此，雙方必須將其核導彈儘量佈署到對方的領土附近。1959年美國在意大利和土耳其佈署了中程彈道導彈，如此一來逼迫蘇聯必須如法炮製，古巴革命提供了這個良機，這就是後來導彈危機的真正起因。在「導彈危機」中，羅素以個人身份充當美蘇之間的調停者，而甘迺迪、赫魯曉夫、卡斯特羅都不敢輕視他，多少都會賣一點賬。美蘇雙方的妥協最終出於根本利益的需要與制衡，但羅素的出面，無疑給了兩邊某種體面下臺的「臺階」。

　　同年，1962 年，中印邊界發生衝突，這也是當時國際最複雜和敏感的問題之一；除了直接的領土問題，它還涉及了西藏問題，中印兩國綜合利益問題，美蘇兩大超級大國爭霸問題以及中國本身的國際地位問題等；有的西方學者甚至認為它是亞洲兩大文明之間的衝突問題。戰爭分兩個階段，即 10 月 20 日至 28 日、11 月 16日至 21 日，中國贏得了重大軍事勝利，而印度舉國上下陷入恐慌。羅素致電周恩來和他的劍橋校友兼老朋友尼赫魯，敦促雙方盡速停火撤軍，通過外交途徑化解爭端；並建議印尼蘇加諾總統、加納總統恩魯瑪等參與調停。中國總理周恩來和印度總理尼赫魯很快對他進行了回覆，並都派大使館官員拜訪了他，都還接見了他的代表舒恩曼（R. Schoenman）和鮑特爾（P. Pottle）。不過，這個舒恩曼僵化的作法有辱使命，羅素後來說道：兩位代表「在第一次與周恩來總理見面時，氣氛是有禮、友好而有益的；但第二次會面因為他們的行為以及愚蠢的輕率而受到中國方面嚴厲地譴責。作為他們的贊助者，很自然我受到了質疑；對我的苦惱以及我們工作嚴重的困擾來說，我一直未能恢復與中國政府溫暖而友好的關係。」[24] 舒恩曼是一個有點驕橫氣傲的人，在印度，主人問對這個國家的第一印象是什麼，他以問為道：「在這麼熱的地方怎麼做愛？」在中國，主人帶他到湖上划船，他竟脫衣下水游泳；他想見毛澤東，等不耐煩了，便在下榻的房間裡拿起電話叫道：「毛主席是一條神牛！」後來周恩來代替毛澤東接見了他們。但因各種原因，兩位代表遭到了「驅逐」。[25] 不久，尼赫魯改變了不結盟政策，從而向美國求援；1962 年 11 月，甘迺迪決定介入戰爭，並援助印度軍隊。中國方面則迅速撤軍並歸還了全部繳獲的武器。在《印度對華戰爭》（India's China War）一書中，西方記者馬克斯韋爾（N. Maxwell）也感歎：「當中國軍隊取得重大勝利的時候，中國政府突然宣佈單方面無條件撤軍，這與其說讓全世界都鬆了一口氣，不如說是讓全世界都目瞪口呆。世界戰爭史上還從

---

[24] 轉引自 R. Clark, *The Life of Bertrand Russell*, Knopf, 1981, p.606.

[25] Caroline Moorhead, *Bertrand Russell, A Life*, Viking, 1993, p.533.

沒有過這樣的事情，勝利的一方在失敗者還沒有任何承諾的情況下，就單方面無條件撤軍，實際上也就是讓自己付出巨大代價來之不易的勝利成果化為烏有。」當然，這一切是由於當時各種實際情況決定的，其中有些內幕恐怕很難明瞭。不過，當時的羅素顯然洞察到了問題的嚴重性，並相信這場衝突有可能引起世界大戰。他說道：「戰火將繼續，首先對中國有利。美國與英國將出面援助印度，但會發現除非動用核武器，它們無法擊敗中國。它們將要動用這種武器。中國將顯示自己與俄國的不同，而俄國同樣也會動用核武器，不止對付印度，而且對付西方。在很短的日子裡，整個世界將變得與現在的喜馬拉雅山一樣空曠而荒涼。」[26]

羅素所作的預言並非空穴來風。43 年以後，據 2005 年 8 月 26 日《紐約時報》報導，8 月 25 日甘迺迪總統圖書館與博物館公佈了新近解密的錄音帶，表明在 1963 年 5 月，甘迺迪和他的顧問討論過如果中國第二次襲擊印度美國使用核武器的可行性，以及怎樣防止印度成為共產主義的多米諾骨牌中另一張倒下的牌。在錄音帶中，國防部長麥克拉瑪納說：「在我們認真幫助印度不受中國入侵之前，我們要意識到，如果我們真的想幫助印度抵抗中國的襲擊，我們必須使用核武器。中共對於那個地區任何部分的攻擊都會使美國有必要使用核武器，這總比調動大量的美國軍人好。」甘迺迪說：「我們應當保護印度，所以（如果印度遭受攻擊）我們將會保護印度的。」布魯金斯研究所的高級研究員史蒂文‧科恩說：「談話的背景是甘迺迪非常非常非常傾向於印度。他把印度看是中國的天然制衡力量。」科恩回憶了當時的政治氣氛，他暗示說甘迺迪的顧問們提到可能使用核武器也許還有一個動機。他說：「我們在韓戰打了個平手，我們很擔心蘇聯。可見他們提到了『核武器』是因為他們不想讓甘迺迪在印度做任何事情。這種方式是把賭注拔很高，以至於你不可能選擇它。」據印度分析人士說，他們被錄音帶的公佈驚得目瞪口呆。哈佛大學南亞歷史教授博斯（S. Bose）說：「很顯然，1963 年和 2005 年不乏相似之處。主要基調是怎樣遏制中國。」不過分析家指出，美國即使考慮過所謂的核武器選擇，在下一年也一定會放棄了，因為 1964 年中國成功的爆炸了第一顆原子彈。

1963 年，羅素創立和平基金會，為解救 40 多個國家的政治犯而工作。1966 年 5 月 24 日，羅素通過民族解放陣線電臺對美國士兵發表演說，宣講越戰的非正義性。1966 年 11 月 16 日，羅素呼籲建立了由各國的傑出人物組成的國際戰爭罪行特別法庭（後來稱為「羅素法庭」）；1967 年 5 月在瑞典和丹麥分別開庭，象徵性地傳訊美國總統約翰遜。法國存在主義哲學家沙特的〈開幕詞〉莊嚴宣告：組成特別

---

[26] 轉引自 R. Monk, *Bertrand Russell, the Ghost of Madness*, Free Press, 2000, pp. 450-451.

法庭並起訴越南戰爭中的「戰犯」，並將裁決對美國、南韓、新西蘭和澳大利亞政府的起訴是否合理而正義。沙特以紐倫堡審判為史鑒，指出：羅素特別法庭的合法性來自它的絕對無權及其普遍性。一家法國報紙報導說：這是一個只有陪審團而沒有法官的法庭！不過，有意思的是，羅素的那個代表舒恩曼又與沙特鬧翻了，後者便將羅素的名字從羅素法庭上去掉，並將特別法庭從倫敦遷往了巴黎。還有一件鮮為人知的事，還是那個舒恩曼決定赴波利維亞投奔格瓦納（Che Guevara）的游擊隊，但終究沒有成行。格瓦納原是卡斯特羅的戰友，並當過古巴副總理，後到波利維亞發動游擊戰爭，結果被俘遭政府軍當著美國顧問的面槍殺。格瓦納在日記中寫道：「我將給沙特和羅素寫一封信，請求他們為波利維亞解放運動組織一個國際援助基金。」[27] 1968 年，羅素發表聲明抗議蘇聯入侵捷克斯洛伐克。1970 年，即去世的那一年，他仍出面譴責以色列發動的中東戰爭。1967 年，羅素撰寫了最後一篇只注了「1967」而沒有標題的文章，是他去世前三年的 95 歲時所寫的，也可以說是他對世界的一個最後的「遺囑」。他再次重申，下一場殘酷的戰爭將滅絕人類；因此，任何一個關注未來的人，必須在毀滅與緩和之間作出選擇；並且這種選擇不僅只一次，而會將貫穿未來所有時代，一直到太陽冷卻。很不幸，政客們還不習慣這樣的選擇。紐約、倫敦、北京或東京的所有居民將全部死亡，接著死亡將擴展到整個國家，然後由於貿易中斷而引起饑荒，而在最後的喘息後，連居住在山野中的人也會孤絕地死去，最終是永恆的沉寂。如果各大國繼續奉行當前的政策，上述情景是不可避免的。各種力量必須明白，和平是人們的至高無上的利益。無論如何，應當反對共產主義和非共產主義的劃分。同時，個人能夠做什麼？他們能指出現代戰爭的危害以及人類滅種的危險，能教導人們不仇恨不同於他們自己的人們，能重視其他人們的價值，能強調合作的優勢。每一個民族都不要鼓動對其他民族的憎恨。「應當思考一下，我們的這個星球會怎麼樣或可能會怎麼樣。在當前大多數情況下，存在著勞苦、飢餓、不斷的危險，以及遠多於愛的仇恨。應該有一個快樂的世界，在那裡，合作多於競爭，單調的工作由機器代勞；在那裡，愛的天性沒有泯滅並清除了那些唯一功能是殺人的機器；在那裡，促進歡樂比製造屍山要受到尊敬。萬勿認為這是不可能的，而這是可能的。這個世界只是等待人們更希望實現它而非痛苦的磨難。」[28]

---

[27] Ibid., p.471.

[28] Bertrand Russell, *Last Essay: "1967"*，羅素研究中心資料。

　　在回顧了中國的文化以後，羅素又考察了中國的現狀，並探討了中國如何重建的問題。從 1920 年 10 月 15 日至 1921 年 7 月 11 日的整個訪華期間，羅素作了兩種主題的演講：一種是純哲學的，如〈哲學問題〉、〈心之分析〉、〈物的分析〉、〈數學邏輯〉、〈社會結構學〉等著名的五大演講；另一種是一系列關於社會政治、教育、科普、宗教以及中國問題的演講。在後一種演講中，〈社會改造原理〉（1920 年 10 月 15 日，上海），強調在改造社會的過程中，中國人應以助長每個社會個體的自由創造為社會改造的最高原則；〈愛因斯坦引力新說〉深入淺出地引介了愛因斯坦革命性的相對論（1920 年 10 月 21 日，南京）；〈教育之效用〉（1920 年 10 月 16 日，上海）和〈教育問題〉（1920 年 10 月 19 日，杭州）鼓吹教育的作用是培育「合格的人」和「合格的公民」，實現「由下及上」的健康政治，而教育的方針「是教人學會自由」；[29]〈布爾塞維克與世界政治〉（1920 年 10 月 26-27 日，長沙）聲稱布爾塞維克雖是好學說，但應用循序漸進的方法加以實現；〈布爾塞維克底思想〉（北京）期盼世上文明各國，應當輔助俄國「保守自古傳下來的文明」，更期盼「世上個個文明國，都應當以這種大好新主義來實地試驗」；[30]〈未開發國之工業〉（北京）、〈宗教的要素及其價值〉（北京）揭露了宗教信仰帶來的危害：即」由宗教狂熱帶來的迫害與紛爭」和「盲目迷信妨害人類心智與社會進步」；[31]〈中國到自由之路〉（1921 年 7 月 6 日，北京）是在北京教育部會場作了告別演講，可以說是羅素訪華期間整個考察和思索的一個總結。[32]

　　在羅素看來，由於文化淵源，可以將中國看作一個藝術之域，其具有藝術家所帶有全部善惡之德，善可利人，而惡則害己。西方由於強調進步與效率而變得強盛，而中國則完全相反，直到西方侵擾之前，還能保持著社會的順暢。然而，當國門打破之後，中國必須面對不同的兩大外國勢力：一是西方；另一是日本。因而，中國的命運，有三種可能：（一）中國可能為一個或數個西方國家所侵佔；（二）中國為日本所獨霸；（三）中國恢復並重奪自由。當下還有第四種可能，即白人列強與日本共占中國。羅素回顧，19 世紀以前，從總體看，中華帝國之所以經久不斷，是由於靠它的地大物博，而並非窮兵黷武。西歐人飛快地富強，而變成整個世界的主人：征服了北美和南美，在非洲和印度也有巨大的勢力：「在中國受到崇敬，在日

[29] 羅素，〈教育之效用〉，《晨報》，1920 年 10 月 24 日。

[30] 羅素：〈布爾塞維克底思想〉，《民國日報》，1920 年 11 月 29 日。

[31] 羅素：〈宗教的要素及其價值〉，《少年中國》，1920 年 8 期。

[32] 周紅安、張彩雲：〈羅素對中國文化的評價及其影響〉，《安慶師範學院學報（社會科學版）》，2002 年 4 期。

本則使人畏懼」。[33] 1914 年以前，某種意義上，連俄國在內，亞洲可視為一個整體，但日本例外；俄國、中國、印度等國都有廣闊的平原，易被成吉思汗一類的武力征服。中國一類的亞洲國家，經濟上自給自足，無懼外患，不必通商，國勢強大，故對進步與發展漠不關心。但日本國情大不相同，與英國一樣，它將強盛基於商業；但很遺憾，這個國家並沒有發展一個商業民族的理念，故始終抱有霸佔亞洲的企圖。日本人懷有兩個相互矛盾的野心：一方面期盼成為對抗白人侵吞亞洲的勇士；另一方面，又期盼與白人瓜分這一地區。日本往往對中國的各種勢力加以扶植；有時袒護其中一方，有時雙方都給予支持，這完全取決於誰符合自己的利益；中國的革命黨一誕生，日本就對之進行資助。羅素在分析當時遠東各種勢力與趨勢時，談到了作為世界最主要勢力的美國。他認為美國人的公眾輿論是信仰和平的，此外還有工商業、新教倫理、體育衛生以及可以當成英美文化主流的偽善性（hypocrisy）。這裡所說的並非像日本外交家同西方列強打交道時的那種偽善性，而是構成盎格魯－薩克遜文化支柱的那種更深層潛意識中的偽發達的美國而言，門戶開放比瓜分勢力範圍更為有利。羅素指出，在現代戰爭中，武士道精神不再有效，況且美國人的英勇無畏與日本人並無二致；倘若兩國開戰，即便費時 10 年，終將失敗的還是日本。對美國來說，它的興趣表現在實行某些既有益於中國，又符合美國利益的事務；但它反對企圖讓中國經濟獨立的任何作法，特別是當這些作法是採取國家社會主義或列寧所提倡的國家資本主義的形式。

羅素很關注有關中國前途的問題，他看到政治獨立與文化獨立都是同樣重要的。他反覆提及中國人在某些方面比西方人高明，然而，他們為國家獨立的願望而不得不降格到西方人的程度，但如此一來，對他們或對西方人都非上策。不過，羅素有些武斷地深信，如果中國制定憲法，她當然會採取聯邦制；各省將得到很大的自治，而海關、軍隊、外交、鐵路則歸中央。

羅素訪華時，與其說他的哲學演講受到歡迎，不如說其社會政治主張更引人注目。

早年的羅素就是一個「自由主義者」，第一次世界大戰中，他成了「和平主義者」，大戰後，他又轉變為「社會主義者」。劍橋大學畢業後的羅素，一度擔任了英國駐巴黎使館的名譽隨員，因太無聊，便辭了職。1894 年他結婚後，便攜妻前往柏林研究經濟學和社會民主黨，並於 1896 年出版了他的第一部著作《德國社會民主》（*German Social Democracy*）。後來他回憶說：「駐德大使的夫人是我的堂姐，

---

[33] Bertrand Russell, *A History of Western Philosophy*, Touchstone, 1972, Volume 2, p.560.

所以我們夫婦有幸應邀去大使館赴晚宴；但當我的妻子介紹說我們曾參加過社會主義者的一次集會時，大使館從此便把我們拒之於門外了。」[34] 戰爭的瘋狂、殘酷和毀滅使羅素對資本主義文明的一切幻想破滅。1915 年至 1920 年，他出版了《戰爭──恐懼之源》、《社會重建的原理》、《戰爭時期的正義》、《政治理想》、《自由之路》等多部有關社會政治的著作。大戰中，他作為英國工黨一員，參加了工人運動。1920年 2 月，羅素在倫敦作了一個表現其政治理念轉變的演講，題為〈社會主義與自由主義〉，他提到：「這次大戰的結果，不但自由黨失敗，便是自由主義也因此減色。威爾遜總統的失敗，更是自由主義失敗的一個證據。純粹的自由主義，全靠著人與人的相互容忍，使一切事情不至於走到極端。宗教信仰的自由、民主主義、言論自由、出版自由、貿易自由這些理想，意思是說人類各階級的齟齬，不是不能和解的。我是因戰爭結果從自由主義改變到社會主義的一人；這並不是因我不信從自由主義，不過我看除非經過社會經濟改造的過渡時代，自由主義實在沒有什麼大意思罷了。」[35]

羅素的社會主義，從實踐上說，正如他自己所坦承的是一個「不堅定的社會主義者」；從理論上說，是「不清晰精確的」，而不像他自己的哲學方法所追求的那樣。羅素對社會主義理論形成的歷史很有研究。他指出，邊沁以及他的思想先驅洛克、哈特里和愛爾維修來的重要地位在於他們是英國激進主義的領袖，是無意之間為社會主義學說鋪平道路的人；作為一個過渡的學派，他們的學說體系產生了兩個比它本身更重要的別的學說體系，即達爾文主義和社會主義。可以說社會主義產生於邊沁學說的全盛時代，是正統派經濟學的一個直接結果。1817 年，與邊沁、馬爾薩斯和穆勒有密切交往的李嘉圖發表了一個學說，主張商品的交換價值完全出於生產該商品時花費的勞動。1825 年，托馬斯・霍治司金發表了第一個社會主義的答辯〈反對資方的要求而為勞方辯護〉。同時，有豐富工廠主實際體驗的羅伯特・歐文也堅信後來稱為社會主義的學說。1927 年，歐文的信徒最早使用社會主義者一詞。在羅素看來，社會主義本來不屬哲學史範疇，而僅為政治上或經濟上的某種「主義」；但馬克思將它成為了一套哲學，並自稱將之變成了科學社會主義，並締造了一個強大的運動，通過對人的吸引和排斥，支配了歐洲近期的歷史。馬克思將民族換成了階級，並始終否認自己選擇社會主義或採取雇傭勞動者的立場有任何道德上或人道主義上的理由；他斷言，雇傭勞動者的立場是辯證法在其徹底決定論的運動

[34] 羅素：〈我的思想發展〉，丁子江譯，載《哲學譯叢》，1981 年第 5 期，原載 P. Schilpp (ed).*The Philosophy of Bertrand Russell*, Northwestern University Press, 1944, pp. 3-20。

[35] 羅素：〈社會主義與自由主義〉，《東方雜誌》第 17 卷第 18 號。

中所採取的立場，並相信一切辯證的運動在某種非個人的意義上都是進步，而且社會主義一旦建成，會比已往的封建主義或資本主義給人類帶來更多的幸福。馬克思通過恩格斯和皇家委員會的報告，徹底瞭解到 100 年前英國工業制度駭人聽聞的殘酷，從而瞭解到這種制度很可能要從自由競爭向獨佔發展，而它的不公平必定引起無產階級的反抗運動。為此，他預言，在徹底工業化的社會中，不走私人資本主義的道路，就只有走土地和資本國有的道路。結果，俄國狂熱的馬克思信徒奪取了政權；但西方較大的工人階級運動從未成為完全的馬克思主義運動；英國工黨始終堅守一種經驗主義式的社會主義。然而，英美兩國的大批知識分子還是受到了馬克思深刻的影響。[36]

在《論教育》一書的序中，羅素宣稱，基督教、社會主義、愛國主義等形形色色的思想體系，都試圖如孤兒院那樣，給人們困苦的生活帶來有保障的安慰感；而自由思考者決非像束縛在某個信條中的人一般覺得溫暖、安逸並為社會所認同。儘管贊同馬克思對資本主義私有制的批判及其共產主義理想，但羅素並未認同馬克思主義的國家學說和社會革命方式。深受自由主義傳統影響的他，對國家權力始終抱有懷疑感與恐懼感；對他而言，強調國家權力的「國家社會主義」與取消國家權力的「無政府主義」都不是可取的社會制度；而理想的則是「行會社會主義」或稱「基爾特社會主義」（Guild Socialism）。在《自由之路：社會主義、無政府主義和工團主義》（1918 年）一書中，羅素聲言：「純粹無政府主義的社會儘管是我們應該逐步接近的終極理想，然而在目前還沒有實現的可能。即使實現了，它的壽命至多也不會超過一兩年。相反地，馬克思社會主義和工團主義雖然缺點很多，但據我看來是可以產生一個比現在這個世界更美好更快樂的世界的。但是，我並不認為它們就是最好的切實可行的社會制度；我擔心馬克思的社會主義給予國家的權力太大了。另一方面我也認為，旨在取消國家的工團主義，為了結束各生產者團體之間的敵對行為，恐怕將被迫再建立一個中央權力機關。我認為最好的而又切實可行的制度，還是基爾特社會主義。基爾特社會主義既考慮了國家社會主義者保留國家的主張，也考慮了工團主義者對國家的疑懼，它根據國和國之間採取聯邦主義的理由採取了企業與企業之間的聯合制度。」[37]

1920 年 10 月 26-27 日，在長沙所作的演講〈布爾塞維克主義與世界政治〉中，羅素指出，布爾什維克主義的興起是歐洲最重要的事件；布爾什維克主義實具有一

---

[36] See Bertrnd Russell, *A History of Western Philosophy*, Touchstone, 1972, Chapter 26, 27.
[37] 轉引自馮崇義《羅素與中國》，三聯書店，1994 年，第 66 頁。

種宗教的性質，它於人類的新生活很有意味，並將於未來產生很大影響。布爾什維克主義的實行，可以剷除貧富不均，而使世界貧富兩階級的人趨於平等。此主義行，可以期望世人變為共產主義的信奉者，可以免除戰爭，可望廢除重商主義，人人作工而不再有勞逸不均。此主義行，沒落的資本主義就斷絕了復興之望。資本主義的橫行，是由於受其壓迫的民眾未覺醒。歐戰以後布爾什維克主義的興起，喚醒了民眾的覺悟，資本主義便遲早會滅亡了。但羅素同時也批判道，資本主義雖因其嚴重缺陷而無複維持之望，但布爾什維克主義代之而興，能否彌補其缺陷，尚為一個問題。布爾什維克主義並不等於共產主義，這種主義的根本缺陷是太專制。西歐主張德謨克拉西，東歐主張布爾什維克，一個主張自由，一個主張專制，兩者根本對立。按布黨的計劃，消滅全國的言論自由、出版自由和思想自由，而用軍隊的訓練，兒童的教育，報紙的鼓吹，幾十年後可以實現其主義。俄國的政治，雖以平民專制相標榜，實則為政客專制。雖然布黨自謂專制為現時不得已的過渡階段，待以後目的達到了仍將回復自由；但專制恐一發而不可收，回復自由之說只能淪為空談。羅素還認為布爾什維克主義雖然由於其工業落後和政治專制而已經失敗，但他仍期待未來共產主義的勝利。原來共產主義易行於工業國而難行於農業國，而農業尚在幼稚時代的俄國，欲一味專制而行共產主義，是不可能成功的。羅素這樣總結說，在中國工業幼稚的時代，人民的痛苦和希望必大，最好實行「科學的共產主義」，以避免走彎路而可達到改造社會和經濟的目的；而俄國的失敗就在於沒有實行科學的共產主義。《晨報》在刊載這篇演講稿的按語中稱：「先生以英國自由主義的眼光，批評俄國布爾失委克，而歸結於共產主義之必應促使實現，見解頗與時流異趣。」[38]1920 年 12 月 6 日，在北京女子高等師範學校的演講中，羅素指出，布爾什維克主義最重要的觀念就是「公理」，它主張男女關係、國際關係、經濟關係、社會關係，一切都應以公平的公道為原則。而歷史的和現代的制度，都是少數貴族和資本家統治的不平等制度。只有共產主義才能消滅舊社會遺傳下來的種種不平等制度，而實現人類的平等理想。雖俄國的實踐未見成功，世界上各文明國還是應進行社會主義的實驗。[39]

　　1921 年 7 月 6 日，在北京教育部會場作了告別演講，羅素對中國問題作了一個總結，談道，中國在政治方面不妨效法蘇俄，在經濟上要實行「國家主義」。對於中國文明應向何處去，羅素提出：一，中國統括地採用歐洲的文明，是非他所願

---

[38] 羅素：〈布爾塞維克與世界政治〉，《晨報》1920 年 11 月 2 日、3 日、9 日、10 日、11 日、17 日。

[39] 羅素：〈布爾塞維克的思想〉，《晨報》1920 年 12 月 6 日、7 日。

望的，因為「歐洲文明的惡弊已為所有細心的觀察家洞見於此番大戰與其結果中了」；「這種機械的文明，頗難望其有絲毫價值，所以中國人要不去專事摹擬西方的方法，始可為自己的國家或世界圖謀幸福。」二，「中國自昔相沿的文明設基於儒教之上，而又調劑以釋教，已經到了自然剝落的程度，不能鼓勵個人的成就，或解決中國現所隱伏的內外政治的問題了。」「根本的永久的解決方法，自然惟教育是賴。」但是這種教育「必不可像從前的時代一樣，只有僥倖的少數人有讀書的特惠，也不應以僅僅讀些古書，評些古書就算教育，教育必須是普遍的，是科學的，科學又不僅取理論的，必須與近代實業經濟有密切的關聯的。」[40]

在中國新知識界，羅素的社會主義思想引起了多重的思想反響。在某些層面，羅素的社會主義方案迎合了中國馬克思主義者的需要。陳獨秀提到：「由資本主義漸漸發展國民的經濟及改良勞動者的境遇以達到社會主義，這種方法在英、法、德、美文化已經開發政治經濟獨立的國家或者可以這樣辦，像中國這樣知識幼稚沒有組織的民族，外面政治的及經濟的侵略又一天緊迫似一天，若不取急進的 Revolution（革命），時間上是否容我們漸進的 Evolution 呢？」[41] 激進的馬克思主義者尤其對羅素《中國到自由之路》中倡導的蘇俄道路熱烈歡迎，社會民主主義者則更傾心於其基爾特社會主義思想。羅素的主張成為社會主義論戰的焦點問題。1920 年 11 月 6 日，上海《時事新報》上發表張東蓀〈由內地旅行而得之又一教訓〉一文，聲稱羅素關於「中國除開發實業以外無以自立」的主張，是「非常中肯又非常沉痛」的，中國當前的問題是要使中國人都過上人的生活，「而不是歐美現成的社會主義」等。上海共產主義小組成員陳望道、李達、邵力子、陳獨秀等曾先後撰文加以駁斥。12 月 1 日，陳獨秀以〈關於社會主義的討論〉為題，將論戰雙方的文章刊登在《新青年》雜誌上。張東蓀隨即發表長文〈現在與將來〉，系統地論證了自己的反社會主義思想，他強調，社會主義必然代資本主義而興，但目前的社會主義都不免缺點，其中相比較，最晚出的基爾特社會主義最為圓滿。[42] 1921 年 2 月，在〈覆張東蓀書論社會主義運動〉的長文中，梁啟超擁戴張東蓀的反社會主義思想，並加以補充或發揮。梁啟超主張，產業幼稚的中國欲振興實業而避免資本主義之害，唯有採行協社主義，此法最中正無弊，而且隨時可行。[43]

---

[40] 羅素：〈中國的到自由之路〉沈益洪編，《羅素談中國》，浙江文藝出版社，2001 年。

[41] 陳獨秀：〈覆東蓀先生底信〉，《中國現代思想史資料簡編》，第 1 卷第 77 頁。

[42] 張東蓀：〈一個申說〉，《中國現代思想史資料簡編》，第 1 卷第 632 頁。

[43] 梁啟超：〈覆張東蓀書論社會主義運動〉，《中國現代思想史資料簡編》，浙江人民出版社，1981 年，第 1 卷第 244 頁。

　　離開中國後，羅素在《中國問題》一書中特別指出：中國人若能對西方文明揚善棄惡，並結合自身的傳統文化，定會獲得輝煌的成就。然而必須避免兩種極端的危險，也就是既不要全盤西化，丟失傳統，否則僅會多一個工業化的軍事強國，而為這個多災多難的世界更加添亂；也不要在抗禦列強的侵略中，產生籠統拒斥西方文明的關門主義。在訪華前，對羅素來說，中國還算是一個完全陌生的文化。他不得不問自己，終極價值是什麼，究竟是什麼讓一個文化或社會比另一種「更好」。他認為，不同的人有不同的答案。對這些問題，他強調各種答案只是個人主觀的偏好。他只願意表達他自己的意見，並希望讀者會同意他。羅素主張，不僅可以判斷一個國家應該如何對待自己，而且可以判斷它如何對待他國。羅素常用「我們的」這樣的字眼，這有著深刻地意味，它包括大英帝國以及當時其他西方列強，當然也包括日本。他指出，「我們的繁榮」是以犧牲眾多的弱國來確保自己；而中國卻通過自己的辛勤勞動獲得。對他而言，中國將決定未來整個世界歷史的進程。中國巨大的資源是由自己，還是由日本，或西方來控制是一個極為重要的問題，這不僅影響整個中國文明的發展，而且影響全世界「平衡的力量」，「和平的前景」，「俄羅斯的命運」，「走向更美好的經濟系統」以及「先進國家的發展機會」。這段 90 多年前的話今天仍然有效。中國的文明和資源是掌握在中國人的手中（不過相當多的領土被俄羅斯、印度、日本等一些周邊國家侵佔），世界力量的平衡仍在不斷變化，俄羅斯的命運仍不確定，更好的西方經濟體系（即社會主義）仍是一個遙遠的夢想，但中國的經濟發展的確對全球產生了積極的影響。至於羅素在《中國問題》中所說的「和平的前景」，在其預見後，中國發生了北伐戰爭、十年內戰，八年抗戰，三年內戰，朝鮮戰爭，對印戰爭，對越戰爭等，當前又面臨遏制中國崛起的各種勢力。今天，西方將中國看作未來的威脅，甚至美國軍方已制定應急計劃，準備對華開戰。不管怎麼說，羅素先見之明地看到以經濟資源為重點的中國當代史。

　　在討論中國的內部狀態，羅素指明有兩種方式可使中國可以擺脫帝國主義統治：其一，讓中國具有強大的軍事實力，但這將是一場災難；其二，由於資本主義制度揭示了其本質為強者對弱者的一種掠奪性的關係，中國唯一真正的解決方案是「社會主義」。出乎羅素意料的是，並不一定非此即彼，中國可能通過軍事手段擺脫西方列強的統治，並同時採納「社會主義」。羅素沒有預計到一場大戰可以成為契機，使受害國打破了帝國主義的控制，而獲得自由和獨立。無論如何，羅素為中國制定的「唯一」解決方案是不著邊際的，並且對國民黨與共產黨的角色定位也是不中肯的。有意思的是，有一點羅素的預測是準確的，即有關中國的人口與出生率問題。中國政府所制定引進節育和獨生子女政策是一個激烈步驟，現在正在重新評

估，但可能有助於避免一個無法控制的人口爆炸。根據羅素的看法，中國面臨一個嚴重問題是缺乏普及性的現代教育體系，但沒有預見到中國社會主義革命。普及教育是一個先決條件，中國工人需要教育和技能。中國共產黨掌權後，立即展開了大規模的掃盲計劃，並建立了各種層級的學校機構。然而，像所有其他國家一樣，中國工業化最初開發的方法是「骯髒和殘忍」。知識分子希望得知「國家實現工業化生產的一些不太有害的方法，但到目前為止還沒有這些辦法」。對於這一點，羅素當年就預測到了當前中國所遭遇的極為嚴重的環境污染問題。對羅素來說，國家資本主義或國家社會主義本質上是相同的，它將是中國最好的方式。這個預見，在今日的中國得到了初步的驗證。在羅素看來，與科學知識相比，中國傳統的信念更注重倫理道德的說教。當然這種觀點是來自儒家傳統，但或多或少作為前工業社會的寫實。而羅素倡導，以對世界的正確認識為基礎，以理性為前提，以「詳盡的科學知識」為首選，可將一個前工業社會推進到一個更高的水平。在 20 世紀 50-60 年代，當時的中國領導層以政治掛帥，即以「正確的道德情感」作為行動指南，並不顧任何經濟與科學的空想，結果導致了大躍進與無產階級文化革命的雙重災難。儘管毛澤東用馬克思主義的術語，試圖解釋其思想，但他信奉的觀點是自創的「馬克思主義」。如果羅素是正確的，這是一個用馬克思主義禮服所包裝的儒家世界觀的變種。

羅素在談到遠東問題時，提及 20 世紀 20 年代在這一地區的力量平衡，並側重於中國，日本，俄羅斯和美國的力量和趨勢。從今天眼光看，羅素對美國影響的分析相當透徹，的確，二次大戰，尤其是冷戰後，美國已經發展成為單極的超級大國，充當世界警察的角色。羅素預測，布爾什維主義不可能在中國取得很大的進步。為此，他給出三個方面的原因：1.中國有分散狀態的封建主義，而布爾什維主義需要一個中央集權的國家。不過，羅素似乎並不瞭解一個革命會扭轉這一趨勢。2.中國是更適合無政府主義，因為中國有很大的意義上的個人自由，而布爾什維克需要更多控制權。但羅素忽略了中國歷代皇朝的專制與集權。3.布爾什維主義反對「私人交易」，而這正是所有中國文人的生活習慣。然而羅素忘記了，當時百分之九十以上的中國人基本上是文盲，而且大部分又是身處封建地主勢力控制下的農民。據羅素之見，布爾什維主義最大的吸引力是使中國青年覺得可以跳過資本主義發展階段。但他指出，事實上，作為信條布爾什維主義，即馬克思主義將不真正具有任何持久的吸引力。布爾什維主義的確「作為一種政治力量而有一個偉大的未來。」也就是說，布爾什維克的俄國將繼續進行在亞洲的巨大博弈，並步沙皇帝國主義的後塵，因為「俄羅斯人有一種殖民的本能」。但羅素仍信奉社會主義，反戰主義的他

認為，作為破壞力的戰爭會造成「沒有任何形式的文明能夠生存下去。」而只有國際社會主義建立在世界各地時，才能夠反抗資本主義的壓迫，而保障永久的和平。

　　由於美國在第一次世界大戰中毫髮未損，它能夠提供多餘可用資本的投資，將在中國未來發展充當重要角色。金融家是美國文明最燦爛的功能，中國必然也會走這條路。美國將為中國建設和教育機構做出了巨大貢獻。美國將鼓勵中國發展一個穩定的政府，促進國民收入的增加，對美國商品開拓市場，並阻止其他大國插手。美國試圖強加清教徒的道德觀給中國，因為它認為自己的國家和生活的方式是「完美」的。

　　當年羅素展望，由於其人口和資源，中國有能力僅次於美國，而成為第二個在世界上最偉大的力量。羅素聲稱，有三個先決條件會使古老的中國充分發揮其潛力：其一，建構起廉潔有效組織良好的政府；其二，高度發展工業化；第三，竭力開辦教育，加強國民素質，著重造就尖端科技人才，並儘量多派留學生赴歐美深造，但還是仍依據自身的教育培養更多的人才。目前，三個先決條件已經達到或初步達到。對於第一條，羅素指出，在 20 世紀 20 年代，中國處於無政府主義狀態，薄弱的中央政府與軍閥混戰。他設想最終應實現憲制架構和議會的政府形式，但又警告說，即使這樣，也必須遵循列寧主義政黨的民主集中制。羅素描述道：這將是真正進步的全國人民團結起來，遵守紀律的社會，經集體決策後，其所有成員都支持和執行這些決策。對於第二條，中國應具備真正的經濟自由和需要，對自己的鐵路和自然資源進行有效控制。中國政府應該擁有鐵路和礦山以及其他「數額較大」的行業。羅素期望中國具有一個強大並誠實的政府，這樣就可超越資本主義階段，而實行社會主義。但這是一件相當棘手的事情：如果超越得太遠，太快，就可能絆倒。對於第三點，羅素認為，如果大部分的人口無法受到教育，真正的民主是不可能的。教育本身是一個很好的，但也是必要的政治意識，但在中國農村幾乎沒有得到發展。羅素希望中國將西方科學與自己的傳統文化相結合，從而創造新的文明，並克服西方資本主義的不足之處。在 21 世紀，中國也許正在實現羅素的很多預見，它告別了激烈的革命主義，逐步擺脫或淡化了意識形態的束縛，以務實主義、經濟主義加科學主義為中心指導，在現代化、資本化、市場化、工業化、商業化、都市化等訴求下，不斷進行社會的轉型與發展。

　　羅素的中國觀不可能完全正確，但這位大哲的思想建立在一個堅實的支點上。對於他的中國重建思想，前面提過，中國的各種精英都作了一定的評論。西方學者也有不同的評價，近來有學者認為：羅素《中國問題》一書「用某種高調的新聞觀察來表述他自己在中國的經歷。羅素提供了對中國的很多總結和預測。顯然其中有

一些並不中肯，而更多則具有先見之明。」[44] 羅素並非占卜家和算命先生，他對中國重建所提出的預見和建議，儘管其中有很多相當正確合理，甚至閃爍著天才的洞見，但畢竟受到時代的局限，不可能事事料事如神，甚至還有著一定的謬論與誤導。不管如何，羅素對中國觀感與研究探索的出發點是認真的、理性的、客觀的和正面的。他的研究成果對我們這些炎黃子孫在中華文化的復興與中華民族的崛起中有著難以忘懷的啟示。除了專著《中國問題》以外，從 1920 至 1922 年，羅素還發表過 20 餘篇有關中國的專文，如〈對中國的第一印象〉,〈至上海生活雜誌編輯的信〉,〈中國人的快樂〉,〈至新共和雜誌編輯的一封信〉,〈中國到自由之路〉,〈中國南方的資本主義〉,〈中國與列強〉,〈中國的未來〉,〈為中國的一個抗辯〉,〈中國與中國的影響〉,〈中國的一些問題〉,〈中國的獨立是可能的嗎？〉,〈現代中國的描畫〉,〈華盛頓怎樣幫助中國？〉,〈中國的重建〉,〈中國的糾紛〉,〈『督軍』，不是『教師』〉,〈作為一個歐洲激進分子所見到的〉等等。[45] 我們今天再讀羅素當年的種種評述，也許可以以文為鑒，在其有時過高的評估，甚至讚譽中，較清醒地察覺中華文化中的某些缺陷、弊端，甚至致命的劣根性。

第二節　杜威的「樂觀主義」

策尼維茲（G. L. Ziniewicz）宣稱：「信仰與樂觀主義是杜威哲學的核心與精髓。」[46] 杜威自己強調，樂觀主義是外在表像與內在現實的結合，我們應提出「考察樂觀主義與悲觀主義直接道德方面的最佳觀點。」[47] 根據杜威的觀點，表面上看來，悲觀主義者的看法好像是最正確的；但在我們得到這個結論以前，我們應考察理想主義的樂觀主義者所根據的前提的真實性。這個原則肯定，更可欲的目標是為種種勢力的一個複合體所完成的，這些勢力的總稱是「自然」。在實際效果上，接受這個原則就等於採取忽略人類智慧與努力的放任政策。結論是無根據的，直到我們已查明失敗和挫折是信賴放任政策的結果；這個放任政策把那只有人類智慧和努力可能完成的工作委之於「喬治」，委之於自然和自然律。結論不能作出，直到我們已考慮到另一可能：如果我們承認在國際間建立和平情境，並在國內保證自由和經濟安全的責任應為深思熟慮的人類合作的努力所完成，其結果將如何呢？就專門

[44] Peter Zarrow, "The Problem of China: A Revisitation", *The China Beat*，11/25/2008.
[45] See Bertrnd Russell, *The Collected Papers of Bertrand Russell*, Routledge, 2000, Volume 15, pp.247-377.
[46] Amy Sterling Casil, *John Dewey: The Founder of American Liberalism,* The Rosen Publishing Group, 2006, p. 89.
[47] John Dewey, *The Pragmatic Philosophy of John Dewey*.

學術性的意義上來說，所謂放任政策在應用上是有限制的。但其有限制的和專門學術性的意義即是一個例證，足以表現一種普遍的信任，即信任非人格的種種勢力或自然有能力去做那應由人類智慧、預見和有目的的計劃去做的工作。[48]

　　羅蒂（Richard Rorty）聲言，杜威與德里達（Jacques Derrida）對改變人類共享希望和樂觀主義。[49] 在鄧尼恩（P. J. Deneen）看來，羅蒂、哈維爾和杜威都主張一種樂觀主義的政治觀，如羅蒂在《實現我們的國家》（*Achieving Our Country*）中，曾鼓吹人們應採取杜威樂觀實用的愛國主義。[50] 唐納德（James Donald）則強調了杜威樂觀主義的民主教育。[51]「創造性民主」（Creative Democracy）是杜威樂觀主義的集中體現，是其對民主如何能夠而且應該如何恢復活力的解釋，作為創造美好社會和打擊法西斯主義發展的手段。[52] 波爾斯沃特（R. D. Boisvert）指出杜威的民主生活乃一種樂觀主義。[53] 卡姆普貝爾認為杜威提到一種「意志的樂觀主義」。[54] 在馬丁（Jay Martin）看來，牛頓的勇氣處於杜威經常被嘲笑的樂觀之中。沒有樂觀的懷疑主義是時髦的，總是容易的。缺乏樂觀主義在面對一個總是殘酷的世界之際需要付出艱苦的努力……。」[55] 李（Seong Ho Lee）認為，人們「經常相信杜威對學校可以啟動社會改革有著深刻的樂觀態度。」[56] 其原本就有限的人道主義被轉化為僵化的操作主義，因而不斷靠攏了法西斯主義的思想和行動觀。[57] 在考瑞爾看來，美國人用一種高度的樂觀主義看待未來，美國文化推出了一種新啟蒙主義世界觀。這個運動的先行者們，諸如皮爾士、詹姆斯和杜威等，企圖接過杜威之前的被打碎的思想家們的想法，而在開放為目的的世界中重建自己的理念。如此重建的哲學不可能強調悲觀主義，相反而是主張樂觀主義。」[58] 進步主義推廣開明的樂觀主

---

[48] 杜威，《人的問題》，童世俊譯，江蘇人民出版社，2006 年，第 5 頁。

[49] Paul Fairfield (ed.), *John Dewey and Continental Philosophy*, South Illinois University, 2010, p. 219

[50] P.J. Deneen, "The Politics of Hope and Optimism: Rorty, Havel, and the Democratic Faith of John Dewey," *Social Research*, Vol. 66, No. 2, SUMMER 1999, pp. 577-609.

[51] James Donald, "Dewey-eyed Optimism: The Possibility of Democratic Education," *New Left Review*, I/192, March-April 1992.

[52] John Deway, "Creative Democracy-The Task Still Before Us," *American Journal of Theology & Philosophy* 21, no. 3 (September), pp. 215-228

[53] R. D. Boisvert, *John Dewey: Rethinking Our Time, State Universite of New York Press*, 1998, p. 84.

[54] James Campbell, *Understanding John Dewey: Nature and Cooperative Intelligence*, Open Court, 1996, p. 261.

[55] Jay Martin, *The Education of John Dewey: A Biography*, Columbia University Press, 2002, p. 492.

[56] Seong Ho Lee. "John Dewey's View on School and Social Reform", *American Studies*, 2013, Vol.36 No.2, pp. 123-150.

[57] Ibid., p.83.

[58] Clarence J. Karier, *The Individual, Society, and Education: A History of American Educational Ideas*, University of

義。美國樂觀主義從開國以來不斷強化，主要表現為用於社會問題的唯科技論。壟斷資本化、工業化、商業化，伴隨著官僚化，結果產生大眾遭受邊緣化。在這些方面，杜威都起到了引領的作用。

胡適自認，主智型樂觀主義使他早年開始研讀西方哲學時興趣偏向杜威與赫胥黎（Thomas Huxley, 1825-1895）的哲學世界觀。1940 年代後期，有外國記者稱胡適為「不可救藥的樂觀者」（the incurable optimist）。在唐德剛《胡適口述自傳》中，就提到了他的這一稱號。杜威的新自由主義繼承了進步主義時代的樂觀精神，又參融了社會主義的平等觀念；這些對其門生胡適等人都有著深刻的影響。胡適剛旅美留學時悲觀厭世，後來研究樂觀派詩人勃朗寧，在美國樂觀向上的大環境感染下成了一個樂觀主義者。胡適於 1914 年第一篇論文得獎，題目就叫「布朗的樂觀主義辯（In Defense of Browning's Optimism）」。在〈我的信仰〉一文中，胡適說：「我到美國，滿懷悲觀。」但在交友後，「對於那個國家和人民都很喜愛。美國人出自天真的樂觀與朝氣給了我很好的印象。……我不能避免這種對於人生持有的喜氣的眼光的傳染，數年之間，就漸漸治療了我少年老成的態度。」他舉例說，一次看球賽時，他只是以「哲學」的態度看比賽的「粗暴」和他人的狂呼。「而這種狂叫歡呼在我看來，似乎是很不夠大學生的尊嚴的。」但看到比賽激烈之時，場上氣氛對胡適有所感染，特別是「偶然回頭看見白了頭髮的植物學教授勞理先生誠心誠意地在歡呼狂叫，我覺得如是地自慚，以致我不久也就熱心地陪著眾人歡呼。」這是環境氣氛濡染。文字上，由於目光擴大，胡適也同樣得到助益。一個詩人——英國詩人勃朗甯，就通過詩作，給了胡適精神及「實際」上的樂觀主義影響。從現存的日記看，胡適去美國留學不長時間，就讀到了勃朗寧。1911 年 4 月 17 日，胡適日記有一段：「今日已為吾國三月十九日，春暮矣，此間猶有雪，天寒至冰點以下。」接下他引了勃朗寧兩句詩：「啊，英格蘭已是四月／該回去了。」胡適感歎：「讀之令人思吾故國不已。」1914 年 1 月 29 日，胡適有一段以「樂觀主義」為題的記述：「前詩以樂觀主義作結，蓋近來之心理如是。」「前詩」是胡適十來天前因為美國大寒記寫的一首詩。結尾三句為：「明朝日出寒雲開，風雪於我何有哉！待看冬盡春歸來！」果然一派「樂觀主義」情緒。接下來，胡適說：「吾與友朋書，每以『樂觀』相勉，自信去國數年所得，惟此一大觀念足齒數也。」後來，胡適即興用「騷體」翻譯出他「最愛之」一節勃朗寧詩作：「吾生惟知猛進兮，未嘗卻故而狐疑。／見沉霾之蔽日兮，信雲開終有時。知行善或不見報兮，未聞惡而可為。／雖三北

其何傷兮,待一戰之雪恥。／吾寐以復醒兮,亦再蹶以再起。」留美7年,對胡適
思想影響最大的是杜威與實驗主義。在1915年日本逼迫中國接受《二十一條》條
約時,青年胡適在《日記》中抄錄了《二十一條》條約全文,稱讚說:「(一)吾國
此次對日交涉,可謂知己知彼,能柔亦能剛,此則歷來外交史上所未見。吾國外交
其將有開明之望乎?(二)此次日人以青島歸我……豈亦有所悔悟乎?」因此他說:
「余之樂觀主義終未盡銷。」(《胡適全集》第28卷第89頁)胡適竟然能從《二十
一條》中看到「希望」,感到「樂觀」。江勇振的《璞玉成璧,1891-1917》系統地
描述並闡釋胡適的留美生活及心路歷程,舉凡飲食起居,到他的思想履跡(從民族
主義者到以愛國為基礎的世界主義者,到絕對的不抵抗主義,再到國際仲裁主義;
從無病呻吟到樂觀主義;從宗教情懷到性別觀念;從上課修習、轉學哥大到博士學
位問題,到新文學革命),指出胡適「實驗主義其表,實證主義其實」。有學者評價,
胡適的自由主義哲學可以被稱為有限樂觀主義。該論大體持平公允。由此可見,在
自由觀念上,胡適和杜威之間存在相當程度上的疏離。[59] 對於民主在中國的實現,
杜威也持相當樂觀的態度。

　　余英時在《人文與理性的中國》一書中提及:奈文(Thomas R. Neven)將白
璧德(Irving Babbit)與杜威相比較,「同時代的『工具論者』與工程師的『樂觀主
義』,無確定根據,又誤入歧途,因為不論如何靈巧規劃或付諸實驗,始終沒有任
何社會能夠躲開人性脆弱的大問題。」[60] 美國民主制能夠在城市共同體中得以興旺
發展,必依賴社會進步。杜威以一種實驗樂觀主義的態度對待現代化、工業化、都
市化、商業化和科技化;並試圖把自然科學的成就和方法引進社會領域。杜威注意
到,從鄉村到都市化,表示對家庭為基本紐帶傳統文化的否定,而融入個人主義競
爭性的環境。因此,社會失序乃是不可避免,重要的是找到實現新時代進步的工具;
「我們將所控制的無數手段和所掌握的可靠技術,用於讚美過去,並使現狀合法
化、理想化,而不是嚴肅地思考我們應怎樣利用所掌握的手段來造就一個公平而穩
定的社會。[61]「我們文明的迅速工業化使我們措手不及。由於精神上和道德上毫無
準備,我們這些古老的信念已經開始向內生長;我們事實上偏離他們愈多,在口頭
上便愈是響亮地頌揚它們。」[62] 一切行為都是人性的因素同自然和社會的因素之間
的相互作用。這樣我們就將看到兩種方式進行的,並且將看到自由是在那種相互作

---

[59] 張書克,〈胡適任駐美大使期間的讀書生活〉,《粵海風》2017年02期

[60] 余英時,《人文與理性的中國》,聯經出版事業公司,2008年,505頁注。

[61] 杜威:《新舊個人主義──杜威文選》,上海社會科學出版社,1997年,第62頁。

[62] 杜威:《新舊個人主義──杜威文選》,上海社會科學出版社,1997年,第61頁。

用中被人們發現的，這種相互作用保持一種環境，而在其中，人類的欲望和選擇都有一定的地位。一個人的身上和身外事實上都存在著力量。「自由不是可以從外部授予人的恩物，……自由是從個人的參與中爭取而來的……。」[63]「如果沒有哥白尼、刻卜勒（開普勒）、伽利略以及他們在天文學、物理學和化學方面的後繼者所採用的那些方法，達爾文在有機科學方面就會處於孤立無援的境地。不過，在達爾文之前，這種新的科學方法對生命、心靈和政治的影響受到阻礙，因為在這些理智的或道德的興趣和無機界之間插入了植物和動物這個王國。這些新觀念不能進入生命這座花園的大門，而只有穿過這座花園，才能進入心靈和政治。」[64]

　　在傳播學中，按照羅傑斯的概括，杜威的作品「遠遠高出」美國「大部分傳播學學者……的視野，以致使其影響不能為之所認識，而且，他的許多思想的確只是當代傳播學的間接先行者。」[65]「經驗變成首先是做（doing）的事情。有機體決不徒然站著，……等著什麼事情發生。它並不墨守、馳懈、等候外界有什麼東西逼到它身上去。它按照自己的機體構造的繁簡向著環境動作。結果，環境所產生的變化又反應到這個有機體和它的活動上去。這個生物經歷和感受他自己的行動的結果。這個動作和感受（或經歷）的密切關係就形成我們所謂經驗。」[66]「有些人將『社會』同人際交往中的親密關係（如友誼中的）對立起來。他們會給『社會』一詞賦予怎樣的意義呢？我常常不得其解。可想而知，他們心目中裝的是一幅充滿僵化的制度或某種固定的、外在的組織的圖畫。但是，一種不同於人際聯繫與交往結構的制度，只是某一過去社會的化石而已。組織，正如任何有生命的有機體所表現的，是相互交換中的不同細胞的合作性一致。」[67]

　　在《哲學的改造》中，杜威寫道：「未來哲學的任務在於澄清人們的觀念與其自身所處時代中的社會與道德觀念的衝突。它的目標是讓人類作為一個有機體能夠人性地處理這些衝突。」「社會是一個字，而是無定的許多東西。它包括人們由合群而共同享受經驗和建立共同利益和目的的一切方式，如流氓群、強盜幫、徒黨、社團、職工組合、股份公司、村落、國際同盟等。而新方法的效力在於拿這些特殊的、可變的、相對的事實（與命題和目的相對，非形而上學的相對）的研究去替換

[63] 杜威：《人的問題》，上海人民出版社，1986年，第107頁。
[64] 塗紀亮[編譯]：《杜威文選》，社會科學文獻出版社，2006年，第53頁。
[65] E. M. 羅傑斯：《傳播學史》，上海譯文出版社，2004年，第203-204頁。
[66] 杜威：《哲學的改造》，商務印書館，1958年，第46頁。
[67] 杜威：《新舊個人主義——杜威文選》，上海社會科學出版社，1997年，第89頁。

一般概念的矜持擺弄。」[68]「我們所要明瞭的是個人的這個或那個集體,這個或那個具體的人,這個或那個特殊的制度和社會組織,而傳統所接受的論理卻以關於諸概念的意義和概念的相互間辯證的關係的討論代替這種研究的論理。而這些討論又是用『國家也者』、『個人也者』或普通所謂社會那樣的制度的選擇等字句演述出來的。」[69] 在《經驗與自然》的再版前言中,杜威寫道:「以一種總結的方式,『經驗』被用來指稱所有只屬人類的事物的綜合體⋯⋯『文化』則包括了所有處於交互關係中的物質與觀念,並且與『經驗』的流行用法相反,在這種交互關係中,『文化』還指稱了所有被喜歡貼標籤的人分門別類於『宗教』、『道德』、『美學』、『政治』、『經濟』等等條目之下的人類事物、興趣、考量與價值的無限多樣性。」杜威說:「最完善的邏輯應該回歸邏輯這個詞的原始意義,即對話。」有學者指出,對實驗主義進行攻訐的學者用的竟然是數理邏輯的方式。

在中國的兩年多期間,杜威寫下大量與中國話題相關的文章。據中國卷編者顧紅亮教授統計,《杜威全集》一共收錄論述中國的文章 53 篇左右,共幾十萬字,包括時論、論文、遊記、書評、對來信的答覆、解密報告等,主題都與當時中國的外交、內政、思想文化、教育等話題相關。

中文《杜威家書》譯本的出版,使讀者更理清了這位大哲這趟東方之行後大量的思考。訪日時,友人給杜威講述了一個事件,某學校,數名教師和學生在遇上火災的時候為了搶救掛在學校裡的天皇畫像而被活活燒死。在杜威看來,日本在國內推崇民族主義和愛國主義是為了掩蓋這個國家表面之下的分崩離析,因此對天皇的崇拜變成了一種宗教似的團結人民的方法,但這種方法是飲鴆止渴,「這種崇拜成了壓在他們背上擺脫不掉的東西」。他看到了日本表面看似進步背後的危機,或者說是一種動盪。民族主義在日本大行其道,日本軍國主義分子在到處推動反美運動。杜威跟他的女兒寫道,「批判美國是一種很簡單的方法,從而遏制自由主義的感情,進一步為一個強有力的軍部搖旗吶喊。」杜威描述在當時的日本,軍國分子以愛國主義為名,為侵略正名,日本國內的自由知識分子也很迷惑。「我仍舊相信日本自由主義運動的真誠性,但是他們缺乏一種道德勇氣。」杜威發現日本女性地位甚至還不如中國女性,決定到美國接受高等教育的日本女性不得不放棄婚姻,法律明文禁止女性參加任何討論政治的會議。杜威寫道,「因為婦女居於從屬地位。但是終有一日,這個被隱藏起來的缺點會瓦解日本。」反觀中國,留過洋的女性在

---

[68] 杜威:《哲學的改造》,商務印書館,1958 年,第 107-108 頁。
[69] 杜威:《哲學的改造》,商務印書館,1958 年,第 101 頁。

婚姻上有更多的更好的選擇。在北京的一個政治抗議會議上，12 人的委員會裡面有四位女性成員。然而，當時中國的自由知識分子同樣有著困惑，杜威在書信中寫道，「學生們最容易向我問到的問題是『我們所有關於永久和平和世界主義的希望都在巴黎破碎了，這已經說明，強權就是真理。強國總是為了自己的目的犧牲弱國。那麼，難道中國就不應該將軍國主義也納入我們的教育體系嗎？』」

杜威日記中的中國面臨著各種困難和危險，當時的那個世界也充滿了不確定性。日本彼時掌管著中國，對滿洲基本實現了完全控制。杜威告訴女兒，日本在中國的武裝部隊比日本本土的軍隊還多，達到了 23 個師團。在中國，「任何數量的小物件，只要是有用的，都是從日本進口的。日本存在於中國的任何一個城鎮，就像一張網，在悄悄逼近魚群」。杜威感歎，「如果任憑這樣發展，再過五年或十年，全世界將會看到一個完全在日本軍方控制之下的中國，除了兩種可能——日本會因為壓力而潰敗，或者整個亞洲都完全的布爾什維克化。」杜威的女兒在為其父親所寫的傳記中，曾言及杜威在中國五四運動時期，親眼看到了青年學生對政治改革之深遠的影響力，啟發了杜威對教育之社會功效，而給予一個新的估量。1919 年 5 月 23 日，杜威夫婦在寫於南京的家信裡說：「我相信任何人都不能預測今後的政治局勢；我們在此的三星期中，眼見學生們的活動已引起了一項全新且無法計數的動力因素。……中國人沒有一點組織能力，更沒有團結內聚的決心；而今學生團體來插手一些事務，於是一切都顯現出新的吵雜與新的氣象。」[70]

杜威抵達中國的第三天，便應邀為上海江蘇省教育會作了題為〈平民主義的教育〉的首場演講。接著，杜威夫婦在蔣夢麟等的陪同下到杭州演講。就在此時，「五四」學生運動爆發了。5 月 12 日，杜威接受了孫中山的拜訪。第二天，在給女兒的信中如此評述：前總統孫逸仙是位哲學家，這是昨晚我在與他共進晚餐時發現的。他寫了一本著作，書中說，中國人的軟弱是因為他們接受了以往一位哲學家的說法：「知易行難」。所以他們不願意行動，害怕在行動中犯錯誤而無所作為。而日本人的力量正在於，他們即便在無知時也去行動，通過自己的錯誤進行認知。這本書以此向人們證明，行動要比認知更為容易。杜威在〈東海兩岸〉和〈中國的夢魘〉二文中表達了自己的見解。儘管杜威也承認日本比中國發展得快，但心裡卻絕沒有孫中山話裡話外所流露出來的那種羨慕。在日本講學時，他就對日本軍國主義傾向表露出明顯的反感，以至日本天皇想授給杜威一枚勳章，他也毫不猶豫地拒絕了。在他看來，中國決不能走日本的路子，因為那樣無異於飲鴆止渴。杜威夫婦於 5 月

[70] 杜威夫婦：《中國書簡》，王運如譯，臺北：地平線出版社。

30 日來到了北京，因而有幸目睹了中國歷史的重要時刻，並為那種浩大的聲勢所震撼。1919 年 12 月，杜威在〈中國人的國家情感〉一文中指出，「五四」運動是「中國國家感情存在與力量的突出證明，如果還有什麼地方的人對中國人愛國主義的力量和普及程度抱懷疑態度，那麼這種證明就是深切而且令人信服的教訓」。一年之後，杜威還寫了〈中國的新文化〉一文，一方面大力宣揚「新文化運動為中國未來的希望打下了最為堅實的基礎」，另一方面則試圖讓中國人相信，只要改變傳統的思維方式，那麼政治、經濟、軍事、技術等的改革也將隨之水到渠成。[71]

　　在中國訪問期間和回到美國之後，杜威還撰寫了不少英文評論文章，例如〈中國之新文化〉（New Culture in China，《亞細亞》第 21 期，1921 年 7 月）、〈中國政治中的新催化劑〉（The New Leaven in Chinese Politics，《亞細亞》第 20 期，1920 年 4 月）、〈中國民族國家情感〉（Chinese National Sentiment，《亞細亞》第 19 期，1919 年 12 月）、〈中國思想的轉變〉（Transforming the Mind of China，《亞細亞》第 19 期，1919 年 11 月）、〈學生反抗的結局〉（The Sequel of the Student Revolt，《新共和國》第 21 期，1920 年 2 月 25 日）等。杜威有些評論文章的譯文，在中文的報刊上發表，例如〈杜威論中國現象〉（《晨報》1921 年 2 月 24 日）、〈廣東印象記〉（《晨報》1921 年 6 月 16、17、18 日）、〈杜威博士論中國工業〉（《民國日報》1921 年 1 月 18、19 日）等。胡適指出：引起杜威夫婦那麼大的興趣以致於他們改變了原訂要在夏季幾個月以後就回美國的計劃，並且決定在中國逗留整整一年的，就是這次學生運動以及它的成功與失敗的地方。」[72]「對於國外，他（指杜威──引者注）還替我們做了兩年的譯人與辯護士。他在《新共和國》（*The New Republic*）和《亞細亞》（*Asia*）兩個雜誌上發表的幾十篇文章，都是用最忠實的態度對於世界為我們作解釋的。」[73] 周策縱在《五四運動：現代中國的思想革命》一書中使用了杜威的書信和文章提供的不少史實，來描述「五四」運動期間的中國文化和政治變革情況。[74] 羅素的夫人布拉克（Dora Black）女士也有類似的感覺，她在致周策縱的信裡說：「我自己也確感覺到那個時代和當時中國青年的精神與氣氛。這種精神和氣氛似乎穿透了我的皮膚，我已從中國的那一年裡吸收到了我的生命哲學。」[75]

---

[71] 參見張寶貴編著：《杜威與中國》，河北人民出版社 2001 年版。

[72] 胡適：《杜威在中國》，袁剛等編：《民治主義與現代社會──杜威在華講演集》，北京大學出版社。

[73] 胡適：《杜威先生與中國》，《胡適全集》第 1 卷

[74] 參見周策縱：《五四運動：現代中國的思想革命》，周子平等譯，江蘇人民出版社。

[75] 轉引自朱學淵：〈周策縱先生的才具和苦難〉，《東方早報》2008 年 11 月 9 日「上海書評」。

有人抨擊杜威哲學對科學技術的盲目樂觀與癡迷以及對絕對民主的激進幻想。還有人攻擊他試圖摧毀所有的哲學。杜威使美國喪失了前途，並極大地削弱了美國在國內外的領導潛力。「在那裡（哥倫比亞大學）他作為一位哲學家、教育家、作家和公共事務的領導者達到了國內外聲望的頂峰。通過他的講學和著述，杜威的思想影響到了世界各地的哲學家和教育家。他所涉獵的超越了學術；他的不懈努力使世界各地的人們生活得到改進。通過他自己和他的學生的工作，其中在教育領域首推威廉·赫德·克伯屈，杜威影響了許多國家的教育思想和實踐。」胡克這樣來描述杜威：他身後沒有留下紀念碑，沒有留下王國，也沒有留下物質財富或基金。然而他的遺產卻是巨大的、不可估量的。因為他的存在，數百萬美國兒童的生活才更加豐富、更加幸福。而對每一個成年人來說，他則提供了一種經過深思熟慮的、合理的生活信仰。美國教育學家布里克曼（Willian W. Brickman）說：毫無疑問，無論是國內還是國外，杜威是所有時代中最著名的美國教育家，對他的崇拜者來說他是有史以來最偉大的教育家。

小結

　　早在 18 世紀中葉，拿破崙曾預言：「最好讓中國長睡不醒，一旦它醒來時，就會搖撼世界。」1897 年，美國海軍戰略專家兼歷史學家馬漢（Thayer Mahan）也曾預言：「東亞的興起勢必向西方強權挑戰」；「中華民族是一股強大的勢力，是未來西方文明最大的威脅。」1900 年，在《亞洲問題》（*The Problem of Asia: Its Effect Upon International Politics*）一書中，馬漢進一步預言「中國和印度的崛起」，「作為強大勢力的中國復興，將阻礙美國控制西方以及南太平洋的能力。」為此，他主張在太平洋地區結成聯盟用以抗衡中國的崛起。與此相關，1918 年，德國哲學家史賓格勒（Oswald Spengler）出版的《西方的沒落》（*The Decline of the West*）一書則從另一個角度加強了憂患意識，為對付所謂亞洲尤其是中國的崛起出謀劃策。我們重溫一下大歷史學家湯恩比（Arnold Joseph Toynbee，1889-1975）的預言：

　　　　東亞有很多歷史遺產，這些都可以使其成為全世界統一的地理和文化上的主軸。依我看，這些遺產有以下幾個方面：第一，中華民族的經驗。在過去二十一個世紀中，中國始終保持了邁向全世界的帝國，成為名副其實的地區性國家的榜樣。第二，在漫長的中國歷史長河中，中華民族逐步培育起來的世界精神。第三，儒教世界觀中存在的人道主義。第四，儒教和佛教所具有的

合理主義。第五，東亞人對宇宙的神秘性懷有一種敏感，認為人要想支配宇宙就要遭到挫敗。我認為這是道教帶來的最寶貴的直感。第六，這種直感是佛教，道教與中國哲學的所有流派（除去今天以滅絕的法家）共同具有的。人的目的不是狂妄地支配自己以外的自然，而是有一種必須與自然保持協調而生存的信念。第七，以往在軍事和非軍事兩方面，將科學應用於技術的近代競爭之中，西方人雖佔優勢，但東亞各國可以戰勝他們。日本人已經證明了這一點。第八，由日本人和越南人表現出來的敢於向西方挑戰的勇氣。這種勇氣今後還要保持下去，不過我希望在人類歷史的下一階段，能夠把它貢獻給解決人類問題這一建設性事業上來。……在現代世界上，我親身體驗到中國人對任何職業都能勝任，並能維持高水平的家庭生活。中國人無論在國家衰落的時候，還是實際上處於混亂的時候，都能堅持繼續發揚這種美德。將來統一世界的大概不是西歐國家，也不是西歐化的國家，而是中國。且正因為中國有擔任這樣的未來政治任務的徵兆，所以今天中國在世界上才有令人驚歎的威望。中國的統一政府在以前的兩千二百年間，除了極短的空白時期外，一直是在政治上把幾億民眾統一為一個整體。而且統一的中國，在政治上的宗主全被保護國所承認。文化的影響甚至滲透到遙遠的地區，真是所謂「中華王國」。實際上，中國從公元前二二一年以來，幾乎在所有時代，都成為影響半個世界的中心。最近五百年，全世界在政治以外各個領域都按西方的意圖統一起來了。恐怕可以說正是中國肩負著不止給半個世界而且給整個世界帶來政治統一與和平的命運。[76]

　　21 世紀，中國的崛起，尤其成為世界第二大經濟體，一掃鴉片戰爭以來貧弱落後的形象，同時自然也將自己推向了東西方物質與精神文明撞擊的風口浪尖。自 17-18 世紀以來，針對中國的兩個術語「崇華派」與「恐華派」，在當今的世界格局中，又以新的解讀將不同的國家和人們分為了兩種中國觀，或兩種對華陣營。[77]

　　大文豪茨威格說過：思想雖然沒有實體的，也要有個支點，一失去支點它就開始亂滾，一團糟地圍著自己轉；思想也忍受不了這種空虛。在對待東方文明，尤其是中國文明上，既出現過有堅固支點的真知灼見；但也產生過毫無支點而亂滾的謬

---

[76] 湯恩比：《展望二十一世紀　湯恩比與池田大作對話錄》，國際文化出版公司，1997 年版。

[77] 有學者將這兩個英文術語譯成「中國之友」和「中國之敵」。以本書著者看，將 Sinophobia 譯成中國之敵恐怕過重，若譯為「恐華派」或「恐華症」更為恰當，因為不喜歡中國文化的人，並不一定是敵人；相應而言，Sinophilia 則可譯為「崇華派」。

言胡說；另外還有一些是理性評判與情緒挖苦相雜，客觀分析與主觀臆測並立，條理清晰與自相矛盾共存，愛莫能助與幸災樂禍交織。雖有咒華辱華恐華仇華之嫌，但也不失為從反面敲起的警鐘。有時候，西方人的負面評價常常涉及的是全球的華人，而非僅僅是某一地區的華人，因其最終是從文化本源說起的，而非僅僅指政治制度與意識形態。英文原文中的「Chinese」並無明顯歧義，但一旦根據需要譯成中文的「中國人」或「華人」，這就似乎有了區別。

　　什麼是羅素的「悲觀主義」與中國革命主義的關係？羅素的哲學可被劃分為兩種類型：一是「理論哲學」；另一是「實際哲學」。前者顯得冷靜、理性而無任何個人情感；後者顯得溫暖，而具有宗教狂熱般的情感。羅素曾被形容為英國最後一個偉大的激進派。美國學者西爾維斯特（Casper Sylvest）曾以羅素的國際思想為中心展開闡釋。他指出，雖然羅素借鑒並發展了自由主義的國際主義，但激進的傳統對於理解他在國際政治思想中的獨特性和缺陷性是至關重要的。作者認為，羅素的和平主義以及他對世界政府的支持是一個激進計劃的延伸，故將對政治和自由現代性的懷疑與對現實主義的分析相結合。儘管他的想法最初所吸引的支持者很少，但事實證明，他的想法更有彈性，更適合於二戰後幾十年，以原子武器，特別是熱核武器的到來為標誌的複雜性。羅素的現實主義的悲觀主義在此背景下獲得了新的突出地位，因為它處理了人類戰後生存的焦慮和荒謬，但在這個過程中，其複雜性大部分從人們視野中消失了。儘管在政策層面上發生了一些劇烈的轉變，但羅素仍可被置於英國激進傳統中，並且強調了他思想的一些明顯現實主義的方面。[78] 羅素在《西方哲學史》中，他聲稱：「從科學的角度來看，樂觀和悲觀都是令人反感的：樂觀主義假設或試圖證明宇宙是為了討好我們而存在，而悲觀主義則是為使我們感到不快。」[79] 羅素還寫道：「作為宇宙哲學的樂觀主義和悲觀主義，顯示出同樣天真的人文主義；就自然哲學而言，偉大的世界既不好也不壞，並不關心讓我們快樂與否，所有這些哲學都從自我重要性出發，最好用一點天文學來加以糾正。」[80] 總體說來，羅素的主張的是一種積極抗爭的悲觀主義或一種悲觀主義為主，樂觀主義為輔的社會觀。

---

[78] Casper Sylvest. 2014. "Russell's Realist Radicalism," *The International History Review,* Volume 36, 2014-Issue 5: Traditions in British International Thought, pp. 876-893.

[79] Bertrand Russell, *History of Western Philosophy*, p.759.

[80] Bertrand Russell, "What I Believe," *Why I Am Not a Christian and Other Essays on Religion and Related Subjects*, Touchstone, 1967, pp. 48-87.

　　羅蒂在晚期有一個著名的論斷，即當英美分析哲學家和法國哲學家，比如傅柯與德勒茲，走到道路的盡頭，他們會發現杜威已經在等著他們了。霍夫斯塔特（Richard Hofstadter）把杜威的教育哲學看成是一種烏托邦，並且是在「不能實現」這種否定意義上定義這種烏托邦。杜威是一個展望未來的樂觀主義者，我們也應該在這種新的烏托邦意義上來看待杜威的教育哲學。具有諷刺意味的是，霍夫斯塔特對 20 世紀早期和 20 世紀中期教育傾向的衝擊的後半部分也表明了一種普通的反動自由主義。總的主題是，所有進步教育家——從杜威的最早期，最有希望和善意的工作，直到杜威最可悲的後代，都是烏托邦主義之一。他們都是不現實的。霍夫斯塔特對杜威比較友善，他只是斷言後者的思想存在「隱蔽的烏托邦主義」[81]。無論如何，對烏托邦主義的指控是知識分子精英階層的最終目標，特別是那些瞭解他們的歷史的自由派人士。它對改革者說：「你不明白」。「你不現實」。杜威的烏托邦主義是一種方法：他認為，舊的極性和二元論（小孩與社會，利益與紀律，職業訴求與文化，知識與行動）不是可以說是現實中必須抵制的品質，最小化，管理和限制；而是由於過去盛行構思世界的錯誤方式而導致的錯誤估計。杜威相信人們可以做得更好，而並非僅僅以各種有限的和不可避免的不滿意的方式解決這些極端性；而在更高的綜合中，可以完全克服它們。[82]

---

[81] Robert B. Westbrook, *John Dewey and American Democracy,* Cornell University Press, 1991, p.388.

[82] Ibid., pp. 387-388.

第六章 羅素的「主智主義」
與杜威的「反智主義」

主智主義（intellectualism）認為智力高於意志，故為宇宙和人類行為中的基本因素；它主張發展和練習智力應作為知識分子的實踐和精神生活；在哲學領域，「智力」有時與「理性主義」同義，即知識大多來自理性和推理。而反智主義（anti-intellectualism）則輕視、貶低，甚至敵視知識與理性，將人類文明與社會發展歸結為簡單的模仿與操作，局限於感性與情感，而無必要上升為理性和構成知識體系，並將藝術、文學、科學等當作不切實際，甚至可鄙的人類追求。

第一節 羅素的「主智主義」

1959 年，羅素在接受英國 BBC 訪談時，曾這樣談到：

> 我想說兩件事，一個是理智的，一個是道德的。我應該說的是：當你在研究任何事情或考慮任何哲學時，只問你自己什麼是事實，永遠不要讓自己被自己所更願意相信的，或者你認為如果被認為有慈善的社會效應。但只看一看，什麼是事實。這是我應該說的理智的話。我應該說的道德上的話⋯⋯我應該說，愛是明智的，仇恨是愚蠢的。在這個越來越緊密、緊密相連的世界裡，我們必須學會容忍對方，我們必須學會容忍一些人說我們不喜歡的話。我們只能以這種方式生活在一起，如果我們要生活在一起，而不是一起死去，我們必須學會一種仁慈和寬容，這對人類在這個星球上繼續生存至關重要。[1]

在〈智力垃圾概述〉（An Outline of Intellectual Rubbish）一文中，羅素這樣闡述道：

---

[1] 1959 BBC Interview with British Philosopher and Mathematician Bertrand Russell。

人類是理性的動物，至少我已經被告知了。經過漫長的一生，我一直在努力
尋找支持這種說法的證據，但到目前為止，雖然我在遍佈三大洲的許多國家
進行了搜尋，但我沒有幸遇到這種說法。相反，我看到世界不斷地陷入瘋狂。
我曾見過偉大的民族，以前是文明的領袖，被虛張聲勢的廢話傳道者誤入歧
途。我看到殘忍、迫害和迷信在飛速增長，直到我們幾乎達到這樣的地步，
即人們讚美理性，認為人是從過去的時代倖存下來的老頑固。所有這些都是
令人沮喪的，但憂鬱是一種無用的情感。為了逃避它，我被驅使去研究過去，
比我以前給予它的注意力更多，而且正如伊拉斯謨所發現的，愚蠢是永恆
的，而人類卻倖存下來。我們的時代的愚昧在過去的愚蠢的背景下更容易承
受。在接下來的日子裡，我將把我們一天的生活和過去的幾個世紀混合起
來。也許，這個結果有助於透視我們自己的時代，並不比我們祖先在沒有最
終災難的情況下度過的其他時代更糟糕。[2]

西方哲學史上，蘇格拉底（Socrates, 469-399 BC）是主智主義（intellectualism）
的體系首創者，強調知即德、無知以求知。承襲蘇格拉底的衣缽，柏拉圖、亞理士
多德、笛卡爾、斯賓諾莎、萊布尼茲、洛克、穆勒等等哲學家，皆以理性為人性的
根本，並以此發揮自我指導的作用，自覺地以追求生命境界的提升、體現知識、道
德與藝術真善美價值為目的。何兆武認為，西方主智主義者中，很多人都是自然科
學家。「在現代西方大陸哲學和分析哲學兩大派裡面，柏格森是數學家，彭加勒是
數學家，馬赫是物理學家，懷特海和羅素都是數學家，維特根斯坦是數學家，哥德
爾是數學家。」[3]「與中國相對比，西方思想大抵上更多是屬主智主義的。哲學一
詞在字源上本來就是愛智慧，故而明末西方耶穌會士東來時，即譯作『愛智學』。
甚至像蘇格拉底那樣有著濃厚倫理色彩的人，也還標舉這樣的口號「知識就是德
行」。中國思想的傳統，其主潮是主德的而非主智的，知識從來就是附屬於德行之
下，是為德行服務的，它本身並沒有獨立的價值。」[4]主智主義強調理智的主宰地
位，並且以追求真理、智慧以及精神價值為目的。重視道德的認識理論基礎，是西
方倫理學的重要特徵之一；此傳統遠自希臘三哲有關「善」與「正義」等諸德本質
的探討，蘇格拉底（Socrates）主張「德即知」的道德主智主義，強調德與知的關
聯，對後世倫理學影響甚大。張東蓀 1929 年的論文集《新哲學論叢》中初步構建

---

[2]　Bertrand Russell. "An Outline of Intellectual Rubbish," *The Basic Writings of Bertrand Russell*, Routledge, p. 27.

[3]　何兆武，《西方哲學精神》，清華大學出版社，2003 年，第 88 頁。

[4]　同上，第 139 頁。

了自己的哲學體系：「泛架構主義」和「層創進化」的宇宙觀、「主智的創造的」人生觀和「交互作用」的認識論。

羅素訪華期間，在盛讚中國文明的同時，檢討西方文明。張君勱企圖由此切入問題的實質，試圖回答物質與精神的關係。他認為，人類正是在解決精神與物質之間的衝突中，通過探索和努力，才形成了人類自身的文明。[5] 羅素訪華回國後不久，張君勱撰文指出：世界哲學潮流有二，曰德曰英，德偏於唯心主義或理性主義，英偏於唯實主義或經驗主義。杜里舒與羅素兩家哲學的異同，即德英兩國哲學的異同。兩者之間的差異在於：「一言全體而一言特子；一言秩序在我自覺中，一言關係之在外；一言心物兩界絕然二物，一言心物無絕對之異同，同為中立質料」。而它們之間的相同在於：「兩家皆注重論理的元素，一求之於直觀，一求之於關係中；兩家皆欲使哲學進於科學的，一則以無可疑之我知為出發處，一則以外之關係為根據；兩家皆為主智主義者，故於哲學中擯除準直問題，以求理智之純潔，而免於人事之以意高下」。[6] 張君勱認為：「科學與科學家咸認知識之成立，有賴於人心之運用者，如果其深遠。何以廢心論在於今日尚復風行一時乎。唯物論者不知有心，可以不論。英經驗主義者之休謨亦但雲有一團感覺，而不識有心。羅素氏中立一元論，繼休氏衣缽而更進一步。其他如美之行為主義者俄之反映論者，皆同出一轍者也。然我以為心而果可廢也，人類無思想無概念，而尚何科學可言？此我可以低徊流連於康德之認識論者，為此而已。」[7]

在〈對於羅素之不滿〉中，梁漱溟對羅素進行了批評，指出在當時的中國哲學界，羅素和柏格森的學說皆為顯學，以至於張申府有「不為羅素，則歸柏格森」之歎，羅素是「主智派之領袖」，而柏格森則是「反智派之白眉」。梁漱溟從《晨報》上摘錄了羅素在北京的演講中批評柏格森生命哲學的三段話，然後痛貶道：「右所錄羅素評柏氏學，其輕率無當，淺薄已極，雖甚愛者不能為辨。……吾儕所要求以昭宣理曲者既不見予，又絕不教人以理會異家之言，冀理曲之或得昭宣，羅素於是全失學者態度矣！」[8]

5　參見張家康：〈張君勱：政客還是書生？〉，2010 年 08 月 13 日，《人民政協報》。
6　張君勱：〈關於杜里舒與羅素兩家心理學之感想〉，《東方雜誌》，1923 年第 8 期。
7　張君勱：《中西印哲學文集》，臺灣：沉重書局，1981 年版，第 51 頁。
8　梁漱溟：《梁漱溟全集》（第 4 卷），山東人民出版社，1991，第 653-654 頁。

第二節　杜威的「反智主義」

很有意思的是，當年還是北大青年學子的朱謙之寫了一篇文章，從抵制考試制度，繼而發展到鼓吹「反智主義」。他聲討，知識是一種「贓物」，本身就是知識私有制度產生的「罪惡」，因此要廢止知識私有制的最好辦法就是「取消知識」，而「知識的所有者，無論為何形式，都不過盜賊罷了」。[9] 此文竟促使魯迅寫了一篇雜文叫〈智識即罪惡〉，加以諷喻。近年來，據胡尹強考證，這其實是一篇「沒有編進《吶喊》的魯迅小說」。[10] 全篇講了一個虛構的故事：「我」本來是一個給小酒館打雜，混一口安穩飯吃的人，不幸識得幾個字，受了新文化運動的影響，居然想到北京來求學，以增長點智識。突然聽「虛無哲學家」說智識是有罪的，還沒有來得及逃回去，半夜就被「活無常」與「死有分」帶到地獄裡去了。一看那個閻羅王，就是隔壁的大富豪朱朗翁。大富豪不由分說就把「我」推下地獄。地獄裡滿是拌著桐油的豆子，「我」一下去就打滾，還看到無數人在打滾，都是知識分子。其中一個還氣喘吁吁地對「我」說：「你在陽間的時候，怎麼不昏一點？」一昏就沒有罪惡了……。[11] 這故事自然是充滿暗示性的：所謂「反智主義」無非是「朱朗翁」這類統治者的愚民政策。——當然，魯迅可能考慮到作者還是個學生，就筆下留情，只編個小故事嘲弄一下就完了。[12] 1927 年，魯迅對「知識就彷彿是罪惡」、「要打倒知識階級」的提法進行深入的批評。[13]

梁漱溟指出：進化論派是從生物學出來的哲學，「雖然如此，柏格森之所成就的，卻又與唯識學頗相密合。假使無柏格森開其先，或者唯識學還不好講；印度化在晦塞的東方本無以自明，唯以有進化論後所產生、所影響之科學如生物學、心理學及其他，所演出、所影響之哲學如實驗主義、柏格森及其他，而後佛家對宇宙的說明洞然宣達，印度化才好講，唯識方法才好講。……若無唯識學圓成反智主義，則柏氏哲學且無以自明」。[14]

9　朱謙之：〈教育上的反智主義〉，文載 1921 年 5 月 19 日《京報》副刊《青年之友》。

10　胡尹強：〈《智識即罪惡》：沒有編進〈吶喊〉的魯迅小說〉，《魯迅研究月刊》1999 年 2 期。

11　魯迅，〈智識即罪惡〉，《魯迅全集》卷 1，頁 389-391。

12　錢理群，〈北京大學教授的不同選擇〉，《論北大》，廣西師範大學出版社，2008 年。

13　魯迅，〈關於知識階級〉，《魯迅全集》卷 8，頁 223。

14　梁漱溟：〈唯識述義〉，《梁漱溟全集》（第 1 卷），山東人民出版社，1989，第 279-280 頁。

　　什麼是反智主義？葛尼斯（Os Guinness）認為是貶低真理，而「輕視心智生活」；[15] 而霍夫斯達特（Richard Hofstadter）認為，反智主義是「厭惡和懷疑心智生活及其公認的代表人物；並不斷貶低心智生活的價值」[16]。

　　一些公眾人物，如海軍上將瑞克歐沃（Hyman Rickover）或一些歷史學家，如貝斯特（Arthur Bestor）和霍夫斯達特（Richard Hofstadter）抨擊了杜威的反智主義及其對知識的忽略。[17] 1963 年，美國學者霍夫斯塔特（Richard Hofstadter）推出了《美國生活中的反智主義》（Anti-intellectualism in American Life）一書，贏得 1964 年非小說類普利茲獎（Pulitzer Prize）。在這本書中，著者追蹤了改變美國社會智力作用的社會運動，特別探討了有關教育目的的問題，以及教育民主化是否改變了這一目的，並重新塑造了它的形式。他認為，反智主義和功利主義影響了知識的民主化。他認為這個主題具有歷史地嵌入在美國的國家結構，而反智主義和功利主義是美國文化遺產所產生的功能，故不一定是民主的。霍夫施塔特指出，新教育建立在兩大知識基礎上：一是對科學的誤用，二是杜威的教育哲學。霍夫斯塔特在書中的一部分工作是證明智力的自由在一定程度上取決於社會承諾的獨立性。其中一章題為「孩子的世界」，專門批評了杜威的「反智主義」，認為其集體主義進步教育的理論，除了社會群體外，為個人留下很少的發展空間。在他看來：對那些把智力疑作社會顛覆力量的人來說，當然不會把它看作是一種安全、溫和和有說服力的東西。從某種意義上說，多疑的托利黨人（Tories——英國保守黨人）和好戰的非利士人（philistines）是正確的：理智是危險的。對自由來說，沒有什麼不會重新考慮，分析，提出質疑。「讓我們承認保守派的情況。」

　　杜威曾經寫道。如果我們開始思考沒有人可以保證會有什麼結果，除了許多對象，目標和制度肯定會註定失敗。每個思想家都把一個看似穩定的世界的某些部分置於危險之中，沒有人可以完全預測會是什麼出現在它的位置。「此外，沒有辦法保證知識階層在使用其影響力時會謹慎和克制；可以給予任何社區的唯一保證是，如果它拒絕智力的自由使用而不是允許它們，那將會更糟糕。可以肯定的是，與文化衛道士的幻想相反，知識分子幾乎不會顛覆整個社會。然而智力總是在反對某事：一些壓迫，欺詐，幻覺，教條或興趣不斷受到知識階層的審查，成為暴露，憤

---

[15] Os Guinness, Fit Bodies, Fat Minds: *Why Evangelicals Don't Think and What to do About it,* Grand Rapids: Baker Books, 1994, p.9.

[16] Richard Hofstadter, *Anti-intellectualism in American Life*, New York: Alfred A. Knopf, 1970, p.7.

[17] Jay Martin, *The Education of John Dewey: A Biography*, Columbia University Press, 2003.

慨或嘲笑的對象。」[18] 美國學者奎騰（Anthony Quinton）認為，「總之，知識分子把知識看作絕對確定的，它是深思的，來自心靈的……。杜威的『反智主義』所尋求的是理性和可矯正的易錯信念……。」[19] 不過美國學者瓦列斯（James M. Wallace）指出，杜威為自由主義刊物而撰寫的分析文章揭示了他早期強有力地反對知識分子的墮落。在 20 世紀，以兒童為中心的進步教育運動包括一些表示反知識分子立場的學校和個人。霍夫斯塔特在其《美國生活中的反智主義》一書中，提出杜威應承擔一些「反知識教育的責任」。然而，霍夫施塔特的分析僅僅基於杜威的著作。如果他也考慮杜威的新聞寫作，就能更清楚地看到杜威不是反知識分子的。對 20 世紀「國家」和「新共和國」教育評論的考察表明，這兩個具有長期教育利益的主要期刊，提供了一個關於進步教育及其以兒童為中心的對話論壇。這表明杜威和其他人一再警告反對以兒童為中心的教育。[20]

　　根據臺灣學者史英的評析，在狄德羅之前，把知識和資訊保留給少數特權者，固然是對多數的剝削，在狄德羅之後，把知識和資訊強迫灌輸給大眾（例如義務教育），卻轉化為另一種形式的壓迫。於是，本意只在強調學習必須從生活和實用入手的杜威主義，很快的就演變成只要生活不要知識的「反智主義」。前一陣子，歐美的很多中小學，心智階級矛盾的現象，到現在把數學降為選修，把語文當成說話。杜威的「教育即生活」之主張，容易流於「反智主義」及「職業主義」。[21] 臺灣學者周學信指出，「反智主義真正反對的，並非是人的智能本身——智慧只要是用在務實的層面，就可接受。他們真正反對的，是人針對觀念進行反思。他們認為，這是欠缺立即功效、浪費時間的。這種理論，使我們的教會過分強調行動，過於務實和功利主義，因而難以進行更廣或更深刻的思考。」[22]

　　從以上的批判，可以看出反智主義與注重「實用主義」的美國現代文化密切相關，其緣由可能主要是來自於杜威的哲學。杜威批判了哈欽斯（Robert Maynard Hutchins 1899-1977）的教育主張，而後者隨即在 1937 年 2 月，在〈語法、修辭與杜威先生〉（Grammar, Rhetoric, and Mr. Dewey）一文中，對前者加以反駁。哈欽斯揭示了美國高等教育中盛行的職業主義（vocationalism）、專業主義（professionalism）、

---

[18] Richard Hofstadter, *Anti-intellectualism in American Life*, p. 15.

[19] Anthony Quinton, "Inquiry, Thought and Action: John Dewey's Theory of Knowledge," *John Dewey Reconsidered* edited by R.S. Peters, Routledge, 2010, p. 3.

[20] James M. Wallace, "The Anti-intellectualism of the Intellectuals: Perspectives from Liberal Journalism," ERIC, 1986.

[21] 史英，《看的方法》I，臺灣人本教育基金會，2003 年版，第 178 頁。

[22] 周學信，《舉目》第 49 期，2011 年 5 月。

反智主義（anti-intellectualism）等。

　　克萊格‧霍利（C. B Howley）等三位美國教育學家合著的《瘋狂：美國學校反智主義潮流的轉變》（*Out of Our Minds: Turning the Tide of Anti-intellectualism in American Schools*）一書，是一部闡釋美國反智主義的專著。此書初版於 1995 年，2017 年，即 22 年後修訂後再版。[23] 新書風格從早期的「抨擊」，轉向尋求解決思路；關注點從中小學的特殊稟賦教育，擴大到整個美國教育。書中說的「智」，有數量上的智商之智（intelligence），也有性質上的智性之智（intellect）。前者動物都有，只是程度稍低。後者為人類獨有，含人腦才能處理的複雜理解、批評、想像和欣賞。現有教育體系，留有教育工具化、情緒化的智力毒藥。情緒化是指多年來，美國中小學過度強調品格開發（包括領導力訓練），讓其先於思維開發，導致思維發展延誤時機。工具化劍指用人單位。企事業單位長期在倒逼學校逐步把教育內容，簡化為可立竿見影去用的知識和技能。資本、市場、全球化構成了「新自由主義」，悄悄蒙上了教育者的眼睛，偷走了教育的靈魂，造就了一批「以市場為導向的新文盲」。作者竭力反對「去教育化的學校教育」，認為學校教育搞不好是反智。作者認為，基礎事實中包含有大量高端思維的元素。如果訓練方法得當，我們在和基礎性事實摸爬滾打當中，可以訓練出高端思維來的。此書是讓我們看到怎麼樣去做不那麼「反智」的教育。這種教育勢必鼓勵思維的開放，鼓勵對心智的呵護。在思維的開放上，有反智傾向的人，思維是防禦、保守而封閉的，這種人會只會越來越蠢。一些受過良好學校教育的人，一旦自以為是，剛愎自用，就會落入這種境地。益智型的做法，是思維洞開，兼容並蓄，延緩判斷。倘若如此，日後看待問題的視角和思路就會開闊很多。此書對於教育的反思也比較哲學化。如同柏拉圖論「理念」一樣，作者說益智需要有「源泉」。這個源泉高於教育目標，更高於課程設置。後者不過都處在「源泉」的下游。這源泉是什麼呢？作者認為，教育應正本溯源，回到如下領域上：1.服務於工作和技藝的實用性；2.關係和家庭；3.社區；4.經濟、政治、審美和倫理的概念和現實。這些領域會培育出尋常生活的低文化、文字記錄的高文化、人倫關係的家文化、和社會領地的共文化。大家若一齊向教育本源進發，回溯的路上，會看到倡導生活即教育的杜威、晏陽初、陶行知，也會看到耶穌、孔子和柏拉圖。在反制反智主義的具體舉措上，作者提出的主張頗為驚人：這說得比美國民主黨中的伯尼‧桑德斯還要極端。[24]

---

[23] Howley, C. B., Howley, A., & Pendarvis, E. D. (2017). *Out of Our Minds: Turning the Tide of Anti-intellectualism in American Schools*, Second edition, revised edition, Waco, Texas: Prufrock Press Inc.

[24] 參見南橋，〈怎樣反制「反智主義」〉，《南方都市報》，2017 年 4 月 9 日。

　　「反智主義」可說是背離知識成就的價值取向。「反智主義」在學校中蔓延，「知識淺化」的危機已悄然呈現。杜威通過設置一種無路可走的生存情境來說明「實用的智慧」所引導的思想行為過程。

小結

　　反智主義在中國有著漫長的傳統。在 1976 年的文章〈反智論與中國政治傳統〉中，歷史學家余英時追溯與比較了中國主要的三種政治思想流派儒家、道家、法家與反智主義的關係。道家與法家的濃郁反智傳統自不必說，他們期待的穩固統治都建立在「蒙昧」之上，而以「主智論」著稱的儒家，也不得不尷尬地發現，他們的知識與道德空間，也只能寄望於王權的暫時垂恩，以「道統」為名，他們卻從未建立起真正的抗衡王權的力量。不過，因為能與皇帝一起分享治理天下的權力，作為古代知識分子的士大夫階層仍能贏得廣泛的尊重。中國政治思想和社會文化傳統中存在著「反智」傾向，如法家的重農重兵、道家的「絕聖棄智」等。[25]

　　美國社會存在著四大意識形態傳統體系，即平等主義、實用主義、民粹主義和反智主義，而這四者又是相聯和互動的，當然也直接或間接地影響了社會和學校對教育的關注點，如對數學的忽視等。平等主義就是強調大眾化，而遷就中等程度甚至低等程度的學生。2013 年，美國杜克大學公共政策教授費克多（Jacob Vigdor）深刻地揭示：對學生數學成績的關注並不是什麼新鮮事，關於國家青年數學訓練的爭論可追溯到一個世紀或更長時間。20 世紀初，美國高中生嚴重失調，嚴格的數學課程僅限於大學精英。到了 20 世紀中葉，「新數學」運動尋求，但沒有成功地為大眾帶來嚴謹性，隨後的平等主義導致了新的改革，承諾提高表現不佳的學生的技能。美國落後的數學表現反映了基本未能理解和調整課程以滿足學生不同教學需求。最近公佈的結果來自芝加哥的「雙倍劑量」代數政策，這種政策將學生歸類，並增加了低技能數學學生的教學時間，而強調差異化是促進所有學生取得更高成就的最佳方式。[26] 費克多的研究證明，美國數學教育失敗，是因為它為了平等犧牲了效率，或者說為了普羅大眾而犧牲了精英，從長遠來看普羅大眾也沒有得益。他說很多老師有一個誤解，認為那些數學天份高一些的學生總是會自己努力或者一直保持這個成績的，但這完全錯了。這些學生得不到鼓勵和支持，很多人就慢慢變得和

---

[25] 余英時‧中國思想傳統的現代詮釋[M]‧南京：江蘇人民出版社，1989.
[26] Jacob Vigdor, "Solving America's Math Problem," *EducatonNext*, Winter 2013 / Vol. 13, No. 1.

一般學生一樣，到頭來美國大學很多對數學有特別要求的學科常常缺乏生源。他認為近兩屆美國聯邦政府資助的「一個也不拉下」計劃也是犯了這個錯誤。平等主義就是反精英主義。與此相聯繫，美國也是一個有著實用主義和反智主義傳統的國家，這一點很多隻看到美國高端科技和發達的人文學術的人可能會吃驚。

實際上，和其他國家相比，美國文化最大的特點並不在於它的發達，而是多元化。所謂實用主義和反智主義，反映在教育上就是對很多在實際生活中很難找到應用價值的學科和知識報懷疑和消極甚至是否定的態度，主張教育應該多和生活相結合。美國文化雖然是從歐洲文化中繼承下來的，但它在科學和哲學上的抽象思維發展得很晚，在西方科學的祭師（即抽象思維）和工匠這兩種傳統中，美國代表的更多的是後者，它的重要人物都是工匠型的，如最早的富蘭克林和後來的福特，萊特兄弟等等。直到今天，美國獲諾貝爾科學獎的很多人都不是在美國受初等教育甚至大學本科教育的。受這種傳統的影響，高深一點的數學（不是算術）被看作是智力的奢侈，邏輯的遊戲，讓少數人去發展可以，但讓多數學生去花功夫是浪費時間，長大後在實際生活中毫無用處。但很多人不知道的是，就是這樣的教育革命，吸引了很多對西方教育制度不滿的歐美知識分子。他們對西方教育制度的批判的一個重要方面就是它的精英主義和脫離生活的傾向，認為培養出來的學生會動腦但不會動手。美國二十世紀最著名的哲學家也是教育家的杜威當時就代表了這種實用主義和反精英主義。他在二十年代末訪問蘇聯，專門考察蘇聯的中小學和職業技術教育，對那個教育革命讚不絕口。當時美國另一個著名教育家康治（George Counts, 1889-1974）和杜威對蘇聯教育革命問題有相似的經歷和看法。杜威和康治等人不但說，而且做，在美國開展了相關的教育實驗。前面提到的杜克大學費克多教授的文章中就說，以杜威為代表的實用主義教育思潮和實踐，在一定程度上也融合進了美國公共教育的觀念，不利於數學作為一門抽象學科的發展。[27]

---

[27] 參見丁道勇：〈兒童不是中心——對杜威教學思想的再認識〉，《全球教育展望》，2017 年 5 月 3 日。

第七章　羅素的「批蘇主義」
與杜威的「贊蘇主義」

　　所謂批蘇主義和挺蘇主義是本書著者為了行文和比較研究的方便而生造的術語，也可說是從英文蘇維埃主義（sovietism）和反蘇維埃主義（anti-sovietism）延伸而來的。蘇維埃主義是指前蘇聯政府通過蘇維埃的原則或實踐，尤指在前蘇聯實行的，代表蘇聯意識形態的任何特徵。反蘇維埃主義則是指對前蘇聯的社會、政治、經濟、教育等各種體制進行否定和批判。羅素與杜威在對待當時的蘇維埃主義曾一度持不同的看法。

第一節　羅素的「批蘇主義」

　　在第一大戰時，羅素覺得應該把和平的願望化成一種有理性的決心，以此來避免未來的大戰。然而，凡爾賽和約打破了他的幻想。他的許多朋友把希望寄託於前蘇俄，但當他 1920 年訪問前蘇俄時，卻發現並沒有什麼事物是值得他稱道和喜愛的。戰爭期間，俄國爆發了十月革命，當時的羅素對此還感到歡欣鼓舞，也為這點被加了某種罪名。1920 年，羅素到西班牙講學後，有機會隨一個工人代表團訪問了革命後的俄國。羅素說道：「第一次世界大戰使我產生了一種新的興趣。我非常關心戰爭以及如何阻止未來戰爭的問題，這方面的著作使我成了為廣大公眾所熟知的人物。在戰時，我覺得應該把和平的願望化成一種有理智的決心，一次避免未來的大戰。然而，凡爾賽和約打破了我的幻想。我的許多朋友把希望寄託於蘇聯，但我 1920 年訪問那裡時，並沒有什麼事物是值得稱道和喜愛的。」[1] 他在那裡見到了比自己年長兩歲的列寧，但對其很失望；這位領袖「資質智慧有限」，「堅持褊狹的馬克思主義正統」，「有某種殘暴人格」等等。

　　1920 年代，羅素的政治思想是一種自由主義、民主主義與社會主義的思想混合。1920 年 5 至 6 月間，作為英國工黨代表團的成員，羅素考察了當時的新生的

---

[1]　羅素：〈我的思想發展〉，丁子江譯，載《哲學譯叢》，1981 年第 5 期，原載 P. Schilpp (ed).*The Philosophy of Bertrand Russell*, Northwestern University Press, 1944，pp. 3-20.

蘇聯，並於莫斯科會見了列寧。羅素稱自己去俄國的之前，有共產黨人的信念；但一旦同貨真價實的共產黨人謀面後，卻對共產主義產生了懷疑。羅素對這個紅色的國度看法十分負面，在那裡度過的時間就像一場惡夢；恐懼隨著每一天的到來而日益加劇；一切有價值的東西都為了取媚於某種淺薄而狹隘的哲學而遭到毀滅。他認為，儘管眼下俄國高級領導人大多數是真誠的共產黨人，也許會為這個主義獻身，但那些投機者總有一天會為私利濫權。後來，羅素在〈布爾什維克的實踐和理論〉詳述了自己對俄國的觀感和分析。他對這個國家作了這樣的預見：社會形成新貴勢力，以致建立一個無所不包，滲透一切，而比壟斷資產階級政權更不合理的政權。此時的羅素，沒想到華夏那條開始驚醒的睡龍，竟向他張開了熱情的歡迎。

　　1920 年 10 月 26-27 日，在長沙所作的演講〈布爾塞維克主義與世界政治〉中，羅素指出，布爾什維克主義的興起是歐洲最重要的事件；布爾什維克主義實具有一種宗教的性質，它於人類的新生活很有意味，並將於未來產生很大影響。布爾什維克主義的實行，可以剷除貧富不均，而使世界貧富兩階級的人趨於平等。此主義行，可以期望世人變為共產主義的信奉者，可以免除戰爭，可望廢除重商主義，人人作工而不再有勞逸不均。此主義行，沒落的資本主義就斷絕了復興之望。資本主義的橫行，是由於受其壓迫的民眾未覺醒。歐戰以後布爾什維克主義的興起，喚醒了民眾的覺悟，資本主義便遲早會滅亡了。但羅素同時也批判道，資本主義雖因其嚴重缺陷而無復維持之望，但布爾什維克主義代之而興，能否彌補其缺陷，尚為一個問題。布爾什維克主義並不等於共產主義，這種主義的根本缺陷是太專制。西歐主張德謨克拉西，東歐主張布爾什維克，一個主張自由，一個主張專制，兩者根本對立。按布黨的計劃，消滅全國的言論自由、出版自由和思想自由，而用軍隊的訓練，兒童的教育，報紙的鼓吹，幾十年後可以實現其主義。俄國的政治，雖以平民專制相標榜，實則為政客專制。雖然布黨自謂專制為現時不得已的過渡階段，待以後目的達到了仍將回復自由；但專制恐一發而不可收，回復自由之說只能淪為空談。羅素還認為布爾什維克主義雖然由於其工業落後和政治專制而已經失敗，但他仍期待未來共產主義的勝利。原來共產主義易行於工業國而難行於農業國，而農業尚在幼稚時代的俄國，欲一味專制而行共產主義，是不可能成功的。羅素這樣總結說，在中國工業幼稚的時代，人民的痛苦和希望必大，最好實行「科學的共產主義」，以避免走彎路而可達到改造社會和經濟的目的；而俄國的失敗就在於沒有實行科學的共產主義。《晨報》在刊載這篇演講稿的按語中稱：「先生以英國自由主義的眼光，批

評俄國布爾失委克,而歸結於共產主義之必應促使實現,見解頗與時流異趣。」[2]
1920 年 12 月 6 日,在北京女子高等師範學校的演講中,羅素指出,布爾什維克主
義最重要的觀念就是「公理」,它主張男女關係、國際關係、經濟關係、社會關係,
一切都應以公平的公道為原則。而歷史的和現代的制度,都是少數貴族和資本家統
治的不平等制度。只有共產主義才能消滅舊社會遺傳下來的種種不平等制度,而實
現人類的平等理想。雖俄國的實踐未見成功,世界上各文明國還是應進行社會主義
的實驗。[3]

在中國新知識界,羅素的社會主義思想引起了多重的思想反響。在某些層面,
羅素的社會主義方案迎合了中國馬克思主義者的需要。陳獨秀提到:「由資本主義
漸漸發展國民的經濟及改良勞動者的境遇以達到社會主義,這種方法在英、法、德、
美文化已經開發政治經濟獨立的國家或者可以這樣辦,像中國這樣知識幼稚沒有組
織的民族,外面政治的及經濟的侵略又一天緊迫似一天,若不取急進的 Revolution
(革命),時間上是否容我們漸進的 Evolution 呢?」[4] 激進的馬克思主義者尤其對
羅素《中國到自由之路》中倡導的蘇俄道路熱烈歡迎,社會民主主義者則更傾心於
其基爾特社會主義思想。羅素的主張成為社會主義論戰的焦點問題。1920 年 11 月
6 日,上海《時事新報》上發表張東蓀〈由內地旅行而得之又一教訓〉一文,聲稱
羅素關於「中國除開發實業以外無以自立」的主張,是「非常中肯又非常沉痛」的,
中國當前的問題是要使中國人都過上人的生活,「而不是歐美現成的社會主義」等。
上海共產主義小組成員陳望道、李達、邵力子、陳獨秀等曾先後撰文加以駁斥。12
月 1 日,陳獨秀以〈關於社會主義的討論〉為題,將論戰雙方的文章刊登在《新青
年》雜誌上。張東蓀隨即發表長文〈現在與將來〉,系統地論證了自己的反社會主
義思想,他強調,社會主義必然代資本主義而興,但目前的社會主義都不免缺點,
其中相比較,最晚出的基爾特社會主義最為圓滿。[5] 1921 年 2 月,在〈覆張東蓀書
論社會主義運動〉的長文中,梁啟超擁戴張東蓀的反社會主義思想,並加以補充或
發揮。梁啟超主張,產業幼稚的中國欲振興實業而避免資本主義之害,唯有採行協
社主義,此法最中正無弊,而且隨時可行。[6] 張梁二人的主張,遭到中國共產主義

---

[2]　羅素:〈布爾塞維克與世界政治〉,《晨報》1920 年 11 月 2 日、3 日、9 日、10 日、11 日、17 日。

[3]　羅素:〈布爾塞維克的思想〉,《晨報》1920 年 12 月 6 日、7 日。

[4]　陳獨秀:〈覆東蓀先生底信〉,《中國現代思想史資料簡編》,第 1 卷第 77 頁。

[5]　張東蓀:〈一個申說〉,《中國現代思想史資料簡編》,第 1 卷第 632 頁。

[6]　梁啟超:〈覆張東蓀書論社會主義運動〉,《中國現代思想史資料簡編》,浙江人民出版社,1981 年,第 1 卷
　　第 244 頁。

者的批判，其代表作如陳獨秀的〈社會主義批評〉，李達的〈社會革命底商榷〉、〈討論社會主義並質梁任公〉，李大釗的〈社會主義下之實業〉、〈中國的社會主義與世界的資本主義〉，毛澤東與蔡和森的通信，蔡和森的〈馬克思學說與中國無產階級〉，施存統的〈馬克思底共產主義〉等。李大釗認為，行會社會主義即使在英國也缺乏實踐價值。在階級鬥爭的現代社會，難以通過和平手段而實行勞動者管理產業，此即行會社會主義在英國難以實行的原因。[7]

　　1921 年 7 月 6 日，在北京教育部會場作了「中國到自由之路」的告別演講，羅素對中國問題作了一個總結，談道，中國在政治方面不妨效法蘇俄，在經濟上要實行「國家主義」。對於中國文明應向何處去，羅素提出：一，中國統括地採用歐洲的文明，是非他所願望的，因為「歐洲文明的惡弊已為所有細心的觀察家洞見於此番大戰與其結果中了」；「這種機械的文明，頗難望其有絲毫價值，所以中國人要不去專事摹擬西方的方法，始可為自己的國家或世界圖謀幸福。」二，「中國自昔相沿的文明設基於儒教之上，而又調劑以釋教，已經到了自然剝落的程度，不能鼓勵個人的成就，或解決中國現所隱伏的內外政治的問題了。」「根本的永久的解決方法，自然惟教育是賴。」但是這種教育「必不可像從前的時代一樣，只有僥倖的少數人有讀書的特惠，也不應以僅僅讀些古書，評些古書就算教育，教育必須是普遍的，是科學的，科學又不僅取理論的，必須與近代實業經濟有密切的關聯的。」[8] 他提到了關於中國走俄國之路的主張，受到馬克思主義知識分子的歡迎，正在組建共產黨的陳獨秀，一再引用並讚譽羅素的觀點，稱其中國走俄國之路的主張為「中國政黨改造的一個大大的暗示」。[9] 羅素離華後，對之失望的張東蓀撰文批評他的告別演說與其以前言論多有自相矛盾之處，因而其中國改造的主張不足為訓。[10] 有意思是是，羅素對中國人爭論社會主義也頗有微詞，在 1920 年 10 月 14 日致柯莉信中，他嘲諷地語調說道：中國的社會主義者「兩手抱胸，高談闊論社會主義，而日本人、俄國人、英國人、美國人則都忙於掠奪中國的富源」。相對而言，羅素比杜威更有聲望。對中國知識分子來說，羅素是一個傳奇人物、一個聖賢以及一個創造性的哲學天才，充滿魅力的社會理想、偉大的慈善、高尚的個性以及豐富多采的人生經歷。在中國的演講中，杜威將羅素高度讚譽為「我們時代三位最重要的哲學家之一」。在羅素訪華前，他的超過 10 部重要著述被翻譯或得到評述，他的

---

[7]　李大釗：〈社會主義與社會運動〉，《李大釗文集》（下），人民出版社，1984 年，第 435 頁。

[8]　羅素：「中國的到自由之路」沈益洪編，《羅素談中國》，浙江文藝出版社，2001 年。

[9]　陳獨秀：〈政治改造與政黨改造〉，《獨秀文存》，安徽人民出版社，1988 年，第 622 頁。

[10]　張東蓀：〈後言〉，《時事新報》1921 年 7 月 31 日。

生平也被介紹給了中國知識分子。中國激進自由主義者和左派分子都歡迎羅素，重要原因是他贊同社會主義，並曾到蘇聯參訪。實際上，羅素的著述在年輕人和識分子中比杜威更得到廣泛的傳播。然而，這種情況並未持久多長，當他對蘇聯的批判文章被翻譯後，激進左翼人士對此非常失望。

1948 年 11 月 20 日，在對威斯敏斯特學校學生的一篇演說中，羅素驚人地指出，美國應該先發制人，發動預防性戰爭，用核武器徹底摧毀蘇聯，因為這樣的後果要比蘇聯研製出核武器後爆發核戰爭好得多。但是之後羅素改變了看法，認為核武器裁軍是最好的解決辦法，並從此致力於核裁軍運動。

數學家和哲學家羅素曾神奇地斷言，所有的極權統治最長不會超過 70 年。我們無法知道羅素是如何「計算」出來，但令人驚訝的是羅素定律竟然如此精確。不光卡紮菲、薩達姆等，還有其他的重要的風雲人物死於 69 歲，其實蘇聯也亡於 69 歲。他們都沒看到 70 年產權房到期的那天。從 1922 至 1991，69 歲的蘇聯「老大哥」終於退出了歷史的舞臺。他對一般的共產主義尤其是蘇式共產主義的持續譴責很適合於冷戰時期，因此羅素享受了一段不尋常的聲譽。（雖然他同時也批評美國人的核彈和審查制度）。1949 他被選為英國科學院榮譽院士，1950 年英王喬治六世向他頒發「功績勳章」，這是英國的最高榮譽。

史達林逝世後，羅素對蘇聯政府的態度趨於緩和，而核戰爭的威脅開始支配他的思想。他晚年最為關心的，就是在這個擁有核武器的世界中人類的前途。在 1950 年代，他廣泛撰寫有關戰爭危險的文字，並越來越感到需要行動。他於 1955 年爭取到愛因斯坦的支持（愛因斯坦在同意信寄達前不久逝世），發表了著名的《羅素——愛因斯坦宣言》（或稱《愛因斯坦——羅素宣言》）。他還向各國著名科學家徵集簽名，召開了一次世界性會議，商討採取什麼實際步驟來應對由原子武器出現面臨的危機。由於簽名的著名科學家很多是諾貝爾獎獲得者，該宣言造成了很大影響。其後，該會議逐步演變為著名的《維也納宣言》。

羅素在《幸福之路》一書第 101 章中提到：「我認為，必須承認以下事實：在西方國家，許多知識階層中的年輕人，由於發現沒有合適的職業適合自己的才能，從而越來越感到不幸，然而，這種情況並不見於東方國家。現在，世界其它地方的年輕人大概都不如蘇聯的知識青年們那麼幸福，蘇聯的年輕人要去建立一個嶄新的世界，因而相應地具有一種熱誠的信仰，老年人有的被處死了，有的被餓死了，有的被放逐了，有的被清除了，這樣，他們便不能強迫年輕人在要麼行兇為惡，要麼無所事事之間作出唯一的選擇，就像在所有的西方國家裡一樣。對有教養的西方人來說，蘇聯青年的信仰也許是無情的，可是對於信仰，他們除此之外還能提出什麼

異議呢？這些青年人確實在建立一個嶄新的世界，一個符合人們意願的世界，這世界一旦建成，它幾乎毫無疑問將使普通的蘇聯人比起革命前來要幸福得多。這一世界，也許並不適合於有文化的西方知識分子居住，但他們也並不非得去那裡生活才行。因而，無論從哪一個實際的角度來判斷，蘇聯青年的信仰是持之有據的，除了基於理論的種種批評之外，對這一信仰進行的譴責──說它是非人道主義的──實在是毫無道理。」

訪蘇前的 2 月，在倫敦演講時他曾宣稱：「我是因為戰爭結果從自由主義改變到社會主義的一人。」當他口說社會主義的時候，他說的是他所信奉的基爾特社會主義，主張改良而不是革命；這與從革命風暴中誕生、以革命理想立國的蘇維埃社會主義，自然相去甚遠。因而他斷言，蘇俄沒有實現真正的「社會主義」。訪蘇收穫的只是失望與痛苦，也就成為無法改變的現實。1920 年 5 月 11 日，羅素踏上了新誕生的蘇維埃土地，見到了幾乎所有領導人物，包括列寧、托洛斯基和高爾基等。蘇聯之行改變了他對布爾什維克的看法，他不喜歡壓制個性的體制，回英後推出了《布爾什維克的實踐與理論》一書，對蘇聯加以分析與批評。結果招致左右兩派的不滿甚至攻擊。有趣的是，羅素的情人多拉・布萊克竟是蘇聯的熱心支持者。有學者評述道：「羅素從蘇俄首都到村野、從最高領袖到最底層的民眾、從布爾什維克主義的理論到它的實踐、從華美的諾言到現實的生活進行了一番細心的觀察。」[11] 但一路走來的他，看到的卻並非是他所想像、所嚮往的社會主義。他感慨人民的生活依舊貧窮；他也不喜歡個性受到限制的體制；一路負責護衛他的俄羅斯士兵，一個農民的兒子，沒事時總愛哼唱帶著憂傷情調的歌曲，使他隱隱感覺到空氣中彌漫著的壓抑感。於是感到疑惑、失望，被深深的幻滅感所折磨著，痛苦著。

羅素在其《布爾什維克的實踐與理論》一書的開篇聲稱：「我不能認同布爾什維克任何高於埃及隱士的理想；我認為其是悲劇的臆想，註定會給世界帶來幾個世紀的黑暗與暴力。……布爾什維克主義革命理想，在俄國之外比在蘇維埃共和國之內造成更大的作用。遭受莫斯科獨裁統治的人們，其希望已被嚴酷的現實扼殺了。然而，即使在俄國，共產黨集中了所有政治權力，人們仍然存在著生活的希望，儘管當前壓力，使理想變得嚴酷和遙遠。正是這種理想導致了對新生代的關注。俄國共產黨人經常坦承那些成人的希望不大；而只有那些長在新政權下，被共產主義集體精神薰陶的兒童才有可能獲得幸福。只有經歷一代人付出之後，才有可能創造一

---

[11] 轉移自徐茂昌著，《海上洋人：百年時光裡的碎影》，上海書店出版社，2017 年 3 月。

個實現他們夢想的俄羅斯。」[12] 第二篇布爾什維克的理論中，專門有第二節揭示了蘇俄共產主義失敗的原因。羅素指出，文明世界似乎可以肯定，遲早要以俄羅斯為榜樣，嘗試建立一個共產主義社會組織。這一努力對今後幾個世紀人類的進步和幸福是必不可少的，但這一轉變具有可怕的危險。如果西方國家的共產黨人採用布爾什維克的方法理論，結果將是一場長期的混亂，既不會導致共產主義，也不會導致任何其他文明制度，而是重新回到黑暗的野蠻時代。羅素宣稱，必須承認和分析蘇俄的失敗。為此，他嘗試先概括蘇俄實驗失敗的事實，然後找出失敗的原因。

在羅素看來，蘇俄最根本的失敗是食物問題。這個國家以前生產大量出口剩餘的穀物和其他農產品，其中非農業人口僅為 15%。總的來說，為城鎮提供足夠的糧食是不難的。然而政府在這方面卻極為失敗。口糧不足，無法供應保持健康和活力的食物，而造成非法市場上的投機價格。有理由認為，運輸雖然是原因之一，但並非是造成短缺的主要原因。主要原因是具有敵意的農民，這是由於工業的崩潰以及強制要求的政策。工業的崩潰是造成糧食困難的主要原因，反過來又加劇了這些問題。由於該國食物豐富，產業工人和城市工人一直在試圖放棄農業而改行。但這是違法的，會受到嚴厲的懲罰，監禁或苦役。然而，此種狀況始終繼續，在像俄羅斯這樣廣大的國家，不可能徹底阻止。除了戰爭彈藥外，俄羅斯工業的崩潰是非常徹底的。正如共產黨第九次代表大會的決議（1920 年 4 月）所說的「公共經濟遭遇令人難以置信的災難。」布爾什維克之所以不受歡迎，這主要是由於行業的崩潰。從而也造成了階級的重新分化。羅素談到，自己同一個在莫斯科顯然饑腸轆轆的工作人員交談，此人指著克里姆林宮說：「在那裡他們有足夠的食物吃。」羅素認為，他表達了一種普遍的情緒，而這對共產主義試圖製造的理想主義訴求是致命的。

羅素接著闡述道，由於不得人心，布爾什維克不得不依靠軍隊和特別委員會，並被迫減少國家系統。除非擁有不尋常的權力和資源，真正的無產階級會產生冷漠和失望。蘇俄式的軍國主義必然產生一種殘酷、專制的後果，即平民的反抗很容易被鎮壓。這個政權處於大眾起義的恐懼之中，並不得不採取殘酷鎮壓的手段來維持自身的統治。他們代表的是一種外星生命的哲學，但它能強迫人們改變本能、習慣和傳統，造成受害者的精神萎靡和絕望。蘇俄需要嚴厲的紀律，這對它比什麼都重要；但這種共產主義不具備親和力。布爾什維克主義可能會自我辯護說，一個落後的國家要迅速工業化必須有一個令人生畏的紀律；但作為一種實驗，共產主義失敗了。然而，布爾什維克的衛道士可以辯護說，他們的失敗是因為俄羅斯目前的狀態

---

[12]　Bertrand Russell, *The Practice and Theory of Bolshevism*, George Allen & Unwin, 1921, p. 16, 19.

不好；無論發生什麼失敗，都可歸咎於外部的敵意。從某種意義上說，判斷任何歷史運動總是太早，因為其影響和發展可能會持續下去。毫無疑問，布爾什維克主義造成了巨大的社會變革。但羅素覺得不可能相信蘇俄以後的發展會更充分地實現共產主義理想。倘若貿易對外部世界開放，私營企業的恢復幾乎是不可阻擋的趨勢。對於協約國的敵意，布爾什維克主義可能已經發展非同尋常。由於促進世界革命的願望，布爾什維克必定不會想到資本主義政府是友好的。羅素認為已經看到布爾什維克衰竭的症狀。蘇俄最糟糕的事情都可追溯到工業崩潰。他問道：如果一個共產主義革命發生在西方國家，它會崩潰嗎？

羅素指出，俄國的工業從來沒有得到高度發展，而且依賴於外國對其許多工廠的援助。對世界的敵意，使蘇俄無力取代戰爭中磨損的機械和機車。自衛的需要迫使布爾什維克派遣最好的工人奔赴前線，因為他們是最可靠的共產黨人。由於俄羅斯工人的無能，布爾什維克不得不面對其它國家所沒有的特殊困難。另一方面，由於俄羅斯在糧食問題上自給自足，因而某種特殊優勢；沒有一個國家能夠忍受如此漫長的工業崩潰，除美國之外，沒有任何其他大國能夠在多年的封鎖中倖存下來。對十月革命者來說，世界的敵意毫不足怪，這與他們的一般理論相一致，即革命理應考慮後果。外界的敵對行為，特別是農民的敵意，已招致布爾什維克格外警覺。他們試圖按照通常對和解方法的蔑視，採用恐怖政策。一些溫和的社會主義者認為，當私人資本家被消滅後，人們就會從義務感到社會責任感。布爾什維克在第九屆共產主義大會的決議中說：每一個社會系統，無論是基於奴隸制，封建制，還是資本主義制度，都有其方法和手段為剝削者的利益，而對勞工加以強制教育。蘇聯的體制用自己的方法強迫工人達到勞動強度和增加任務；這種方法基於公共經濟為整個國家利益的社會化。在宣傳中，批判寄生蟲，激勵公眾的熱情來提高產量。在資本主義社會中，競爭的性質導致了人對人的剝削。在一個生產資料國有化的社會裡，勞動競爭是為了增加勞動產品而不損害其團結。工廠、地區、行會、車間和個體工人之間的競爭應成為工會和經濟機構的有效組織和密切研究的主題。引入保險制度應成為刺激競爭的最有力手段之一。糧食供應配給制度是要與之相適應的，只要蘇聯的糧食供應不足，結果是勤勞的工人比懶惰的工人得到更多。必須記住，即使是「勤勉盡責的工作者」，也僅能得到比維持效率所需的更少的食物。

羅素尖銳地批判道：十月革命後，蘇俄與布爾什維克主義的整體發展潛藏著一種悲劇性的宿命。儘管有了外在的成功，內心的失敗卻是不可避免的。布爾什維克被迫挑起了農民的敵意以及城市和工業人口的極度冷漠。這些敵對行動帶來了物質性災難，繼而帶來精神崩潰。這一系列罪惡的最終根源在於布爾什維克的人生觀：

在強調仇恨的教條主義中，相信人的本性可以通過武力徹底改變。儘管傷害資本家並非共產主義的終極目標，但在仇恨主導的人中，這卻是他們活動的一部分。面對世界的敵意可能表現出某種英雄主義，然而是國家而不是統治者必須為此付出代價。在布爾什維克主義的原則中，毀滅遠古惡魔比建立新商品有更強烈的欲望；正是因為這一原因，進行破壞的成功大於建設。毀滅的欲望來自仇恨，而仇恨不是建設性的原則。從布爾什維克心態的這一本質特徵開始，他們有意願將俄羅斯置於目前的殉難狀態。然而只有在一種完全不同的心態下，才能創造一個更幸福的世界。「由此得出進一步結論。布爾什維克觀是沙皇帝國的殘酷與大戰的兇殘結果，操作在一個衰敗和飢餓，充滿普遍仇恨的國家。如果不同的心態為成功建立共產主義而所需，那麼一個完全不同的局面將會出現；說服人們為希望而非為絕望而奮鬥。這應當是每一個渴望人類幸福的共產黨人的目標，而不是對資本家及其政府附庸者的懲罰。」[13] 而到 1942 年，隨著德日法西斯侵略進一步擴大，出於再次維護傳統西方文明的需要，由於敵視德日法西斯主義國家和蘇聯社會主義國家，因此羅素主張成立一個英美為首的排除德日法西斯和蘇聯在內的掌握世界絕對軍事實力的世界政府。1942 年 1 月 12 日，羅素致橋樑專家伊利·卡伯特森信函稱：他把建立世界政府看作「目前世界面臨的最重要的問題」。首先，他支持世界政府擁有絕對軍事實力；其次，他反對世界軍隊永久固定數量或僅存在 50 年時間的說法，轉而提出應以 25 年為限。最後，他主張應以英美合作為中心建立世界政府，而中國和法國也允許加入。當然，對於意大利，羅素也不反對加入。總體而論，此一階段，羅素的世界政府藍圖有了較具體的宏觀框架，但也可以看出，其可操作性依然不強。

一些有人向他建議，對蘇維埃革命的任何批評會被守舊的的反對派利用。當年，羅素還是推出了《布爾什維克的理論和實踐》。這使其處境更加孤立，並招致更多的批評。同年訪問中國的羅素，對嚮往革命的中國知識分子的勸戒是：可走社會主義之路，但切勿模仿布爾什維克。這使當時的探索革命風向的中國知識分子感到困惑和迷茫。

羅素在《權力，一個新社會分析》（1938）中指出，人的侵略本能和佔有本能在政治經濟領域膨脹為「權力之戀」，而權力，往往同時意味著財富的佔有。他寫道：馬克思主義的經濟學的錯誤不僅僅是理論上的，而且更大的更重要的錯誤是在實踐上的。權力之戀是在社會事務中重要活動的根源，只要認識到這一點，歷史就可以得到正確的解釋。最成功的民主政治家是那些成功地取消了民主而成為獨裁者

---

[13] Bertrand Russell, *The Practice and Theory of Bolshevism*, George Allen & Unwin, 1921, p. 177.

的人。列寧、墨索里尼和希特勒都是借助民主而崛起的。應當作為腳註補充的是，列寧在十月革命後借助民主的前提是：如果民選的立憲會議有利於布爾什維克，就利用這一機構為布爾什維克罩上一層民主的外衣，如果它不聽話，就乾脆靠暴力驅散它。後來的結果是眾所周知的，布爾什維克靠暴力宣佈俄國歷史上第一次民主選舉產生的立憲會議為「人民的敵人」，從而以蘇維埃代表大會取而代之，故列寧成了「最成功的民主政治家」。羅素接著闡述：史達林的蘇維埃制度的反動性在於它的軍國主義、民族主義。官僚主義和諂媚習氣已經日甚一日。俄國是一個巨大的監獄。20 年代羅素在中國期間，吸引這位思想家的，是中國傳統文化中道家的清靜無為和儒家的倫理精神。見證了一系列歷史罪惡的羅素，雖然不是傳統意義上的宗教信徒，但他作為座右銘所奉行的是基督教聖經中的一句格言：「你不應當追隨一群人去行惡。」自從羅素考察了蘇聯感到幻滅之後，一生致力於國際和平運動。羅素預見了史達林的殘暴統治，後者於大清洗運動中捕殺了大批無辜的知識分子和科學家。羅素尖銳地揭批了社會主義制度中可能存在的腐敗問題。1968 年，蘇軍侵入捷克斯洛伐克之後，羅素像沙特一樣發表公開聲明表達了他的強烈抗議。

　　從二戰結束至 1970 年，羅素的世界政府觀進入成熟階段。二戰結束後初期，受西方意識形態的極大影響，羅素提議應建立一個美國領導的、排除蘇聯在內的世界政府。羅素希望通過美國為首的西方國家發動一場對蘇聯的核戰爭來建立。[14] 隨著美蘇等國核軍備競賽日益升級，出於人類很可能走向集體毀滅的危險考慮，所以從 1953 年始，羅素超越西方意識形態，不再敵視蘇聯，而是轉向倡議成立包括蘇聯在內的世界政府。而且羅素構建的世界政府權力日益擴大，可操作性增強。羅素稱，世界政府可通過國際協定或借助國際集團的方式掌控軍事權。[15] 為削減國家軍隊，其世界政府應由具有相等權利的八個附屬聯邦組成；各國軍隊降低至維持國內秩序的水平，國際軍隊控制軍事武器。[16] 羅素還強調，世界政府除享有軍事權外，還應享有立法和司法權。世界政府具有履行和修改條約權，應有民族仲裁和強制執行權，當然它不應干涉各國制定移民法。[17] 而要實現上述權力，羅素又強調，各國必須減少互相猜忌，然後由中立國擬定一份公正屬實的報告並告知各國政府。[18] 隨

---

[14] Bertrand Russell, *The Selected Letters of Bertrand Russell, the Public Years*, 1914-1970, London and New York: Routledge, 2001, p.410.

[15] Bertrand Russell, *The Collected Papers of Bertrand Russell*, Volume28, London and New York: Routledge, 2003, pp.10-13.

[16] Ibid., pp.55-61.

[17] Ibid., pp.34-37.

[18] Ibid., pp.57-61.

著美蘇冷戰格局的大體形成，羅素繼續構建更加可行和更具有可操作性的世界政府。羅素指出，首先應對聯合國進行改革，允許各國尤其中國加入，其否決權最好取消；其次，世界政府劃分為附屬聯邦的原則是人口相等和均有自治權；第三，各國應廢除狂熱主義和改變教育觀念。而在教育觀念的改變中，各國歷史應使用外國人所寫的課本。除了數學外，其他任何學科都可以教授。教育可設計為人與自然、人與人和不同集團的合作競爭三個領域。[19] 最後，羅素指出：在美蘇雙方暫時休戰期，調解委員會應從 8 人發展到 12 人；實行普遍裁軍；對於臺灣、朝鮮和老撾的領土處理，羅素指望雙方通過談判和由中立國來解決；而海牙法庭應有民族法庭類似的權威，應有處理犯人的國際刑法。[20] 總之，儘管在羅素的晚年歲月，他的世界政府觀具有了更強的可操作性，但是，該方案始終未能被世界各國政府所接受。

第二節　杜威的「贊蘇主義」

　　杜威與第一次世界大戰期間的許多美國知識分子一樣，對蘇聯事件很感興趣。1928 訪問俄羅斯後，他興奮地寫了「蘇聯實驗」，特別談及蘇聯教育理論。早期的杜威希望美國和蘇俄可以互相學習。然而，在觀察史達林主義在上世紀 30 年代的所作所為後，他的樂觀情緒消退；但同時他又強調美國和蘇俄之間的歷史文化差異。杜威在 20 世紀 30 年代後期，特別是 1939 年的《自由和文化》一書，對蘇俄加以批判。他越來越指責俄羅斯文化遺產對蘇俄發展的影響。杜威的轉變表明了美國對蘇俄思想文化解讀的重要性。「許多美國觀察家贊同杜威，將蘇俄視為俄羅斯文化的產物，它具有歷史傳統和民族特性，而不僅僅是對某種政治學說的實例化或背叛性。」[21] 據考證，杜威的書不僅在美國，而且在蘇俄以及今天的俄羅斯也有著影響力。歷史學家肯郭爾（Paul Kengor）曾提及「杜威的前六本書迅速被翻譯成俄文，」「他們告訴杜威，他的書非常適合他們在蘇聯所要做的事情。」「布爾什維克及時讓杜威的作品在俄羅斯得到傳播。」出版於 1918 年的杜威《明日學校》（*Schools of Tomorrow*）一書，在美國出版不過三年後，竟在莫斯科翻譯推出。「考慮到當時俄羅斯發生的事情，這是驚人的。」僅僅又過一年後，杜威 1919 年出版的《我們如何思考》（*How We Think*）翻譯成俄文在蘇聯出版。然後，在 1920 年，《學校與

[19] Bertrand Russell, *Common Sense and Nuclear Warfare*, London: George Allen & Unwin LTD, pp.65-84.

[20] Bertrand Russell, *Has Man a Future*. London: George Allen & Unwin LTD, 1961, pp.127-134.

[21] David C. Engerman, "John Dewey and the Soviet Union: When Pragmatism Meets Revolution," *Modern Intellectual History*, Volume 3, Issue 1, April, 2006, pp. 33-63.

社會》(*The School and Society*)」也在蘇聯傳播。而這正是蘇俄血腥的內戰（1918-21）之際，根據歷史學家林肯（W. Bruce Lincoln）的估算，約有七百萬人，包括婦女和兒童喪失餓生命。肯郭爾寫道：「杜威的想法顯然被認作與革命中紅軍兵工廠的武器同樣至關重要。」有意思的是，1921 年，即使在內戰結束後，蘇聯政府發表了1602 頁的小冊子摘自杜威的民主教育。「民主和教育是杜威最重要的工作。」作為杜威思想的導論，這仍然是教育流派中最常見的選擇。「它成為師範學院的聖經，並為全國教育節目的路標」。曾有一段時間，杜威和蘇聯相互仰慕。事實上，蘇聯邀請杜威在 1928 進行了盛大的訪問之旅。這次訪問預示著杜威促使羅斯福總統在外交上承認史達林的蘇維埃國家。不過後來，80 歲的杜威成為一個史達林俄羅斯的批判家。

　　杜威在 1928 訪問蘇聯時，在《新共和》(*The New Republic*) 雜誌上發表的一系列文章中指出：蘇俄文化是「一場巨大的人類革命──或者更確切地說，它包括生命活力、勇氣和信心的迸發。」明顯的事實是，在俄羅斯發生的是一場革命，涉及解放人類力量這樣一個前所未有的規模，這不僅對那個國家，而是對全世界都無可估量的意義。」[22] 據欣賞杜威的威斯布魯克（Westbrook）的看法，杜威在蘇聯所稱讚的是它的合作社、為「無產階級」而設的藝術博物館，特別是將文化和職業教育結合在一起的「一個單一而全面的目標」的「教育實驗」。對杜威來說：蘇俄的目標是一種是否能發現熟悉的民主理想的實驗，而在對產業工人的控制和管理以及在隨後作為一種廢除私有財產固定制度中，自由、平等和兄弟情誼不會得以實現的。有學者批評說，杜威對 1928 年蘇俄的血腥壓迫、克格勃、飢餓的社會現實等，所有這些都被忽視了。後來，杜威雖譴責 1930-1940 年的蘇俄大屠殺，但仍繼續讚揚它的每一個理想。[23]

　　杜威在訪蘇之後，當年就出版了《蘇俄印象與革命的世界》(*Impressions of Soviet Russia and the Revolutionary World*) 一書。這本書有六章，涵蓋了杜威在 1928 夏天訪問蘇聯的體驗。這六章分別為「列格勒給與的線索」；「處於動盪狀態的國家」；「創造中的新世界」；「俄羅斯學校在做什麼？」；」新時期的新學校」；以及「偉大實驗與未來」等。它們最初發表於《新共和》雜誌的同一年十一月和十二月的單獨文章中，除了兩個腳注外，該書版本與雜誌相同。有書評說，列寧用過這樣一個模仿西

---

[22] John Dewey, *The Collected Works of John Dewey, Later Works*, volume 3, p. 207.

[23] 有關杜威對蘇俄的觀感，還可參考他的另幾篇文章："Education for the New Man; You Can't Make an Omelette Without Breaking Eggs," "The Great Soviet Experiment-on children," "A New World in the Making," Grumblers in the USSR, 1931.

方的宣傳語:「有用的白癡（useful idiots）」。儘管杜威是一個「有用的白癡」，他相信蘇聯知識分子所說的謊言，但他也能準確地報導發生了什麼事。杜威的文字是清楚的，例如他來到列寧格勒，渴望欣賞他所謂的「集體主義的創作心態。」為此他諒解，有時甚至欽佩列寧、托洛茨基和史達林的方法。布爾什維克又受到杜威的欽佩。杜威的著作甚至在俄國革命期間，在資源稀缺的俄國內戰期間出版了俄文譯本。在一定意義上，杜威讚揚了學校和國家的勾結，故從杜威的書中可以學到的最重要的教訓是，學校和國家必須在一個自由的社會中完全分離。

杜威在本書的第一章中提到，自己把自己局限於對蘇俄早期的印象，至少是那些後來事件加深和證實的印象，以及直接出現在表面的印象，而不受問題、解釋和討論的影響。經過更明確的詢問後獲得的特殊知識，將先前的一些印象放進了改進的框架中。他得到的最終結果是，「先入為主的觀點發生了一定的逆轉。一場巨大的革命給人類帶來了活力、勇氣以及對生活的信心。這是一種重大的人類革命。……最出乎意料的，在蘇俄，這場革命以如此空前的規模釋放人類的權力，不僅對這個國家，也對世界具有無可估量的意義。在經濟革命的政治層面，從社會的底層到上層，在提升勞動價值，特別是工人的利益方面，是心理和道德轉變的一個不可或缺的因素。」[24]

杜威在第二章中聲稱，在他參觀各種博物館後，感到蘇俄最重要的事情不是經濟轉型的努力，而是將經濟變革作為發展大眾文化的手段，而在世界上這樣的審美文化的意願從未有過。但這種新的教育鬥爭可能不成功，會面對巨大的障礙，因為它有著過於宣傳的傾向。在他看來，此種宣傳方式將逐漸因缺乏自由度而沒有效用。[25]

在第三章中，杜威在總結列格勒與莫斯科之間的差異時說，在後者那裡作為「過渡」概念具有了新的意義。他相信有更多真正共產主義者的存在。但在蘇俄經歷使他確定這是在巨大建設性的努力中的一個新的集體創作心態。共產主義制度的特殊歷史哲學需要正統的馬克思主義者，更重要的是創建一個新的思路和新的社會型道德的努力。在真正革命性的程度上，這種新的心態將根據自己的願望和目的，創造自己的未來社會；它無疑不同於私人資本和個人利益的西方世界。蘇俄的最終意義不在政治或經濟方面，但是在變化的，不可估量的一個民族精神、道德傾向以及教育轉型。[26]

---

[24] John Dewey, *Impressions of Soviet Russia and the Revolutionary World*, New Republic Inc., 1929, pp. 14-15.

[25] Ibid., pp. 33-34.

[26] Ibid., p. 59.

　　杜威的第四章闡述道，蘇俄的所有努力都在於深思熟慮的社會控制。「脫離生活，遠離政治的是一種謊言和偽善。資產階級社會沉迷於這個謊言，故掩蓋了它利用學校作為統治手段的事實，宣稱學校在政治上是中立的。我們必須公開宣佈它隱瞞的東西，即學校的政治職能。我們以前鬥爭的對象是推翻資產階級，新一代的目標要複雜得多，那就是建設共產主義社會。」列寧的這一段引言成為布爾什維克教育文學正典聖經的一部分。因為它表明，必要的時候，官方權威可以強調學校教育在共產主義意識形態中的核心地位，這是共產主義機構成功運作的條件。[27]

　　對於杜威的第五章來說，蘇俄學校的管理制度和紀律也許在這方面是很自然的。在一定時期內，自由觀念和控制學生的觀念趨於氾濫。但很顯然，對「自發組織」的觀念已經制定了一個積極的形式，因此，大體上說，初期的暴力行動是過時的。與剛才所說的聯繫在一起的事實是，盡可能地依賴學生實現不是為了學校而設立的自律組織。「政府」進行著學校本身或附近地區所需要的一些工作的開展。在這裡，儘管美國學校發展的自治思想是最初的激勵因素，但美國普通的做法被批評為過分模仿成人政治形式（而不是脫離學生自己的社會關係），因而是人為的和外在的。其他國家的主流觀點認為，布爾什維克的蘇俄在整體上缺少自由和民主方法，這是令人不安的。至少可以說，蘇俄學校的孩子比西方更有民主的組織；他們通過學校管理的培訓，比西方民主國家更得到適於他們的系統訓練，並在地方社區和工業的自定方向中更積極地參與。對蘇俄教育體系描述得如此不充分，目前是定性而非定量的。儘管這並不奇怪，從統計上看，當人們考慮到戰爭、饑荒、貧窮的外部困難、受過陌生思想和理想培訓的教師，以及在新的社會基礎上啟動和發展教育制度的內在困難時，它的實現仍然受到高度限制。事實上，考慮到這些困難，人們對所取得的進展感到相當驚訝，因為在實際範圍有限的情況下，這項計劃純屬紙上談兵。它是一個持續的關注；一個自我移動的有機體。[28] 這種想法在蘇俄體制中比在美國體制中有機得多。即使一個人不贊同共產主義教育，自由工作者的進步理想實際上只能取決於一個國家正在經歷一場經濟革命的社會主義方向，他被迫進行心靈的探索是必要的和有益的。在任何情況下，他會深深地後悔那些有關人為障礙的虛假報導，將美國的教師從建立在進步民主觀念之上的教育制度分割開來。

　　在《蘇俄印象與革命的世界》的第六章中，杜威論述了蘇俄「偉大的試驗及其未來」（The Great Experiment and the Future）。杜威總結說，談到對俄羅斯的印象，

---

[27] Ibid., pp. 82-83.

[28] Ibid.,pp. 106-108.

有必要對其未來進行思索。他認為，俄羅斯變化的最重要方面是心理和道德，而非政治。雖然這種想法是由單方面接觸所決定的，但與教育有關。杜威提及，列寧本人表示，隨著革命的完成，俄國局勢發生了巨大的變化。之前它已經發生，這是烏托邦式的，列寧認為教育和自願的合作可以實現任何有意義的東西。工人們首先奪取了政權，但是當他們掌握了政權後，發生了「我們對社會主義的看法發生了根本性的變化」。正是在這一點上，以前的重心必須放在政治鬥爭和權力的征服上，現在這個重心轉向文化工作的方向。如果不是因為國際關係，以及保衛蘇俄在國際關係中的地位的必要性，應該說，現在正朝著智力工作方向發展。「沒有知識，革命的完成是不可能的。」

　　杜威進一步闡述了列寧遺孀克魯普斯卡婭（Nadezhda Konstantinovna Krupskaya，1869-1939）的看法。教育和新的生活是其清晰的興趣。她說，應使每個人獲得個人修養。經濟和政治革命的發生並不是結束，而文化發展仍有待實現。這是一種必要的手段，因為沒有經濟自由和平等，就不能實現所有人可能性的充分發展。然而，經濟的變化是為了使每個人都能分享給人類生命價值的所有東西。從更狹義的意義上講，若在沒有保障所有工業和行政部門的熟練技術人員的情況下，目前的工業計劃不可能進行。威爾斯所說的關於世界的話在俄羅斯尤其真實；教育和災難之間有一場競賽，那就是工業崩潰。從根本上說，如果不改變群眾的願望和信仰，計劃就不能順利完成。在杜威看來，「最簡單、最有用的方法是觀察蘇俄當前正在發生什麼，把它看作是一個巨大的心理學實驗，因它改變了激發人類行為的動機。」[29]

　　杜威在他接觸的圈子裡（包括一些工人和教育家），感到「教養」的發展（the development of "cultivation"）和人人共享的可能性實現是主要的關注事項。最令人驚訝的是，只有資產階級國家中，社會主義者才關注改善的問題。工人階級物質條件的改善，表現為提高工資，改善住房條件，減少勞動時間等，當然，目前蘇俄的遊戲肯定關心擴大生活的實際內容。事實上，杜威不能不覺得（雖然他不能提供令人信服的客觀證據），外國遊客都強調普遍貧困作為預測目前政權垮臺的原因。首先，貧困是廣大群眾的歷史遺產，他們並不特別意識到它的制約；其次，有大量的人，特別是年輕一代，他們更致力於人類和道德理想的自由。在杜威看來，蘇俄運動本質上是宗教性的，但也承認自己的局限性。其中一個原因是，他從來沒有親眼目睹過一個廣泛而感人的宗教現實，因而無法知道它究竟是什麼樣子。另一個原因

---

[29] Ibid., p. 113.

是，他把蘇聯共產主義的概念看作一個宗教，因其有太多的知識神學，馬克思主義
教條的機構，其宣稱的經濟唯物論以及令人感動的願望和奉獻精神。杜威感覺好像
可能有一些暗示，而表達了運動精神和原始基督教的力量，似乎對人類不可避免
的。當這種新的信仰逐漸消失後，就成為了常規模式。杜威覺得，沒有人能理解這
場運動，也沒有人考慮到這種宗教熱情。男人和女人都自稱「唯物主義」，實際上
應該是狂熱的「理想主義者」。這是一種悖論，表明生存的信念比試圖表達本身的
符號更重要。理智的公式似乎註定與這些人無關，他們是歷史的偶然。在任何情況
下，很難不對蘇俄的知識分子和教育工作者感到某種嫉妒；事實上，這並非因為他
們的物質和經濟地位，而是因為一個統一的宗教社會信仰帶來了這種生活的簡化和
融合。「知識分子」在其他國家有一個任務，即擔任批判的工作；而那些在蘇俄新
秩序中表現自己的人，其任務是全面和建設性的；他們是有機運動中的有機成員。
蘇俄的官方神學──馬克思主義學說，在扭曲的經濟條件下釋放出來的人類宗教信
仰中的不平衡感仍然存在。他們已經有了自己的智力公式，並已經為情緒提供了一
個保護殼。任何關於蘇俄未來的預言都要考慮到一方僵化的教條與另一方實驗精神
之間的矛盾和衝突。哪一方會贏？這不可能預測。但杜威還是做了假設，蘇俄人民
最終將通過一系列適應現實條件的發展，以人類交往的形式建立新的事物。這在革
命領導人的意識中是共產主義。

　　在杜威看來，世界上沒有任何東西能與蘇俄農村系統的方法相比。例如他對參
觀車站感到滿意，並注意到它對周圍村莊的影響。每個省都有自己的試驗站，專門
處理地方問題。這些機構都受政府管轄，有其權威和威信。蘇俄可能在世界上首次
嘗試了社會發展的科學規律；教育部一個有機組成部分的業務，是為篩選和審核教
學實驗的結果，並直接將其納入國家教育系統。杜威力圖通過一個具體的例子來說
明，馬克思主義的符號無論多麼死板和教條，還都可能是實際的。實踐受到實驗因
素的影響，而這些因素是靈活的、重要的、創造性的。杜威引用了一位黨的工作者
皮斯塔克（Pistrak）的話：「我們不能把同樣的規則應用於每一個學校，這一程序
將違背我們學校的本質。」培養教師的教學創造力是必要的，沒有這一點，就不可
能建立新的學校。認為教師是工匠而不是創造者，在杜威看來是不正確的。每個人
或多或少都是一個創造者，而一個孤立的個體可能無法找到一個創造性的解決方
法，從總體上人們都是創造者，沒有人會認為這種理想的創作是無法實現。杜威提
及自己曾寫下了與蘇俄景象接觸時的活力和解放感，而後來的教育接觸證實了這種
表面上的印象，同時也留下了一種被引導到解放運動和強化解放運動的明確感覺。
杜威不認為，任何人對目前蘇俄運動結果的確切形式有什麼特別的猜測是重要的，

因在這個方程中有太多的未知數。如果他朝著預測的方向冒險,那只能通過對兩個已經發生的運動的關注。杜威主張,在正統理論中,這些都是通往馬克思主義的共產主義註定道路上的過渡階段。他不清楚有所謂暫時階段的目標。在蘇俄的學校裡有大量的灌輸和宣傳。然而,如果現有的趨勢得到發展,似乎可相當安心地預言,最終這種灌輸將是次要的,而會帶來協調的主動性和獨立判斷的能力。一個教育思想自由不會妨礙一個可接受的教條,這似乎是不可能的。人們總是聽到辯證的因素,運動最終與它自身相矛盾。杜威認為蘇俄學校具有共產主義發展過程中的「辯證」因素。他聲言,這些評論並沒有貶低俄國革命運動的意義,而是在自己的思想中多加了評述,並還提及了世界其他地方對其的研究。他感到對蘇俄沒有實際接觸就無法研究。承認蘇俄在美國的政治地位不一定會帶來符合兩國和世界利益的關係,但至少是一個必要的先行步驟。杜威稱自己帶著這樣一種感覺,即妨礙交流,設置對知識和相互理解的障礙接近於危害人類罪。

對布爾什維克主義最不能贊同的是它強調階級鬥爭的必要性和暴力的世界革命。蘇俄的這些特點往往會因為當局所面臨的巨大壓力而收斂。然而,產生這種精神的原因是相信世界上其他國家都是蘇俄的敵人,故他們必須不斷地防禦,最好的做法是侵略性進攻。杜威並不認為,與世界其他國家的自由交往會立即引起資本主義國家挑起內戰;但他相信這種交往會逐漸剝奪其燃料的火焰,並使其消失。人們的印象是,第三國際是蘇俄本身最大的敵人。然而,讓大不列顛撤回承認,就已經做的比其他任何一件事情更刺激極端的布爾什維克狂熱分子,並挑起軍國主義和資產階級民族仇恨。杜威相信,如果發生一場歐洲戰爭,它將在每個歐洲國家成為現實。杜威說道,「離開蘇俄的時候,自己深深感到那些仍然發揮力量製造戰爭的政治家們愚蠢的罪惡。」他敏銳地預測,「在目前情況下,在每一個歐洲大陸的國家及其首都,內戰將增加對外戰爭的恐怖,將會引起一片混亂,革命時期最恐怖的狀況將會發生。」[30]

《實用主義同馬克思主義的對立:對杜威哲學的一個評價》(*Pragmatism Versus Marxism: An Appraisal of John Dewey's Philosophy*)一書揭示了 20 世紀 30 年代美國中產階級民主運動的主要理論發言人杜威針對馬克思主義而為實用主義所作的辯護。書中闡述了作為美國國家哲學的實用主義的來龍去脈,杜威的進步運動,清教徒主義與實用主義,杜威主義的思想來源,杜威與皮爾士、詹姆斯以及學派的關係,工具主義的不一致性,杜威的自然與科學觀,杜威邏輯方法,杜威的進步主義教育,

---

[30] Ibid., p. 133.

杜威主義與馬克思主義等等。此書作者諾瓦克（George Novack）這樣評述：到了三十年代，杜威感到已經沒有好好熟悉馬克思思想的欲求了。資本主義危機和馬克思主義隨之而來的蔓延，使得他知識中的這個缺陷不那麼可怕了。他利用其作為對莫斯科審判的調查委員會主席的工作〔機會〕去研究馬克思主義和布爾什維主義。它的最後判決是說馬克思的學說無可救藥的沾染了黑格爾主義，並導致適合於神學的絕對主義。只有恢復對於工具主義的優點的信仰，致力於保衛和擴展一種超越於階級鬥爭舞臺之上的民主政治，文明和文化才能得到促進。[31]

　　前蘇聯人造衛星的意義超出了核武器軍事競賽的升級，超出了航空航天業和通信業，它被看作是科技整體發展水平的象徵，令美國在震驚之餘立刻投入到有關民族科技和教育方向的深刻反思之中。「當時的美國總統艾森豪威爾下令成立一個專門委員會作研究調查，為什麼美國的科技會落在前蘇聯之後。據調查的結果，那是因為美國的教育，尤其是科學教育，不如前蘇聯的先進。」言下之意，是將美國航天業和通信業，進而整個科技界落後於前蘇聯的責任歸咎於美國教育制度的落後。那麼，為什麼美國的教育又會落後於前蘇聯呢？許多美國學者公開表示，那是因為所謂「進步教育」的退步，而後者又可以一直追溯到 20 世紀之初著名的哲學家、教育家杜威的開創性作用。杜威寫作了《我的教育信條》、《學校與社會》、《學校與兒童》以及《兒童與課程》等著作，他所提倡的「進步教育」是一種體系，也是一種科學的方法，能夠為人們所利用來研究世界，來增強自己的知識，來尋找人生的意義和價值。它本身是傳統教育和所謂「新教育」的統一。在他看來，傳統的學校過於偏重科目，太強調傳統；而「新」學校則過分看重學生的興趣，也太受制於變化多端的社會問題的約束。杜威的理想是把兩者結合起來，他自己於 20 世紀初在芝加哥大學創辦「杜威學校」，以便貫徹他的教育思想。「『在整個美國教育史上，它是最重要的試驗冒險活動』。杜威反對死記硬背的學習，反對向學生灌輸全部的知識。相反，他希望學校就像社會那樣充分地運作，這樣孩子們會通過自然好奇心——這引導他們積極地投入教與學的過程而自發地對學習產生興趣。教師的作用是為孩子提供學習的工具。」60 年以後，前蘇聯第一顆人造衛星的上天激發了政府和學界對於美國教育的反思，並將其當作是杜威教育哲學破產的一個標誌。1959年是杜威誕辰 100 周年紀念日，學術界以眾多的學術成果來紀念他，各領域的專家

---

[31] George Novack, *Pragmatism Versus Marxism: An Appraisal of John Dewey's Philosophy*, Pathfinder Press, 1975, pp. 309-322.

從不同角度，在評點這位思想家的功過是非的同時，表達了對於當代教育的擔憂和反思。[32]

　　20世紀60年代，哈佛大學著名心理學家布魯納（Jerome Bruner）帶領一組專家作教育現狀的調查，並推出了經典之作《論教育程序》（*The Process of Education*），反省了學校的科學教育；書中有一句話發人深省：1957年，蘇聯於首次發射人造衛星時，引起美國驚慌失措。認知到在知識的競賽中落後了，從此，一個從未有過的科學教育熱潮沖刷了美國的學校。[33] 實際上，在一定意義上，這是對杜威教育理念的反思。在1960年代，布魯納《教育過程》一書，造成轟動，在紐約時報書評中得到了頭版的評論，第一版就賣出了83000冊。最終以各種版本賣出了幾十萬本，並被翻譯成21種語言。諷刺的是，第一個譯本是俄文盜版。本書之所以引起巨大的反響，部分原因是震撼的主題和尖銳的論證。《教育過程》簡明而中肯地探究了知識科學領域的歷史和特點。尤其提出要重視科學，結果因擔憂蘇聯會超過美國的科學技術，而引發了學校改革計劃。布魯納聲稱：「精明的預測，富於想像的假設，大膽的試探性結論，這些都是思想家在工作中最寶貴的財富。」與當時許多學校改革者不同的是，布魯納懂得有效教學的微妙性和迫切性。「問一些瑣碎的問題或引導孩子問一些瑣碎的問題是很容易的。」問不可能難的問題也很容易，而訣竅是找到可把學生帶到正確方向的引介性問題。他說：「任何一門學科在任何一個發展階段都能以某種誠實的形式有效地傳授給任何一個孩子。」布魯納一方面要求學者和科學家之間建立夥伴關係，另一方面也同樣要求教師。這也是為什麼人們不僅可以尊重而且熱愛教育的過程。這是一件罕見的事情，一個大膽進行徹底改革呼籲，要求把憤怒和怨恨放在希望的一邊。布魯納對當時現有教學方式持懷疑態度，特別是在高端技術的誘惑。他的警告今天聽起來是正確的：「電影、視聽教具和其他類似的裝置可能會引起注意的短期效果。從長遠來看，他們可能會製造一個被動的人，而等著某種幕布升起來喚醒他。」《教育的進程》一書設想，一個國家為所有兒童建立一個有效的學校，每個人都有平等的機會。1970年3月，《教育過程》發表10年後，布魯納在一封信中提到：「我從來沒有寫過任何東西，從當了作者這麼多的後果來看。甚至可以說我從那以後就沒有安靜過！」[34]

---

[32] 殷曉蓉，網絡傳播文化：歷史與未來，清華大學出版社，2005年，第20頁。

[33] Jerome Bruner, *The Process of Education,* Harvard University Press, *1977.*

[34] Elizabeth Knoll, "looks back on the 1960 publication of Jerome Bruner's *The Process of Education*," *Education, Psychology*, 04 March 2013.

小結

　　羅素的社會主義，從實踐上說，正如他自己所坦承的是一個「不堅定的社會主義者」；從理論上說，是「不清晰精確的」，而不像他自己的哲學方法所追求的那樣。羅素對社會主義理論形成的歷史很有研究。他指出，邊沁以及他的思想先驅洛克、哈特里和愛爾維修來的重要地位在於他們是英國激進主義的領袖，是無意之間為社會主義學說鋪平道路的人；作為一個過渡的學派，他們的學說體系產生了兩個比它本身更重要的別的學說體系，即達爾文主義和社會主義。可以說社會主義產生於邊沁學說的全盛時代，是正統派經濟學的一個直接結果。1817 年，與邊沁、馬爾薩斯和穆勒有密切交往的李嘉圖發表了一個學說，主張商品的交換價值完全出於生產該商品時花費的勞動。1825 年，托馬斯・霍治司金發表了第一個社會主義的答辯〈反對資方的要求而為勞方辯護〉。同時，有豐富工廠主實際體驗的羅伯特・歐文也堅信後來稱為社會主義的學說。1927 年，歐文的信徒最早使用社會主義者一詞。在羅素看來，社會主義本來不屬哲學史範疇，而僅為政治上或經濟上的某種「主義」；但馬克思將它成為了一套哲學，並自稱將之變成了科學社會主義，並締造了一個強大的運動，通過對人的吸引和排斥，支配了歐洲近期的歷史。馬克思將民族換成了階級，並始終否認自己選擇社會主義或採取雇傭勞動者的立場有任何道德上或人道主義上的理由；他斷言，雇傭勞動者的立場是辯證法在其徹底決定論的運動中所採取的立場，並相信一切辯證的運動在某種非個人的意義上都是進步，而且社會主義一旦建成，會比已往的封建主義或資本主義給人類帶來更多的幸福。馬克思通過恩格斯和皇家委員會的報告，徹底瞭解到 100 年前英國工業制度駭人聽聞的殘酷，從而瞭解到這種制度很可能要從自由競爭向獨佔發展，而它的不公平必定引起無產階級的反抗運動。為此，他預言，在徹底工業化的社會中，不走私人資本主義的道路，就只有走土地和資本國有的道路。結果，俄國狂熱的馬克思信徒奪取了政權；但西方較大的工人階級運動從未成為完全的馬克思主義運動；英國工黨始終堅守一種經驗主義式的社會主義。然而，英美兩國的大批知識分子還是受到了馬克思深刻的影響。[35]

　　儘管贊同馬克思對資本主義私有制的批判及其共產主義理想，但羅素並未認同馬克思主義的國家學說和社會革命方式。深受自由主義傳統影響的他，對國家權力

---

[35]　See Bertrnd Russell, *A History of Western Philosophy*, Touchstone, 1972, Chapter 26, 27.

始終抱有懷疑感與恐懼感；對他而言，強調國家權力的「國家社會主義」與取消國家權力的「無政府主義」都不是可取的社會制度；而理想的則是「行會社會主義」或稱「基爾特社會主義」（Guild Socialism）。在《自由之路：社會主義、無政府主義和工團主義》（1918 年）一書中，羅素聲言：「純粹無政府主義的社會儘管是我們應該逐步接近的終極理想，然而在目前還沒有實現的可能。即使實現了，它的壽命至多也不會超過一兩年。相反地，馬克思社會主義和工團主義雖然缺點很多，但據我看來是可以產生一個比現在這個世界更美好更快樂的世界的。但是，我並不認為它們就是最好的切實可行的社會制度；我擔心馬克思的社會主義給予國家的權力太大了。另一方面我也認為，旨在取消國家的工團主義，為了結束各生產者團體之間的敵對行為，恐怕將被迫再建立一個中央權力機關。我認為最好的而又切實可行的制度，還是基爾特社會主義。基爾特社會主義既考慮了國家社會主義者保留國家的主張，也考慮了工團主義者對國家的疑懼，它根據國和國之間採取聯邦主義的理由採取了企業與企業之間的聯合制度。」[36]

　　杜威宣稱，馬克思主義教條的狂熱者事先都有答案。如主張從個人主義到集體主義行動的轉化是絕對必然的工作法及已知的「社會科學」。他發現把其作為一個實驗更為有益，其結果是相當不確定的，而僅是作為運用各種手段的一個實驗。他指出，哲學使人忍受目前秩序的弊端。如果這是人類本性使然，如果人類本性建立在當前經濟秩序的模式上，那麼我們只能盡最大努力做到這一點。馬克思哲學給人信心和勇氣，去挑戰這個遊戲。蘇俄當前存在的是一個實驗：更直接的目的是看人類是否可以對安全保障的希望，即對疾病、養老、健康、休閒、安逸、舒適等方面的合理程度。杜威說道，若對民主理想熟知，自由、平等應是最完全基於自願合作的社會遊戲；對行業聯合工人的控制和管理，當然伴隨廢除私有財產作為一個固定制度而有所不同。但更進一步的想法是，當所有人的經濟安全得到保障，當工人們控制工業和政治時，所有人都有機會自由而充分地參與到一個有教養的生活中。杜威認為，社會主義和共產主義本質上是一種純粹的經濟計劃。西方國家的社會主義者對經濟問題幾乎完全予以關注，而馬克思主義者自詡的「經濟唯物論」則是發展這一概念。

[36] 轉引自馮崇義《羅素與中國》，三聯書店，1994 年，第 66 頁。

第八章　兩位大哲交往中的互尊與互斥

　　1914 年 4 月，在哈佛大學形而上學俱樂部舉辦的年會上，第一次訪美的羅素與比他年長 13 歲的杜威首次碰面。第二天宣讀論文後，杜威還參加了對羅素論文的討論會。當時羅素對美國哲學界頗不以為然，在他看來多數學者是良善的，但並無任何良好素養；而認為杜威是一個例外，但也很有保留，他在給奧托琳的信中這樣評價：「他有一個很沉緩的思想（a large slow-moving mind），非常注重經驗而且公正，並具有某種冷靜和無偏頗的自然力量。」[1] 美國學者薩斯羅（Josh Zaslow）曾揭示了杜威與羅素在 1914 年到 1919 年間，即他們訪華前，鮮為人知的關於外部世界問題的第一次辯論。他認為羅素不正確地理解了杜威。儘管這兩位思想家在很大程度上，進行了相互交流，但杜威有關推理（inference）的理論不僅對這個交流是關鍵的，而且充分暴露了他們之間的分歧。不幸的是，杜威在這短暫與羅素交流中最終毫無結果。倘若杜威做得更好一些，兩人「提出的不同的判斷標準（criteria of justification）的關鍵問題就會被強調，因此他們的交流可能會更有成效」。[2]

　　在創辦燈塔山小學時，羅素曾寫了一封信對杜威為自己《論教育》一書的書評致謝。這的友誼主要還是在訪華中形成的。羅素後來讚揚杜威是「美國活著的引導思潮的哲學家」；「不僅對哲學家，而且對教育、美學和政治理論的學者有著深刻的影響」。在《西方哲學史》中，羅素為杜威專門寫了一章，可見對他的推崇，而同一時代不少有名的哲學家就沒有資格排上。當然，羅素在此書也挑明了自己觀念與杜威的觀念有很大的不同。如他提到，杜威的思想背離了至今為止人們所認可的常識，因為他不承認在其形而上學中有「事實」。「杜威博士與我之間的主要分歧是，他判斷一個想法正確與否是根據其將來的效果（effects），而我則判斷一個想法正確與否是根據其原因（causes），而這種分析是由不同的世界觀造成的。」

　　羅素這樣評價並非「純粹」哲學家的杜威：「人們公認他是美國活著的排名第一的哲學家。對此，我完全贊同。他對哲學家，並且也對教育家、美學家以及政治學家，都有深遠的影響。」在羅素看來，杜威是一個高貴品德的人，一個主張自由

---

[1]　Caroline Moorhead, *Bertrand Russell, A Life*, Viking, 1993, p.199.

[2]　Josh Zaslow, "Russell and Dewey on the Problem of the Inferred World," *Russell: The Journal of Bertrand Russell Studies*, 32 (1), 2012.

主義的人，一個待人寬厚而親切的人，以及一個勤奮工作的人。同威廉・詹姆士一樣，作為新英格蘭人的杜威，繼續百年前的偉大新英格蘭人的一些後代子孫早已擯棄的自由主義傳統。

1934 年，《現代季刊》曾邀約杜威、羅素以及考亨（Morris Cohen）三人對「為什麼我不是一個共產主義者？」這一問題發表意見。杜威比羅素的態度似乎更為堅決。

某次，羅素聽杜威說過，他既然艱難地將自己從正統神學中解放出來，就不會再束縛於另一套神學。對此，羅素說道，在這些方面，「他與我的看法幾乎完全相同」。羅素說幾乎完全贊同杜威的不少看法，例如同意他對傳統的「真理」概念的批評。不過儘管對他的敬仰以及與他的親密友誼，希望同他的觀點完全一致，但還是很遺憾，自己不得不對他獨有的哲學體系加以批評，即將「探索」當作邏輯的要素而取代「真理」，並當作邏輯和認識論的基本概念。羅素指出這個理論的要害在於把一個信念與「證實」這個信念的那件事實或那些事實之間的關係割裂開來了；並聲稱與杜威之間的主要分歧是，他從信念的效果來判定信念，而自己則從信念的原因來判斷。羅素對杜威比對另一個實用主義領袖人物詹姆斯要更為尊敬，因為他「非常真正的科學稟性」具有感染力，但羅素又說：「對我來說存在某種由工具主義所引起的令人不愉快的深刻直覺：即一種來自深思，並從一個人的人格所擺脫出來的直覺。」[3] 當美國西北大學哲學系的謝爾普（P. Schilpp）教授編輯「活著的哲學家圖書館叢書」系列時，把《杜威的哲學》（1939）排在第一部，《桑塔亞那的哲學》（1940）第二，《懷特海的哲學》》（1941）第三，《摩爾的哲學》（1942）第四，而《羅素的哲學》（1944）則是第五。然而有意思的是，在《杜威的哲學》一書中，羅素那篇寫於一次大戰前、題為〈杜威的新邏輯〉的批評文章被人看作相當可笑而又陳腐。儘管杜威對羅素的批評很惱怒，但還是耐心地進行辯解性回覆。杜威認為羅素錯誤地理解了自己的論證，因為後者將實用主義看成一種滿足個人欲望的真理論；「羅素先生首先將某種可疑的情形（situation）歸於某種個人的懷疑，儘管我始終反覆將這兩種事情加以區別。」[4] 羅素則寫道：「對杜威的閱讀使我瞭解到我自己沒有察覺到的形而上學以及他的形而上學。」[5] 有評論說，實際上，這從來沒有真正喜歡過對方，他們之間有著很深的隔閡。

---

[3]　Bertrand Russell, *Philosophical Essays, Simon and Schuster*, 1966, pp. 110-111, 19.

[4]　R. B. Westbrook, *John Dewey and American Democracy*, Cornell University Press, 1991, pp. 497-498.

[5]　Bertrnd Russell, "New Logic of John Dewey," *The Philosophy of John Dewey* Edited by P. Schilpp, Open Court Publishing Company, 1989, pp. 135-156.

在《經驗與自然》（*Experience and Nature*）一書中，杜威抨擊了許多形式的哲學思想；他意識到哲學可導致一個辯證的迷宮，既無答案，也無思維方式，故使人們的價值觀脫離「客觀」世界。1925 年，杜威以各種方式，反對維特根斯坦構建一個作為原因的事後（*a post facto*）標準，不同意後者將語言同行為割裂以及將思想私有化（the privatization of mind）。杜威更詳細地闡述特定的思想流派，以及它們是如何誤入歧途的；不過，他對哲學「傳統」的批評來自於其實用主義方法。對杜威而言，希臘和現代思維的根本錯誤是認為地將我們的思想、情感和行為同自然界加以分離。杜威同時也批評了「邏輯經驗主義者」，如羅素和早期的維特根斯坦。在杜威看來，不僅希臘人和神學家，還有許多現代哲學家，深受諸如「超自然／穩定／真實與自然／不穩定／不真實」之間的分類之害。杜威抨擊羅素同古希臘哲學家一樣有同樣的偏好。[6]

杜威信仰民主，關注民主與人民之間的聯繫，主張人們學會為自己思考。他反對那種舊觀念，即老百姓太愚蠢，不知道什麼對自己有好處，故應該在應該做什麼的問題上繼續依靠權威。杜威認為學校，尤其是小學和中學，常常是壓抑性的，而無法促進探索和發展；因此他提倡改革以培養學生解決問題的能力。杜威反對那種把孩子局限於死記硬背的老方法——這種方式在 20 世紀末和 21 世紀初仍然存在於很多地方。1890 年，杜威從詹姆斯出版的《心理學原理》（*Principles of Psychology*）中受到了影響。詹姆斯曾是一名醫學博士，並發展出一種心理學哲學，將精神生活和行為與環境相適應。杜威投入到心理學研究，這與他對教育理論的興趣有關。

事實上，墨索里尼（Benito *Mussolini*）就認為自己的哲學是實用主義。20 世紀 20 年代，美國一些自由主義者熱情地讚揚墨索里尼為資本主義工作，包括使火車按時運行。還有的人讚美墨索里尼有反教權主義和愛國主義的美德。在墨索里尼被任命為總理之前，他的法西斯小組已經針對他們的反對者——社會主義者和自由主義者——施加了暴力。當然，這僅限於當時意大利的情況。不過，羅素對真理的興趣超出了某種直接的實用主義。羅素評析道：我們今天做的事不能夠改變過去，因此，倘若真理是由過去的事件決定的，那麼，這個真理就與現在和將來的意願無關。從邏輯上說，這樣的思維方式反映了對人類能力的限制。反之，倘若真理或杜威說的那個「有保障的確定性」是由將來決定的，那麼因為人的力量能夠改變將來，當然也就能改變真理了？如此一來，這就錯誤地放大了人的能力和人的自由度。我看

---

[6]　Charles Lowney, "Dewey's Criticisms of Traditional Philosophy: Towards a Pragmatic Conception of Philosophy," *The Twentieth World Congress of Philosophy*, Boston, August 10-15, 1998.

得出來，對於人的能力的（過分）相信，並且否認超越自然（萬事萬物）之上有「不變的真理」，是同機器生產時代與科學萬能的想法而帶給人類的狂妄自大的幻象有關。羅素稱自己曾經寫道，「杜威博士的突出見解和當前工業化與大企業時代相符合。他是個美國人，具有這樣的觀點很自然，同時，他對於工業進步中人類能力的解釋也被中國人和墨西哥人所認同。」[7]

　　羅素在在其名著《西方哲學史》中專為杜威撰寫了一章。他先是如此讚譽，「一般公認他是美國現存的首屈一指的哲學家。這個評價我完全同意。他不僅在哲學家中間，而且對研究教育學的人、研究美學的人以及研究政治理論的人，都有了深遠的影響。杜威是個品性高潔無比的人，他在見解上是自由主義的，在待人接物方面寬宏而親切，在工作當中孜孜不倦。他有許多意見我幾乎完全贊同。由於我對他的尊敬和景仰，以及對他的懇摯親切的個人感受，我倒真願和他意見完全一致，但是很遺憾，我不得不對他的最獨特的哲學學說表示異議，這學說就是以『探究』代替『真理』，當作邏輯和認識論的基本概念。」羅素深入批評道：杜威把探究當作邏輯的要素，不拿真理或知識當作邏輯的要素。顯然杜威所理解的「探究」為企圖使世界更有機化的一般過程的一部分。「統一的整體」應該是探究的結果。杜威所以愛好有機的東西，一部分是由於生物學，一部分是由於黑格爾的影響流連不散。如果不以一種無意識的黑格爾派形而上學為基礎，我不明白為什麼探究預料要產生「統一的整體」……在杜威說來，「真理」須借「探究」下定義，不是拿「真理」來界定「探究」；……這定義讓我們對研究者在作什麼事一無所知，因為假若說他是在努力要弄清真理，就不能不犯循環論的毛病。羅素認為，杜威與迄今所認為的常識背馳，是由於他不肯在他的形而上學中在「事實」定而不移、無法操縱的意義上容納「事實」。「杜威博士和我之間的主要分歧是，他從信念的效果來判斷信念，而我則在信念涉及過去的事件時從信念的原因來判斷。」杜威曾反駁道：「羅素先生把實用主義的認識論同美國的工業主義可憎惡的各方面總連在一起，他這種牢固難拔的習癖……幾乎像是我要把他的哲學跟英國的地主貴族的利益聯繫起來」。羅素聲稱：杜威博士的世界是一個人類佔據想像力的世界；天文學上的宇宙他當然承認它存在，但是在大多時候被忽視了。他的哲學是一種權能哲學，固然並不是像尼采哲學那樣的個人權能的哲學；他感覺寶貴的是社會的權能。我們對自然力量的新支配能力，比這種能力至今仍受的限制給某些人造成更深的印象；我以為正是工具主義哲學中的這種社會權能要素使得工具主義對那些人有了引誘力。

7　Bertrand Russell. 2009. *The Basic Writings of Bertrand Russell*, Routledge, p. 186.

　　同時訪華的杜威在題為《現代的三個哲學家》的演講中，對柏格森、詹姆士和羅素大加褒讚，指出其中羅素哲學是以純粹數學為基礎的哲學，並如此說道：「有人說，世界上真能懂得數學哲學的人，至多不過二十人，我既不是二十人之一，我也不能懂得。」[8]

　　羅素雖演講大都在北京，但有時也到天津河北一帶；其中有一次是 1921 年 3 月間保定育德中學的演講。儘管羅素思想激進，但在日常習慣上，卻始終保持彬彬有禮的英國紳士風度；他在無取暖設備的大禮堂演講，一向堅持脫掉大衣。結果，他回到北京即發高燒，住進德國醫院，由狄博爾（Dipper）大夫診治。到了 3 月 26 日，左右兩肺均發炎，身體極為虛弱，朋友們考慮請他簽字委託書給勃拉克小姐，因為他們還未正式結婚。杜威為他擬好草稿。他雖然虛弱，可是卻頗清醒，口中喃喃而言，「委託書？」然後試著簽字。醫生恐怕他辦不到，可是他還是潦草的簽了。他仍然認得趙元任，小聲叫他「尺先生」（Mister Ch）。他叫杜威的名字說：「我希望所有我的朋友不離開我。」翌日，艾瑟（Esser）大夫說羅素先生情況「更壞了」，但是杜威夫人則說魯濱遜（Robinson）大夫不那麼悲觀。到了 4 月 17 日，他已無危險，5 月 3 日已能接見訪問者。同時倫敦報紙報導說羅素業已逝世。聽到這個消息，他說：「告訴他們，我的死訊太過誇大其詞。」他的健康恢復得很好，在回英國前，還作過若干次演講，並參加幾次盛大宴會。

　　自 1914 年 8 月到 1917 年末，羅素全力忙於反對戰爭的事務。但到了 1918 年初，他覺得無法對和平做再多工作，便趕寫了一本早先約稿的《到自由之路》。當此書完稿後，他又開始回頭探討哲學問題。在他進監獄以前做了討論邏輯原子主義的那些演講。在監獄裡，他先寫了一篇對杜威的批評文章，接著寫了《數理哲學引介》。在羅素看來，我們僅是為了獲得在我們自己精神之外存在物的知識才有必要將感覺看成材料。如果將「材料」（data）界定為「那些不依賴推理就有理由感到幾乎接近確定的事實」，那麼就可得出這個結論：全部我的材料都是我所碰到的，並且事實上就是通常所說的在我心中所發生的事件。這曾是英國經驗論特徵的觀點，但也遭受過大多數歐洲大陸哲學家的反對，而現在杜威的追隨者們以及大多數邏輯實證主義者都拒絕採納這種主張。

　　提及羅素與杜威的關係，有一著名事件必須提及。當羅素在美國遭受迫害時，杜威挺身而出仗義執言，他編輯了著名的《羅素案件》一書，揭露真相，並為羅素

---

[8]　杜威：〈現代的三個哲學家〉，《杜威五大演講》，晨報社印行，1920 年 7 月。

進行了有力的辯護和支持。[9] 1938 年，羅素應聘到美國芝加哥開了一個大型研討班，吸引了卡爾納普和莫利斯等人參加。研討很成功，但羅素不喜歡芝加哥的環境和氣候，也與那個校長不很愉快，便去了加州大學洛杉磯分校擔任教授。羅素來到陽光燦爛的天使之城，真是愉快極了。1939 年夏，約翰和凱特利用暑假探望父親，結果沒有幾天，第二次世界大戰爆發，兩個孩子都回不了英國，便就地上了學。1940年，市政府所操辦的紐約市立學院實際上是羅馬教廷的附庸，而那裡的教授為了點綴一點學術自由的色彩而聘任了羅素當教授。這個消息立即引起宗教和衛道士們的抗議和抵制，有一神父申明羅素要為本地犯罪率負責，還有一位女士控告市政當局讓羅素危及了其女兒的貞操。那些傳統的衛道士們將羅素渲染成是一個「魔鬼的使者」，一個「異教徒的教授」，一個「來自英國的哲學上的無政府主義者和倫理上的虛無主義者」。其中一封化名「仇恨皮條客者」（Pimp-Hate）的在信中罵道：「你這可憐的老笨蛋！……你真可恥！這個國家每一個正派的男人女人都比你另外一些劣行更厭惡你的這種卑鄙作為，這都是你從你墮落的家族史上繼承下來的……。」[10] 羅素力求自己成為被告，但令人費解的是，當局願受控，而且希望自己敗訴就像那位原告希望勝訴一樣。原告律師在起訴書中歷數羅素的 10 項「罪名」：好色的、淫蕩的、色情的、性病的、性慾狂的、性變態的、褻瀆神靈的、狹隘精神的、充滿虛妄的以及道德淪喪的」（lecherous, libidinous, lustful, venerous, erotomaniac, aphrodisiac, irreverent, narrow-minded, untruthful, and bereft of moral fiber）。最後當然是羅素敗訴，一個直接結果是聘約被撕毀，因為他在「道德上」無法勝任教授一職。法官麥克金漢（Mc Geehan）在長達 13 頁判決書上這樣宣佈：「羅素博士的任命是對紐約全體市民以及數以千計教師的侮辱，這些教師的任命是建立在優良道德品質之上的，並且為了保住他們的職務而不斷維護它。……羅素的任命是由公共基金支付的……直接侵害了公眾的健康、安全以及市民的道德訴求和情願的權利……廢除羅素的任命，解除其職位，並拒絕有關其任命的一切權利與特惠。」[11] 宣判書主要列舉了羅素的著作以及主要段落作為證據，例如在《教育與現代世界》第 119-120 頁中寫道：「如果大多數大學生具有臨時而無子女的婚姻，我確定大學生活在理智與道德上都將會更美好。這將提供一種對性急迫感的解決，使之既非躁動的又非偷偷摸摸的，既非銅臭的又非偶然湊乎的……。」在《婚姻與道

---

[9] 丁子江：《羅素：所有哲學的哲學家》，九州出版社，2012 年版，第 89 頁。

[10] Bertrand Russell, *The Autobiography of Bertrand Russell*, George Allen and Unwin LTD, 1968, Volume 2, pp. 344-345.

[11] J. Dewey and H. M. Kallen, *The Bertrand Russell Case*, New York: Da Capo Press, 1972, p.225.

德》第 165-166 頁上寫道:「在我這一邊,當我深信所謂結伴婚姻(companionate marriage)[12] 應是正確方向上的第一步,並會有大量的益處,但我並不認為它進步地夠遠了。我認為所有不涉及生育的性關係應當被視為一種單純私人事務;如果某男人與某女人選擇不要孩子而生活在一起,那是他們自己的事而與其他人無關。我不主張一個男人或女人在組成一個嚴肅婚姻時,在沒有任何性經驗的情況下就打算要孩子。」在《教育與美好生活》第 211 頁中寫道:「對自身生命來說,顯然,幼兒期的自慰(自淫)對健康並無不良影響,也沒有發現對性格有什麼不良影響;在這兩方面所觀察到的不良影響卻是企圖去中止它。」在同一本書第 212 頁,他寫道:「一個兒童首先應當被允許在任何自然發生的狀態下看見他的父母以及兄弟姐妹的赤身裸體。對此不必大驚小怪,他應當簡直不知道人們對裸體會有什麼感覺。」在同書第 221 頁,他還寫道:「我不會倡導對我們伴侶的忠誠性是任何通過生活而可以期盼的方式,也不會倡導一個永久的婚姻應當被視為對臨時插曲的排斥。」

　　對羅素上述觀點,宣判書竟搬出紐約州的刑事法加以比對,聲言:「我們城市的全部公民和居民都在這個法律的保護之下。在對付人們行為時,刑事法的條文以及它所歸罪的行動決不能輕饒或全然忽略。甚至可以設想高等教育董事會擁有國會授予的任命教師的最大權力,它也不能違反刑事法,也不能『鼓勵任何違反的行為』」[13] 紐約市長古阿迪亞拒絕對這個判決的上訴;紐約郡戶籍署長對公眾宣佈:羅素必須「趕出這個國家」。在羅素看來,這是一場典型的美國式迫害,自己成了這個現代文明之國的眾矢之的。他突然失去了所有謀生手段,既不能講課,也不能發稿,並且回國之路又因戰爭而阻絕,五口之家馬上陷入了絕境。雖有一些正義的知識分子包括學生出面聲援,如紐約市立學院的學生會就發表新聞聲明對他表示了支持。但人們無法相信,一個號稱伯爵的貴族竟無衣食來源。

　　與他曾一同訪華的著名哲學家杜威曾發信表示憤慨,並主編了一本書名為《羅素案件》的專集,組織九位著名教授揭露並分析了羅素的這場官司的來龍去脈,如有關它的內幕、審判過程、天主教會的態度、教育行政部門的作法、在民主制度中所引起教育問題以及與社區的關係等等,並指出它是一件違反正義的醜聞;杜威本人親自還撰寫了其中一篇題為〈與社會實情相對立的法庭政治虛構〉的文章。杜威在前言中這樣聲明:「這個集子既不企圖為羅素遭到紐約市立學院撤職一事進行辯護,也不為學術自由提供論證。本書單純是一個探索案件事實的記錄,這種探索是

---

[12] 婚姻雙方不承擔任何法律義務,只要彼此認可即可離婚。

[13] John Dewey and H. M. Kallen: *The Bertrand Russell Case,* Da Capo Press, 1972, p.220.

由合格的專家所操作的，他們檢驗其多個層面，並將他們的發現與正義、法律、人性、以及公眾正派性的原則等加以聯繫，而這些原則都是在美國憲法與權利法案中確定的。」[14] 針對教會和衛道士們的指控，一些支持學術自由，倡導以科學態度對待婚姻與性愛的有識之士，挺身而出為羅素辯護，其中就有愛因斯坦、杜威、艾耶爾等。愛因斯坦聲援羅素說：「偉人們都曾遭到庸人們的強烈反對。當一個人不盲從傳統偏見，而真誠無畏地使用其智慧時，庸人們根本無法理解他」。

小結

　　雖然彼此友好，但羅素與杜威兩人絕對不是最好的朋友。認識並欽佩他們的胡克（Sidney Hook）曾經說過，只有兩個男人是杜威最不喜歡的：即阿德勒（Mortimer Adle）和羅素。對他而言，羅素永不停歇地貶損一般的實用主義者，杜威尤其為此而激怒無比。哲學界對羅素與杜威的評價各有所好。胡克讚譽道：杜威身後沒有留下紀念碑，沒有留下王國，也沒有留下物質財富或基金。然而他的遺產卻是巨大的、不可估量的。因為他的存在，數百萬美國兒童的生活才更加幸福、更加幸福。而對每一個成年人來說，他則提供了一種經過深思熟慮的、合理的生活信仰。在其名著《哲學與自然之鏡》（*Philosophy and The Mirror of Nature*）中，羅蒂把杜威與海德格爾和維特根斯坦並稱為 20 世紀最重要的哲學家。羅蒂還在談及杜威哲學的現代意義時曾指出，「杜威的實用主義是理解現代世界的最好嚮導」。一般而言，有過三種方法可以克服在為「知識」下定義時所遇到的困難：第一種也是最老的方法是強調「不證自明」（self-evidence）的概念，這以笛卡爾為代表；第二種方法是廢除前提與結論之間的區別，而認為知識是由信念整體的一致性所構成，這以黑格爾為代表；第三種也是最徹底的一種方法是完全擯棄「知識」這個概念，而代之以「促進成功的信念」（這裡「成功」一詞也許能夠以生物學來解釋），這以杜威為代表。羅素對這三種觀點，進行了逐一的分析和批判。他總結道：「我們的結論看起來是認為知識乃一個程度上的問題。最高程度的是知覺的事實與非常簡單論證的說服力；略低一等的是具體生動的記憶。當一定數目的信念各自都有某種可信度時，那麼它們由於一致性而形成一個邏輯整體時就更加如此。一般的推論原理，無論是演繹的還是歸納的，通常都不如它們的很多實例那般明顯；而可以從心理層面依據對實例

---

[14] Ibid., p. 11.

的理解將這些原理推演出來。」[15] 在認識論上，杜威深受詹姆斯影響。杜威的「工具論」認為，一個想法的真偽在於如何有效地評估和預測，而不是解釋如何準確地描述現實。這受到羅素反對。羅素寫道，自己在很多問題上同意，但感到遺憾的是，他「被迫異議」（compelled to dissent）杜威的知識理論。羅素認為人們應該考慮他們以某種程度的謙虛來確定真理的能力。他寫道：「完美的真理模型是乘法表，它是精確的、確定的，沒有任何時間的糟粕。」羅素關注的是保持對「真理」的認識，它是作為一種獨立於人類控制的東西；並相信，這將有助於限制「濫用權力」，因它已經侵入了哲學，是「我們時代最大的危險」。羅素還發現，對於杜威的看法，桑塔雅那（George Santayana）也和自己的意見一致。桑塔雅那說道，在杜威的思想裡，同時也在當代科學和倫理學的新潮中，有一種廣泛的準黑格爾傾向。即把個人歸入社會集體的功能，以及把實在的和實際的東西歸入相對的和暫時的概念之中。對羅素而言，在杜威的世界裡，人類極具想像力，他的哲學就是在談人的能力。然而，杜威與尼采不同，後者談的是個人的能力，而前者則相信社會組織起來的集體的能力。因此，「這種對於社會組織的集體（人類的）能力使得杜威的工具主義大受歡迎。人們對能夠凌駕於自然界（萬事萬物）之上的想法十分著迷，故企圖忘記自然界過去給與我們人類的種種限制。」[16]

---

[15] Bertrand Russell, *Human Knowledge: Its Scope and Limits*, Simon and Schuster, 1948, p.138.
[16] Ibid., p. 187.

第九章　「羅素化」與「杜威化」的失利與復甦

　　1920 年代以後，對當時中國激進的知識分子來說，「馬克思列寧化」逐漸取代了「羅素化」與「杜威化」。

第一節「羅素化」與「杜威化」的「失利」

　　馮友蘭指出，杜威和羅素在中國所演講的內容是主要是他們自己的哲學。他說道：「這給了他們的聽眾這樣的印象，所有的傳統哲學體系都受到替代與擯棄。因只有西方哲學史的有限知識，大多數聽眾並沒有明白他們理論的意義。除非他們同時理解得到贊同或反駁的早期傳統，否則人們無法理解一種哲學。於是，這兩位哲學家，雖為很多人所接受，但僅有少數能夠理解。然而，他們的訪華，還是為當時大多數學生開拓了新智力的天際。對此，他們的逗留具有卓越的文化與教育價值。」[1] 但他們的思想不可能替代馬克思主義和列寧主義在中國 1920 年代的傳播。在杜威與羅素訪華之前，在俄國發生了歷史轉折，並產生了一個新的社會形式。這如毛澤東所說的：「十月革命的一聲炮響給我們送來了馬克思列寧主義。」[2] 對現代化的中國知識分子來說，作為自由民主的美國與作為無產階級專政的俄國都是非常有吸引力，而且對將來也都同樣有可能的。郭湛波指出：「杜威的實驗論理學，和羅素的數學邏輯雖曾盛行一時；現在卻失掉了權威。繼之而起的新思想方法，就算辯證法了」。[3]

　　在五四運動期間，胡適、陳獨秀以及魯迅是三位傑出的領導人。但在這場運動以後，他們為中國的未來發展選擇了不同的方向。在 1920 年代的中國有一種非常有趣的社會現象，在美國和英國受到訓練的知識分子幾乎都支持個人主義、自由主義以及民主主義；相反，在中國、日本或法國受到教育的知識分子，卻有很多擁護馬克思列寧主義、蘇維埃主義以及共產主義。作為中共創始人的李大釗與毛澤東是中國土生土長的知識分子；陳獨秀在日本呆過數年；周恩來、朱德、鄧小平則在法

---

[1]　馮友蘭：《中國哲學簡史》，北京大學出版社，1985 年，第 329 頁。
[2]　毛澤東：〈論人民民主專政〉，《毛澤東選集》第一卷，第 1359-1360 頁。
[3]　郭湛波：《近五十年中國思想史》，上海古籍出版社，2010 年版。

國勤工儉學。正如拜瑞（T. Berry）所說的：「在那些受到西方訓練的學生們並不覺得共產主義有什麼吸引力。而那些更激進的人們則是在中國本土受到教育，而且只能說中文。只有少數例外的是那些在法國接受教育，並從法國大革命吸取無政府主義的人們。」[4] 在開始階段，那些激進的共產主義支持者或多或少受到杜威與羅素的影響。在新文化運動以及五四運動期間，兩位最重要的共產主義領導人陳獨秀與李大釗也受到杜威實用主義或實驗主義的影響；例如，從《新青年》雜誌宣言中，可以看到杜威的實用主義得到大多數中國知識分子領導任務的青睞。當時，馬克思列寧主義的理想並非陳獨秀和李大釗等《新青年》成員的主宰因素，但不久之後，他們變成了中國共產黨締造者。實際上，在這一期間，作為哲學與科學方法的杜威實驗主義比辨證唯物主義更受重視。在當時，陳獨秀、李大釗以及多數激進的中國知識分子領導人拒絕了階級鬥爭的理論。[5] 杜威有關「社會哲學和政治哲學」的演講極大影響了陳獨秀。當時，追隨杜威的陳獨秀相信，民主必須有草根似的社會基礎，而必須在地方基層開始，然後從那裡通過連續地更廣闊的應用達到政治權威更高的領域。很多中國知識分子對杜威與羅素的訪華有著深刻的印象，例如，在 1921 年 7 月 11 日的晨報上，曾熱衷報導並翻譯杜威和羅素的孫伏園感慨地寫道：杜威今天離開了，他實際上留下了多少東西？他在中國停留了兩年，對中國社會產生廣泛的影響，因而他沒有真正離開；大病痊癒只有幾個月羅素也是如此；感謝他們沒有嫌棄我們這樣一個落後民族；人們希望再見到他們的時候中國就會變樣了。然而，對激進的馬克思列寧主義者而言，任何一種西方哲學以及社會和政治的理論，包括杜威與羅素，都是偏見、陳腐，甚至反革命的。在 1921 年 7 月 1 日，就在杜威與羅素離開中國的前 10 天，中國共產黨在上海正式成立。在激進的知識分子中「馬克思列寧化」逐漸取代了「杜威化」與「羅素化」。據說原為密友兼五四同路人的胡適與陳獨秀在政治上分手時，前者對後者說：「你相信你的馬克思，我相信我的杜威，各不相強，何必都走一條路。」

杜威以兒童為中心、以經驗的重組為教學本質、以活動和練習為基本教學組織方式等主張，首開現代教學論的先河，但在中國還算曇花一現。就在中華人民共和國建立之後，為了思想需要，中國共產黨開展全國性重大運動批判杜威的實用主義及其中國追隨者，例如胡適。從 1954 年到 1955 年，為了清除和驅邪「胡適的幽靈」以及「杜威實用主義流毒的來源」，一共出版了超過 300 萬字的各種著述。在那些

---

[4] T. Berry, "Dewey's Influence in China," *John Dewey: His Thought and Influence* edited by John Blewett, Greenwood Press, 1973, p. 207.

[5] Tse-tung Chow, *The May Fourth Movement*, Harvard University Press, 1980, pp. 175-176.

最具批判性的文章上，主要針對杜威哲學和方法邪惡影響的坦率認識，其中也有一些是有關羅素消極影響的評論。1956 年 6 月 7 日，陸定一給毛澤東寫了一封信，其中有這樣一段：「在大學哲學系、經濟學系的高年級，我們的意見，應當設黑格爾哲學、杜威哲學、羅素哲學、凱恩斯經濟學等課程，以增長知識，知己知彼。要學點唯心主義，才能在反唯心主義的鬥爭中反出些名堂來，而不是越反唯心主義越僵化，越學越教條主義。這個主意，如中央同意，那麼，現在開始準備，秋季開始就可以做了。」第二天，毛澤東即批語：「退陸定一同志。此件很好，可以發表。」。[6]

　　著名翻譯家何兆武先生在回憶自己在文革中為何被打成反革命時，說道：因為有以下兩條：

> 一條是我們排長宣佈我「惡毒攻擊我們敬愛的江青同志」。為什麼這麼說？因為我不喜歡看樣板戲……。另一條是我翻譯了羅素的《西方哲學史》，是「為中國復辟資本主義招魂」。羅素這本書是商務印書館交給我的，他們的副總編輯駱靜蘭女士和我是同班同學，很熟，在運動以前常有來往。運動期間不敢接觸，互相都怕連累對方。運動以後恢復聯繫，她告訴我，這本書是毛澤東交譯的。二戰以後，羅素和愛因斯坦兩個人合搞世界和平運動，搞得很火熱，實際是針對美帝的世界霸權，所以我們很欣賞。尤其毛澤東、周恩來兩位都是親身經歷過「五四」的，「五四」時期羅素到中國來過一年，非常欣賞中國文明不過他的欣賞跟我們也不盡相同，他是因為中國文明沒有被現代化所污染。後來毛周聯名邀請他到中國訪問，他也很願意來，但他已97 歲，身體不好，就把《西方哲學史》送給毛澤東，毛澤東就吩咐下面翻譯出來。那個時候出版非常嚴格，凡是翻譯國外的書，都由商務印書館出版。凡是馬克思以前的著作，可以公開出版，馬克思以後的西方著作，都是內部發行。所以這本《西方哲學史》只能內部發行。當時我不知道這是毛澤東交譯的，後來知道了，覺得軍宣隊很荒唐，他們定我罪的時候竟然不考慮這書從哪裡來的。[7]

6　毛澤東：《建國以來毛澤東文稿》，中央文獻出版社，1992 年，第 6 冊。

7　http://news.ifeng.com/history/zhongguoxiandaishi/detail_2012_11/08/18965543_1.shtml.

第二節 「羅素化」與「杜威化」的「復甦」

1980 年代以來，中國大陸開始了巨大社會變革與轉型。商業化以及大眾消費文化的哲學反應——杜威化的實用主義越來越流行。改革開放後，人們開始逐漸重新認識杜威及其教育理論的歷史價值。同時，也有一些中國知識分子試圖以羅素化來實現更加理想主義的西方價值。最近 30 年來，對於西方大哲，恐怕羅素及其著作在中國大陸不是介紹和翻譯最多的，也是排列前幾位的之一。在此結語裡，主要多談一點杜威研究的現狀，因為在極左年代，他比羅素受到更多的不公平對待，成了西方帝國主義腐朽思想的代名詞。

作者粗略地計算了一下，自 1920 年以來，羅素各種著作的中譯本約 180 種（見本書附件「羅素著作中譯本列單」）。其中 1949 年以前出版、再版或翻版的約 54 種；1949 年之後，由臺灣地區出版、再版或翻版的約 70 種；1949 年以來由中國大陸出版、再版或翻版的約 56 種。1980 年代後，隨著改革開放，各種版本羅素譯著就如雨後春筍般出現，但其中不少是粗製濫造。有學者尖銳地指出：「自從這是真正的危險，是國內文化界必須正視的翻譯危局。百年以來，中國大陸上曾經掀起過兩次翻譯熱潮：第一次是上世紀 1930 年代，通過嚴復、梁啟超、魯迅等翻譯大師的努力，斯賓塞的社會進化論、馬克思的資本論、洪堡的大學觀、羅素的哲學被介紹到了苦難深重的中國；第二次是 1980 年代，《悲慘世界》、《戰爭與和平》等名著的開禁，讓剛剛從文革中走出的中國人呼吸到了新鮮自由的空氣，看到了一個個原先被屏蔽的世界。而現在，在全球經濟日趨一體但地區文化衝突愈演愈烈的今天，翻譯的狀況卻讓中國人很容易陷入新式的、自覺自願的閉目塞聽與故步自封中。」[8] 有學者經過盤點羅素的中譯本，談到自己「心中不免有一些失落的感覺。因為素來為世人所景仰的羅素，其著作在中國的翻譯和出版似乎還不太活躍，以上所述六十種譯作中，真正實現了重印的並沒有幾種，而許多權威著作的一書多譯也只是寥寥幾家。無奈之下，我只好到陝西師範大學圖書館專門就商務印書館出版過的品種的版次作了查詢和記錄，畢竟經過了這樣的補充，羅素著作的出版狀況才算不太冷清啊。」[9]

---

[8] 吳海雲：〈大陸翻譯危局：翻譯作品粗劣浮躁〉，2012 年 8 月 16 日《鳳凰週刊》。

[9] 洪光榮：〈對羅素及其相關著作中譯本的一點介紹〉，
http://blog.tianya.cn/blogger/post_read.asp?BlogID=3486235&PostID=35193070。

　　1980 年代初，在改革開放、撥亂反正思想指導下，中國大陸對杜威教育思想的研究進人了一個新階段，「取得了一些突破性的進展」。1982 年，全國教育史研究會第二屆年會專門研討了杜威教育思想。此後，從事教育科學研究的專家、學者從更廣泛的角度深人研究杜威教育思想，先後翻譯出版了一批反映杜威教育思想的原著和研究成果，發表了近 130 篇有價值的相關研究論文。

　　在哲學方面，杜威哲學的研究大致經歷了兩個階段，主要以 1987 年劉放桐發表的〈重新評價實用主義〉一文和 1988 年在成都召開的「實用主義哲學討論會」作為劃界。第一階段，是「左」的模式的影響逐步清除的階段。劉放桐的體會道出了這個研究階段的一些普遍性，他說：「我自己近幾年來在談論實用主義時雖然已感到這種模式不實事求是，也企圖有所突破，但終因種種顧慮而未敢邁出大步。」第二階段，是全面評價階段。學術界不僅採取實事求是的研究態度，而且拓展了杜威哲學的研究廣度。[10] 在教育方面，趙祥麟在《上海師範大學學報》（社科版）1980 年第 2 期上推出了〈重新評價杜威的實用主義教育思想〉一文，將杜威思想的研究推向一個新的里程碑。在此之後，湧現了大量的論文，並出版不少的譯著和專著。特別應指出，2002 年 7 月，作為中國全國教育科學「九五」規劃教育部重點課題的研究成果，華東師範大學改革和發展研究所單中惠教授的《現代教育的探索──杜威與實用主義教育思想》一書，由人民教育出版社隆重推出。在有關杜威的專著中，它被公認為研究杜威教育思想最為系統和最為完整的一部。此書分 6 章共 46 萬餘字，分別討論了「杜威的大學時代和教授生涯」、「杜威實用主義教育思想的形成」、「傳統教育與杜威」、「進步教育與杜威」、「杜威實用主義教育思想體系」、「杜威實用主義教育思想與世界教育」等 6 個專題，所涉及的內容幾乎包括了杜威教育思想的每一方面：實用主義哲學、機能主義心理學、教育目的論、課程論、方法論、道德教育、職業教育、兒童觀、教師觀、實驗學校、杜威與傳統教育和進步教育的關係、杜威教育思想對各國的影響等等。「對杜威教育思想進行如此廣泛的探索，並將探索的成果以專著的形式系統地表述出來，該書應是國內的第一本。」[11]

　　美國南伊利諾斯大學杜威研究中心出版了於 1969-1990 年先後出版了《杜威全集》37 卷，按杜威生平歷程的早、中、晚期年代順序編成三輯：《約翰‧杜威早期著作集，1882-1898 年》（5 卷本，1969-1972 年出版）、《約翰　杜威中期著作集，1899-1924 年》（15 卷本，1976-1983 年出版）與《約翰‧杜威晚期著作集，1925-1953

---

[10] 顧紅亮：〈近 20 年來杜威哲學研究綜述〉，《哲學動態》1997 年第 10 期。
[11] 洪明：〈讓對杜威教育思想的研究進一步走向深入〉，《教育研究》，2004 年 9 月。

年》（17 卷本，1981-1990 年出版）。最後索引單獨成 1 卷。從 2004 年起，華東師範大學出版社購得《杜威全集》中文版權，並啟動翻譯工程，由著名學者劉放桐主編，復旦大學杜威與美國哲學研究中心組譯。2010 年《杜威全集》早期 5 卷問世。2012 年，即杜威冥辰 60 周年之際，《杜威全集》中文譯本中期 15 卷出版。2015 年，1600 多萬字、正文 37 卷、索引 1 卷以及晚期著作補遺 1 卷，共 39 卷，總計約 1600 萬字以上，前後歷時 11 年的中文版《杜威全集》全部出齊。在這期間，3 位副主編中的 2 位——復旦大學哲學學院的汪堂家和俞吾金兩位教授於 2014 年先後去世，沒能見到全集的付梓。據出版方介紹，杜威年輕時在一些比較冷門的雜誌上發表了數量不少的學術論文，普通研究者難以接觸到這些文本。文集主編復旦大學哲學系教授劉放桐認為，「瞭解杜威，在一定意義上就是了解美國。」

　　杜威著述與文章都有不同的譯者與中譯本。如有學者對杜威《哲學的改造》的五個中譯本進行比較研究。文章介紹了杜威及其著作《哲學的改造》的地位和影響，並簡要介紹了《哲學的改造》各中譯本及其譯者的情況。杜威訪華期間，中國思想界對《哲學的改造》中的觀點進行了熱烈的評論，並不斷有學者將其重譯。為了使杜威的思想更完整準備地呈現給中國讀者，此學者從詞匯、句子和超句體三個方面對比分析了《哲學的改造》的五種中譯本，並從中總結出影響哲學作品翻譯的各種因素，力圖為今後哲學作品的翻譯提供借鑒，有助於使外國哲學更好地融入中國文化。[12]

　　杜威的《確定性的尋求——關於知行關係的研究》中譯本得到再版，該書共分 11 章：1 逃避危險；2 哲學對於常性的尋求；3 權威的衝突；4 承受的藝術與控制的藝術；5 觀念在工作中；6 觀念的遊戲；7 理智權威的所在；8 智慧的自然化；9 方法至上；10 善的構成；11 哥白尼式的革命。[13]「以杜威作為主要代表的美國實用主義哲學傳統近年來之所以不僅在美國、而且在整個世界哲學論壇上都重新得到重視，不僅羅蒂（R. Rorty）、伯恩斯坦（R. Bernstein）等美國哲學家的工作有關，而且與包括哈貝馬斯（Juergen Habermas）在內的歐洲哲學家的工作有關。」[14] 作為西方馬克思主義中的法蘭克福學派在當代的主要代表，哈貝馬斯多次表示自己認同於「從皮爾斯到米德（G. H. Mead）和杜威的美國實用主義的激進民主精神」，[15] 並

---

[12] 楊萌：〈《哲學的改造》中譯本的比較研究〉，西南科技大學。2013 年。

[13] 杜威：《確定性的尋求——關於知行關係的研究》。付統先譯。上海人民出版社。2005 年版。

[14] 童世駿：〈寫在《確定性的尋求》中譯本再版之際〉，《確定性的尋求——關於知行關係的研究》。付統先譯。上海人民出版社。

[15] Jürgen Habermas, "Newconservative Cultural Criticism in the United States and West Germany", in Jürgen

把它定位為青年黑格爾派傳統中除了馬克思和基爾凱郭爾（S. Kierkegaard）之外的第三個傳統，而且是「令人信服地發展了激進民主的自由精神的唯一傳統。」[16] 哈貝馬斯在杜威此書的德譯本書評如此闡述：

> 本世紀馬上結束了，回過頭去看這個世紀，1920 年代看來是德國哲學成果最豐富的十年－維特根斯坦[L. Wittgenstein]的《邏輯哲學論》，盧卡奇[G. Lukács]的《歷史與階級意識》，卡西爾[E. Cassirer]的《符號形式的哲學》，舍勒[M. Scheler]的《知識的形式和社會》，普萊斯納[H. Plessner]的《有機體和人類的諸階段》，當然還有海德格爾[M. Heidegger]的《存在與時間》。此後不久，在美國出現了一本層次相當的著作：《確定性的尋求》，約翰‧杜威的最有影響的著作。那時的杜威，年屆七十，其名聲正如日中天。過了很長時間，這部實用主義的經典現在總算有了馬丁‧蘇爾[Martin Suhr]的德文譯本。今天，杜威的名字已經家喻戶曉。這些年來，「實用主義」這個詞在德國也已經從一個貶義詞變成了一個褒義詞。這種接受上的延遲，當然提醒我們注意，杜威與他的德國同行們之間的關係，是不對稱的。[17]

　　1949 年，杜威 90 歲誕辰時，美國《新共和》（*The New Republic*）雜誌的編輯們在其刊發文道：「就其對現代智慧生活的影響而言，我們不知道誰堪與約翰‧杜威相提並論。」《新共和》雜誌的一位作者認為「沒有一個現代美國人能不受約翰‧杜威的影響」。[18] 著名哲學家懷特海（Alfred North Whitehead）評價：「我們生活在受杜威影響的時代之中」[19]。杜威的親傳弟子、著名教育家克伯屈（K. H. Kilpatrich）讚譽道：「就杜威在哲學史上的相應地位來說，我把他放在僅次於柏拉圖和亞里士多德的位置上。至於他在教育哲學史上的地位，在我看來，他是世界上還未曾有過

　　Habermas: *The New Conservatism: Cultural Criticism and the Historians' Debate*, p.45.

[16]　Jürgen Habermas: "Reflections on pragmatism", in Mitchell Aboulafia, et al (eds.): *Habermas and Pragmatism*, Routeledge, London and New York, 2002, p.228

[17]　哈貝馬斯：〈論杜威的《確定性的尋求》〉（童世駿譯），原為杜威：《確定性的尋求──關於知行關係的研究》德譯本書評。

[18]　*The New Republic* (Oct. ,1949), pp. 10, 26，轉引自〔澳〕W. F. 康內爾著、張法琨等譯《二十世紀世界教育史》，人民教育出版社，1990 年版，第 179 頁。

[19]　希爾普：《杜威哲學》，第 477 頁，轉引自趙祥麟主編《外國教育家評傳》（二），上海教育出版社 1992 年版，第 539 頁。

的最偉大的人物。」[20] 美國教育學家布里克曼（W. W. Brickman）說道：在哥倫比亞大學，杜威作為一位哲學家、教育家、作家和公共事務的領導者達到了國內外聲望的頂峰。通過他的講學和著述，杜威的思想影響到了世界各地的哲學家和教育家。他所涉獵的超越了學術：他的不懈努力使世界各地的人們生活得到改進。通過他自己和他的學生的工作，其中在教育領域首推威廉‧赫德‧克伯屈，杜威影響了許多國家的教育思想和實踐。「毫無疑問，無論是國內還是國外，杜威是所有時代中最著名的美國教育家，對他的崇拜者來說他是有史以來最偉大的教育家。」杜威去世後，他的學生兼密友的悉尼‧胡克懷念道：杜威「身後沒有留下紀念碑，沒有留下王國，也沒有留下物質財富或基金。然而他的遺產卻是巨大的、不可估量的。因為他的存在，數百萬美國兒童的生活才更加豐富、更加幸福。而對每一個成年人來說，他則提供了一種經過深思熟慮的、合理的生活信仰。

初步統計一下，1949 年前，有關杜威著作的各種中文譯本約有 40 餘種；而 1949 至 1976 年僅有 10 餘種；而從改革開放後，即 1978 年至 2018 年，已約有 70 餘種。（詳見附錄〈杜威著作中譯本列表〉）。

小結

貝林頓（M. Billington）指出：「羅素與杜威在中國在關鍵的 1919 至 1921 年期間，一起帶領了從孫逸仙博士的共和原則到五四運動轉向的努力。這兩人著述已經在 1910 年的中國得到翻譯與廣泛傳播。從他們在北京和上海的講課中出現共產主義運動的核心領導。」[21] 不過，這個評論並非正確。實際上，那些重要共產主義領導，例如陳獨秀、李大釗以及毛澤東等人，對他們的理論徹底失望。在很短的時間之後，陳獨秀與李大釗成為真正激進的馬克思列寧主義者，並開始推出他們自己全面的哲學以及社會與政治體系來批判杜威與羅素。旅美華裔學者周策縱指出：「在五四運動後的兩年中，中國人在有關政治經濟制度以及文明觀念上的衝突，真正受到杜威與羅素的影響，最初產生了一種各體之間互相贊同的混合局面。然而，後來逐漸在政治經濟主張的分道揚鑣導致了運動的分裂；這在現實政治的影響下得到加速。」[22] 羅素和杜威的主張被一些中國知識分子、傳統主義者以及保守分子從各自的利益出發加以解釋甚至歪曲的時候，人們自然對這兩個西方思想家都會有所失

---

[20] William W. Brichman, John Dewey: Master Education (New York ,1961), p. 16 .

[21] M. Billington, "The British Role in Creating Maoism," *Executive Intelligence Review*, 1995, pp. 22-16.

[22] Tse-tung Chow, *The May Fourth Movement*, Harvard University Press, 1980, p. 239.

望。羅素與杜威的互相批評使人們可通過反向和逆推更加理解他們各自思想的強項
與弱項。

本篇簡評　在特定文化語境下的
羅素化與杜威化

　　通過上述九章對羅素化與杜威化進行分題比較。我們在一定程度上可以發現這兩位大哲的思想差異，以及中國知識界和思想界在同他們對話的成功與失敗。「所有真歷史都是當代史」（Every true history is contemporary history），哲學大師克羅齊（Bendetto Croce, 1866-1952）給人類留下這樣一個發人深省的命題。[1] 對此雖有爭議，但從歷史的延續性角度說，自有其高超的道理。重溫歷史，那場由羅素與杜威引發的東西方思想對話，曾鬧得轟轟烈烈，對今天的中華崛起仍有著現實的意義。羅素與杜威訪華時的語境可看作是在當年進行東西方對話中所涉及的文化背景、歷史傳承、時空環境、經濟條件、政治生態、心理訴求以及情緒景象等。本來這種語境有兩種功能：一方面，它能將羅素和杜威與中國思想界和知識界交流所用觀念、價值觀和概念系統的原本多義性轉為單義性；另一方面，它又能從這些觀念、價值觀和概念系統中衍生出更多的歧義。由於進行對話的語言符號，即羅素與杜威主要所用的英文與中國思想界主要所用的中文本身包含兩種實際涵義，即賦予義和解釋義，並由此產生的語境意義甚至可超越語言符號本初的意義，從而主導東西方的交往與溝通。除此之外，中國與當時國際的語境也影響著交往主體，即羅素與中國思想界，也就是使用者對語言符號的選擇與演繹。

　　羅素和杜威與中國思想界精英所主導的東西方對話，其語境是構成思想與情緒表達和交流的主客觀環境或因素。客觀性因素有當時中國的時間、空間、場景、對象、人事、社會關係、論題焦點等所有可能的外在條件；主觀性因素有羅素和杜威與中國思想界和知識界各種人物，如孫中山、梁啟超、張申府、張東蓀、梁漱溟等的思想、理念、性格、職業、修養、家教、處境、心情等所有可能的主體內在條件。相比而言，東西方對話的社會語境比情景語境更為廣義。羅素與杜威訪華時的情景語境即構成東西方交流的直接環境，包括參與事件的屬性與類型，參與時空的形

---

[1]　Croce, Benedetto: *History, Its Theory and Practice*, translated by Douglas Ainslie, New York, Russell & Russell, 1960, p.12.

式，如大小遠近長短等，參與人員的關係、身份、地位、目的、心態等。[2] 羅素和杜威與中國思想界所處的文化語境其實更有著無窮的變量，它涉及到當時對話活動的所有領域：社會、歷史、政治、經濟、法律、宗教、教育、哲學、文學、科技、價值觀、社會思潮以及思維與行為方式等等。不同的社會有不同的文化傳承和生活習慣，如各種文明、各個國家、各個地域、各個宗教等互不相同。羅素與中國思想界各自所代表的特定社會文化必定產生特定的文化語境。當時東西方對話所用的每種書面文體或口語方式都有其專門的社會交往功能，在特定的社會文化背景下，發展出約定俗成的圖式結構，格式和套語。這些圖式結構，格式和套語會因不同的文化背景而改變。因此，即使在相同的情景語境下，由於文化不同，表達出來的文字與話語也不同，可見文化語境同情景語境一樣，對語言交流的發展有著決定性的影響。[3] 我們現在重讀當時知識界對羅素各種演講的文本記錄，可以感受到那個歷史背景下的社會文化的烙印。

　　羅素和杜威同中國思想界進行東西方對話的語境是一個傳遞文本意思，即參與雙方傳遞思想理念的過程。從語言的角度，語境化是指在互動或溝通的情況下使用語言和話語的信號；從哲學的角度，語境化是指行動或表達可以在上下文中理解。例如，瞭解羅素與杜威及其特定的著作，不僅需要他們所闡明的哲學論證，而且也需要瞭解在他們進行研究的特定語境及其特定的時代背景。人們常常在尋找普遍適用的理論與概念構架而忽略了當地的具體文化因素，即被稱為語境的現實。在東西方對話中，語境化是指雙方各自應用語言與話語來作為與互動或溝通場合相關的信號。伯恩斯坦（Basil Bernstein）主張在教學環境中重構科學知識時使用語境化或再語境化，例如在教科書中所做的。[4] 古姆培茲（John Gumperz）以及其他學者在互動社會語言學中研究微妙的「語境線索（contextualization cues）」，比如語調（intonation），[5] 並允許語言使用者從語境意義上來推斷話語的充分含義。[6] 其實羅素與杜威在訪華的演講中，正是在中國特定的語境化與再語境化中，盡量用當時中

2　情景語境通常由三個變量組成：一、語場（話語範圍）：即對話雙方之間話語或文辭表達與交流的內容隨主題而改變；二、語旨（話語基調）：即對話雙方之間表達者與接受者的關係，如地位的遠近、接觸的多寡、感情的親疏等，會影響語言的選擇；三、語式（話語方式）：即對話雙方之間所採用的口語和書面語，是語言的載體形式，隨著時空的距離或長短而改變。

3　參見岑紹基《語言功能與中文教學（系統功能語言學在中文科教學上的應用）》，香港大學出版社，2003 年。

4　Bernstein, B. 1990. *Class, codes and control.* Vol. IV. *The structuring of pedagogic discourse.* London: Routledge.

5　Gumperz, J. J. 1982. *Discourse strategies.* Cambridge: Cambridge University Press.

6　Eerdmans, S., Prevignano, C., & Thibault, P. 2002. *Language and interaction. Discussions with J. J. Gumperz.* Amsterdam: Benjamins.

國思想界與知識界在對話互動與雙向交流中，所能夠接受和理解的方式，重構哲學基本問題、科學知識架構以及社會人文理論。

在近代史上，中國哲學所反映西方哲學語境的三個發展階段需要提及。第一階段，自 17-18 世紀的西風東漸中，在當時的反思語境化下，由嚴復等人，西方的世界觀、認識論、方法論、倫理學、概念系統以及社會政治觀念，經過對歐洲文字以及對日文的翻譯，開始在中國傳播。這一階段可以認為是羅素與中華文化進行對話的先期鋪墊。第二階段，辛亥革命、五四運動、新文化運動，以及整個民國初期與中期，在當時特定的反思語境化下，中國知識分子，包括留歐、留美、留日學者，如胡適、馮友蘭、梁漱溟、金岳霖、季羨林等，廣泛深入地借用西方哲學概念和系統來重構、闡釋、界定、包裝中國傳統的哲學思想，當然同時也保留和嵌入固有的文化內涵與文化代碼。這一階段正是羅素與杜威兩位西方大哲，開了先河，身體力行地同中華文化做了直接的對話。第三階段，20 世紀 80 年代以來，由於中國大陸的改革開放，對西方哲學思想的包容甚至推廣，以至在更廣泛而深入的反思語境中，中國哲學本身也得到相當發展。正如馬索洛（Dismas Aloys Masolo）所指出的，它的重要性，就在於「質疑人類學與哲學中那些概念主題與範疇未加批判的所謂中立性，並由此質疑西方科學的理性與方法論的客觀性與普遍性。」[7] 這一階段可說是羅素與杜威思想以及整個西方思想與中華文化進行相對全方位對話的時期。

中國本身的傳統文化，外來的西方文化以及其他一切非西方文化形成了一種強大的合力，影響著羅素訪華時的中國社會。在羅素與中國知識界以及各種精英的來往中，建立了建設性的對話與溝通。像在所有多元文化的社會一樣，中國需要一個「自我反思的語境化」（self-reflective contextualisation）。[8] 在多元文化背景下，對東西方文化的研究既不是絕對提升某一種文化唯一性、特權性或優勢性的位置；而是在自我反思語境化中，注重本國文化的超越性、多元性以及欠缺性。不同文化之間既有通約性，也會有不可通約性；從語言溝通的角度說，恐怕還存在著不可翻譯性（intranslatability）。[9] 換句話說，不同文化之間有著最大公約數，即人類文明的

---

[7]　Dismas Aloys Masolo. 1994. *African Philosophy in Search of Identity*, Indiana University Press, pp. 124-146.

[8]　See W. L. van der Merwe.1998. "African Philosophy and the Contextualization of Philosophy in a Multicultural Society," in G. Katsiaficas / T. Kiros (ed.): *The Promise of Multiculturalism*. London: Routledge.

[9]　在《科學革命的結構》（1962）一書中，科學哲學家孔恩（Thomas Kuhn）首次從數學中借用不可通約（incommensurability）這一概念來描述前後相繼科學理論之間的關係，從而說明科學革命的重要特徵是新舊範式之間的不可通約性。他指出，在革命後，科學家的知覺和視覺都發生改變，其面對的是一個迥然相異的世界，並與自己先前所居住的世界不可通約（參見 Thomas Kuhn. 1962. *The Structure of Scientific Revolutions*, Chicago: University of Chicago Press.,P147-150）。1960 年代末，為了澄清他人對不可通約性的誤

共同性和相似性，但人類文明也有著不同型和差異性。然而，我們可以發現，跨文化的理解和翻譯有著很大程度的制約。重溫羅素與杜威，我們可以看到，他們在與中華思想界和知識界的對話中，存在著語言與文化的雙重障礙，但他們竭力尋求人類之間的最大公約數，並不斷試圖衝破這種制約。語言及其對譯過程與效應的因素，在研究東西方社會文化上的差異是不容忽視的。不同語言的溝通在文化的交流上是先決條件之一。語言是有效國際合作的一大障礙，因為它不單純是一個介質的概念，而是作為概念系統的傳送方式，反映思維過程，價值觀和意識活動，並表達一個主題。反觀當年的羅素與中國思想界對話的整個過程，不難看到雙方因某些溝通障礙所產生的諸多嚴重的誤解與隔閡。羅素化與杜威化就是在中國特定的社會文化語境下，所發生的東西方思想交流與互動。當然由於歷史的局限性，這兩種「化」很難得到圓滿的成功，甚至遭受挫折與失利。

牟宗三曾很不樂觀地評價當年的羅素化與杜威化，他如此說道：張申府先生最崇拜羅素，對羅素生活的情調與思考問題的格調很熟悉，但是羅素本人的學問，張先生卻講不出來。所以，羅素那一套哲學沒有傳到中國來。胡適之先生宣傳杜威，可是對於杜威，他並不瞭解，他還達不到那個程度。胡先生所瞭解的杜威只是「How we think」中的杜威，杜氏後來的著作他大概都無興趣，或甚至根本沒有讀過。杜氏的學問相當扎實，自成一家之言，美國將來能不能像杜威這樣的哲學家都有問題。瞭解杜氏的那一套並不是容易的。所以胡先生當年所宣傳的杜威，根本就沒有傳到中國來。實用主義成了望文生意的實用主義。當代的羅素、杜威無法講，十八世紀的康德，就更難了，要講清楚都辦不到。所以北大對西方哲學無所成就，進不了西方哲學之門。以後變成專門講中國哲學。[10]

縱觀歷史，正如 16 世紀利瑪竇與中國最早的「大學」──白鹿洞書院的學人們開創了直接思想對話一樣，大哲羅素與杜威可譽為現代東西方思想對話之間橋樑的卓越設計者與構築者。總之，今天重溫羅素與杜威，試圖還原當時社會與歷史的語境，並在迄今為止的歷史延續中，瞭解這兩位西方大哲與中國思想界的對話所帶來的影響，一定大有裨益。客觀、全面、公正、理性地對待所有的西方大哲及其思想，可視為一個開放社會的學術界所必有的治學態度與專業精神。近百年

解，孔恩逐漸從術語分類學（taxonomy）和語言哲學的角度來探討不可通約性，認為它與不可翻譯性（intranslatability）是等同的（參見 Joseph Margolis. 2003. *The Unraveling of Scientism: American Philosophy at the End of the 20th Century*, Cornell University Press, p159）。

[10] 王興國，〈牟宗三論中國現代哲學界〉，加拿大《文化中國》2000 年 3 月號和 6 月號，第七卷第 1-2 期，總第 24-25 期。

前訪華的羅素與杜威早已作古，但這兩位思想偉人在今天的中國繼續受到了應得的
尊敬與高度評價，也不虛他們當年還算風風光光的神州之行。

下篇

羅素哲思與杜威哲思的

深入比較

第十章　對兩位大哲知識觀的比較

　　知識觀（knowledge view）或認識論（epistemology）是對知識與合理信念的研究。對知識的研究會涉及：知識的必要條件和充分條件；知識的來源；知識的結構；知識的極限等。對合理信念的研究涉及幾個問題，即如何理解合理性的概念？什麼使合理的信念成為正當理由？合理性是對自己的內心或外在的辯解嗎？在更廣泛的理解上，認識論是與知識的創造和傳播有關的研究。

第一節　羅素的知識觀

　　1912 年，羅素在《哲學問題》一書開頭第一句話曾經問道：「世界上有那種是任何有理智的人都無從懷疑的確定知識嗎？」[1] 過了 36 年，經過漫長的探索，在 1948 年出版的《人類知識：它的範圍與限度》的最後一頁的最後兩句話中，他得出這樣的悲觀的答案：「所有的人類知識都是不確定的、不確切的和片面的。對於這種看法，我們還找不到任何的限制。」[2] 實際上，這就是羅素對認識論的最大認識，也正是《人類知識》一書的最重大成果所在。在這後一部著作的序中，羅素提出了一個原則：「在研究這一論題中遇到的困難之一，就是必須使用普通言談中的常用詞，如『信念』、『真理』、『知識』以及『知覺』等，而這些術語日常用法含糊和不精確，並因沒有可用的精確詞能夠取代它們，故在我們早先研究階段所說的每一件事，從我們期待最終達到的觀點來看，都是令人不滿意的。假設我們能成功地增長知識，這就好比一位旅行家在霧濛中走近一座高山：起初僅可辨別大致輪廓，甚至連它的界限都是模糊的，但漸漸能看到更多的細節，邊緣也變得較為清晰了。因此，在我們的討論中，不可能先弄清一個問題然後再去處理另一個問題，因為滲入的霧氣彌漫著所有東西。在每個階段中，儘管問題的一部分可能成為關注的焦點，而所有的部分或多或少都與問題相關。我們必須利用的那些不同關鍵詞都是相互聯結的，只要其中某些詞留有含糊，而另外的詞也就必定多少伴有這類缺陷。由

---

[1]　Bertrand Russell, *The Problems of Philosophy*, Prometheus Books, 1988, p.1.

[2]　Bertrand Russell, *Human Knowledge: Its Scope and Limits*, Simon and Schuster, 1948, p.507.

此可見，先前所說的話應服從後面所說的話的修正。穆罕默德通告過，如果可蘭經中有兩處經文有不一致處，那後來的即為準則，我希望讀者用同一原則來解釋這本書中所說的東西。」這就告訴我們，羅素在從《哲學問題》到《人類知識》思想發展中有了不一致，但應以後者為準則。[3]

認識論是羅素一生最關注的領域之一。他認為，如果一個哲學問題成為他探究的主題時，就一定是認識論方面的；在漫長的一生中，他所寫作的都是「關於經驗與科學探索結果的關係，常識知識與經驗的關係以及語言與語言是關於什麼的關係」；在這個意義上，「知識論成為羅素哲學的一個中心研究。」[4] 羅素寫完《哲學問題》之後，又寫了《我們對於外界的知識》（1914）。自 1914 年 8 月到 1917 年末，羅素全力忙於反對戰爭的事務。但到了 1918 年初，他覺得無法對和平做再多工作，便趕寫了一本早先約稿的《到自由之路》。當此書完稿後，他又開始回頭探討哲學問題。在他進監獄以前做了討論邏輯原子主義的那些演講。在監獄裡，他先寫了一篇對杜威的批評文章，接著寫了《數理哲學引介》。這以後，他轉向了認識論，尤其是似乎與心理學和語言學的有關的內容。這種轉向，在羅素的哲學興趣中可以認為永久性的，它主要表現在在三本書裡：《心的分析》（1921）、《對意義與真理的探究》（1940）和《人類的知識》（1948）。

我們可將羅素認識論的發展大致分為三個時期：前期從 1900 年至 1920 年，主要代表作有《對萊布尼茲哲學的批判解說》（1900 年）、《哲學問題》（1912 年）、《我們對外界的知識》（1914 年）、《神秘主義與邏輯》（1918 年）以及其他論文等。中期從 1920 年至 1940 年，主要代表作有《心的分析》（1921 年）、《物的分析》（1927 年）、《哲學大綱》（1927 年）《對意義與真理的探究》（1940 年）以及其他論文等。後期從 1940 年至 1950 年，主要代表作有《人類的知識》（1948 年）以及其他論文等。

什麼是認識論？羅素的答案是：「認識論涉及邏輯與心理兩方面的因素。從邏輯上說，我們必須考察那些基本命題與因它們而使我們所信東西之間的推理關係（通常並非嚴格的演繹）；我們也要考察經常存在於不同基本命題之間的邏輯關係，如果我們採用某些普遍原理，使它們適於作為一個整體的系統而加強其中每一元素的可能性；我們還要考察那些基本命題本身的邏輯特性。從心理上說，我們必須檢驗基本命題與經驗的關係，有關在感知它們時所產生的懷疑或確定的程度，以及減少懷疑增大確定的方法。」[5] 他還將為「認知著」（knowing）下了一個定義：「反

---

[3]　Ibid., pp.v-vi.

[4]　E. R. Eames, *Bertrand Russell's Theory of Knowledge*, George Braziller, 1969, pp.24-25.

[5]　Bertrand Russell, *An Inquiry into Meaning and Truth*, Unwin Paperbacks, 1980, p.18.

映環境的一種方式，而並非涉及只有具有知識的那個人能夠觀察的某種東西（某種『心靈狀態』）。」[6] 這是他在中期思想中的看法，其中尤其是對確定性在認識論中地位的表述，具有承上啟下的作用。本書主要對羅素前期與後期思想進行一些比較意義的評述。

羅素回憶說，自己在認識論始終保留的有六大重要的成見（prejudices）：

一，他強調動物和人類心靈之間的連續性（continuity）。羅素基本上同意那種反對用理智來解釋動物行為的說法，但認為對動物行為的解釋方法比人類「思想」、「知識」或「推論」的解釋方法要有更多的範圍。這個成見使他閱讀了不少有關動物心理的文獻。羅素所關注的是對動物怎樣進行學習的觀察。美國人的觀察相信動物都是盲目撞到解決的辦法；而德國人的觀察相信動物坐等而後從內意識裡得到解決的辦法。羅素認為上述兩種觀察都完全可以信賴，因為動物的行動取決於它要解決哪一類問題。但他始終堅持任何學說都不得超過已由觀察證實了的範圍。在羅素看來，巴甫洛夫（Pavlov）觀察狗的條件反射（conditioned reflexes）積累了大量精確的實驗知識，因而造就了稱為行為主義（behaviorism）的哲學。它的中心思想是，心理學完全依據外部的觀察，而否認完全依靠內省的材料。儘管從哲學上羅素不接受這種看法，但從方法上卻有限度地承認它有實用從而可以推行的價值。

二，他主張盡可能用物理學進行解釋。羅素從來就堅持，從宇宙觀看，生命和經驗對於事物的因果關係來說還是微不足道的；與銀河系相比，地球是渺小的。他對拉姆塞（F. P. Ramsey）的《數學的基礎》中過於誇張人在宇宙中的作用頗不以為然。他指出，人類及其幹過的蠢事是令人不愉快的；思考安德魯米達星座（Andromeda）的星雲比思考成吉思汗要快樂的多。他說自己無法同康德一樣把道德律和星空置於同一平面，因而任何將宇宙進行人類化（這是構成唯心論的基礎）的企圖都是令人不快的；世界並非來自黑格爾的苦思冥想以及他的「天界原型」（Celestial Prototype）。羅素還指出，自己並不很自信，在任何經驗主題中，透徹的理解會將較重要的因果律歸原為物理學定律。然而倘若問題非常複雜，他懷疑這種歸原（reduction）是否可能實現。

6　Bertrand Russell, *An Outline of Philosophy*, W. W. Norton & Company, INC., 1927, p. 17.

三，他覺得「經驗」的概念一直被過分強調，尤其在唯心論中，同樣在許多形式的經驗論中也是如此。當開始思考認識論的時候，羅素發現強調「經驗」的哲學家們都沒有告知這個詞的意思，因為他們似乎覺得這個詞無法加以定義，而其意義不言自明。這些人堅信，只有那些被經驗的事物才可知其存在，而不知其存在卻確定某些事物存在，則毫無意義。羅素認為這種看法過於強調知識，或過於強調與知識相類似的東西，但主張這種看法的人並沒有瞭解到它的全部意義。由此可見，只有極少哲學家懂得能夠明白「凡A皆B」或「有若干A」這一類形式的命題，而不必瞭解任何單獨的A。倘若在一處多石的海灘，你會相信那裡有很多石子還未見過或摸過。實際上，所有人都會承認有無數有關還沒有經驗過的事物的命題，但當他們開始進行哲思的時候，似乎認為必須人為地把自己整得很愚蠢。羅素也承認，很難解釋怎樣才能取得超乎經驗的知識，但他又指出那種主張不存在這種知識的說法也是不足為憑的。

四，他深信任何有關「世界存在什麼」的知識，倘若並非通過知覺或記憶直接報告而知道的事實，必從某些前提推演而來，至少其中有一個前提是通過知覺或記憶而知的。羅素不認為有為證明事物存在而完全先驗的方法，但他確信會有某些或然性的推論形式，儘管它們不可由經驗加以證明。

五，他意識到語詞與事物之間關係的很多難題。首先是單個詞的分類：專名（proper names）、形容詞、關係詞、連接詞以及諸如「所有」和「有些」這一類的詞。其次是句子的意義和句子怎樣會有真假二元性的問題。羅素察覺到，在算術中有些形式主義者僅滿足於定立某些做算術的規則，而忽略數必須用來計算事物；同樣，在語言這個更廣泛的領域裡有些形式主義者將真理看作是符合某些法則，而並非某個與事實相符合的問題。不少哲學家否定真理的「符合說」（correspondence theory），但羅素則相信，除應用邏輯和數學，沒有任何其他學說可能會是正確的。由於他企圖保持動物理智的連續性，因而也堅持，儘管語言極為重要，但它的重要性還是被高估了。在他看來，信仰和知識有先於語言的形式，而不清楚這一點，就無法正確對其進行分析。在羅素最初對語言感到興趣之際，他並未料到問題的困難和複雜性，因為他注意了語言問題的重要，卻並不明白那些問題到底是什麼。羅素並不自認已掌握了這個領域裡的所有知識，但確信自己的思想已變得更加清楚和明確了，並且更意識到其中涉及的問題。

六，他自認在其整個思想中始終最為重要的，就是有關方法的問題。羅素說自己的方法總是發端於一些模糊而困惑的東西，即某種無可懷疑，但也不能精確表達的東西；因而經歷的過程就如先以肉眼觀看某物，隨後再用顯微鏡進行檢驗。他發現，自己集中注意力，於是在原本無物可見之處出現了區分和差異，正如使用顯微鏡就可觀察到污水中的桿菌那樣。儘管不少人反對分析，但羅素始終堅信，就如污水的例子，分析顯然會帶來新知識，並對原本的知識絲毫未損；這既適於有形之物的構造，而且也適於概念。以通常運用的「知識」為例，它就是一個很不精確的名詞，其中包含許多不同的東西以及從確定性到略有可能的不少階段。羅素發現，根據自己的經驗，哲學研究就是從某種好奇、不滿足的心境發端，而又感到完全確定，但又無法表達所確定的究竟是什麼。人們長期關注而造成的那個過程就如在濃霧中觀察某種越來越近的物件；起初呈現出一片模糊的黑影，但走近後就逐漸清晰了，原來是一個男人或一個女人，一匹馬或一頭牛等等。羅素批評那些反對分析的人說，他們只是滿足於那片起初的模糊黑影。羅素說道：「對於研究哲學的方法來說，對上述那個過程的信賴是我最強有力、最不可動搖的成見。」[7]

《羅素——熱情的懷疑論者》的作者伍德（Alan Wood）說過，他相信《人類的知識》是羅素最重要的哲學著作之一，而且是哲學史上一個里程碑。可以說《人類知識》是羅素最後一部專門而又系統哲學著作，它相當完整地總結了這位一代大哲的後期主要哲學思想。但伍德也坦率地說，「我知道幾乎不會有任何人能贊同我的意見。我想，此書之所以被低估，主要是由於羅素自己的過失。首先，它十分冗長而不連貫，並且過於累贅地敘述他已經在《物的分析》以及《意義與真理的探究》中所說過的內容，這是因為他一意要在這本書中對自己的觀點作出一個最後的總結。另一個麻煩是（出於某種不為人知的羅素式的理由）：羅素在此書的序言中說，自己的目的本來並非專為職業哲學家而寫的，而是為了給那些對哲學問題感到興趣的普通讀者看的。事實上，此書裡也有冗長而嚴密的專門性論述，跟《意義與真理的探究》裡的論述一樣難懂，甚至在某些章節中要難懂得多。」[8] 因此，這就不難解一般職業哲學家對此書的反映了，他們起初把這本書輕蔑地看作是開導業餘愛者的通俗讀物。然而，當他翻閱過前四章後，發現有很多內容是他以前讀過的，

Bertrand Russell, *My Philosophical Development*, Simon and Schuster, 1959, p.133.
[8] A. Wood, *Bertrand Russell-the Passionate Skeptic,* Simon and Schuster, 1958, p.219.

隨即讀到第五章，他更驚愕地發覺這裡充斥著數學的符號，發現是有關概率論（在所有未解決的問題中最令人迷惑的問題之一）的專門討論。對於職業哲學家來說，這就等於是一次決定性的蔑視和侮辱。原先有人告訴他，《人類知識》是為了使普通人都能看懂得而寫的一本簡單的書，可是現在他發現連他這個職業哲學家自己也不懂得它了。他或者把它擱置一邊，然後發一陣脾氣；或者心情極不愉快地翻到第六章，即結論部分「科學推理的假設」。正是這一章才包含有本書中的大部分具有獨創性的內容。

　　為什麼羅素會得出我們開頭所說的那種令人有些沮喪的結論呢？其中之一就是對邏輯演繹的失望。在《哲學問題》中，他企圖論證演繹能給我們新知識；但在《人類的知識》中，他指出：「演繹法的能力結果證明要比以前所設想的小得多。除了用新的語句來陳述在某種意義上已知的真理外，演繹法是提供不出新知識的。」

　　羅素自認《人類的知識》的中心目的就是檢驗個人經驗與科學知識總體之間的關係。他認為，自康德，或從貝克萊以來，哲學家中始終存在著一種錯誤的傾向，這就是對世界的描述不恰當地受了從人類知識的性質所得出的那種考察的影響。對科學常識來說，顯而易見，宇宙中僅有極微小的部分為人類所知，過去有漫長的蒙昧時期，將來也仍會有漫長的蒙昧時期。從宇宙觀與因果觀的意義上說，知識是宇宙的一個不重要的特徵。在描述世界時，主觀性（subjectivity）是一種惡習。康德自詡進行了一次「哥白尼式的革命」，但他若稱自己進行了一次「托勒密式的反革命」，那會更加中肯，因為這又把人回歸到遭哥白尼所廢黜的中心地位。然而，倘若問題並非「我們生存的是什麼樣的世界？」，而是「我們如何獲得關於世界的知識？」，那麼主觀性就有了自己的作用。

　　羅素聲稱，應採取他所說的「科學哲學化的最高格言」，[9] 即「任何時間都有可能的邏輯結構」的原則；[10] 或他有時所說的「邏輯虛構」；來「替代推斷的實體」。[11] 凡拒斥這種構造的可稱為某種本體論的原子。這樣的對象是原子的，它們彼此獨立地存在。其相應的命題也原子，任何一對真原子命題的成分將在邏輯上彼此獨立。羅素認為，倘若形式邏輯得到精心發展，不僅所有這些命題之間的各種關係，而且

[9] Bertrand Russell, *Mysticism and Logic and Other Essays*, New York, London: Longmans, Green & Co., 1918, p.155.

[10] Bertrand Russell, *Our Knowledge of the External World*, Chicago and London: The Open Court Publishing Company，1914, p.107.

[11] Bertrand Russell, "Logical Atomism," in J.H. Muirhead, *Contemporary British Philosophers*, London: Allen and Unwin, 1924, p.326.

其各種內部結構，都必將得到精確性。正是在這一語境下，羅素引介了兩種真理知識之間的區別：一是直接的，直觀的，確定的和無錯誤的；另一是間接的，衍生的，不確定的，易犯錯誤的。[12] 每一個間接的知識都必須能從更根本的，更直接的或更直觀知識得到。該種能被直接認知的真理，其包括直接感覺的事素以及邏輯的真理。羅素在《哲學的問題》中指出，最高程度自明的命題（直觀知識）包括了「那些僅從感覺得到的，以及某些確定而抽象地邏輯與算術原理，以及某些道德命題（儘管缺少確定性）」。[13]

　　羅素對直接和間接的知識之間的區分最終是用熟知知識與描述的知識（knowledge by acquaintance and knowledge by description）之間的區分來加以補充的，他同樣著名的區別。為此，羅素闡釋說，「當對一個對象有直接的認知關係時，即當直接意識到對象本身時，我才能說我熟知某一對象。當在這裡談到一個認知關係時，我並非指那種構成判斷的關係，而是構成呈現的關係。」[14] 後來，他對這一點加以進一步的澄清，聲稱熟知並不涉及真理的知識的真理，而僅涉及事物的知識。[15] 雖然直觀的知識和派生的知識所都涉及命題（或真理）的知識，而熟知知識和描述得知識卻涉及到事物（或客體）的知識。這種區分是通過以下事實，即使由描述知識部分地建立在真理的知識之上，但它仍然屬事物的知識，而非真理的知識。「既然在本體論中，熟知的知識是最少爭論的，正由於這個原因，「羅素最終在這種客體上建立他的認識論。」[16] 與此相關的是羅素的回歸法（regressive method）。[17] 他最終擯棄了基礎主義（foundationalism），而對知識採用某種更可識別的連貫主義（coherentist）方法。[18] 正如羅素所說的，即使在邏輯和數學中，「我們傾向於相信

[12] Bertrand Russell, "On Denoting," *Mind*, Vol. 14, No. 56 (Oct., 1905), pp.479-493; repr. in Bertrand Russell, *Essays in Analysis*, London: Allen and Unwin, 1973, pp.103-119; and in Bertrand Russell, *Logic and Knowledge*, London: George Allen and Unwin, 1956, pp.41-56.

[13] Bertrand Russell, *The Problems of Philosophy*, London: Williams and Norgate; New York: Henry Holt and Company， 1912，p.109.

[14] Bertrand Russell, "Knowledge by Acquaintance and Knowledge by Description," *Mysticism and Logic and Other Essays*, New York, London: Longmans, Green & Co., 1918, 209-232.

[15] Bertrand Russell, *The Problems of Philosophy*, London: Williams and Norgate; New York: Henry Holt and Company, 1912, p.44.

[16] Bertrand Russell, *Stanford Encyclopedia of Philosophy,* substantive revision Mar 10, 201, http://plato.stanford.edu/entries/russell/.

[17] Irvine, A.D., 1989, "Epistemic Logicism and Russell's Regressive Method," *Philosophical Studies*, 55: 303-327；Mayo-Wilson, Conor, 2011, "Russell on Logicism and Coherence," in Nicholas Griffin, Bernard Linsky and Kenneth Blackwell (2011) *Principia Mathematica at 100*, in *Russell* (Special Issue), 31 (1): pp. 63-79.

[18] Irvine, A.D., 2004, "Russell on Method," in Godehard Link (ed.), *One Hundred Years of Russell's Paradox*, Berlin

前提，因為我們可看到其結論為真，而並非對結論的相信是因為前提為真。然而從結論推出前提是歸納法的本質；因此，檢驗數學原理的方法真正是一種歸納法，而且與從任何其他科學中所發現一般規律的方法在本質上是相同的。」[19]

　　羅素先是區分了事物的知識與真理的知識，接著又將這前一種知識也區分為熟知的知識與描述的知識。在《哲學問題》中，他指出：「我們應當表明我們熟知了任何直接察覺的事物，而不需要任何推理的過程或真理的知識作為中介。……與此相反，作為一個物理客體，我對桌子的知識並非一個直接的知識。它是通過對造成桌子現象感覺材料的熟知而獲得的。我們曾觀察到，我們有可能並不荒唐地去懷疑是否存在一張桌子，但沒有可能去懷疑感覺材料。我有關桌子的知識就是我們應當稱作描述的知識。」[20] 在另一本前期著作中，他還指出：「我們具有對感覺材料，不少共相以及對我們自身的熟知，但沒有對物理客體或其他心靈的熟知。當我們知道憑藉熟知方式而得到的具有某一或某些性質的客體時，我們便具有了對一個客體的描述知識；這就是說，當我們知道那些討論中的這一性質或這些性質屬唯一一個客體，我們就可說具有了描述這個客體的知識，而無論我們是否熟知這個客體。我們有關物理客體以及他人心靈的知識只能是一種描述的知識，這種描述通常涉及了與感覺材料有關的存在。所有對我們可理解的命題，無論它們是否最初只能憑藉描述來考察事物，都是完全由我們所熟知的元素構成，因為一個我們所無法熟知的元素對我們是不可理解的。」[21] 當事物的知識屬熟知的知識時，它在本質上比任何真理的知識更為簡單，並在邏輯上也跟真理的知識無關；而描述的知識卻將某些真理的知識當作來源和基礎。只適用一個客體的知識是描述的知識。包括事物的知識或真理的知識在內的所有知識都以認識作為基礎。感覺材料包括在我們所認識的事物之內，它們為認識提供明顯的例證；但若將其視為唯一來源，那知識就受到很大的限制；人們僅能知道直接呈現給感官的對象，除此以外將一無所知，也無法知道有關感覺材料的任何真理；因為所有真理的知識必須也能認識與感覺材料性質迥然相異的對象，即「抽象觀念」或「共相」。這樣，若要合理地分析知識，除感覺材料外，還應當注意其他的認識方式，如通過記憶的認識和內省的認識等。在感覺中，認識外部呈送的感覺材料；在內省中，認識內部呈送的感覺，即思想、情感、欲念

and New York: Walter de Gruyter, pp. 481-500.

[19] Bertrand Russell, "The Regressive Method of Discovering the Premises of Mathematics," in Bertrand Russell, *Essays in Analysis*, London: Allen and Unwin, 1973, pp.273-274.

[20] Bertrand Russell, *The Problems of Philosophy*, Prometheus Books, 1988, pp.73-74.

[21] Bertrand Russell, *Mysticism and Logic*, Dover Publications, 2004, p.231.

等；在記憶中，認識外部感覺或內部感覺所呈送的材料。另外，我們也許還應當認識感覺了事物或對事物有意向的「自我」。除對特殊事物有所認識外，還對共相或一般概念也會有所認識。

羅素進一步界定了什麼是「描述的知識」。所謂「描述」是具有「一個某某」或「這一個某某」這類形式的短語。「一個某某」可以視為「不確定的」描述；而「這一個某某」（單稱）則可以視為「確定的」描述。這樣，「一個人」是不確定的描述，而「這個戴鐵面具的人」就是確定的描述了。羅素著重討論了與確定的描述有關的問題。當暸解某客體是「這一個某某」，即當暸解某客體具有某一特性的時候，這個客體可當作「由描述得到認識的」，但對這個客體並無由認識而來的知識。包括專名在內的普通詞句實際上均為某種描述，但專名只有用描述代換時才能得到正確地表達。表達思想的描述因人因時而異，而只有名稱所適用的客體不變；因此，某種特殊描述對含有這個名稱的那些命題是真理還是謬誤，似乎無關緊要。對具有描述的命題加以分析的基本原則是：所有可知的命題都必須全部用所認識的成分構成。描述的知識的根本意義在於，它能夠超越個人經驗的局限。儘管只知道完全憑藉在認識中所經驗的詞語而構成的真理，但仍能夠根據描述對從未經驗過的對象得到知識。羅素較深入考察了歸納法原則（the principle of induction）的問題，他將它的兩個部分陳述為：（一）倘若某事物 A 與另一事物 B 相關聯，而且它們從未分離過，那麼 A 和 B 相關聯的例證（cases）數愈多，則在一個已知其中某項存在的新例證中，它們相關聯的或然性（probability）也會愈大；（二）在相同狀況下，倘若相關聯的例證數足夠充分，就能使新關聯的或然性近乎達到確然性（certainty），而且這種對確然性的逼近是毫無限制的。如果已知 A 與 B 相關聯的次數足夠充分，又已知沒有不相關聯的反例，那 A 與 B 就是永遠關聯。普遍規律的或然性當然會低於特殊事例的或然性，這是由於若普遍規律為真，那特殊事例也必定為真；但即便普遍規律為假，特殊事例卻仍可為真。普遍規律的或然性與特殊事例的或然性都能夠由例證的重複出現而增高的。因此，有關普遍規律的原則中的兩個方面可以重述為：（一）倘若 A 事物與 B 事物相關聯的例證數愈多，那 A 與 B 永遠關聯的或然性也會愈高（假若已知沒有不關聯的例證）；（二）在相同狀況下，A 與 B 關聯的例證數達到足夠數量時，就幾乎能確定 A 與 B 是永遠關聯的，而且成為無限接近確然性的普遍規律。

不過，羅素強調，除已知例證外，可能會有其他某些材料改變或然性。歸納法原則不能單靠經驗來否定或肯定。儘管經驗能以例證證實歸納法原則，但對還未考察的例證，僅能用歸納法原則來判定那些從已驗證到未驗證所作的推論是否可靠。

凡是來源經驗的論證，無論其針對過去、現在還是未來，都必須採用歸納法原則。於是，我們就必須：或憑藉歸納法原則的內在證據來接納歸納法原則，或放棄對未來的期待所作的所有判定。我們所有行為都基於過去所作的那些聯想，為此才想到它們有可能在未來繼續生效；而這種可能性正是依賴歸納法原則才具有了有效性。科學上的普遍原則，諸如對定律的控制力的信念、對每個事件必有原因的信念，與日常生活中的信念一樣，都是完全依賴歸納法原則的。所有這些普遍原則之所以可信，是因為人類已經發現了有關它們真實性的無數例證，而並未發現過它們虛假性的例證。然而，除非先採用歸納法原則，否則無法提供證據來保證它們未來的真實性。如此一來，所有基於經驗而得知有關未曾經驗過的某種對象的知識，就全是基於一種經驗既不能肯定也不能否定的信念；但這種信念至少在比較具體的應用上，正像經驗中的很多事實一樣，似乎深深植根於我們的心中。這類信念的存在及其判定已經在哲學上造成了一些最困難和最具爭論的問題，而歸納法並不是唯一的例子。歸納法原則對所有基於經驗的論證的有效性都是必要的，但它本身並非經驗能證明的；然而人們都毫不猶豫地信仰它。還有不少其他原則，經驗既不能證明又不能反駁，它們的確定程度與對感覺材料存在的知識是一樣的；因而構成了能夠從感覺得出推論的一種手段。倘若推理出的為真，那麼推理原則就必定與我們得到的材料一樣為真。倘若想得到一種正確的知識論，那麼實現推論原則的應用則是相當重要。

　　羅素認為，在普遍原則的全部知識中，實際上發生的是：我們首先實現這個原則的某種特殊應用，然後我們又瞭解到這個特殊性是無關緊要的，這樣會有一種同樣真正地被確定的普遍性。這樣的論證並不難理解；如果承認它的前提事實上是真的，便無人能否認其結論也必然是真的。然而，它的真理依賴於一個普遍邏輯原則的例證。這個邏輯原則就是倘若這個蘊涵著那個，而這個是真的，則那個也是真的。換言之，「一個真命題所蘊涵的任何東西都是真的」或「凡從真命題得來的都是真的。」只要以相信的東西來證明另一相信的東西，這個原則就適用，因為它說明了人們能獲得從感官的客體所不能獲得的確定知識。我們有邏輯上自明的所謂思維律（Laws of thought）三項原則：（1）同一律（The law of identity）：「是就為是」；（2）矛盾律〔The law of contradiction〕：「任何東西都不能既是又不是」；（3）排中律（The law of contradiction）：「任何東西都必須是或不是」。最重要事實在於，事物遵循這三條定律在進行，而不是我們依照它們去思維。換言之，倘若按思維律去思維，就會得到確定。

　　我們不僅承認幾乎所有知識都從經驗獲得,而且還應當承認有些知識是先驗(a priori)的,即是說,不用任何經驗的證明就可明白其真理。但如果試圖證明存在著不曾直接經驗到的某種對象,那麼在前提中就必定存在一種或一種以上的曾直接經驗到對象。任何對象只要被證明其存在,而並非直接被認識,那麼就既靠經驗又要靠先驗的原則。這樣,所有肯定存在的知識都是經驗的,而假定存在的知識則都是先驗的。這種先驗知識能夠指出存在的對象之間或可能存在的對象之間的各種聯繫,但無法告知實際的存在。所有純粹的數學都同邏輯一樣是先驗的,而非如經驗主義哲學家所堅持的,經驗是算術知識的來源,正像經驗是地理知識的來源一樣。先驗的普遍命題(如 2＋2=4)和經驗的概括(如所有人都會死)兩者之間是有區別的。對前者演繹法是論證的正確手段;而對後者歸納法則是有益的方式。很顯然,存在著所謂先驗的命題,其包括某些倫理的基本命題以及邏輯命題和純數學命題。為此羅素問道:那麼怎樣才能獲得普遍命題的知識呢?他指出,康德最先著重提出了這個問題。康德的「批判的哲學」首先確認存在各種的知識,接著探討它們怎樣才有可能的問題,然後又憑藉所獲的答案,演繹出很多有關宇宙性質的形而上學的結論。儘管這些結論有效性仍值得懷疑,但康德有兩點成就:其一,承認一種並非純粹「分析的」先驗知識;其二,使知識論在哲學上的重要性成為確信無疑。康德哲學開宗明義就提出了「如何可能有純粹數學?」這一問題。除了純粹懷疑主義,任何哲學都一定要回答這個問題。康德的觀念是,經驗有兩個不同的要素,一是來自客體;另一是來自本身的性質。物理客體與同它相關的感覺材料並不一樣,後者是前者與我們本身相互作用的結果。在這一點上,羅素贊成康德的看法。但他批判了康德的一些主要論據。康德將其「物自體」視為不可知,而可知的只是經驗中作為現象的客體。所謂現象是我們同物自體的聯合產品,它確定具有來自我們本身的那些特徵,而必定與我們先驗的知識相符合。因此,這種知識雖對所有實際的和可能的經驗都是適用的,然而並不能假定它適用於外界的經驗。如此一來,儘管存在先驗的知識,但對物自體卻毫無所知,而且對經驗中的所有非實際的或非可能的對象毫無所知。在羅素看來,康德正是企圖以這種方式調和理性主義者與經驗主義者的論戰。

　　羅素確信事實必定永遠遵奉邏輯和算術,但並不認為邏輯和算術是我們人為奉獻的。我們的本性正如任何事物一樣,僅是現存世界中的一個事實,因而無法確定它長久不變。倘若康德是對的,那明日我們的本性將要大為改觀,就像 2 加 2 會等於 5 那樣。這會將康德對算術命題所期待的那種確定性和普遍性徹底摧毀。可見,康德不適當地限制了先驗命題的範圍,因而它們的確定可靠性的努力歸於失敗。

　　羅素讚歎，靈魂的偉大不是由那些企圖將宇宙同化於人類的哲學所養育出的。知識是自我和非我結合的一種形式；正像所有的結合體，它會被控制權所損害，也會被那些強迫宇宙服從於我們在自身中所發現東西的任何打算所損害。現在有一種廣泛的哲學趨勢顯示：人是萬物的尺度；真理是人造的；空間、時間和共相世界都是心靈的性質，若有什麼東西並非心靈創造的，那就是不可知的，對我們也無關緊要。這種觀點是不正確的，更嚴重的是，它使深思束縛於自我，而將哲學深思中有價值的所有東西都剝奪了。它所稱為知識的東西並非與非我的結合，而是一套偏見、習慣和欲求，並在我們與外界之間安排了一道無法穿透的帷幕。一個人能在這樣一種知識論中發現樂趣，他就像一個從未離開過馴養圈子的人，因為害怕自己的話不能成為法律。在非我的每一個擴張中，在擴大被深思客體的每一種事物中，也在沉思著的主體中，真正的哲學沉思得到了滿足。在深思中，那些依賴習慣、興趣或欲望的個人或私有事物歪曲了客體，因而破壞了理智所追求的那種結合。這種個人和私人的事物在主客體之間造一道屏障，而成了關押理智的監牢。一個自由的理智正如上帝所觀看的，不受此地和此刻的限制，不受希望和恐懼的束縛，不受習慣的信仰和傳統的偏見的羈絆，而是冷靜地、以唯一單純追求知識進行觀察，這種知識是非個人的、純粹深思的，是人類可能獲得的。這種自由的理智對抽象和共相知識比對感官知識更加看重，而這種知識是個人歷史的事件所無法加入的。

　　羅素深情地說，那些習慣了哲學深思的自由和公正的心靈，將在行動和情緒的世界中保持某些同樣的自由和公正。它會將自己目的和欲望視為整體的一部分，而不會因將它們看作在其他元素不受任何人為影響的那個世界中的一些極小片斷而堅持什麼。深思中的公正是追求真理的一種純粹欲望，它與心靈的特質相同，在行動上表現為公正，在情感上表現為能給予所有人的博愛，這種博愛不僅給予那些判定有用的或可讚美的人們。因此，深思不僅擴展我們思考中的客體，也擴展我們行為中與情感中的客體；它使我們稱為宇宙的公民，而並非僅為與其餘所有相敵對的一座圍城中的公民。在宇宙公民的身份之中，就包括人的真正自由及其從狹隘希望與恐懼的奴役中得到的解放。羅素對有關哲學價值的討論總結道：我們應當對哲學加以研究，但並不由於它能對所提出的問題提供任何確定的答案，因為通常不可能知道有什麼確切答案是真實的，而由於這些問題本身，因為這些問題能夠擴展我們對所有可能事物的概念，豐富我們心靈的想像力，並減輕教條式的自信，這些都封閉心靈而阻礙深思。最重要的是，通過哲學深思中的宇宙偉大，心靈也會變得偉大，因而可與構成至善的宇宙結合為一體。

　　羅素從以下幾個方面討究了所謂科學推理的公設（postulates）問題。

　　一、知識的判定。羅素指出，對科學推理的公設探究中存在著兩種問題：其一是有關公認的有效推理的分析，其目的在於發現有效推理所涉及的原理，因此純粹為邏輯的；另一是有這樣的困難，即初看並無多少理由能夠假定這些原理為真，更無理由能夠假定人們知道這些原理為真。人們怎樣才能認知這些原理？羅素認為，必須對「知識」這個概念加以分析，而很多哲學上的困難和爭論都來自對不同知識之間的區別，以及對我們自認獲到的大部分知識所特有的模糊性與不精確性認識不足。知識可分為兩類：一是關於事實的知識；其二是關於事實之間的一般相關的知識。此外還可作另一種分類，即「照鏡」（mirroring）的知識與控制力（capacity to handle）的知識。萊布尼茲的單子論屬前者；而馬克思則屬後者，如他說過：「人的思維是否具有客觀的真理性，這並不是一個理論的問題，而是一個實踐的問題。人應該在實踐中證明自己思維的真理性，即自己思維的現實性和力量。哲學家們只是用不同的方式解釋世界，而問題在於改變世界。」[22] 羅素批評說，萊布尼茲與馬克思的主張都是不完全的：前者適用於有關事實的知識，後者適用於有關事實之間的一般相關的知識。這兩種知識都是非推理的知識，我們對概率的研究已證明存在著非推理的知識，它們既是有關事實的知識，又是有關事實之間相關的知識。

　　羅素接著表明，事實的知識有兩個來源，即感覺與記憶，而前者具有更基本的性質，因為我們僅能回憶已成為感覺經驗的東西。雖然感覺是知識的一個來源，但它本身並非通常所說的知識。當論及「知識」時，應將認知與認知對象加以區分，但對感覺則無這種區分。羅素是這樣談到「知識」定義的：一種動物能「認知」「B通常隨著 A」這個普遍性命題，就在於下列條件得到滿足：（1）這種動物已有 B 隨著 A 的重複經驗；（2）這種經驗已使動物在 A 顯現時的動作多少與先前 B 顯現時的行為一樣；（3）B 事實上通常隨著 A；（4）A 與 B 有這樣的性質或這樣的關係，即在這種性質或關係存在的大多數情況下，被觀察的序列的頻率為並非不變而又普遍性的序列定律呈現了概率的證據。他指出，顯然，第四個條件會產生困難的問題。羅素批評說，某些近代經驗主義者（預期是大多數邏輯實證主義者），誤解了知識與經驗的關係，這由於兩種錯誤：一是對「經驗」這個概念的分析不夠充分；二是認為某種特定性質屬某個未確定的主體這種信念究竟涉及了什麼。與此相應，產生了兩個特殊的問題：一個關係到意義，另一個關係到「存在命題」的知識，即具有「某種東西具有這種性質」這種形式的命題。羅素稱自己有這樣一種想法，那就是有效的歸納以及一般來說超越個人過去與現在經驗的推理總依賴因果關係，有時由

---

[22] 馬克思：《費爾巴哈論綱》，人民出版社，1962 年版，第 19 頁。

類推加以補充。他只想清除那些反對某種推理的一些先驗性理由，而這些理由正是那些自認能夠徹底擯棄先驗性的人們所促使的。

二、公設理論。羅素指出，為了使從歸納得出的概率接近必然性並以其為極限，對建立公設有兩種要求：其一，從單純邏輯觀點來看，公設必須有充足的能力完成其應完成的任務；其二，某些依靠它們才具有效性的推理從常識說多少是無可置疑的。羅素並不要求憑藉這種方法所得的普遍性公設本身具某種自明度，但他要求在邏輯上通過它所成立的應是這樣一類推理，這就是除懷疑論者外，所有理解這些推理的人都感到它們已明顯到不必陳述的地步。為此，他專門評判了凱恩斯「有限變化」（limited variety）的公設。羅素作了這樣一個結論：「雖然在建立像『狗吠』、『貓叫』這類先於科學的歸納上有用，但自然種類的學說僅是在通向另一個不同的基本定律道路上的一種近似和過渡性質的假定。由於這個原因以及它的隨意性，我不能採納它作為科學推理的一個公設。」[23]

經過檢驗後，羅素為保證科學方法有效性，提出將所需的公設減少到五個：1.準永久性（quasi-permanence）公設；2.可分開的因果線（seperable causal lines）公設；3.因果線中空時連續性（spatio-temporal continuity）公設；4.圍繞一個中心分佈的相似結構的共同因果源的公設，或結構（structural）公設；5.類推（analogy）公設。羅素進一步指出，這些公設中每一個都斷定某事物經常發生，但並非必然總是如此；因此，就個別例證來說，每個公設都判定了那些缺少確定性的理性期待為合理的。每個公設都有一個客觀的和一個主觀的方面：從客觀方面說，它斷定某事物在某一種類的大多數情況下發生；從主觀方面說，它斷定在某些情景下，一種缺少確定性的期待多少具有合理可信性。這些公設被設計用來提供為判定歸納法為合理時所需要的那種先發概率。

三、因果關係。羅素指出，雖然以往的因果概念已經過時，但在當代哲學家當中流行的概念都是從原始概念發展而來的，而這種原始概念作為近似性的概括和先於科學的歸納來源，以及作為在一定條件下仍然有效的一個概念始終有其重要意義。羅素考察了「因果線」（causal lines）這一概念，並將它界定為：一個由事件構成的時間系列，它們的關係是已知其中若干事件，就可以推論出其它事件，不管別的地方可能發生什麼事件。「一條因果線總能被看成是某種事物的持續性（persistence），無論是一個人，一張桌子，一個光子或其他任何東西。一條因果線從始至終可能性質不變，結構不變，或兩者都有緩慢的漸變，但沒有任何巨大的突

---

[23]　Bertrand Russell, *Human Knowledge: Its Scope and Limits*, Simon and Schuster, 1948, p.444.

變。存在著像這樣多少自定（self-determined）的因果過程並無邏輯的必然性，但我認為這是科學的基本公設之一。正是由於這條公設的真實性（如果它為真）才能獲得部分的知識而不管我們極度無知。這一看法即宇宙是一個由相互聯結的部分所構成的系統可能是對的，但只有在某種程度上某些部分能夠獨立於其它部分而被認知的條件下才會被發現。正是在這點上我們的公設使之成為可能。」[24]

羅素接著考察了結構與因果律關係問題。他認為，在尋求經驗定律上可以應用下面的原理：（1）如果很多結構相似的事件存在於各自相隔不遠的一些區域，並圍繞一個中心排列，那麼就存在某種顯著的概率顯示出這些事件由於一個具有相同結構的中心複合而先行發生，而且這些事件發生的時間與某一時間的差別跟它們與這個中心結構的距離成比例。（2）無論何時我們發現一個結構相似的系統與一個中心在下面這種意義上關聯著：這就是每個事件發生的時間與某一時間的差別跟這個事件與這個中心的距離成比例時，那麼就存在顯著概率顯示全部這些事件與處於中心一個事件由一些時空上彼此鄰近的中間環節聯結著。（3）當我們發現一定數目結構相似的系統，如作為這種或那種元素的原子，而被發現以隨機方式分佈，並不具有一個作為參照的中心時，我們就可推論：可能存在使這類結構比其它在邏輯上可能但很少或根本未曾發生的結構更加穩定的自然律。[25]

從知識論的觀點看，羅素聲稱，我們原理的最重要的應用就在知覺與物體的關係上。我們的原理暗含著這一點：在經常但並非恒定發生的外界情況下，一個知覺對象的結構與回復到一個原發事件的一系列事件的結構是相同的，在這個原發事件之前不存在具有這種所涉及的結構並在時空方面相關聯的事件。當人們主張不同的人能夠「知覺」相同客體時，這個原發事件就是所說的被「知覺」的東西。感覺經驗與其物理原因之間在結構上的相同性解釋了素樸的實在論是如何在實踐中僅產生很少的困惑。已知同一結構的兩個例子，一個為真的陳述都對應著一個對另一個為真的陳述；考察這一個的陳述通過代換相關的詞項與相關的關係而轉變成考察另一個的陳述。舉言談與寫作為例，為簡便讓我們設想有一套完備的語音字母；那麼每一個字母的形狀都對應某一種發音，從左到右的關係對應從前到後的關係。由於這種對應性，我們才能說出一篇發言「精確的」書面記錄，儘管這兩者的性質毫不相同。同樣，在適當的外界情況下，知覺能夠提供一個物理現象的「精確」表達，儘管事件知覺對象之間可能存在著跟言談與寫作之間同樣大的差別。

---

[24] Ibid., p.459.

[25] Ibid., p.471.

　　為了瞭解所謂相互作用（interaction），羅素討論了一種可稱為「固有的」（intrinsic）因果關係，它可被解釋為一個事物或一個過程的持續性（persistence）的因果關係。由於人們認為事物的持續性是視為當然的事情，並認為它具有實體的等同，因而這種因果形式並未照其本來面目得到認識。我們將之陳述如下：「已知在某一時間地點發生的一個事件，那麼在每一相鄰的時間和地點通常有一個極其相似的事件發生」。這個原理為大量的歸納提供了一個基礎，但初看並不能解決那種通常稱作相互作用的關係，例如檯球的撞擊。羅素的結論是，「作為基本的公設之一，『因果線』的公設能夠從任何已知事件推論出某些（儘管不多）有關在全部相鄰時間以及某些相鄰地點具有概然性的東西。只要一條因果線不與另外一條相交纏，我們就能夠推論出很多東西，但若發生交纏（即相互作用），這個公設本身就許可了一個有更多限制的推論。然而，當數量測度為可能的情況下，一次相互作用之後可測的不同可能性的數目是有限的，因此觀察加上歸納就能夠使一個普遍定律具有高度的概然性。以這種方式，看來科學概括性能夠判定為合理。」[26]

　　與因果關係相關，羅素對類推（analogy）問題也進行了考察。他指出，我們所談的這些公設都是物理世界的知識所需要的公設。廣義而言，它們已引導我們承認一定程度有關物理世界時空結構的知識，但對物理世界性質卻幾乎一無所知。但對其他人來說，我們感到我們所知道的比這要多；我們深信別人具有性質上相當類似我們自己的思想和情感。我們不會滿足於認為我們僅知道我們朋友心靈的時空結構，或僅知道他們對發起以我們自己的感覺為終點因果鏈條的能力。一位哲學家可能自稱他僅知道這一點，但讓他同妻子吵鬧一番，你就可看出他並沒有將她看成只是一座僅知道它的邏輯性質而一無所知它的固有性質的時空結構物。因此，我們有充分理由推論出他的懷疑論是出於專業而非真誠。我們的公設正是認為這類情況具有概然性的那種假定。羅素對這個公設陳述如下：「如果無論何時我們能夠觀察 A 和 B 是否出現或不出現時，就發現 B 的每種情況都有一個 A 作為原因前件，那麼大多數 B 有 A 作為原因前件就是概然的，甚至在觀察不能使我們知道 A 出現或不出現的情況下也是如此。如果這個公設可被接受，那麼它就能夠判定那個推出別人心靈的推論以及常識中不經思考所得出的很多其它推論是合理的。」[27]

　　六、認識限度。羅素曾為經驗主義下定義：「凡是綜合性知識都以經驗為基礎」。他認為，這個陳述究竟揭示了什麼，它是否完全真實，或僅有某些限度的真實。在

---

[26] Ibid., pp.481-482.

[27] Ibid., p.486.

獲得確定性之前，我們必須首先界定「綜合性的」，「知識」，「以……為基礎」以及「經驗」等。我們很難為「綜合性的」這個詞作一個精確的定義，但為了我們的目的，可以從負面將之界定為任何一個不屬數學或演繹邏輯，並不能從任何數學或演繹邏輯命題推論出的命題。「正如我們所看到的，『知識』是一個無法得到精確意義的術語。凡是知識在某種程度上都是可疑的，我們無法說出到什麼樣的可疑度它就中止為知識，就像我們無法說出一個人掉了多少頭髮就成了禿頭一樣。當人們用語詞表達一個信念時，我們必須明白凡是不屬邏輯和數學的語詞都含糊的：它們對某些客體是確定適用的，而對另一些客體又是確定不適用的，但也存在（或至少可能存在）某些無法確定適用或不適用中介客體。當人們不用語詞表達，而用非語詞的行為顯示一個信念時，就會發生比通常用語言表達信念時大得更多的含糊。甚至何種行為可看作表達一個信念也是可疑的。」[28]

以羅素觀點看，我們「認知」那些原理與我們認知特殊事實具有不同的意義。我們是在下面這個意義上來認知這些原理的，這就是當我們使用經驗說服我們相信一個如「狗叫」的普遍命題時，我們是根據這些原理來加以概括的。隨著人類理智的進步，他們的推理習慣已經逐漸接近自然律，而這些自然律造成了那些習慣，並始終作為真實期待而非虛假期待的來源。形成引向真實期待的推理習慣是生物生存所依賴環境適應的一部分。雖然我們的公設可用這種方式納入一個可稱為經驗主義「味道」的架構中去，但無法否認的是：我們有關它們的知識，就迄今確知它們的程度來看，是不能建立在經驗基礎之上的，儘管它們全部可證實的後果都能為經驗所證實。從這個意義上說，我們必須承認經驗主義作為一種認識論已證明不充分（inadequacies）了，儘管它比先前任何一種認識論要好。的確，我們似乎已在經驗主義上所發現的這種不充分性是由於嚴格堅持一種激發過經驗主義哲學的學說而發現的：即所有人類知識都是不確定的、不確切的和片面的。對於這種看法，我們還找不到任何的限制。

羅素的認識論招致各種派別哲學家的批評。愛因斯坦就曾這樣提及：「無論人們怎樣高度讚美羅素在最新著作《對意義與真理的探究》（1940）中的敏銳分析，而對我來說，對形而上學恐懼的幽靈已引起了損害。」[29] 對此，羅素回覆說：當愛因斯坦指出「對形而上學的恐懼是當代的通病，我同意這個觀點……。」[30]

---

[28] Ibid., p.497.

[29] Albert Einstein, "Bertrand Russell's Epistemology," *The Philosophy of Bertrand Russell* edited by P. Schilpp, Northwestern University Press, 1944, p.289.

[30] Bertrand Russell, *The Philosophy of Bertrand Russell* edited by P. Schilpp, Northwestern University Press, 1944,

羅素聲稱：「我對真理的定義是，當某一信念與某一事實對應時，它就是真實的。但怎樣才能獲得這種對事實的對應性？我的答案是，當我們沒有預期的許多事實時，就先確認其中某些事實：我們可以得到我們自己的情感或感覺，而它們似乎就是先前已證實的某些信念。因此，我認為，我們能說存在著這樣的事物，它是在一定情況下，也只有在一定情況下，作為憑藉與它對應的事實而得到證實的某個信念；我們還能說，存在著一種龐大的超級建築而與上述情況正相對立。也許在對『對應性』的最終分析中，我們可以達到期待的結果。」[31] 美國實用主義分析哲學家奎因（W. O. Quine），在其引起強烈反響的〈經驗主義的兩個教條〉（Two Dogmas of Empiricism）一文中指出：「現代經驗主義受兩個教條的束縛：一個是它相信不依賴事實的分析真理與以事實為基礎的綜合真理之間有著本質的區別；另一個是它強調還原論，即主張所有有意義的陳述都等值於以指稱直接經驗的名詞所組成的某種邏輯構造。」[32] 在人類的認識史上，笛卡爾式的積極的懷疑精神始終是一種強大的動力，它促使人們一方面不斷地修訂、改善和深化已有的知識，另一方面又不斷探索、追求和掌握尚未獲得的知識。羅素正是以一種比較積極的懷疑精神為動力，在科學的旗幟下，採取了分析的方法，並走上了反神秘主義和反形而上學的道路。羅素一生始終堅持懷疑的方法，並把它作為邏輯分析的工具，換句話說，他的分析方法就是為了一點兒一點兒地消除懷疑，撥開神秘主義的謎團，打破形而上學的體系，像笛卡爾那樣要求「清楚明白」，直到每一個細節確定為止。羅素在《人類知識》一書中，稱自己與笛卡爾、萊布尼茲、洛克、貝克萊和休謨的著作一樣，都是為非專業的普通讀者而作的。羅素駁斥了絕對一元論認為「認識部分就能認識全體」的真理觀。由於布拉德雷的觀點會導致三種錯誤的結果：有窮真理論——認識有限就等於認識無限；神秘主義———下子可以直接悟得真理；甚至導致不可知論——不知道統一的整體就不能知道任何部分。

羅素從 1906 年發表《萊布尼茨哲學評述》第一部哲學著作時開始，就顯示了他的哲學才能。從那時一直到逝世，他寫了大量哲學著作，其中最重要的有《哲學問題》、《我們對於外界的知識》、《心的分析》、《物的分析》、《對意義和真理的探討》、《人類知識及其範圍和限度》等。這些著作幾乎探討了哲學的全部問題，但其中最重要的還是認識論和方法論問題。

p.696.

[31] 丁子江譯自 Bertrand Russell, *Three Ways to the World, 1922*, p.18.

[32] W. V. Quine, *From a Logical Point of View*, Harvard University Press, 1980, p.110.

追求精確、清晰和完善的知識，是羅素一生的心願，而《哲學問題》這部書的完成，標誌著他真正開始形成了自己的哲學思想。他在這部書的第一段便提出了這樣的問題：「世界上有沒有一種如此確定的知識，以至於一切有理性的人都不能對它加以懷疑呢？」這以後，經過 36 年的探索，他在其最成熟的著作《人類知識》的最後一段裡對這個問題給予了回答：「所有的人類知識都是不精確、不肯定和不完善的。」也就是說，他承認了自己是失敗的。羅素不可能解決人類認識中相對與絕對的關係問題，但無論如何，他在探索中為人類認識的發展做出了有益的貢獻。

第二節　杜威的知識觀

羅素曾批評杜威簡單地否定了我們對外部世界知識合理的哲學問題。

杜威教育哲學的核心概念「理智的探究者」與「教育即生長」「教育即生活」「學校即社會」等教育觀，強調了「擁有知識即能夠做事」的知識觀。杜威的觀點摒棄了現代哲學的二元認識論和形而上學，支持自然主義的方法，認為知識是由人類有機體對環境的積極適應而產生的。根據這一觀點，調查不應被理解為一個心靈被動地觀察世界。這個想法如果真的符合現實，那麼它應處於檢查阻撓人類成功行動那些障礙的過程中，在積極操作的環境中不斷來測試假設和問題，並在有機體對環境的重新適應中，再次為人類行動繼續進行引導。「以這些觀點為出發點，杜威發展了一個涵蓋了幾乎所有哲學主要領域的廣泛工作。他還在《新共和國》（New Republic）這樣的熱門刊物上廣泛撰寫了社會問題的文章，從而贏得了當時社會評論家的聲譽。」[33]

杜威宣稱知識有以下四類特性：一、活動性，即知識乃起源於實際活動；二、工具性，即知識應為人類對付和掌控環境，征服和改變自然，從而以求生存和發展的有用手段；三、實驗性，即真的知識必須在思想的引導下和情境的創造中，依賴科學的檢驗；四、創造性，即科學實驗後引起變化而獲取的結果和效應。在對確定性追求時，杜威表述道：現代哲學的主要的問題在於科學如何被認可，價值觀如何被保留。他認為，自從柏拉圖以來，哲學所預設的，發現理論與實踐是否分離的問題被克服了。對杜威而言，當傳統的知識旁觀者理論被作為世界代理人的世界認知者理論所取代時，這就算完成了這項任務。這樣的理論將並非固定不變的知識論，而是實驗科學中探究結果的知識論；一旦知識被視為與行動兼容，就將取消知識與

---

[33] William T. Feldman. 1968. *Philosophy of John Dewey: A Critical Analysis*, Greenwood Pub Group.

顯性行為的隔離。知識不僅與行動相容，而且需要行動。在科學中導致知識的探究方法也是實踐判斷和價值判斷的方法。此外，科學方法與日常生活中的探究方法是連續的。因此，有點出乎意料的是，杜威譏諷所謂「認識論的學規」（discipline of epistemology），但他卻一次又一次地強調：發展、顯示和捍衛自己的工具性知識論；其核心來源是杜威在《實驗邏輯學》文選中收集到文章（現在散落在其中期著作中）。[34]

在他的整個職業生涯，杜威的哲學興趣的聚焦於歷來被稱為「認識論（epistemology）」或「知識論」（theory of knowledge）。然而，他明確地拒絕了「認識論」，而認為「探究的理論（theory of inquiry）」或「實驗邏輯」（experimental logic）更能代表自己的方法。在杜威看來，無論傳統的唯理主義還是經驗主義認識論，已歸於強調思想，知識領域與事實世界之間的區分，而思想被認作脫離世界的存在。從認識論上說，作為直接意識的對象，而從本體論上說，則作為自我的唯一方面。

起源於笛卡爾的現代唯理論，表現為某一先天觀念的學說，即觀念是由心靈自我性所構成的；而起源於洛克的現代經驗論者，則同樣地致力於一種內省的方法和一種反映論的理論觀點。由此產生的觀點使思維與世界的關聯形成一種迷思：倘若思想構成一個與世界分割的領域，那麼它作為世界說明的準確性如何才能得以建立？杜威的新模式摒棄了傳統的設想，而致力於構建一個模型。例如在其早期文章「邏輯是一門二元科學嗎？」（1890）和「邏輯理論的當前位置」（1891）中，杜威提出了一個解決認識論問題方法，其主要沿著黑格爾唯心主義路線：事實的世界並未脫離思想，但本身是在作為目的而表現在思想中。然而在隨後的十年中，杜威逐漸拒斥了這種令人困惑和充滿缺陷的解決辦法。接著一系列的影響使杜威的觀念發生轉變。首先，黑格爾唯心主義並不利於他所認可的實驗科學。杜威本人曾試圖調節其早期《心理學》（1887）一書所主張的實驗心理學與唯心主義之間的相互作用，然而當詹姆斯《心理學原理》（1891）出版之後，他採取了一個更徹底的自然主義的立場，認為唯心主義原則在處理這個問題上是多餘的。

達爾文的理論提出了一種更為特殊的方式，即自然主義對知識論的理解所應採取的形式。達爾文放棄了對物種起源的超自然的解釋，強調生物體對環境的適應。對物種進行自然主義描述的關鍵是考慮生物體與環境之間複雜的相互關係。與此相類似，杜威主張用一種生產性與自然性方式來對待知識論，將知識的發展作為一個

---

[34] Rut Anna Putnam. 2010. "Dewey's Epistemology," *The Cambridge Companion to Dewey*, edited by Molly Cochran, Cambridge University Press, p. 34.

適合人類反應而得以積極轉型的條件。不同於傳統的知識論,杜威認為知識是作為有機體和環境之間相互作用的產物,而知識作為引導力量,則具有實踐工具性(practical instrumentality)和互動控制的作用。因此,他採取了「工具主義」作為其新方法的表述性稱謂。杜威在其開創性文章「心理學中的反射弧概念」(The Reflex Arc Concept in Psychology,1896)中提出了這一新自然主義認識論的首次重大應用。在這篇文章中,他論證說,心理反射弧的主導觀念來源於生物的被動刺激,主張在漸進的反應中導致自覺行為,故承續了陳舊的、錯誤的、身心二元論。杜威倡導另一種觀點:生物體通過自我引導的活動與世界互動,協調和整合感覺和運動反應;知識理論的含義是明確的:世界並非被動地感知和認識,而是積極地操縱環境,並從一開始就從整體上學習的過程。

　　杜威在《邏輯理論研究》(Studies in Logical Theory)的四篇導論文章中首次將這種互動自然主義明確地應用於知識論。他認同了實用主義學派的觀點,並尊詹姆斯為先驅者。詹姆斯在《心理學公報》(Psychological Bulletin)上發表的一篇文章中,宣稱這項工作是一種新思想流派的表達,並承認其獨創性。對探究過程的詳細分析是杜威對《邏輯理論研究》的貢獻。他區分了三個階段的過程:一、開始於問題情景(the problematic situation),這種狀況是一種人類對環境的本能或習慣性反應,但它並不足以繼續進行不斷的活動來滿足需求和欲望。杜威在隨後的著作中,對問題情境的不確定性並非固有的認知,但其實際存在的。進入認知過程的認知要素是作為預知失調(precognitive maladjustment)的反應。二、涉及數據或主題的隔離,這些數據或主題界定了必須處理初始情況重建的參數。三、過程的反思階段,探究認知要素(思想、假設、理論等)對問題情境始發障礙(the originating impediment)的預設解決方案,其中的含義表現為某種抽象探求。對那些解決方案充分性的最後檢驗來自於其在行動中的應用情況。如果一種流動性活動的先行情境的重構得以實現,那麼這個解決方案就不再保留那些標誌認知思維的預設性質,而會成為人類生存環境的一部分。杜威認為,現代認識論的迷誤就是其分割了這一過程的反思階段,將這些階段的要素(感覺、思想等)加以實體化,從而當作探索知識基礎中的某種主觀心靈存在的成分。對杜威而言,這種對尋求實體化(the hypostatization)的追求毫無根據。杜威為反對基礎主義(foundationalism),而接受了實用主義的可錯論(fallibilism)。杜威在其漫長的學業生涯中基本上捍衛了這一探究過程,堅持認為,無論是指導日常生活的常識性知識,還是科學探究中複雜的知識,這是理解我們獲得知識的唯一正確途徑。後者與前者區別僅在於,其控制數據方法的精確性,以及其假設的精緻化。在其後續有關探究理論的著作中,杜威致

力於發展和深化一些傳統認識論的核心問題，並對各種犀利的批評加以反駁。[35]

杜威在 1906 至 1909 年間的一系列文章中提到的一個傳統問題是真理的意義。杜威認為實用主義真理觀是實用主義學派的中心思想，並為其可行性辯護。杜威同詹姆斯都認為，傳統的真理符合論（the correspondence theory）宣稱，真正的觀念是符合現實的，與現實相對應的，它僅是提出了觀念與現實的「一致」或「對應」問題。杜威和詹姆斯都堅持認為，一個觀念與現實之間相符合，並在人類行動中成功地應用於追求人類目標和利益，這才是正確的。也就是說，如果它導致了一個問題情境的解決。「實用主義的真理論遭到批評者的強烈反對，也許其中最值得關注的是由英國邏輯學家和哲學家羅素所作的抨擊。」[36] 後來杜威開始質疑，那些圍繞真理的條件和知識的問題被傳統觀念所迷惑。在他看來，這些術語被誤導了，造成了混淆歧義。他後來放棄了那些有利於「必要確定性（warranted assertiblity）」的術語，而致力於表述來自成功探究的觀念的獨特性。在後期杜威有關知識論的著作中，最重要的發展是工具主義在邏輯理論中傳統觀念和形式化構造中的應用。

在其《實驗邏輯文選》（*Essays in Experimental Logic*）中，杜威取得了重大的理論進展，但該研究則在後來的《邏輯：探究的理論》（*Logic：The Theory of Inquire*）一書中取得了更圓滿的成果。這本《邏輯》書中，杜威討論的基礎是理智探究的連續性，並談及了在檢測有機需求的有效活動的狀況下，人類之前有機體對其環境的適應性反應。理智探究的獨特之處在於，它通過語言的使用得到促進，這種語言通過其符號意義和暗示關係，在實際情況下，為問題情境的解決而於實際應用之前就對其行為進行了假設預演（the hypothetical rehearsal）。邏輯形式以及傳統邏輯的特定論題的基礎並非如邏輯學家所想像的來自理性的直覺，而是由於其功能性價值（1）管理引發探究，而與問題情境有關的事實證據；（2）操控在假設解決方案中所涉及的概念演示（the conceptualized entertainment）。正如杜威所指出的，「邏輯的形式是當主題受控於探究時而產生的。」[37] 從這種新視角出發，杜威對許多傳統邏輯的話題進行重新審思，如演繹推理與歸納推理之間的區別、命題形式以及邏輯必然性等。這項工作的一個重要成果是創立了一種新的命題理論。傳統的邏輯觀點認為命題的邏輯輸入完全由句法形式來界定（如「所有 A 都是 B」，「有些 B 是 C」等）。相反，杜威主張，相同命題形式的陳述在探究過程中可發揮不同的功能作用。因此，在保持探究的事實和概念元素之間區別的時候，他把建立在句法意義上的普

---

[35] Richard Field. "John Dewey (1859-1952)," *Internet Encyclopedia of Philosophy*. https://www.iep.utm.edu/dewey/.

[36] Ibid.

[37] John Dewey. 1938. *Logic: The Theory of Inquire*, New York, Holt, Rinchart & Winston, p.101.

遍、特殊與單一命題之間的區別代之以存在命題與概念命題之間的區別。這在很大程度上超越了傳統的分類。在整個工作過程中採取了同樣的一般方法：目的是對邏輯原則和技術進行功能分析，以體現其在探究過程中的實用效用。

　　杜威對上述論題所進行的討論是廣泛、深入以及連貫性的。當時哲學界對他的研究的重要性作了高度的評價。在該領域最權威的《哲學雜誌》（*The Journal of Philosophy*）上，不少傑出的哲學家參與了討論，包括哈佛大學的路易斯（C. I. Lewis）和杜威的同事哥倫比亞大學的內格爾（Ernest Nagel）等。儘管許多批評者確實質疑並繼續質疑其觀念和方法，然而杜威對在 20 世紀邏輯理論發展的貢獻無疑是獨一無二的。[38]

　　有學者評價道，杜威對傳統二元論思想進行了深入而系統地考察、批判和解構。從杜威哲學的現代價值來看，杜威的這一風格也深深影響到了其繼承者與 20 世紀 70 年代出現的新實用主義思潮中，正是基於這個維度，在杜威哲學中凸顯出來的這種強烈批判精神成為杜威哲學的一大風格。正是在挑戰和批判傳統二元論思想的過程中，杜威走上了改造和重構知識論之路，賦予知識論哲學以新的視野，即重視工具主義的立場，強調認識境況的實踐和社會向度，通過重新回歸經驗的思路以及對經驗方法的追尋來探索知識論問題。進一步說，把認識活動看成是人類社會生活實踐和歷史文化的一種情境形式，試圖對人類知識的結構和主要特徵做具體研究，在這個研究方向下，對認知及其結果的理解要求放棄各種形式二元對立的分界，而對知識的主要特徵和價值做出各種經驗研究，杜威的這一研究思路使得哲學超越了傳統知識論的前提，在一種「前認識」或者「前反思」的原始經驗領域內探討知識論及其基本問題。

　　　　杜威所提出的實用社會知識論之意蘊並沒有消解哲學的意義，相反是讓哲學建立在生存論的情景狀態中，建立在現實社會生活的土壤之中，成為對生活本身、對現實本身的探究活動，哲學的價值不僅僅是解釋世界，更主要是改變世界，哲學從根本上說是實踐的，「杜威總是試圖對哲學進行重新定義，因為他不把哲學看作是認識實在或者沉思實在的一種努力，而是把它看作人類爭取理解自己及其環境，以便改善其處境的努力的一個重要組成部分。」正是基於這個原因，杜威並沒有讓自己的哲學活動沉浸於純思辨的哲學領域，而是將其知識論思想作為一種方法論應用到改造哲學、道德、教育和民

---

[38] Richard Field. "John Dewey (1859-1952)," *Internet Encyclopedia of Philosophy* . https://www.iep.utm.edu/dewey/.

主的社會實踐中，解決現實問題，為社會服務，為大眾服務，為普通人謀幸福，杜威實用社會知識論的這一思路符合美國的時代特徵，展示了美國哲學強烈的實用主義情結，影響到了美國哲學的進程，推動著美國哲學的進步與發展。其實用社會知識論問世以來，在當時就獲得了很多哲學家的認同，例如，米德、帕西・威廉斯・布里奇曼、西德尼・胡克、G.H.麥德，查理.W.莫里斯、阿瑟. E.墨菲……，杜威實用社會知識論對這些哲學家們產生了重要的影響，這些哲學家們繼承了杜威實用社會知識論基本精神，並對它做了不同程度的修正與補充，促進了其實用社會知識論的發展。就算在現代，杜威實用社會知識論思想也仍然具有一種巨大的影響力，新實用主義者羅蒂、奎因、普特南、塞拉斯、戴維森、伯恩斯坦等人也皆從杜威實用社會知識論中吸取養分，來構建自己的哲學思想，從某種程度上說，新實用主義很多學者在知識論上受到了杜威實用社會知識論很多思想的影響，展現出了分析哲學實用社會化的趨勢，以及歐洲大陸哲學（尤其是後現代主義）與實用主義相結合的趨勢。以上這些表明，杜威實用社會知識論中的基本立場和很多觀念成為美國新一代哲學家們建構其哲學思想的源泉和動力，從這個意義上說，杜威哲學並沒有過時，它在現時代煥發出了新的生機和力量。[39]

杜威，正如詹姆斯一樣，受到了羅素的尖銳批評。杜威在其〈命題，可判定性，和真理〉（Propositions, Warranted Assertibility, and Truth）一文中曾對羅素進行反駁。瑞典學者奧斯特布林（Björn Östbring）對羅素與杜威的真理觀進行了深入的比較。[40] 他指出，杜威和羅素代表著不同的思想流派，他們之間的分歧可能涉及到美國實用主義與歐洲分析哲學傳統決裂的基本點。兩個哲學家互相交鋒，但沒有一位成功地顯示出對手總體哲學概念的不足。在杜威看來，羅素未能理解他的理論，也沒有更正確的觀點。杜威認為，羅素的批評對他不起作用。不過，也有人認為，杜威對羅素理論的批評也不一定奏效；他不能說服人們擯棄古典對應理論（the classical correspondence theory）。羅素和杜威都提出了真理對應論。然而，這並不意味著他們之間的差異是次要的。相反，差異是巨大的。然而，由於兩位哲學家都認為他們的理論是對應理論，因此應有一個自然的框架來理解它們之間的差異。倘

[39] 劉寬紅，《杜威實用社會知識論及其現代價值研究：基於新實用主義的視角》，崧博出版事業有限公司，2017年，6.3.1。

[40] Björn Östbring, Dewey v. Russell on Truth, 2009, https://bjornostbring.wordpress.com/2009/10/13/dewey-vs-russell-on-truth/.

若將這兩種理論都看成是一般意義上的對應理論，那麼這些差異可能被解釋為與之相對應的差異，以及與之對應的對象究竟是什麼。換言之，可以把這兩種理論視為不同的對應理論：它們的共同點是有一種對應關係，即它們所不一致的是什麼。

　　杜威的對應關係一方面存在於假設、概念、理論或判定，另一方面則存在一個問題情境。在一般分析意義上，這不能作為一個獨立的真理定義，但它必須是更廣泛觀點的一部分。這就是杜威關於人類探究的觀點。探究的發端是一個不確定的情況，通常來自一些實際問題。首先一步是弄清楚問題更為具體的畫面，即將不確定的情況變成「問題情境」。接著探究得出可能的解決辦法，即假設可能有助於在問題情境下採取行動。然後加以評估，考慮不同解決方案可能帶來的後果，並通過這種方法估計解決方案的相對值。最後的測試是當一個解決方案實際上被嘗試作為行動指南的時候。真理和謬誤的問題在這個最後的探究階段開始發揮作用，它取決於對被檢驗的假設採取行動的後果是否是他們解決不確定的問題情境。對此，杜威強調了不確定情境的重要作用。正是人們對這種情境的概念指導了餘下的探究，並決定了如何評價想法和假設。不確定的情況是探究的開始。[41] 在其 1940 年《探究的意義與真理》，羅素評述道，杜威的真理理論簡單地替代了「真理」與「可判定性」，不過杜威本人卻贊同真理的對應論。對羅素而言，杜威的對應理論是經典的：即主張或信仰與獨立現實或經驗事實之間的對應。倘若所引用的語句也擁有語句所判定的屬性，則語句是真的。在羅素看來，杜威的理論不應該被稱為對應理論。羅素對杜威整個探究和真理理論的描述如下：個人從事探究活動，目的是更好地與環境互動。在探究中，「判定」是工具，這些判定可以「保證」到不同的程度。判定被保證的程度取決於其產生期望結果的能力。在探究過程中，判定可以被更好的判定所替代，有時它們是導致更好判定的手段。「更好」一詞僅僅意味著它產生更多的理想結果，讓我們更好地應對我們的環境，因此「更好」可以基本上被「更合理」取代。探究不會結束，沒有判定是最好的。一個要點是，倘若判定產生了期望的結果，那麼判定是有保證的，因此，真理的概念失去了其靜態和特權性質。[42]

　　羅素宣稱杜威理論的核心是站不住腳的：判定的有用性是唯一有利於它真實的東西，而杜威拒絕探究應該引導詢問來瞭解世界。[43] 相反，杜威認為，探究的成功

---

[41] John Dewey,"Propositions, Warranted Assertibility, and Truth," in *The Essential Dewey*, vol 2, Indiana University Press, 1998. The article was first published in *Journal of Philosophy*, 38, 1941. In the present paper, page numbers in brackets refer to *The Essential Dewey*, p.207.

[42] Bertrand Russell, *Inquiry into Meaning and Truth*, Allen & Unwin, London, 1961, p.319.

[43] Ibid., p.321.

僅僅是成功的行動。因此，在這一調查過程中所提出的判定只在成功方面有價值，並且在達到預期結果的程度上也有價值。杜威和羅素之間的區別似乎很深。羅素總結道，本質上的區別在於，如何決定哪些判定屬「真」，哪些屬「假」。對杜威來說，這是由判定的效果決定的，而羅素則主張由判定的原因決定。[44] 在羅素的理論中，有一些先行的事實決定了所宣稱命題的真實性。獨立的事實具有「真理製造者」的作用。與杜威相比，羅素堅持真理和「世界」的客觀性和獨立性。在〈命題，可判定性與真理〉（Propositions, Warranted Assertibility, and Truth）一文中，杜威捍衛自己，並對對羅素的對應理論的加以抨擊。當然，這些問題往往交織在一起。杜威的理論可以說是替代「真理」與「可判定性」，但沒有對象。杜威否認自己對「可判定性」的分析僅僅意味著對判定加以實用性以便達到「預期的結果」。[45] 正如羅素所描述的那樣，杜威的理論看起來很令人反感，我們直覺上不願把判定的任何虛假但有益的結果視為使之更有說服力的東西。這是反對實用主義的深刻直覺：相信某事並不表明它是真的是有用的。然而，當羅素談到「想要的結果」和「成功的行動」時，他並沒有給出杜威理論所包含的條件和要求，因此羅素畫的是一幅錯誤的圖畫。羅素所沒有看到的，當把任何滿足的欲望和每一種結果都看作是相關的東西時，不確定的和有問題的情況對探究有所影響：[46] 它們不僅是探究的出發點和來源，而且始終控制著它。[47] 杜威設定了一個條件，將結果視為一個判定的有效性，並在探究結束時得到滿足。

　　杜威認為，誤解的根源必須是羅素不瞭解不確定情況的客觀特徵。因為他這樣做了，羅素就永遠不會想到，在評估理論時，任何個人欲望都是相關的。這意味著不確定的情況是客觀的，而並不依賴於懷疑的主體。相反，它在某種意義上是另一種方式：一種懷疑只有在這種不確定的情況下被喚起時才是有效的。[48] 倘若並非如此，那麼懷疑就是懷疑主體的「病態」。然而羅素，無法想像一個可疑的情況而沒

---

[44] Ibid., p.325

[45] John Dewey,"Propositions, Warranted Assertibility, and Truth," in *The Essential Dewey*, vol 2, Indiana University Press, 1998. The article was first published in *Journal of Philosophy*, 38, 1941. In the present paper, page numbers in brackets refer to *The Essential Dewey*, P.201.

[46] Björn Östbring, "Dewey v. Russell on Truth," https://bjornostbring.wordpress.com/2009/10/13/dewey-vs-russell-on-truth/

[47] John Dewey, "Propositions, Warranted Assertibility, and Truth", in *The Essential Dewey*, vol 2, Indiana University Press, 1998. The article was first published in *Journal of Philosophy*, 38, 1941. In the present paper, page numbers in brackets refer to *The Essential Dewey*, p.208.

[48] Ibid., p. 209.

有一個懷疑者。[49] 羅素所未能理解的，大概是不確定的情況是人類作為有機體在環境中相互作用時所發現的存在狀態。羅素對杜威的誤讀表明，他不理解不確定情況的客觀性質，反過來說明他從來沒有真正理解杜威整個實用主義認識論的核心部分之一，即認識論的自然化。[50] 對杜威而言，不確定情況的客觀性問題與他對「經驗」作為行為的更廣泛觀點密切相關。不確定情況的客觀性是在生物意義上給出的，是生物體與環境相互作用的不平衡。從探究從這種情況看來，我們得到另一個圖片的認識比傳統的更可靠；人類實踐總在進行是理所當然的，問題是實踐而不是知識，甚至進化論意義上，人們關注如何隨著世界而並非世界是怎樣的。

　　杜威的哲學觀念與羅素的哲學觀念相去甚遠，後者仍堅持運用傳統的知識觀、世界觀和真理觀。羅素為對應關係（correspondence relation）所作的闡釋是與杜威的實驗行為相的對立的。羅素有關傳統觀念中的知識建立在個人懷疑並相信獨立實在。然而，羅素的這一觀點在杜威看來是站不住腳的，至少是徒勞的。杜威對羅素的立場進行了抨擊。在杜威看來，某一疑問與知識的主體性心理學，某些信仰的傳統觀念以及獨立的事實的想法，都使羅素陷入明顯的矛盾，因他強調某一確定性（an assertion）與某一先前事實（an antecedent fact）之間有著某種因果聯結（a causal link）。杜威對羅素的第一點批評涉及到經驗與命題之間的關係。對羅素的理論來說，命題有可能被直接經驗所認知。[51] 例如「這是紅色的（This is red）」或「紅色在這裡（redness-here）」一類的原子命題，由於其簡單性與直接性，故可被直接瞭解，並加以確定，這是因為在知覺與命題之間存在著因果關係。杜威正是在這一點上挑戰羅素。首先他認為並不存在「在這裡」自我肯定的意義，而「紅色在這裡」的所謂簡單性則會在反映中消失，因為似乎任何這種確定性都假設了時空理論。[52] 此外，感覺經驗與判斷之間的因果關係似乎為保證那些確定性是對的而假設了一種生理學理論。因此因果關係並非像羅素所假設的那般直接。這是非常重要的。羅素區分了一類判斷，認為它們是由判斷所導致的，因此不能不為真。這些「基本命題」是基本的，因為更複雜命題的判定取決於它們之間的關係。杜威對羅素認識論的基本要點進行了抨擊。對這些基本命題「純粹性」的攻擊必定會撼動整個知識，因為

[49] Bertrand Russell, *Inquiry into Meaning and Truth*, Allen & Unwin, London, 1961, p.323.

[50] Björn Östbring, "Dewey v. Russell on Truth," https://bjornostbring.wordpress.com/2009/10/13/dewey-vs-russell-on-truth/

[51] John Dewey, "Propositions, Warranted Assertibility, and Truth," in *The Essential Dewey*, vol 2, Indiana University Press, 1998, p. 202.

[52] Ibid., p. 202.

它是以羅素的觀念加以解釋的。這種對羅素的批判非常符合杜威實用主義的哲學觀。為力圖找到可靠的基礎，羅素像笛卡爾一樣尋求確定性，即使是經驗而非理性主義的原則。然而，這是一個杜威認為應該摒棄的計劃。杜威說，羅素的這一理論完善的懷疑提供了充分理由，因為這種假設提出知識的條件是確定的，而這種確定性顯然是不可能的，這意味著我們最終陷入了懷疑論。羅素必然陷入懷疑論的爭論也產生了另一種形式，即對羅素對應關係觀念的根本批判。倘若「這是紅色的」這一命題為真是由一個簡單的「原子」事件引起的，那麼問題就產生於我們如何知道它是否是由這樣一個事件引起的。也就是說，我們能測試對應性嗎？原子事件既引起命題，同時又使命題為真（它作為驗證者）。杜威的指責是，這是荒謬的，因為它是命題自身，即我們的信念以及我們所談到事件的唯一途徑。[53] 杜威希望我們放棄經典的真理對應論和傳統的知識觀。從杜威的立場來看，羅素的理論似乎脫離實際，因而毫無意義。然而，杜威反對對應論的論點並不一定成功，因其目的在於使真理概念成為有關世界命題或信仰的獨立和客觀的屬性。為了消除不安全感，哲學家希望在兩個領域之間建立一個安全的聯繫；對於羅素，這就是原子事件和基本命題之間的因果關係。在這一點上似乎存在著相互矛盾的觀點：即對實在性的超越，但同時也存在著某些可以判定的命題。超越性與確定性相結合。這似乎是衝突的，但這就是杜威所關注的。

　　杜威在反對羅素基本命題的辯論中也許會成功。然而，倘若在更廣泛的討論中，因無法將命題與事件本身加以比較，故對應理論使知識不可能，那麼似乎有辦法對此論證加以反駁。關鍵在於懷疑主義並不一定如此，因為所顯示的是我們無法確定對應關係何時實際發生，而不是它實際上不會發生。更正確的方式就是說，我們永遠不會得知是否有真正的信念，而不是我們從來沒有知識。倘若知識被簡單地界定為真實的信念，那麼在這種情況下，那麼認為其不可能的反對意見並不會威脅到知識的可能性。對經典對應理論的懷疑主義似乎依賴於這樣的假設：要知道某些事情，我們必須擁有真正信仰的標準，並且這種信念有可能被判定是合理的。通過將真正信念作為知識的唯一條件來解決，對應理論可被界定為針對這種批判的辯護：即沒有正當判定性的知識。不過，這一舉動可能不會讓杜威和一般的實用主義感到滿意。這一論點認為，不可能通過測試和判定對應的主張來證明獲得這種對應概念的知識是不可能的。放棄對理由的要求並不能解決問題，因為問題在於對應超越了判定。在沒有任何可能判定它的情況下談論命題是真的，這才是核心問題。這

---

53 Ibid., p. 206.

個論證背後潛在的語用假設認為，超越我們的知識來談論其屬性是毫無意義的。然而，將判定性作為知識條件的要求表明實用主義論證並不是非常具有結論性。相反，它似乎取決於很可能被拒絕的假設。該論點依賴於這樣的理論：倘若一個概念應被視為有用或有意義，則該概念必須提供其使用標準。然而，即使沒有可能為其提供能夠確定特定命題是否真實的標準，也可認為真理概念具有意義。「杜威反對客觀主義或『先驗』真理觀的論點只適用於驗證主義者關於標準需要的假設。此外，似乎也只是從這些假設中才發現先驗真理觀有問題。」因此，在那些非實用主義者眼裡，杜威的這一論點並不成立。[54]

胡適在其恩師杜威去世後，曾如此評價道：

> 從前的知識論者，往往分作內面的心和外面的物。所謂感覺和綜合的理智，這是知識論裡面很重要的部門。當時社會上分階級：有勞心，有勞力；有君子，有小人；有資產階級，有無產階級；有統治者，有被統治者；有一種人看到沒有法子參加許多社會的事，許多事都不在他們手裡，就取悲觀、旁觀或樂天的態度。從前社會上這種分階層的情形，就影響到哲學思想上。杜威先生以為，這都是歷史的關係。因為那時科學發達還沒有影響到整個哲學，哲學家還不能接受實驗室的方法來改造他們的思想。杜威先生這一派，則整個接受三百年來的科學方法，尤其是近百年來生物科學的方法。所以他們的知識論是說：生物學和新的心理學，兒童心理學、變態心理學、實驗心理學都指示我們，思想並不是有一個叫做理智（或者是心）的特殊官能；一切心理的作用，都是腦子。腦子就是如吳稚暉先生所說的「十萬八千根神經」的中心。（我們當然不能把這當作一個準確的數目字！）神經系統使我們的心和身通力合作。這是新的心理學的貢獻。外來的刺激，都是受神經系統的支配統制。外面碰到刺激的時候，它立刻發生反應發佈命令來應付。這不但高等的動物這樣，連最下等的動物也是這樣。神經系統不但是主持應付環境的作用，還能夠使前一次的經驗在後一次的適應環境上發生重要的影響。前面成功了，後面的格外成功，格外滿意。前一次的經驗，影響後一次的活動；時時刻刻是新的。心就是身體裡面的神經中樞。每次的生活經驗能夠把舊的經驗改組一遍，作為後來活動的準備，使後來的活動比前次更滿意。比如雕

---

[54] Björn Östbring, "Dewey v. Russell on Truth," https://bjornostbring.wordpress.com/2009/10/13/dewey-vs-russell-on-truth/

刻家每一刀下去都是活動；如果能夠用心的話，後一刀自然比前一刀的雕刻要見進步。寫字、繪畫、作工，無論什麼事，可以說都是這樣。一筆有一筆的進步，一分有一分的進步，一寸有一寸的進步。有思想的生活，都是改善環境，改善我們自己作為後來更滿意應付環境的準備。這就是步步思想，步步是知，步步是行。知是從行裡得來，知就在行的裡面；行也是從知裡得來，行就是知的本身。知分不開行，行也分不開知。

這就是「知行合一」。生物學告訴我們，就是低等動物也有這種本能。拿老鼠來說罷：無論怎麼難找的門，第一次找不到的時候，第二次再找；不斷的試驗，經驗就可以叫它找到門。老鼠如此，狗和貓也如此。概括的說，下等的動物和人，對於應付環境的作用是一樣的，目標是一致的，其中只有程度的高低。

從前的人說知識是超於經驗在經驗之外的，是一個「超然物外」的旁觀者。杜威先生說：知識是智力，智力是一種參加戰鬥的工具，是一種作戰的活動，不是一個超然物外的旁觀者。從前講知識論的人，往往離開了科學實驗室，所以沒有結果。如果他們用新的科學方法，就知道所謂知識論必須具有兩個條件：

第一，教人怎樣求得知識，教人怎樣得到知識。我們知道，要求得真正知識，只有科學實驗室的方法才有效果。這是第一點；還不夠，還有第二點。

第二，教人如何證實所得的知識是否真知識。凡是真正的知識論，必須要教人家怎樣證實那種知識是真的，那種知識是假的。如果單教人求知識，而不教人家證實真假，那是不夠的。

所以真正的知識論，必須根據新的科學方法，教人求知，並證實知識的真假及其價值。[55]

小結

羅夫卓爾（A. O. Lovejoy）指出：杜威認為「世界存在的問題」是「無意義」的，他所斷定的僅僅是若不包含一個肯定的答案，問題就不能被理解。而從羅素對問題的闡述看來，這是杜威的討論出自其自己的出發點。[56] 杜威對主觀主義

[55] 胡適：〈杜威哲學〉，原載 1952 年 12 月 4 日、9 日臺北《中央日報》。

[56] Durant Drake, Arthur Oncken Lovejoy, James Bissett Pratt, Arthur Kenyon Rogers, George Santayana, Roy Wood Sellars, Charles Augustus Strong, *Essays in critical realism: a co-operative study of the problem of knowledge,*

（subjectivism）造成的危險保持警覺，但他並沒有盡可能仔細地區分作為推論知識和作為感性意識的知識。為此，他批評了像羅素這樣一類的「認識論」實在論者。[57] 羅素在其名著《權力：一種新的社會分析》中，對杜威的實用主義進行了尖銳的抨擊，他聲稱，對哲學來說，獨立於個人意志的實在，就體現在「真理」的概念中。從常識的觀點來看，我所信仰的真理在大多數情況下都不依賴於我所做的任何事情。由追求權力激發的哲學是不愉快的，因此，「破壞了事實作為真理來源的常識概念」，這給了創造幻想的自由，使它從設想「真實」世界的桎梏中解脫出來。實用主義，在某種形式上，是一種權力哲學。對於實用主義，若信念是「真實的」，就在於它的結果是令人愉快的。當今人類可使一種信仰的結果令人愉快或不愉快。如果你生活在其政府統治下，一個獨裁者道德優越感的信念要比不信服他的令人愉快。哪裡有有效的迫害，官方的信條在實用主義意義就是「真實」的。因此，實用主義哲學給那些掌權者一種形而上的全能，而它會否認其他的一般哲學。「我不認為大多數的實用主義者承認他們哲學的後果；我只說，它的後果及其對真理共識的攻擊是癡迷權力的結果，儘管它對無生命的自然可能比對人類顯示更大的掌控。」[58]「無論是工具主義、反真理符合理論，還是種族中；論思想，羅蒂在很大程度上接受了杜威的很多思想，這就使得羅蒂實用主義真理觀中包含了杜威真理觀的很多痕跡。所以，杜威工具主義真理觀對羅蒂實用主義真理觀產生了重要的影響，羅蒂繼承與發展了杜威工具主義真理觀的很多理念，融入到了其構建起來的希望哲學。」[59]

Macmillan, 1920, p. 40.

[57] Delton Thomas Howard, *John Dewey's Logical Theory*, Press of The New Era Printing Company, 1919, p. 107.

[58] Bertrand Russell, *Power: A New Social Analysis*, Routledge, 2004.

[59] 劉寬紅，《杜威實用社會知識論及其現代價值研究：基於新實用主義的視角》，崧博出版事業有限公司，2017年,6.3.1。

第十一章　對兩位大哲邏輯觀的比較

　　邏輯來自於希臘語的「邏各斯（logos）」，包括詞義、思想、觀點、論點、解釋、理由或原則等），是對推理的研究，或對有效推理和論證的原則和標準的研究。它試圖區分好的推理和壞的推理。亞里士多德把邏輯定義為「新的和必要的推理」，因為它允許我們學習我們不知道的東西和必要的東西，因為它的結論是不可避免的。它會問這樣的問題：「什麼是正確的推理？」「好論點和壞論點有什麼區別？」「我們怎麼能發現推理中的謬誤呢？」邏輯通過對形式推理系統的研究和對自然語言中的論證的研究，對語句和論證的結構進行考察和分類。它只處理命題（陳述句，用來作斷言，而不是表達願望的問題、命令的句子）。它不關心與思想、情感、意象等相關的心理過程。它涵蓋了諸如謬誤和悖論研究的核心論題，以及用因果關係和論證理論的概率和論據進行推理的專門分析。邏輯系統應該有三項標準：一致性（consistency），即系統的定理不能是相互矛盾的；可靠性（soundness），即系統的證明規則將不允許從真前提進行錯誤的推理；以及完整性（completeness），即至少在原則上，沒有在本系統不能得到證明真值句。在 1920 年代初，幾乎同時訪華的杜威與羅素在哲學方法上很不相同。前面提過，大致上說前者強調「整體主義」，而後者則注重「原子主義」。

　　羅素自認繼承了英國的傳統，而杜威則屬德國傳統，尤其是黑格爾傳統。雖然杜威的工具主義最大特徵與最重要的教條與分析觀相一致，但正如本書前面闡述過的，杜威採用了與斯瑪茲（General Smuts）在《整體論與進化論》一書中所稱作「整體論（holism）」相聯繫的形式。整體論是一種認為在自然中決定因素為作為有機整體的理論，這種整體不能還原為它的部分之和，也就是說，整體不能被分析為其部分的總和或歸結為分離元素，例如完形心理學。因此，羅素提議首先考察杜威邏輯的「整體」方面及其工具學說；並說道：「杜威博士本人坦承自己借用了黑格爾的思想。他還補充說：『我不能忽略，也儘量不否認一個精明的批判者對某種虛構的發現所偶然談論的東西，這種東西因熟知黑格爾而在我的思想中留下了一個永恆的儲存。』我在別的場合曾指出，這個學說與另一個前黑格爾主義者馬克思相似；正如馬克思在論費爾巴哈的文章提到，而後來又包含辨證唯物主義的理論（恩格斯從未理解的）中的那些意思：『人的思維是否具有客觀的真理性，這不是一個理論

的問題，而是一個實踐的問題。人應該在實踐中證明自己思維的真理性，即自己思維的現實性和力量，亦即自己思維的此岸性。哲學家們只是用不同方式解釋世界，問題在於改變世界。』」[1]

當時，杜威的綜合主義滿足了中國的思維方式。在「從絕對主義到實驗主義」的短文中，杜威說明了黑格爾哲學對自己的感染力以及原因。從黑格爾的唯心主義，在青春後期，他獲得了情與理智的融合，但在幼年的宗教經驗中卻沒有找到。在杜威早年對辯證法的信心讓位給懷疑論之後，對有關更技術的哲學問題，他的那種黑格爾式對連續性與衝突作用的強調堅持了經驗主義的基礎。在芝加哥的一次有關黑格爾邏輯的研討會上，杜威試圖重新用「重新調整」（readjustment）與「重建」（reconstruction）來解釋黑格爾的範疇。謝爾普（A. Schilpp）認為凱爾德（Edward‧Caird）從黑格爾辯證法思辨中機智地解放出來，這對杜威有極大的影響。[2] 杜威本人說過：「然而，黑格爾對主觀與客觀，物質與精神，神靈與人類的綜合並非單純是一個理智的公式；它作為一種巨大的釋放和解放而運作。黑格爾對人類文化、機構和藝術的治療，涉及了嚴格地分開牆壁的同樣消解，而對我有一種特別的吸引力。」[3] 他還說道：「在 1890 年代早期，實際上所有英語中的重要哲學都受到新康德主義與黑格爾唯心主義的影響。實用主義與所有實在論的派別都是後來成長起來的。」[4] 杜威從早期的黑格爾唯心主義轉到後來的實用工具主義，而我們仍能發現一些與黑格爾主義相連的「胎記」。1.他將哲學視為某種理智工具的觀點本身就是一種傳統的重建，這就是主要來自黑格爾的歷史觀；2.他對衝突的理解來自黑格爾，儘管它並非僅僅是在經濟，而且也在心理和文化感覺上；3.他有關連續性的理論與黑格爾相似，這種連續性被看作為彌漫與包容一切；4.他的實的概念包括黑格爾的連續性，而他對主觀與客觀的描述是受到黑格爾的影響被包含在一個經驗整體中；5.他將個體看作一個唯一的歷史特徵，也是受到黑格爾的影響；6.他的社會心理學認為黑格爾的觀點，即個人不能與歷史、文化、或環境分開是根本上正確的。[5]

在當時，羅素的分析主義卻不能滿足的中國思維方式。實際上，甚至羅素在早期也受到過黑格爾的影響。不過，與杜威不同，羅素與黑格爾徹底決裂，並為哲學

---

[1]　S. Meyer, *Dewey and Russell: an Exchange*, Allied Books Ltd, 1985, pp.36-39.

[2]　Ibid., p.22.

[3]　Ibid., p.138.

[4]　Ibid., p.521.

[5]　Ibid., pp.88-89, 107, 181, 266, 498.

發展而創造了一個革命性的分析方法。他批評了杜威的邏輯如下：1.知覺與經驗知識的關係在杜威的書裡並不清楚，而且他拒絕將「感覺材料」（data）看作知識的出發點；2.杜威的「探究」無法為真理用邏輯的概念與知識的理論加以取代；3.杜威對探究的強調是與真理或知識相對立的；4.對杜威來說，知識不可是生活目的的任何部分，它僅僅是滿足其他東西的手段。[6]羅素說道：「我和杜威博士曾於月蝕期間在長沙；隨著無法追憶的風俗，盲人們敲打銅鑼來消耗天狗，它企圖吞下月亮是月蝕的起因。在數千年裡，敲鑼這一實踐從未失敗過；每一次月蝕都在充分的喧鬧後而告結束。這個例證表明，我們的概括不僅使用同一方法，而且也可用差別方法。」[7]不過，中國知識分子沒有接受羅素的哲學貢獻，其中原因之一就是它過於技術和瑣細，而不適於中國傳統的思維方式。

第一節　羅素的邏輯觀

羅素自詡：「我曾對現代分析經驗論建立了一個不同於洛克、貝克萊和休謨的哲學綱領，因它是與數學以及強大邏輯技術的發展相聯繫的。」[8]在早期，羅素將語言的哲學研究看成是「哲學語法的構建」，也是形而上學（指玄學）的一個準備階段，即作為實現形而上學目標的實在特性的途徑。羅素雖然主張哲學不解決根本問題，卻又認為由於不可避免仍需要解決。他就是以這種態度來對待所謂心物關係的。他還提到，雖然自己一直相信哲學的基本工作都是邏輯的，但仍然以形而上學為論題。後來，羅素的《心的哲學》和《我們關於外部世界的知識》是以馬赫感覺論為出發點，根據當時數理邏輯的發展寫成的，同卡爾納普的名著《世界的邏輯構造》一樣，企圖發展馬赫的現象主義。羅素把世界僅歸結為一種構造甚至一種主觀的構造，這是其現象主義的典型表現。[9]羅素提到：……所有我主張的是，避開那些困擾實在論和唯心論的難題，還要避開它們那些已被邏輯分析所揭示出的歧義性概念。」[10]正是在哲學觀新舊形式的再一次交替之際，羅素利用自然科學的某些成果，試圖用一種所謂新自然主義與新中立主義的態度來解釋世界，即貫徹休謨的第三條路線，形成了自己的邏輯原子論和中立一元論思想。

---

[6]　S. Meyer, *Dewey and Russell: an Exchange*, Allied Books Ltd, 1985, pp..35-45.

[7]　Ibid., p.43.

[8]　丁子江譯自 Bertrand Russell, *A History of Western Philsophy*, New York: Simon & Schuster, 1945, p.834.

[9]　Bertrand Russell, *The Analysis of Mind*, George Allen and Unwin LTD, 1956, pp.19-20 頁。

[10]　Bertrand Russell, *Mysticism and Logic*, Dover Publications, 2004, p.123 頁。

　　羅素看到了上述兩派別所具有的優點與某些弊端,試圖把經驗論同數學和數理邏輯結合起來,把後者說成是經驗材料之間的最一般的聯繫。他一方面認為,經驗和常識可以供給哲學分析的材料,另一方面又宣稱自己的一個哲學成見就是不滿於狹隘的經驗論,認為從前人們過於強調經驗,幾乎沒有一個哲學家能理解「用不著知道任何單個的甲就可知道『凡甲是乙』的命題」。他自認激烈地傾向經驗主義,但卻不信「2+2=4」是從經驗獲得的一種歸納概括。人們從研究經驗的事實中知道蘇格拉底是人,而用不著經驗,便可知三段論在抽象形式中是正確的。因此,有一類命題與經驗得出的命題不相同,它具有重言式的特性。他承認雖然要想解釋怎樣才能獲得超經驗的知識是困難的,但否認有這種知識也是站不住腳的。他確信世界充滿著可能性,因此,邏輯的任務是推論未知物可能存在,不過最終判定其有無,還須靠經驗來驗證,即邏輯把無數日常未知的構造排列出來,讓經驗在邏輯所賦予的許多世界中選擇一個。羅素指出:「有一個哲學上極為重要的問題,其中對科學與邏輯句法的仔細分析將導致一個對於我以及幾乎所有邏輯實證主義者們來說都很不愉快的結論。這個結論是:強硬的經驗主義是站不住腳的。除非假設某種不必依賴經驗而建立的推理的一般原則,否則就不可能從有限的觀察中推出一般的命題。」[11] 然而,羅素並未擺脫經驗主義的束縛。他不能正確處理感性與理性的關係,例如他在晚年提出準永恆性的公設、分立的因果線公設、結構的公設等,並以此作為科學推論的基礎,但並沒有把它們深化到理性認識。結果,這些公設又與他早年提出的那種柏拉圖似的共相類似。20 世紀初,羅素悖論的發現導致了「數學危機」,這一危機既促使數學基礎和數理邏輯的發展,又要求從認識論上得到哲學的解答。

　　羅素說道:「我喜歡將我的哲學描述為邏輯原子論,而不是實在論……」;[12] 羅素不滿足摩爾的常識哲學以及其他新實在論者的那種柏拉圖式的客觀理念主義,決心更徹底地從邏輯和數理邏輯方面來研究哲學。於是,羅素思想的二重性,即繼承性和更新性,使他在實證論和新實在論的基礎上,開拓了一個新的哲學研究方向──分析哲學。從開創的角度說,羅素為邏輯實證主義運動以及整個 20 世紀分析思潮的發展奠定了基礎,其邏輯觀和「邏輯構造」(logical construction)概念起到了至關重要的作用。雖作為英國經驗主義繼承人,羅素本人也曾受到笛卡爾的影響。他 15 歲的時候曾產生過與笛卡爾主義者十分相似的想法。一定意義上,羅素經常以笛卡爾等為參照,在比較中,逐漸建立了自己的方法論。例如,他批判笛卡

---

[11] 羅素:〈邏輯實證主義〉,丁子江譯,載《外國哲學資料》第 7 輯,商務印書館,1984 年。英文原作載羅素的《邏輯與知識》*Logic and Knowledge*, George Allen and Unwin LTD, 1977, pp.365-382.

[12] Bertrand Russell, *Logic and Knowledge*, George Allen and Unwin LTD, 1977,p.323.

爾派的學者拒斥心與物之間的任何相互作用，從而增大了心物區別的絕對性。羅素追求確定的真理性知識，這從其早期對邏輯與數學的探討以及後期對休謨有關歸納的懷疑論的考察就可以看出。如同笛卡爾，羅素先在數學中發現確定知識的範例，但它證明則從公理出發，而這點會受到質疑，於是，他便轉向了了邏輯。

> 分析哲學發端於 20 世紀早期，當今已成為哲學的主導傳統。當然，分析哲學並非還保持當初那個樣子。正如其他一切運動或傳統一樣，分析哲學經歷了各種政治災變事件，科技的發展以及其他領域的影響，此外，它還接受了自我審思與批判。分析哲學的發展得益於很多來源，如英國經驗主義傳統（就像前面羅素所說的），19 世紀末和 20 世紀初自然科學，尤其是物理學的發展。然而，最主要的動力是 19 世紀和 20 世紀初、邏輯學、集合論以及數學基礎的革命性發展。對於哲學來說，最重要變革是數理邏輯的發展，它成為分析哲學家觀念不可或缺的工具和源泉。分析哲學家從英國經驗論、形式邏輯、數學和自然科學中獲得他們的靈感、觀念、論題以及方法。……分析哲學家們將佛雷格、羅素、維特根斯坦和摩爾尊為這個哲學大家族的四大鼻祖。[13]

2012 年，在《分析哲學簡史：從羅素到羅爾斯》（*A Brief History of Analytic Philosophy: From Russell to Rawls*）一書中，史瓦茲（S. P. Schwartz）將羅素視為分析哲學運動的開創者，此作的第 1 章的標題就是「羅素與摩爾」，著重評述了羅素的數學觀、數理邏輯、邏輯主義、摹狀詞理論、感覺材料等。2013 年，牛津大學出版社推出了賓內（Michael Beaney）所編輯的《牛津分析哲學歷史手冊》一書，這部由 41 位著名學者參與編寫，厚達近 1200 頁的巨著對現代英美分析哲學的來龍去脈進行了詳細的評述。此書在導言「分析哲學及其史學」的 4 章中，介紹了分析哲學的概念與定義，分析哲學的史學研究，分析哲學的編年，分析哲學的文獻和史料等，在第一部分「分析哲學的起源」的 10 章中討論了反康德主義，19 世紀科學哲學的規範與結構，弗雷格與分析哲學，分析哲學學派與英國哲學，分析哲學的數學與邏輯基礎，摩爾與劍橋分析學派，以及維特根斯坦的邏輯哲學論等；第二部分「分析哲學的發展」的 13 章中，審思了牛津實在論，早期邏輯經驗主義與維也納學派，卡爾納普、哥德爾、塔斯基的邏輯貢獻，維特根斯坦後期哲學，蒯因、克瑞普克和普特南姆的哲學，邏輯行為主義與認同論的起源，意義理論的發展，因果論

---

[13] S. P. Schwartz, *A Brief History of Analytic Philosophy: From Russell to Rawls*, Blackwell, 2012, p.2.

的興衰，分析哲學中的形而上學（玄學），元倫理學，20 世紀規範倫理學，分析美學，以及分析政治學等；第三部分「分析哲學歷史中的主要論題」的 12 章中評述了功能問題，賴爾的思想，分析哲學中的邏輯完美語言，分析哲學中的語言轉折，知覺與感覺材料，摩爾隊外部世界的證明，模型論，推理論與規範性，實用主義與分析哲學，分析哲學中的現象學作用等。在全書 39 章中，羅素的思想幾乎貫穿始終，其中有多處章節專門討論了羅素對這個思潮的貢獻，如第 1 章第 1 節「分析哲學的起源（The Origins of Analytical Philosophy）；第 2 章第 3 節「羅素在分析哲學構建中的作用（Russell's role in the Construction of Analytical Philosophy）；第 11 章「羅素與摩爾對英國唯心論的反叛」；第 12 章「羅素摹狀詞的理論與邏輯構造論的理念（Russell's Theory of Descriptions and the Idea of Logical Construction）等。[14]

　　普林斯頓大學出版社計劃推出著名語言學家兼分析哲學史家索姆斯（Scott Soames）五卷本巨著《哲學中的分析傳統》（*The Analytic Tradition in Philosophy*），主要揭示了從 1879 年現代邏輯的發明一直到 20 世紀末分析哲學的歷史脈絡，提供了目前為止對分析哲學的發展最充分最詳細最有深度的評述，其中不少資料未曾公佈過。索姆斯針對分析運動的各個重大的里程碑似的發展階段，做出了前所未有的探索。2014 年已出版了其中第一卷《開創性的巨匠們》（Volume 1: *The Founding Giants*, Princeton University Press, 2014）。此卷有 680 頁之厚，闡明了分析哲學開創時期的三大巨頭──弗雷格、羅素和摩爾等在數學，認識論，形而上學，倫理學，哲學，語言哲學等領域的劃時代的貢獻。索姆斯解釋了這三位開創者在 1920 年代，以一種前所未有的方式將邏輯、語言和數學三者結合，並使之成為哲學的核心部分。不過，儘管邏輯、語言和數學當今已被認作達到傳統目的的有力工具，但始終並為真正地對哲學加以界定。這種狀況得到轉折，在第一卷的結尾，索姆斯引介了第四位開創者，即天才的大哲維特根斯坦：1922 年，《哲學論》（*Tractatus*）的英文版問世，迎來了持續數十年的「語言學轉向」的哲學。本書第一卷共有 12 章，其中就有 6 章，即約一半的篇幅，闡述了羅素及其思想，如第 7 章「羅素早期的邏輯、哲學和《數學原則》」，第 8 章「羅素的摹狀詞理論論指稱」（On Denoting），第 9 章「羅素的真理、謬誤與判定」，第 10 章「羅素的邏輯主義」，第 11 章「羅素的《我們外界的指示》」，第 12 章「羅素的邏輯原子論哲學」等。索姆斯聲稱自己在第一卷中關注的七大焦點是：

---

[14] See Michael Beaney (ED.), *The Oxford Handbook of The History of Analytic Philosophy*, Oxford University Press, 2013.

1 弗雷格與羅素所開創數理邏輯的非凡發展；2 弗雷格與羅素數理哲學的突破性轉型；3 弗雷格與羅素如何應用在邏輯─數學的考察中獲得的概念和方法，來建立語言系統研究的基礎；4 在 1905 年至 1918 年，羅素堅持不懈地應用邏輯和語言分析的方法，來抨擊認識論與形而上學（玄學）的傳統問題，並且力圖建立作為哲學主要方法論的分析手段；5 摩爾與羅素對康德主義─黑格爾主義式唯心主義的反叛，而後者在 19 世紀至 20 世紀初葉曾主宰英國哲學；6 摩爾的元倫理學造成了近半個世紀的爭論；7 摩爾的常識認識論至今還影響著哲學界。[15]

　　羅素認為，自然語言往往誤導哲學，而理想語言可以揭示真正的邏輯形式。因此，在傳統的觀點上，分析哲學誕生於這一語言的轉向。這種理性的分析哲學被譽為一個宏大規模哲學革命，不僅是反抗英國的理想主義，而是反對整個傳統哲學。2013 年，英國分析哲學家班內（Michael Beaney）精闢地指出：

　　在當今，分析哲學從總體上被視為英語世界占主導地位的哲學傳統，它生成於 20 世紀中葉。最近 20 年來，這種哲學在非英語國家也得到穩步的發展。一個標誌是在全球，分析哲學的學會數量增多。然而，此種分析傳統的擴張並不意味意圖、方法和觀念的趨向同一。與此相反，分析哲學比以往更囊括了廣泛的方法、觀念以及立場。在邏輯和數理哲學中（例如弗雷格與羅素）以及在倫理學和判斷理論中（例如摩爾），從原初關注認識論和形而上學（玄學）的問題轉向了哲學的所有領域。除了作為分析哲學主流的語言、邏輯、數學、心靈以及科學的哲學以及分析倫理學，還出現了分析美學、分析馬克思主義、分析女權主義、分析神學、分析托馬斯主義等。此外，還產生了完全叛逆和多元的觀點。[16]

　　羅素試圖用邏輯澄清數學基礎的問題，也試圖用邏輯分析澄清哲學問題。美國斯坦福大學哲學百科全書這樣評價道：「作為分析哲學的奠基人之一，羅素對哲學

[15] Scott Soames, *The Analytic Tradition in Philosophy*, Volume 1: *The Founding Giants*, Princeton University Press, 2014, p.xii.

[16] Michael Beaney (ED.), *The Oxford Handbook of The History of Analytic Philosophy*, Oxford University Press, 2013, pp.3-5.

各個領域，包括形而上學，認識論，倫理學和政治理論作出過顯著的貢獻。他在邏輯學和形而上學方面也對卡爾納普和維也納學派有著重大影響。」[17] 在格里芬（Nicholas Griffin）看來，羅素對現代哲學有著重大的影響，尤其是在英語世界。與弗雷格、摩爾和維特根斯坦一起將分析變成了專業哲學的主要方法；20 世紀的各種分析運動都歸功於羅素早期著作。[18] 即便對羅素的人格頗有非議的傳記作家芒克（Ray Monk），也承認他對數理哲學的傑出貢獻是無可辯駁的。[19] 羅素對本體論、認識論、倫理學，甚至社會人文思想等方面的貢獻，也得益於他有關科學知識的確定性及其應用到哲學上的分析方法論。在哲學上，這種方法表現在邏輯分析。年輕的時候，羅素還對穆勒的《邏輯》一書作了詳盡的筆記，然而卻沒有接受他的關於數學命題是由經驗歸納的理論，儘管並不知道除此以外它應該是什麼。在評介維也納學派的形成條件時，洪謙這樣說道：除了繼承休謨、孔德、穆勒和馬赫等人的實證論基本觀點之外，還有其他重要的因素：首先是相對論的創立和量子物理學的新發展；其次是弗雷格（G.Frege）的巨著《算學基礎》（1884）之開始受到重視；羅素與懷特海合著的《數學原理》（1910-1913）的出版；以及石里克的《普通認識論》（1918）和維特根斯坦的《邏輯哲學論》（1922）的影響。「沒有這些理論作為其思想基礎和方法論基礎，則任何形式的新實證主義或新經驗主義，無論邏輯實證主義還是邏輯經驗主義，都是根本無法想像的。」[20]

　　羅素哲學觀念，如邏輯原子論等的產生，部分由於羅素的某種早期的唯心主義思想。他自認其本人真正的哲學革命產生於與唯心主義的決裂，自己發現有關內部關係的唯心主義學說導致了與數學不對稱關係的一系列矛盾。賓內所編輯的《牛津分析哲學歷史手冊》一書，在第 1 章第 1 節開宗明義談到分析哲學的起源時，第一句話就宣稱，「羅素與摩爾對英國唯心主義的反叛，通常被認作是分析哲學的誕生。」[21] 1898 年，羅素追隨摩爾衝破了康德和黑格爾的思想窒礙。他說：「在讀了黑格爾大邏輯的時候，我正像現在一樣，為他關於數學的闡述，全是一派頭腦迷亂的『臆說』。我開始不相信布拉德雷的關係說，並開始懷疑一元論的邏輯基礎。我開始不相信布拉德雷反對諸種關係的理由，同時還懷疑了一元論的邏輯基礎，我也

---

[17] Bertrand Russell, *Stanford Encyclopedia of Philosophy, substantive revision Mar 10, 2015,* http://plato.stanford.edu/entries/russell/.

[18] Nicholas Griffin (Ed)., *The Cambridge Companion to Bertrand Russell*, Cambridge University Press, 2003,p.1.

[19] Ray Monk, *Bertrand Russell, 1921-1970, the Ghost of Madness*，Jonathan Cape, 2000,p.5.

[20] 洪謙：〈邏輯經驗主義概述〉,《論邏輯經驗主義》，商務印書館，1994 年版。

[21] Michael Beaney (ED.), *The Oxford Handbook of The History of Analytic Philosophy*, Oxford University Press, 2013, p.7.

不喜歡『先驗感性論』的主觀性。然而摩爾的推動卻比上述那些原因來得更快。摩爾也信奉過黑格爾，但時間比我更短。那時，以摩爾為先鋒，我帶著一種解放的感覺隨後策應，發動了對黑格爾主義的反叛。布拉德雷指出，常識所相信的任何事物只是一種純粹的現象。我們則與此根本相反，認為任何事物凡常識認為是真實的，就一定是真實的，它並不受哲學與神學的影響。我們懷著一種逃離監獄的心情自在地認為：青草是綠的，即便沒有任何人意識到太陽和群星，它們也應當存在，同時還有一種柏拉圖式永恆、雜多的理念世界。曾是貧瘠和邏輯的世界，突然變成了豐富的、變化的和可靠的世界。數學應該是十分真實的，而並非是辯證法的一個階段。我的《萊布尼茲哲學》一書就敘述了這種思想的某些內容。」[22] 羅素最初曾極端地聲稱：凡黑格爾所否定的，都應是合理的。在他看來，黑格爾認為宇宙是膠汁而非子彈，因此一切「分割物」都是虛假的；他於是強調，宇宙正像子彈；黑格爾認為用邏輯論證數、時空和物質是虛假的，羅素就聲言自己以新的邏輯技術說明數、時空和物質是真實的，他申明多元論是科學家常識的觀點，一元論卻是由神秘主義的偽邏輯所派生的，黑格爾派就是它的產物。而絕對一元論是通過內在關係說而與唯心主義緊密結合的。[23] 此時，羅素已形成了新實在論的觀點，並開始運用數學和邏輯的分析方法了，這是他哲學生涯中第一個重大的轉折點，即從絕對一元論者轉變為經驗主義的多元論者。

1900 年 7 月，羅素與懷特海參加了在巴黎舉行的國際哲學大會。羅素稱這次大會是他心智生活的一個轉折點，這就是從皮亞諾（Giuseppe Peano）的符號邏輯那裡受到了啟發。自從 11 歲學習歐幾里德幾何以來，羅素一直對數學基礎問題感到困惑。當他終於研究哲學時，又發現康德與先驗論者一樣，都是不能令人滿意的。他不喜歡先驗的綜合，但也不認為算數來自經驗歸納。羅素發覺皮亞諾的嚴密性超越任何與會者，有一種高屋建瓴之勢。羅素從皮亞諾那裡獲得其所有著述後，自此便潛心研究他整個系統的每一個符號和概念。羅素逐步清醒地認識到，皮亞諾的方法正是自己夢寐以求的邏輯分析工具。不到兩個月，羅素便掌握了皮亞諾學派的精義，並將之引用到關係邏輯的研究上。使羅素感到幸運的是，懷特海也意識到這個方法的重大意義。但羅素回憶自己當時處入某種不良狀態和精神缺陷中，當他將前言初稿送給懷特海過目的時候，後者竟嚴厲地批評說：「全部內容，甚至本書的對

[22] Bertrand Russell, *The Basic Writings of Bertrand Russell*,1903-1959, ed. by R. Egner and L. Denonn, Simon and Schuster, 1961,pp. 43-44.
[23] Bertrand Russell, *Sceptical Essays*, Routledge, 2004, Chapter 5.

象都為簡化論證而犧牲了。」[24] 從 1900 到 1910 年,羅素與懷特海合作,將主要精力都放在三大卷《數學原理》(*Principia Mathematica*)的撰寫上。羅素寫於 1902 年的《數學的原則》(*The Principle of Mathematics*)成為《數學原理》的某種雛形。不過,二者的區別在於,前者還涉及與其他數學哲理的爭論。這之間 10 年智慧加友誼的合力,聚變成人類知識史上最野心勃勃的嘗試之一。

羅素和懷特海同時選擇兩個主攻方向,即哲學和數學,企圖把人類的全部認識論和方法論問題經過包抄而一網打盡。總體來看,羅素主攻哲學問題,而懷特海主攻數學問題,然後兩人穿插合圍。除部分沿用皮亞諾方式外,數學中記號法主要由懷特海創制,級數(series)部分主要由羅素完成。他們還共同制定了基數和序數的定義,並企圖將算數還原邏輯。不到一年,他們迅速獲得一系列的成功。雖然這些工作的一部分已由弗雷格完成了,但羅素與懷特海並不知道。全書任何章節都反覆審視和修訂過三次。他們無論是誰一旦寫成初稿,另一個人便接過加以毫不客氣地批改,然後退回擬稿的人進行完善後最終定稿。1905 年,羅素創立了摹狀詞理論,第二年他又創立了類型論。由於懷特海因教學負擔無法抽出更多的精力對付很多「機械性」工作,羅素只得自己攬下這些繁雜的匠活。整個過程真可稱上「十年磨一劍」。每天羅素總擔心自己死於某種意外事故,而中斷了這項偉大的意願。當手稿堆積如山時,羅素最恐懼地就是發生火災,而使多年心血毀於一旦。

羅素試圖把實體論與現象論、經驗論與唯理論、實證論與新實在論結合起來,從而提出了邏輯原子論、中立一元論、邏輯構造主義和分析方法。羅素稱自己的多元論是物理學、生理學、心理學及數理邏輯四種科學結合而成的,而採取邏輯原子論是他一生中最大的「革命」之一。這個理論認為世界是可分體,它的終極構成要素就是邏輯原子。後來,他又進一步把邏輯原子完全變成了一種不分主客的「中立」要素,指出心與物的差別只在於二者的構造而不在其構成成分。這就產生了中立一元論和邏輯構造主義的思想。德國哲學家萊辛巴哈指出:「羅素憑藉清晰、精確和認真的分析以及對神喻的否定而獲得成功,如果沒有他的卓越成就,現代的邏輯和認識論簡直很難想像。」這個評價也許有些誇大,但羅素在西方哲學中的地位和影響卻是不容抹煞的。

如果說笛卡兒是近代西方哲學的一位奠基人,那麼,羅素就是現代西方哲學的一位開拓者。這是因為,他為經驗論提供了嚴謹的邏輯系統、新穎的數學觀和科學化的哲學設想,並且是西方第一個系統闡明、論證和實踐分析方法的人。正是這個

---

[24] Bertrand Russell, *The Autobiography of Bertrand Russell*, George Allen and Unwin LTD, 1967, p.227.

方法，使整個傳統經驗論發生了巨大的變革，使休謨等人的某些思想萌芽迅速長成了繁茂的大樹，從而產生了新實在論、邏輯實證論和語義分析學派，並從反面強烈觸動了大陸理性派和德國思辯哲學傳統。它不僅對西方，而且對東方也產生了很大的影響。羅素在中國講學時，有人認為他對中國學術界的貢獻就是分析方法，他很高興地說：「我也是這樣想。」的確，羅素倡導的科學方法對「五四」運動以後的中國哲學界和科學界都曾有著很大的魅力。羅素總結了前人在數理邏輯上的成就，創立了一個十分豐富的邏輯公理系統，為數學的嚴格化做了有益的工作，擴大了邏輯的研究範圍，使得推理的功用超過了三段論。他陳述了邏輯演算的內容，進一步研究了事物的類、關係、基數、序數、級數，較之亞里士多德的邏輯，在某些方面要嚴密、系統、精確得多，甚至可以根據它來分析某些舊形式邏輯所無法解決的複雜問題。羅素的數學觀是與哲學緊密聯繫在一起的。年輕時，他就發現康德與經驗主義者都不能令人滿意，他既不喜歡先驗的綜合，也不認為算術來自經驗歸納。羅素把數學基礎和數理邏輯看作是自己哲學的最重要的科學前提，他試圖把數學和數理邏輯當作嚴格的科學方法，用來研究哲學，甚至他的分析方法也直接來自純粹數學和數理邏輯的某些內容。在他看來，數學能使哲學中的許多令人困惑之處被耐心和明晰的思維所澄清。當然，羅素也有他所面臨的困境，這就是他一方面把整個數學都歸於邏輯，另一方面又認為這種方法的嚴格就在於它含有真實度很高的「先天的知識」，或者說是一種先驗的演繹系統。所以，人們在探討世界時，也要定出與公理、公設、基本概念和命題相當的東西，由此再一步步推導和構造整個世界。

著名科學哲學家圖爾敏（S. E. Toulmin）指出：「羅素的符號邏輯以及愛因斯坦的相對論物理學等在維也納的匯合，是傳統科學哲學發展的一個關鍵時期。這種哲學思潮的盟友們從一開始就對加盟有不同動機和不同做法。」[25] 圖爾敏將傳統的科學哲學分為兩部分，即羅素一類的數理邏輯符號主義與統一科學運動的方法論綱領。它們在原則上為其全部實證科學知識奠定了認識論的基礎，並希望通過進一步增添基本術語、假設和對應規則，使一切真正的科學分支結合成一個單一的公理系統。由於在符號邏輯的形式化中，尤其是低階函數演算中，這個系統的核心得到了最佳描述，因此整個系統也可以用同樣的方式進行處理。公理化模型不只是有助於發現的價值或認識論的價值，而且已經成為必須採用的形式來闡述統一的科學理論或世界觀。[26]

---

[25] 圖爾敏：〈科學理論的機構〉，丁子江譯，載《哲學譯叢》1983 年第三期，第 65 頁。英文原作載 F. Suppe, *In The Structure of Scientific Theories*，1973.

[26] 同上，第 66 頁。

　　出自劍橋的分析哲學變種有雙重來源，一是羅素，另一是摩爾。羅素和摩爾都主張各自哲學中的「分析」特徵。可以說羅素是首位將邏輯分析當成一種「方法」的人。不過在馮‧賴特看來，羅素並未過多地考察新方法的性質和特點，因而對這方面的問題並沒有什麼貢獻；而在「什麼是分析？」與「分析的辨明」兩篇文章中，摩爾則更多地關注了這個問題；他以「兄弟是男性同胞」為例來闡述了分析，即將一個概念分解為其各個構成要素。馮‧賴特對此批評說，這完全沒有哲學意義。在使羅素和摩爾所代表的新哲學方式成為一場世界性的運動方面，羅素比其他任何人都作出了更多的貢獻。維也納運動中有兩個最傑出的代表人物，即石里克與卡爾納普，前者接近摩爾，而後者更主要追隨羅素。馮‧賴特這樣回憶：二次大戰前，他曾短暫地訪問過牛津大學，那裡的唯心主義傳統當時還很強大。他第一次見到了不為人們熟知的艾耶爾，維特根斯坦幾乎為神秘人物；而羅素與摩爾的影響也有限。但八年後，他再訪那個地方時，情況完全改觀，人人言必稱維特根斯坦；但並非作為《邏輯哲學論》的作者，而是作為藍皮書和棕皮書的作者，並作為一個有影響的教師。甚至連一些特殊地位的人也趕到劍橋聆聽他的演講。主要促成這種轉變的是牛津哲學家賴爾。如「日常語言哲學」這個名稱所揭示的，分析方法的新變種並非過多地表現在邏輯或科學哲學。在這一點上，它與羅素和邏輯實證主義者不一樣，而更接近劍橋分析學派的第二創始人摩爾。同摩爾一樣，牛津分析家們關注語言表達式在其日常用法中的表層結構，而並非使用邏輯工具把數學與科學思維的深層結構「形式化」。羅素一類的人就對此加以批判，指責這種作法是將哲學的庸俗化。

　　羅素「摹狀論」是在發表於 1905 年《心靈》雜誌的〈論指稱〉一文中第一次提出的。當時的編輯認為這個學說站不住腳，故請羅素重新思考而加以修改，但後者堅持己見，毫不退讓。《心靈》的編者斯托特（G. F. Stout）教授到底還是作出了登載此文的正確抉擇。《邏輯與知識》編者馬什（R. C. Marsh）高度評價說：〈論指稱〉在當代哲學的發展中是一個里程碑，它再次顯示了羅素思想上的革新和驚人的原創性。後來的事實證明，此學說得到廣泛的贊同，學術界稱它是羅素對邏輯的最傑出貢獻。[27] 羅素的摹狀論很有價值，作為一種合理的邏輯方法，無論是各種哲學都可以利用它，但問題在於究竟是被正確地利用還是被歪曲地利用。有人可以是以實踐中得來的知識來描述一個概念或名稱所代表的事物；也有人也可以單憑感覺和意識來描述一個單純的名稱或概念；而神秘主義和直覺主義則完全不使用摹狀，因為它主張心靈直接與對象溝通。羅素邏輯主義主要目的之一，就是企圖將整個數學

---

[27] 一個世紀以後，於 2006 年，以羅素學會主辦，哲學界又專門召開了羅素「論指稱」研討會.

歸結到邏輯。但這僅能在某些程度上可做到，而無法絕對做到。維特根斯坦曾說道：「任何有關複合句的陳述都能被分析為一個有關這些複合句元素部分的陳述，，而且還能被分析為完全描述這些複合句的命題。」[28] 在批評了維特根斯坦這種原子性原則（the principle of atomicity）缺陷後，羅素提出了原子等級（atomistic hierarchy）的說法。

　　羅素提出了構造理想語言的要求和方法：（1）它以經驗主義為最高要求，並以習知原則而形式化，此外，它完全是分析的，並顯示了肯定或否定事實的邏輯結構；（2）它要求自身中形式的東西都屬語法而非特殊的詞，同時它必然清除模糊性，並要求一個意義只能有一種表達法；（3）由於它是人造的，「代入原則」可用約定的方式得到收效，即無論怎樣代替，只能有假的、但不能有無意義的句子，而假句子也可根據語法組成一種只有假定事實的假系統；（4）邏輯可構造盡可能精確和符號化的理想語言，並且任何有意義的句子都可被翻譯成這種語言，而邏輯符號就是理想語言，它的意義是約定的。為什麼要如此深入地討論理想語言呢？羅素認為，一方面是防止人們利用語言的邏輯缺陷從語言的性質推論出世界的性質；另一方面研究避免矛盾的邏輯需要，並以此提出合理假設的世界結構。他自謙地指出，在語言領域絕達不到任何完善的知識，但他仍自信地認為，無論如何，他的思想變得越來越清晰、確定，並越來越瞭解所關涉的問題了。羅素提出一個重要原則就是：語法形式與邏輯形式應當是相同的，而理想語言「可以顯示被肯定或否定事實的邏輯結構」，[29] 也就是說，它的語句是作為日常語言基礎的深刻結構。更具體一點說，他認為，《數學原理》就是為日常語言提供了邏輯形式。對此，他強調了兩個原則，即「多餘邏輯詞彙」（extra-logical vocabulary）以及「完美句法」（perfect syntax）。在不同場合，羅素談了自己對什麼是邏輯真理看法，有時認為是「能夠從邏輯前提推論出來的命題」，但他並未對這些前提多加闡述；又有時認為是「在形式上是真的」，但他坦稱自己並不能對這一點提供更進一步地分析。[30]

　　羅素對什麼是邏輯形式進行了一定的論述。他申明：「在經過必要的分析和判定之後，就會發現，任何哲學問題要不就是其完全並非真正哲學的，要不就是我們所說的屬邏輯的……」；「為了理解一個句子，就有必要具備有關形式成分與形式特例的知識。這種知識以某一句子包含資訊的方式來表現，因為它顯示了由於依照某一已知的形式，而某些已知的客體是相互關聯的。因此，儘管對大多數人並不明顯，

[28] L. Wittgenstein, *Tractatus logico-philosophicus*, Routledge, 2001, 2.0201.

[29] Bertrand Russell, *Logic and Knowledge*，George Allen and Unwin LTD,1977, p.198.

[30] Bertrand Russell, *Our Knowledge of the External World*, Routledge, 1993, pp.66-67.

有關邏輯形式的某些知識涉及了所有對話語的理解。……從其具體的工具來獲得這種邏輯形式知識，並且使之清楚和單純，就是哲學邏輯的職能。」[31] 羅素有關邏輯形式的主要觀點如下：1、邏輯變量（logical variables）。一個命題的邏輯形式就是「用變項來替代諸成分中的每一個單一項」，例如「當我們說『蘇格拉底是人』，就存在一個明顯變項」；「一個明顯變項經常能夠真正地表達語言所無法對自身存在的指示。例如『A 是會死的』意思是『存在某一時間，在其之中，A 將要死亡』。因此一個變數的時間作為一個明顯變項而發生。」[32] 2、邏輯常量（logical constants）。這就是那些沒有涉及特殊主題的常量，如真值涵項的句子聯結詞（如-、∧、∨、→等）以及量詞所構成的充分集合。3、邏輯標準（logical criteria）。這個問題羅素並沒有討論的很清楚。我們根據其大致思想，可以歸結為，可精確化（pricisification）、可判定化（justification）與可有效化（validization）。4、邏輯翻譯（logical translation）。在這一點上，羅素與語言哲學家戴維森很相似，後者曾提及：「我將形式語言或標準記法（canoic notation）看作是揭示自然語言的某些設計。我們知道怎樣為形式語言賦予一個真理的理論；因此如果我們同樣也知道怎樣將一個自然語言的句子轉換為形式語言的句子，那麼我們將為自然語言具有了一個真理的理論。」[33] 5、邏輯關係。6、邏輯規則。

　　羅素批評說，黑格爾抨擊傳統邏輯，卻又不自覺和無條件地運用其根本原則和技術。羅素把黑格爾的邏輯與傳統邏輯視作大同小異是不公平的。黑格爾為建立自己的邏輯體系，對傳統邏輯進行了批判，他聲稱要在全盤改造之下以更高的觀念來使邏輯科學獲得一種完全不同的形態。以高級的思維關係來代替低級的思維關係，是黑格爾新邏輯的任務。他企圖達到邏輯學與本體論、認識論及科學四者的統一，但他把精神活動加以客觀化、獨立化、對象化，同時又將活生生的人類思維束縛於絕對觀念的窠臼之中。此外，他的整個邏輯是從一種不可捉摸的前提，即「有」、「無」的模糊概念發端，從而構成了自己龐大的演繹系統。這些才是黑格爾的主要弊病，而羅素正是在這幾點上與黑格爾殊途同歸。例如他把邏輯原子視為世界的終極構成要素，認為心物彼此一樣。這實際就是把精神客觀化、獨立化、對象化的結果。同樣他也把活生生的人類思維局限在公理化的形式系統中，他的邏輯斯諦認為邏輯先

[31] Ibid., p.42，p.53.

[32] Bertrand Russell and Alfred North Whitehead, *Principia Mathematica*, Cambridge University Press,Volume 1, 1960, p.50.

[33] Davidson, D. (1977), "The Method of Truth in Metaphysics," in P.A. French, T.E.Uehling and H.Wettstein (eds.), *Midwest Studies in Philosophy, II: Studies in Metaphysics Minneapolis*, MN: University of Minnesota Press, p.247.

於數學，而「純粹數學」與經驗事實的陳述無關。他也是先驗地、從所謂不證自明的定義公理開始，一步步地推導演繹而構成整個系統的。

1901 年，羅素發現了以他的名字命名的悖論，引起了所謂第三次數學危機，促使人們對數學基礎問題進行深入一步研究，從而推動了人類認識的發展。不久，羅素提出了邏輯類型論，為解決悖論做出了卓有成效的嘗試。1903 年，羅素獨自發表了一卷本《數學的原則》，建立了邏輯主義學派。接著，他又和懷特海合作，經過 10 年的艱苦勞動，寫成了三卷巨著《數學原理》。羅素邏輯主義主要目的之一，就是企圖將整個數學歸結到邏輯。但這僅能在某些程度上可做到，而無法絕對做到。

邏輯主義（logicism）認為所有的數學概念都可用邏輯的概念來加以界定，並且所有數學真值都可從邏輯真值推演出來，而數學並非別的就是邏輯。羅素在創立邏輯主義時，為了分析邏輯的量詞（如「凡」和「有些」）和數學中的數字，而發展了分析的形式，並且不久便利用它們去分析空間的點、時間的瞬、物質、精神，道德、知識以及語言本身，這就造成了分析哲學的產生。我們先從邏輯的基本概念入手。一句話表示的是一個具有完整思想語詞的組合。一個具有意義的陳述句（declarative sentence）具有真假二值。一個命題（proposition）就是被某陳述句所表達意義，如真命題「地球是圓的」或「假命題「地球是平的」。因此，命題或真或假。表達這些命題的陳述句也是或真或假。一個命題的主語是此命題所表達的誰或什麼。「地球是平的」是關於地球的。因此地球史命題的主語。謂詞是主語的屬性。因此，「＿是平的」是謂詞。邏輯學家使用變量 x、y、或 z 來表示主語而不是空白的空間；這裡的主語關係到謂詞。羅素稱謂詞為命題函項（propositional functions）。謂詞「x 是平的」是一位（一地）謂詞，因主語只有一個地方可以去，即將一個屬性歸於一件事情。二位（二地）謂詞是關係，如「印第安納州比俄亥俄州更平坦。」在這裡，「主語」是俄亥俄州和印第安納州，而謂詞則是「x 比 y 更平坦」。在語法中，印第安納州是主語，俄亥俄州是賓語；而在邏輯上，這兩個都是主語。通常數學中的兩位關係是 $x = y$, $x \rightarrow y$ 和 $x \langle y$。此外還有三位關係，如「俄亥俄州是在印第安納州與賓夕法尼亞州之間」，在這裡謂詞「x 是在 y 與 z 之間」。這種情況在幾何中經常應用。依此類推，還有四位關係等等。

在羅素的關係邏輯之前，邏輯是以亞里士多德的謂詞邏輯為主。這種簡單邏輯可用一位謂詞來分析句子，如「湯姆是高大的」或「天空是藍色的」。它也可分析更複雜的句子，如「凡人類都是動物」（倘若有人是人，那麼那個人是動物）和「有些人士有思想的」（至少有一人，既是人又有思想）；從這兩句可推出「有些動物是有思想的」。然而，不能用這樣的句子做得更多，也就是不能用它來分析許多數學

或科學報告。這是羅素首要的重大成就，即發展了更有效的關係邏輯，並用之描述由兩位謂詞表達的概念，如將「x 比 y 更高」用於「湯姆比鮑勃更高」這樣的命題，而決不能用一位（一地）謂詞表達。用此法可表達所有的純數學概念，而在此前卻無法做到。羅素的邏輯包括了集合論（set theory）。這因為他的邏輯包含謂詞以及每一謂詞所界定的一個集合。例如，謂詞「x 是人」界定了所有事物的集合，它可替換 x，而使「x 是人」為真，即界定了人的類（class）。所謂理解公理（the comprehension axiom）是一種羅素的邏輯假設，即每一個謂詞都界定了一個類。羅素的邏輯包含集和集合論以及一位關係和二位關係。羅素將集合看作「類」，並將集合論視為「類論」。這兩者說法不同，但實質一樣。[34] 在關係邏輯後，羅素最偉大的成就就是其邏輯主義的理論，即數學就是邏輯。如此一來，所有的數學概念都可用邏輯概念加以界定，並且所有的數學真值都可從邏輯真值中推出。羅素的邏輯主義及其邏輯哲學是在其 1903 年出版的《數學原則》一書中得到闡述的。而從邏輯到數學的實際推演，並對數學即邏輯所作的證明，是在 1910-1913 年與懷德海合寫的三卷本《數學原理》中完成的。羅素還在 1919 年的《數學哲學引論》提到邏輯主義。同建立關係邏輯一樣，邏輯主義的發展，邏輯悖論的發現以及集合論的創立，羅素比任何人對 20 世紀分析哲學運動奠定了最重要的基礎。羅素所引導的分析哲學在邏輯上分析概念、知識以及語言。分析是分析哲學最重要的特徵，並在這場哲學運動中扮演了主要角色，這正是由於羅素的編劇和導演。羅素對數學的邏輯分析是這場運動最主要的引領。

分析的概念在每一位哲學家那裡理解和操作是不一樣的。羅素本人對分析的界定也經常不同。對他來說，最通常的「分析」意味著，從常識的某種東西發端，尋求其為基礎的最根本的概念和原則，羅素在《數學哲學引論》（Introduction to Mathematical Philosophy）中宣稱：「通過分析，我們可找出更一般的概念與原則，即什麼樣的起始點可被界定或推導出來。」[35] 同樣，在《數學原理》（Principia Mathematica）中，他主張：「有兩個相反的任務在當前一定要得到演示。一是我們必須分析現存的數學，發現什麼是前提；另一是當決定使用我們的前提時，必須盡可能地建構起（如綜合）先前所分析的數據。」[36] 在《未來形而上學導論》和《純理性批判》中，康德曾用過分析和綜合這兩個相同的概念，他聲言：「當批判本身應用綜合方式時，我在分析方法之後勾勒出一項計劃。」羅素在《數理哲學引論》

---

[34] See John Ongley & Rosalind Carey, *Russell: A Guide for the Perplexed* , Bloomsbury Academic, 2013, p.2-3.

[35] Bertrand Russell, *Introduction to Mathematical Philosophy*, p.1.

[36] Bertrand Russell, *Principia Mathematica*, Vol. 1, p.5.

說道：「從自然數開始，我們首先界定了基數（cardinal number），揭示了如何來概括數的概念，然後分析在定義中所涉及的概念，直到找到我們自己所使用的邏輯基礎。……在綜合中，首先對那些由分析得來的基礎加以演繹，而那些分析所起始的自然數則在整個過程後才能得到。」[37]《數學原理》可視為一個綜合，它從用分析得來的邏輯基礎開始，然後從中演繹出數學。羅素聲稱：《數學原理》是「一個演繹系統」，在它那裡「分析的最初工作並未出現」，與此相反，它「建立了分析的結果……製造來自前提的演繹……直到達到這樣一點，即我們盡可能多地證明它是真的。」[38] 羅素的《數理哲學引論》與其《數學原理》的關係，就像康德《未來形而上學導論》與《純理性批判》的關係一樣，可看作為一種採取常識並發現其根本原則的做法。在這裡，綜合法可被當成某種基礎來顯示先前分析過的知識。羅素的《數理哲學引論》與康德的《未來形而上學導論》一樣都是對一個主題的非正式引介。然而，康德企圖尋求一種分析所沒有發現的原則來判定知識，而羅素則沒有這樣去做。對於羅素，分析所不能發現的邏輯觀念並不一定比分析得來的算術更為確定。[39] 在羅素看來，對算術的分析之所以確定，是因為其某些基本的邏輯原則是通過分析所發現，並由歸納法所判定的，而綜合法揭示了算術可從那些原則演繹得出。羅素不認為從邏輯推導的算術是確定的，而是從算術推導的邏輯是確定的。羅素的邏輯主義原則可歸納為以下三點：1 所有數學真理都能夠完全用邏輯語言進行表述，即都能夠還原為真正的邏輯命題；2 所有能夠用數學真理翻譯、並具有真值的邏輯命題就是邏輯真理；3 所有能夠歸結為邏輯命題的數學真理都能夠由少數邏輯公理及邏輯規則推導出來。後來，哥德爾（K. Godel）的不完全性定理動搖了羅素的邏輯觀。早年，羅素在弗雷格、戴德金、皮亞諾、懷特海等人的啟發下，逐漸形成了一套邏輯主義的框架，其雄心是企圖將數學徹底地進行邏輯化，或者說將數學最終還原為邏輯演繹系統。20 世紀 20 年代以後，由於遭到各種批評，羅素逐漸放棄了對邏輯主義的堅持，甚至放棄了對數理邏輯的研究，在這個領域，他開始越來越缺乏積極的發言權，昔日那種邏輯斯諦的雄心開始慢慢地淡薄下來。哥德爾對他的批評可以說是他唯一完全信服的批評。哥德爾發現在一個公理系統中，對有的命題來說，無論它的肯定或否定都不能證明，即所謂的「不完全性」，從而證明了從邏輯並不能推出算術的正確性來，當然也不可能把數學全部還原為邏輯。哥德爾在一定程度上否定了羅素的計劃，使他早年認為「數學和邏輯是精確的」這一看法

[37] Bertrand Russell, *Introduction to Mathematical Philosophy*, p.195.

[38] Bertrand Russell, *Principia Mathematica*, Vol. 1, p.v.

[39] John Ongley & Rosalind Carey, *Russell: A Guide for the Perplexed*, Bloomsbury Academic, 2013, p.6.

被動搖。羅素後來不再相信邏輯規則是事物的規則，而認為僅是一種語言的規則，從而使構造世界的計劃自然也就無從談起了。[40]

第二節　杜威的邏輯觀

　　早於 1916 年，在《實驗邏輯文集》（*Essays in Experimental Logic*）中，杜威論及了思想與其主題的關係，思維的前提與激勵，數據與意義，思想的對象，邏輯思維的階段，觀念的邏輯特性，用事實來加以觀念的控制，認識論的實在論，作為邏輯難題的世界存在，實踐性實用手段，實踐判定的邏輯等議題。他指出，自己力圖揭示出：1）「思維」、「反思」以及「判定」意味著探究或探究的結果；2）這種探究在經驗發展中具有中介的作用；並聲稱自己的目的是為了使思維更有效，以便達到」最大限度合理的確定性（the maximum of reasonable certainty）。[41]

　　在此書中，杜威對羅素《我們外部世界的知識：作為哲學中科學方法一個領域》（*Our Knowledge of the External World as a Field for Scientific Method in Philosophy*）一書進行了評判。杜威宣稱，考察外部世界存在問題的方法有很多種，但自己把羅素的觀念作為檢驗的基礎。他指出，在拒絕了某些熟悉的問題，因其應用了不易界定的自我和獨立性概念之後，羅素做出了如下表述：我們能「認識」感官的對象嗎？……在我們沒有知覺到時候它們存在嗎？」。或用另一種表述方式表達：「除了從那些數據的存在推導出來我們自身的硬數據，還可推斷出任何事物的存在嗎？」。[42] 對此，杜威堅持認為事實已經回答了羅素提出的問題，即它預設了超越顏色本身的存在。將顏色稱為「感官」對象，涉及到另一種相同的假設，但其涉及更複雜的層面，即更加超越顏色的存在。在杜威看來，羅素知道它們在感官上的應用。根據界定，這是一個進一步的假設，揭示了一個數據的外部世界。羅素將信念界定為一個三者關係的案例，聲稱若無對三項關係的認知，知覺與信仰之間的區別是莫名其妙的。既非（a）時間的參照，也非（b）對特定時間的限制，即存在於顏色或感知顏色的事實中。例如，羅素所暗指的「瞬間出現的一小塊顏色」。羅素武斷地把「感覺」區分為指稱「我們意識到的精神事件」和「我們感知客體的感覺」──感官對象。人們是如何意識到行為可以被描述為「短暫的」？杜威認為，除了

---

[40] 丁子江：《羅素與分析哲學：現代西方主導思潮的再審思》，北京大學出版社，2017 年版，第 207 頁。

[41] John Dewey, *Essays in Experimental Logic*. p.1, 183.

[42] Bertrand Russell. 1914. *Our Knowledge of the External World as a Field for Scientific Method in Philosophy*. The Open Court Publishing Compony, pp. 73, 75, 83.

可發現它在時間連續體中被限定外，沒有其他辦法對其加以識別。倘若如此，對「其他時間」的推理是多餘的。在陳述這個問題時它們是被假設的，因此，這再次證明是毫無疑問的。羅素提及「當我們看到桌子時，隨意見到了那塊顏色」，這可能只是一件微不足道的小事。[43]

　　杜威指出，有充分的理由認為，羅素並非對一個超出數據對象的存在提出質疑，而是重新界定一個對象的性質，並從而認為彩色補丁的某物比桌子更原始，並與重建傳統的形而上學相關。倘若任何事物都是永恆的本質，那麼它本身就是一種顏色，而必須在羅素的問題陳述中得到。任何比紅色更簡單、更永恆、更絕對的東西都是難以想像的。杜威說道，羅素以一個具體的例子，說明自己是採用正確的方式來闡述這個問題，這就是在常識的話語世界中，稱之為在桌子周圍走動。「真正的已知」既有注釋又有信仰，無論它們涉及到什麼複雜的含義，所有看似相反的含義都可能是無限複雜的，而根據羅素自己的陳述，除了數據之外所涉及到的關係至少還有兩個術語。另外，出現了新的術語「相關性」，杜威稱自己不能回避這樣一個結論：即這個術語涉及到對外部世界的明確承認。杜威認為時間和空間性質在經驗和特殊性方面都是相同的，事實上，正如他一直試圖表明的，特殊性只能在關係複合體中被識別為特殊性。杜威的觀點是：一、任何這樣的給予已經確切地意味著「世界」；二、羅素所提出的如此高度明確的關聯，在任何情況下都並非心理的，或歷史的，原始的，而是一個邏輯原型，它通過分析一個經驗的複合體而得出。總之，羅素的目標已經超越了它自己，而已經屬一個更大的世界。杜威坦承，自己對羅素解決其問題並未加以直接的關注。對杜威而言，如果所決定的空間和所有的位置和觀點都只能存在於羅素的私人世界中，那將是有趣和複雜的，但它只會重新給出最原初的問題，而並非其「解決方案」。這是一條漫長的路，從在一個私人世界相似到多個私人世界之間的的相似。倘若世界都是私人的，祈求誰來判斷它們之間的相似或不同？[44] 杜威進一步評析，這種事情使人得出結論，羅素的實際程序是相反的。對一個對象的界定是作為多種變化各種次相關（subcorrelations）的一種相關（correlation），代表了一個巨大的進步。在他看來，一個對象的定義作為一些形容詞而插入實質內容；但它代表了有關常識世界科學知識的發展有可能改進的界定。這種界定不僅完全獨立於羅素到達的語境，而且是一個更終極的語境。杜威相信形式分析在性質上必然是辯證的。作為一個經驗主義者，他聲言自己分擔對甚至最正

---

[43] Ibid., pp. 50, 76.

[44] John Dewey: *Essays in Experimental Logic*, New York: Dover Publication, 1916, 1923, pp. 292-293.

確的辯證討論所引起的不滿。杜威本人並不懷疑讀者會覺得，羅素的陳述中有一個重要性質沒有被先前的分析所觸及，即便那些批評被作為公正的假設下。「我不相信心理學家會贊同羅素先生的陳述，認為特定的和有序的元素之間的明確聯繫是一種原始的心理數據。」[45]

　　1920 年，在《哲學的改造》（*Reconstruction of Philosophy*）一書中，杜威也提到邏輯改造的問題。對他而言，「邏輯理論呈現了混亂。」[46] 他揭示了當前邏輯的困惑和思想衝突的緣由，指出了邏輯因經驗而成為規範的，闡述了演繹、假說以及預見等各自的重要性，還談及了真理的特徵以及無偏見的探究等等。

　　杜威的《邏輯：探究的理論》（*Logic: A Theory of Inquiry*）分導言，探究的結構與判斷的構成，命題與術語以及科學方法的邏輯等四大部分，並深入探討了以下論題1）邏輯主語問題；2）探究的存在矩陣：生物；3）探究的存在矩陣：文化；4）常識與科學探究；5）邏輯改革；6）探究的結構；7）判斷的構成；8）直接知識：理解與推理；9）實踐的判定：評價；10）肯定與否定：再確認的判斷；11）判斷量化命題的功能；12）時空判斷：敘事描述；13）判斷的連續性：一般命題；14）一般命題與普遍命題；15）命題和術語；16）集合與序列中的命題；17）形式函項與原則；18）術語或意義；19）邏輯與自然科學：形式和問題；20）數學論述；21）科學方法：歸納與演繹；22）科學法則：因果與序列；23）科學方法與科學主題；24）社會探究；以及 25）探究的邏輯與知識的哲學等。杜威早期的訓練，具備一個尋求知識和生活邏輯基礎的學術背景，以及他的邏輯在藝術、教育、政治理論、道德和其他領域思想整合的方式，探討他的邏輯可能是強有力的貫穿線。人們可以看到杜威的主要思想背後的核心，如探究的連續體，事實和意義，與自然科學和社會科學之間的關係。他還面臨著邏輯上的重大問題，因為這些問題都是由羅素等人構想出來的，但總有一個轉折點，這並不奇怪，這使他的觀點讓人無法接受。杜威為我們今天的問題提供了一個可用邏輯的最佳選擇。第一部分對大多數讀者來說可能是最有用的。在這裡，他提供了邏輯作為探究的理論基礎，並討論了與科學探究有關的常識。

　　胡適在恩師杜威去世後，曾這樣評價道：

[45] Ibid., p. 297.
[46] John Dewey: *Reconstruction in Philosophy,* Boston: Beacon, 1920, p.132.

杜威先生在八十歲的時候，出版了一本大著作《邏輯學》，它的副題目叫做「研求真理的理論」（A Theory of Inquiry）；他以為邏輯不過是研求真理的方法的一種的理論。所以他的邏輯並不像從前的邏輯，從前的邏輯演講繹法、歸納法、大前提、小前提、求同、求異、求互同互異；所謂形式的邏輯。這種邏輯完全是用在論證（proof）方面，變成一種論證的形式，所以杜威先生叫做「論理學」。這是形式的、論理的。比方說：凡人都會死；胡適之是一個人；胡適之當然是會死的。這只不過是一個形式的論證，不能引導出真理。從十九世紀以後，哲學家注意到邏輯歸納法。杜威先生說：這也不行；思想的方法，不是形式的方法；人生要時時刻刻應付真的困難，活的問題，不能拘於刻板的形式。……杜威先生的邏輯，注重在思想的起點。思想必須以困難為起點；時時刻刻，思想都不能離開困難。這樣思想才有效果。英國穆勒（J. S. Mill）的邏輯學注重歸納。其實講到真正的科學思想在作用活動的時候，並不是那種形式的歸納法所能應付。所有的歸納、演繹、三段論法，求同求異的方法，都不過是要證明某種思想是否錯誤，錯誤的時候可以用某種方法來矯正。所以杜威先生的邏輯也可以叫作實驗的邏輯，工具的邏輯，歷史的邏輯。「歷史的邏輯」這個名詞太不好解釋；我也叫它作祖孫的邏輯。這種邏輯先注重來源；有來源，有出路，有歸宿；根據人生，應付環境，改造環境，創造智慧。這種思想的方法，也可以說是一切科學的實驗。真正科學實驗室的方法，不完全是歸納，也不完全是演繹，而是時時刻刻有歸納、時時刻刻有演繹的。把形式去掉來解決問題；拿發生困難作來源，拿解決問題作歸宿：這是新的邏輯。[47]

　　杜威的這本書是關於思想本質的發展，於 1938 年首次提出的邏輯理論。此書對邏輯理論的研究有重大的貢獻；尤其對實驗邏輯作了深如的概述。杜威特別提到應如何思考。強調用客觀探究的思維是可能的，特別是通過應用早期對形式和形式關係的解釋構成邏輯傳統的標準。杜威認為，應對探究連續性原理（the principle of the continuum of inquiry）加以關注。「我知道這個原理的重要性，而另外只有皮爾士以前注意到了。應用此原理可使邏輯形式得到經驗的說明，而傳統經驗主義忽視或否認其必要性，同時也證明了它們作為先驗的解釋是不必要的。」[48] 杜威聲言：

---

[47] 胡適：〈杜威哲學〉，原載 1952 年 12 月 4 日、9 日臺北《中央日報》。

[48] John Dewey, "Preface," *Logic: A Theory of Inquiry.* New York: Henry Holt, 1938.

當代邏輯理論以明顯的悖論為特徵。它的近似主題（proximate subject-matter）有普遍的一致性。有關這一主題，沒有一個時期能顯示出更為自信的進展。另一方面，它的終極主題充滿爭論，但幾乎沒有緩和的跡象。近似主題是命題相互關係的範疇，如肯定與否定（affirmation-negation）、包含與排斥（inclusion-exclusion）、特殊與一般（particular-general）——是－否、如果－那麼、只有，或者，某些－所有等等，都屬邏輯的主題，並以獨特的方式來標記一個特殊的領域。然而，當被問及如何和為什麼這些術語指定的問題構成邏輯的主題時，各抒己見取代了協調一致。它們代表純粹形式和獨立生存的形式？還是主題形式？倘若是後者，它們是什麼形式？當主題採取邏輯形式時會發生什麼？如何和為什麼？「這就是我稱為邏輯的終極問題；關於這個主題充滿爭議。這種不確定性並不妨礙在近似主題領域的有價值的工作。然而，若這一領域更發達，更緊迫的問題是它到底有關什麼。此外，在更有限的領域內完全一致的看法是不正確的。相反，在一些重要的事情中存在衝突。甚至有一種可能，在有限領域中存在的不確定性和多樣性，乃是對有關終極看法懸而未決狀態的反映。」[49]

　　杜威認為，哲學、科學與邏輯理論不可分割，它們將信念和常識的觀念組合起來，這並不意味著前者僅僅反映了後者。這種反思性組合的想法否定了這樣一種觀念。不僅常識的含義不明確，而且通過對那些沒有常識的主體的調查，概念被大大擴展了。最重要的是，這種組合的實際情況涉及到一種與常識無關的有序安排。杜威指出，現代科學的主題和方法與經典科學和邏輯的形成不存在相同的常識。科學不再是意義和行動方式的組織，它們存在於日常語言的意義和句法結構中。然而，科學的結論和技術極大地改變了人與自然、人與人之間的常識關係。再也不能相信，並沒有作出深刻的反應來改變常識，正如現在人們所認為的那樣，他們不過是後者的一個智力組織。然而，科學影響了實際條件，如人們的生活、作用、享受和苦難（除了物質技術），影響了他們的信仰和探究的習慣。尤其是終極關懷的使用與享樂：宗教、道德、法律、經濟以及政治等。對邏輯改革的要求是對統一探究理論的要求，據此，實驗性和操作性的科學探究方式對傳統方法來說會更加有效，而對常識範圍裡的探究也會有效，亦可檢驗所達到的結論和所形成的信念。[50]

　　杜威專門研究了「探究的模式」。在《邏輯：探究的理論》（1938）一書中將思維的五個步驟被稱為「探究的模式」，並稱對其成分的分析基於「自然科學的實驗

---

[49] Ibid., pp. 1-2.

[50] Ibid., pp. 97-98.

探究的內容」，故闡明科學探究過程，作為特定的方法是由人類在其程序和結果得以檢驗的條件下通過反思活動逐漸形成的。不過具體的思維活動雖不必機械遵守這五個步驟，然而「邏輯順序不是強加於已知的事物的一種形式，它是完備的知識的正當形式。」[51] 他陳述了關鍵原則：由於其服從某些類型的操作而產生的主觀屬性，這是一個在藝術和法律上很熟悉的原則，但也適用於邏輯學和科學。概念和探究是真實的和實在的，[52] 對其可以加以客觀、實證的研究。探究是形式化的和可操作的，可使我們避免傳統邏輯中錯誤：它能夠：1「探究」可消除對主觀或心理狀態的強調；2 承認邏輯不僅僅是記錄經驗，邏輯形式是獨特的，但隨著材料的發展而變化；3 將人們的觀念從不可測，先驗或直覺的狀態中解脫出來。「善」與「惡」就像在農業中的好與壞一樣，善良是過去經驗所暗示的對我們目的有效的問題，從而得出有說服力的結論。[53] 對探究的界定如下：一、探究的前提條件：不確定的境況。請注意，這種境況本身是值得懷疑的；懷疑不只是主觀的，也不存在於我們之內。自然是我們所處的環境，而生物體必須決定一個反應。二、某個問題的架構：境況是預知的；制定一個問題使其得以認知，而成為探究的首要一步；此問題有助於將不確定境況得到確定，它本身有助於確定探究和響應的性質。三、對問題解決方法的確定：對問題的陳述必須參考可能的解決方案；探究是漸進的；如在擁擠的大廳裡發生火災的問題，其中有些元素是明確的和固定的（關於火和人的事實）；可能的解決方案本身就是一個想法；思想是可能的，而不是存在的，它們需要符號；符號體現思想（客觀而非主觀）。在這裡，杜威批判了以下觀念想法：經驗主義者（物理現實的翻版）；理性主義者（看到了觀念的重要性，但將它們視為現實，而非操作性的）；康德（注意到了感覺和直覺與概念和觀念的相互依存，但添加了第三個因素，即綜合理解）。在杜威看來，知覺和觀念相互作用。四、推理：這涉及到發展觀念關係的意義；例如，在科學上對星座意義的假說。五、事實意義的操作特徵：觀察到的事實（這是存在的）和觀念（這是非存在的）是操作性的；儘管它們有分歧，但必須合作，以達到明確的目的；事實必須作為證據，審察事實必須經過檢驗和證明。六、常識與科學探究：常識與科學分享通常的探究方式；它們的區別在於主題，而非方法或邏輯形式；這反映了它們問題的不同之處。對於常識，解決這些問題的辦法是使用符號作為群體習慣文化的一部分；這個系統是實用的，不是知識型的，它反映了集團的利益；科學是一個更公正的探究；它不限於一個群體的關注。

---

[51] 杜威：《民主義與教育》王承緒譯。北京：人民教育出版社，1990 年，第 232 頁，第 184 頁。

[52] John Dewey: *Logic: A Theory of Inquiry.* New York: Henry Holt., 1938,pp. 317-18.

[53] Ibid., pp.319-20.

常識的重點是質量（好的、壞的、次要的、第三級的）；而科學的重點是關係（位置，運動，時間跨度等）。[54] 杜威總結到，要評介時間質量，並不是簡單地說認為探究需要時間，但探究的主題要經過時間的修改。知識作為探究有保障的產物而與之相關。因此，有兩種意義的探究對象：要麼進入它（它的主題），要麼來自或就是它的產物（它的內容）。[55]

　　杜威強調，理論中的謬誤是，雖然類的概念和一般命題在邏輯理論中佔有一席之地，但有關後者的理論過於形式化，以至於不能為具體存在主題提供空間。當前，邏輯中的邏輯形式主義主張與非存在命題如數學中的例證相結合，同時承認存在的命題，通過混淆一般的（the generic）和普遍的（the universal）兩種模式來掩蓋不一致性（the inconsistency）。[56] 杜威接著論述道，邏輯在某種意義上是形式而不是物質的，這是很平常的事。諸如「或、任何、只有、沒有、全部、如果、現在、不是」等等，這樣的詞並非命題的物質組成部分。不管如何界定「邏輯」，它們表達了以邏輯為目的的排列材料的方式。「約翰愛瑪麗」和「彼得不喜歡瓊」這樣的句子有相同的形式，但有不同的材料內容，而「二加二等於四」和「三角形三個內角之和等於兩個直角」是相同的形式，儘管有材料含量的差異。再次，「卡耐基很富」和「百萬富翁很富」這兩個命題有不同的形式，因為第一個命題是關於個體的一種，另一種是關於類的關係。在邏輯主題中，形式的內在位置不僅僅是一個普通的東西。它闡明了邏輯主題與其他科學的區別。它提供了邏輯理論的基本假設。然而，認識到這一事實並不能解決形式和物質之間的關係問題；是否有任何關係，它是什麼，或是否完全沒有關係。這些問題是根本性的，對其處理的方式構成了邏輯理論差異的基本基礎。主張形式和物質之間沒有關係的人是形式主義者。他們之間有差異；有些人認為形式構成一個形而上學可能性的境界；而其他人則強調那些形式是用於連接句法「材料」，並且是不確定存在的材料。概念主題在某種非存在命題中可算物質性的。[57]

　　對杜威而言，知識構成了現在所說的認識論（epistemologies）的產生，這是因為知識和獲取知識中沒有設想操作的理論，在經驗探究的連續性（the continuum of experiential inquiry）中，逐步獲得和利用穩定的信念。因為他們不是構建在操作的基礎上，也未在實際的程序和後果方面加以設想，它們一定是從各種來源的偏見

54　Ibid., pp. 319-331.

55　Ibid., pp. 332-334.

56　Ibid., p. 367.

57　Ibid., p. 371.

中，如古代宇宙學（直接或間接）和現代心理學理論，所形成的條件。因此，邏輯
失去了自主性，這一事實不僅僅意味著一種形式理論被削弱了。這種喪失意味著，
邏輯作為對任何有關獲得和檢驗主題的完善信念，正與建立這些信念手段的現行實
踐的一般闡述相脫離。杜威聲稱：「未能構造一種建立在包容與排斥意義上的探究
操作的邏輯，將會產生巨大的文化後果。它鼓勵愚民政策，並促使接受在探究方法
之前所達到的狀態；它會將科學探究方法貶低到某種專業技術領域。由於科學方法
僅僅表現出在特定時間內以最好的方式運作的自由智能，因此在出現所有問題的所
有領域中，由於未能使用這些方法而產生的文化浪費、混亂和扭曲，是無法計算的。
這些考慮加強了邏輯理論的主張，例如探究理論，用以假設和掌握人類首要的地
位。」[58] 根據杜威的說法，邏輯原則是每一次成功推理所必須的「習慣」或推理規
則。這些原則是假設性的，「從事探究就像簽訂合同一樣。它要求探究者遵守的某
些條件。」根據這裡所採用的方法，所謂「方法論的規則」（methodological rules）
同樣也是假定的。雙方致力於與普遍適用性相一致的原則。然而，對諸如完全信仰、
概率判斷和價值觀等承諾會使義務因探究而改變。根據杜威的說法，探究涉及到「情
境（situation）」的轉變，而非一種觀點。杜威擔心探究可能被心理治療取代。[59] 杜
威的工作應該特別關注最近的科學哲學家致力於分析實踐科學的程序。杜威科學哲
學思想的核心是被他稱為邏輯的「探究理論」。然而，這一點是文獻的一大缺陷：
沒有當代哲學家科學關注杜威的邏輯理論，而杜威邏輯的研究者也很少涉及科學哲
學。[60]

　　在弗雷格傳統邏輯發展的 20 世紀早期，維特根斯坦、羅素、哥德爾（Kurt
Friedrich Gödel）以及塔斯基（Alfred Tarski）已經在很大程度上忽略了杜威的成就，
其邏輯是探究理論的觀點被認為是不成功的。尤其是羅素煞費苦心地解釋為什麼杜
威的邏輯不是真正的邏輯，因它未能解決真理條件或命題與意義之間關係的基本問
題。而對這一想法，塔斯基已經在自己的模型理論得到發展。邏輯學家應注重真值
條件，邏輯系統的一致性（不是所有陳述都是可證明的）以及完整性（真實的陳述
是可證明的）。模型理論的發展意味著語義與世界直接連接的基礎被切斷；邏輯學
家現在可以專注於結構和邏輯系統本身的操作，而不關心現實世界的後果。在理論

---

[58] Ibid., pp. 534-535.

[59] Isaac Levi, "Dewey's Logic of Inquiry," Oxford Scholarship Online: January 2013.

[60] Matthew J. Brown, "John Dewey's Logic of Science," *HOPOS: The Journal of the International Society for the History of Philosophy of Science*, Vol. 2, No. 2 (Fall 2012), p. 258.

邏輯上，很明顯，羅素贏得了這場戰鬥。羅素貶低杜威的「新邏輯」，特別是它堅持與生活經驗相關聯。

小結

　　雖然杜威因其在教育哲學中的成就而著稱，並被公認為是美國實用主義的主要支持者，但如果羅素沒有在這個問題上如此激烈地攻擊他，他可能也會因為他的邏輯哲學而享有更多的聲譽。杜威出版過四部邏輯專著以及千餘篇涉及邏輯的論文。從另一個角度看，羅素等對杜威邏輯尖銳批判，正說明了後者的巨大影響。羅素從來對杜威的邏輯頗不以為然，尤其對其黑格爾主義色彩加以抨擊。有學者指出，羅素揭示了杜威受黑格爾德影響，但批評的理由是錯誤的。[61] 羅素在謝爾普（P. A. Schilpp）主編的《杜威的哲學》（*The Philosophy of John Dewey*）一書中，以「杜威的新邏輯」為題，尖銳地評析了杜威的邏輯觀。羅素宣稱，「從傳統上說，英國哲學是分析的，而歐洲大陸哲學是綜合的。在這一點上，我屬英國傳統，而杜威博士則屬德國的傳統，更具體一點是屬黑格爾。從分析的偏見來說，它的最重要特徵和最重要的工具主義，這與斯姆茲（General Smuts）所提出的整體主義（holism）相關聯。」[62] 羅素批評杜威的邏輯觀是建立在心理學基礎上的，將邏輯問題與心理問題混為一談。例如杜威將數據（data）視為心理的實體，而羅素則將之看作在科學推理中作為前提的科學觀察的事件。[63]「他稱之為邏輯的東西，對我來說，則完全不屬邏輯。」[64]

　　與羅素邏輯觀不同，杜威不重視形式化的內容，把邏輯學歸於以解決問題為宗旨，並將邏輯和科學方法相結合的探究理論。伯克（Tom Burke）在《杜威的新邏輯：對羅素的回覆（*Dewey's New Logic: A Reply to Russell*）一書中，借用羅素在《杜威的哲學》中的文章之名，對杜威的邏輯觀進行了詳盡的闡釋。在他看來，杜威的邏輯哲學在很大程度上是前所未聞的。伯克分析了 1938 年杜威《邏輯學：探究理論》出版後杜威與羅素之間的部分爭論，他揭示了後者如何誤解前者邏輯哲學的關鍵方面，而這些方面與當代哲學和認知科學的發展密切相關。伯克認為，羅素的批

---

[61] James Scott Johnston. *John Dewey's Earlier Logical Theory*, SUNY Press, 2014, p. 247.

[62] P. A. Schilpp (ed.), *The Philosophy of John Dewey*. Northwestern University Press, 1939, p. 138.

[63] John R. Shook, *Pragmatism: An Annotated Bibliography, 1898-1940*, Rodipi, 1998, p. 331.

[64] *Bertrand Russell*, "Professor Dewey's 'Essays in Experimental Logic'," *The Journal of Philosophy, Psychology and Scientific Methods, Jounarory, 1919, p. 5.*

評過於負面，而完全否定了杜威的創造性成就。[65] 伯克還分析了在 1938 年杜威《邏輯：探究的理論》（*Logic: The Theory of Inquiry*）一書出版後，羅素與杜威之間的爭論。伯克爭辯說，羅素未能理解杜威的邏輯；儘管羅素的駁斥，但杜威的邏輯還是是令人驚訝地在哲學和認知科學方面得到最新發展。伯克揭示了羅素在哪些重要方面誤解了杜威理論，認為今天的邏輯已經超越羅素，接近杜威的更廣闊的視野。在本書的第二章，伯克專門論述了杜威所聲稱的整體論。伯克在討論黑格爾對杜威思想的影響之後，接下來討論了兩個相關問題。首先，重要的是，我們要澄清杜威的情境（situation）概念，這是杜威整個邏輯理論的核心，羅素對此提出了嚴重質疑。其次，還要瞭解杜威對存在（the *existential*）與實在（the real）的區分。這直接關係著羅素對杜威的「工具主義」批判。伯克揭示道：貫穿杜威整個生涯的一個指導原則就是既可行，又對立的觀點，如歐洲大陸綜合哲學與英國分析哲學；或整體主義與原子主義；存在主義與本質主義（essencialism）。[66]

中國學人對羅素與杜威的邏輯思想進行過一定程度的探討，例如 1942 年，牟宗三撰有評羅素新著《意義與真理》的長文，便是針對羅素論排中律與邏輯之構造而發。對「杜威的運用論，布魯維的直覺主義的數學論，希爾伯的形式主義的數學論，牟宗三一一加以評析。這些都是屬邏輯數學的提煉與扭轉。」[67]《中國思想小史》一書評論道：「中國的思想界忽而杜威的實驗哲學，忽而羅素的新唯實主義，忽而《語絲》派的懷疑思想，忽而共產派的唯物史觀，僅僅十年之間，變換了若干種不同的花樣。」[68]

[65] Tom Burke, *Dewey's New Logic: A Reply to Russell*, University of Chicago Press, 1998.

[66] Tom Burke, *Dewey's New Logic: A Reply to Russell,* University of Chicago Press, 1994, p. 21.

[67] 沈清松，《馮友蘭》，臺灣商務印書館，1999 年，第 201 頁。

[68] 常乃惪，《中國思想小史》，上海古籍出版社，2009 年。

第十二章　對兩位大哲教育觀的比較

　　教育（education）是促進學習或獲取知識、技能、價值觀、信仰和習慣的過程。教育方法包括講故事、討論、教學、訓練和指導性研究。教育經常在教育者的指導下進行，但學習者也可以自我教育。[1] 教育可在正式或非正式的環境中進行，任何對個人思考、感受或行為形成影響的經驗都可以被視為教育。教學方法被稱為教育學（pedagogy），它源自古希臘文「孩子，兒童」（paidos），再加「領導者（agogos）。教育學是研究教學理論與實踐的學科，提供教學方針策略，引導教師的判斷和決策，瞭解學生及其需求，以及學生個人背景和興趣。教學包括教師如何與學生建立社會和知識環境的相互作用。[2] 教學需涵蓋範圍廣泛的實踐，促進自由教育和人類潛能的開發，關注情境和環境對學生和老師所設定學習目標的影響等。教育哲學是「教育及其問題的哲學研究」，教育的核心問題是教育，但需用哲學的方法去審思它。[3] 教育哲學可以是教育的哲學，也可以是教育學的哲學。也就是說，它可關注教育目的、形式、方法以及教育或被教育過程的結果；也可關注學科與元學科的概念、目的與方法等。[4] 作為教育哲學或應用哲學的一部分，通過應用形而上學、認識論，價值觀和哲學方法（思辨的、規範的或分析的）來解決教育學、教育政策和課程以及學習過程中的問題等。[5]

第一節　羅素的教育觀

　　可以說，從抽象的哲學轉到對人生和社會問題的研究是羅素一生的一個最大轉折。羅素晚年曾說，愛情、求知和對人類苦難的同情是自己一生的三大激情，愛情和求知使他升入天堂，而同情又使他降入塵世。實際上，這三大激情都促使他關心

---

[1]　John *Dewey, Democracy and Education. The Free Press, 1916, 1944, pp.1-4.*

[2]　*Shulman Lee, "Knowledge and Teaching: Foundations of the New Reform," Harvard Educational Review. 15 (2), pp. 4-14.*

[3]　Nel *Noddings, Philosophy of Education. Boulder, CO: Westview Press, 1995, p.1.*

[4]　*Frankena, William K.; Raybeck, Nathan; Burbules, Nicholas, "Philosophy of Education," In Guthrie, James W，Encyclopedia of Education, 2nd edition. New York, NY: Macmillan Reference，2002.*

[5]　Nel *Noddings, Philosophy of Education. Boulder, CO: Westview Press, 1995, pp.1-6.*

著人和人性的問題。羅素的人性論是其整體思想的一個重要部分，他的歷史觀、社會觀、政治觀、倫理觀和教育觀等都是從這種人性論出發的。在早年，羅素就計劃一方面對科學哲學撰寫一系列的著作，從數學到生物學，使它變得越來越具體；另一方面撰寫一系列關於社會政治問題的著作，使其越來越抽象。最後，他還要在一種理論與實踐等量齊觀的百科全書中達到一種黑格爾式的綜合。的確，這個目標始終貫穿在羅素的全部著作活動中。他一生共寫了（或由他人編輯）大約 100 部著作和 2000-5000 多篇文章（這僅是最低估計。筆者 1981 年曾遇到羅素遺囑的執行律師，據他講，羅素一生共寫了大約 5000 多篇各種形式的文章）。除了最精確的數學、邏輯和哲學外，他還幾乎探討了人類的全部重要的知識領域，如歷史學、政治學、社會學、心理學、倫理學、教育學、宗教學、物理學、國際關係學以及東西方文化比較學等。其中，教育觀也是羅素津津樂道的重要論題。

　　羅素的人性論是建立在個人主義這一基點之上的。在他看來，人類進步的起點和歸宿都是個人主義，也就是說，社會發展的原因在於追求個人的自由、平等和幸福，而社會發展的結果也必然表現為上述個人理想的圓滿實現。正如羅素所說的，政治理想就是有關個人生活的理想，政治目的就在於謀求個人生活的幸福。由此便引出「社會究竟應該造就個人，還是公民？」[6] 這一問題。羅素認為，這個問題在政治、倫理、教育以及形而上學（玄學）等方面都很重要。羅素在 1925 年的《我信仰什麼》中曾有這樣一句名言：「一部分兒童具有思考的習慣，而教育的目的卻在於清除這種習慣。」這是對不合理教育體制和方法的深刻批判。

　　從中國返英後，羅素便與多拉正式舉辦了婚禮，她成了他第二任妻子。未婚先孕的多拉於 1921 年 11 月生下了他們的第一個孩子。這使羅素有一種從壓抑中得到解放的興奮之感，他將今後 10 年生活的主要目標定為當一個好父親。這期間羅素已經因為參與反戰活動而被校方開除，他通過出版各種有關物理、政治、文化、倫理和教育方面的書籍勉強謀生，如《中國問題》（1922）、《工業文明的前景》（1923，與多拉合著）、《原子 ABC》（1923）《相對論 ABC》（1925）、《伊卡洛斯或科學的未來》（1924）、《我相信什麼》（1925）、《婚姻與道德》（1929）、《贏得幸福》（1930）；此外這一期間他還四度出外旅行講學，也掙了一些錢。羅素稱前兩本書沒有賺到什麼錢，而後兩本則大有斬獲。不過，也正因為這些過於前衛的道德價值觀，更為社會正統所不容。那時，因政治和道德上的壞名聲，甚至沒有人願意將房子出租給他們。因考慮孩子的身心健康，他們在海濱買了一棟房子，用以享受海浪、礁石、日

6　Bertrad Russell: *Political Ideals*, Kessinger Publishing, LLC, 1917,p.1.

光與暴風雨的大自然快樂。隨著兩個孩子約翰和凱特的出生，羅素對兒童早期教育產生了興趣，並花費了極大的精力。1927 年，夫婦倆人共同創立了一所教育實驗學校貝肯‧希爾學校或稱燈塔山學校（Beacon Hill School），辦校原則是「我們探求一種不尋常的結合：一方面，厭惡偽道學與宗教說教，厭惡傳統學校中視為當然的對自由的諸多約束；另一方面，也不贊成多數『現代』教育家完全忽視學院式教導或取消紀律的主張。」[7] 在羅素看來，由於有理智的人不會加入那些愚蠢的戰爭，因此，傳統的官辦學校就鼓勵盲目的行為，阻撓兒童接受新觀念，並扭曲兒童的天性，扼殺他們的自由精神；由於人們在嬰兒期、童年期以及青春期深受惡劣影響，以致於某一特定時機，那些原本潛藏著的瘋狂與破壞性衝動爆發出來而造成了戰爭。正因為如此，羅素夫婦辦學時，便把教育宗旨定位在強調自由、避免壓制上面。他們租用了羅素哥哥弗蘭克的房子作校址，招收了大約 20 名與自己孩子年齡相仿學生。學校每天上課時間為上午 9 時至 11 時，孩子們可以自由選擇最感興趣的工作，如手工、繪畫、自然研究等；下午全為自由活動。學校鼓勵兒童參加各種合作交往的活動和自由討論。羅素對《紐約時報》說，理想的「合作組合包括大約 10 個家庭」，將他們的孩子「集中」，「輪流照護」；每日「兩個小時上課」，並安排「適當均衡」，其餘時間「野性地玩耍」。學校試圖實現這種理論。校園所在地方簡直是一處世外桃源，它視野開闊，可以看到海港與島嶼，周圍綿延著丘陵、草原和原始森林；但這裡卻是弗蘭克的傷心之地，他因缺錢才租給了弟弟，原來是為第二次婚姻準備的，結果鬧了個重婚罪。

　　1931 年，弗蘭克去世，羅素繼承爵位，成為羅素勳爵三世；不過他很少公開自稱或被人如此稱呼。羅素兄弟倆都是「離婚專業戶」，弟弟與哥哥各有 3 次。弗蘭克死後，他的第二任妻子竟由繼承爵位的羅素贍養到她 90 多歲去世；他的第三任妻子竟出版一本題為「維拉」的小說，對這個前夫肆意詆毀，以致羅素告誡子女：「萬勿與一個小說家結婚！」

　　羅素早在 1916 年《社會改造的原理》中，就闡明，如果教育的目的是為了促使學生思維，而不是只讓他們接受結論，「教育的實施應當非常不同：講課應少些，而討論應多些；應多給學生表達他們意見的機會，並且應使教育多關注學生所感興趣的問題。」[8] 什麼是羅素對兒童早期教育的理念？他在辦學的前一年，即 1926 年出版的《論教育，尤其是幼兒教育》一書中，指出，早期教育的目的是對本能的

---

[7] Bertrad Russell: *The Autobiography of Bertrand Russell*, George Allen and Unwin LTD, Volume 2, 1968, pp. 222-223.

[8] Bertrad Russell: *Principle of Social Reconstruction*, Routledge, 1997, pp. 176-177.

訓練，而培養出合諧的人格，即表現為建設性的、熱情的、勇敢的、坦誠的和聰慧的；而兒童們幾乎都具這樣的潛能。兒童天性中各種本能可產生不同的行為，既可能是善的，也可能是惡的。從前的人們憑藉壓制，如懲罰與威嚇等。但這是毫不可取的，反而會引起精神錯亂。應該讓兒童在自然輕鬆的狀態和過程中逐漸形成正確的習慣和技巧。然而如果缺乏愛，這所有一切都不可能發生。人們即便有知識，而沒有愛就無法應用。人們對兒童的愛逐漸得到增長，因為它本來就來自自然的衝動。千百年的暴虐壓制了男女本性之善，直到不久前教會才停止教導人們詛咒未受洗禮的嬰兒；而民族主義扼殺人性的另一種方式。在戰爭期間，倘若某種學說對兒童會增加痛苦，就必須徹底將之拋棄。所有殘忍學說的心理基礎幾乎都是恐懼，因此必須消除兒童的恐懼心理。他們現代教育使人們有可能創造一個美好的世界，因而值得我們付出代價。當年青人擺脫了恐懼等各種受壓抑的天性，就能夠自由而全面地走向一個知識的世界；而教育若得法，求知者能將學習視為一個享受而非重負。知識能夠讓人類從自然界與自身破壞欲中解脫。如果能教育出無所畏懼的新型一代，那他們就會具備更開闊與更勇敢的希望。自古以來，無數各類的恐懼堵塞了自由與幸福之路，而愛可以克服恐懼；倘若我們熱愛孩子，那不管什麼都無法阻礙我們將這份貴重的禮物增予他們。「即便對待最幼小的兒童，也要將他們當作在這個世界上具有地位的人而加以尊重。決不能為自己當下的便利或快樂而犧牲他們的未來。⋯⋯這裡，愛與知識的結合是必要的。」[9] 羅素還提到，真實與夢想都是重要的，在物質需要得到滿足，孩子們就會常常發現夢想比現實更有趣，他們在夢想中如同國王一般來主宰自己的王國；而在現實中，他們不得不遵守各種令人厭惡的清規戒律；夢想使孩子們從現實的約束中解脫，而進入自由的彼岸世界。因此扼殺夢想就是扼殺活力與創造力。

　　羅素很欣賞蒙特梭利教學法，這是由與他同時代的意大利著名兒童教育家瑪麗亞・蒙特梭利（Maria Montessori, 1870-1952）所創立的。與傳統的教育方法不同，其目的是幫助兒童自然地成長，強調自我教育和自己雙手的工作，著重秩序感、專心度、獨立能力和手眼協調能力的培養。最根本原則是給孩子充分的，但並非放任的自由；孩子能夠自己選擇和決定，但決非任意選擇任何想做的事情，而是選擇必須並正確的事情；在自由的同時還必須遵守紀律，學會遵守秩序，成為自律之人。

　　羅素在《論教育，尤其是兒童教育》一書的前言中意識到，現代教育家並非完全廢除紀律，而是憑藉教學新方法加以實行。他曾一度錯認蒙特梭利完全廢除紀

---

[9]　Bertrad Russell, *On Education, Especially in Early Childhood*, Taylor & Francis Books Ltd, 1985, p. 100.

律，同時也納悶她是如何把一群小孩組織起來的。在瞭解她的教育方法後，羅素才明白紀律還是必要的。他每日上午都把小兒子康拉德送到一所蒙台梭利聯鎖學校去，發現他很快變成遵守紀律的人，認真服從各種校規，而且他並未感受外在壓力，因為就像遵守遊戲規則一樣快樂。如果將學習分成若干讓兒童樂於接納的階段，在遊戲中形成自製力，而當他們高興地做自己感興趣的事情時，當然外在紀律就顯得多餘了。羅素認為創立教學方法需要天才，如蒙特梭利女士那樣的人，而實施它的人則不必如此；教師們只要運用合理訓練方法，加上平常的愛心和耐心就足夠勝任。道理很簡單：良好的紀律並非來自外在壓力，而是人們養成的一種心理習慣。

　　羅素夫婦辦校中，至少遇到三種困難：一是缺少經費，而且虧本；二是教員不自覺執行他們的教育方針；三是招收的兒童本來就頑劣而很難管教，這是最費心的。羅素允許兒童講任何喜歡講的話，甚至他們把他或把老師們叫白癡，也不加管束。在這種辦學方針下，這裡很快就成了一幫頑劣刁蠻兒童的天然收容所。結果是發生了許多意想不到的麻煩，如大欺小或強凌弱，妹妹「謀殺」哥哥，以及其他大大小小的惡作劇等等；甚至他們與自己兩個孩子的親密關係都受到影響。某次，教師警告孩子切勿在花叢裡點火，但馬上就有兩個孩子為焚燒小兔子而放起火來。其中一個男孩立即遭到開除；另一個女孩的母親正在旅途中，故無法立即開除，羅素便限制她的行動，而她卻提出抗議，羅素問她，若放她自由，「你還會放火，對不對？」她坦承：「是的，我還會。」羅素無奈只得繼續限制她，一直等到其母歸來。更嚴重的是，社會上的人們對這所學校散佈了大量傳言，如其中一說，有記者按了學校門鈴後，一個光著身子的孩子出來開門。羅素的女兒凱瑟琳回憶說自己作為當時的學生之一，並不認為這是真的。還有的人說，那裡實行下流的形象教學，看到一棵樹就說像一具男性生殖器。後來，羅素承認，辦學犯了兩大錯誤：其一是過於放任自流的教育原則；其二是過於誇大有比事實上更大的自由。羅素在辦學中，有一點是與自己本來的教育理念相違背，他說過除個別例外，即使在幼兒期，老師也不應充當家長的角色，因為教育是一種特殊技巧，但大多數父母並無機會掌握，因而不適合教導自己的孩子，就像醫生不適合給自己家人治病一樣。然而，羅素恰恰在辦學中充當了自己孩子的教師，故帶來一些困惑，如一些孩子抱怨他不能一視同仁等。有一天，羅素在海灘散步時，女兒發現一塊大石頭很好看，想帶它回家，但父親卻要一雙小兒女自己設法實施計劃，結果因過重，兒子不得不半途而廢。後來，兒女們與父親的關係逐漸惡化，甚至成年後，他們與他斷絕來往。這在一定意義上說明羅素教育子女的失敗，後來他總結說「我做得不對」。

　　人們紛紛指責羅素在學校鼓吹極端的自由，就像他鼓吹無政府主義一樣是錯誤的。他表白說，教育也同政權一樣，都有必要採取某種強制手段，但還是能夠找到一些方法可以儘量地縮小強制的程度，這個問題可分為政治與個人兩個方面。通常快樂的兒童或成人似乎懷有較少的破壞情緒，因此比起那些不快樂的人們，他們需要的約束更少一些。另一方面，他並不認為不加指導就能使兒童快樂，也不認為允許絕對懶散，就可以培養起社會責任感。像所有其他問題一樣，兒童時期的訓練是一種具有不同程度差別的問題。深刻痛苦以及天性受到壓抑，很容易產生對抗世界的強烈怨恨，有時會以某種非常間接的方式引發野蠻和殘忍的行為。羅素回憶，1914年至 1918 年的戰爭期間，他首先注意了心理學和社會問題，他第一次驚駭地發現「大多數人似乎都喜歡戰爭。很顯然，這是教育等種種社會弊端所造成的。儘管父母對孩子有很大影響，但大規模的教育改革必須依靠國家，因而必須首先依靠政治和經濟的改革。由於世界正越來越走向戰爭和獨裁，而且我也覺得自己在實際問題上並不能做出什麼有益的事情，所以我又重新開始研究哲學以及與思想有關的歷史。」[10] 某日，在學校裡，羅素發現一個大男孩欺負另一個小男孩，他責問前者，可得到的回答是：「更大的男孩打過我，我打小的，這是公正的」。羅素後來對此感歎道：這個大男孩的答覆涵蓋了整部人類史，弱者受到強者欺凌後不敢討還公道，而轉向欺凌更弱者，這就是人類史上反覆出現的殘酷事實。某次，羅素夫人給幼子講法國民間故事中那個連環殺掉 6 個老婆的黑鬍子之後，結果在遊戲中這個孩子堅決要當這個惡人，並贊同他殺死那些不聽話老婆是實施應得的懲罰，甚至還表演出砍下女子頭顱的那種血腥的恐怖場景。對此，作為和平主義反戰者的羅素卻心安理得地指出：教育並非壓抑而是培養本能，兒童在假扮黑鬍子中得到權力欲的滿足，但若將之扼殺在萌芽狀態，他必定成為毫無活力也毫無作為的庸人，將來也不可能有任何建樹。羅素回憶自己在孩提時，很愛翻筋斗，但現在不喜歡了。與此相同，要當黑鬍子的兒童也會變化愛好。

　　羅素實行的這種教育相當昂貴，為了支付各種賬單，羅素被迫去寫一些為掙錢而粗製濫造的作品。同托爾斯泰一樣，他很快厭倦了學校的庶務，便全丟給了多拉，而她則因過激的進步觀，以更強的責任感去經營學校。羅素的第二次婚姻於 1935年破裂，原因有兩種說法：一是他與一個美國女記者的婚外情；二是多拉的婚外情，據說她與別人有了身孕。這對羅素是一種倫理兩難（moral dilemma）：如何裁決自

[10] Bertrad Russell, *The Basic Writings of Bertrand Russell*,1903-1959, ed. by R. Egner and L. Denonn, Simon and Schuster, 1961, pp. 43-44.

己的性自由與妻子的性自由。本來與羅素很多離經叛道的方面一拍即合的多拉，曾有過同樣的政治熱情與社會活動興趣，並是一個能幹的幫手和合作者，卻與他分道揚鑣。羅素與多拉經常為性問題爭吵。韋布夫人預言道：與羅素結緣的是「一個輕浮、滿腦子唯物主義哲學觀的姑娘，他不會也不可能尊重她，」因而這段婚姻註定破裂。同托爾斯泰一樣，羅素堅持一種多拉也贊同的「開放性」原則；她說道「伯蒂與我……相互留有性冒險的自由。」對她成為「世界性愛改革同盟」英國分部的書記，羅素並未加以反對；對她出席 1926 年 10 月在柏林舉行的「國際性愛問題代表大會」，而與變性手術的先驅馬格納斯‧赫爾斯費爾德博士以及浮誇的婦科專家諾曼‧海爾在一道時，羅素也未加以反對。然而，當她公開地與新聞記者格里芬‧巴瑞調情，並生了兩個孩子時，儘管依據羅素的說法，18 世紀的輝格黨貴婦常有不同父親的孩子，他還是不太舒服。羅素後來坦承：「在第二次婚姻中，我試圖保持對我妻子自由的尊重，這是我的信條命令我所做的。然而，我發現我寬容的能力以及稱作基督教之愛與我所要求的並非等同，而堅持一個毫無希望的努力給我自己造成極大的傷害，同時對他人也達不到預期的益處。」[11] 羅素與學校的關係也由於婚姻關係的破裂而告結束。他們分手時，多拉仍然繼續堅持辦校，一直到第二次世界大戰爆發以後。離婚後，羅素與多拉只通過律師聯繫。他企圖用更合理的方式教育孩子，但後來兒子卻成了精神分裂者兼同性戀者。

　　羅素的女兒凱瑟琳譏諷自己的老爸的種種主張都是空談，而與非基督徒的他相反，卻成了虔誠的基督徒。她評論說，父親的「思想總是屬他自己的，就像飲茶和抽煙一樣，他的主要個人習慣在環境變化後始終保持下來。我能夠明白他變化著的外表是如何誤導人們的。」她還批評說，父親對學校「失敗」的分析是不正確的，「他總是一個絕對主義者，對事務常常帶有非此即彼的情緒定論；一個吃掉他的錢財，並毀滅他家庭幸福的學校對他當然不可能是好的。後來，他似乎忘卻了學校好的方面以及引起麻煩的其他原因。我的母親則不同，她抱怨環境與人們，而不是學校本身……。不過，凱瑟琳坦承，對自己來說，這個學校是一個「情感上的災難」，因為它打碎了她「童年快樂燦爛世界」，以致付出後來的一生去「尋求替代物」；但它也同樣給予了很多，「從智慧上說，它是卓越的，我在那些歲月裡以極大喜悅學到的知識比其他任何地方都多。」[12] 1936 年 1 月，64 歲的羅素與 5 年多前就結識的牛津大學學生皮特‧斯本斯（Peter Spence）結婚，第二年他最小的兒子康拉德

[11] Bertrad Russell, *The Autobiography of Bertrand Russell*, George Allen and Unwin LTD, Volume 2, 1968, p. 288.

[12] K. Tait: *My Father Bertrand Russell*, Thoemmes Press , 1975, pp. 72, 98-99.

（Conrad）出生。他的第三任妻子很有意思，她改用了一個男人的名字皮特（原名是 Patricia）。羅素曾與她一起整理他父母的一些文字材料，即後來出版的《安伯里文獻》，就在那時候他曾一度愛上了她。1938 年，羅素出版了政治哲學著作《權利：一種新的社會分析》，書中主張，即便在社會主義國家裡，自由也應當保有地位；社會理論的基本概念並非財富，而是權力，社會主義應當實現最大可能的權力平等；只有在國家民主的條件下具備制約官員權力的手段時，土地與資本的國家所有制才是進步的。在這一期間羅素應聘到牛津大學講課，那些講稿後來以《對意義與真理的探究》為書名於 1940 年出版。

在《中國問題》第二章中，羅素提出了 19 世紀以前中國傳統文化的三大特徵：其一是漢字功用。漢字不像西方並非用字母，而用符號（symbols）所組成；這就「帶來許多的不便利」；但中國文化之所以得到歷史的傳程，恐怕就是這種表意系統（ideographical system）的長處；對西方人來說，一個詞必須顯示一個聲音（sound），而「對中國人則是表達一個理念（idea）」；顯然，中國文字有著旺盛的生命力，它使歷史上各個時期的連續性與地理上各個區域的交往性得到實現；不過漢字費時費力極難掌握，而可能對普及教育和推行民主形成阻礙，因而諸如「音標化（phonetic）一類對漢字的改革就有必要」。[13] 其二是儒家思想。「就其社會影響來說，孔子被視為宗教的創始人；如同佛祖、基督或穆罕莫德一樣，他對社會制度和人的思想有著極大的影響，但性質不同」。與那些創始人不同的是，孔子完全是一個歷史人物，他最顯著的特點是對世人「不斷灌輸永受敬奉的嚴格倫理規範，但其卻幾乎沒有宗教上的教義；從而使一代代實行他的教誨並統治大帝國的中國文人們對神學採取了完全的懷疑態度。」「孝道與族權恐怕是儒家倫理中最大的弱點。正是在這點上，這種道德體系嚴重背離了常識。家族觀念影響了公共精神，而長者的權威增加了傳統習慣的暴虐。」儒家的很多特徵對中國「必要的重建是一種障礙」。[14] 其三，科舉制度。在孔子的倡導下，「這種制度顯示了某種書本氣和非迷信的精神」，以考試來選拔官員，比任人唯親、行賄，以及造反的威脅更為優越；但它僅依賴經書，純粹是文字性的，而毫無創造性可言。[15] 羅素作了一個比較，認為在某些方面，中國傳統教育與興盛時期雅典教育相當接近。雅典兒童必須熟誦《荷馬史詩》，而中國兒童則強記孔子的《論語》。雅典兒童要敬神，不過僅限於某種宗教儀式，而對他們自由思考並無約束；中國兒童也要祭祖，但不會被強求全信那些

[13] Bertrand Russell, *The Problem of China*, New York: The Century Co., 1922, pp. 33-38.

[14] Ibid., pp.38-44.

[15] Ibid., pp.44-47.

儀式內容。有知識者應常常用懷疑的態度對待各種事物，任何東西都可以討論，並不非要得到什麼定論，吃晚飯時隨意地各抒己見，而不必惡語相向。卡萊爾贊柏拉圖是「高貴的雅典紳士，即便在天國也怡然自在」。中國哲人也身懷這樣的格調，而基督教文明造就的聖賢卻通常不會具有。雅典人與中國人都有享受人生的願望，也有相近快樂觀，故使他們產生高雅的審美。但這兩種文明也差別很大，原因是希臘人較為積極進取，而中國人較為消極閒散。希臘人在藝術、科學等方面得到史無前例的成就。政治和愛國熱情讓希臘人得以發洩。倘若某政治家遭到驅逐，他必率領流放者向祖國進擊；而倘若某中國官吏失寵，他便退隱鄉野而抒發一些田園詩賦。希臘文明遭遇的是自我毀滅，而中國文化卻始終長存。不過似乎也不能全然歸於教育；例如日本的儒家教育就不可能引發僅中國文人所特有的悠閒、優雅的懷疑主義格調。中國式教育造就了穩定和藝術，卻未能產生進步和科學；或許這就是中國人喜歡懷疑的原因所在。然而，「中國文化僅限於極少受教育者，希臘文化也僅能在奴隸制基礎上得以建立。因此，中國傳統的教育已因背離現代世界的要求而遭中國人自己淘汰……。」[16]

羅素一生積極參加反戰、反核武器以及爭取和平的運動，曾多次遭到當局的迫害。20 世紀 50 年代，羅素在 BBC 發表了著名的演講《人類危機》，在結語中他說：「保持人性，捨棄其餘一切，新的天堂之門將會向你敞開，否則只有毀滅。」羅素從抽象的人性和個人自由主義的立場出發來解釋和反對戰爭，雖然當時在保衛和平中起過積極作用，但他的想法卻過於天真。

羅素在《政治理想》一書中提出了理想政治制度消除不良衝動的兩種辦法：（1）增加創造性的衝動，它通過改革教育來實現；（2）減少佔有性衝動，它通過廢除資本主義與工資制度，去掉恐怖和貪財的動機來實現。總之，改革一切制度就能把衝動引向正確的方向，而判斷一個政治制度的好壞就在於它是否鼓勵創造性衝動、消除佔有性衝動。羅素把社會的種種弊端與社會制度聯繫起來，這是正確的，但他顛倒因果關係，錯誤地把私有制及其種種罪惡看作是由人的本能衝動引起的，這是一種既反歷史又非理性的觀點。羅素正確指出，一切社會制度，尤其是經濟制度，對人性有著深刻的影響，而資本主義制度嚴重地壓抑著人性。但他又錯誤地認為經濟制度的好壞主要看人的本能是否不受阻礙、個性是否不受束縛、創造性衝動是否有最大的發揮，而分配是否公平則是次要的。同樣，政治制度的好壞也主要看是否擺脫了對人性的壓抑，它的最重要目標是充分發揮個人的創造性、活力和快樂。在不

---

[16]　Bertrand Russell, *On Education, Especially in Early Childhood*, Taylor & Francis Books Ltd, 1985.

良的經濟制度下，貧困者是不可能得到人性的解放的；在不良的政治制度下，統治者限制了人的自主性和個性，由此，常常會爆發社會衝突。培根認為不能壓抑人的天性，即使它暫被壓抑也不會絕滅，天性一旦衝破壓抑就會更加強烈。羅素很贊同這種看法。擺脫人性壓抑的思想正反映了他對不合理社會的某種叛逆精神。羅素認為社會有自然、權力和性格三大災難。前兩種可以用科技和社會改革來克服，而後者的克服則要靠教育來擺脫對本能的壓抑，保全人們的獨立性和衝動，使它們得到良好的教化，並使人的正當活動有實現的可能。要想充分發展人性，必須將他的知性、情感、意志三者發揮到最大的限度。[17] 英國經驗主義者大都是主張人性可變的。培根堅信可用某種教育方式來改變人性；洛克則把人性看作是可以任意刻畫的白紙或蠟塊；穆勒父子也都主張人性是通過環境和教育形成的。羅素發展了這一思想。他在早年認為成年男女的性格並不是一個數學上的固定的已知數，人的性格具有極大的可塑性，它是環境、教育和機遇影響的結果。他在晚年仍堅持：所謂人性，基本上是習俗、傳統和教育的產物。羅素曾把這種思想作為自由平等的理論依據，例如他從穆勒有關男女在能力上的差異是由後天形成的這一思想中得到啟發，從而投入到了爭取婦女參政權的運動中。

　　人性的可塑性是羅素人性論中最有價值的思想，主要體現在以下幾個方面：1、強調外界影響與後天培養。羅素認為人性在環境影響下發生變化，人的本性與外界結合便產生了人的性格。經濟等制度對人性有巨大的作用，因為人性中的愛、快樂和創造性衝動極大地受到物質條件的限制。與公有制相反，私有制對人性產生壞的影響。例如大機器的興起使工人的個體所有制解體，人們為了工資而奮鬥，因而失去了人生的許多樂趣。但發財欲望並不是人性固有的，可以用一種合理的社會制度來消除它。人性至少有十分之九是後天形成的，即使那十分之一的天生本能也可以改變，例如它可以為宗教信仰來影響，再如本能中的恐怖也是後天造成的。人的衝動不為本性所固定，它可以在後天環境裡得到改變；「協調原始衝動與文明生活方式是可能的，人類學研究已經證明人性對不同的文化有著廣泛的適應性。」[18] 2、提出人性改變的根本原由。羅素認為造成人性改變的根本原因在於控制物質世界的變化程度，人依靠科技進步來日益有效地控制物質世界，而只有這種變化打破了人們本能與生活狀況的平衡，才能促使社會物質條件的變化，以改變人性。3、研究人性的科學。羅素基本上承認休謨的人性科學的思想。休謨認為人的科學是其他科

---

[17] Bertrand Russell, *Education and the Social Order*，Routledge, 1932, p. l.

[18] Bertrand Russell, *Authority and the Individual*, Beacon Press, 1960, p.21.

學唯一牢固的基礎，一切科學最終都回歸到人性，人們一旦掌握了人性，就會在一切方面獲得勝利。不過，羅素並不同意休謨把人性科學誇大到科學之王的地步，也不同意休謨的所謂人性恒常的原則。羅素認為當科學像控制自然界那樣也控制了人性，那它就會從根本上改變人性，並給人一種非物質科學所能帶來的空前快樂，甚至有可能用科學來改變天生的本能。在羅素看來，心理學和優生學才是達到這種結果的理想方式。4、鼓吹教育決定論。羅素與近代一些進步思想家一樣把教育看作是改變人性的最重要方式。他指出：「教育是打開新世界的鑰匙」[19]，它既能帶來好的品性，又能帶來壞的德行。人們幼時的教育最先決定了人性，這個過程甚至在人們出生的瞬間就開始了。最初的教育應該是性格的教育，其次才是知識的教育，這兩種教育是不同的，因此「對我們的孩子的教育必須從培養人的性格出發」[20]。所謂求知欲、謙虛、信仰、忍耐、勤勉、恒心和精確性等性格都是通過教育培養的，因此，人們必須創造一種教育方法來改變青年人的欲望和衝動。

改變人的本性是要有一定的教育和訓練，但問題在於：（1）由什麼性質的社會經濟、政治和教育制度來改變人性；（2）改變成什麼樣的人性。在這兩點上，羅素帶有偏見和局限性。應當注意，人性可變的思想並不一定是為進步勢力服務的，它也可以企圖主觀隨意地改變人性，從而擴大統治者的階級基礎。實際上，在近代社會，極端主張人性不變的人是極少的。當權者總是妄圖用符合自身需要的思想規範來改變人性，使之為其利益服務。羅素人性教育論多少對此也有一定的影響，以「五四」之後的中國為例，新民學會的個別成員就主張：「用羅素的溫和辦法，先從教育入手，作個性之改造。」[21] 以此反對採取暴力革命的方式。前面提到，為了實驗自己的理論，羅素創辦了一所小學，幻想在一個世外桃源裡從事理想化的人性教育和改良，但是他失敗了。這正說明環境是由人來改變的，而教育者本人一定是受教育的。羅素把環境和教育的作用片面誇大，卻恰恰忽視了人首先要把最主要的環境即經濟政治等制度改變成合理的。雖然羅素也看到了社會改革的必要性，但他所採取的卻是一條改良主義的道路，他本人的實踐就證明了這條道路是行不通的。經濟政治制度沒有發生改革，教育也不會得到根本改變的。羅素充滿偏見地說：「只有受過良好個性教育的人，才能知道哪一種個人教育有利於培養公民。」[22] 這無異說，只有他那樣受過良好貴族教育的人才能知道怎樣教育人。但是，如果教育者本身所

[19] Bertrand Russell, *On Education, Especially in Early Childhood*, Taylor & Francis Books Ltd, 1985, p.66.

[20] Bertrand Russell, *Education of Character*, Philosophical Library, 1961, p.6.

[21] 《新民學會會務報告》，第 2 號。

[22] Bertrand Russell, *Education and the Social Order*，Routledge, 1932, p.2.

受的教育拘於某種特定範疇的教育，那麼就不可能造就真正完全的人性。羅素的人性教育論有兩個錯誤：一是誇大了教育者的作用，鼓吹教育萬能論；二是把教育對人的影響加以機械的理解。羅素人性論的形成既由於英國社會條件的決定作用，也由於羅素本人特定的出身、經歷和個人的某種思想特徵。他的人性論有著自己的特點，我們所說的它對傳統人性論的發展就是指這一點，它表現在：（1）打著科學的旗幟，強調跟上自然科學發展的潮流。例如羅素試圖運用生理學、心理學等學科的最新成就來說明人性。（2）注意結合多種知識領域。羅素是百科全書式的多產作家，在知識廣度方面很少有其他西方學者能與他相比。他廣泛利用了教育學、倫理學、社會學、宗教學、政治學以及國際關係等社會學科的知識來研究人性問題。（3）企圖解決社會上各種複雜的現實問題。羅素從兩次大戰的教訓，從軍國主義、法西斯主義、霸權主義、專制主義以及人類普遍的現實中，尋求對人性問題的回答。

第二節　杜威的教育觀

　　杜威的得意門生胡克（Sidney Hook）對其老師的功業崇拜無比，認為在任何領域中，在原來作為教科書出版的著作中，《民主主義與教育》（*Democracy and Education*）是「唯一的不僅達到了經典著作的地位，而且成為今天所有關心教育的學者不可不讀的一本書」。克伯屈（W. H. Kilpatrick）盛讚：杜威是世界上未曾有過的最偉大的教育家。毋庸置疑，杜威不僅對世界，也對中國教育的影響巨大。目前，相對而言，中國已對這位教育大師的教育體系進行了大量的研究，本書僅作一些概要性的引介。杜威的教育觀包括三部分，兒童是教育的根基，成人社會是教育的目的，學校和教材是教育的工具。杜威的教育概念包括廣義和狹義之分，廣義的教育包括非正式的、無意識的、從和別人共同生活所獲得的教育，狹義的教育是正規教育，就是學校。在反對傳統的「教師中心」、「教室中心」和「教材中心」後，杜威提出了「學生中心」、「活動中心」、「經驗中心」等三個心的中心。因此他是學生中心主義課程理論的代表人物。杜威的教育觀主要有以下幾個方面：

一、教育的宗旨、原理與本質。

　　杜威教育觀與其根本哲學相聯，並受到生物學尤其是進化論的影響，「當達爾文像伽利略論說地球（它確實在轉動！）那樣論說物種時，他就一勞永逸地掙脫了束縛，將遺傳和實驗的思想當作提問和尋求解釋的方法。」推理從問題開始，建立假設並將其變成結論，尋找這個結論的前提，最後用觀察和實驗來檢驗這個結論和假

設。杜威根據在環境中的地位和功能來解釋事物。觀念是適應環境過程中的實驗；哲學的任務是怎樣學會控制和改造外部世界。現代人要拋棄神學而從生物學角度來解釋精神和現實生活，並將其視為與環境相聯互動的一個有機體。杜威將教育視作生活、生長和經驗改造的過程，促使受教育者處於生長、發展以及改造經驗的活動。這歸結為杜威第一句口號，即「教育即生活」（education as life）。教育不僅本身就是生活和生長，而且更是生活的不斷更新和重組、重構的動態連續發展過程。教育與社會密不可分，它發自兩個歷程，一是心理歷程，因所有教育的發端，均源自兒童的天資或基本素質。另一是社會歷程，因一切教育的行使，避開不了社會環境，學校乃一種社會組織；教育反應社會生活，教育經驗與生活經驗互聯互動。生活連續的歷程，乃個人不斷改造經驗的歷程。在社會連續生存與發展中，社會團體的不斷更新也使個人經驗的不斷累積，因此，教育就是使得個人生活通過個人學習而不斷改造的途徑。這些論述亦可歸結為杜威另一句口號：「學校即社會」。

二、教育的內容、要素與方法

　　杜威教育觀建立在實驗主義和工具主義的基礎上，採取實用的教材，安排有效的課程。學校教育的所有學科或活動應包括生活的全部生活經驗，其重心在於兒童本身的社會活動，而非科學、數學、文學、史地等等。這種不分課內或課外的活動課程，促使學生的經驗擴展，並得到改造，故其才能方可連續地生長與發展。這些論述還可歸結為杜威兩句口號「兒童為中心」（children as the center）和「教育即成長」（education as growth）。理想的教育內容應具備三要素：培養社會生活的統一性；適宜兒童本身的活動性以及關注大眾公共的需求性。為了保障兒童活動與社會生活的一致，實施由行達知的實驗，將教育內容分為遊戲工作的活動、自然與社會的知識、邏輯與組織的科學等三類課程。教育方法分為問題教學法和設計教學法。問題教學法又稱問題解決法，表現為啟發式教學；即先立假設，在解決問題的過程中，不斷對此加以否定與重構，最後以充分的證據判定真理。以學生為主體的設計教學法有四項步驟：確認目的、制定計劃、實施操作、評判效果。[23] 為此，他提出思維五步：一是疑難的情境；二是確定疑難的所在；三是提出解決疑難的各種假設；四是對這些假設進行推斷；五是驗證或修改假設。這五個步驟的順序可以變動。此後，杜威曾提出著名的困難、問題、假設、驗證、結論的五步教學法。（1）教師給學生創設一個課題，情境必須與實際經驗相聯繫，使學生產生要瞭解它的興趣；（2）給

---

[23] 設計教學法是杜威於 1896 年在芝加哥大學創立實驗學校（後改稱杜威學校）時所採用的教學法。

學生足夠的資料，使學生進一步觀察、分析，研究該課題的性質和問題所在；（3）學生自己提出解決問題的設想，或暫提出一些嘗試性的不同的解答方案；（4）學生自己根據設想，進行推理，以求得解決問題的方案；（5）進行實驗驗證，學生要根據明確的假設方案親自動手去做，以檢查全過程所達到的結果是否符合預期的目的。在做的過程中，自己發現這些設想、假設的真實性和有效性。杜威的教育實驗試圖將學校變成小型的工廠和社會，運用「嘗試→失敗→再嘗試」的操作式實驗方法，養成學生社會生活和終身學習的能力。胡適對其恩師的「思維五步」，有著自己獨特而清晰的闡釋。

　　杜威先生以為有條理的思想的發生，大概可以分為五個步驟。這是他的一個很大的貢獻；我現在簡單的敘述一下。

　　第一步：思想的來源，或者說，思想的起點。思想不是懸空的。胡思亂想，不算思想。凡是真正有條理的思想，一定是有來源，有背景，有一個起點的。這個起點是什麼呢？思想都起源於困難的問題。人生的動作碰了壁，碰了釘子，碰到一個困難的環境，行動發生了障礙，要想打破這個困難，因而才有思想。譬如呼吸：大家都要呼吸的，差不多是一個自動的動作，用不著思想的作用。但是有許多動作是沒有那麼自然自動，沒有像呼吸、睡覺那麼容易。真正的思想，是動作碰了壁才發生。比方我要找我的朋友張先生，我一個人走到三岔路口，不知是去第一條路、還是第二條路或者第三條路。這時候才想起：我是來過的麼？找找看有什麼記號使我可以找到路；或者路旁有一家戲園子，有一塊廣告牌，是綠色的或者是紅色的：這時候才用思考。如果一直走去，就用不著思考了。杜威先生說：「凡是一個思想都起於一個三岔路口的境界；凡是一個思想都起於一個大的疑問號。」從前講邏輯和知識論的，都比較容易錯誤，就是因為沒有想到很簡單的「一個思想起於三岔路口」這一句話。

　　第二步：認清困難障礙在那一點；把困難加以分析，知道困難究竟在那一點。我平常的活動為什麼發生障礙？吃飯忽然吃不下，睡覺睡不著，或者頭痛發燒；究竟困難在那一點？障礙是什麼性質？有時候事情很簡單：第一步和第二步就連在一塊。不過複雜的問題，就要分為兩步，如果第二步弄不清楚，下面的方法步驟就錯了。普通問題要在三岔路口去找一條路走比較簡單；但是有許多科學問題，如醫學、物理學、化學的問題，都很複雜。在這些問題裡，我們要小心的做這個第二步工作。

　　第三步叫作提示，或者稱為暗示。凡遇到了三岔路口的問題，有大困難的時候，第三步就不是自動而是被動。你過去的知識、學問、經驗，到今天都發生作用了！你的腦子裡這邊一個假設，那邊一個假設。這些提示的東西那裡來的呢？都是不自覺的湧上來的。所以第三步往往是不自覺的。假如你沒有學問知識和好的活的經驗，看到三岔路口的問題，就手足無措，不知道怎樣下手；沒有主意，沒有法子。如果你的知識是死的，學問是從書本上得來的，經驗是貧乏的，那你還是沒有主意，沒有法子，看不出道理來。所以第三步是很重要的。不過，有時候有些人經驗太多了，知識太豐富了，往往東一個意見，西一個意見，前一個意見，後一個意見：就要發生第四步。

　　第四步就是批評、評判；判斷這許多提示，暗示當中，那一個意見比較最能解決所碰到的困難問題。記得在我父親的詩集子裡面有一首詩，講他在東三省吉林的時候，奉命辦一件公事，連人帶馬都在大森林裡迷失了路，三天三夜都沒有方法走出來。這個問題就是思想，因為當前的行動發生了障礙。我父親在詩裡面就說他怎樣想法子找路出去：有人爬到樹上去看，只見四周茫茫無邊的樹木；在地上也找不出路來；也找不出牛馬的蹄痕，這兩個辦法都不行。這時候，我父親想到古書上講過：在山林中迷了路時可以找水；跟著水去找，必定可以出山的。大家就四下去聽；聽到有水流的聲音，果然找到了一條水；跟著水走，居然出險。他詩裡面有一句「水必出山無可疑」，就是指的這回事。爬上樹看，找牛馬蹄痕，想了許多辦法都走不出來。那時候知識中有一個知識「找水」。這是在許多提示中決定的一個解決困難的辦法。所以這第四步工作，就是要判斷許多提示當中，那個最適於解決當前的困難。在許多主意中怎樣批評判斷那個主意適用或不適用呢？這又得回到第一步去；感覺到需要思想，就是因為有困難問題。再認清楚了困難問題；看困難究竟在什麼地方。再從推出來的許多暗示、意見當中，看看那一條可以找出結果來。水是可以向山下流的；朝著他走可以得到一條出路：這個結論是不是可以解決當前的困難。拿這個困難作一個標準，作一個尺度，來量這些提出來的暗示，挑一個作假定的姑且的解決方案：這是第四步。不過這還是一個假設，還沒有證實。

　　第五步是思想的最後一點，思想的終點，就是證實。要問提出來的這個假定的解決方案是不是可以解決困難問題？是不是滿意？是不是最滿意？要證實它！我剛才講我父親在吉林的這個「找水」的經驗，就是證實。假如複雜的科學問題，有時候就需要假定應該有某種結果，我們要選擇許多假

定，使用人造的器械，人造的條件來試驗它。所謂科學的實驗，就是證實某種條件完備的時候，可以發生某種結果的假定。如某種條件完備而不發生某種結果，這個假定或理論就錯了；要再來第二個，第三個……的假定，一直到最後可以得到證實為止。到了最後證實，這個思想才算解決了問題。結果是假設變成了真理，懸想變成滿意適用的工具。這是思想的最後終點。[24]

三、教育的目的、預見與演進

杜威聲稱「教育是經驗連續不斷的重組或重建」（education is a constant reorganizing or reconstruction of experience）。總體來看，正確而有效的教育目的，在於保障社會生存，促使社會進步；提供指導活動的方法及手段，學校的功能表現在：一是簡化和安排所要發展的傾向的許多因素；二是淨化現有的社會習慣並使其觀念化；三是創造一個更加廣闊和更加平衡的環境，使青少年不受原來環境的限制。[25] 杜威指出：「教育必須從心理學上探索兒童的能量、興趣和習慣開始。」[26]「學校教材之緣起，都有社會的背景，都是應社會需要而生的。後來學校和外界分隔太遠，所有科目看作單獨孤立，就不以社會的需要為重了。教材即前人經驗之精華，教法就是提示教材使它適合兒童現有之經驗。教師最大的責任即須將前人積累的經驗與兒童的經驗相互融合起來。」[27] 由此，教育哲學必須解決的一個最重要的問題，就是要在非正規的和正規的、偶然的和有意識的教育形式之間保持恰當的平衡。[28]

四、教育的方法、思維與邏輯

杜威的教育哲學重中之重就是教育方法。杜威指出，要使學校中知識的獲得與在共同生活的環境中所進行的種種活動或作業聯繫起來。[29] 杜威在《我們怎樣思維》（How We Think）一書中，主張，「教育在理智方面的任務是形成清醒的、細心的、透徹的思維習慣」；為此，提供了實際思維和教學方法。他認為，每個思維都開始於困惑的、困難的或混亂的情境；思維的結尾是清晰的、一致的、確定的情景，這

---

[24] 胡適：〈杜威哲學〉，原載 1952 年 12 月 4 日、9 日臺北《中央日報》。

[25] 杜威：《民主主義與教育》，王承緒譯，人民教育出版社，2001 年。第 29 頁。

[26] 杜威：《學校與社會？明日之學校》，趙祥麟等譯，人民教育出版社，2005 年第 2 版，第 3-5 頁。

[27] 杜威：《民治主義與現代社會——杜威在華講演集》，袁剛等譯，北京大學出版社，2004 年。第 502 頁，第 503 頁。

[28] 杜威：《民主主義與教育》，王承緒譯，人民教育出版社，2001 年。第 29 頁。

[29] 杜威：《民主主義與教育》，王承緒譯，人民教育出版社，2001 年。第 362-363 頁。

種反省思維由五個階段組成：暗示，理智化，導向性觀念——假設，推理，用行動檢驗假設。[30] 與此相應，教學法也分為五個階段：1，要安排真實的情境；2，在情境中要有刺激思維的課題；3，要有可利用的資料以作出解決疑難的假定；4，要從活動去證驗假定；5，根據證驗成敗得出結論。[31]

杜威《我的教育信條》的第一條「什麼是教育」指出：「我們能給予兒童的惟一適應，便是由於使他們充分發揮其能力而得到的適應。由於民主和現代工業的出現，我們不可能明確地預言二十年後的文化是什麼樣子，因此也不能準備兒童去適合某種定型的狀況。準備兒童使其適應未來生活，那意思便是要使他能管理自己；要訓練他能充分和隨時運用他的全部能量；他的眼、耳和手都成為隨時聽命令的工具，他的判斷力能理解它必須在其中起作用的周圍情況，他的動作能力備訓練能達到經濟和有效果地進行活動的程度。」[32] 杜威堅決主張教邏輯方法。《最偉大的教育家》一書將杜威的教育讚譽為「面向未來的教育」。[33] 這是因為社會是變化的，過去的知識可能不適合於將來，教條化的知識可能對於解決現在或者將來的問題是一個障礙。「教育應當是實用的，因為未來不可預測，教育不能為兒童提供任何明確的知識，最實用的教育是教思維方式。」[34]

小結

對杜威與羅素看法的爭論始終在繼續，1990 年冬季的威爾遜季刊（*The Wilson Quarterly*）刊登了《羅素的政治生活》（*Bertrand Russell: A Political Life*）一書作者羅素研究專家瑞安（Alan Ryan）的一封信，此信評論了該雜誌先前發表的〈杜威：教室裡的哲學家〉（John Dewey: Philosopher in the Schoolroom）一文。瑞安寫道：當然，羅素與杜威有很多明顯的相似之處：如在致力於做孩子教育熱心的捍衛者，都開始懷疑在課堂以外的學科權威，並且都認為，霍布斯（Hobbes）的話是令人難忘的，即兒童們「出生於不合宜的社會」。然而，瑞安接著說，羅素與杜威之間的差異更是驚人，這是由於一個絕對的障礙：即杜威的實用主義。對羅素來說，實用

---

[30] 杜威：《我們怎樣思維？經驗與教育》，姜文閔譯，人民教育出版社，2005 年。第 71 頁，第 93-102 頁。

[31] 藤大春：〈杜威和他的《民主主義與教育》〉，載杜威：《民主主義與教育》，王承緒譯，人民教育出版社，2001 年。前言第 26 頁。

[32] 杜威：《學校與社會？明日之學校》，趙祥麟等譯，人民教育出版社，2005 年第 2 版。第 5 頁。

[33] 弗拉納根：《最偉大的教育家——從蘇格拉底到杜威》，華東師範大學出版社，2009 年。第 131 頁。

[34] 柯華慶，〈論杜威的實效主義教育觀〉，《教育研究》2010 年第 10 期。

主義至少是一種世俗的褻瀆。通過將哲學帶回市場，杜威關閉了羅素在知識分子的關注和普通人的職責之間所打開的突破口。杜威關閉空隙和拒絕所有的二分法（dichotomies），因而最終比羅素堅持日常生活悲劇性的維度更缺乏真實性的生活。一個強大真理的無用性及其對人類事務的無關性，打擊了嚴肅哲學家心中不可缺少元素的意義。羅素與杜威兩人之間爭論的焦點在於真理的意義（the meaning of truth）。[35]

---

[35] Alan Ryan, "Dewey and Russell," The Wilson Quarterly, Vol. XIVs No. 1, Winter 1990, p.141. T. Madigan, Russell and Dewey on Education: Similarities and Differences, *Project MUSE*，The Johns Hopkins University Press in collaboration with The Milton S. Eisenhower Library, 2017.

第十三章　對兩位大哲道德觀的比較

　　倫理學（ethics）或道德哲學是關於人們應該如何行動問題的研究，以及對正確行為的定義（確定為導致最大利益的人）和良好生活（在有價值的生活或令人滿意或快樂的生活中）。「道德」一詞來源於希臘的「民族精神」（意思是「習慣」或「習慣」）。倫理學不同於道德，倫理學指的是權利行動和更大的善的理論，而道德則是實踐的象徵。倫理是不局限於特定的行為和道德規範的定義，但包含的道德理想和行為的整體以及人生哲學。它提出了諸如「人們應該如何行動」之類的問題。（規範性或規範性倫理學），「人們認為什麼是正確的？」（描述性倫理學），「我們如何接受道德知識並付諸實踐？」（應用倫理學）和「正確」是什麼意思？（元倫理學）。二千多年來，倫理學一直是哲學家最重視的研究之一，它歷經過兩次革命：第一次是以康德為代表的義務論向以亞里士多德為代表的目的論挑戰；第二次是以摩爾為代表的元倫理學或非規範倫理學向以亞里士多德和康德為代表的整個傳統規範倫理學的發難。尤其是第二次「革命」，改變了整個英語世界倫理學的方向，使之僅成為占主導地位的分析哲學的附屬品。如果說傳統規範倫理學是以倫理實踐即人們道德的動機和行為為研究對象的話，那麼，元倫理學則是以倫理語言本身為研究對象，即僅討論倫理詞匯概念的意義、用法、邏輯狀態及倫理論證的性質和構架。於是，把人們原本活生生地反映社會人生問題的探索，就變了一種純文字概念的遊戲，儘管這種研究方式對明確概念的歧義及劃清論域的界限有不容否認的貢獻。

　　由於社會變遷和發展的需要，美國哲學界越來越多的學者轉向以倫理為本位的哲學探索，主要代表人物有羅爾斯（J. Rawls）、麥克茵提瑞（A. Mcyintyre）、高謝爾（D. Gaothier）、威廉姆斯（B. Williams）、哈曼（G. Harman）及斯特爾巴（J. P. Sterba）等。上述這種轉向表現為兩種方式：（1）對倫理學進行本體論和認識論的深化研究。例如，道德實在論與道德反實在論、道德客觀主義與道德主觀主義、道德理性主義與道德非理性主義、道德相對主義與道德絕對主義的論爭等。前一個論爭在倫理學界最引人興趣，其焦點在於是否存在一種客觀的「倫理事實」。例如，「一個孩子燒死了一隻貓」、「一個人吃狗肉」，這樣的事實是否具有倫理的客觀性。道德實在論者認為，上述這樣一類的事實，顯然是帶有客觀性的，可稱為「倫理事實」。道德

反實在論者則持異議：任何倫理判斷都是主觀的，客觀事實本身並不具有倫理性，
所謂「倫理」事實，是具有主觀倫理標準的人強加在一個事實之上的。「吃狗肉」
這一事實，用現代西方價值觀來衡定，因為「狗是人類最好的朋友」，「吃狗肉」幾
乎等同於「吃人肉」，如此一來，自然是不道德的。然而在韓國，狗肉店比比皆是，
是人們日常的飲食習慣，就像西方人吃雞肉和牛肉一樣，並無任何道德判斷的問
題。因此，對某一事實的道德判斷，是人們各自的價值觀使然。（2）把倫理學加以
應用化和具體實踐化。倫理學家或者試圖用現有的各種傳統理論（如功利主義、利
他主義、利己主義、實現主義、行為主義等）來解釋當代各種社會現象和倫理問題，
或者把當代新發生的道德行為加以理論概括。由此，以分析方法為工具，但並不僅
局限於語言邏輯的意義，對當代倫理問題進行案例化的分析研究開始蔚然成風。

第一節　羅素的道德觀

　　羅素早年就指出：「一個更高級完善的世界是不能被陳腐的倫理體系所束縛
的。」羅素的父親安貝里是一名極為開放的無神論者。家人曾希望他從事家族傳統
的政治事業，他的確願意並也在國會中了一個很短的時間（1867-1868）；然而他
一點也不具備這個世道上可能獲得成功的那種稟性與主張。當他 21 歲時，便擯棄
了基督教，並在聖誕節那天拒絕上教堂。起初他成為穆勒（J. S. Mill）的信徒，後
來又成了他的朋友。在一種非宗教的意義上，穆勒成了羅素的教父。羅素的父親採
納了穆勒的不少主張，其中不僅有那些較為通俗的，而且還有那些始終令公眾震驚
的內容，例如婦女參政權等。1868 年大選，他成為一名候選人。但當人們得知在
一個小團體的集會上，他說過節育是醫學專業的一個重要問題時，誹謗與中傷便立
即向他襲來。一個天主教的大主教攻擊他提倡殺嬰；還有人在報刊上咒罵他是「長
著一張臭嘴的放蕩鬼」。在投票的那一天，人們將他醜化成缺德鬼的漫畫到處都是，
並將他蔑稱為「邪惡的異邦伯爵安貝里」[1]，還斥責他鼓吹「法蘭西與美利堅制度」，
這是因為他與其妻在美國時研究過歐奈達人社區（Oneida community），故被歸罪為
企圖散佈大洋彼岸非英國化的邪暴來腐蝕英國純潔的家庭生活。在這種情況下，他
當然落選了。對這個事件，羅素後來提到，「從事比較社會研究的學生也許會對 1868
年英國的鄉村與 1940 年紐約的城市之間的類似事件感到興趣」此處羅素指自己於

---

[1] 英文原文為「Vice-Count Amberley」。Count 是西歐除英國外的各國對伯爵的稱呼，本來羅素父親的稱號是
子爵（viscount），這裡改為 vice-count 為貶義。

1940 年代在美國時因婚姻與道德等的非傳統觀念而受到了攻擊和迫害，這些情況與當年他父親的遭遇很相似。忠誠與叛逆是羅素家族血脈中兩種不同的混合要素，他繼承更多的的是父親的價值觀，他曾將此作為秘密，一直沒有向家人透露。決定羅素一生的有「六大叛逆」。一是對「家族權威」的叛逆：如他的家庭理念就是儘量擴展每一個兒童的獨立和自由；二是對「道德權威」的叛逆：如他拒絕將邪惡與快樂尤其是性快樂等同起來；三是對「政治權威」的叛逆：如反對由統治者以愛國與國家利益為藉口而發動的戰爭；四是對「財富權威」的叛逆：如抨擊因出身而造成的人為不平等，尤其是遺產繼承造成的不平等；五是對「教育權威」的叛逆：如抗議對兒童硬行灌輸任何宗教、政治以及意識形態的價值觀；六是對「學術權威」的叛逆：如批判各種舊有哲學體系和方法，並開創了新的方向。

　　當代分析哲學的多數流派，從維也納學派開始，就沒有足夠重視倫理學，就沒有把倫理學擺在哲學中應有的地位。「雖然英國的分析哲學家如羅素和 G.E.穆爾等對倫理學持不同的態度，但是他們的哲學趨向從 1930 年代開始，就被維特根斯坦的《邏輯哲學論》的思想洪流所沖淡了」。維特根斯坦在該書中對於倫理學問題的看法主要的只說了那幾段話（該書 6.42-6.23），而且那些話更能使人對倫理學在哲學中的地位抱消極的看法。的確如人們指出的那樣：一個完整的哲學體系，既應有其完整的理論哲學部分，也應有其完整的實踐哲學的部分。例如，康德哲學有其三大批判，馬克思主義哲學有辯證唯物論和歷史唯物論。對此，無怪乎羅素曾經慨乎言之：「邏輯實證主義這類哲學，嚴格說來，沒有哲學，僅有方法論。」羅素最初聲明自己並無企圖要解決人類命運的問題，但不久便否定了這個說法。他認為自己一生的一個重大轉折，就是從抽象的哲學轉到了對人類社會問題的研究。羅素在費邊派的影響下很早就對社會主義發生了興趣。青年時期，他在柏林專門研究了馬克思主義和德國社會主義運動。他認真鑽研了馬克思的《資本論》，並在讀過《共產黨宣言》之後指出，這是歷史上最卓越的政治宣言之一，對推廣社會主義的發展具有不可估量的意義。他還認為這兩部著作摒棄了一切傳統思想，憎惡正統的道德和宗教，並充滿敏銳的洞察力。不過，他所受的新貴族傳統的薰陶和所特有自由派的立場，使他在同情包括馬克思主義在內的各種社會主義和贊成社會主義某些原則的同時，又對馬克思主義進行了批判。

　　在倫理上，羅素倡導開放主義，強調過分的道德約束是人類不幸的根源，道德對人類本能的快樂不應加以限制，從而提倡試婚和節育等，並宣稱只要未婚男女雙方同意，那麼他們之間的性關係並非不道德。羅素指出，在大多數社會中，婚姻是法律制度與宗教制度的混合，在一定意義上，它又是愛情與契約的混合。他聲稱：

「對文明的男人與女人而言，如果一些條件得到滿足，那就可能造就幸福的婚姻。雙方就必須具有完全平等的情感；雙方相互間的自由也必須毫無差別；雙方必須有肉體上和精神上最完美的親密性；雙方還必須有價值標準的相似性（假如一方的價值在於僅看重錢財，而另一方卻關注優秀的工作，這就很不幸了）。一旦所有上述條件都能具備，我相信婚姻就是存在兩人之間最美好和最重要的關係。」[2] 他還認為：良好婚姻的本質就是互相尊重對方的人格。他在《婚姻與道德》最後一章中指出，倘若某人將自己心靈拘押在婚姻中，而排斥其他來源所有的愛情，那麼他的認知、同情、可貴的交往也就不再存在。羅素不同意一夫一妻是唯一的婚姻制度，而指出，現代婚姻所遭遇的困難：一是由於忽略人的生物性，而過分強調經濟性；二是由於嫉妒引起的情仇。他還認為，人們能夠以浪漫愛為婚姻動機，但它不足支撐長久幸福的婚姻。只有愛情而非浪漫愛才可作為婚姻的根基；若要婚姻穩固，雙方都要容忍對方自由地接受婚外愛情。他指出：為了讓妻子們能夠離婚，而讓男人必須服從的那種法定婚外戀是一種骯髒的買賣。羅素在這本書中有一句人們最常引用的名言：對女性來說，婚姻是生活的最普遍方式，而在婚姻中女性所承受的非自願性生活可能遠大於賣淫。在一定意義上，羅素主張賣淫的合理性，並將之視為婚姻制度的一部分補充，從而贊成愛爾蘭社會歷史學家和政論家萊基（W. E. H. Lecky, 1838-1903）在《歐洲道德史》（*History of European Morals*）的名言：「賣淫是必要的安全閥門，是保障家庭純潔性所付的社會代價」，「妓女是對家庭神聖性的保護，也是對世俗妻女純潔性的保護」。

　　胡適 1921 年 6 月 30 日日記上有這麼一段記載：「晚八時，我與丁在君為杜威一家，羅素先生與勃拉克女士餞行……羅素先生之前娶之夫人是一個很有學問的美國女子，羅素二十年前著 *The German Social Democracy* 時，於序中極誇許他，又附錄他的一篇文章。現在羅素把他丟了，此次與勃拉克女士同出遊，實行同居的生活。他的夫人在英國法庭起訴，請求離婚，上月已判決離異了……」

　　羅素指出，「就其社會影響來說，孔子被視為宗教的創始人；如同佛祖、基督或穆罕莫德一樣，他對社會制度和人的思想有著極大的影響，但性質不同」。與那些創始人不同的是，孔子完全是一個歷史人物，他最顯著的特點是對世人「不斷灌輸永受敬奉的嚴格倫理規範，但其卻幾乎沒有宗教上的教義；從而使一代代實行他的教誨並統治大帝國的中國文人們對神學採取了完全的懷疑態度。」「孝道與族權恐怕是儒家倫理中最大的弱點。正是在這點上，這種道德體系嚴重背離了常識。家

---

[2]　Bertrand Russell, *Marriage and Morals*, Liveright Publishing Corporation, 1970, p.143.

族觀念影響了公共精神，而長者的權威增加了傳統習慣的暴虐。」儒家的很多特徵對中國「必要的重建是一種障礙」。[3] 早在 1919 年，羅素在對著名英國漢學家維爾內（E. T. C. Werner）一書的書評中，就指出，人們都知道孔子在中國就像亞里士多德在歐洲一直到文藝復興一樣，被認作是對保守主義、傳統主義和權威主義的最主要影響。孔子所作的只是編輯古代神聖的文獻；當人們對家族血仇的復仇欲有了質疑時，而他卻盡可能地對這種欲念表示贊同。孔子的整個倫理體系是以孝道為核心；就像任何其他原初規範一樣，這種體系以某種對人們的情緒和性情幾乎完全一致的準則來倡導行動、遵守和儀禮。早期道家就對孔子的上述思想提出了反駁，「他們相信無拘的自然、自由的生長、無政府主義以及倫理上擯棄社會道德的反律法主義（antinomian）」。孔子有時表達了如同基督教福音書一般的憐憫，儘管這種憐憫的效果常常被王法和規則所阻礙。然而，道家甚至不允許諸如「你應當愛你的鄰人」這樣的生活一般準則；「他們不寬容任何對稱為自然東西的干擾」。[4]

　　「孔子過泰山側，有婦人哭於墓者而哀。夫子式而聽之。使子路問之曰：『子之哭也，壹似重有憂者。』而曰：『然。昔者吾舅死於虎，吾夫又死於焉，今吾子又死於焉。』夫子曰：『何不去也？』曰：『無苛政。』夫子曰：『小子識之焉，苛政猛於虎也！』」（《禮記・植弓下》）羅素在《權力》一書第 18 章〈權力的受控〉（The Taming of Power）中，引用了上述這個寓言，並說道：「這一章講得是防止政府變成老虎這樣令人可怕的情景發生。」他接著指出，權力的受控問題從古就有，在道家看來，對之無法解決，便提倡無政府主義；而儒家則主張，可以憑藉倫理和政治的修養來將掌權者教化成仁義的聖賢，「與孔子一樣，柏拉圖也尋求賢人政府。」[5] 羅素坦誠，自己並不能中肯地對孔子作出評價。這位聖人的著作充斥著繁瑣的禮儀觀，他主要關注的是教誨人們在各種各樣的場合行為得體。即便孔子的主張在總體上是消極的，但將他與其他時代和其他民族的宗教導師相比，就必須承認孔子具有偉大的功績。孔子及其追隨者發展起來的體系，是一種毫無宗教教條的純倫理學。這種倫理學既不會產生一個強有力的佈道者，也不會導致迫害。這種學說成功地培養了整個民族儒雅的風度和完美的禮節。中國人的禮節並非單純傳統的，即便沒有先例，他們在各種情景下都能遵守。這種禮儀並非只限於某一階層，它甚至存在於最卑微的苦力中。「中國人以一種平靜的尊嚴，由洞察白種人蠻橫無禮而感到屈辱，但他們又不願降格而用粗暴對待粗暴。歐洲人經常將這點看作是弱點，

3　Bertrand Russell, *The Problem of China*, New York: The Century Co., 1922, pp.38-44.

4　Bertrand Russell, *The Collected Papers of Bertrand Russell*, Routledge, 2000, Volume 15, pp.309-310.

5　Bertrand Russell, *Power; A New Social Analysis*, Allen, 1948, p.186.

但它是一種真正的力量；迄今，中國人正是憑藉這種力量戰勝了所有外國征服者。」[6]

在〈東西方幸福的理念〉一文中，羅素較為詳細地探討了孔子學說，他認為，中華文明是建立在孔子學說之上的，而它在耶穌誕生之前 500 年就已興盛了。什麼是儒家？他界定說：「儒家是一種政治宗教：正如他從一個宮廷到另一個宮廷，孔子所考察的是政府的問題以及為更易於建立好政府而制定倫理規範。」[7] 同古希臘人和古羅馬人一樣，孔子不同意人類社會在本質上是進步的；而相信早在遠古，就已有賢明的統治者，人們所達到的幸福程度，是淪落的今日社會所無法比擬的。當然，這是一種荒謬的說法。不過其實際效應是，孔子如同其他古代導師，力求創建一個穩定有序的社會，而並非總是牟取新的成功。正是這點，孔子比所有古今先賢更為成功。直至今日，他的言行始終為中華文明所銘記。在孔子時期，中國的疆土僅為她目前的一小部分，並分裂成很多相互征戰的諸侯之國。就在最近的 300 多年裡，形成了眼前版圖的中國，並且疆域廣大，人口眾多，使最近 50 年存在的所有國家都自歎不如。雖然中國飽受過野蠻民族的入侵，尤其蒙滿族王朝的統治，再加上或長或短時期的動亂和內戰，但孔子的思想體系及其所影響的藝術、文學和倫理的生活方式卻持續不斷。只是到了當代，同西方以及西方化了的日本思想相碰撞後，這一思想體系趨向衰落。

羅素指出，像孔子學說這樣一個經久不衰的思想體系必定有其偉大價值，也應當值得重視和研究的。儒家並非我們所理解的那種宗教含義的宗教，因其不與超自然或神秘的信仰相連，而純屬一種倫理體系。然而這種倫理體系與基督教倫理學不同，它並不高於普通人的理解，以至無法推行。孔子學說本質上與歐洲 18 世紀流行的「紳士」的觀念有些相似。對此，羅素引證了孔子的一段話：「君子無所爭，必也射乎，揖讓而升；下而飲；其爭也君子。」（《論語‧八佾》）他認為，孔子也討論了不少有關義務和德行等問題，但並沒有強求人們背離自然與自然情感；為證明這種說法，他又引證了這段話：「葉公語孔子曰：『吾黨有直躬者；其父攘羊，而予證之。』孔子曰：『吾黨之直者異於是：父為子隱，子為父隱，直在其中矣。』」（《論語‧子路第十三》）羅素解釋道，孔子對待所有事物均採取執其兩端，取乎中庸；對待德行也不例外。與老子不同，孔子並不提倡我們應該以善報惡；某次有人問：「您如何看待以善報惡的原則？」他的答案是：「你怎麼報答善呢？你應當不公

---

6 Bertrand Russell, *The Problem of China*, New York: The Century Co., 1922, p.190.

7 Bertrand Russell, *Education and the Social Order*，Routledge, 1932, p 16.

正報不公正，以善報善。」羅素這裡引用的是《論語‧憲問》中的一段，原文是：「或曰：『以德報怨，何如？』子曰：『何以報德？以直報怨，以德報德。』」[8]

　　為什麼中國古代的國家聖人是孔子而不是老子？按羅素說法，這正說明了中國的特定性。儘管道教得以倖存，但僅主要作為下層民眾中流傳的一種法術。不過在這裡，羅素沒有分清「道家」與「道教」的區別。在他看來，道家的學說，對那些擅長駕馭民眾的皇帝來說，還是虛無縹緲的，而孔子的學說顯然能夠視為維護統治秩序的有效工具。中國的君主們自然偏好孔子的自製、仁愛和禮讓一類德行規範，倘若可將它們與善想結合，那就是一個所謂明君最期盼的業績。中國不會如當下所有白人國家那樣，讓理論與實踐的兩種倫理體系並立。羅素說自己並非認為，中國人都可依照自己的理論處事，而是他們都有據此行動的願望，並對他人也抱有同樣的願望。以往，中國把官職授於科舉中的優勝者。在過去兩千年中，在中國，世襲的貴族並不存在，而孔子家族可謂唯一的例外，因而學問就如歐洲那些顯赫的世襲貴族一般得到尊崇。孔子曾提到，人本性善，[9] 倘若墮落，定是因惡人教唆或惡習的侵蝕；這種與西方正統教義根本不同的信條深深影響著中國人的觀念。[10] 羅素比較了東西方的思想史，認為蘇格拉底主要關注倫理；柏拉圖與亞里士多德兩人也長時間探討這個題目；在他們以前，「孔子與釋伽摩尼各自創立了一個幾乎完全由倫理說教構成的宗教，儘管後來佛教加強了神學的學說。」[11] 羅素後來越來越看到西方思想對孔子思想的衝擊，如他於 1951 年提到：「沒有人能否認在西方影響下，中國的哲學家們削弱了孔子的權威性」。他還進一步闡述：在一些時代和國家裡，某種文雅的正統無須明顯的迫害，而成功建立了一種幾乎無可質疑的知識權威性。對此，最重要的例子就是在傳統的中國；所有智慧都包含在孔子的經典中；而大部分教育就是為了理解這些書籍。具備這種教育的人們掌控著政府，這就造就了一種文明化，在某種意義上啟蒙化的制度，並得到 2000 多年的穩定。然而，「在孔子的書中，沒有談論任何關於戰艦、火炮、高爆炸藥，因此，只要中國一旦與西方衝突時，這整個孔子思想架構就不足夠了。」[12] 他指出：「一直到 1911 年，在中國沒有任何人能夠有效地挑戰儒家倫理或佛教。甚至到了 1920 年，在北京時，我居住在一所

[8]　Bertrand Russell, The Basic Writings of Bertrand Russell,1903-1959, ed. by R. Egner and L. Denonn, Simon and Schuster, 1961, pp.556-557.

[9]　羅素在這裡說法不準確，「性善論」應是孟子的學說。

[10]　Bertrand Russell, *In Praise of Idleness*, W. W. Norton & Company, INC., 1935.

[11]　Bertrand Russell, *An Outline of Philosophy*, W. W. Norton & Company, INC., 1927,pp.226-227.

[12]　Bertrand Russell, *The Collected Papers of Bertrand Russell*, Routledge, 2000, Volume 11, pp.419-420.

學校的旁邊，發現教學的最重要的部分還是在課堂上一致背誦孔夫子的經典。中國的改革者曾一度將美國看成他們的理想目標，但在政治上失敗了，並且動亂發生。共產黨人所實現的是通過紀律和統一達到強盛，而不管為善是惡，他們做到了這一點。」[13]

「在日本和中國，佛教被和平地接納了，並同神道和儒家一起存在。」[14] 儒家的倫理說教並非建立在形而上學或宗教教義的基礎上，而純粹是世俗的。這兩種宗教在中國共處的結果，使佛教具有更多教和沉思的性質，但實際操作的行政管理行為卻青睞一直作為官方學說的儒教，並將之作為考選候補官員的準則。如此一來，經過各個朝代，「中國政府始終掌握在文人型懷疑論者手中，故使政府行政管理缺乏西方國家要求統治者所具備的那種能量和破壞性的特徵。事實上，他們與莊子的信念相當一致。這樣所產生的結果是，除了戰爭使老百姓遭受苦難外，民眾還算幸福；另一個結果是，其統治的民族享有一定自治權；還有一個結果是，外國民族不必懼怕中國，儘管其擁有眾多的人口和豐富的資源。」[15]

羅素在分析當時遠東各種勢力與趨勢時，談到了作為世界最主要勢力的美國。他認為美國人的公眾輿論是信仰和平的，此外還有工商業、新教倫理、體育衛生以及可以當成英美文化主流的偽善性（hypocrisy）。這裡所說的並非像日本外交家同西方列強打交道時的那種偽善性，而是構成盎格魯－薩克遜文化支柱的那種更深層潛意識中的偽發達的美國而言，門戶開放比瓜分勢力範圍更為有利。羅素指出，在現代戰爭中，武士道精神不再有效，況且美國人的英勇無畏與日本人並無二致；倘若兩國開戰，即便費時 10 年，終將失敗的還是日本。對美國來說，它的興趣表現在實行某些既有益於中國，又符合美國利益的事務；但它反對企圖讓中國經濟獨立的任何作法，特別是當這些作法是採取國家社會主義或列寧所提倡的國家資本主義的形式。1951 年，在〈當前的困惑〉一文中，他對朝鮮戰爭中的美國總司令麥克阿瑟（MacArthur）斥責道：「我們必須都必須回到鴉片戰爭的年代，在我們屠殺數百萬中國人之後，那些倖存者還要接受我們道德的高尚性，還要將麥克阿瑟作為救世主加以歡迎。」[16] 因為反戰，羅素被斥為敗類、間諜、賣國賊，並三次被判刑。某些離經叛道的倫理觀使他在「最民主的」美國也遭到了種種迫害。作為追求自由

---

[13] Bertrand Russell, *The Collected Papers of Bertrand Russell*, Routledge, 2000, Volume 29, p.102 頁。

[14] Bertrand Russell, *In Praise of Idleness*, W. W. Norton & Company, INC., 1935, p.201.

[15] Bertrand Russell, *The Problem of China*, New York: The Century Co., 1922, pp,190-192.

[16] Bertrand Russell, *The Basic Writings of Bertrand Russell*,1903-1959, ed. by R. Egner and L. Denonn, Simon and Schuster, 1961, 694.

民主、同情人類苦難的人，作為向社會強者和傳統勢力勇敢挑戰的活動家，羅素感到格外壓抑，是不難理解的。

　　當然，羅素對各種社會問題的分析有不少是卓有成效的。他的一些分析是中肯的，甚至一些推理的結論也被後來的實踐證明是正確的。羅素並非聖賢，當然不會是一個完人，但基本上算是一個表裡如一的人，而決非一個偽君子；他的所作所為並沒有違背自己的理論和學術良知，也從未以標榜自己的所謂道德高尚而刻意掩飾自己對人性弱點的真實體驗和揭示；即便是最為「正統」人士所詬病的那些有關婚姻與兩性關係的主張，也在後來被證實為一種不可抗拒的社會潮流。

第二節　杜威的道德觀

　　杜威像改造哲學一樣也企圖對倫理學和道德觀進行改造，在他看來，每一種道德的狀況都是唯一的，特性與個性應是至高無上的，那種普遍目的的謬誤應受批判；他還強調了自然科學的道德價值以及科學發現在道德上的重要性。杜威重新審視了快樂的概念，辨析了功利主義，並深刻地指出所有生活中的道德都是可以通過教育來促成的；並宣稱「科學思維方法的改變對道德觀念的影響是顯而易見的。」[17]

　　杜威的倫理觀與他的其他思想一樣，都是由對傳統二元論的批判，而以「連續性」和「整體性」的觀念來加以調合。他批評那些強調動機的主內派與強調行為的主外派各為偏執，故主張道德應包含兩者，不可偏一。接著，杜威認為傳統的倫理觀致力於尋求某種固定目的或終極目的，這都是由舊封建制度和靜止宇宙觀所引發的結果，故將生物學中「生長」概念引入，從而將倫理道德視為成長發展的過程；因此改良與進步的過程比那種靜止的結果或結局更有意義，這就說明道德原理、標準、定律絕非絕對化、固定化和孤立化的。杜威繼續關注自我、自我認同與自我擴展，個性化自律道德的自我實現與社會化他律道德的群體實現可並行不悖。杜威的倫理和社會理論思想，不僅與其知識論中的自然主義立場緊密相連，而且與其知識論中強調探究的社會層面相輔相成。事實上，若不考慮杜威探究理論如何應用於社會目標和價值觀，即其倫理和社會理論的中心問題，就無法充分理解他的探究理論中心原則的意義或獨創性的意義。杜威反對霍布斯的社會契約理論對社會的原子主義理解。根據該理論，人類生活的社會合作方面應建立在邏輯上先驗與充分闡明的

---

[17] John Dewey, *Reconstruction of Philosophy*, Boston: Beacon, 1920, p.161.

個人理性利益之上。杜威在《經驗與自然》（*Experience and Nature*）中宣稱，構成心靈的意義組合具有社會淵源，這表達了他在整個職業生涯中始終堅持的基本論點，即人類個體從一開始就是一個社會存在；而個體的滿足和成就，只有在社會習慣以及促進它的制度背景下才能實現。

對杜威而言，道德和社會問題是關於指導人類行動，以實現社會規定的目標。這些目標在社會背景下為個人而創造令人滿意的生活。對於所謂構成令人滿意的生活性質，杜威故意含糊其辭，因為他確信特定目的或商品只能在特定社會歷史背景下界定。在 1939 年出版的《倫理學》（*Ethics*）中，杜威把目的簡單地說成是培養對商品的興趣，而這種興趣則是在冷靜反思中的自薦。在其它著作中，比如《人性與作為經驗的行為和藝術》（*Human Nature and Conduct and Art as Experience*），杜威強調：（1）經驗的協調（在個人與社會中習慣和利益衝突的解決）；（2）從乏味中解脫出來，有利於享受變化和創造性的行為；以及（3）意義的擴展（豐富個人對人類文化和整個世界中環境的理解）。在杜威看來，個人努力與促進這些社會目標的協調構成了個人道德所關注的中心問題，而實現這些目標的集體手段是政治政策的首要問題。杜威認為，這種解決道德和社會問題的適當方法與解決有關事實的問題所需的方法相同：即一種與審思問題的情境、收集相關事實以及可能的解決方案相聯繫的經驗方法；當使用它時，會帶來對原本情境的重建和解決。杜威在他的道德和社會著作中強調，對於實踐問題，必須採取開放、靈活和實驗性的方法，目的在於確定獲得人類商品的條件，以及對此方法後果的批判性考察。這就是他稱之為「智力方法（the method of intelligence）」的手段。杜威對傳統倫理思想批判的中心焦點，就在於它傾向於用教條主義原則和簡單化標準來尋求解決道德和社會問題的辦法。在他看來，這些原則和標準不能有效地處理人類事件不斷變化的要求。杜威在《哲學的改造》（*Reconstruction of* Philosophy）和《尋求確定性》（*The Quest for Certainty*）兩本書中，將哲學中傳統教條主義方法的動機定位於對不確定世界中尋求安全的渺茫希望中，因為這些方法的保守性具有抑制人類實踐中智力適應的作用，並對物理和社會環境產生不可避免的變化的影響。理想和價值必須根據其社會後果來評價，無論它們是作為社會進步的阻礙因素還是作為有價值的工具。杜威認為，由於其關注的廣度和其批判性方法，故哲學可以在這種評價中發揮關鍵作用。杜威的倫理學和社會理論思想在很大程度上是綱領性的，而不是實質性的；它確定了他認為人類思想和行動必須採取的方向，以便確定促進人類最充分意義上的善的條件，而並非規定具體情況以及個人和社會行動的公式或原則。杜威刻意避免參與以往道德哲學家制定普遍行為標準的實踐。在《人性與行為》（*Human Nature and*

Conduct）一書中，杜威以科學心理學的原理為指導，通過分析人的性格來探討倫理問題。這種分析使人想起亞里士多德的倫理學，強調習慣在制定性格行動傾向中的中心作用，以及在實現有意義目的時，反思性智力作為改變習慣和控制追求中破壞性欲望和衝動手段的重要性。杜威指出，應通過實驗性和創造性，而不是教條方式來響應社會需要的自覺的個人群體。杜威在《學校與社會》（*School and Society*）和《民主與教育》（*Democracy and Education*）兩本書中主張，民主習慣的發展必須始於兒童教育經歷的最初幾年，他反對這樣的觀點，即兒童教育應被視為僅僅是公民生活的一種準備，而在這個過程中，教師傳授不相關的事實和想法，並讓學生牢記，以便以後運用。

小結

　　從總的方面看，羅素的倫理觀較為關注人性本身，而杜威則更偏重於社會性，即環境與群體。羅素保留著英國式新貴族的心結，重視某種浪漫、閒散、松緩、田園般的個性陶冶，反對培養公民，並反戰、反權威；而杜威則充滿美國式的平民意識，強調在民主化、資本化、工業化、都市化、商業化、科學技術化等現代條件下充滿效率的實用追求；對他而言，學校應該被視為公民社會的擴展和延續，並鼓勵學生作為社區的一員開展活動，積極追求與他人合作的利益；因而他認為，正是在教師所提供的文化資源指導下，通過自我導向的學習過程，兒童才能為民主社會中負責任成員資格的要求做最好的準備。[18]

---

[18]　See Richard Field, "John Dewey: Ethical and Social Theory," *The Internet Encyclopedia of Philosophy* (IEP).

第十四章　對兩位大哲美學觀的比較

　　美學（aesthetics）是哲學的一個分支，涉及自然和欣賞藝術、美和品位。它也被定義為「藝術、文化和自然的批判性反思」。「美學」一詞來自古希臘「aisthetikos」，意思是「感知」。與倫理學一樣，美學是價值論的一部分（價值和價值判斷的研究）。在實踐中，我們區分審美判斷（對任何物體的欣賞，不一定是藝術對象）和藝術判斷（對藝術品的欣賞或批評）。因此，美學的範圍比藝術哲學更為廣泛。它也比美的哲學更廣泛，因為它適用於任何我們期望的藝術或娛樂作品，不管是正面的還是負面的。美學家問類似「藝術作品是什麼？」「是什麼使一件藝術品成功？」「為什麼我們發現某些東西是美麗的？」「不同類別的事物如何被認為同樣美麗？」「藝術與道德之間有聯繫嗎？」「藝術能成為真理的載體嗎？」「審美判斷是客觀的陳述還是純粹主觀的個人態度表達？」「審美判斷可以改進還是訓練？」在非常廣泛的意義上，美學檢驗什麼使某事成為美麗的、崇高的、令人厭惡的、有趣的、可愛的、愚蠢的、娛樂的、自命不凡的、不和諧的，和諧的，無聊的以及幽默的或悲劇的等等。古希臘哲學家最初認為，審美上吸引人的事物本身就是美麗的。柏拉圖認為美麗的物體在它們的各部分中形成了比例、和諧和統一；對他而言，美是真與善統一後的最高境界。亞里士多德發現美的通用元素的順序，對稱性和確定性。在文藝復興時期古典主義復興之前，西方中世紀藝術遭受全面基督教化，通常由教會、強大的教會個人或富有的世俗勢力贊助人提供資金。宗教上振奮人心的資訊被認為比比喻的準確性或靈感的成分更重要。工匠的技能被認為是上帝的禮物，唯一的目的是向人類揭示上帝。

　　隨著西方哲學從 17 世紀底開始的轉變，德國和英國的思想家們特別強調美是藝術和審美經驗的重要組成部分，並認為藝術必然是針對美的。對席勒（Friedrich Schiller, 1759-1805）而言，對美的審美是人性中感性與理性部分最完美的和諧。康德（Immanuel Kant, 1724-1804）宣稱，美是客觀的、普遍的；但另一個概念涉及觀眾對美的解釋，即審美，這是主觀的，它根據階級、文化背景和教育而有所不同。黑格爾指出，藝術是第一個階段，在這個階段，絕對的精神立即顯現為感知，因此是客觀的，而不是主觀的對美的揭示。對叔本華（Arthur Schopenhauer, 1788-1860）來說，美的審美觀是最純粹的自由，是純粹的理智可以從意志中得到的。更多的分

析理論家如卡姆斯（Lord Kames, 1696-1782），荷加斯（William Hogarth, 1697-1764）
和柏克（Edmund Burke）希望減少美的一些屬性列表，而其他像彌爾（James Mill,
1773-1836）和斯賓塞（Herbert Spencer, 1820-1903）試圖聯繫美心理學或生物學的
一些科學理論。20 世紀最傑出的美學家克羅齊（Benedetto Croce, 1866-1952）聲言：
直覺為美感之本，它產生意想並表達情感，故非物、非邏輯、非倫理、非功利等。

第一節　羅素的美學觀

　　羅素被公認為是分析哲學的創始人之一。他深深地被萊布尼茲（Gottfried
Leibniz，1646-1716）所影響，他在哲學的每個領域都有著述，但在美學方面卻沒
有建樹。他在形而上學、數理邏輯和數理哲學、語言哲學、倫理學和認識論等方面
極為多產。當布蘭沙德（Brand Blanshard）問羅素為什麼他沒有關於美學的寫作，
後者回答說，他不懂這個領域，但又接著自嘲道：「但這並非一個很好的藉口，我
的朋友告訴我，這並沒有阻止我寫其他科目」。[1] 斯萊特（John G. Slater）在《羅素
的哲學》（*The Philosophy of Brand Blanshard*）一書引言中提及，「本書的重要性在
於它描繪了羅素廣泛而多樣的興趣。倘若 20 世紀的作者有博學家，那麼羅素是這
樣的一位。他唯一沒有寫的哲學分支是美學。」1913 年 10 月 19 日，在給多內利
（Lucy Donnelly）的信中，羅素告知，她送來的那個學生「想研究美學。但不幸的
是，劍橋沒有人可以幫助她。」[2] 其實在英語世界，分析語言哲學佔據了中心舞臺，
故為倫理學、美學和政治哲學等留出的空間相當有限。
　　儘管羅素沒有撰寫美學專著或美學專文，但在其各種著述中多少也談及有關審
美的看法。在 1904 年〈善的意義〉（The Meaning of Good）一文中，羅素指出
摩爾（G. E. Moore）認為「善」可以被定義為自然主義謬誤（The Naturalistic Fallacy），
因為通常一些自然物體（即存在的事物）被認為是善的意思。他表明，幾乎所有道
德作家都以一種或另一種形式從事這類活動，例如，在每一次試圖推斷應該是什麼
的過程中，都涉及到什麼是或將是什麼。將作為目的的善同作為手段的善區別開
來，作為手段的善是什麼是善的一個原因，而作為目的的善等同於普遍的善。接著，
隨著所謂的有機統一，即整體的原則，亦即價值並非部分值的總和。這在估計事物
中佔有非常重要的地位。一個實例就是對一個美的物體的欣賞。一個沒有人能看到

---

[1]　Blanshard, in Paul Arthur Schilpp, ed., *The Philosophy of Brand Blanshard*, Open Court, 1980, p. 88, quoting a
　　 private letter from Russell.

[2]　Ibid., p. vx. Introduction by John G. Slater.

的美的物體幾乎沒有價值，一個錯誤的讚美也並非很珍貴；然而，當被欣賞的物體有美時（the object admired has beauty），於是我們得到了一個整體，它通常是非常好的。摩爾說，要判斷任何事物的內在價值，必須考慮我們對孤立存在的事物的看法。我們因此避免兩個誤區：首先，歸屬價值只是單純的手段，其次，假設當一個好的整體某一部分沒有價值，所有的價值就必須在其他部分中。運用這一測試，它似乎是顯而易見的，到目前為止，我們所知最好的東西是享受美的物體和人類交往的樂趣。這兩個應分開考慮。為了善，審美享受（aesthetic enjoyments）不僅僅是感知的對象，也是適當的情感。但除了對象之外的情感幾乎沒有或完全沒有價值，倘若指向一個醜陋的物體，那麼形成的整體可能非常糟糕；必須既要觀察到對象的美質（the beautiful qualities），又要看到它們是美的。關於個人情感，所有元素在先前情況下存在，再加上，當在不誤導的情況下，很大程度上，情感具有不僅是美的，而且是善的。然而，從分析的角度看，對以前對美的討論沒有太多的補充。[3]

　　羅素曾談到數學是「樸素的美」。下面這段話很有意味：「倘若正確地看待數學，它不僅擁有真理，而且具有至高的美（supreme beauty），一種冰冷嚴屬的美，猶如雕塑，不迎合我們天性的軟弱部分，並無繪畫或音樂的華麗裝飾，但其很純，能夠達到如此嚴格，只有偉大的藝術才能顯示。數學具有真正的快樂精神、超越精神、超越人的精神，這是最高境界的試金石；在數學中就如詩歌中所確定的那樣。」[4]

　　羅素曾說過：「我認為所有的美，甚至是最神聖的，都是使人瘋狂的魔鬼的計劃：雖然我從來沒有想到過關於思想的美……」。「存在兩個世界…虛幻的世界和現實的世界：一切都是神秘的，所有的美都是醉人的，幾乎所有的幸福都屬虛幻的世界。問題是要找到在現實世界中能生存的美和幸福。」[5] 在一封信中，羅素寫道：「這個合唱團奇妙的神秘提高非常令人難以忘懷，他們那種狂熱和美的世界一直支撐著自己，並對抗日常世界的精神是非常強大的……對美的崇拜造成無政府狀態是司空見慣的事……幫助我支持對美的世界和生命終極尊嚴的信念……。」[6] 羅素在 "What is an Agnostic?" 一文中討論了這樣一個問題：不可知論者怎樣解釋自然之美和和諧？他回答道：「我不明白這種『美』和『和諧』應該在哪裡找到。在整個動物王國，動物無情地互相捕食。它們中的大多數要麼被其他動物殘忍地殺害，要麼

[3]　Bertrand Russell, "The Meaning of Good," *The Independent Review* 2 (Mar 1904), pp. 328-33. Review of G.E. Moore, *Principia Ethica*.

[4]　Bertrand Russell, *The Study of Mathematics, Mysticism and Logic: And Other Essays. Longman. 1919, p.60.*

[5]　轉引自 Ray Monk, *Bertrand Russell, The Spirit of Solitude, 1872-1921*, Volume 1, The Free Press, 1996, p. 260.

[6]　Bertrand Russell, *The Autobiography of Bertrand Russell*, Routledge, 2006, p. 163.

是死於飢餓。對我來說，我無法看到任何美麗或和諧的條蟲。不要說這種生物是為了懲罰我們的罪，因為它在動物中比人類中更普遍。我想提問者在思考天上繁星之美之類的東西。但人們應記住，繁星時不時地發生爆炸，並把周圍的一切都弄得混亂不堪。在任何情況下，美都是主觀的，只存在於旁觀者的眼中。」[7]

羅素在〈論青年人的犬儒主義〉（On Youthful Cynicism）一文中，指出：「讓我們先把一些舊觀念一個接一個地看出來，看看它們為什麼不再激發舊的忠誠。我們可以列舉出這樣的理想：宗教、國家、進步、美麗、真理。年輕人眼中的這些都有什麼不對呢？…有些東西聽起來就像有關美的老套說法，但很難解釋為什麼。如果一個現代畫家被指責追求美，他會感到憤慨。當今的大多數藝術家似乎都受到某種對世界的憤怒刺激，因此他們寧願付出巨大的痛苦也不願給予內心的滿足。此外，很多種類的美要求一個人比現代智者更能認真對待自己。像雅典或佛羅倫薩這樣的小城市裡的傑出公民，可以毫不困難地感到自己很重要。地球是宇宙的中心，人類是創造的目的，他自己的城市展示了人類最好的一面，而他自己也屬自己最好的城市之一。在這種情況下埃斯庫羅斯（Æschylus）或但丁能嚴肅地表達自己的喜怒哀樂。他可以感覺到個體的情感和悲劇的發生值得在不朽的詩篇中加以讚美。但當不幸困擾著現代人的時候，他意識到自己作為統計總體中的一個單位；過去和未來在他前面展現瑣碎失敗的沉悶過程。他顯出是一個有點可笑的支撐物，在多種無限沉默之間短暫插曲中大喊大叫。」[8]

在《布爾什維克主義的實踐與理論》（The Practice and Theory of Bolshevism）一書中，羅素曾闡述道，「人們有時說布爾什維克為藝術作出了偉大的貢獻，但我發現他們除了保存一些以前存在的東西外，還做了很多事情。當我問其中一個人這個問題時，他變得不耐煩了，說：『除了搞一門新宗教外，我們沒有時間去搞一門新藝術。』不可避免的是，儘管政府盡其所能地喜歡藝術，但這種氣氛是無法使藝術繁榮的，因為藝術是無政府主義的，具有抵抗性的。高爾基（Gorky）已經盡其所能來保護俄羅斯的智慧和藝術生活。」

有學者評論說：羅素的寫作囊括所有的領域，但美學除外，因為他完全忽視了崇高的精神世界，以及被所有傳統的人稱之為精神的東西。不一定一個天才的聰明之人必與現實的精神層面相聯繫。英國似乎擅長於造就這種類型的天才：例如從羅素到奧威爾（Orwell）和道金斯（Dawkins），甚至還有達爾文和馬克思：他們創造

[7]　Bertrand Russell, *Look Magazine*. November 3, 1953.

[8]　Bertrand Russell. 2017. On Youthful Cynicism, *In Praise of Idleness*, Thomas Dunne Books; Reprint Edition.

了強大的意識形態，發現了奇妙的自然規律，但對精神領域持懷疑態度，缺乏深刻的審美想像。在羅素的職業生涯中，他探討了學術哲學的各個主要領域（除了美學），主要集中在形而上學、邏輯學、數學和認識論上。[9]

　　儘管羅素並未將美學與道德聯繫起來，但當他說「先驗知識就是道德價值的知識」時，他可能更贊同喬姆斯基（Chomsky）的先天觀念。[10] 美國學者斯巴多尼（C. Spadoni）指出，羅素與他對其他哲學領域的深刻貢獻相比，並沒有試圖回答美學的基本問題。[11] 羅素的書不僅是一部歷史書，也是一部藝術作品。它是如此的有系統，如此的美學化，如此成為美麗的創造。

　　羅素在 1922 年《自由思想與官方宣傳》中說到：「我在彼得格勒見到過一位著名的俄國詩人布洛克（Alexander Blok），他後來因私有化的後果而死亡。布爾什維克允許布洛克教授美學，但他抱怨說，他們堅持要他「從馬克思主義的角度」教授這個學科。他不知如何才能發現節奏學理論與馬克思主義之間的聯繫，儘管為了避免飢餓，他已經盡力去尋找。當然，自從布爾什維克執政以來，在俄羅斯就不可能印刷任何批評這個政權所建立的教條。」[12]

　　羅素在其著名文章「自由人的崇拜」中多次闡述自己對「美」的一些看法。對他來說，完整之愛的「煉金術」是將喜悅與慈愛融為一體。父母的喜悅在於快樂的兒童具有美麗與成功的兩個元素。對每個人來說，遲早都會有重大的放棄；但對年輕人來說，沒有什麼是不可能實現的；一個充滿激情的願望但不可能實現的好事，對他們來說不可信的。然而，由於死亡、疾病、貧窮或責任的存在，人們必須不斷學習；世界並非為我們而造的。美的東西都是我們所渴望的，但命運卻可以阻止它們。當厄運降臨時，勇氣會讓我們的思緒拋棄徒勞無益的悔恨。這種面對權力的程度，不僅是正義的，而且是正確的：它是智慧的大門；這就是為何從前有如此神奇力量的緣故。那靜止不動畫圖般的美麗（the beauty of its motionless and silent pictures）就像深秋迷人的純潔，一點氣息就會使它們飄然而落，但仍在天空中閃爍著金色的光芒。過去的不改變或奮鬥；在生命的一陣狂熱後，安然入睡；那些渴望與獲取，渺小與暫時，都已消失；美麗而永恆閃光的東西就像夜空中的星星，把它

9　George P. Simmonds, What Can Be Learned from Bertrand Russell's Life as a Philanderer?, *Philosophy News*, 17. March 2014.

10　Francis Halsall, Julia Alejandra Jansen, Tony O'Connor, (ed.) *Rediscovering Aesthetics: Transdisciplinary Voices from Art History and Art Practice,* Stanford University Press, 2009, p. 225.

11　Carl Spadoni. "Bertrand Russell on Aesthetics," McMaster University Library Press.

12　Bertrand Russell, *Free Thought and Official Propaganda*, New York: B. W. Huebsch, Inc., 1922.

的美給一個不值得的靈魂，是難以忍受的；但對於征服了命運的心靈，則是宗教的關鍵。[13]

　　羅素指出，卡萊爾（Thomas Carlyle）和尼采（Friedrich Nietzsche）以及軍國主義已經讓我們習慣了對權力的崇拜，讓我們在充滿敵意的世界中無法維持自己的理想：它本身是一種下跪順從邪惡，犧牲我們最好的偶像（Moloch）。倘若權力確實是值得尊重的，那就是讓我們尊重那些拒絕承認錯誤事實的人的權力，因為他們沒有認識到事實往往是不好的。在我們所知道的世界上，有許多事情會更好，否則，我們所做和必須堅持的理想在物質領域中是無法實現的。讓我們保持對真理的尊重，對美的尊重，對生活中難以實現的完美理想的尊重，儘管這些東西都不符合無意識宇宙的認同。倘若權力是邪惡的，就讓我們從心底拒絕它。這是一個謊言，即人類真正的自由在於：只要崇拜自己所愛的上帝，就要尊重上帝，只有上帝才能激發我們最好的洞察力。在行動和渴望中，我們必須不斷面向外部勢力的暴政；但在思想和志向上，我們是自由的。當事實與理想的對立完全顯露出來時，對於自由的斷言似乎是一種狂熱的反抗，一種對諸神強烈仇恨的精神。從屈服的欲望中孕育出順從的德行，從思想的自由中孕育出藝術和哲學的整個世界，以及我們最終征服一半這個不情願世界的美景（the vision of beauty）。然而，這個美景的視線，唯有靠無拘無束的沉思，無拘無束的理念；只有如此自由才屬那些不再乞求生存的人，使他們實現由於時間變化而帶來的個人所獲。羅素用浪漫詩意的筆調吟道：然而，被動的放棄並不是智慧的全部，因為我們不能僅僅通過放棄來建造一座崇拜自己理想的聖殿。在想像的境界，在音樂，在建築，在無憂無慮的理智王國裡，在歌詞中金色夕陽魔力裡，這座聖殿的陰影顯得朦朧，在那裡，美景閃閃發光（beauty shines and glows），遠離悲傷的觸摸，遠離對變化的恐懼，遠離失敗以及現實世界的破滅。在思索這些事物時，天堂的異象會在我們心中形成自己的形狀，立刻產生一塊試金石，用以評判周圍的世界，給我們一個靈感，並根據需要設計出任何不能在聖殿中作為石塊的東西。當不再有無能為力進行反抗的痛苦時，聽從命運的外在規則，並承認非人類世界不值得崇拜，我們終於有可能改造和重建無意識的宇宙，從而真正地改變它。在想像的熔爐中，一個閃耀金色光芒的新形象取代了陳舊的粘土偶像。在世界上各種各樣的事實中：在樹木、山巒和雲朵的視覺形狀中，在人類生活的事件中，甚至在死亡的萬能中，創造性理想主義的洞察力能夠發現它自己思想所首創的美的反思（the reflection of a beauty）。

---

[13]　Bertrand Russell, "A Free Man's Worship," *Mysticism and Logic,* London, 1918, p. 46.

　　羅素聲言，通過這種方式，頭腦斷定自己對大自然無思想力量的微妙掌控。它所處理的物質越是邪惡，便對未經馴化欲望的阻礙就越大；在誘導不情願的岩石放棄其隱藏的寶藏方面取得的成就越大，對在壓制敵對勢力中時所贏得的勝利就越自豪。在所有的藝術中，悲劇是最值得自豪、最有勝利感的，因為它在敵人國家的中心，在其最高的山峰上建造了閃閃發光的城堡：堅不可摧的瞭望塔，營地和兵工廠，柱子和堡壘，這一切都在它的城牆內顯露出來。自由生活仍在繼續，而死亡、痛苦和絕望的軍團，以及所有具暴君宿命的卑鄙船長，都為這個無畏城市的市民提供了新的美麗景觀（new spectacles of beauty）。羅素進一步闡述道，悲劇的美（the beauty of Tragedy）卻能使人看到一種質量，無論在何種程度上，它在生活中總是無處不在。它對死亡的景象，無法忍受疼痛的耐力，以及某種消失了的過去，都有一種神聖和無法抗拒的敬畏以及一種對存在的廣闊、深邃、無窮無盡的奧秘的感受，在這種體驗中，如同痛苦的奇異婚姻一樣，受難者被悲傷的束縛而與世界聯繫在一起。在這些有洞察力的時刻，我們失去了對暫時欲望的渴求，失去了一切奮鬥的期待，失去了對瑣碎小事的關心，而正是這些構成了日常生活。羅素深情地遐想，我們可看到，在圍繞著狹窄的木筏上，發出人類夥伴情誼的閃爍之光，在波濤洶湧的黑暗海洋上顛簸一個時辰；在深夜裡，陣陣寒風吹進我們的避難所；人類在敵對力量中的孤獨都集中在個人的靈魂上，而這個靈魂必須充滿勇氣獨自奮鬥，來對抗一個對它的希望和恐懼毫不關心的宇宙全部份量。「在這場與黑暗力量的鬥爭中，勝利是真正的洗禮，是成為英雄的光榮陪伴，也是進入人類存在掌控一切的美的真正開端（the overmastering beauty of human existence）。從靈魂與外部世界的可怕的撞擊中，表達、智慧和仁慈誕生了；隨著它們的誕生，新的生活開始了。在靈魂最深處的神龕中，我們似乎成了不可抗拒的力量，在死亡和改變，過去的不可逆轉性，以及人類在宇宙從虛榮到虛榮盲目而匆忙的無力感中，去感受和瞭解這些東西，並去征服它們。」[14]

　　羅素在其〈數學研究〉（The Study of Mathematics）一文中指出，對於有關人類活動的各種形式，有必要不時地詢問這樣的問題，「其目的和理想是什麼？」（What is its purpose and ideal?）；「其以什麼方式促成了人類生存之美？（In what way does it contribute to the beauty of human existence？對於那些通過提供生命的機制，而僅提供遠程的追求，羅素提醒人們，不僅僅需要生活的事實，還需要在對偉大事物沉思中生活的藝術。此外，那些無止境的業餘愛好也是有道理的，即使它們實際上增加

---

[14] Ibid., p. 57.

了世界永久財產的總和，也需要保持對其目的的瞭解，即一個清晰地預示創造者所在廟宇的遠景，並且想像力是要體現的。他聲稱：「數學不僅具有真理，而且具有至美（supreme beauty）───一種冷酷而樸實的美，就像雕塑一樣，它並沒有吸引我們任何一部分弱小的本性，也沒有繪畫或音樂的華麗裝飾，而表現為崇高的純粹和嚴格的完美，這只有最偉大的藝術才能表現出來。」[15] 這種真正喜悅的精神超越人的意義和人類的意識，堪稱最優秀的試金石，卻可以在數學中發現。數學中最好的東西不僅應被看作一項學習任務，而也應被吸收為日常思維的一部分，並且可在頭腦中不斷重新加以激勵。對大多數人而言，現實生活是理想與可能之間長期次佳的折衷，但純粹理性的世界是不會妥協的，也不會有實踐的限制，更不會阻礙在輝煌的建築中體現的創造活動；而讓所有偉大的作品都湧現出來。遠離人類的激情，甚至遠離可悲的自然事實，幾代人已經逐漸創造了一個有序的宇宙，在那裡純潔的思想可以像在自然家園一樣居住，在那裡，我們崇高的衝動至少可從現實世界的沉悶流放中逃脫。對這種需要的滿足，以及對決定訓練年輕人思想所依據的材料方面的研究，確實是遙不可及，以致於使這種主張顯得荒謬。偉大的人物們畢生致力於「沉思之美」（the beauty of the contemplations），渴望別人分享他們的快樂，勸說人類把機械的知識傳授給後代，而沒有此類知識，就不可能跨越這個關口。迂腐的書呆子們擁有灌輸這種知識的特權：他們忽略了打開聖廟的門只是把鑰匙；儘管他們畢生都在通往神聖之門的臺階上度過，但他們如此堅決地背棄聖廟，以至於忘記了它的存在；而對那些熱切關注聖廟穹頂和拱門的青年們，則會被要求回頭計量那些臺階。

　　羅素進一步闡述，然而，很少有數學家以美為目標，他們工作中幾乎沒有任何東西具有這種有意識的目的。由於抑制不住的本能比宣稱的信仰更好，很多工作是由無意識的品味塑造而成的；但也有很多被固有的錯誤觀念所慣壞。只有在推理嚴格合理的情況下才能找到數學的優秀特徵：邏輯規則是數學建造的那些結構。最美的工作提出了一系列爭論，其中每一個環節都是重要的。這裡始終有一種輕鬆和清晰的氣氛，並且通過看起來自然和不可避免的手段，而實現了超乎想像的可能。文學體現的是在特定情況下的一般性，其普遍意義通過個人的著裝而閃耀；但數學則努力呈現出最普遍的純潔性，而沒有任何不相關的裝飾。當分開的數學研究被視為一個邏輯整體時，通過構成其原理的命題的自然增長，學習者將能夠理解統一和系

---

[15] Bertrand Russell, "The Study of Mathematics," *Mysticism and Logic and Other Essays*, CreateSpace Independent Publishing Platform, 2015, p. 41.

統化整個演繹推理的一種基礎科學。這是一種符號邏輯——這項研究的建立歸功於亞里士多德，但在更廣泛的發展中，幾乎完全是 19 世紀的一種產物，並且現在的確在今天仍然以極快的速度增長。在符號邏輯中所發現的真正方法，或許是引向數學其他部分的最佳方法，也作為分析演繹推理的實際例子，而以便發現所採用的原則。這些原則在很大程度上如此嵌入我們的冒險本能中，以至於它們在不知不覺中被運用，並且只有通過大量的耐心努力才能被拖引向光明。然而，當它們最終被發現時，被認為數量很少，並且是純數學中所有東西的唯一來源。所有數學都不可避免地從一小部分基本規律中得到發現，這種發現無疑增強了「整體的知識美」（the intellectual beauty of the whole）；對那些被大多數現有演繹鏈的零碎和不完全性所壓迫的人來說，這一發現帶來了所有壓倒性的啟示力量；就像旅行者在意大利山坡上攀登時從秋霧中冒出的宮殿一樣，數學大廈的莊嚴樓層以適當的順序和比例出現，每個部分都呈現出新的完美性。

在羅素看來，哲學家們普遍認為，作為數學基礎的邏輯規律是思想規律，是規範我們思想活動的法則。通過這種觀點，理性的真正尊嚴被極大地降低了：它不再是對所有事物真實和可能的真實內核和不可變本質的調查，而是對某種或多或少的人類進行調查，並受到我們自身的限制。在對什麼是非人類的思考中，可以發現我們的思想能夠處理非由他們所創造的物質，首先，認識到美既屬外在世界，又屬內在的，它是用於克服對無能、懦弱、被迫害流亡等恐懼的主要手段；這種情況太容易因承認外部力量的無所不能而產生。為了使我們通過展示其可怕之美（awful beauty），將其單純作為那些力量得以文學人格化的命運，則是悲劇的任務。然而，數學使我們更加遠離人類，並進入絕對必要的地區；不僅是現實世界，而且每一可能的世界都必須適合這個區域。甚至能在這裡建立了一個居住的地方，使我們的理想完全滿足，並使最好的希望不會受挫。只有當徹底意識到在這個世界上我們自身的完整與獨立時，才能充分認識到它的美的深刻意義。羅素斷言，不僅數學獨立於我們和我們的思想，而且從另一意義上說，我們與現有事物的整個宇宙都獨立於數學。倘若我們要正確理解數學在藝術中的地位，那麼對這種純粹理想性格的理解是不可或缺的。以往認為純粹理性在某些方面可以決定現實世界的本質，至少幾何學被認為是處理我們生活的空間。然而，我們現在知道了，純粹數學並不能在實際存在的問題上發表意見：從某種意義上說，理性世界控制著事實世界，但在任何情況下都並非創造性的事實，而是在時空與應用效果中的世界；因此，它的確定性和精確性在近似值和有效假設之間喪失了。從前，數學家所考慮的對象主要是現象界的一種物體；但從這些限制來看，抽象的想像應完全的自由。因此必須形成對等的自

由：理性不能向事實世界進行指示，但事實也不能限制理性對愛美（love of beauty）加以反對的特權。在這裡，與其他地方一樣，我們從世界上發現的碎片中建立自己的理想；最後很難說這個結果是創造（creation）還是發現（discovery）。[16]

　　美國學者斯帕多尼（Carl Spadoni）在〈羅素論美學〉（Bertrand Russell on Aesthetics）一文中，對羅素潛在的美學思想進行了有意義地挖掘工作。「你今天對藝術的態度是什麼？」「我對今天的藝術沒有任何看法。」[17] 這是羅素於 1929 年被問及對現代藝術的評論時的答覆。這是對無知的坦認，而非虛偽的謙虛。與他對哲學其他領域的深刻貢獻相比，羅素的確沒有試圖回答美學的基本問題，例如：什麼是藝術品？美的本質是什麼？審美體驗是什麼構成的？藝術批評的性質、功能和正當性是什麼？當研究羅素 20 世紀 50 年代和 60 年代關於這個問題的書信時，我們遇到這樣的陳述：「我懷疑我是否會對你們關於美的文章有任何價值，因為美是一個我從來沒有任何看法的主題。[18]「我沒有足夠的能力去判斷繪畫。我覺得我不能贊助或公開宣傳繪畫，因為我沒有專業知識領域。[19]「我對圖形藝術沒有任何看法。這個藝術哲學是我沒有研究過的一門學科，所以我所表達的任何觀點都是沒有價值的。」[20]

　　在所有這些摘錄中，羅素為自己無法理解與視覺藝術有關的審美體驗而致歉。當然，當他陳述自己對某件藝術品的優點時，可以發現生活中的一些例子。例如，當 1967 年《哲學問題》（The Problems of Philosophy）平裝本重新出版時，牛津大學出版社建議托波爾斯基（Feliks Topolski）的羅素蜘蛛畫應該設計在書的封面上。羅素被這個前景嚇壞了，他完全拒絕了這個建議。為此，他回覆說：「謝謝你寄給我托波爾斯基畫的複印件，這肯定不會的。」[21] 托波爾斯基十多年前就試圖讓羅素對他的素描作出反應，但是後者拒絕了。1954 年 4 月 7 日，羅素在致托波爾斯基的信中，寫道「很抱歉，我不能發表任何有利或不利的評論，因為我不能欣賞視覺

---

[16]　Ibid., p. 51.

[17]　[Answers to Questionnaire], *Little Review,* 12, May 1929, pp. 72-3.

[18]　"Russell to H. Waterworth," II Oct. 1956.

[19]　"Russell to J. Vicic," 20 June 1965.

[20]　"Russell to Smeets Weert (Richard de Grab)," March 1963.

[21]　Russell to Oxford University Press (Richard Brain), 20 Sept. 1966. "Thank you for sending me a copy of the Topolski drawing, which will certainly not do." Topolski had tried to get Russell's reaction to his sketches more than a decade earlier but Russell refused to state his opinion. Russell to Topolski, 7 April 1954. "I am sorry I cannot make any comment, either favourable or unfavourable, as I am quite incapable of appreciating visual art especially when it is modern."

藝術，尤其是現代視覺藝術。」可以看出，作為哲學家，羅素沒有對美學問題進行系統的處理。

　　羅素坦承，自己確實還沒有寫過一本關於美學問題的書。但他從來不認為這在哲學上的重要性與倫理學和價值陳述的一般問題有顯著的不同。至於「美」的意義，「我想請你查閱我的書《宗教與科學》（*Religion and Science*）、《閒散頌》（*In Praise of Idleness*）以及我的文章〈自由人崇拜〉（A Free Man's Worship）」。[22] 羅素聲稱，自己不會就倫理學和美學是否存在共同的問題進行辯論，而這些共同的問題是否易於採用相同的分析方法來解決的。斯帕多尼認為，與羅素的說法相反，這兩本書和他所指的文章幾乎沒有討論美的本質。雖然《閒散頌》中有一篇關於建築社會重要性的文章和另一篇關於藝術在社會主義國家中的作用的簡短論述的文章，然而該書實際上沒有提到美的本質。羅素的著名散文「自由人的崇拜」也並未明確闡述這一主題，除了幾句狂想曲，例如：「我們的思想自由孕育了整個藝術和哲學世界，而美景最終使我們半途而廢地重新征服了這個不情願的世界。但美的願景只有在無拘束的沉思中才可能實現。」[23] 羅素的《宗教與科學》只包含一個理論的暗示，即「美」和「善」這個詞在主觀上被解釋為試圖使我們的欲望得以普遍化。倘若羅素對美學沒有什麼重要意義，那麼評論家就很難為他的觀點提供啟迪。為了闡釋維特根斯坦的觀念，羅素並未多說過什麼，我們必須默默地放棄。但實際上，羅素對審美體驗進行了幾次嘗試。最著名的嘗試發生在 1902 年聖誕節前後，他與第一任妻子艾利斯在佛羅倫薩郊外塞提格納諾（Settignano）的別墅拜訪了她的妹妹瑪麗和她的丈夫，藝術評論家貝倫森（Bernard Berenson）。在這以後，羅素不再愛艾利斯，也不再被數學基礎方面的困難所困擾，他轉向了富有想像力和懺悔的作品作為宣洩的一種形式，於是，完成了「自由人崇拜」。羅素對他的好友，古典主義者默里（Gilbert Murray）說：「這所房子是貝倫森精心佈置的，很有品味。然而，現存的美好事物，除了遺傳性之外，總有點震撼我的清教徒靈魂。」[24] 在彭布羅克小屋（Pembroke Lodge）的斯巴達氛圍中，在祖母的悉心照料下，以及在羅素家族傳統的社會良知的薰陶下，羅素發現貝倫森對奢侈的追求令人厭惡。然而，這兩個人的分歧最終歸咎於羅素的直率。他對貝倫森說：「在我的心裡，關於藝術的全部事務都是我的事。

---

[22] "Russell to David N. Peirce," 12 March 1963.

[23] Bertrand Russell. "The Free Man's Worship" in *The Collected Papers of Bertrand Russell,* Vol. 12, eds. Andrew Brink, Margaret Moran and Richard A. Rempel, London: George Allen & Unwin, forthcoming, p. 69.

[24] "Russell to Murray," 28 Dec. 1902. In *The Autobiography of Bertrand Russell,* 3 vols. (London: George Allen & Unwin, 1967-9), I: 162.

我相信我的智慧,但我覺得我是一個優秀的英國庸俗者(British Philistine)。」[25]

　　羅素無法欣賞視覺藝術和未能討論美學普遍問題的原因,也可以在他世紀之交的智力發展中找到。在此期間,他閱讀了關於這個話題的相關文獻,參觀了藝術畫廊,得出了一個永久的理論來解釋他缺乏視覺想像力,會見了貝倫森並評論了他的作品,寫了幾篇散文,其中美學是主要焦點,並受奧托琳(Lady Ottoline Morrell)的影響。為此,斯帕多尼深入探討了羅素對美學本質的最早的看法、反應和爭論。從而更清楚為什麼他從來沒有寫過一本關於這個問題的書。羅素在與莫瑞爾(Lady Ottoline Morrell)女士的交往中,對美學的本質並未進行過大的討論。雖然她使羅素認識到審美在數學之外的重要性,但並沒有改變他始終將數學認作終極藝術形式。兩種不同的力量導致了羅素對這種信仰的排斥。1913 年,桑塔亞納在《教義之風》(Winds of Doctrine)一書中,認為羅素倫理觀點是來自摩爾(G. E. Moore)。對羅素來說,這種抨擊的效果是驚人的。在其技術哲學與通俗作品之間,羅素的思想出現了問題,此後,由於明顯智力上的不適,他訴諸於倫理觀點的相對解釋。倘若桑塔亞納關於倫理學的批判是有效的,那麼毫無疑問,它也否定了羅素美學觀念是客觀屬性的觀點。另一個對羅素審美現實主義的打擊來自維特根斯坦(Wittgenstein),因後者稱數學由重言式構成。回顧以往,羅素認為自己哲學發展是「從畢達哥拉斯逐漸後退」,因而他以前關於數學之美的崇高段落被描述為「基本上是胡說八道」。[26] 值得注意的是,雖然在《邏輯哲學論》(Tractatus)一書中,維特根斯坦聲稱價值超越了「事實陳述」話語的世界,而美學是不可言喻的;[27] 他對建築有著明確的看法(儘管看起來與他的形而上學有關)。

　　羅素贊同《邏輯哲學論》中的形而上學,因為語言的邏輯反映了一個獨特的原子事實的斯巴達世界。當 1926 年,維特根斯坦與他的建築師朋友恩格爾曼(Paul Engelmann)一起參與為維特根斯坦的姐姐設計房屋時,他堅持要求絕對簡單和精確的規格。[28] 羅素記錄下面的遭遇:「他[維特根斯坦]給我講了如何製作家具──他

---

[25] "Russell to Berenson," 28 Feb. 1903, Biblioteca Berenson, Settignano, Italy. Quoted in Ernest Samuels, *Bernard Berenson: The Making of a Connoisseur,* Cambridge, Mass.: The Belknap Press of Harvard University Press, 197), p. 385. For further interesting observations, *see* Andrew Brink, "The Russell-Berenson Connection", review of Samuels, *Russell,* nos. 35-6 (Autumn-Winter 1979-80): 43-9.

[26] Bertrand Russell, *My Philosophical Development*, Simon and Schuster, 1959, pp. 208,211.

[27] Wittgenstein, *Tractatus Logico-Philosophicus,* trans. D. F. Pears and B. F. McGuinness with intro. by Russell (London: Routledge & Kegan Paul, 1961), 4.003 and 6.421 .

[28] See Bernhard Leitner, *The Architecture of Ludwig Wittgenstein: A Documentation*, London: Studio International; Halifax: The Press of the Nova Scotia College of Art and Design, 1973, and Peter Leech, "Wittgenstein the

不喜歡所有不屬建築的裝飾，也永遠找不到任何簡單的東西。」[29] 不過，羅素卻沒有因為建築簡潔而與維特根斯坦的狂熱分享。在他們的另一次對立中，維特根斯坦認為「數學會提升好品味」；而羅素反駁說，「這是一個非常好的理論，但事實並不能證明這一點。」[30] 1918 年，羅素講座「邏輯原子論的哲學」的一個翻譯，曾讚譽他的講座可以被視為一種美學論述：邏輯原子論的美學讓人想起本世紀早期的創新藝術和文學。當羅素要求我們注意純粹的感覺材料時，他說道：「這是白色的」，卻忘記自己拿著一支粉筆，他要求改變我們看待事物的方式，這非常像藝術學生那樣，不得不看線條，顏色或陰影來代替習慣對象。兩者並沒有太大不同：羅素提醒我們，我們不會感知實體，繪圖大師並不想要只有漸變的線。

　　儘管這種解釋對羅素 1918 年的講座很有趣，然而，羅素自己可能對邏輯原子論與美學勸告的比較感到震驚。羅素於 1913 年放棄現實主義，開始關注科學與哲學的關係。在那年發表的一篇名為〈文化中的科學〉（Science as an Element in Culture）的文章中，羅素對科學與藝術進行了對比，指出在藝術研究中，我們主要關注的是過去的成就，而忽視現在的成就。他認為，科學的進步依賴於勞動的合作積累，而好的藝術需要創造力，是個人天才的產物。[31] 羅素的散文期待斯諾（C. P. Snow）的「兩種文化」，這是有趣的，因為他提倡科學的哲學方法，即在其現實主義階段不會主張的一個立場。1913 年後的美學看法在羅素著作中都是分散的，並沒有形成一致的觀點。例如，在《社會重建原則》（Principles of Social Reconstruction）中，他主張「所有藝術都屬精神的生命，儘管它的偉大源於它與本能的生命緊密相連」。[32] 在《論教育》（On Education）一書中，羅素只有一段關於審美準確性的段落。他告訴我們，表演、唱歌和跳舞似乎是「教學審美最佳方法」。繪畫不太好，因為它很可能是由對模型的忠實度而不是美學標準來判斷的。[33] 友人布萊南（Gerald Brenan）問羅素，倘若要寫一篇關於美學的論文，他會說什麼？羅素回答說，倘若要寫一篇論文，他就必須開始實驗，給孩子們按摩，給他們吹喇叭。然而，這個開玩笑的答案並沒有取悅於布萊南，他認為羅素「表現出理性主義思想的膚淺」。[34]

Architect", review of Leitner, *Russell,* no. I I, Autumn 1973, pp. 13-14.

[29] "Russell to Lady Onoline Morrell," postmarked 5 Sept. 1912 #566. Quoted in Clark, *op. cit.,* p. 191.

[30] "Russell to Lady Onoline Morrell," postmarked 17 May 1912 #455.

[31] Titled "The Place of Science in a Liberal Education" in *The Collected Papers ofBertrand Russell,* 12: 390-7.

[32] Bertrand Russell, *Principles of Social Reconstruction,* London: George Allen & Unwin, 1916, p. 207.

[33] Bertrand Russell, *On Education Especially in Early Childhood (*London: George Allen & Unwin, 1926), p. 198.

[34] Gerald Brenan, *Personal Record, 1920-1972,* London: Jonathan Cape, 1974, p. 269.

　　人們可能會試圖從心理上尋找原因來解釋羅素在美學上的毫無建樹。這位大哲年幼時是孤兒，由祖母撫養，後者教他相信節儉和世俗欲望的邪惡；但他很快超越過了祖母的局限性。羅素把視覺想像力的不足解釋為身體緣故，他並非沒有嘗試，但始終未能克服這一缺陷。由於不確定自己對視覺藝術的判斷，故羅素認為自己表達美學觀點是不合適的，最終他對審美經驗的有效性產生了懷疑。1978 年，伊迪絲・羅素（Edith Russell）去世後，她丈夫的一位政治崇拜者拜訪了位於北威爾士的羅素故居，但對那裡家具和裝飾品味的缺乏感到驚訝：醜陋的神龕，斑駁的淺黃色牆壁，粗俗的掛物和刺繡，鋪著冷氈地板的浴室，以及破舊的搪瓷浴缸等。來訪者斷定羅素的許多折磨並未影響其大腦，但卻使其眼睛遲鈍了。這位從小到大一直欣賞文學、音樂和建築，熱愛大自然，崇尚數學的人或許還是接受了這個結論。

　　羅素的一些觀念或多或少間接地影響了藝術領域，例如有學者指出，把對交響樂的厭倦歸咎於音樂本身，而不是聽眾是公平的。如果我們這樣做，我們可以開始看到這種無聊的價值。正如羅素 1930 年出版的《贏得幸福》（The Conquest of Happiness）中所提醒的：大自然的節奏是緩慢的。人的身體是隨著季節的悠閒而進化和適應的。現代性的超快速度和對便利性的追求已經削弱了人們的耐心，掩蓋了遲緩的美德。古典音樂的枯燥無味可以幫助我們重新找回對生命中那些無趣時刻被遺忘的寬容，並在那些時刻發現富有成果的沉思機會。[35]

　　儘管人們議論紛紛，但大致同意，美學並非羅素的專業領域，而且當時也不是文化上可以接受的熱門哲學課題。有人認為，很少有權威的哲學家敢於進入形而上學的領域，因為這會讓他們的聲譽受到影響。還有人認為，從文化角度講，我們所談論的是一個相當不浪漫時間和一位相當不浪漫的人士。美學更像是在哲學討論中一種避開迂腐的詩歌。作為一位分析哲學家和邏輯學家，羅素的興趣更偏於試圖澄清語言如何反映並與現實相關。任何美學都是對現實的一種有意義的重建，但距離羅素的興趣很遠。羅素想知道對「牛」的精神印象如何與在田野中看到的四足動物相關；而問及這是不是一頭「美麗」的牛只會混淆了他的問題。

　　有趣的是，在美國哲學交流網站上，人們討論了這樣一個問題「羅素為什麼認為藝術是無政府的，並且是抵制組織化的？」[36] 參與者都知道，羅素對美學不感興

---

[35] See Jonathan L. Friedmann, "Bertrand Russell/Thinking on Music," September 24, 2013. https://thinkingonmusic. wordpress.com/tag/bertrand-russell/.

[36] See "Why did Bertrand Russell say 'art is anarchic and resistant to organization?'" *Philosophy Stack Exchange*, https://philosophy.stackexchange.com/questions/17707/why-did-bertrand-russell-say-art-is-anarchic-and-resistant-to-organization

趣，因此他的有關評論都可能並非其專精哲學的一部分。「無政府的和抵制組織化的」也許混淆了無政府主義的兩種含義，一種來自英國歷史，指的是 17 世紀政治混亂和內戰時期（a-arch 字面意思是「沒有國王」）。這是當今主流政治家主要使用的含義。然而，從這個意義上講，無政府主義具有純粹的負面含義，並且大概不是羅素的意圖，除非可能作為一種模糊和混亂的情感浪漫化。無政府狀態的另一個含義是指政治哲學，羅素當然會意識到這一點，並且作為一個左翼社會主義者，很可能贊同這一觀念，然而，他也許沒有多少親身經歷。政治哲學對組織中任意的權威和領導層級的作用是至關重要的，但它不反對組織，即它並非一種無序哲學。現代西方的代表性民主國家採用非常強烈的專制等級制度，他們的公民往往很難掌握一種政治組織理論，這種理論不考慮簡單地「混亂和無序」，因此將這兩種含義混為一談是屢見不鮮的。「混沌與無序」這兩種含義有著共同點。今天，像羅素這樣的人很可能對這種區別更加敏感，但是由於這種區別在 20 世紀初才開始逐漸活躍起來，他可能指的是通過第二種透鏡拍攝的第一種含義，即積極而非消極的，也許「組織」指的是某種威權等級制度（authoritarian hierarchy）。

　　然而，在羅素的文本中，目前還不清楚該組織指的是什麼，但不可能是布爾什維克政府，因為「當他們在所有其他社會活動中控制或摧毀反革命分子的時候，他們允許藝術家，不管其政治信條是什麼，完全自由地繼續完成其作品」。然而，他似乎認為這實際上造成了一個問題，因為顯然「舊的藝術團體[已經]表達了對舊體制的同情」，故導致了分裂：即相當明確地支持或反對國家的藝術。羅素認為這種情形「是舊個體藝術的死亡，它依賴於微妙和奇特的氣質，在很大程度上源於閒散者的複雜心理（the complicated psychology of the idle）」，[37] 儘管作為共產主義的擁護者，但他認為共產主義藝術本質上是宣傳而缺乏個性，因此在到達時死亡。這種對個人本性的浪漫關懷可能被認為是個人主義的無政府立場。在《布爾什維克主義的實踐與理論》一書中，羅素實際上勾勒出一個局部的美學理論；注意這句話「在很大程度上源自於複雜的閒散者心理」。政治活動家大概不是遊手好閒的，在革命後的俄羅斯，一切都被積極地政治化了：「俄羅斯的下一代將必須由勤勞實用的人組成，老式的藝術家將死去，繼任者不會輕易出現。」[38] 這確實是關於高雅藝術（在美術館和劇院裡發生的東西），但還有另一種組織形式，羅素聲稱，這可能威脅到稱之為「低級（「農民」）藝術」，即工業組織和發展，這對藝術比共產主義危險得

---

[37] Bertrand Russell. 1921. *The Practice and Theory of Bolshevism*, London: George Allen & Unwin, p. 48.

[38] Ibid., p. 51.

多」。[39] 這裡的焦點是藝術成為了機械性再生產：工業對工藝品的影響是相當明顯的。一個遵循祖先的傳統而習慣於用手工作的工匠，當面對面接觸機器時便毫無用武之地；而那些能駕馭機器的人，一開始只關心數量和效用。美的要求（the claims of beauty）只能逐漸得到承認。比較一下史前動物與其現代後裔，以及人與猿、馬與三趾馬之間的關係。生命的運動似乎朝著更加微妙和複雜的方向發展，人類在自己所創造的物品和所發展的社會裡不斷向前推進。工業是一種很難掌控的新工具，但它會產生像中世紀建築家和工匠一樣製造出美妙的物體。

羅素在《布爾什維克主義的實踐與理論》中提出的美學理論可能沒有經過嚴格的思考，或並未打算作為一種正式的理論，然而作為對特定時間和地點的評論，包括其藝術和藝術家的地位等，這部著述很有意味。

第二節　杜威的美學觀

在杜威看來，藝術起源於現實生活，並緊密聯繫於有價值意義的社會生活。若將藝術與生活加以分離，使之封藏並隔絕在戲院、畫廊、藝術館中的做法，相當愚蠢。起源於現實生活的藝術，仍應回歸於現實生活，並與生活相結合。日常生活能創造美的事物，激發完滿的鑒賞力，並造就審美交流的經驗。對他而言，藝術的前提是經驗，乃生活的體驗，並本來就是生活本身的一部分；美感經驗表現出現實經驗，也不斷表現出價值與意義，以至達到理想的滿足；美的含義在於大眾「公共鑒賞」，審美的判斷是人們對於美的反應、感受和理解；閒情逸致與審美的經驗之間有著密切的聯繫。在《藝術即經驗》（Art as Experience）一書中，杜威尤其強調，美產生於最平凡和最有意義的日常生活和普通事物中。杜威闡述道：「藝術這種活動的方式具有能為我們直接享有的意義，乃是自然界完美發展的高峰，而『科學』，恰當地說，乃是一個婢女，領導自然的事情走向這個愉快的途徑。」[40]「科學的方法或者說構成真實知覺的藝術，在經驗的進程中被肯定在著手其他藝術的時候去佔據一個特殊的地位。但是這個獨特的地位只會使它更為可靠地成為一個藝術，它並沒有把它的產物，即知識，跟其他的藝術品對立起來。」[41]

杜威對美學理論的一個重要探討是由《藝術即經驗》一書所提供的。該書以杜威於 1931 年在哈佛大學威廉・詹姆斯講座為基礎，成為他哲學研究的一個轉折點。

---

[39] Ibid., p. 51.

[40] 杜威：《經驗與自然》。傅統先譯。南京：江蘇教育出版社，2005 年版，第 228 頁。

[41] 同上：第 242 頁。

在此之前，杜威僅在《經驗與自然》的一章中對藝術進行了一些粗略而恰當的闡述。杜威的轉變引起了杜威的追隨者們的批評，其中最引人注目的是史蒂芬・佩珀（Stephen Pepper），他認為這標誌著杜威不幸背離了其工具主義的自然主義立場，回到了他青年時期的理想主義觀點。然而，若認真閱讀，《藝術即經驗》揭示了杜威關於藝術的觀點與其以前哲學著作的主題有著相當的連續性，同時也為這些主題提供了重要和有用的擴展。杜威一直強調認識人類經驗各個方面的完整性。他反覆抱怨人們用哲學傳統的偏見表達了這個主題。與這個主題相一致，杜威考察了《經驗和自然》中「質的直接性」（qualitative immediacy），並將其納入了他對經驗發展本質的看法，並聲稱，個體與環境的再適應的經驗可得以實現。這些中心主題在《藝術即經驗》得到豐富和深化，使之成為杜威最重要的作品之一。

在《藝術即經驗》中，杜威詳細闡述了自己的美學主張，討論了一、活生物；二、活生物與「以太物質（Etherial Things）」；三、具備一種經驗；四、表達的行為；五、表達的對象；六、實體與形式；七、形態的自然史；八、能量組織；九、藝術的共同本質；十、藝術的多樣性；十一、人類的貢獻；十二、對哲學的挑戰；十三、批評與感知；十四、藝術與文明等。

杜威認為，審美經驗的根源在於平凡的經驗，在於人類生活中無處不在的完美體驗。對於一些藝術愛好者來說，審美享受是少數人的特權，而這種自負是沒有道理的。無論何時，只要從先前的經驗和現在的情況中總結出意義與價值的本質統一，生活就會呈現出一種審美品質——杜威稱之為一種「體驗（an experience）」。就其廣泛的參數而言，藝術家創造的作品並非獨特的。智能應用材料的過程以及想像力的發展可能解決經驗重建中所出現的問題，並提供立即的滿足；這個過程在藝術家創造性工作中得以發現，在人類所有智能和創造性工作中也可尋覓。藝術創作的區別就在於相對強調作為活動本身合理化目標的統一「質的複雜性」的直接享用，以及藝術家通過收集和提煉人類生活、意義和價值的大量資源來實現這一目標的能力。感官在藝術創作和審美欣賞中起著關鍵性的作用。然而，杜威反對源於休謨那種聳人聽聞的經驗主義，因為它僅僅根據傳統上編纂的感官品質列表來解釋感官體驗的內容，如顏色、氣味、質地等，而它們都偏離了過去的經驗。在藝術的過程，不僅表現在藝術家運用的物理媒介中的感性品質，而且也賦予了這些品質的豐富意義，從而構成了精緻和統一的材料。藝術家在作品中集中地澄清，並生動地表達這些意義。在這個過程中，統一的元素是情感，但並非是原始的激情和爆發的情感，而是反映在作品整體特徵上並用作指導的情感。儘管杜威堅持認為情感不是藝術作品的重要內容，但他清楚地認識到它是藝術家創造性活動的重要工具。杜威在

《藝術即經驗》一書中，反覆地回到他對思想史批判性思考的一個熟悉的主題，即過於強烈的區分常會因被簡單性誤導而抹殺了闡釋的準確性。杜威拒絕了在藝術和藝術形式之間經常出現的美學差異；他反對物質和形式在藝術作品中是並排的，因為它們是截然不同的。對杜威來說，在藝術品中，質與相關的意義動態地得到整合，並在協作和調適中得到更好地理解。

杜威還拒絕認為，藝術家作為主動創造者和觀眾作為被動藝術接受者之間的區別。這種區別人為地截斷了藝術過程，實際上暗示了這個過程以藝術家創造力的最終人工製品結束。杜威宣稱，相反地，如無欣賞者的代理，這個過程是貧乏的，欣賞者對藝術家作品的積極同化，需要對藝術家初始作品出現的許多相同的歧視、比較和整合過程加以重述，但須以藝術家的感知和技巧為指導。杜威劃分了藝術家創作的「藝術生產」，即繪畫、雕塑等與「藝術品」之間的區別，而所有這些只有通過敏銳觀眾的積極參與才能實現。杜威一直關注人類活動以及各個領域之間的相互關係。《藝術即經驗》的最後一章專門討論了藝術的社會含義。藝術是文化的產物，特定文化的人們正是通過藝術來表達他們生活的意義、希望和理想。由於藝術的根源在於人類生活過程中所經歷的完美價值，因此它的價值與普通價值具有親和力，這種親和力使藝術成為與普遍社會條件有關的一個關鍵領域。只要在社會成員的生活中，未能實現藝術所體現的價值觀，並由此所揭示出有意義和令人滿意的生活的可能性，那麼阻礙這種實現的社會關係就會受到譴責。杜威在此章中的具體目標是工業化社會中工人的條件，它迫使工人執行重複性的任務，而這些任務缺乏個人興趣並且對個人成就沒有滿足感。藝術的這種批判功能被忽視的程度，進一步表明了杜威認為藝術與普通生活的共同追求和興趣之間有著不幸的距離。藝術的社會功能的實現需要封閉這一分劃分。

杜威在美學和藝術哲學中也產生了很大的影響，他的著述《藝術即經驗》（1934）被許多人認為是 20 世紀對這一領域最重要的貢獻之一。然而，它並不像評估所表明的那樣廣泛討論。這有幾個原因：首先，儘管杜威幾乎用民間風格撰寫此書，但他的哲學散文往往是晦澀難懂。其次，這本書很早就遭遇了兩次負面的評論。其一，1939 年，杜威的忠實追隨者佩珀抱怨他已不是真正的實用主義者，已經恢復到早期的黑格爾主義。其二，1948 年，克羅齊（Benedetto Croce）也似乎證實了這一點。被普遍認為是黑格爾式的克羅齊，看到了杜威的著述與自己的作品之間的許多相似之處，他指責杜威應用他的思想。當年，杜威雖堅持否定，但在此書中的確保留著過於黑格爾的經驗。然而，這並沒有阻止許多哲學家、教育家和其他知識分子創作受到杜威強烈影響的美學理論著述。甚至在此書之前，杜威有關美學和藝術著作與

下列這些作家相互影響：穆倫（Mary Mullen）、巴恩斯（Albert Barnes）；蒙羅（Thomas Munro）等。當這本書出版後，杜威的追隨者包括埃德曼（Irwin Edman）、佩珀（Stephen Pepper）、卡倫（Horace Kallen）、芒羅（Thomas Munro），艾姆斯（Van Meter Ames）以及沙皮諾（Meyer Schapiro）等都受到他的影響。然而，在 20 世紀 50 年代，英文美學出現了一場分析性的革命。先前的美學理論被認為是過於推測和不清楚的。杜威的著作受到了這種批評，例如艾森伯格（Arnold Isenberg）在一份分析美學的文件中，指責杜威把藝術看作經驗，結果成了「矛盾方法與無規律推測的大雜燴」，[42] 儘管書內也充滿了深刻的建議。杜威的表達理論和創造性理論是分析派攻擊的具體目標。這種狀況一直持續到 20 世紀 80 年代，根據《美學與藝術批評雜誌》（*The Journal of Aesthetics and Art Criticism*）的一位編輯的說法，杜威的美學實際上被人們忽視了。[43] 20 世紀末期最重要的美學家之一的比爾茲利（Monroe Beardsley）對杜威一直保持著濃厚的興趣，尤其是對其美學經驗的論述；而其他主要人物，包括丹托（Arthur Danto）、莫瑟希爾（Mary Mothersill）和沃爾海姆（Richard Wollheim）等，則完全忽視了他。[44] 古德曼（Nelson Goodman）可能是一個部分的例外（Frand 2001）。古德曼當然也同杜威一樣堅信藝術和科學在很多方面是緊密相聯的，並且也像後者一樣，替換了「什麼是藝術？」與「何時是藝術？」這類的問題。他們同時都採取了自然主義的藝術態度。然而，古德曼在 1976 年出版的《藝術語言》（*Languages of Art*）一書中，卻從來沒有提及杜威，他以語言和其他符號系統看待藝術，而杜威則以經驗看待藝術。馬戈里斯（Joseph Margolis）也許是從分析學派走出來，卻認真對待杜威的最重要的當代美學家，他對實用主義的思維方式有著天然的親和力；他認為藝術作品在文化上是湧現的，但在物理上體現為實體。[45] 這種觀點在精神上是杜威主義的，正如他堅持強力的相對主義解釋理論一樣。不過，馬戈利斯很少提到杜威，儘管他認為自己更接近杜威的「黑格爾主義」，而不是皮爾斯的「康德主義」；他發現皮爾斯更有趣，並還指責杜威不是歷史主義者。[46] 另一位當代美國美學家伯林特（Arnold Berleant）不斷發展出與杜威相似

[42] Isenberg, A., 1987, "Analytical Philosophy and The Study of Art," *The Journal of Aesthetics and Art Criticism*, 46 Special Issue: Analytic Aesthetics: 125-136. (originally 1950), p. 128.

[43] Fisher, J., 1989, "Some Remarks on What Happened to John Dewey," *Journal of Aesthetic Education*, 23, pp. 54-60.

[44] Tom Leddy, "Dewey's Aesthetics," *Stanford Encyclopedia of Philosophy*，Feb 8, 2016.

[45] Margolis, J., 1980, *Art and Philosophy*, Brighton, Sussex: The Harvester Press.

[46] Margolis, J, 1999, "Replies in Search of Self-Discovery," in Krausz, M. and Shusterman, R., ed., *Interpretation, Relativism, and the Metaphysics of Culture: Themes in the Philosophy of Joseph Margolis*, New York: Humanity

的主題，例如「審美領域（aesthetic field）」和「約定（engagement）」兩個概念。[47]

　　20 世紀 70 年代後期，對杜威相對缺乏興趣的情況由於幾個原因而有所改變。首先，羅蒂（Richard Rorty）通過提倡將分析哲學回歸到實用主義。[48] 在這一點上，杜威是他宣揚的英雄之一。美國哲學發展協會（The Society for the Advancement of American Philosophy）及其出版物《思辨哲學雜誌》（*The Journal of Speculative Philosophy*）以及杜威研究中心（The Center for Dewey Studies）也對這一復興作出了貢獻。通過舒斯特曼（Richard Shusterman）的著述，杜威美學得到進一步的推崇，舒斯特曼甚至提倡實用主義美學，主要鼓吹杜威；並且特別強調把流行藝術作為美術的可能性，還通過其「身體美學（somaesthetics）」概念將美學擴展到日常生活領域。[49] 近年來，沙特威爾（Crispin Sartwell）為了回應多元文化主義和日常美學，也在追求這種支持杜威主義的思想。[50] 齊藤由彥（Yuriko Saito）也對這種支持杜威主義的思想進行了追尋，努力將美學擴展到日常生活中。杜威的美學最終在亞力山大（Thomas Alexander）的著作中得到了很好的論述，[51] 他在對生態本體論和存在論美學的論述中，進一步發展了自己的觀點。約翰遜（Mark Johnson）發展了杜威的反二元論和人類理解的美學。[52] 同時，杜威的美學在教育哲學方面一直被保持著濃厚的興趣，在《美育學教育雜誌》（The *Journal of Aesthetic Education*）和《教學哲學研究》（*Studies in the Philosophy of Education*）等刊物上定期刊登這方面的文章。杜威的新影響部分是由於對各種歐洲美術家的興趣增加。杜威和梅洛-龐蒂（Merleau-Ponty）的相似之處最引人注目；[53] 他與伽達默爾（Hans-Georg Gadamer）

Books.

[47] Berleant, A., 1970, *"The Aesthetic Field,"* Springfield, Illinois: Charles C. Thomas；Berleant, A., 1991, *Art and Engagement*, Philadelphia: Temple University Press.

[48] Rorty, R., 1979, *Philosophy and the Mirror of Nature*, Princeton: Princeton University Press.

[49] Shusterman, R., 1992, *Pragmatist Aesthetics: Living Beauty, Rethinking Art*, Oxford and Cambridge, Mass.: Blackwell.

[50] Sartwell, C., 1995, *The Art of Living: Aesthetics of the Ordinary in World Spiritual Traditions*, Albany: SUNY Press.

[51] Alexander, T., 1987, *John Dewey's Theory of Art, Experience, and Nature: The Horizon of Feeling*, Albany: SUNY Press.

[52] Johnson, M., 2007, *The Meaning of the Body: Aesthetics of Human Understanding*, Chicago: University of Chicago Press.

[53] Ames, V. M., 1953, "John Dewey as Aesthetician," *Journal of Aesthetics and Art Criticism*, 12: 145-168. Kestenbaum, V., 1977, *The Phenomenological Sense of John Dewey: Habit and Meaning*, Atlantic Highlands, N.J.: Humanities Press.

有一些共同之處，當然也有重要的差異。[54] 鑒於杜威對資本主義的批判，人們還可以發現他的思想與馬克思主義美學家，尤其是阿多諾（Theodor W. Adorno）的思想之間的聯繫，[55] 儘管兩者既有重要區別又有相似之處，尤其是阿多諾提倡藝術自治，而杜威則強調藝術自治。[56] 一些當代女權主義美學家已經認識到杜威與他們有許多共同關心的問題，例如她們拒絕心身二元論，她們的民主本能和語境主義，以及她們打破傳統區別的傾向。[57] 杜威的美學思想與道家、[58] 超驗冥想（Transcendental Meditation）、[59] 道根的禪宗（Dogen's version of Zen）、[60] 印度美學家阿比那瓦古普塔（Abhinavagupta）、[61] 博伽梵歌（Bhagavad-Gita）、[62] 孔子、[63] 以及康德的美學思想之間也有著顯著的相似之處。亞力山大最近討論了杜威與東方美學的關係。[64]

　　杜威著作中一個有趣的方面，就是他對美學史缺乏濃厚的興趣，他很少對他人的審美作品進行闡釋或批判；儘管充滿了引文，但《藝術即經驗》缺乏足夠的腳注。詩人和哲學家都一樣在杜威的閱讀清單上佔有重要地位，尤其是柯勒律治（Coleridge）、豪斯曼（Housman）、濟慈（Keats）、坡（Poe）、莎士比亞（Shakespeare）和華茲華斯（Wordsworth）。視覺藝術家經常被引用，尤其是塞尚（Cezanne）、康斯塔博（Constable）、德拉克魯瓦（Delacroix）、莫奈（Manet）、馬蒂斯（Matisse）、雷諾茲（Reynolds）和梵谷（Van Gogh）。至於哲學家，他當然知道柏拉圖和亞里

---

[54] Jeannot, T, 2001, "A Propaedeutic to the Philosophical Hermeneutics of John Dewey: Art As Experience and Truth and Method," *Journal of Speculative Philosophy*, 15, pp.1-13.

[55] Lysaker, J., 1998, "Binding the Beautiful: Art As Criticism in Adorno and Dewey," *Journal of Speculative Philosophy*, 12, pp.233-244.

[56] Lewis, W. S., 2005, "Art or Propaganda? Dewey and Adorno on the Relationship between Politics and Art," *The Journal of Speculative Philosophy*, 19: 42-52.

[57] Seigfried, C., 1996, Chapter Seven: "Who Experiences? Genderizing Pluralistic Experiences," in Seigfried 1996a. Duran, J., 2001, "A Holistically Deweyan Feminism," *Metaphilosophy*, 32, pp.279-292.

[58] Grange, J., 2001, "Dao, technology, and American Naturalism," *Philosophy East & West*, 51, pp.363-77.

[59] Zigler, R., 1982, "Experience and Pure Consciousness: Reconsidering Dewey's Aesthetics," *Philosophical Studies in Education*, pp.107-114.

[60] Earls, C., 1992, "Zen and the Art of John Dewey", *Southwest Philosophy Review*, 8, pp.165-172.

[61] Mathur, D., 1981, "Abhinavagupta and Dewey on Art and its Relation to Morality: Comparisons and Evaluations," *Philosophy and Phenomenological Research*, 42, pp.224-235.

[62] Stroud, S., 2011, *John Dewey and the Artful Life: Pragmatism, Aesthetics, and Morality*, University Park: The Pennsylvania State University Press.

[63] Shusterman, R., 2009, "Pragmatist Aesthetics and Confucianism," *The Journal of Aesthetic Education*, 43 (1), pp.89-29. Man, E., 2007, "Rethinking Art and Values: A Comparative Revelation of the Origin of Aesthetic Experience (from the Neo-Confucian Perspectives)," Fioofski vestnik, 28, pp.117-131.

[64] Alexander, T., 2009, "The Music in the Heart, the Way of Water, and the Light of a Thousand Suns: A Response to Richard Shusterman, Crispin Sartwell, and Scott Stroud," *The Journal of Aesthetic Education*, 43, pp.41-58.

士多德的著作。然而，在《藝術即經驗》一書中，他從未提及休謨的美學，黑格爾只受到過一條引用（令人驚訝的是，而杜威卻被指責太黑格爾主義了），而尼采則一條也未受到引用。然而，康德作為一個對手扮演著重要的角色，而叔本華卻得到了一些提及。在當代人中，他提到了阿諾德（Matthew Arnold）、貝爾（Clive Bell）、博桑奎特（Bernard Bosanquet）、布拉德利（Andrew Bradley）、克羅斯（Benedetto Croce）、弗萊（Roger Fry）、赫爾梅（Thomas Hulme）、佩吉特（Violet Paget）、帕特（Walter Pater）、桑塔亞納（George Santayana）、泰恩（Hippolyte Taine）以及托爾斯泰（Leo Tolstoy）等。

　　既然杜威是一個實用主義者，那麼在這個傳統中尋找先行者是值得的。[65] 一個強有力的例子證明他與埃默森（Ralph Waldo Emerson）的許多相似之處，許多人認為後者是一個原始實用主義者。皮爾士（Charles S. Peirce）談到了杜威更為熟悉的主題，例如美學和倫理學的連續性。詹姆斯雖然沒有在美學上寫作，但他的心理觀對杜威的美學思想有著深刻的影響。非裔美國哲學家和實用主義文化理論家洛克（Alain Locke）也對他有一定的影響力。19 世紀和 20 世紀初，其他重要思想家也影響了杜威：他關於生物與環境相互作用的觀點在很大程度上要歸功於達爾文；[66]雖從未引用過馬克思，但也許是因為他在公眾生活中如此致力於捍衛一種反共產主義的社會自由主義形式，例如，他對藝術之間關係的看法同馬克思，尤其是年輕的馬克思非常接近。另一位在背景中徘徊的人物是弗洛伊德（Sigmund Freud），因為儘管杜威有時批評後者將無意識中的實體人格化（hypostatization of entities），但在《藝術即經驗》中，他賦予了潛意識過程在創作過程中的重要作用。

　　巴恩斯（Albert C. Barnes）是實業家和收藏家，也是杜威在美學上受到的最大影響力。這兩人是親密的朋友，杜威是巴恩斯藝術博物館的工作人員，並於 1925年被任命為巴恩斯基金會的主任。1917 年，巴恩斯主持了一個研討會，熱切地倡導杜威的實用主義。他認為自己是民主的堅強捍衛者，雖然具有諷刺意味的是，他使得人們很難看到他自己的大量收藏，並且其形式主義欣賞理論被一些人認作是獨裁的。杜威不僅大量引用巴恩斯的著作，而且把《藝術即經驗》獻給他。杜威書中的許多插圖來自巴恩斯的收藏。在他那個時代，杜威成為多元文化主義的領跑者。他為藝術經驗所選擇的插圖包括普韋布洛印第安陶器、布希曼岩畫、斯基台裝飾品

[65] Shusterman, R., 2006, "Aesthetics," *A Companion to Pragmatism*, Shook, R., and Margolis, J. (eds.)Malden, MA: Blackwell, pp.352-360.

[66] Perricone, C., 2006, "The Influence of Darwinism on John Dewey's Philosophy of Art," *Journal of Speculative Philosophy*, 20, pp.20-41.

和非洲雕塑，以及埃爾・格雷科、雷諾瓦、塞尚和馬蒂斯的作品。他對墨西哥的傳統和民間藝術感興趣，比起城市的學校來，他更欣賞鄉村學校的設計[67]。他也主要是通過巴恩斯與非洲裔美國人的文化聯繫在一起的。巴恩斯被邀請為洛克（Alain Locke）所編輯的《新黑人》（*The New Negro*）撰寫其中一章。《新黑人》是哈萊姆文藝復興的奠基文獻之一。杜威和巴恩斯在藝術教育的第一個實驗班的學生主要來自黑人工人階級。巴恩斯收集了非洲裔美國人的藝術，並鼓勵非洲裔美國學生到巴恩斯藝術博物館學習。非洲裔畫家和插圖畫家道格拉斯（Aaron Douglas），於 1927 年來到基金會，1931 年，在巴恩斯研究基金贊助下在巴黎學習。[68] 巴恩斯也與林肯大學，一個歷史悠久的黑人學院，有著聯繫，因此許多這所大學的學生來到巴恩斯藝術博物館學習。[69] 杜威也是全國有色人種協進會的創始成員之一。杜威還通過 1926 在紐約成立中國研究所來促進跨文化理解。這個中國研究所至今仍在繼續，聲稱自己是該市唯一一個專門關注中國文明、藝術和文化的機構。

　　雖然杜威精通文學、建築、繪畫、雕塑和戲劇，但他在音樂方面相對沒受過什麼教育，據說他是音盲。然而，關於音樂，他經常也有深刻的見解，許多音樂家和音樂教育家從他的理論中得到了靈感。[70] 不幸的是，他似乎完全不知道攝影和電影是獨立的藝術形式。許多作家抱怨說，杜威對他當時的先鋒藝術沒有興趣。[71] 的確，立體主義、達達主義和超現實主義在他的著作中都沒有發揮作用，他的理論似乎實際上排除了非客觀繪畫，[72] 儘管他確實曾積極地談論抽象藝術。他也不太喜歡像伊利奧特（T. S. Eliot）或龐德（Ezra Pound）這樣的創新詩人。雖然這可能表明他對藝術採取保守的態度，但是無論在他自己的時代還是以後，杜威對各種創新的藝術運動都產生了相當大的影響。也許最重要的是，1935-1943 年的聯邦藝術項目主任卡希爾（Holger Cahill）是杜威的追隨者。[73] 在畫家中，地區主義現實主義者本騰

[67] John Dewey, 1926, "Mexico's Educational Renaissance," reprinted in 1984 *John Dewey: The Later Works, 1925-1953.* vol. 2, Boydston, J. (ed.), Carbondale: Southern Illinois University Press, pp.199-205.

[68] Jubiliee, V., 1982, "The Barnes Foundation: Pioneer Patron of Black Artists," *The Journal of Negro Education*, 51, pp.40-49.

[69] Hollingsworth, C., 1994, "Port of Sanctuary: The Aesthetic of the African/African American and the Barnes Foundation," *Art Education*, 47 (6), pp.41-43.

[70] Zeltner, P., 1975, *John Dewey's Aesthetic Philosophy*, Amsterdam: Grüner.

[71] Eldridge, R., 2010, "Dewey's Aesthetics," in *The Cambridge Companion to Dewey*, M. Cochran (ed.), Cambridge: Cambridge University Press, pp.242-264.

[72] Jacobson, L., 1960, "Art as Experience and American Visual Art Today," *The Journal of Aesthetics and Art Criticism*, 19, pp.117-126.

[73] Mavigliano, G., 1984, "The Federal Art Project: Holger Cahill's Program of Action," *Art Education*, 37: 26-30.

（Thomas Hart Benton）早就皈依了他的哲學。杜威也是黑山學院（Black Mountain College）的董事會成員。這個學院在藝術方面很有影響力，比如肯寧漢（Merce Cunningham）和克基（John Cage）。阿爾伯斯（Josef Albers）是杜威重要的繪畫教師，他首先受到後者教育理論的影響，後來又受到其美學的影響。[74] 墨西哥露天繪畫學校（Escuelas de Pintura al Aire Libre）始於墨西哥革命時期，在奧比里貢（Alvaro Obregon，1920-24）政府統治時，受杜威理念的啟發而建立起來的。對於 20 世紀後期的藝術家，杜威對抽象表現主義的影響尤其強烈（Buettner 1975, Berube 1998）。[75] 例如，莫瑟韋爾（Robert Motherwell）在斯坦福大學主修哲學時就學習了《藝術即經驗》，他認為這是自己的聖經之一。[76] 極簡主義的雕刻家賈德（Donald Judd）十分欽佩杜威。[77] 地球藝術，其重點放在藝術走出博物館，甚至可能被視為「應用的杜威」（applied Dewey）。還有理由相信，發生與表演藝術的創始人之一卡普魯（Allan Kaprow）在讀了杜威的著作之後，借鑒了他的想法。[78] 儘管一位作者認為當代身體藝術已經遠離了杜威所讚揚的完整的審美體驗，[79] 另一位作者則認為杜威預見到了這一運動。[80]

　　杜威的方法論可能不適用於接受分析哲學訓練的讀者。對此，他並沒有多少爭論的餘地。[81] 然而，他確實給出了拒絕該領域其他主要理論的理由，並且也不反對哲學期刊的公開辯論。由於杜威強調經驗，其方法有點類似於胡塞爾（Edmund Husserl）的傳統的現象學。不過，與胡塞爾不同，他堅定地致力於科學世界觀，並且沒有將科學知識包括在他尋求哲學理解的範圍之內。杜威的反二元論也會使他對胡塞爾的笛卡爾的傾向懷有敵意。這種反二元論意味著他一直在致力於削弱差別。因此，他沒有遵循當代分析哲學的方法，逐步作出越來越微妙的區別來尋求精確的定義也就不足為奇了。由於杜威堅持區分，他的思想有時似乎類似於德里達的解構

[74] Gosse, J., 2012, "From art to experience: the porous philosophy of Ray Johnson," *Black Mountain College Studies*.

[75] Buettner, S., 1975, "John Dewey and the Visual Arts in America," *Journal of Aesthetics and Art Criticism*, 33, pp.383-391.

[76] Berube, M. R., 1998, "John Dewey and the Abstract Expressionists," *Educational Theory*, 48, pp.211-227.

[77] Raskin, D., 2010, *Donald Judd* Yale University Press. Introduction.

[78] Kelly, J., 2003, "Introduction," in Kaprow, A., *Essays on The Blurring of Art and Life*, ed. Kelly, J., Berkeley, University of California Press.

[79] Jay, M., 2002, "Somaesthetics and Democracy: Dewey and Contemporary Body Art," *Journal of Aesthetic Education*, 36, pp.55-69.

[80] Brodsky, J., 2002, "How to 'see' with the Whole Body," *Visual Studies*, 17: 99-112.

[81] Aldrich, V., 1944, "John Dewey's Use of Language," *Journal of Philosophy*, 41, pp. 261-270.

主義。[82] 然而，與德里達不同，杜威永遠不會宣稱「文本之外」（outside the text）沒有任何東西，因為其哲學的出發點始終是環境中的活生物（the live creature）。此外，他對連續性的強調和對有機主義的承諾（commitment to organicism）表現了典型的現代主義信念，即和諧的整體（harmonious wholes），而這不是德里達或後現代主義者所共有的。杜威也不會接受德里達片面強調差別和延期（differences and deferral）的重要性，這在他的相反意見中得到了體現。如果將方法視為需要確定性，杜威可以被視為反對方法，但如果專注於概率，則不被視為方法。他與分析哲學分享了一種傾向，即用對常識和詞義的訴諸來支持自己的觀點。在評價杜威的方法時，人們還必須考慮到他對於探究邏輯的考慮，正如一些書所表達的。[83]

《藝術即經驗》作為杜威最重要的美學作品，但有著其前提條件。19 世紀 80 年代，杜威關於美學和藝術的短文和評論零星出現，如 1887 年的《心理學》（*Psychology*），1896 年的「想像與表達」（Imagination and Expression），1897 年的「教育中的美學元素」（The Aesthetic Element in Education）等，人們對此都進行了有意義的討論。在 1915 年的《民主與教育》（*Democracy and Education*）以及其他教育著作中，更較深入地進行了探索。此外，於 1925 年和 1926 年，杜威還發表了幾篇關於巴恩斯藝術博物館出版的美學短文。杜威在他的主要作品《經驗與自然》（*Experience and Nature*）中闡述了審美經驗理論的起源。不過，在杜威早期的著述中，儘管有許多引人入勝的初步材料，但其首要目標都不是美學或藝術理論；而對藝術的理解同《藝術即經驗》相比是相對原初的；後期思想的深度、洞察的力度以及寫作的清晰度都產生了極大的飛躍。

小結

當年訪華的大哲羅素在哲學的每個領域都有著述，但在美學方面卻幾乎毫無建樹；有學者歎道：「倘若 20 世紀的作者有博學家，那麼羅素是這樣的一位。他唯一沒有寫的哲學分支是美學。」這主要是因為在 20 世紀的英語世界，分析語言哲學佔據了中心舞臺，故為倫理學、美學和政治哲學等留出的空間相當有限。而另一幾乎同時訪華的大哲杜威，因推出了《藝術即經驗》一書，大放異彩，被許多人認為

---

[82] Derrida, J., 1976, *Of Grammatology*, trans. G. Spivak, Baltimore: Johns Hopkins University Press.

[83] Tom Leddy. "Dewey's Aesthetics," *Stanford Encyclopedia of Philosophy*, Feb 8, 2016.

是 20 世紀對這一領域最重要的貢獻之一；杜威思想雖一度退隱，但後又經實用主義分析哲學家羅蒂（Richard Rorty）等推波助瀾，再次回潮。

第十五章　對兩位大哲科學觀的比較

　　科學哲學是對自然科學的基礎、含義、結構、功能、假設以及影響的研究，這裡所說的自然科學通常指物理學、化學、生物學、地球科學和天文學等，而並非直接涉及人文學和社會科學領域。它所探討的主要論題，如「什麼是科學？」「科學的目的是什麼？」以及「應如何解釋科學的結果？」等。科學主義是一種廣泛的信念，即主張物理學和自然科學研究中的假設和方法同樣適用於所有其他學科，包括哲學、人文科學和社會科學。實證主義是一門與科學哲學密切相關的哲學，它斷言只有科學知識才是真正的知識，而這種知識只能來自嚴格的科學方法（即通過觀察和實驗收集數據，以及假設的制定和檢驗）對理論加以肯定或否定。科學哲學的核心問題之一是科學與非科學和偽科學的區別，儘管對此有很多方面的問題無法解決或充滿爭議。從歷史上看，論爭的焦點是科學與宗教之間的衝突與關係。甚至至今為止，許多人認為智能設計不符合科學的標準，因此不能與進化論相提並論。科學的標準通常包括：（1）假設的構成必須滿足一致性（contingency），即在邏輯上沒有必然真或假；可證偽性（falsifiability），即能夠被證明是錯誤的；可測性（testability），即可建立真或假的一些真正希望。（2）經驗證據的基礎。（3）科學方法的運用。

　　經驗主義以及後來的實證主義和邏輯實證主義，將科學置於觀察（observation）基礎之上，並致力於系統地將人類知識全部還原為邏輯和科學基礎（logical and scientific foundations）；而如形而上學和宗教哲學等一類的非科學，因其非觀測性而毫無意義（meaningless）。波普爾（Karl Popper，1902 - 1994）在回應邏輯實證主義時承認，一個理論在非科學性的情況下可能是有意義的，而科學的核心特徵是，它的目標在於可證偽性，即至少可在理論上被證明是虛假的；他稱之為「證偽主義（Falsificationism）」。孔恩（Thomas Kuhn，1922 - 1996）指出，大多數科學是他所稱的「規範科學（normal science）」，即在當前理論和知識範圍內解決問題的工作。然而，當在規範科學的進行過程中產生許多反常（anomalies）現象時，人們可能會接受這項當前科學範式（paradigm）中非同尋常的（或革命性的）科學。就像從牛頓科學轉為愛因斯坦科學那樣，有可能不斷再發生的範式轉變（paradigm shift），直到新的範式被科學界接受為規範科學。孔恩認為，一個新的範式被接受，主要是因其具有超凡的能力，可解決規範科學過程中出現的問題；偽科學（pseudoscience）

和非科學（non-science）可界定為這一範式無法為之提供解釋。如此一來，科學的進步不僅僅是逐步建立在過去的工作上，而是在於科學界思維方式完全改變的一系列革命中。孔恩於 1962 年推出《科學革命的結構》（*The Structure of Scientific Revolutions*）一書大受歡迎，至今仍是哲學界最引人關注的著作之一，被一些學者稱為「20 世紀後期，哲學中最有影響力的著作」。費耶阿本德（Paul Feyerabend, 1924-1994）宣稱，科學並不佔據任何邏輯或方法上的一個特殊地位，在科學知識的發展史上不存在任何一種方法。

平心而論，在一定意義上羅素與杜威都是現代科學哲學的先驅者。

圖爾敏深刻地批評道，當年羅素與維也納學派提倡「科學中公理模型明顯地賦予馬赫本人的新休謨主義以『科學認識論』的美名，」[1] 今天的哲學家如果仍以「傳統的」或邏輯經驗主義者的方法來對待科學哲學而變得困難，有諸方面原因：或高度專業化的，或技術性的，亦或較為一般的和哲學上的。從最低限度的困難著手，一些當代哲學家承認科學理論的邏輯結構是或應當是公理化的，但對原來那種以為有一個單一的、整體性的、強制性公理形式的統一科學之理想表示懷疑。於是，一些哲學家認為科學理論有一個基本邏輯結構，但卻懷疑這個結構是否必須公理化；而另一些哲學家卻允許科學理論有理性結構，但懷疑這一結構是否是在「邏輯的」或「數學的」模型之上有效地構造出來，並對有成果的理論的實際應用極為關注。最為激進的一部分人則確信，完全以「結構」或「系統」的術語來討論自然科學的概念和假說已毫無益處，更不必說用與「邏輯結構」和「公理化系統」那樣的有關的靜態術語了。其實，任何當代科學哲學家保留多少傳統的分析，完全取決於這個人對傳統方式產生懷疑的激烈程度。其中一個極端是，他繼續滿足於遵守公理模型，並繼續用數理邏輯符號，來討論在一門或另一門自然科學中已經得到應用的所有不同的公理化形式。另一個極端是，他會論證把科學的理性內容描述為「邏輯結構」的這種觀念本身就包含人為抽象，這種抽象僅能應用於少數像理論力學那樣的非典型的、首尾一致的科學，而且只應用於以往歷史上發展著的理性活動的單一而短暫的某個階段。他為這種抽象辯護，甚至寧願用「科學事業的合理發展」問題來替代處於科學哲學中心的「科學系統的邏輯結構」問題。

正如圖爾敏總結的：

---

[1]　圖爾敏：《科學理論的結構》，丁子江譯，載《哲學譯叢》，1983 年，第 65 頁。英文原作載 F. Suppe, *In The Structure of Scientific Theories*,1973.

如果科學哲學家的確決定由理論演算的傳統的靜態的或「照相」觀點走向科學事業的動態觀點，會發現將面臨一系列全新問題。例如，在任何科學事業中，對已完成的科學的所有解釋目的來說，目前的概念為什麼不能完全達到解釋科學的目的，而是引發關於概念問題的爭議？解決當前概念問題的理論方法，是如何由不同理性策略支配的？新穎觀念是怎樣因理論上的可能性而得以傳播、並受到合理批評的？人們是如何判定不同的探究對這些可能性的要求在經驗上有關與否的？在當前情況下，作為可行性解釋的某些方式究竟是怎樣挑選出來的？修改過的概念在一定時候是怎樣在當前科學思想主體中獲得固定地位、並成為確立了的變化的？簡言之：通行於有關科學的任何階段的概念和概念系統，是怎樣合理地發展成為後繼階段的概念和概念系統的？所有這些問題，不應以抽象的術語回答，而要以引導各種『科學事業』發展的解釋目的、並持應有的歷史態度來回答。一旦科學哲學達到這個階段，那麼，它將不再關心科學理論或「公理演算」的「傳統」觀念，而代之以全新的傳統。[2]

　　從亞里士多德的自然哲學方法論到以笛卡爾、萊布尼茨、培根、洛克、休謨、康德、伽利略、牛頓等近代科學哲學方法論，都試圖以一種開放性的進取精神從自然界發現對真理的認識。在哲學促進下，從宗教中分化並與之對立的科學構造了公理化體系。當時的科學發展使哲學方法從創造性地發現真理改變為保守性地辯護真理，而採取了被動型思維方式，即在既定的純邏輯封閉性框架中進行保守性的驗證，19 世紀的馬赫等實證主義者，尤其是羅素與 20 世紀的邏輯實證主義者（或稱邏輯經驗主義者），就是這一哲學轉向的主要代表。例如馬赫明確提出了理解科學本質的要求，即切身感受數學和科學的發現，並達到其最終的邏輯結果。由此，對科學邏輯，尤其對其各種重要概念進行靜態分析成了哲學研究的一個重要趨勢，如對假說、命題、定理、規則、模型以及可檢驗性、可重複性、可證實性的概率等概念的邏輯分析。

　　波普爾（K. R. Popper）將這種保守邏輯方法論推向了一個新階段，並將科學發現的邏輯進一步封閉在演繹模型的窠臼裡，而對由穆勒等人提出的歸納方法做出批判性的排斥。為此，他應用證偽法分析了理論、問題、命題、假說、輔助條件、

2　同上，第 70-71 頁。

初始條件的實證意義，假說命題的先驗和經驗意義，演繹推理得出的結論的解釋意義和預言意義等。

　　從實證主義到歷史主義，是科學哲學發展的一個重大飛躍。那種單純、靜態、保守、封閉、被動和辯護性的邏輯分析框架在也不能適應科學本身發展的迅猛步伐，相反，一種強調多元、動態、創造、開放、主動和進取的方法論再次成為科學哲學的潮流。羅素以後的科學哲學家如漢森（N. R. Hanson）、孔恩（Thomas Samuel Kuhn）、費耶阿本德（Paul Feyerabend）、夏佩爾（Dudly Shapere）、拉卡托斯（I. Lakatos）、瓦托夫斯基（M. W. Wartofsky）、圖爾敏（Stephen Toulmin）、勞丹（L. Laudan）、薩普（F. Suppe）、科恩（I. B. Cohen）以及斯台格彌勒（W. Stegmuller）等為代表的歷史主義哲學學派，企圖打破自培根以來形成的科學發現的邏輯模式以及實證主義保守邏輯傳統，提出了範式、常規科學、科學革命、科學研究綱領、反對理性方法等變革性的觀念，從而建立起一種更有張力和活力的科學理論新架構。正如著名科學哲學家科恩所說：「過去的十年中，科學史家和科學哲學家掀起了一場對科學革命或科學進步的方式進行各種各樣分析的熱潮。在這些科學史家和科學哲學家中，有費耶阿本德、孔恩、拉卡托斯、勞丹、波普爾、夏皮爾、圖爾敏及我本人。」[3]

　　很多哲學家認為，實證主義的認識論既缺乏說服力又缺乏創見；真正有活力的科學認識論觀點是建構主義，它是建立在圖爾敏等科學哲學家新思維基礎之上的，即科學理論是經驗材料和科學史實的架構，也就是說對這些個別、分散的材料和史實加以系統化和整體化的解釋。根據科學發展的歷史事實以及對眾多科學哲學家方法論的比較，也許可以在圖爾敏科學建構主義中找出更多有益的思想。正如愛因斯坦曾在《物理學的進化》一書中所指出的：「科學沒有永恆的理論。一個理論所預言的論據常常被實驗所推翻。任何一個理論都有它的逐漸發展和成功的時期，經過這個時期以後，它會很快地衰落。」[4]

　　從 17 世紀早期開始，而且幾個世紀之後更是如此，科學研究越來越分割為不同的、涇渭分明的學科。每一個獨立的科學分支都有其特殊的抽象方法，各學科確定自身研究對象的定義，使得它們能夠把屬其他學科的問題抽象出去，從而可以進行獨立的考察和討論。由於這種抽象，從前辯論自然問題時所集中討論的「宇宙的內部聯繫性」這類廣泛而一般的問題，被其他一些更加專門的學科取而代之。就其

[3]　Robert S. Cohen, *Revolutions in Science*. Cambridge: Harvard University Press，Chapter 5.
[4]　愛因斯坦、英費爾德著，周肇威譯，《物理學的進化》，上海：上海科學技術出版社，1962 年。

實際內容來看，19 世紀和 20 世紀初的科學已變成各學科研究成果的總和，而不是它們的統一。科學歷史主義者提出了一個更接近於科學實踐，並且更有助於理解科學發展的歷史模型。然而遺憾的是，他們由於過分強調某種動態和量變的格局，便在一定的程度上，從反對維也納學派的邏輯絕對主義，走向了某種歷史相對主義和非理性主義。19 世紀的科學哲學受到以進化論為主要代表的生物學的影響，而 20 世紀的科學哲學則受到以相對論為主要代表的物理學的影響。不過，圖爾敏的建構性模型所考察的對象以及對科學成果的解釋缺乏全方位的整合，故仍然相當片面、局部和分散，因而對物理學以外的自然科學，如生物學等，似乎說服力並不很大。圖爾敏科學理論的結構並不適用對現實整體的普遍考察，而只適用對一些互不相關的學科的分散解釋。圖爾敏等人對科學哲學的有益工作就是：堅持科學理論決非單純的語句系統，而是多元的、綜合的概念工具；作為開放系統的科學活動結合了語言、方法論和認識論，而使之成為了一種不斷發展的社會事業。

第一節　羅素的科學觀

　　科學觀是羅素思想的重要組成部分之一，為此他寫了不少專著，如《哲學中的科學方法》（ *Scientific Method in Philosophy*，1914 ）；《原子初步》（ *The ABC of Atoms*，1923 ）；《伊卡羅斯或科學的未來》（ *Icarus, or The Future of Science*，1924 ）；《相對論初步)》（ *The ABC of Relativity*，1925 ）；《物的分析》（ *The Analysis of Matter*，1927 ），《科學的未來》（ *The Future of Science*，1959 ）；《論科學哲學》（ *On the Philosophy of Science*），1965 年；《科學觀》（ *The Scientific Outlook*, NORTON, 1970 ）；《科學對社會的影響》（ *The Impact of Science on Society*，Routledge，1985 ）；以及《宗教與科學》（ *Religion and Science*, Oxford University Press, 1997 ）等等。

　　有意思的是，當羅素於 1970 年 2 月 2 日去世之後，《英國科學哲學雜誌》立即請科學哲學家布拉特維特（R. B. Braithwaite）撰寫一篇有關羅素科學哲學的紀念文章，布拉特維特應邀寫了題為〈作為科學哲學家的羅素〉一文，不過他在文中感歎道：論述羅素對科學哲學的貢獻「這樣做是困難的，因為對『科學哲學』的界定很模糊」。[5] 當然，他還是對羅素的科學哲學做了相當肯定的評價。

---

[5]　R. B. Braithwaite, "Bertrand Russell as Philosopher of Science," *The British Journal for the Philosophy of Science*, Volume 21, Issue 2, 1 May 1970, pp. 129-132,

羅素對形而上學和認識論的貢獻之一，就是他論述了關於「科學知識的中心性以及哲學和科學共同基本方法論的重要性」。這種方法通過羅素的邏輯分析得以運用。事實上，羅素經常聲稱他「對自己的方法論比任何特定的哲學結論更有信心」。[6] 羅素聲稱他更相信他的哲學方法，而不是他的哲學結論。對他而言，科學是分析的主要組成部分之一。羅素是科學方法的一個信徒，但他認為科學只能達到暫定的答案，科學的進步是漸進的，而試圖找到有機統一在很大程度上是徒勞的。[7] 他指出科學和哲學的最終目的是理解現實，而不是簡單地進行預測。羅素的著作將科學哲學看作哲學的一個獨立分支。羅素很多有關科學的思考，是在其 1914 年《我們外部世界的知識》（*Our Knowledge of the External World as a Field for Scientific Method in Philosophy*）一書中表述的。這本著作影響了邏輯實證主義者。在他看來，除了我們直接認識的人腦內在特徵外，我們只知道物質世界的抽象結構。[8] 羅素說道，自己總認為知覺與無知覺之間的共同守時性（co-punctuality），知覺也是物理世界的一部分，而對此我們僅直接知道其內在特性，一種超越結構的知識。[9] 羅素的科學觀也涉及了科學哲學中結構現實主義（Structural Realis）的爭論，例如札哈爾（Elie Zahar）和揚佛西斯（Ioannis Votsis）等人討論了他對於科學理解的含義。在德莫普拉斯（William Demopoulos）與弗瑞德曼（Michael Friedman）首創性論文〈《物的分析》中的結構概念〉一文，對羅素的觀點與當前狀況加以了關鍵性的整合。

在前期的思想中，羅素幾乎取消了哲學知識與科學知識的區別，因為他不同意存在著只為哲學而不為科學所開放的某種特定智慧來源，也不同意哲學的成果會與科學的成果有根本的差異。在《哲學問題》中，他斷言，哲學的本質特徵就是批判，而正由於這點使其成為一種與科學不同的研究。哲學批判地檢驗科學和日常生活上所應用的那些原則，並從中分辨出它們的不一致性；只有當找不出拒斥它們的理由之時，才把它們作為批判探究的結果加以接納。正如很多哲學家這樣相信的，如果當擺脫了毫不相干的細節之後，科學所依據的那些原則能提供我們有關宇宙整體的知識，那麼這種知識就與科學知識一樣對我們的信念具有相同的要求；然而我們的探究還未能揭示出任何這樣知識，因此如同有關更大膽的形而上學者的特殊學說，

6　Andrew David Irvine, "Bertrand Russell," *Stanford Encyclopedia of Philosophy*，Jun 29, 2017.

7　*Bertrand Russell, Our Knowledge of the External World as a Field for Scientific Method in Philosophy, Routledge, 1993, p.251.*

8　*Bertrand Russell, Human Knowledge: Its Scope and Limits*, London: George Allen & Unwin, 1948.

9　Bertrand Russell, *Autobiography*, Routledge, 2009, p. 394.

便主要地只會有負面的結果了。不過，有關普遍能夠作為知識得到承認的東西，我們的結果則主要地是正面的；我們很難找到作為我們批判結果而能夠拒斥此類知識的理由，而且也找不到什麼理由去設想人並不能掌握他通常信賴並擁有的那種知識。」

羅素清醒地看到，當說哲學是一種知識批判時，有必要設定一定的界限。如果我們採取絕對懷疑論者的態度，將自己完全擺在所有知識之外，而又從這個立場被迫返回知識圈子之內；那麼我們就在要求不可能的東西。如果想獲得任何結果，哲學所利用的知識批判，就必定不屬破壞性的一類。對於絕對懷疑論，並無任何邏輯的論證能夠加以駁斥。然而，不難看出這種懷疑論是不合理的。羅素指出，作為近代哲學開端，笛卡兒的「方法論的懷疑」並非屬這一類，而是那種作為哲學本質的批判方法。總之，羅素所要求的批判並非隨意拋棄所謂淺顯的知識，而是依據它的價值進行考察，然後保留住所有表現為知識的東西。因為人類易於出錯，所以必須承認仍有錯誤的風險。哲學可以公正地自認能夠減少錯誤的危險，並且在一定情形下，它能使錯誤小到實際上可以忽略的程度。在這個必定會出現錯誤的世界裡，不可能作到比這點更多；而且也沒有慎重的哲學擁護者會主張自己所要作的能比這點更多。

羅素問道：什麼是哲學的價值？為什麼應當研究哲學？之所以要回答這些問題，是因為部分由於在人生目的上有一種錯誤的觀念；部分由於對哲學所力求的東西也有一種錯誤的觀念。目前，物理科學上的發明使無數不懂這門學問的人認識到它是有用的了。而這種功利性是哲學所缺乏的。如果研究哲學對除哲學學者以外的人也有價值，就必然僅能通過學哲學之人的生活而間接地發生影響；也只有在這種影響下，哲學的價值才能獲得。像別的學科一樣，哲學的目的首要在於知識，它尋求的是能夠為科學提供整體系統的知識，以及對我們的成見、偏見和信念的基礎進行批判性檢驗後而獲取的知識。只要任何一門知識得到確定後就不再稱為哲學，而變成了一門獨立的科學。於是，哲學的不確定性在很大範圍內不但真實，而且更為明顯：一旦有了確定答案的問題，就已經屬各種科學了；而那些得不到確定答案的問題，仍構成稱為哲學的殘存部分。然而，有關哲學不確定性的觀點僅僅是真理的一部分。有許多問題，其中包括有些對我們精神生活有最深刻興趣的問題，是人類智慧所始終無法解決的。有關宇宙的很多問題都是哲學所提問的，而不同的哲學家卻有不同的答案；但哲學所作出的答案都無法證明其正確。然而，無論尋求一個答案的希望是如何微小，哲學的部分責任就是要不停地探索這類問題，瞭解其重要性，檢驗解決它們的途徑，並保持對宇宙思索的興趣經久不衰，而如果我們僅局限

於可明確斷定知識範圍之內，這種興趣是易被扼殺的。因此，哲學的價值必然不在於哲學研究者所得到的任何一套可明確肯定的知識假設體系。

根據羅素的看法，實際上，哲學價值大都是在其極不確定性中加以尋求。只要我們開始了哲學的過程，我們就會發覺，連最平常的事情也有問題，而所得到的答案又是不完善的。儘管哲學對產生的疑問不能確切地告知真實的答案，但可提供很多可能性來擴展我們的思想，並能使我們掙脫習慣的制約。因此，當哲學對有關事物是什麼這個問題減少了我們確定的感覺，但極大地增長了我們對事物可能是什麼這個問題的知識。它將從未進入自由懷疑領域的那些人的狂妄獨斷論清除了，並揭示出熟悉事物的不熟悉的一面，而使我們的好奇感保持著活力狀態。哲學具有顯示各種可能性的功用，它還有一個價值（也許是其主要價值），這就是它只考察對象的重大方面，而使人從那些狹隘盤算中解脫出來。哲學的深思（contemplation）是一條逃生的出路，它以最開闊的眼界而不將宇宙分成兩個對立的陣營，並無偏見的洞察全域。哲學深思只要是純粹的，其目的便不在於證明宇宙其餘部分與人類同類。知識的所有收穫都是自我的一種擴張，而只有當並非直接追求時，這種擴張才能最佳實現。在哲學深思中就像在其他地方一樣，自我獨斷（self-assertion）是把世界視為達到自己目的的一種手段；因此它將世界看得比自我還輕。相反，在深思中，從非我（not-Self）出發，通過它的偉大，自我的界限得到擴展；通過宇宙的無限性，那個深思宇宙的心靈就達到對無限的分享。

羅素在後期更為成熟的著作《人類知識》（*Human Knowledge: Its Scope and Limits*）主要以科學角度作為切入點，深入探究了客觀外界，知覺經驗，語言概念，概率歸納以及推理規則等認識論。他在此書序言中表白：「以下的篇幅並非僅為或主要為職業哲學家而寫的，也是為那些更多數的廣大讀者；這些人對哲學問題感到興趣，而又不願或不能付出較多時間來探索它們。笛卡爾、萊布尼茲、洛克、貝克萊和休謨的著作都是為這類讀者而作的；我認為很不幸在以往大約一百六十年的時期裡，哲學已被視為幾乎與數學同樣的東西。必須承認，邏輯是同數學一樣技術性的學問，但我堅持邏輯並非哲學的一部分。哲學所對付的是普通受教育者感到興趣的問題，如果哲學所涉及的東西僅有少數幾個職業哲學家能夠明白，它的價值就會大量失去。在本書中我力求以我盡可能廣闊的視野來探究一個極大的問題：既然人類與世界的接觸相當短瞬，並受到個人局限，那麼他們是如何盡多地取得知識的？在我們的知識中有一部分信念是虛幻的嗎？如果不是，那麼我們除了通過感官之外，還必須知道什麼？」他在引言中申明：「這本書的中心目的是檢驗個人經驗與科學知識整體之間的關係。可以這樣認為，就其整個綱領而言，科學知識是應當被

接受的。」「本書的主要目的之一，就是發現作為判定科學推理所必須的最少量原理。」[10] 在這本書中，羅素描述了由於科學探索帶來可能的宇宙某些主要特點，他指出，如果我們的材料與我們的推論原理能夠判定科學實踐，那麼對這一內容的研究可以當作為推理設置必須能達到的目標。

羅素首先將知識分為個人的與社會的的兩種。他開宗明義地主張，科學知識的目標在於完全非個人化，並且力圖表述為人類集體智慧所發現的東西。為此，就要探討科學知識在實現這個目標上取得了多大的成功，以及為了達到最大可能成功而必須奉獻的個人知識因素。整個社區的知識與個人的知識相比，可說多也可說少；就集體能力來說，它能夠知曉百科全書的所有內容以及學術機構彙編的所有獻稿，然而毫無所知有關某一個人生活的色調與質地的那些溫暖而親切的東西。作為傳達科學知識的唯一工具，語言在其起源及其主要功能方面，本質上是社會性的，是為人們所公用的，而並非自家所創。為此，一個後果就是，在思想轉譯語言的過程中失去了個人經驗中最個性化的東西。甚至語言公眾性大都也是一種錯覺。某種給定形式的語詞能被有能力的聽眾解釋為一致認定正確或錯誤，而不管它們的意義對所有聽眾並非相同。那些沒有影響一個陳述真假的差別，通常由於實際上意義不大而遭忽略，其結果讓我們相信個人世界與公共世界比現實狀況更為相似。

羅素指出，我們越接近邏輯上的完全抽象，不同人在一個詞的意義上所產生的那種不可避免的差別就越小。科學的職能就是消除「此地」（here）與「此時」（now）。我們所生活的這個共同世界是一個結構，它一部分是科學的，另一部分則是先於科學的。在考察為什麼相信一個經驗陳述的理由時，我們無法避開含有個人局限性的知覺。我們從這個污染源獲得的資訊，經過科學方法的篩選，能被純化到怎樣的程度，達到上帝般超然而顯露輝煌，這是個應多加思考的難題。個人的知覺是我們所有知識的基礎，但我們還未能找到一種在很多觀察者所共有的材料上起步的方法。對於所謂科學世界，羅素列出了以下幾個方面：

一、天文科學的世界。作為最古老的一門科學，天文學對天體及其週期性運行規律的觀察使人類獲得有關自然律的最初概念，而且它至今與以往一樣生機勃勃，在幫助人們合理估量人在宇宙中的地位仍是重要的，尤其是愛因斯坦的相對論等使人們以新的視界看待宇宙。我們從天文學的宇宙觀所得到的結論是：儘管宇宙確實非常廣袤和悠久，我們卻有一些目前還算很為玄思的理由，認為宇宙既非無限大也非無限久。通過將觀察和推理巧妙地

---

[10] Bertrand Russell, *Human Knowledge: Its Scope and Limits*, Simon and Schuster, 1948, pp.v, xi, xiii.

相結合，廣義相對論專業性地能夠告知什麼是宇宙整體。但羅素並不相信我們未來可以「將宇宙改造得更接近人們的心願」。[11]

二、物理科學的世界。最進步並最能解釋世界結構的科學是物理學。什麼是物理視界？羅素在中期著作中描述說：「我們發現有必要強調物理知識極度抽象的性質，以及這個事實即物理學開放了其等式所適用的有關世界固有特性的所有可能性。但物理學無法證明物理世界與精神世界在性質上是截然不同的。我本人並不相信對凡是實在性必為精神這一觀點的有效性所作的哲學論證。但我同樣也不相信反對這個觀點的有效論證是來自物理學的。對物理世界唯一合理的態度看來就是考察了所有問題而忽略了數理屬性的一種絕對不可知論。」[12] 相對論和量子論已用「能量」（energy）概念取代了舊的「質量」（mass）概念。人們常將「質量」界定為「物質的數量」；一方面「物質」在形而上學（玄學）的意義是「實體」（substance），另一方面它是常識中稱為「物件」（thing）的技術形式。相對論和實驗都證明質量並非從前所想的是恒定的，而是隨激烈運動增大的；一個質粒的運動速度若同光速一樣快，那麼其質量就變得無限大。由於一切運動皆為相對，因而隨不同觀察者對所計算的質粒相對運動的不同，他們在質量上不同的運算結果都是合理的。無論量子論將來出現何種情況，可以肯定常數 h 將始終保持重要性；電子可能從物理學的基本原理中完全消失，但可以完全肯定電子的電荷 e 和質量 m 將始終保留下來。在某種意義上，我們也可以說「這些常數的發現和測定是現代物理學中最穩固的東西」。[13]

三、生物科學的世界。天文學和物理學的知識是完全中立的，它對我們本身或對我們周圍時空不存有任何特殊的關係。我們必須把注意力轉移到有關我們這個星球及其寄生物。人類發現以科學態度探索生命比探索天體更為困難；在牛頓時代，生物學還遭受迷信的束縛。我們僅知道這個行星上有生命存在，而太陽系中其它行星上的生命存在可能微乎其微；大多數恒星可能不具有行星，因而我們幾乎能夠確定生命是一種罕有現象。即便地球上的生命現象也是非常短瞬的。「我們沒有任何理由假定，有生命的物質所服

---

[11] Bertrand Russell, *The Problems of Philosophy*, Prometheus Books, 1988, p.8.

[12] Bertrand Russell, *The Analysis of Matter,* Dover Publication, Inc., 1954, pp.270-271.

[13] Bertrand Russell, *Human Knowledge: Its Scope and Limits*, Simon and Schuster, 1948, p.28.

從的與無生命的物質所服從的定律是不同的，但我們有理由認為有生命的物質行為的所有東西在理論上都能夠用物理學和化學的術語來闡明。」[14]

四、生理科學的世界。這裡所要探索的是那些感覺引起物與伴隨物的生理現象，以及那些意志的引起物與伴隨物的生理現象。屬哲學中最常談的題目的心物關係問題在從大腦發生的事件過渡到感覺，與從意願過渡到大腦其它事件這個過程上達到了最關緊要的一個階段。所以這是一個兩方面的問題：在感覺上物質怎樣影響心理，在意願上心理又怎樣影響物質？這裡提到這個問題只是為了說明生理學中有些部分對於哲學必須討論的問題所具有的重要性。

五、心理科學的世界。科學的心理學由於與哲學和不久以前甚至還與神學糾纏在一起而受到很大的損失。蘇格拉底之前的哲學家並未將心物截然區分開來，但到了柏拉圖那裡受到重視，他還將它與宗教聯結起來。基督教接納了柏拉圖的這一方面，並以其作為很多神學教義的基礎。靈魂與肉體是毫不相同的實體；靈魂是不朽的，而肉體則在死後腐爛，儘管復活時我們能夠得到一個永不腐爛的新生肉體。靈魂是有罪的，因此，它由於神明審判的結果而慘遭永世的懲罰，或由於神恩賜結果而享受永世的快樂。所有經院派的頂尖學者都承認物質與心靈兩種實體的存在；正統的基督教既需要心靈也需要物質，因為聖體論（transubstantiation）[15] 的教義需要基督的聖體。靈魂與肉體的區別最初是形而上學的深奧精妙之處，後來逐漸成了公認常識的一部分，直到當今僅有極少幾個玄學家仍敢於質疑這種區別。笛卡爾派的學者拒斥心與物之間的任何相互作用，從而增大了心物區別的絕對性。但在這種二元論之後跟進的是萊布尼茲的單子論，根據這種學說，凡實體都是靈魂，而我們稱之為「物質」的東西只是很多靈魂混雜的知覺。在萊布尼茲之後，貝克萊由於完全不同的原因，也否認物質的存在；費希特和黑格爾則由於另外不同原因提出了這樣的主張。同時，尤其在十八世紀的法國，存在過一些鼓吹物質存在而拒絕靈魂存在的哲學家。在大哲學家中，僅有休謨完全否認實體的存在，從而為近代涉及心與物區別的討論鋪平了道路。

---

[14] Ibid., p.36.

[15] 這種教義認為聖餐中麵包和酒變成了耶穌的肉和血。

　　羅素認為先要討論心理科學與物理科學的區別才能對心與物作一些形而上學的討論；個人感覺材料的知識是存在的，因此應當建立一門研究它們的科學；承認了這一點，我們就能夠探討心理學真正關注的問題。有關人類的知識可以提出兩個問題：其一、我們能知道什麼？其二、我們怎樣知道它們的？科學回答是第一個問題，而它力圖做的是盡可能非個人化與非人類化。科學的宇宙觀自然要從天文學與物理學開始，它們所考察的是廣大而普遍的東西；而罕見的並且顯然對事件進程僅有極小影響的生命與精神，在這個公正的觀察中僅能占一個次要的地位。但對第二個問題，即怎樣得到我們的知識，心理學在各門科學中最為重要。「不僅從心理學上來研究我們進行推理的過程是必要的，而且我們推理所依據的材料也是屬心理學性質的；這就是說，它們是單獨個人的經驗。我們世界所具有的明顯公共性一部分來自幻覺，一部分來自推理；我們知識的所有原料都是由人們孤立生活中的精神事件構成的。因而，在這個領域內，心理學是至高無上的。」[16]

　　羅素討論了科學知覺的問題，他企圖解決的是，在通常被當成經驗知識的東西中把材料和推理區分開來，他所做的還不是判定推理或探索推理所依據的原理，而是要揭示與邏輯構造相對的推理對科學是必要的。羅素區分了兩種空間與時間：一是主觀的並從屬材料的，另一是客觀的並推理出的；他指出，除非唯我論以從未接受過的極端形式出現，那麼它就是處於片斷的材料世界與完整科學世界中間的一所非邏輯建築。羅素進行了另一種探討，它的順序與前面的宇宙觀正好相反，也就是從最大限度的非主觀化、非個人化與非人類化，轉為一個具有強大知覺能力的人如何觀察外界現象並將其加以描述。他指出，我們不再問世界是什麼，而要問我們如何瞭解有關世界的全部知識。這樣一來，人類又恢復在世界上所占的中心地位。實際上，人們只有憑藉自己生活中的各種事件才能認識世界，如果沒有思想的力量，那些事件不會為人所知。在羅素看來，所要追蹤的就是從個人感覺和思維到非個人化的科學所經歷的那個漫長過程，否則就無法充分理解人類知識的範圍及其基本限度。他列舉了三個典型問題：（1）昨日世界存在；（2）明日太陽將升起；（3）存在著聲波。他說自己要問的並非這些信念是否是真的，而是在假定它們為真的情況下，我們相信它們的最佳理由是什麼。總起來說就是：為什麼我們應該相信科學所斷定的而無法為當下知覺所證實的那些東西？

　　羅素首先區分了事實的知識（knowledge of fact）與定律的知識（knwledge of law）。他指出，有些事實的信念直接來自知覺和記憶，而有些則通過推理得出；前

---

[16] Bertrand Russell, *Human Knowledge: Its Scope and Limits*, Simon and Schuster, 1948, pp.52-53.

一種對常識而言是毫無疑問的；而在後一種情況下，推論雖易出錯但也易於糾正，除非那些特殊費解的問題。我們應杜絕無批判地將常識視為知覺所給予的材料，而只承認感覺和記憶才是我們有關外界知識的材料。就其全部內容而言，我們的「知覺」都是心理學的材料，我們事實上的確有著相信某某物體的經驗。羅素經常使用「知覺」（perception）與「知覺對象」（percepts）兩個相關的概念。什麼是所謂知覺？他曾在自己中期著作裡回答道：「當一個精神現象能被視為外在於大腦的一個客體，但不規則或甚至作為一些這樣客體的混雜表像時，那麼我們可以將它認作對所涉及的某個客體或某些客體具有刺激作用的東西，或感官所關注的現象。在另一方面，當一個精神現象不具備外在客體與大腦的充分聯繫，而被當成這樣一些客體的現象時，那麼它的物理因果性將在大腦中找到。在前一種情況下，這種精神現象就能被稱作知覺，而在後一種情況則不能。然而，這種區別僅是程度的而非種類的。」[17] 至於什麼是所謂知覺對象？羅素則回答道：「知覺對象與物理的區別並非是一種固有性質的區別，因為我們對物理世界固有性質毫無所知，因此就不知道它是否與感覺對象非常不同。這種區別是有關我們對兩個不同領域到底知道什麼。我們知道知覺對象的性質，但不知道我們極力希望知道的有關它們的定律。我們知道物理世界的規律，至今它們屬數理的並相當完善，但除此之外我們則一無所知。如果對物理世界在本性上很不同於知覺對象這一假定有任何理解上的困難，那麼這就是為什麼不存在絕對差異性這一假定的原因所在。實際上對這樣的觀點有著根據：這就是知覺對象是物理世界的一部分，也是我們無須精緻和困難的推理而能夠探知的唯一部分。」[18]

此外羅素有的場合還用「知覺著」（perceiving）這一動名詞概念，他解釋道：「對不同觀察者來說，既然刺激物不同，反映也就不同；結果是，在我們所有有關物理過程的知覺中，存在著一種主觀性地元素。因此，在寬泛的綱領下（正如上面論證所假設的），如果物理學為真，那麼我們稱作『知覺著』一個物理過程就是某種個人與主觀的東西；並且至少在部分上，這種『知覺著』也是對我們物理世界的知識唯一可能的起點」。[19] 從根本上說，羅素仍與休謨的「知覺」觀有某種共同點，如同樣堅持知覺不能脫離感覺材料，以及從知覺的能力範圍而引向對複合詞組的深刻分析等。[20] 對羅素來說，知覺本身是進行知覺的行動，而知覺到的對象和內容就

[17]　Bertrand Russell, *The Analysis of Mind*, George Allen and Unwin LTD, 1956, p.136.

[18]　Bertrand Russell, *The Analysis of Matter*， Dover Publication, Inc., 1954, p. 264.

[19]　Bertrand Russell, *An Outline of Philosophy*, W. W. Norton & Company, INC., 1927, p.130.

[20]　D. Pears: *Bertrand Russell and the British Tradition in Philosophy*, New York: Random House,1967, p.28.

是感覺材料。在羅素看來，我們僅是為了獲得在我們自己精神之外存在物的知識才有必要將感覺看成材料或數據。如果將「數據」（data）界定為「那些不依賴推理就有理由感到幾乎接近確定的事實」，那麼就可得出這個結論：全部我的材料或數據都是我所碰到的，並事實上就是通常所說的在我心中所發生的事件。這是一種曾是英國經驗論特徵的觀點，但也遭過大多數歐洲大陸哲學家的反對，而現在杜威的追隨者們以及大多數邏輯實證主義者都拒絕採納這種主張。

　　羅素認為，經驗外的事實可能遭受懷疑，除非能夠證明它們的存在是經驗內的事實加上那些有理由確信其必然性的規律所得到的結論。為了避開休謨的懷疑論，他主張在知識的前提中至少有一個普遍命題，從分析意義上它並非必要，即對其虛假性的假設並非自相矛盾的。一個判定歸納法科學用途的原理具有這種性質。「我們所需的是用某種方式將概然性（不是必然性）給予那些從已知的事實到某種現象的推理，這些現象還未成為發生，也許永遠不會成為個人推理的經驗。如果某人想知道任何一件超出他目前經驗的事物，那麼他的未經推理的各種知識不僅由事實，而且由他根據事實進行推理的普遍定律或至少一個定律所構成。與演繹邏輯的原理不同，這樣的一個定律或一些定律必定是綜合的，即並非由它們作為自相矛盾的假來證明其真。對這個假設的唯一另外選擇就是對所有科學和常識的推理，包括我所說的動物性推理[21] 在內，持絕對懷疑論的立場。 」[22]

　　羅素批判了所謂唯我論（solipsism），指出人們通常將此學說界定為那種主張只有我獨自存在的信念，但這過於簡單。他主張必須將兩種唯我論區別開來，即「獨斷的」（dogmatic）和「懷疑的」（skeptical）；前一種認為，「除了材料什麼東西也不存在」，而後一種則認為「除了材料不知道有什麼東西存在」。對獨斷的唯我論討論沒有什麼意義，因此羅素把自己的注意力放在對懷疑的唯我論批判上。

---

[21] 羅素所說的「動物性推理」是指某現象 A 引起某信念 B，而不需要任何意識上的中介。例如狗聞到狐狸的氣味產生亢奮，但狗並不會對自己聯想到，「這種氣味從前常與狐狸到過之處有聯繫，因此可能有一隻狐狸就在附近。」狗的行為可能與這種推理過程相一致，但僅是依靠習慣，或如人們所說的「條件反射」由身體來實現的。只要 A 在動物的過去經驗中常與 B 相聯繫，那麼 A 的發生就引起 B 的行為。這裡 A 與 B 並沒無任何相關意識；我們可說有知覺 A 和行為 B。羅素認為與純粹數學推理相對的科學中大多數實質性的推理，最初是由動物性推理的分析中得來的。（See Bertrand Russell, *The Analysis of Matter*, Dover Publication, Inc., 1954, p.182.）有時羅素又用「生理性推理」（physiological inference）這一概念，他指出，人們的推理就是從生理性推理提高到科學性推理。（See Bertrand Russell, *The Analysis of Matter*, Dover Publication, Inc., 1954, pp.190-191.）

[22] Bertrand Russell, *Human Knowledge: Its Scope and Limits*, Simon and Schuster, 1948 pp 174 175.

　　羅素接著討論了「概然性」的推理，即在前提為真和推理過程正確的情況下，結論仍然不具必然性而僅具或多或少概然性的一種推理；這種推理與純粹數學推理等「實質性」的推理不同。總起而言，羅素認為任何已被承認的科學理論體系的推理都是正確的，除非它們含有某一特質的謬誤。為此，他考察了那些先於科學的常識以及常識的推理。可信性（trustworthiness）是科學知識的一個前提，如果相信科學大體正確，這種可信性實為必要；但如果依靠非假定記憶的論證，那麼科學就不會具有概然性。如果我回想起某件事情，那麼它很可能發生過，我就可憑藉記憶的生動性作出概然性的評估。羅素斷言，只有假定定律是正確的，某個事實才能使另一事實具有或不具概然性。儘管並非普遍，記憶的一般可信性是一個獨立的公設，它對大部分知識是必要的，它也不能從任何不假定其存在的東西中推理出來。同記憶一樣，證據（testimony）也是我們原始信念的一部分來源，但並不需要將它本身作為一個前提，因為它可以併入類推這個較為寬泛的前提中去。

　　羅素問道：假定物理學從廣義上是正確的，是否可知它是正確，如果答案肯定，那麼是否涉及物理學真理之外的其它真理的知識？他認為這個問題因知覺問題而變得尖銳。從遠古起，就存在兩種知覺論，一是經驗論的，另一是唯心論的。根據前一種說法，某些連續的因果鏈條將客體引向知覺者，而人們所說的對客體「知覺」就是這個鏈條中最後一個環節，或寧說是這個連鎖在開始將知覺者的身體引出而非引進之前的最後一個環節；根據後一種說法，當知覺者位於物體周邊的時候，神靈引起知覺者的靈魂產生一種類似這個客體的經驗。這兩種學說各有困難。唯心論的學說導源於柏拉圖，但到了萊布尼茲才攀上了它的邏輯頂峰。羅素指出，主要問題是：如果物理學是正確的，那麼我們是如何知道的，並且除了它以外，還需要瞭解什麼才能將物理學推論出來？這個問題的產生是由於知覺的物理因果關係，這種關係使物體與知覺之間可能有著很大的不同；但倘若如此，我們又怎能從知覺推論出物體來？此外，因為人們把知覺視為「精神的」，而將其原因看作「物理的」，我們就碰到了心物關係的老問題。羅素的看法是：「心理的」和「物理的」並非如一般所認為的那樣截然不同，他將「心理的」界定為不必憑藉推理就能認識到的一種現象；「故『心理的』與『物質的』兩者的區別是認識論的，而非形而上學的。引起混亂的困難之一是人們對知覺的和物理的空間未加區分，知覺的空間由知覺各部分之間可知覺的關係所構成；而物理的空間則由推論出的物體之間關係構成。我所看見的東西可能在我身體的知覺之外，但不能在作為物體的我的身體之外。從因果關係而論，知覺位於內傳神經中的事件（刺激 stimulas）與外傳神經中的事件（反應 reaction）兩者之間；它們在因果鏈條中的位置與大腦中某些事件的位置相同。作

為物體知識的一個來源，知覺僅能在物理世界中分割的，多少各自獨立的因果鏈條才能達到目的。這只是近似的情況，因此從知覺到物體的推論就不可能精確。在知覺提供了最初近似真理的假設下，而科學為克服這種缺乏精確，而構成了大量的方法。」[23]

　　羅素考察了知覺對象（precepts）中有關時空的以下兩個問題：一、經驗中的時間。他指出，對時間的知識有兩個來源：一是現時有關變化的知覺，二是記憶。回憶能被知覺到，它具有一種較大或較遠的性質，由於這種性質我當下的全部記憶才能排列於一個時間順序中。但是這種時間是主觀的時間，而必須與歷史的時間區分出來。歷史的時間對現在有著「先發」（preceding）」的關係，這種關係是我在似乎屬現在的一段時間內從有關變化的經驗中得知的。在歷史的時間，我當下的全部記憶都是屬現在的，但從它們的真實性而言，它們都表示在以往歷史所發生過的東西。有關為什麼任何記憶都應當為真實的並無什麼邏輯的理由；而邏輯所能揭示的是：如果從未有過歷史的過去，那麼我現在的全部記憶可能保持原樣。因此，我們對於過去的知識依賴某個不能僅靠單純分析我們當下的回憶就能發現的公設。二、心理中的空間。他指出，心理學並非將空間視為物體間的關係體系，而看作知覺的一個特點加以探究。當我有「見到一張桌子」的經驗時，視覺中的桌子首先在我的暫時視域中有一位置。然後，依靠經驗中的相互關聯，它才在那個包含我所有知覺的空間中有一位置。接著，通過物理定律，它與物理時空中的某一地點聯結起來，這就是物理桌子所處的地點。最後，通過心理物理的定律，它與物理時空中的另一地點相連起來，這就是我的腦子作為一個物體所處的地點。如果空間的哲學企圖避開毫無希望的混亂，就必須謹慎地將這些不同的相互關聯解開。總而言之，羅素認為，「我們應該觀察到處於兩重空間（the twofold space）的知覺對象與記憶中的兩重時間（the twofold time）十分類似。在主觀的時間中，記憶是在過去；在客觀的時間中，記憶是在現在。同樣，在主觀的空間中我對一張桌子的知覺對象是在那邊，而在物理的空間中它則在這裡。」[24]

　　對羅素來說，常識主張我們對精神和物質各自都知道某些方面；常識還主張我們對兩者的知識足能顯示它們是非常不同的東西；但他的看法正與常識相反，主張無論何種我們不憑藉推理就能認識的東西都是精神的，對物理世界所能認識的東西只作為它的時空結構的某些抽象特徵，這些特徵由於其抽象性而不足以表明物質世

---

[23] Bertrand Russell, *Human Knowledge: Its Scope and Limits*, Simon and Schuster, 1948, pp.209-210.

[24] Ibid., p.223.

界是否與精神世界在內在性質上不同或相同。羅素的結論是：當不憑藉推理就能夠知道精神事件及其性質時，我們就僅能將物質事件作為其時空結構而加以認識。構成這類事件的那些性質是不可知的，這種不可知性是如此的徹底，以致我們無法表達它們與那些屬精神事件的性質是否相同或不相同。接著，羅素探究了科學概念的問題，與此相關他先討論過科學語言的問題，它涉及到個人經驗與社會公認的普通知識整體的關係。羅素要做的是分析從推理來的科學世界的基本概念，尤其是物理空間、歷史時間和因果律。什麼是概念？他指出，數理物理學所用的術語需要滿足兩種條件：其一，它們必須滿足某些公式；其二，對它們的解釋必須產生能夠被觀察肯定或否定的結果。通過後一條件，它們與材料相聯結，儘管這種聯結在某種程度上有些鬆散；通過前一條件，它們在某些結構屬性方面變得確定。然而在解釋上仍保留自由度；而將與構造相對的推理作用儘量縮小來應用這個自由度是審慎的；例如，以此為據，把時空中的瞬點構成事件或性質的各種組合。從這個論題的開始到結束，羅素認為空時結構與因果鏈條這兩個概念設想了一個逐漸增長的重要性。他稱這個討論概括提出了，如果科學能被判定，那麼什麼是我們必定能從材料推論出的東西。

羅素著重討論了以下幾個有關科學概念的問題：

一、科學與解釋。羅素指出，一組給定的公理可以有兩種解釋：一是邏輯的，另一是經驗的。如果窮究以往，所有名詞定義（nominal definition）最終引向僅有明指定義（ostensive definition）的詞項；而在一門經驗科學中，那些經驗性的詞項必定依賴那些在知覺中所獲得的明指定義的詞項。例如，天文學家的太陽與我們所見的太陽很不相同，但它必須具有從我們童年就習知的「太陽」一詞的明指定義所獲得的一種定義。因此，當對一組公理作經驗性解釋完成時，總是必用那些從感覺經驗中得到明指定義的詞項。這種解釋當然不僅含有這類詞項，因為總會存在邏輯詞項；但這些詞項是來自使一個解釋帶有經驗性的經驗。人們曾忽視了解釋的問題。只要我們還停留在數學公式的範圍內，所有東西看來都是準確的，但當我們尋求解釋它們時，則會發現這種準確性有一部分是虛幻的。除非澄清這個問題，我們無法確定地告知任何一門科學所斷定的東西。

二、科學與用詞。羅素討論了最低限度詞匯（minimum vocabularies）問題，他指出這是對分析科學概念時十分有用的一種語言技術。他將這樣一組基本詞匯稱為一門科學的「最低限度詞匯」：其一，凡這門科學中的其它用詞都能由這些用詞給出名詞的定義；其二，這些基本用詞中的任何一個都不

能由其它基本用詞得出它的名詞定義。科學中的每一句話都能用最低限度詞匯的用詞加以表達。所有經驗科學，無論其如何抽象，必定會被包容在描述我們經驗的任何最低限度詞匯之內。當直到我們獲得只有明指定義的用詞而完成一系列定義時，可以發現甚至如「能量」這樣最數學化的用詞也依賴直接描述經驗的用詞；在那些稱為「地理的」科學中，甚至給予個別經驗以名稱。如果這個結論正確，那麼它是很重要的，並在解釋科學理論的努力上提供極大的協助。

三、科學與結構。羅素指出，對作為邏輯概念的結構加以討論對進一步解釋科學是必要的。他認為，不管採用什麼的假設，物理世界都具有相同的結構，並對經驗都具有相同的關係。從結構的重要性上得出的思考來解釋我們的知識，尤其是物理學的知識，比習慣所顯示的更抽象並受邏輯更多的影響。然而將物理學轉為邏輯與數學的過程有一個非常確定的限度；這個限度決定物理學是一門經驗科學，它的可靠性依賴對我們知覺經驗的關係。羅素還發現，每一種結構上的發現都能縮小一門特定學科所需的最低限度詞匯。任何一門經驗科學所需要有三種詞：一是專有名稱，它們通常表示時空中一個連續部分，如「蘇格拉底」、「威爾斯」、「太陽」都屬這一類；二是指示性質或關係的詞，如「紅」、「熱」、「響」等性質詞，還有「在上」、「在前」、「在……之間」等關係詞；三是邏輯用詞，如「或」、「非」、「某些」、「所有」等等。每一個時空域（space-time region）可被界定為一個性質複合體，或者一個由這類複合體夠成的系統。具有日期並不再出現的「事件」可被視為複合體；而所有我們不知道如何分析的東西都有可能在時空的不同部分重複出現。當我們超越自己的經驗範圍之後，正如在物理學中所作的，就不再需要新的用詞。未經驗過的事物的定義必定是指示性的；未經驗過的性質與關係必定憑藉對指示經驗過的事物的常項所作的描述才能得到認識。

四、科學與時空。羅素對「時間」一詞進行了解釋。時間所涉及的是早與晚之間關係；在經驗過的東西裡不會有某種只有瞬間（instants）的存在。所有比另外一個東西早或晚的東西都可稱為一個「事件」。我們對「瞬間」所作的定義能表明一個「事件」存在於某些瞬間而不存在於另外一些瞬間；而事件並不是僅有瞬間的存在。定義有兩種：即「指示性」與「結構性」的定義。前者將一個實體界定為只有一種特定關係或一些特定關係的唯一實體；後者則通過構成一個結構的元素及其那些關係進行界定，以變量 t

為例，由於我們不承認絕對時間，這就不可能為之作指示性的定義，而僅能作一個結構性的定義。這意味著瞬間必定存在某種由一些已知元素構成的結構。我們有作為經驗材料的「重合」與「先發」這些關係，而且我們發現借助這些關係我們能夠建立數理物理學家所要求「瞬間」的那些形式性質的結構。因此，這類結構滿足所有需要的目的，而不必訴諸任何專設的假定。羅素繼續闡述了物理學的空間，並為物理學所用的幾何名詞找出一種「解釋」（不必定是唯一可能的解釋）。他認為有關空間比有關時間所產生的問題更複雜和困難。雖然這些原因部分是由於相對性所帶來的，但目前還是根據愛因斯坦之前的物理學的說法，將空間當成能夠與時間分開的東西加以處理。儘管物理學家和哲學家對萊布尼茲的理論越來越青睞，但數理物理學的方法則還是牛頓式的。在數學系統中，空間仍是由「點」（points）構成的集合物，並由三個坐標加以界定；「物質」是由「粒子」（particles）構成的集合物，而每個粒子在不同時間佔有不同的點。如果我們不願贊同牛頓的意見，而認為「點」具有物理實在性，那麼這個體系就需要某種解釋，而使「點」具有結構的定義。羅素指出，如果認為「物理實在性」（physical reality）的形而上學色彩過重，那麼也可以更現代的方式，即通過最低限度詞匯的方法加以表達。假定在一個名稱組合中一些事物具有用其他詞項加以結構定義的名稱，那麼在這種情況下，將出現一組不包括可用定義取代名稱的最低限度詞匯。羅素還指出，如果沒有進一步認真檢驗物理定律與物理空間幾何學之間的關聯，就無法考察在幾何測量論的複雜性。在以上討論的基礎上，羅素深入探索了空時（space-time）問題。[25] 他指出，眾所周知，愛因斯坦用空時替換了空間和時間，但那些對數理物理學外行的人對這個變化的性質通常僅有一種非常模糊的概念；然而它對力圖理解世界的結構是一個重大的變化。羅素認為，「相對論並未影響知覺的空間與時間。我從知覺認識到的空間和時間與物理學中隨著我的身體運動的軸的空間和時間是關連的。相對於與某一片物質連結的軸而言，舊有空間與時間分離的說法仍然成立；只有在我們比較兩套急速相對運動的軸的時候，才產生相對論所解決的那些問題。既然不會有兩個人具有接近光速的相對速度，因而對他們經驗加以比較將不無法顯示飛

---

[25] 通常將英文 space-time 譯成時空而與英文原文是顛倒的，這大概是最早譯法留下的習慣，但本書作者還是傾向用「空時」代替「時空」。

機像 β 粒子般快速運動時所引起的那些差別。由於這個原因，在空間和時間的心理學研究中，我們可以對相對論加以忽略。」[26]

五、科學與個體化（individuation）。羅素提出了一個十分古老問題的現代形式，即關於特體（particular）的問題。對此，有三種有影響的觀點：一是萊布尼茲的看法，即一個特體由性質構成的，當將其所有性質列出，它就有了充分的定義；二是托馬斯·阿奎那的看法，即一個特體由其空間和時間的位置得到定義的；三是大多數近代經驗主義者的看法，即數字的多樣性是終極的和不可定義的。從純邏輯結構來看，一個有關結構的陳述能夠替換為有關其組成部分的陳述，但從時間順序來看，根據「特體」的說法則為不可能的。在理論上，每個共現複合（complex of compresence）都能夠憑藉列舉它的成分性質而得到界定。但事實上我們能夠知覺一個複合而不必知覺所有它的成分性質；在這種情況下，如果我們發現某一種性質是其一個成分，我們就要給這個複合一個名稱來表達我們所發現的東西。因此，對專有名稱的需求與我們獲得知識的方法是不可分開的，但若我們的知識盡善盡美，這種需求就不再必要了。

六、科學與因果律。羅素指出，科學的力量由於它在因果律上的發現。對他而言，「因果律」可以定義為一個普遍原理，在已知關於某些時空領域的充分數據的條件下，憑藉這個原理我們能夠推論出有關其它時空領域的某種東西。這種推論可能只是概然的，但當概率超出一半的時候，我們所討論的那個原理就可稱為一個「因果律」。所有這些都對歸納產生重大的影響。凱恩斯有一個他認為能夠判定歸納論證合理的公設；他把它叫作有限變化性的原理，也可當成是自然種類的假定的一種形式。這是用來代替一個如果為真便會證實科學方法的有效性的普遍假定的手段之一。物理學將物理事件安排在一個稱為空時的四維多樣體（four-dimensional manifold）裡。這種四維體是對那種安排在變化著的空間形式中的「事物」所構成舊有多樣體的改進；而這又曾是對那種從假定在知覺對象與「事物」之間存在著精確對應關係而構成的多樣體的一種改進。羅素認為，有某些成分在從感覺世界轉到物理世界時沒有發生改變，如同現的關係、早晚的關係，某些結構的成分以及某些環境的差異等，也就是說當經驗到屬相同感官的不同感覺，我們就能夠假定它們的原因是不同的。這是素樸實在論在物理學中

[26] Bertrand Russell, *Human Knowledge: Its Scope and Limits*, Simon and Schuster, 1948, p.291.

所留下的殘餘，它之所以得到倖存是因為不存在拒斥它的正面論證，因為物理學符合已知事實，還因為偏見引導我們無論素樸實在論是否得到證明，我們都要緊緊把握住它。在羅素看來，由於科學推理通常被公認為僅能使結論具有概率或概然性（probability），因而就應當對這個問題加以更多的關注。他指出，概率這個術語能夠有各種不同的解釋，而不同的作者也為它作過不同的定義；人們對這些解釋和定義加以了檢驗，並對企圖將歸納與概然性相結合的嘗試也加以了檢驗。

羅素在他的中期著作裡提到：「概率論在邏輯上和數學上都處於一種非常不令人滿意的狀態……。」[27]「我們可以有效地證明某某結論有極大概然性，但它也許不會發生。我們也可以無效地證明這個結論是概然的，但它還沒有發生。那些影響命題概率的東西是相關的證據；但它從未改變那些作為有關先前有用證據的概率」。[28] 他認為，從概率這個問題所得的結論主要是凱恩斯所提出的想法，也就是除非某些條件得以滿足，歸納並不能使其結論具有概然性，而單憑經驗則永遠不能證明這些條件得到了滿足。科學推理與邏輯和數學推理不同點在於前者僅具有概然性；換句話說，若前提真並且推理正確，那麼結論僅可能真。羅素對概率問題作了以下方面的探討：

一、**概率分類**。「概率」有兩種不同的概念：一是數學概率；另一是「可信度」（degree of credibility）。前一種能夠用數字測量並可滿足概率計算的公理，它涉及統計和歸納法；與這種概率有關的總為各種類而非個別的實例。而後一種則適用於個別命題，並總將所有有關的證據加以考察，甚至還利用某些沒有已知證據的實例。我們所能得到的最高程度的可信性應用於大多數的知覺判斷；不同程度的可信性也隨著記憶判斷的明鮮程度和時間遠近而應用於記憶判斷上。就有些實例來說，可信度可以根據數學上的概率推斷出來，而另外一些實例就不能這樣；但是即使在可以的情況下，記住它是個不同的概念這一點還是要緊的。當有人說我們所有的知識只具有概然性，而概然性又是生活的指南時，所說的正是這一種概然性，而不是數學上的概率。羅素用較多的篇幅討論了可信度問題。他指出「可信度」這個概念在應用範圍上比數學概率的概念要寬泛，並認為它特別適用於那些已盡可能接近於只表示數據的命題，甚至一個命題所具有的可信度本身

---

[27] Bertrand Russell, *Religion and Science*, Oxford University Press, 1997, p.168.

[28] Bertrand Russell, *An Outline of Philosophy*, W. W. Norton & Company, INC., 1927, pp.274-275.

有時就是一種數據。為了深入討論，羅素區分了三種確定性（certainty）：其一，「邏輯的」確定性，就是說當滿足第二個命題函項的詞項的類是滿足第一個命題函數的詞項的類的一部分的時候，這一個命題函項對另一個命題函項具有確定性；這種意義的確定性屬數學概率。其二，「認識論的」確定性，就是說當無論其可信性是固有的還是來自論證的而一個命題有著最高度的可信性的時候，一個命題具有確定性。其三，「心理學上的確定性」，就是說當一個人對一個命題的真理毫無懷疑時就感到這個命題具有確定性。「從廣義上說，科學方法是由目的在於使信念程度與可信度盡可能符合的技術與規則所構成組成的。」[29]

二、**概率計算**。羅素將概率論作為純數學的一個分支而加以討論，並試圖推論出某些公理的結論而不必作任何解釋。儘管人們對這一領域內的解釋各抒己見，但這種數學計算本身正像其他數學分支一樣要求同樣的估量。

三、**頻率理論**。羅素探討了「有限頻率」（finite-frequency）的理論，指出它是從這樣的定義開始：設 B 是任何一個有限的類，而 A 是任何一個另外的類。我們想界定隨機選擇的 B 的一個分子為 A 的一個分子的機會，比方說，你在街上遇見的第一個人名叫斯密斯的機會。我們將這個概率界定為 B 的分子也是 A 的分子的數除以 B 的總數的商。我們用 A/B 這個符號來指示它。顯然給予這樣定義的概率一定是一個有理分數或者就是 0 或 1。羅素指出，如此看起來可疑性和數學概率，後者就是在有限頻率的意義上說的，是除自然律和邏輯規則外唯一需要的概念。羅素認為通過對萊辛巴哈頻率論的研究，發現與他在許多論點上有一致的地方，但並不贊同他為概率所作的定義，主要反對理由是這個定義所依賴的頻率是假言的和永遠無法確定的；他說與後者的分歧還在於自己比他更明確地將概率與可疑性加以區別，以及自己還強調與必然邏輯相對立的概率邏輯在邏輯上並非最基本的東西。羅素揭示了萊辛巴哈概率論的特點在於歸納包含在概率的定義之中。羅素還指出凱恩斯的《概率論》（1921）在某種意義上是頻率論的反題。根據凱恩斯的主張，概率是一種邏輯關係，而只有可能以理性信念的程度才能作出定義。但總體說來，凱恩斯傾向用概率關係的說法對「合理信念的程度」作出定義。羅素的結論是：凱恩斯的概率論主要形式上的

---

[29]　Bertrand Russell, *Human Knowledge: Its Scope and Limits*, Simon and Schuster, 1948, p.397.

缺點在於他將概率視為命題之間而非命題函項之間的一種關係；而對命題的應用屬這個理論的用途而不屬這個理論本身。

四、歸納邏輯。羅素指出，歸納的問題有著不同的方面和分支，如科學歸納法與簡單枚舉歸納法就是不太一樣。前者首先需要很多觀察到的事實，再有一個與全部事實都相一致的一般理論，然後又從這個理論引出能被後來觀察所證實或證否的推理。羅素回顧說，自休謨以來，在科學方法的探究中，歸納始終發揮十分重大的作用。他為此列舉了以下結論：1.在數學概率論中，無論有利實例的確定數目有多大，沒有任何東西能夠判定一個特殊歸納或一個普遍歸納具有概然性。2.如果在一個歸納中對有關 A 與 B 這些類的內涵定義的性質不加任何限制，那麼就能證明歸納原理不僅可懷疑並且是虛假的。這就是說，已知某一個類 A 的 n 個元素屬其他某一個類 B，那麼 A 的下一個元素不屬 B 的那些「B」的值比下一個元素屬 B 的值更多，除非 n 並非太少於宇宙中事物的總數。3.在「假言歸納」中，因為迄今為止所有它觀察到的後果都得到證實，所以我們認為某一普遍理論是概然的，這種歸納與單純列舉的歸納並無本質的不同。4.如果一個歸納論證總是有效的，那麼歸納原理必須以某種迄今還未發現的限制來加以陳述。在實踐中，科學的常識從各種不同的歸納中退縮。但那種引導科學常識的東西至今始終沒有得到明確的系統闡述。5.如果科學推理大體有效，那麼它們必須憑藉自然界的某個或某些定律，陳述現實世界的一種或幾種綜合性質。憑藉來自經驗的論證來斷定這些性質的一些命題的真值甚至連概然性都無法得到，因為當這些論證超出迄今記載的經驗，它們的有效性就會依賴所提及的那些原理。

羅素曾揭示過科學推理主要目的之一就是「判定我們已經享用了的那些信念的合理性；並且作為這些信念以不同方式受到判定的規則……科學從常識獲得的最重要推理就是對未知覺過的實體所作的推理。」[30] 羅素試圖發現從一個材料組合判定推論定律的合理性所必須的先於經驗的最小量假定（minimum assumptions）；並進一步考察在什麼意義上，我們能夠知道這些假定是有效的。這些假定所必須完成的邏輯功能是使滿足某些條件的歸納結論具有很高的概率。為了這個目的，因為所涉及的僅是概然性，我們不必假這樣一種事件聯結永遠出現，而僅需它經常出現。例如，似乎必要的假定之一是可分離的因果鏈條的假定，就像光線或聲波所顯示的那

---

[30] Bertrand Russell, *The Analysis of Matter*, Dover Publication, Inc., 1954, p.191.

樣。這個假定可以陳述如下：當一個具有複合時空結構的事件發生時，經常發生的是它僅是具有相同或非常相似的一組事件之一。這是一個較寬泛規則性或自然律假定的一部分，但這個假定需用比通常更特殊的形式加以陳述，因為在通常形式下，它變為了一個重言式（tautology）。為了有效，科學推理需要一些經驗無法給予的原理，這一點是從概然邏輯得到的一個無法避開的結論。在羅素看來，對經驗主義而言，這是一個蹩腳的結論，但他認為通過對「知識」概念的分析能夠使其變得更為合乎我們的口味；但「知識」並非通常所想的那種精確概念，它深深植根於非語言的動物行為中並超過了大多數哲學家情願採納的程度。分析引導人們得到了邏輯基本假定，從心理學上看，是一長套系列精緻化的終點；這種精緻化從動物的期望習慣開始，如有某種氣味的東西將會好吃等。因此，問我們是否「知道」科學推理的公設並非看起來那樣明確的問題。從一種意義上，答案一定是；而從另一種意義就不是；但從「不是」是正確答案的那種意義上，我們無論什麼都不知道的，在這種意義上「知識」是一個幻相。哲學家們的困惑在很大程度上是由於他們不願從這種幸福夢境中覺醒起來。

在羅素看來，新的哲學把一切知識看作是都只能靠科學方法才能證明和判定的。他的多元世界觀即是物理學、生理學、心理學及數理邏輯四種科學相結合的產物。[31] 他因此自詡，正是他本人，把科學與哲學結合成了一種更高級的思維形式。他明確地說，分析到底能達到多高的水平，取決於當時的科學水平。的確，他的分析法，與以往的分析法相比，要稍微高明一些。

20 世紀初，相對論、量子力學、心理學、數學基礎與數理邏輯的發現和發展，為他的分析方法提供了科學和理論的前提。例如，相對論用空時（space-time）代替空間和時間（space and time）、用事素（event）代替微粒，認為事素間保持著一種「間隔」的外在關係，並可分析成一種時間或空間要素。量子力學把物理現象看成是非連續的，並指出原子的一事態持續一段時間後可突然為它事態所取代。心理學的構造說把心理分析為各種元素，而行為主義心理學則把心理分析為一個一個的外在行動。所有上述這些科學理論都對羅素的世界觀和方法論有很大影響。

羅素認為，用物理學來解釋世界是自己哲學「成見」之一，現代物理學實現了馬赫（E. Mach）、詹姆士（W. James）的主張，即構造心物的原料是同樣的。他還分別從這兩方面進行了分析：(1) 心物都是便於陳述因果律的邏輯虛構；可以用「事素（event）」代替心物概念，並且心物都可分析為與感覺類似的成分；(2) 由因果

---

[31] Bertrand Russell, *My Philosophical Development*, Simon and Schuster, 1959, p.21.

律連接的一組事素從一個中心發端而形成事素流，不同空時的事素交錯在一起，感覺是根據數理定律產生的一組事素，並是心物的交錯線，經驗則是記憶的因果律所聯繫的一組事素；（3）物理學和心理學的一切材料都服從於心理的因果律，純粹的物理現象最後變為精神現象。[32] 上述對於心物分析的結果，反過來又極大地影響了羅素的整個世界觀和方法論。

　　羅素在心物關係問題上是有一個演變過程的。早期的他，以新實在論觀點反對馬赫和詹姆士，而把感覺材料看作既心理又物理的，是能為人們感知的所謂物理現象。他堅持兩點：（1）感覺材料與感覺有區別；（2）感覺是主客體之間的一種關係。我們應該指出，羅素的感覺材料還是一種依賴於主觀而不是獨立存在的客觀材料。不過，在 20 世紀 20 年代末，他拋棄了「感覺材料說」，認為感覺不是一種關係，不必有主客和心物之分，也沒必要區分感覺與感覺材料，而感覺應服從於心理和物理兩種規則，因此是真正中立的。羅素在其晚年說，這是他哲學經歷的最後一次本質轉變，[33] 他從此採取了馬赫和詹姆士的中立一元論，並相信它可以解決傳統的心物關係。羅素的中立一元論幾乎一輩子都沒有改變。這一「幾乎」有兩層意思：（1）他晚年仍強調心物間沒有一條不可逾越的鴻溝，並指出，心物的區別只在於人們獲得知識的方式，而不在於各自的性質；（2）1959 年，他似乎有點兒動搖，因為他主張在說明感覺時可以放棄二元論，但在說明知識時卻又有必要使用它，例如知者與被知者並不同等。[34]

　　對於羅素的分析方法來說，數學基礎和數理邏輯是最重要的科學前提，甚至他的分析直接來自於純數學和數理邏輯的某種概念。1900 年，由於皮阿諾符號邏輯

[32] 以上各條參閱羅素 The Analysis of Mind, George Allen and Unwin LTD, 1956, pp.94-107; An Inquiry into Meaning and Truth, Unwin Paperbacks, 1980, p.390; My Philosophical Development, Simon and Schuster, 1959, p.20; An Outline of Philosophy, W. W. Norton & Company, INC., 1927, pp.179、202、178、338、75-79.

[33] Bertrand Russell, My Philosophical Development, Simon and Schuster, 1959, p.13.

[34] 有意思的是，曾創立了與分析哲學直接對立的現象學學派的胡塞爾，在其早期也是一個「分析哲學家」。在 1891 年的《算術哲學》和 1900 年的《邏輯研究》中，胡塞爾企圖將數學與哲學結合，但發現在邏輯的哲學基礎與意識的心理分析之間的結合很難進行，於是便開始研究英國經驗主義以及穆勒的邏輯學，企圖從先於所有形式思維的經驗分析中找到數學與邏輯的整個哲學基礎。其實在對數學和邏輯的態度上，胡塞爾與羅素有相通之處，並沒有什麼根本的對立，問題是將它們用於解決哲學的哪一個領域。正如美國學者理查德（H. Richards）在對海德格爾《哲學的終結與思維的任務》（The End of Philosophy and the Task of Thinking）一文的評論中所指出的：海德格爾認為，從方法到內容，胡塞爾與羅素都曾支持了作為贏方的反歷史主義和數理傾向的陣營（the anti-historicist and mathematically-inclined side）。只不過，胡塞爾在 1901 年之後，逐漸採取了現象學的方法，而引導了一個新的哲學運動。更有意思的是，在 20 世紀後期，以胡塞爾為開山鼻祖的現象學運動與羅素為開先河者的分析哲學運動，通過語言學研究和後現代主義思潮作為媒介，竟有了某種合流或交匯的趨勢。

的影響，羅素開始了革命性的轉變。在他看來，數學能使哲學的許多困惑被耐心和明晰的思維所澄清，如，從前對「物質」、「時間」、「空間」等沒有討論出結果，因此千百年來人們就不能解釋「實體」本身，而現在卻可以用數學方法取得一定的結果。

羅素甚至把許多具體學科歸結為數理邏輯的關係，因為他從不可知論出發，認為除了數理邏輯之外人們幾乎毫無可知。他尤其注意數理邏輯在哲學上的作用，認為數理邏輯是「向後」的，即能夠推論出那些最簡單、最小量的命題。他的分析方法也正是如此全力尋求最終構成要素的。他把數理邏輯看作是溝通感覺與科學的根本工具，認為因為有了它，哲學才成了科學。

羅素把數理邏輯的用途列為四點：（1）容易處理最抽象的概念；（2）能夠獲得唯一有效的假設；（3）可以瞭解邏輯或科學體系中哪些最低限度的材料是必須的；（4）深刻揭示了對象的結構。羅素企圖把數學和數理邏輯當作嚴格的科學方法來研究哲學。他錯誤地認為這種方法之所以嚴格，是因為它含有真實程度很高的「先天的」知識，或者說，它是一種先驗的演繹系統。因此，人們在探討世界時，也要定出與公理、公設、基本概念和命題相當的東西，由此一步步地推導和構造整個世界。數學和數理邏輯的確是人們在長期實踐中高度抽象的結果。在研究中，我們可以允許在一種相對純粹的條件下把它與具體事物和經驗暫時分開，而僅從其數量和形式演繹推論的關係上來考察。不過，應當強調，數學和數理邏輯絕不是什麼先驗的東西。羅素的主要弊病就在於，他將其先驗化，然後又把它上升為一種根本的哲學方法而有利於對世界的研究。

第二節　杜威的科學觀

杜威在致力於哲學改造時，特別強調了科學的因素。他聲稱：科學使我們有關自然的概念發生了革命性的改變，哲學因不再依賴某種建立在封閉有限的世界而發生根本的轉型；科技的影響遠比人文與道德的影響更大；當今的人們應當應對那些以科學權威而獲得的有關大自然結構不同的概念，並以此來「形成哲學的理性框架」。[35]

萊辛巴赫（Hans Reichenbach）在其〈杜威的科學理論〉（Dewey's Theory of Science）一文中，將哲學體系分為兩類，一是「另個世界的哲學」（other world

[35] John Dewey, *Reconstruction of Philosophy*, Boston: Beacon, 1920, pp. 53-54.

philosophies），二是「這個世界的哲學」（this-world philosophies）。他認為杜威屬這第二種。杜威生活的年代經歷了科學對社會發展的重大挑戰。1909 年，杜威聲言，當《物種起源》對絕對永恆的神聖方舟進行抨擊，把曾經認為是固定不變的和絕對的各種形式看成發生著和消逝著的東西時，「就帶來了一種新的思維形式，它必然改造認識的邏輯，從而改造對道德、政治和宗教的探討」。詹姆斯的機能主義心理學及其哲學（實用主義，和徹底經驗主義）對杜威的心理學和哲學影響巨大，可以與達爾文進化論、黑格爾哲學並稱為「杜威哲學的三大理論來源」。除了詹姆斯的心理學外，華生行為主義（Watson's Behaviorism）心理學的「理論目標就是對行為的預測和控制」觀點、建立有機體與情境之間的關係，這些對杜威產生了很大影響和借鑒作用，但杜威不認可行為主義對認識和認識能力的否定。此外，格式塔心理學（Gestalt Psychology）的整體把握觀也與杜威的經驗中的感覺類似，「都反對單純的原子式的感覺，倡導整體性的模式。」[36]

　　胡適在其恩師去世後不久，曾揭示了杜威哲學思想產生的三大背景：第一，他生長的區域是一個真正民主的社會：沒有階級，絕對自由，不是間接的代理民主，而是直接實行民權的真正民主社會。所以他從小就有民主的習慣。最能代表他思想的著述，有《學校與社會》和《民主與教育》二書。第二，兩三百年來的科學方法——皮爾士大師所提倡的科學方法，就是應用到自然科學方面的，如物理學、化學、生物學、地質學等這一類實驗科學的方法。第三，十九世紀後半葉產生「生物演化論」，也就是所謂「生物進化論」，中國嚴復先生譯為《天演論》。

> 　　兩三百年來，物理學家、化學家、生物學家、地質學家們給我們建立了一個可用的科學方法。杜威先生這樣想：我們為什麼不拿這個方法來普遍的應用，而只限制在物理、化學、生物、地質方面？為什麼不應用到改善精神方面？杜威先生以為這一種科學方法，在實驗室內應用了二三百年，並沒有流弊，的確是一種可以建立起的最好的方法。這個方法就是自己本身批評自己與糾正自己錯誤的作用。在試驗以前，一切先要有假定。比如假定有甲、乙、丙三個條件，在這三個條件具備的時候，就產生丁、戊、己的結果；那麼，我們就把甲、乙、丙三個條件設備起來，看是不是產生丁、戊、己。如果產生，就是對了；如果不產生，就是錯了。這個方法是：自己批評自己，自己糾正自己的錯誤；隨時修正，隨時發明。所以科學方法根本的觀念，不單是

求知識，還可以處處發明和發現錯誤。發現錯誤與發明正確是同樣重要的，是同樣可以增加知識。求知與發明，和發現錯誤聯合一貫，再看效果，就是實驗的方法──科學的方法。這一種方法為什麼二三百年來，不應用到所有精神的領域，所有道德、教育、政治、社會方面去呢？最重要的尤其是宗教、道德方面，為什麼不應用呢？在一定意義上，杜威批判了包括羅素在內傳統實證主義和科學哲學的科學觀，指責其外在、教條、僵化、機械，相反應注重探究過程的「內在邏輯」。在他看來，從本質上說，作為工具，科學目的為對自然世界加以掌控與利用，實際上可視作科學精神、科學態度、科學價值、科學知識、科學方法、科學實驗以及科學教育等多位一體的整合。科學必須實效化、人文化，在主體與客體的互動中，參與社會的改造，並與社會其他各個領域建成人類發展整體經驗架構。對科學結論的認知，其價值在於如何獲取它的方法，以及運用懷疑的能力。杜威很不贊成所謂唯科學主義，故企圖將科學經驗性、實驗性、工具性建立在與其一脈相承的連續性和整體觀基礎上。[37]

　　杜威宣稱：「當科學是從所研究的課題方面來解說時，相信每一個人都有可能或有希望變成一個科學家，這是可笑的，但同時，民主的未來卻是同這種科學態度的廣泛傳播緊密聯繫著的。這種科學態度是防止受宣傳籠統迷信的唯一保證。而尤其重要的，它是可能形成一種足夠明智的輿論以對付目前社會問題的唯一保證。」「在教學內容和講授方法都能隨著科學態度的形成而得以解決以前，所謂學校的教育工作，從實現民主的角度講來，還是一件十分僥倖碰巧的事情。」[38]

　　杜威關於科學探究、科學價值判斷和決策之間關係的觀點，在其哲學教育工作中發揮著核心作用。近年來，實用主義和杜威特別使科學哲學家們越來越感興趣。杜威的觀點為那些邏輯經驗主義者和他們的批評者對傳統的和當下的問題提供了一個有趣的選擇方案。杜威的思想特別涉及到近來科學哲學家對「實踐科學」的分析。杜威科學哲學的核心是其「邏輯」，即對理論的探究。然而，正是在這一點上，文獻出現空白，也就是沒有任何當代科學哲學家對杜威的邏輯理論加以研究，而杜威邏輯的研究者又很少與科學哲學的相聯繫。正因如此，美國學者布朗（Matthew J. Brown）論述了杜威的邏輯是如何為科學哲學提供資源的。[39]

---

[37] 胡適：〈杜威哲學〉，原載 1952 年 12 月 4 日、9 日臺北《中央日報》。

[38] 杜威。《自由與文化》。傅統先譯。北京：商務印書館，2013 年。第 126、127 頁。

[39] Matthew J. Brown ,John Dewey's Logic of Science, *HOPOS: The Journal of the International Society for the*

　　杜威的政治思想源於其作為一個解決實際問題的認識論。杜威哲學對於民主理論很重視，因為它強調通過提問進行思考。然而，杜威哲學同實證主義一樣，只回答了問題的解答。杜威的觀點與實證主義有重要的不同，他拒絕為解決問題，而通過經驗來建構知識的那種建構性作用。解決問題的願望符合科學的政治觀。運用梅耶爾（Michel Meyer）的哲學質疑與問題論（problematolog），杜威的邏輯揭示了其探究理論本身就是一個產品詢價，確認追問起作用的知識構成。這表明，知識延伸的思想肯定增強質疑與問題論證的重建。提問原則中的基礎知識為拓展政治修辭的分析提供了依據。[40]

　　在過去的幾十年裡，實用主義得以復興；學者們正在回歸詹姆斯、皮爾士、米德和杜威的思想。尤其作為自然主義和達爾文的追隨者，杜威關注自然哲學，聲稱科學是一個不斷變化的世界，強調文化方式與自然的結合。[41] 杜威在他的哲學著作中提供了一個健全而透徹的科學解釋概念。他提出這個概念至少有兩個原因對當代科學哲學是重要的。首先，杜威科學解釋的概念避開了從實踐經驗中分離出來作為整體的科學具體化。其次，杜威的思想替代了科學哲學中實在論者與反實在論者之間有關解釋文獻的爭論，使我們超越目前在科學哲學領域的僵局。[42]「我們還沒有做出系統的努力使作為陳舊制度性習俗的基礎的『道德』受到科學的探究和批評。那麼，這就是哲學要做的改造工作。它必須為了發展對人類事務以及道德的探究而承擔工作，就像過去幾個世紀中的哲學家推動人類生活中對物理和生理條件和局面的科學探究那樣。」[43]

　　科學哲學中的自然化（Naturalization）與其他哲學領域的自然化有關，其中包括倫理學、語言哲學和心智哲學，特別是認識論。因此，這些不同哲學分類共同具有自然主義的一般特徵。然而，在這些領域中，自然化的衝動有著不同的動機和獨特的歷史。科學哲學的自然化計劃大約在 1925 年至 1945 年之間，分別由維也納學派的紐拉斯（Otto Neurath）和美國的杜威所引領。十年後，與紐拉特和杜威很熟悉的科學哲學家內格爾（Ernest Nagel）在其美國哲學學會會長就職演說中，捍衛了哲學自然主義。1969 年，奎因（Willard Van Orman Quine）發表了有很大影響的文

History of Philosophy of Science, Vol. 2, No. 2 (Fall 2012), pp. 258-306。

[40] Nick Turnbull, Dewey's Philosophy of Questioning: Science, Practical Reason and Democracy, *History of the Human Sciences*, February 1, 2008.

[41] Svend Brinkmann, *John Dewey: Science for a Changing World*,Routledge, 2013.

[42] Mark Dietrich Tschaepe, John Dewey's Conception of Scientific Explanation: Moving Philosophers of Science Past the Realism-Antirealism Debate, *Contemporary Pragmatism*. Dec. 2011, Vol. 8, Issue 2, pp. 187-203.

[43] 杜威：《哲學的改造》張穎譯。西安：陝西人民出版社，2004 年，第 29 頁。

章〈自然化的認識論〉（Epistemology Naturalized）。然而，直到 20 世紀 80 年代，人們才對科學哲學自然化真正引起了興趣。這是由於三大影響：首先，人們越來越不滿邏輯經驗主義，更普遍地說，越來越不滿將任何科學哲學認作是對科學和方法論概念的邏輯或概念分析；其次，這種不滿的部分原因是人們對科學史越來越感興趣，尤其是在孔恩（Thomas S. Kuhn）於 1962 年出版《科學革命的結構》（*The Structure of Scientific Revolution*）一書之後；最後，從 20 世紀 70 年代開始，一個新的激進科學社會學提出了一個挑戰，要求提供科學如何運作的全部過程。[44]

杜威在其多部著作中都表現出對科學的熱情，如《關注教育哲學》（*Underlying Philosophy of Education*）；《經驗與教育》（*Experience and Education*）；《民主與教育》（*Democracy and Education*）等。科學幾乎是杜威關於社會、教育、哲學或人類所有研究的核心。杜威對科學總體態度的典型之處在於，其宣稱「從終極和哲學的意義上說，國際上，科學是一般社會進步的器官（the organ of general social progress）。」[45] 倘若有的哲學家認為，藝術是為了藝術，那麼可以說杜威應該為科學而追求科學。根據杜威的說法，只有科學方法允許最大可能的公正，[46] 而這是唯一符合民主生活方式的方法；[47] 科學方法是智力的方法[48] 接受公眾的監督。[49] 由於這些觀點，他把科學方法融入生活的各個領域。由於熱衷於現代科學方法，杜威不僅重新界定了科學方法在教育中的作用，而且希望由此改變人們對科學的態度。[50] 儘管杜威對科學給出了或多或少「傳統」的定義，比如，對經驗中審察假設，或改變舊結論以適應新的發現。[51] 然而他真正的貢獻就在於創立了一個以概念為基礎的科學網絡，這些概念似乎不僅被認作科學的思想，而且成為民主社會的普遍概念。正如他所說的，「實驗方法是唯一符合民主生活方式的方法。」[52]

總的來說，杜威幾乎是無條件地讚美科學，但他經常清楚地意識到，由於其冷酷的工具性，科學可能被用於不人道的目的。[53] 杜威的哲學是新科學時代的保護

[44] Thomson Gale, "Naturalized Philosophy of Science," *Encyclopedia of Philosophy*, 2006.

[45] John Dewey, *Democracy and Education*, p. 239.

[46] *Abstracts of Kaizo Articles*, p. 434.

[47] John Dewey, *Philosophy of Education*, p. 102

[48] John Dewey, *Experience and Education*, p. 54.

[49] John Dewey, *Abstracts of Kaizo Articles*, p. 434.

[50] John Dewey, *Democracy and Education*, pp. 214, 325.

[51] John Dewey, *Logic: The Theory of Inquiry*, pp. 115-116, 122.

[52] John Dewey, *Underlying Philosophy of Education*, p. 102.

[53] John Dewey, *Individualism Old and New*, pp. 105-106.

者，故不斷地尋找新皈依者、新方法、新思想、新習慣和新態度。他主張，科學成為一種「具有強烈的情感忠誠（intense emotional allegiance）」的習慣，[54] 即它是人們願熱情地相信、奮鬥和捍衛的東西。他承認科學會塑造人類欲望的可能性，從而在不斷提高的社會圈子中加強自己。[55] 因此，杜威一心投入教育是不足為奇的。像所有值得尊敬的道德哲學家一樣，杜威也試圖通過重建教育來重建社會。作為科學範式意識形態的倖存維護者，在杜威產生科學態度和信念的過程中，科學教育起著關鍵的作用，並終結了自我的延續（the self-perpetuating）。[56] 像柏拉圖以來所有偉大哲學家一樣，杜威也走入了越來越大的圈子，使得那些沒有開創精神的人越來越難看到他們的共同中心。杜威熱衷於科學在社會中的角色，並允許科學發揮比潛在邏輯所保證的更重要的作用。然而，他並未全面地強調一些更明顯的對科學的批評，或討論非科學方法及其教育用途；例如以想像為中心的教育（imagination-centered education）、角色扮演、或形而上學的討論等，在民主性格發展中可能具有的作用。另外還有值得進一步分析的其他問題，包括把自然僅僅當作科學發展手段的道德觀；科學的純道德或工具性質；[57] 以及非民主政權利用科學方法等。[58] 科學探究可能具有非客觀性，包括其潛在的歷史和文化相對主義；[59] 因而它可能成為杜威式強制性反本質主義（imperative anti-essentialism）一個要點；科學可能被用於教育，而並非杜威所主張的，作為更好控制自然的手段，更有用的工作，或更多以人為中心的「功利」目的，而是為了更好地理解其他文化，與非人類的世界部分共存，並且進行有意義和愉快的遊戲。[60]

在科學與自然的關係上，杜威認為前者是人類對後者的控制。在他看來，「現代實驗科學是一門藝術控制。」自從現代科學的興起，自然可被「加以修飾，有意控制。」[61] 正如他所說的，自然「是行動的物質，以便將其轉化為更好地滿足我們需要的新事物。自然界存在於任何特定的時間，是一種挑戰，而不是一種完成；它

[54] John Dewey, *Experience and Education*, p. 54

[55] John Dewey, *Freedom and Culture*, Later Works, vol. 13, p. 163

[56] James Scott Johnston, John Dewey and the Role of Scientific Method in Aesthetic Experience, Studies in Philosophy and Education, January 2002, Volume 21, Issue 1, pp. 1-15.

[57] John Dewey, *Democracy and Education*, p. 292

[58] John Dewey, *Abstracts of the Kaizo Articles*, pp. 435-436.

[59] 這一觀點的典型代表是孔恩關於科學進步史的經典著作。參見 Thomas Kuhn, *The Structure of Scientific Revolutions*, Chicago: University of Chicago Press, 1962.

[60] James Scott Johnston, "John Dewey and the Role of Scientific Method in Aesthetic Experience," *Studies in Philosophy and Education*, January 2002, Volume 21, Issue 1, pp. 1-15.

[61] John Dewey, *The Quest for Certainty*, New York: Minton, Balch & Company, 1929, pp. 80-82, 85.

提供了可能的出發點和機會，而並非終點。」[62] 有人可能認為人類至少應該控制自然而得以生存，但這並不意味著他們應該用科學來「控制」或「掌握」自然，因為歷史上有證據表明他們能夠在現代科學到來之前生存，甚至可能試圖通過控制在自然而使自己更有害，而不是更加有利。倘若杜威能活到今天，親眼目睹科學技術進步的人類不斷破壞自然的話，那就很有意思了；也許他對任何類型目的論道德（teleological morality）的厭惡，可能說明其無法預見科學的破壞性運用。另一方面，他是否更有選擇地接近形而上學的道德，例如，基於外在善與惡的目的，而非完全拒絕所有先驗的道德觀念，[63] 他可能更為艱難地捍衛自然的神聖性，而抵禦科學方法肆無忌憚的踐踏。雖然杜威承認科學可能被濫用的不良用途，如脅迫、恐嚇和欺騙等；[64] 甚至還可能增加大規模毀滅性武器的發展，但他並未作進一步的分析，僅將此作為一個腳注略作了說明，而對科學的利益卻加以精心的闡述。杜威絕對支持科學的態度是如此明顯，以至於人們可能會爭辯說，即使他抨擊了反本質主義，科學已經成為他哲學中的另一個基本價值、形而上學思想或理想倫理。[65] 杜威的哲學是反形而上學和反本質主義的，而他可能會辯稱，科學從根本上是反本質主義的，因為其目的是驗證經驗中的主張，而並非將經驗本身歸因於先驗的本質。除了是否有任何假設測試可以開始之前，沒有什麼預先構成的「測試（testing）」的概念。倘若並非「經驗」本身，那麼就不存在某種先驗概念或「本質（essences）」的問題。[66]

　　杜威接著又探討了科學、道德與民主之間的關係。科學提供了什麼樣的道德？杜威關於科學的判定隱含著一種觀念，即基礎科學是某種真正的道德。儘管杜威把科學稱為一種方法，但他也打破了目的和手段之間的區別，[67] 而暗示一種方法，如科學，也可以作為目的。杜威認為，民主是一個比科學更偉大的目的。[68]「實驗方法是唯一符合民主生活方式的方法，正如我們所理解的。」[69]

---

[62] Ibid., p. 81.

[63] John Dewey, *Human Nature and Conduct*, New York: Modern Library, 1922, pp. 6-9.

[64] Abstracts of Kaizo Articles, pp. 435-436.

[65] 參見 Richard Rorty, "Introduction," *Later Works*, vol. 8, p. xiv.

[66] A. Makedon, "Is Teaching a Science or an Art," *Proceedings of the Midwest Philosophy of Education Society*, 1989 & 1990, pp. 238-239.

[67] John Dewey, *Superstition and Necessity*, *Early Works*, vol. 4, pp. 29-32

[68] See Sidney Hook's analysis, "Introduction," *Democracy and Education*, *Middle Works*, vol. 9, pp. ix-xii.

[69] John Dewey, *Underlying Philosophy of Education*, p. 102.

小結

有一點必須指出的是，圖爾敏與夏皮爾、薩普、科恩等人，在對羅素和邏輯實證主義進行批評的同時，還對歷史學派中的孔恩、費耶阿本德等人的非理性主義傾向進行了批判。[70] 圖爾敏等人反對這樣一種觀點，即科學哲學就是分析科學理論之所以得到採納或拋棄的各種社會心理因素。羅素始終把科學作為哲學的前提，在某種意義上說，他從科學成果中提煉出的某些方法，也的確促進了科學的發展。但遺憾的是，有些科學成就在被科學家進行理論概括時，本身就已非科學化了，而羅素由此出發，自會錯上加錯，例如有關相對論和量子力學的某些不正確的理論。除此之外，他本人也常常從科學前提出發，經過不合理的哲學概括而得出了非科學的結論。

杜威科學觀的核心是社會改良主義或向善主義（social meliorism）＋科學人文主義（scientific humanism）。前者一般強調真實概念的進步觀必定導致世界的改良；而人類能夠通過對自然過程的干預，產生一個對原自然過程加以改進的結果；後者總體上是一種以科學原理和方法為基礎的人文主義理論和實踐形式，特別是人類在研究人的生命和行為時應採用科學的方法，以便以理性和有益的方式指導人類的福利和未來；包含了人的道德、價值、社會正義，政治理想，並拒絕宗教教條、超自然主義、偽科學以及迷信等。杜威的這種雙重科學觀，不僅關注傳統科學本體論、科學認識論、科學邏輯以及科學方法論方面的哲學基礎，更強調了科學在社會改造、人類進步、民主政治、經濟活動、自由教育以及藝術審美等方面的效應。杜威認為，科學方法將促進人們的合作和科學習慣，最終將有助於培養民主的人格。然而，事實上，許多科學家是孤立工作的；他們經常發現一些新事物，是因為其獨自一人在孤樹下被諺語中所說的蘋果擊中而獲得的靈感，而並非杜威所描述的給予與索取的結果。也許有人認為，科學家不應該那樣工作，而是應該以杜威主義的方式合作工作，才算作「真正的」科學家。倘若我們拒絕許多科學家所做的，或科學是如何被經常使用的，來使我們的科學概念去符合杜威，那麼即使「科學證據（scientific evidence）」相反，我們難道就不重新界定科學嗎？倘若杜威真的比科學更重視民主習慣的建立，那麼為何不把其明確認為非科學的所有方法都包括在教育裡呢？比

---

[70] 1984 年，本書著者曾在美國哲學學會東部年會上，親耳聽到孔恩（T. Kuhn）就合理性與理論選擇（Rationality and Theory Choice）問題與柏林學派的創始人、科學和分析哲學的元老之一亨普爾（C. G. Hempel）進行了面對面的辯論。兩位大師在辯論中多次提及到羅素及其觀點。

如,未檢驗的故事講述,形而上學的課堂討論,或虛幻的角色扮演等。如同科學所做的那樣,這些集體活動對民主性格的發展會有什麼貢獻?[71]

在相當的程度上,杜威對傳統「二元論」的批判與馬赫和羅素的「中立一元論」有些靠近。19 世紀末,馬赫(E. Mach)跟上物理學的發展,用物理學來說明哲學。他大講科學的統一、物理與心理的統一,而統一的結果是在思維經濟的原則下提出了中立一元論和要素論,從而進一步上了所謂第三條路線。一般來說,羅素並不直接認同「純粹的」唯物論,但從某一側面則肯定了它的某些合理性,而經常用「實在論」來代替某種形式的唯物論,甚至用實在論作為與唯心論對立的哲學範疇;例如他認為唯物論「在哲學家中很少見,但在一些時期的科學家中卻很普遍」;[72]「唯心論主張,除了思想沒有其他什麼東西能被認識,而我們所知的實在都是精神性的;相反,實在論則強調,我們以感覺直接認識客體……」;[73]「……所有我主張的是,避開那些困擾實在論和唯心論的難題,還要避開它們那些已被邏輯分析所揭示出的歧義性概念。」[74] 正是在哲學觀新舊形式的再一次交替之際,羅素利用自然科學的某些成果,試圖用一種所謂新自然主義與新中立主義的態度來解釋世界,即貫徹休謨的第三條路線。羅素把他的多元論典型地稱為「邏輯原子論」,後又改稱為「中立一元論」。羅素試圖把實體論與現象論、經驗論與唯理論、實證論與新實在論結合起來,從而提出了邏輯原子論、中立一元論、邏輯構造主義和分析方法。羅素稱自己的多元論是物理學、生理學、心理學及數理邏輯四種科學結合而成的,而採取邏輯原子論是他一生中最大的「革命」之一。這個理論認為世界是可分體,它的終極構成要素就是邏輯原子。後來,他又進一步把邏輯原子完全變成了一種不分主客的「中立」要素,指出心與物的差別只在於二者的構造而不在其構成成分。這就產生了中立一元論和邏輯構造主義的思想。著名哲學家洪謙認為,關於感覺內容和經驗假設的關係,艾耶爾仍然認為能以休謨的方式加以闡明,即我們根據這種關係的內容或結構,提出對物理客體的假說。艾耶爾說,如果我們區別這種實指的心理對象和那種實指的心理對象,如果我們區別這種實指客體和那種實指客體,那末,我們在每個不同場合之下,區別其不同的「邏輯結構」(logical construction)。

---

[71] A. Makedon, "Some Thoughts on His Views of Science and Play in Education," *The Proceedings of the Midwest Philosophy of Education Society*, 1991 and 1992, ed. David B. Owen and Ronald M. Swartz, Oakland, Michigan: College of Education, Oakland University, 1993, pp. 93-102.

[72] Bertrand Russell, *The Analysis of Mind*, George Allen and Unwin LTD, 1956, p.10.

[73] Ibid., pp.19-20.

[74] Bertrand Russell, *Mysticism and Logic*, Dover Publications, 2004, p.123.

顯而易見，艾耶爾因為應用休謨的感覺理論，把自身投到馬赫的要素論和羅素的邏輯結構論的中立一元論中去了。[75]

---

[75] 洪謙：〈艾耶爾和邏輯實證主義〉，《論邏輯經驗主義》，商務印書館，1994 年版。

本篇簡評　兩種哲學體系的撞擊與互動

　　羅素與杜威是 20 世紀的兩位卓越的西方哲學家。有意思的是，西方竟有人稱他們倆是「哲學中的孿生兄弟」。有西方學者指出，杜威和羅素的相似之處是二者皆為 20 世紀首屈一指的哲學家。在他們漫長的一生中（他倆都活到 90 歲以上），他們的道路曾有數次交集。尤其是羅素與杜威都於中國社會轉型的重要時期幾乎同時訪問了中國。不過，雖然彼此友好，但兩人絕對不是最好的朋友。認識並欽佩他們的胡克（Sidney Hook）曾經說過，只有兩個男人是杜威最不喜歡的：即阿德勒（Mortimer Adle）和羅素。對他而言，羅素永不停歇地貶損一般的實用主義者，杜威尤其為此而激怒無比。不過，這兩人分享了許多哲學的特徵：國際主義的觀點，對科學方法的高度重視，對社會問題的關注，並懷疑教條，特別是宗教的教條。在杜威與羅素之間有一些相似性：1.在政治上，都相信自由主義和個人主義；2.在文化上，都主張了無神論、科學主義、聖像破壞以及反宗教主義，這些都會適應新中國知識分子的需要，如反儒家、反規範、反倫綱等；3.在哲學上，都強調經驗主義與實證主義；4.在教育上，都傾向進步主義與功能主義。然而，我們應當考察兩位哲學家的區別而並非那些相似性。羅素與杜威之間的區別更為顯著，絕對的障礙將他們分開：即杜威的實用主義。無論如何，對羅素來說，「實用主義是一種世俗的褻瀆（secular blasphemy）」。杜威說到：我要重述在羅素先生的《探究意義與真理》（*An Inquiry into Meaning and Truth*）一書中對我的批評。我完全同意他的說法：「他的觀點與我的觀點有很大的區別，除非我們能相互理解，否則不會引起這些區別」。

　　1939 年，謝爾普（P. A. Schilpp）主編出版了《杜威哲學》（*The Philosophy of John Dewey*）。這是《現存哲學家圖書館系列》的第一卷，如此排在首位，可見當時杜威在西方哲學界的分量與影響。在這卷書中，杜威的著作受到 17 位傑出思想家的仔細審視。其中有些人讚頌，有些人重新闡釋，但所有人都尊重這個偉大和生生不息的思想。杜威一直是美國思想中最有活力、最引人注目的人物。雖然「傳統」的哲學家經常關注看似遙遠和形式主義的問題，但杜威卻始終意識到發展中的民主正在發酵；日常生活中的問題，文化中的「平凡」，學校教育過程的方向，以及政治、藝術、文學、科學、宗教等各個領域，都給杜威留下了深刻的思想反思。杜威的著述不可避免地會產生疑問，但在不同語境下會有不同的焦點。在本書中杜威同一群

傑出的頭腦進行交流與互動。這種獨特的結果是創造了一種新的智力體驗。[1] 這 17 位大哲中，其中之一就是羅素。

　　杜威的哲學著作在他的一生中受到了哲學同行的不同回應。正如杜威本人所理解的，有許多哲學家認為他的作品是真誠地試圖將經驗自然主義的原理應用到哲學的長期問題中，為問題和用來解決這些問題的概念提供有益的澄清。然而，杜威的批評家常常認為，他的觀點比其所作的澄清努力更令人困惑，而且似乎更接近於理想主義，而不是杜威自詡的基於科學基礎的自然主義。在這方面值得注意的是杜威與實在主義者羅素、洛夫喬伊（A. O. Lovejoy）以及麥吉爾維里（Evander Bradley McGilvery）有關認識主體與已知客體之間關係的爭論。儘管這些哲學家認為，知識對象存在於認識主體之外，故為命題設置了真值條件；而杜威卻支持這樣的觀點，即被理解為與人類有機體任何關係分離的事物不可能是知識對象。杜威對別人對他的各種批評是敏感的。他常把它們歸因於基於傳統哲學內涵的誤解，一些讀者會歪曲他的術語。例如，杜威所使用的貫穿其哲學著作的「經驗」一詞，是用來指代人類有機體與其環境相互關係的廣泛背景，而並非像一些批評者所理解的那樣，僅僅指人類思維的領域。杜威對表達清晰的關注促使他在後來的著作中努力修改他的術語。因此，他後來用「交換行動（transaction）」代替他早期的「相互行動（interaction）」來表示有機體與環境之間的關係，因為前者更好地表明瞭有機體與環境之間的動態相互依存關係。杜威在《經驗與自然》（*Experience and Nature*）的新導言中（在他生前從未發表過），他提出「文化」這個詞來代替「經驗」。在其職業生涯後期，他試圖在與本特利（Arthur F. Bentley）合編的《知與被知》（*Knowing and the Known*）一書中，對自己哲學術語進行更全面的修訂。杜威以及實用主義思想流派本身的影響，儘管在 20 世紀初葉相當可觀，但在本世紀中葉逐漸被其他哲學方法，如英格蘭分析學派的方法所遮蔽。歐洲大陸的現象學發展到了極致。然而，最近的哲學趨勢，導致了這些僵化範式的解體，也導致了繼續和擴展杜威的方法。奎因（W. V. O. Quine）的「認識論自然化（naturalizing epistemology）」計劃就曾以杜威探究理論中所預期的自然主義假設為基礎。杜威等實用主義者所探討的信仰系統的社會維度和功能，重新受到羅蒂（Richard Rorty）、哈貝馬斯（Jürgen Habermas）等大哲的關注。像羅森塔爾（Sandra Rosenthal）和伊迪（James Edie）這樣的美國現象學家已經審思了現象學與實用主義的密切關係，而普特南（Hilary Putnam），一位經過分析訓練的哲學家，最近承認了他自己倫理方法與杜威倫理方法的密切關

[1]　P. A. Schilpp (ed.), *The Philosophy of John Dewey*. Northwestern University Press, 1939.

係。近來哲學討論的多元化意味著對杜威哲學的重新興趣，並有望在未來一段時間內繼續下去。[2]

　　同樣，謝爾普也主編推出了《羅素的哲學》（*The Philosophy of Bertrand Russell*）一書。這是《現存哲學家圖書館系列》的第五卷。在本書中，包含了 21 位傑出哲學家所撰寫的論文。有評價說，羅素對數學哲學和符號邏輯的貢獻，標誌著他是世界上極少數偉大而智慧的思想家之一；他廣泛的興趣和著述的多樣性也使得其同時成為當代最廣泛閱讀和受到批判性討論的人之一。還有評論提到，大多數批評者都未能從羅素「對批評的答覆」得到經過仔細研究的答覆。由此，會有很多哲學家對羅素先生的「答覆」不滿意。其中一些人會抱怨這些「答覆」過於簡潔。也有其他人會不滿意地指責這些答覆是否為「哲學」。當然，不可能滿足所有人的要求，除非確實加入到他們各自的陣營。本書編輯自稱發現了羅素沒有詳細答覆的主要原因。在一次與編輯的談話中，羅素暗示，最大的驚訝，就是在閱讀書中 21 篇文章後，發現「超過一半的作者沒有理解」他本人的思想。[3]

　　在一定的意義上，羅素與杜威這兩位大哲從未真正地互相瞭解對方哲學思想。

2　Richard Field, "John Dewey," *The Internet Encyclopedia of Philosophy.*

3　M. Balaban (ed), *Scientific Information Transfer: The Editor's Role*, D. Reidel Publishing company, 1977, p. 146.

補篇

羅素與杜威訪華演講
及其影響的比較

第十六章　羅素與杜威的重大演講及其影響

羅素與杜威在中國最重要最有影響的活動就是他們的演講；其中他們各自都有「五大演講」最受關注。然而，很遺憾的是，由於各種原因，這些演講的英文原稿並沒有得到保留。本章並不單純複述當年出版的中文譯稿，而是結合他們對這些演講論題一貫思想，尤其是其英文原著，並聯繫最近一些西方學者對這些演講的重新追溯與深究，而再加以評述、闡釋與比較。

第一節　羅素重大演講及其影響

從 1920 年 9 月來華到 1921 年 7 月離華，除了因病中斷了兩個月以外，羅素在上海、杭州、南京、長沙、北京、保定等地作了大約 20 次各種規模的主題演講。講學社蔣百里通過清華大學校長邀請在哈佛大學留學歸來後在清華大學任教的趙元任先生擔任翻譯，當時在《東方雜誌》編輯部任職的楊端六參加了在長沙的接待和部分翻譯工作。此外譯者還有張廷謙、瞿世英[1] 等。主要演講由北大學生章廷謙、李小峰等作現場筆錄。主要演講包括哲學問題、數理邏輯、物的分析、心的分析、社會結構學等所為五大演講。此外，還有「社會改造原理」等題目。演講稿分別由商務印書館和北大新知書社出版。例如 1921 年出版的《數理邏輯》由吳範寰記錄，書後附有張崧年《試編羅素既刊著作目錄》；《心的分析》由孫伏廬記錄，登載了羅素演講翻譯筆記稿以及有關羅素學說、生平事蹟等等。[2] 在北京期間，羅素的演講就有 11 次之多，論題涵蓋了哲學、宗教學、政治經濟學、教育學、社會學、心理學、數理邏輯學及中國時局和中國社會重建等跨學科的領域。他曾演講的單位有：北京大學第一院、北京大學第三院、北京師範大學、北京中國社會政治學會、北京哲學研究社、北京國立美術學校、北京女子高等師範學校、北京教育部會場等學校和社團。其中《哲學問題》、《心的分析》、《物的分析》、《社會結構學》和《數理邏輯》等演講在日後被編輯為《羅素五大演講》，並於 1921 年由北京大學新知書社在

---

[1] 又名瞿菊農，曾留學於美國哈佛大學，受教於美國新黑格爾主義者霍金等教授。

[2] 陳應年、陳兆福：〈商務印書館與百年來西方哲學東漸述略〉，商務印書館網站。

中國出版發行。當時，北京大學的師生還專門成立了「羅素學說研究會」，經常舉行討論會，羅素也參與其中。[3] 據羅素回憶：「青年聽眾的求知欲非常強烈。他們聆聽演說時就像飢餓者面對盛宴一樣。」[4] 講稿分別由商務印書館和北大新知書店出版。上海商務印書館出版的《共學社叢書》裡列有「羅素叢書」共有 5 種，如《哲學中的科學方法》（王星拱譯，1921 年）、《算理哲學》（傅鐘孫等譯，1923 年）、《政治理想》（程振基譯，1921 年）、《戰時之正義》（鄭太樸譯，1921 年）及《德國社會民主黨》（陳與漪譯，1922 年）等。在此前後出版的有《物的分析》（任鴻雋等譯記，1922 年），《羅素論文集（上、下）》（楊端六等譯，1923 年）。1926 年又出版了《我的信仰》（何道生譯，1926 年）。商務印書館出版的《東方雜誌》發表了《羅素的相對原理觀》（關桐華譯，1922 年）、《哲學問題》（黃凌霜譯，新青年社，1920 年）等。[5]

　　1998 年，羅素在華演講被中國文化書院評選為「影響中國 20 世紀歷史進程的重要文獻」。羅素訪華，是中國近現代哲學、政治思想上具有重要意義的一件大事。但是羅素演講由於當時條件所限，沒有保留英文原稿，保存下來的只有經過翻譯的中文講稿。羅素的演講曾以《羅素五大演講》結集出版，但還有部分重要演講散見於舊刊之中，給研究者（特別是外國研究者）帶來很大困難，導致中外學術界在研究羅素訪華的影響、羅素在華期間思想演變通訊近代中外思想文化交流等問題上長期出現空白。[6]

　　前面提過，1901 年，羅素發現了以他的名字命名的悖論，引起了所謂第三次數學危機，促使人們對數學基礎問題進行深入一步研究，從而推動了人類認識的發展。不久，羅素提出了邏輯類型論，為解決悖論做出了卓有成效的嘗試。1903 年，羅素獨自發表了一卷本《數學原理》，建立了邏輯主義學派。接著，他又和懷特海合作，經過 10 年的艱苦勞動，寫成了三卷巨著《數學原理》，這在數學史上是一個重要的里程碑。1919 年，他還撰寫了《數理哲學引論》一書。前面還提過，羅素最初聲明自己並無企圖要解決人類命運的問題，但不久便否定了這個說法。他認為自己一生的一個重大轉折，就是從抽象的哲學轉到了對人類社會問題的研究。在早年，羅素就計劃一方面對科學哲學撰寫一系列的著作，從數學到生物學，使它變得越來越具體；另一方面撰寫一系列關於社會政治問題的著作，使其越來越抽象。最

---

[3]　參見李晉奇：〈羅素的北京之行〉，《中國社會科學報》2012 年 11 月 5 日第 375 期。

[4]　胡作玄：〈羅素〉，載《西方著名哲學家評傳》，第 8 卷。

[5]　陳應年：〈20 世紀西方哲學理論東漸述要〉，《哲學譯叢》2001 年第 1 期。

[6]　參見袁剛編《中國到自由之路：羅素在華講演集》出版說明（北京大學出版社，2004 年版）。

後，他還要在一種理論與實踐等量齊觀的百科全書中達到一種黑格爾式的綜合。從根本上說，羅素的整個社會政治觀主要體現在對自由、權力和理想社會的看法上。他在這方面的主要著作有《政治理想》、《自由之路》、《自由與組織》、《社會重建的原理》、《權力：一種新的社會分析》等。

羅素訪華時，就在以上的研究成果上，精心選取了自己認為比較典型又相對容易理解的五個專題，在北大作了著名的五大演講：即「哲學問題」、「心的分析」、「物的分析」、「社會結構學」和「數學邏輯」。但即便如此，對中國知識界，尤其是對中國當時的青年學生還算是「曲高和寡」。梅貽寶曾回憶說：他到師大（當時稱北京高等師範學校）聽羅素演講的情形。那次是羅素在師大的首次演講，題目是：物質是什麼？開講前，一間特大教室已經座無虛席，連人行道、窗臺都擠滿了人。羅素和翻譯趙元任一同走進教室，全場掌聲雷動。羅氏開講，分析物之為物，講辭甚為抽象。約十分鐘後，聽眾只剩下一半了。講到關鍵環節，羅氏發問：「我們何以知道那塊桌布下面有張桌子呢？」聞此，聽眾又走了不少，後來只剩下二三十人了。由此可知，當時學生對羅素的演講，能聽懂的應是少數，大多是慕名而來。[7]

一、第一大演講《哲學問題》

據記載，1920 年 11 月 7 日是個星期天，蔡元培邀請羅素在北大第三大禮堂舉行在京的首次講座，主題是「哲學問題」，聽眾達 1000 多人。其實，此時，羅素的《哲學問題》英文原作已由黃凌霜譯成中文出版（新青年社，1920 年版），其包括第一章〈顯象與實體〉，第二章〈物體的存在〉，第三章〈物質的本性〉，第四章〈觀念論〉，第五章〈「親知」和「述知」〉，第六章〈論歸納〉，第七章〈論普遍原理的知識〉，第八章〈先天知識如何可能〉等。

在羅素看來，演講應當從他自認最基本的問題發端。根據當時的記錄，在開講時，他說自己今天這個演講的題目是哲學問題，或者可以說是與哲學有關係的幾個問題，以後繼續再演講下去。哲學和別種的科學不同，研究了別種科學都可以得著些結果。哲學則不然，它不能貢獻一定的知識，像別種科學所能做的一樣。所以有許多人對於哲學很懷疑，以為它不過是一種空論罷了。關於別種的科學，總是研究得越多，所得的知識也越多。而哲學則恰與之相反，研究的越多，所知道的反而越少了。研究哲學的結果，可以減少許多的「自信」。從前看了不會發生問題的，研究了哲學以後，卻都要成為問題了。哲學的價值，並不僅在這一點上，以後再詳細

7　梅貽寶：《大學教育五十年》，聯經出版社，1982 年版。

來講，然而竟可以由它減少自信或偏見，這也是哲學的一個大功用了。世界上有許多的悲劇，如戰爭衝突等產生的原因，都是由於這邊的人相信他們的意見對，那邊的人又相信他們的意見對，這兩方各自固執，互相齟齬，才發生許多悲慘的結果來。

　　在《哲學問題》的演講中，羅素從其「中立一元論」的學說展開闡述。他不贊成「唯心論」、「唯物論」及「現象論」等對物質世界的看法，指出「造成宇宙的最後材料」既非心，也非物，而乃某種「實在的東西」，即事情或事素（Event）。整個世界依邏輯方法由諸多「事素」「系統」地構成。「物質」這一概念本可有可無，然而人們本性上「喜歡永久」，故能使用它。也就是說，「物質」是「用『邏輯』的和『算學』的方法」將一組「有關係的事素或現象」集合起來的概念。過去「因果有必然的關係」的「因果律」，從新近科學的分析來觀察「是靠不住的」；「公律」僅為某種大概的趨勢，因而無法判定「事素」究竟如何。既沒有什麼「全真全假的事情」，也沒有什麼「一定不變的」真理。羅素認為「近世的科學與哲學精神，是注重實際的，而不是虛空玄妙的」。他從唯心論、唯物論、現象主義入手，闡述了什麼是物質，什麼是現象與實在，因果律等，並介紹了弗洛伊德和榮格的最新理論。在演講中，羅素對貝克萊、黑格爾、柏格森等所代表的唯心論進行了全面的抨擊，指出貝克萊因違反了邏輯，而誤入歧途；並揭示了柏格森、黑格爾等人的看法乃非理性的神秘主義。在演講中，他生動地以桌子問題為例，指出科學家、美術家，還有普通人等所觀察的桌子各不相同，從不同的視角，人們見到的是不同的形狀和顏色，感知到的是不同的溫度和硬度。如此一來，桌子實體是否存在就成了問題。因而，對唯心者來說，所謂桌子存在僅是顏色、形狀、硬度等現象，而非實體，故判定現象的本源只在於內心。

　　在演講中，羅素說了一段開場白後，便切入主題：「今天我們所要討論的，就是現象與實體（Appearance and Reality）的問題。常識以為真實的事情，在哲學上未必就肯承認，因為對於這些書情，一加思索，便看出它有許多的錯誤和自相矛盾的地方來。所以有許多哲學家以為實在的本體與所看見的現象是不同的。」[8] 接著，羅素舉了那個有關「桌子」的著名例子：這裡有一張桌子，大家雖然都可以看見，但是他說可以證明人們並沒有看見。我們尚要把這個所看見的桌子研究清楚便可以知道各人所見的都不相同。因為各人的觀點不同，故所見桌子的形狀和顏色也不相同。這邊的人看去是這種顏色，那邊的人看去，因為反光不同的緣故，有的地方亮，有的地方不亮，又成了別種的顏色。平常人所說的桌子，只是當它放在一個平常的

8　《羅素及勃拉克講演集》，惟一日報社，1922 年。

地位，平常的情形，在平常的光線之下，用普通的觀點去看。倘若叫一位畫家來看，
就和我們尋常所見的不同。常人所謂黃的，他也許不以為黃，他只知道看一去是什
麼便是什麼。因為畫家去掉一切東西真有某種顏色的想像，只求一切東西現象的觀
察，所以他看著是這樣便以為是這樣，看著是那樣便以為是那樣了。各人所見的顏
色既不相同，要從這許多顏色當中選出一種顏色來說這是桌子的真顏色，那麼其餘
被摒棄的顏色豈不都要叫冤麼？但是如果把各種的顏色都要了，說全是這個桌子的
顏色，這樣一來，把桌子又變成五光十色的樣子，也似乎是很不近情理的。因此就
有許多哲學家以為顏色是主觀的觀察而非實在的本體。羅素提出若再進一層討論，
問「世界上究竟有沒有物質」和「一切物質是否有實在的本體為各種現象的原因」？
一般人以為雖因各人的觀點不同，而所見之物質有別，但總須有個東西才行，這個
東西就叫做物質。討論至此，就發生出兩個問題：（一）世界上有沒有物質存在？
（二）若有，物是什麼性質？用什麼方法去知道它？對這兩個問題，在哲學中的解
答共有三派：（一）唯心論（ideahsm）。這一派的理論，以為凡存在的東西都是心
中的意象（idea）。（二）唯物論（materialism）。這一派以為無論什麼東西都是物質，
心也是個假現象。（三）現象論（phenomenalism）。這一派以為凡物都只是顏色，
形狀，硬度……種種現象，用不著另有別的原因和本體。他指出在這三派中，現象
論比較著最近理。但自認「我的哲學不是唯心論，也不是唯物論，和現象論稍微接
近一點。」[9]

　　羅素在進行一大段議論後，指出：自己可以在可以對哲學下個批評，就是哲學
全靠不下定義。從歷史上看來，哲學家都有這個脾氣。現在講了一大套的「心」與
「物」。也不曾下過定義，倒很像哲學討論的氣象了。假如有人問心是什麼，這個
問題可以詳細解答，不過要多費些時間，不是容易講清楚的。若是這樣的含混下去，
也是不對·後來含混慣了，必引起哲學上許多無謂的爭論。這類事在哲學史中是常
見的。「心」和「物」的定義歷來的哲學家爭論的很多，「我現在不下別的定義，只
說『心』是心理學所研究的，『物』是物理學所研究的。『心』和『物』兩種東西並
非截然不同，不過如同樣油、糖、粉等物，因配合的兩樣，就做出兩種不同的點心
來罷了。」[10] 羅素書歸正傳，明確地宣稱：他自己的哲學，不能說是現象主義，因
為他並不是說現象和經驗之外，是沒有東西存在的。現象派的話說得未免過甚一
點。但是他也不說經驗和現象之外還有東西，因為經驗和現象之外有沒有東西存

---

[9]　同上。
[10]　同上。

在，誰也不能斷定。我們只能說所知的是什麼，不能說在所知的以外，還有什麼東西或者沒有什麼東西。所以他不願人家稱他的哲學為現象主義。「我自己的哲學實在是「中立一元論」（neutral monism）。我用這個名詞，與唯心唯物兩派都是有區別的。宇宙中最後的質料，不能說是物，也不能說是心，只是世界上的事情（events）。我想哲學上許多麻煩都起於想有永久的存在。但是有了這個存在的偏見，哲學上的麻煩就發生出來了。我以為這個存在的觀念是錯誤的，世界上最真的莫過於暫時的東西。按照論理所構造成的是永久的，真東西都是暫時的。譬如桌子，我們一看就看見宇宙真體的一部分，若說桌子是永久的，倒反而費解了。桌子也正和國家、城市、政府的組織一樣，是很複雜的許多部分湊成的，但是這許多部分並不是說把它鋸成小塊就算，每一小塊還是有許多部分的。我所謂物質便是複雜的顏色、形狀和硬度以及種種化學的性質合成的。不過我們說，這桌子便是這桌子的各種現象之合體，這種語法還是舊式。因為平常總把「現象」當作物體之附屬品。其實我說的本意是合起我們所見的種種來，便叫作物質。」[11] 羅素最後總結說：沒有一定不變的物質和真理。我們求知識但從經驗上找出大概的趨向，比較得靠得住的基礎就是了，不能樣樣的事都講的。但這種說法與人性有大不相合的地方，普通人一般人都覺著這個觀念不大好受，所以壞的哲學差不多是哲學的全部。人有難過時就跑到哲學來避難，所以把哲學造成這樣。地球上有風災、水災、火山、地震、瘟疫、荒年種種，哲學家要求安樂的地方，所以造成了精神不滅、物質不變的種種壞哲學來，須知這都根於求安樂的欲念啊！這樣說來，不獨是在哲學中，就是無論在什麼地方都該抱一個求真的態度。如說宇宙就是這樣的一回事，並不專是為人有的，也不為人討好──有的地方還很不好。在哲學史上有許多哲學的假思想，說這個世界如何如何的好。用這態度於研究真理是有害的，用偏見本不適於真理的研究。現在這樣說什麼是真是變，雖然可靠，但不是樂觀的。然而哲學的趨勢是這樣，明白的人都抱持這樣的態度。要是不曉得這個，便是智育上的自殺。請再不要做哪個世界是好的弄夢！「現在有機會同諸君用客觀的方法來研究哲學問題，將來若把這樣方法利用到別的事情上，價值一定更高起來。」[12]

　　將羅素的演講結合其《哲學問題》的原著來看，更能理解他的整體思想。1912年，在《哲學問題》出版時，英國哲學家波桑奎（Bernard Bosanquet, 1848-1923）在著名的《思想》雜誌上評論道：「這本小薄書是一部引起興趣，並具有重大意義

[11] 同上。
[12] 同上。

的著述。」[13] 追求精確、清晰和完善的知識是羅素一生的心願。1912 年，羅素在
《哲學問題》一書開頭第一句話曾經問道：「世界上有那種是任何有理智的人都無
從懷疑的確定知識嗎？」[14] 當時在北大演講時，記載是這樣的：「起首便要問：世
上有沒有任一種確定的知識，使凡有思想的人都深信不疑？我以為這種知識是有
的，不過很不容易求著，必須花費許多的工夫，從事於哲學的研究，才能得來。有
許多明顯的事情，如地球是圓的，二加二等於四，這房裡有許多人，平常看來，大
家都是深信不疑的，其實要明自其中的道理，精密地考察去，就成了一個困難的問
題，不是隨便能說得出的。我們關於知識，要曉得它的基本，已經含有哲學的精神。
如果我們肯去探索知識之基本的難處，那對於哲學的研究便算是入門了。」[15] 過了
36 年，經過漫長的探索，在 1948 年出版的《人類知識：它的範圍與限度》的最後
一頁的最後兩句話中，他得出這樣的悲觀的答案：「所有的人類知識都是不確定的、
不確切的和片面的。對於這種看法，我們還找不到任何的限制。」[16] 實際上，這就
是羅素對認識論的最大認識，也正是《人類知識》一書的最重大成果所在。

　　羅素的認識論有相當積極的因素，如他指出做到絕對無偏見地求知是不可能
的，但卻可儘量接近它。而哲學的使命就是指明這個方向。的確，羅素一生都在開
拓這條道路，儘管經歷了許多挫折與迷途，但他始終勇往直前。即便是他的每一次
失敗，也從某一側面推進了知識的發展。

　　我們先來回顧一下，羅素在《哲學問題》原著中究竟提出與回答了一些什麼問
題。這部著作共分 15 章（在演講中分為 12 講），其中討論了現象與實在，物質的
存在，物質的性質，唯心主義，親知的知識與描述的知識，歸納法，普遍原理的知
識，先驗知識，共相的世界，共相的知識，直觀的知識，真理與虛假，知識、謬誤
與概然意見，哲學知識的範圍以及哲學的價值等。在《哲學問題》中，為避免單純
否定的批判，羅素力圖多注意一點有關肯定和建設性看法的問題，即解決什麼是確
定性（certainty）的問題。由於這個目的，他對認識論顯然要比對形而上學有更詳
盡的討論，而對前者的討論實際上是始終貫穿全書的主線。例如此書的前四章討論
了現象與實在，物質存在，物質性質和唯心主義等所謂形而上學的問題；而其後則
用了整整十一章的篇幅考察了親知（acquaintance）的知識和描述（description）的
知識，歸納法，普遍原則的知識，先驗的知識如何可能，共相的世界，共相的知識，

[13] Bernard Bosanquet: "Review of *The Problems of Philosophy*," *Mind* (Oct 1912).

[14] Bertrand Russell, *The Problems of Philosophy*, Prometheus Books, 1988，p.1.

[15] 《羅素及勃拉克講演集》，惟一日報社，1922 年。

[16] Bertrand Russell, *Human Knowledge: Its Scope and Limits*, Simon and Schuster, 1948, p.507.

直觀的知識，真理和虛妄，知識、錯誤和或然性意見，哲學知識的範圍以及哲學的價值等與認識論有關的問題；而即便是前四章也常常涉及到認識論的問題。羅素在1900年《對萊布尼茲哲學的批判解說》一書中作過這樣的界定：「在哲學中，物質一詞是一個問題的名稱。在知覺中，設想我們確定某種並非我們自身的存在……。」[17]在1912年《哲學問題》中，他將物質界定為「所有物理客體的聚集」。[18] 在1918年《神秘主義與邏輯》中，他如此說道：「……取代這樣的假設，即物質是物理世界中的『真實的實在』以及感覺的直接客體是純粹幻影等，我們必須將物質看作一種邏輯的構造；它的元素將是短暫的特殊物，當一個觀察者偶然出現時，能成為他的感覺材料。」[19] 如此看來，羅素在《哲學問題》中的定義最為中肯。

　　羅素試圖對「確定性」進行全方位的探討。作為英國經驗主義的繼承者，他承認從現有的經驗出發，可以斷定知識無疑就是從它們那裡產生出來的。但人們會遇到構成哲學的一個最困難的區別，即「現象」（appearance）與「實在」（reality）的區別，或事物好像是什麼和到底是什麼之間的區別；而哲學家正想探討這「到底是什麼」的問題。羅素把直接認知的對象稱為「感覺材料」（sense data），如顏色、聲音、氣味、硬度、大小等；而把直接認知這些對象的經驗稱為「感覺」。如此一來，只要看到一種顏色，我們就產生一種顏色的感覺。更進一步，我們必須瞭解感覺材料和物理客體的關係。物理客體的總和可稱作「物質」。這樣，就產生兩個新的問題：其一，到底是否存在任何「物質」這樣的對象？其二，若存在，其性質如何？如果我們認為一個普通客體是能夠靠感官認知的，那麼感官所直接報告認知並非有關脫離我們而獨立的那個客體的真理，而只是有關一定感覺材料的真理；這些感覺材料是憑藉我們與客體之間的關係的。因此，我們所直接看到和感覺到的僅為「現象」，而卻相信那是某種「實在」的標記。但倘若這種實在並非所呈現的樣子，那麼，是否有方法知道到底有無任何的實在？倘若真有，那麼，是否有方法能夠發現它到底是什麼樣子呢？這些問題十分費解。這樣，即便對於最荒唐的假說，也難以知道它的不真確性。在羅素看來，很多哲學家都認為：所有實在的東西必然在一定意義上是精神的；換句話說，所有可知的東西必然在一定意義上是精神的。這種哲學家就稱為「唯心主義者」。他們聲稱：所有表現為物質的，歸根到底都是某種精神的東西；或如萊布尼茲所說的是原始的心靈，或如貝克萊所說的是心靈中的觀念。因而，

[17] Bertrand Russell, *A Critical Exposition of Philosophy of Leibniz*, The University Press, 1900, p.75.

[18] Bertrand Russell, *The Problems of Philosophy*, Prometheus Books, 1988, p.18.

[19] Bertrand Russell, *Mysticism and Logic*, Dover Publications, 2004, p.137.

儘管唯心主義者並不否認感覺材料是不依賴個人感覺而獨立存在的某種對象的標記，但他們卻否認了物質的存在，排斥了與精神有著內在差異的某種對象。

二、第二大演講《心之分析》

在第二次演講《心之分析》中，羅素從心理學的新近成果角度，不但闡述了「意識」與「欲念」並非心的特別屬性的問題，而且對心理學意義上的本能、習慣、感情、記憶、欲念、想像等概念進行了深入的探討。有趣的是，1921 年 1 月，羅素在北京為這本書的英文第一版寫了序言，其中這樣提到：「這本著作由在倫敦與北京的演講構成……在這本書中很少提及中國，因為在訪華之前我就完成了寫作。我並不想給讀者提供準確的地理概念；在書中使用『中國』一詞僅作為『一個遙遠國度』的同義詞，因為我試圖闡述自己不熟悉的事物。」[20] 羅素在這本書中，的確像序中所說的那樣數次提到中國或中文，如「從根本上說，作為表達單純演講方式的寫作本身就是一種獨立的語言，就像在中國所保留的那樣。」「在對一架計算機器提問時，人們必須使用它的語言，人們不必用英語或中文來強調它。」等等。[21]

在演講開始時，羅素聲言：「在未講本文以前，要下一個心的精確的定義，是很困難的。現在只能約略說說，講到後來，諸君自能明白。什麼是心呢？就是欲念（desire）或信仰（belief），這一種的東西普通稱它為心的。此刻的問題，就是要用科學的方法精確的將這些所謂欲念或信仰等加以分析，使我們實在明白欲念和信仰究竟是什麼·我暫且不提我自己的學說，先把別人的學說來講一講。這些學說之中，有的雖已失了根據，不甚有勢力；但是有許多現在還是很盛行的。我先要打破一種學說，現在還很流行，從前我也曾相信過的，就是以為心的特別的地方，在於有意識（consciousness）。但是我以為心決不是有意識足以說明的，我反對這個學說的理由大部分是從前人的主張中引申出來的。」[22] 根據但是的演講筆錄，羅素一共講了15 講，如「近代心理學家對於意識之批評（一）」、「近代心理學家對於意識之批評（二）」、「對於欲念的批評」、「本能與習慣（一）」、「本能與習慣（二）」、「欲念與感情」、「欲念」、「生物從前的歷史對於它現時遭際的影響」、「內省法（一）」、「內省法（二）」、「感覺與想像（一）」、「感覺與想像（二）」、「講記憶」、「記憶的信仰」以及「真記憶」。然而整個演講因羅素生病，而沒有完結。

---

[20] Ray Monk. 1999. *Bertrand Russell, The Spirit of Solitude, 1872-1921*, Volume 1, Routledge, p.594.

[21] Bertrnad Russell. 2013. *The Analysis of Mind*, CreateSpace Independent Publishing Platform.p.5.

[22] 宋錫鈞、李小峰筆記，《羅素及勃拉克講演集》，惟一日報社，1922 年。

　　羅素在《心的分析》原著中，論證了精神現象的要素完全由感覺和想像（images）所構成。但他又坦言自己仍不知道這種論點是否正確，不過他仍相當自信，如不引介想像，就不能解釋語言的很多用途。行為主義者拒絕接受想像，因為它們無法從沒有中觀察到，但這就使他們在解釋記憶或想像的時候產生很多困難。當時羅素以為有可能用行為主義來解釋欲望，但後來他對此產生了疑問。不過，他始終堅持，對有關在目前不可感覺的事物而解釋詞的用途來說，想像是必要的。什麼是所謂知覺？羅素回答道：「當一個精神現象能被視為外在於大腦的一個客體，但不規則或甚至作為一些這樣客體的混雜表象時，那麼我們可以將它認作對所涉及的某個客體或某些客體具有刺激作用的東西，或感官所關注的現象。在另一方面，當一個精神現象不具備外在客體與大腦的充分聯繫，而被當成這樣一些客體的現象時，那麼它的物理因果性將在大腦中找到。在前一種情況下，這種精神現象就能被稱作知覺，而在後一種情況則不能。然而，這種區別僅是程度的而非種類的。」[23]

　　羅素說道：「語言的本質並非依靠這種或那種交往特殊手段的用途，而是為了當下可感的某種事物而利用固定的聯想……。無論何時完成這個過程，那種可感的東西可稱為一個記號『（sign）』或『符號（symbol）』，而『理念』可稱為『意義』。」[24] 羅素曾對一個詞「正確使用」是什麼意思，作過以下的界定：「當一個普通聽眾受到一個詞本來意圖的影響，這個詞就算正確使用。但這僅是有關『正確』的心理學定義，而非文字上的定義。文字的定義就是將一個普通聽眾代之以一個生活在很久以前並受過高深教育的人；這個定義的目的就是讓這個詞說得正確或寫得正確變得困難。一個詞與其意義的關係，就是支配我們使用這個詞以及聽到它而行動的因果律性質。對於為什麼將一個詞用得正確的人應當能夠說出這個字的意義，並不比下面這一情況有更多的理由，即為什麼一個運行正確的行星應當知道開普勒定律。」[25] 羅素提到：「在一個專用名稱的狀態下，一個詞是某個一系列相似運動的集合，它所指的是根據特定因果律而使現象聚集在一起的一個系列，這個系列構成了我們稱之為一個人，一個動物或一個事物。」他有時也用「總名稱」（general names）這一概念來取代「類名稱」，「通過討論專有名稱，我們就可以瞭解總名稱，像『人』、『貓』、『三角形』等。『人』這樣的詞是指含有專有名稱的特稱詞組成的一個類。」[26] 羅素在《心的分析》也談到「真值」的問題。他提出，真值

---

[23] Bertrand Russell, *The Analysis of Mind*, George Allen and Unwin LTD, 1956, p.136.

[24] Ibid., p.191.

[25] Ibid., p.198.

[26] Ibid., pp.193-194.

可界定為「信念與事實之間的對應」；[27]「指向客觀」。[28]

　　羅素進一步考察了句子和僅做句子的一部分才有意義的詞，便發現了新的難題。人們能用感歎來表達「火」或「狐狸」這樣的詞，而用不必將它們置於句中。然而有很多詞卻不得如此單獨使用。例如，「地球是比月亮大」；其中「是」與「比」僅當作句子的一部分才有意義。有人或許對「大一些」這類詞產生疑問。假設你正注視馬，突然又瞧見一頭象，你或許大喊：「大一些！」但是誰都能認同這只是某種省略法。因此，如果不首先考察句子，或者說，不首先考察用句子作手段來表達的心理現象，某些詞預設句子的這一事實使之不可能作任何更進一步的意義分析。在寫《數學的原則》之時，羅素就對句子感到困惑，不久他對動詞的功能產生了興趣，認為正是這種詞使句子成為整體。「A 大於 B」是一個複合句，因其包含幾個詞。在使句子為真的那個事實中（如果此句為真），也必定存在相應的複合性。除了這種複合的統一體外，一個句子還有另一種特性，即真與假的二元性。由於這兩個原因，解釋句子意義的問題比界定客體詞的意義所引起的問題，更為困難，但也更為重要。在《心的分析》中，羅素自認並沒有將這些問題討論得很徹底，但在《對意義與真理的探討》一書中，他又自詡對這個範圍進行了充分的闡述。羅素指出含糊性（vagueness）是所謂非形式邏輯的謬誤之一，與歧義性不同，它指的是由於提供的資訊不足，而難以理解；含糊性是一個程度的問題，「在某種程度上，所有的思維都是含糊的；所謂完全的準確性（accuracy）僅為某種理論上的理想，而實際上無法達到。」[29]

　　羅素在《心的分析》原著中提到「完全分析」這一概念。[30] 維特根斯坦斷言：「對一個命題只有而且只有一個完全分析」。[31] 羅素並不很同意這個觀點，對他說來，由於感覺材料的局限，每個人的親知（acquaintance）是不同的，故對一個命題的所謂完全分析也是不同的，甚至只能提供對某個命題完全分析的一小部分，也許就是這個命題的一些元素；而那些沒有親知那些感覺材料的人們，就可用某些專用名稱或確定摹狀（definite description）來進行命題分析。羅素指出，既然存在著作為簡單指稱的符號，因而這些符號意義只能通過親知及其指稱才能得到理解，而且它們不得作為存在命題的語法主語而出現。因此，為了對所謂完全分析的觀念作

[27] Ibid., p.166.
[28] Ibid., p.273.
[29] Ibid., p.180.
[30] Ibid., p.178.
[31] L. Wittgenstein, *Tractatus logico-philosophicus*, Routledge, 2001, 3.25.

出廣泛理解性說明，他力圖論證存在著這種符號。羅素發現在使用複雜符號的命題中有著很多含混性，而完全分析就可以憑藉一個或多個邏輯專用名稱來清除它們。[32] 羅素考察了所謂理想語言的特性，他將對此的檢驗視為語言哲學的目的。對他而言，所謂理想語言就是完全克服日常語言中哲學缺陷的符號主義。例如，語言「被受到科學訓練的觀察者為邏輯和哲學的目的所創立，那麼特殊事物（particulars）就有了專名（proper names）。」在邏輯要求一個能避免矛盾的語言的意義上，理想語言應當是「邏輯上完善的」。正像這種哲學符號主義的範式所能揭示的，實際上，每一個符號都是一個指稱親知對象的「邏輯專名」，因而對每一個單一對象只有一個詞，而任何並不單一的事物只能被一個詞組所表達。如果沒有所指稱的實體，那麼那些專名是無法理解的。以拿破崙為例，這個專名指的是一個確定的實體，即一個叫拿破崙的特定個體。然而作為一個人並不是簡單的，這可能是一個作為拿破崙單一簡單的自我，但保留了他從生到死各個階段的嚴格等同，即拿破崙成為由人們經驗感知，逐漸發生改變表像的一個複雜系列，或一個因果的連接，而不是靠這些階段之間的相似性。[33]

三、第三大演講《物之分析》

在第三演講《物之分析》中，羅素原本的計劃是從「物理學觀點」和「哲學觀點」兩大部分來說明物質觀念由「東西」向「事情（事素）」的轉變，但因某種原因，他僅重點講了前一部分，尤其強調了愛因斯坦的「相對論」及其哲學應用，「特別（狹義）」相對論講到羅素本人也覺得深奧難懂的「普遍（廣義）」相對論。羅素引用了很多艱深的數學、物理、天文等知識，並加以繪圖與列出方程。對這個專題，羅素分了五講。根據當時演講記錄，羅素開宗明義地提道：所謂「物的問題」，有兩方面；一是物理學上的研究，一是哲學上的研究。他也是從這兩方面下手，大約四分之三的時間，是物理學上的研究，其餘四分之一時間，是哲學方面的討論。物理學上的物的觀念，到近年來，經了一個大改變。從前的物，是一種佔據空間的質體；現在的物，是一個兼含空間時間的事蹟（event）。這種觀念改變的原因，就是近來新出的相對說（theory of relativity）。「相對說是近年的新發明，尤以德國物理學者愛恩斯坦闡發的功為最大。他的意思，是說凡運動皆是相對的；宇宙間更無絕對是動、或絕對是靜的物體。這種相對的意思，在哲學上已經很古了，不過應用到

[32] D. Pears, *Bertrand Russell and the British Tradition in Philosophy*, New York: Random House, 1967, pp.88-90, 122，130.

[33] Bertrand Russell, *The Analysis of Mind*, George Allen and Unwin LTD, 1956，pp.192-193.

物理去，要算是近年的新發明。愛氏的相對說又分兩個：早一點的，範圍狹小一點的一個，叫做特別相對說（special theory of relativity），是 1905 年發表的。後來在歐戰期間，愛氏把相對說的範圍更推廣了，這個叫做普遍相對說（general theory of relativity）。」[34] 接著，羅素運用一些公式與方程的較為技術性的語言來闡述相對論，並與牛頓的古典理學加以比較。這就讓不少中國與會者如入五里霧中。可以看出，羅素極力試圖深入淺出地說明相對論，如他以邁可生、莫爾列（Michelson、Morley）船與鴿子相互速度的試驗為例，並以費慈格納（Fitzgerad）和羅倫慈（Lorentz）的解說以及費佐（Fizeau）的試驗為證等。

　　在後續的演講中，羅素較為深入地講解了愛因斯坦的公式。與此同時，他也順便提及了一些哲學問題。例如羅素談到相對論的起源，認為其一部分本來也是由一種相對的哲學態度而來，等到相對論今天告成，它的許多深有興趣的物理的成績也似乎有些哲學的結果。但是相對論雖然發達如此的快，算起來究竟還是一個兒歲的科學嬰孩。所以對於它在哲學上的影響我們卻不可以抱太奢的希望。因為曾經有過許多很普遍的哲理的思想做過相對論的物理的研究和觀察的精神的鼓動力；但是後來相對論漸漸的證實過後，它的內容雖然更加豐富面堅固，可是反不如哲理家所願望的那樣概括和普遍。現在除非還是物理學的門外漢，才會還相信那些說過頭的概論。在羅素看來，非但物理的常識被相對論所推翻，就是和倫理、宗教、政治等事情的思想亦有關係。道德問題是常關於行為的將來的結果的；宗教是常問到來生的命運的；政治的事情亦都關將來的計劃或結果。「若是有人來問我他死了之後還有生命沒有，我們回答他說，他昨天是活著的，照相對論說，假如運動的不同，過去的昨天就可以算將來，所以他一定再有來生的生命。要是這樣對他說，他的宗教心會聽了就安慰嗎？照相對論看起來，四度葉界是一整個的，將來過去是一般看待的。照這樣說，哲學上的命定論和自由意志論一定亦受影響。其實說起來過去和將來的區別的重要，還是實際的居多而哲學的居少。這是因為人事的計劃和心的記憶是很關於過去將來的，而物理的公式上並沒有這種區別的必要。」[35]

　　羅素進一步提出這樣的問題：那麼所謂物質究竟是什麼呢？他認為，可以用兩種觀念來解釋它。但是來說之前，要明白這兩種觀念並不是兩種不相同又不相容的學說，不說把它同樣的事情材料來做兩種不同的組織來試做普通物質觀念的定義。因為物一向未有過精確的定義，所以這兩種說法只有誰好誰壞、誰簡誰繁，而沒有

---

[34] 伍鴻雋、趙元任譯，《羅素及勃拉克講演集》，惟一日報社，1922 年。
[35] 同上。

誰是誰非的問題。第一種說法就是考驗太陽附近的四度世界。我們因為常識裡頭有一個物質的太陽在我們觀念裡頭，所以上頭說得這麼熱鬧。其實就事實而言，我們所能觀察的事情，就是四度世界裡頭某某處一個自然線都寫得很彎曲的區域。我們就叫這些自然線的古怪的地方叫做太陽。物理學是實驗的科學，既然如此，我們就可以質問它怎麼根據於實驗的，從前物理學拿物質為基本，現在比較開通了，拿事情做基本了，但是物理裡頭所謂事情，例如日蝕、看寒暑表、茶杯跌碎，其實還是很複雜的，還有可研究的餘地。我這杯子一放手，在地下一響一破，不必提事情有多長，就是說一瞬時的事情，實在的經驗是我的杯聲杯形的感覺，你的杯聲杯形的感覺等等，各人因為體格不同、經驗不同、遠近方向不同，他們的感覺亦不同，現在要問物理所謂杯落那件事情，和這些原素的事情（elemental event）是什麼關係，有兩個答法。一種答法，就說從我們所經驗的原素事情，就可以推知（infer）一個客觀的存在的物理的事情。你所看見所聽的亦不是事情，我所見所聞的亦不是事情，但是從我的或你的感覺可以推知一件物理的事情，但是這種說法對於實驗精神上總覺得不甚滿足，因為這是去了實驗而作一種無實憑的推想。所以近代科學的趨向總是要趨近於實驗的材料（data），而不多靠推想，因此生出第二件說法。說所謂物理的茶杯落是一個複雜的論理的組織（logical construction），就是把所有各人所看見的樣子和聽見的聲音，還有假如有留聲機和照像鏡所留的印子，把這些原素的事情加起來成為一組（class），這個總名就是那些杯落的事情。

羅素總結說：在論理學的基本原理上，無論怎麼分析的詳密，無論對於實驗求怎麼樣的確根據，最後總免不了有地方必須用推想的手續的，而且這些推想的原理不過大家都承認沒有法子再怎麼證它的。例如歸納法的原理，從前密爾（穆勒，J.S.Mill）想法子證它是後天的不是先天的。但是照他說縱使單件的歸納從占至今不變的，到了明天也許就會變，所以一定不能拿過去的單件的歸納法的不誤來證將來普遍歸納法的不誤。此地也不是論歸納法的地方，不過舉一個例示明推想的不可免罷的了。羅素對聽眾期望道：「相對論的大要，上次已經講完了，因為不便用微分方程式和延項論（theory of tensors）的專門算理，所以裡頭有些最要的精理只得帶過去不講，這是可憾的事。相對論在哲學上的結果這一回已經草草的談過一點，因為不便用算學的論理學的專門學說，所以關於從經驗起，如何組織成功物理的項件也不能講得詳細透徹，這也是可憾的事。等到諸君再多研究算學以後，那時回想這些物的分析的討論，裡頭一定會再生出滋味出來。」[36]

---

[36] 同上。

　　根據羅素的整體思想，我們可以將他的「分析」分為六大類，即邏輯分析、語言分析、物理分析、心理分析、社會分析與本體分析。這前兩種雖有緊密的關聯，但以本書作者看它們是從不同的角度出發，儘管有著殊途同歸的結果；因為前者是純符號形式的，而後者則是涉及到日常經驗的內容。至於第三和第四種分析，羅素則有《物的分析》和《心的分析》兩大本著作專門進行了討論。總得來說，羅素將這六大類分析融會貫通在一起的，而邏輯和語言分析則是「分析」中的「分析」，也就是說，不管怎麼進行分析，最終都歸結為邏輯和語言問題。例如，他在《物的分析》中指出：「一個演繹系統的邏輯分析並不像它最初顯現的那樣是如此確定的。這是由於我們先前介紹過的那種狀況，即最初當成本初實體的東西可以被複雜的邏輯結構所替代。正如這種狀況與物理哲學密切相關，它值得利用其他領域的例證來解釋自己效果。」[37] 他還提出：「在一個理想的語言中，很自然地主張，專有名稱應當指示實體（substance）；形容詞應當憑藉組成類的實體來指示性質；動詞與命題應當指示關係；而連結詞則應當憑藉真值函項（truth-functions）指示命題間的關係。」[38]

　　在《物的分析》原著中，羅素使用「分析位」的方法來考察「空時」（space-time）與「事素」（events）。所謂「位」（status）原意是指部位，或某種整體的一部分。分析位可以具體體現某一點常量距離三度平面的特徵。在分析位中，「我們從兩個概念出發，即一個點以及一個點的相鄰（點的集合）」；「點與相鄰是給定的；在另一方面，我們可將這些點界定為『事素』，它與相鄰的點有一一對應的關係」；「讓我們將構造好的空時與分析位的空間多重性相比較。」[39] 他還提出：「在一個理想的語言中，很自然地主張，專有名稱應當指示實體（substance）；形容詞應當憑藉組成類的實體來指示性質；動詞與命題應當指示關係；而連結詞則應當憑藉真值函項（truth-functions）指示命題間的關係。」[40] 對羅素來說，最進步並最能解釋世界結構的科學是物理學。什麼是物理視界？羅素在《物的分析》中描述說：「我們發現有必要強調物理知識極度抽象的性質，以及這個事實即物理學開放了其等式所適用的有關世界固有特性的所有可能性。但物理學無法證明物理世界與精神世界在性質上是截然不同的。我本人並不相信對凡是實在性必為精神這一觀點的有效性所作的哲學論證。但我同樣也不相信反對這個觀點的有效論證是來自物理學的。對物理

---

[37] Bertrand Russell, *The Analysis of Matter,* Dover Publication, Inc., 1954, pp.2-3.

[38] Ibid., pp.242-243.

[39] Ibid., pp.295, 298, 311.

[40] Ibid., pp.242-243.

世界唯一合理的態度看來就是考察了所有問題而忽略了數理屬性的一種絕對不可知論。」[41] 至於什麼是所謂知覺對象？羅素則回答道：「知覺對象與物理的區別並非是一種固有性質的區別，因為我們對物理世界固有性質毫無所知，因此就不知道它是否與感覺對象非常不同。這種區別是有關我們對兩個不同領域到底知道什麼。我們知道知覺對象的性質，但不知道我們極力希望知道的有關它們的定律。我們知道物理世界的規律，至今它們屬數理的並相當完善，但除此之外我們則一無所知。如果對物理世界在本性上很不同於知覺對象這一假定有任何理解上的困難，那麼這就是為什麼不存在絕對差異性這一假定的原因所在。實際上對這樣的觀點有著根據：這就是知覺對象是物理世界的一部分，也是我們無須精緻和困難的推理而能夠探知的唯一部分。」[42] 在《物的分析》中，羅素曾揭示過科學推理主要目的之一就是「判定我們已經享用了的那些信念的合理性；並且作為這些信念以不同方式受到判定的規則……科學從常識獲得的最重要推理就是對未知覺過的實體所作的推理。」[43] 他還提出了「生理性推理」（physiological inference）這一概念，他指出，人們的推理就是從生理性推理提高到科學性推理。[44]

四、第四大演講《社會結構學》

　　羅素的其他演講多同近代最新的數學、物理學、生理學、心理學、精神現象學等領域有關，對思想界起到了啟蒙作用。「但在五四時代文化與社會改造適為輿論中心之時，中國人更為關心的是他的社會政治改造的學說。因此，他的《社會結構學》倒是一個令中國知識分子感興趣的題目。然而，羅素在這一演講中同樣沒有涉及具體的社會改革的方法、道路，而是從『用科學的態度分析社會結構』的角度講述的。」[45] 1920 年底，羅素在致友人書中也提到，「他們（中國聽眾）不要技術哲學，他們要的是關於社會改造的實際建議」。[46] 羅素在演講這個專題前，先說一大段引言：說自己今天的講題是「社會結構學」（Science of Social Structure）。這個題目的本旨，不如從前所擬「社會改造原理」的指示人以社會應該如何改造，而在用

---

[41] Ibid., pp.270-271.

[42] Ibid., pp.264.

[43] Ibid., pp.191.

[44] Ibid., pp.190-191.

[45] 博學人：「羅素的『五大演講』及其『臨別贈言』」。

[46] 《羅素致柯莉》（1920 年 10 月 18 日），轉引自馮崇義《羅素與中國》，第 201 頁。

科學的態度，研究社會的結構，有什麼自然的公律在內。社會的結構，是依著自然的公律，而不是隨人們的願望的；即論人之願望，也只是自然現象的一種；所以社會的問題，多半是科學的問題。他又提到，要先表示自己對於許多社會問題的態度。接著聲稱自己是一個共產主義者，相信共產主義要是與實業制度並行了，全世界必有許多的幸福與快樂，即各種科學文藝的發達，也必能臻從古未有的程度。他說自己又相信馬克思的主張，社會的變遷，必依著科學的公律，要是有人擅把這公律違反了，一定非失敗不可。馬克思有一句話，為他的信徒常常忘卻的，就是，共產制度必與實業制度相輔而行。有了實業制度，自然能行共產主義，也自然非行共產主義不可；否則如原始基督教時代的共產社會，和自古以來所有烏托邦的主張，何以至今不能保存和實現呢？這就是沒有實業制度的緣故。譬如中國政府忽然下一道命令，叫全國實行共產主義，「我可斷定中國決不會有共產主義出來，因為無論你是政府的命令，也不能不受物質情形的限制。國內人民既沒有實業制度的訓練，又沒有關於這一方面的專門學者為之指導，雖政府命令也只等於無物。講社會改造的問題，不但須問社會應該向什麼目的改造，尤須問社會的實在情形如何，改造應該用何種方法。勃拉克女士所講『經濟狀況與政治思想』，是關於過去的，我這個演講是關於現在和較近的將來的。」[47] 接著，羅素以五個分講，分析和審思了「今日世界混亂之諸原因」、「實業主義之固有的趨勢」、「實業主義與私產制度」、「實業制度國家主義相互影響」以及「評判社會制度好壞的標準」等論題。

羅素企圖揭示私產制度與國家主義兩種制度，對於實業主義的影響很大，同時也為實業主義所影響。有這兩種制度存在，恐將來對於實業制度和世界的文明有很大的危險。他指出：（1）實業制度使社會變成有機體，因而增加國家的權力；（2）實業制度使資本家所握對於他人生死的權力更大；（3）私產制度，從古代遺傳下來，到現在使實業的資本盡入少數人之手；（4）一國中因為有了資本家的實業制度，國家的大權遂盡入資本家之手；（5）實業制度的新生活使勞動者的生活改變，以新教育發生新思想；（6）動教育使人民的思想趨向平民政治，同時資本制度使平民政治不能實現；（7）實業制度非有大組織不可，所以有大資本的人就可以操縱人的生死，自由主義因之不能實行；（8）社會免除資本家的壓制，必須將所有資本統歸社會所有，這便是社會主義者的主張；（9）資本家已經占了優勝的地位，非經過階級戰爭不能劃除，除非資本家一旦真的害怕了，自己退休，但這是不會有的。

---

[47] 伏盧筆記，趙元任譯，《羅素及勃拉克講演集》，惟一日報社，1922 年。

　　他在批判了所謂壞社會後，指明一個好社會裡有兩個條件：第一，社會裡人民現在的幸福，第二，社會以後再進步的機會。這兩件並不總會同時並有的。有時候一個社會裡一點現在的幸福都沒有，而有將來變成空間未有的大進步的萌芽。有時候一個社會裡有很多的普及的幸福，但是一點沒有進步，到後來變成衰敗。所以我們在研究理想的社會的時候應該把這兩件當作截然可分的兩種因素。假如社會的動理學比現在進步些，假如預料的方法比現在靠得住些，那就將來進步的方面比現在的幸福更要緊。但是在事實上政治學去科學的程度還遠，社會的將來又是那麼說不定，所以，現在知道必有的幸福，一定可以比得過將來更大更長久的但是未必一定有的好處；俗語說「手裡一個鳥值得林中兩個」一在林中要是連有鳥沒鳥都不知道，這話更真了。所以我們先討論討論什麼可以增進現在社會裡的幸福。要評判一個社會的現在的幸福，有兩種錯誤我們應該改的，就是貴族的錯誤和局外人的錯誤。最後他總結道：「我們所要創的世界是一個應是希望盡是歡悅的世界，不是一個專門為著限制人的惡性造出來的世界。不好的行動固然應該受抑制，在這過渡時代它們還強的時候更要緊，但是這不過是一時的事情，不是它的主要的目的或精神，要想改造出來一個較好的世界，我們主要的目的和精神一定要重在解放人的創造的衝動，使人人都可以見到用了這些行動所創造出來的生活比到現在這樣一輩子發狂似的抓住人家所要的東西創造出來的要快活的許多倍。共產制度一經實行之後可以安排人生物質等方面的事情使人忘記有什麼麻煩，可以讓人的精神空下來自由的做出使人類真有榮耀的事業。」[48]

　　五四運動和新文化運動打破了本初「畫地為牢」的文化範疇，而投入了更具有廣泛社會參與的直接性社會改造與重建運動。羅素與杜威深受中國年青知識分子追捧的主因之一，並非其高深的哲學，而在於其改造中國社會的可實施的步驟。羅素與杜威當然明白這一點。羅素二人的講學都各自探討了社會結構與改造等更加針砭現實的議題。實際上，對當時的中國青年而言，羅素的影響更大於杜威。這除了羅素經歷更為傳奇式外，還表現在他們中國改造與重建這一根本問題的看法相悖。前者對中國青年的勸誡與引導更為前瞻和遠大。故有青年人指責杜威的保守性，而讚揚羅素的開放性。由於當時羅素的《社會改造原理》一書中文翻譯已經在晨報上連載，已造成了一定的影響，因此主辦者特將這個題目作為「五大演講」之一；其實這個安排的真正用意是讓羅素在「社會改造」方面「予中國以種種的指導」。然而，羅素卻將題目改成了「社會結構學」。這一變動，深刻地顯示了羅素「要理性地、

---

[48] 同上。

科學地去分析社會的基本結構和類似物理上的規律，以便為社會改造奠定一種理性判斷的基礎。在這裡明顯地顯示出了一個西方現代知識分子與中國知識界之間的異趣：對羅素來說，他是一個嚴格按照學理和科學邏輯工作的人，即使在社會哲學領域，他也只想做一個病理學家，而不是處方醫師；但中國知識界所切望於他的，卻是希望他直接開出救治中國疾病的藥方，而不是教給病人如何診斷的病理學。」[49]

從總體上看，羅素相互關聯的兩大觀點有相當的影響力：一是對於人類社會發展趨向與當今世界政治總體格局的判斷。「我覺得資本主義已到末路，世界的將來，布爾塞維克正好發展，推倒資本主義。世人無知，所以資本主義才能存在到今日。」「我敢說資本主義總有滅絕的一日。」與此相應，社會主義已成為世界發展的趨勢。「我所說的社會主義」，就是「列寧所試行的」。據此，他進而認為，當今世界的政治形成了兩對勢力對峙的總體格局：「資本主義與帝國主義是一方面，有強力的人主張的；共產主義與自決主義，又是一方面，被壓制而要求解放的人主張的。今日世界的混亂狀態，全是這兩對勢力互相衝突的結果，就是再往前看二三十年，也許還是這兩對勢力衝突的世界。」羅素還提到：「照歷史上看來，基督教也主張共產制度，也想到烏托邦，然而他們都完全失敗，就是因為沒有工業的原因。假如現在下一道命令，實行共產制度，結果還是不過一道空命令，共產制度還是不能實現出來……。」[50] 多年後，蔣夢麟評論道：「這兩位西方的哲學家，對中國的文化運動各有貢獻。杜威引導中國青年，根據個人和社會的需要，來研究教育和社會問題。他的學說使學生對社會問題發生興趣也是事實。這種情緒對後來的反軍閥運動卻有很大的貢獻。羅素則使青年人開始對社會進化的原理發生興趣。研究這些進化的原理的結果，使青年人同時反對宗教和帝國主義。」[51]

根據晨報社 1921 年版《社會結構學五講》的記載，第一講為「今日世界混亂之諸原因」，第二講為「實業主義之固有的趨勢」，第三講為「實業主義與私產制度」，第四講為「實業制度國家主義之互相影響」以及第五講為「評判社會制度好壞的標準」。在演講中，羅素提到：「什麼叫做文明？其定義可以說是要求生存競爭上不必要的目的——生存競爭範圍以外之目的。古代文明，第一次發原於埃及、巴比倫大河出口之處，地土膏腴，宜於農作，由農業發生文明……在膏腴的地方，如長江、黃河底下遊，一人工作出來的不止供給一人底需要，於是少數人得閒暇，可以從事知識思想的生活，如文字、算術、天文等，均為後世文明底基本。但在這時候雖有

[49] 牛宏寶：〈西方「他者」與「五四新文化運動」一代〉，《江漢論壇》2009 年第 3 期。

[50] 參見並轉引自鄭師渠：〈五四前後外國名哲來華講學與中國思想界的變動〉，《近代史研究》2012 年 2 期。

[51] 蔣夢麟：《西潮》，遼寧教育出版社 1997 年版，第 114 頁。

少數人從事文明事業，其大多數人作工還非一天到晚勞苦不可，科學、哲學、美術固然也有人注意，但只是少數幸運的人。在實業發達時代，生產必須品既然增加，要多少就有多少，一人只要每天四小時作工，剩餘的就可以從事知識思想的生活了。」羅素聲稱，欲挽救西方文明，必須借取東方文明資源。希望中國的知識分子在批判舊文化的時候，萬不可把傳統文化中的精華丟掉了。[52]

根據羅素的判斷，「凡人天性，有兩種衝動：（一）創造的；（二）佔有的。無論何國政治，皆從此二種衝動而生」。因此，社會改造的根本原理就在於，「增加創造的衝動，而減少佔有的衝動」。[53] 他指出：「照歷史上看來，基督教也主張共產主義制度，也想到烏托邦，然而他們都完全失敗，就是因為沒有工業的原因。」儘管他訪俄時對這個革命很失望，但《社會結構學》的演講中，仍強調「現在惟一的新希望還是從俄國來」，「我相信世界上只有共產制度能再造世界的幸福」。俄國革命雖有簡單粗暴與手段殘酷的弱點，「但它能使人民有一種別國所沒有的快樂；能使人耐苦冒險而保存一種新鮮暢快的精神，是黑暗的西歐所沒有的」。[54]

羅素來華講學後，其著作《社會改造原理》、《羅素的五大演講：社會結構學》、《中國問題》出版，以後不斷再版。從此羅素的「佔有衝動」與「創造衝動」的生機主義理論以及柏格森（代表著《創造進化論》），杜里舒、倭堅的生命哲學以及稍後的泰戈爾對東方文化的頌揚，開始成為以梁啟超、張東蓀、梁漱溟、張君勱等文化保守主義者論述社會改造的知識學和理論依據。馬克思主義、各種社會主義、以及無政府主義的理論也在社會改造的討論中被大量介紹翻譯和出版。主要有《新青年》的《馬克思主義研究專號》以及新青年編輯部編《社會主義討論集》（廣州，1922 年）等，在當時社會改造思潮高漲時，還出版了《社會改造八大家》，將馬克思、克魯泡特金、羅素、托爾斯泰、莫里斯、卡彭特、易卜生、愛因斯坦等稱為社會改造的八大家向國人介紹。[55]

五、第五大演講《數理邏輯》

在第五演講《數理邏輯》時，由於這個研究領域過於技術性，而且深奧難懂，羅素僅引介了有關數理邏輯較為淺顯的常識和一些基本概念。就連杜威在訪華五大演講之一的「當代三大哲學家：詹姆斯、伯格森和羅素」中，就這樣聲明：「由於羅

---

[52] 見《羅素五大講演：社會結構學》北京新知識書社，1922 年版。

[53] 〈社會改造原理〉，《羅素來華講演集》，第 3 頁。

[54] 羅素：〈社會結構學〉，《羅素在華講演集》，第 290 頁。

[55] 劉長林：〈五四後期社會改造思潮研究狀況述評〉，《現代上海研究論叢》第 3 輯，上海書店出版社，2006 年。

素的哲學完全建立在數學之上,而這正是一個高難度的領域,因此,我不可能在兩次通俗的演講中對之進行充分的介紹,甚至都很難清理出一個清晰的輪廓……。」[56] 在此之前,羅素應邀在長沙講學時,負責與他接洽的學者李石岑向湖南教育會提出請他講社會哲學,一是羅素「在方今世界實居首要位置」,二是羅素的哲學基於高深數理,如果演講數學哲學,不僅湖南甚至全國能瞭解者亦甚寥寥。據此,教育會擬請羅素講政治哲學與社會經濟,初定演講六次,聽講者以教職員、教育會會員、各縣代表及政界為主體。[57] 可見這場演講真可謂陽春白雪,和者甚寡。

羅素開宗明義地指出:「數學邏輯與普通數學不同的地方在進行的方向,普通數學是向前的,數學邏輯是向後的。但這「向後」不是退步的意義,不過追求本源就是了。我們有許多數學的命題時,可以有兩種不同的問題發生:(一)從這些命題中可以推出何種的推論,這是普通數學所要研究的;(二)這些命題從何種命題中推出來的,就是要找那些較簡單的、為數較少的命題。從它們可以推論出這些來。像這樣再向後找,就可以找出更簡單的少數的命題。再依次向後找去。這就是數學邏輯所要研究的。」這個觀點給人以生動的啟示。羅素系統而深入淺出地揭示了數理邏輯的本質。在事實上,有很多種數學與數目是無關的。我們研究這些種學問時用數學邏輯。數學邏輯對於這些是很重要的,就像微積分對於平常的數學一樣。許多東西,從前以為是哲學上的問題,到現在變作數學上的問題了。這些問題幾千年來沒有結果,現在用數學的方法也就有了一定的結果。如原先想說明物理的實體(entity),但在哲學上對於物質、時間、空間等問題都沒有講出什麼結果來。現在知道這些問題非用數學的方法來研究不成,所以它們就變作數學邏輯中的問題,也就有了一定的結果。我們研究數學邏輯時,必須除去特別指出的東西或事情來。如「見下雨,我就想傘;現在我不想傘,所以沒下雨。」在數學上我們以 P 為「下雨」,q 為「想雨傘」,我們只說:「假如 P,就 q;現在不 q,所以沒雨。」在數學中,只講符號,不管它指的是什麼。也只用變量,用些無定義的字母,如 x、y、z 來代表它,依著幾個假定研究它們,也不問它們真不真。所以有時給數學下了個定義,數學的仇人聽見許是歡喜的,這定義是:研究數學的人不知道它們說的是什麼,也不知道所說的對不對。

羅素用最淺顯的命題邏輯來加以說明,如他指出:在邏輯的代數中也有幾個定律和平常代數中的定律是相當的。(一)互換定律(commutative law):$(p \vee q) \equiv (q$

[56] John Dewey. 1920. "Three Contemporary Philosophers: William James, Henri Bergson, and Bertran Russell," *John Dewey*, Edted by Jo Ann Boydston, Southern Illinois University Press, 2008, p.237.

[57] 〈關於羅素來湘之商榷〉,(長沙)《大公報》,1920 年 10 月 20 日。

∨p）和（p・q）≡（q・p）與平常代數中的互換定律 p+q=q+p，p×q=q×p 是一樣的。
（二）聯合定律（associative law）：p∨（q∨r）≡（p∨q）∨r 和 p・（q・r）≡（p・q）・r 與平常代數中的定律 x+（y+z）=（x+y）+z 和 x×（y×z）=（x×z）×z 是相同的。
（三）分配定律（distributive law）。這定律有二式，一式和平常代數中相同的，如下：p・（q∨r）≡（p・q）∨（p・r）與在平常代數 x（y+z）=xy+xz 相同；但另一式 p∨（q・r）≡（p∨q）・（p∨r）與平常代數中的 x+（y×z）=（x+y）×（x+y）卻不相符。[58]

　　儘管羅素所講的數理邏輯是極為簡單的基本知識，但一般的中國知識分子已經受用不起了。因此聽眾的反應並不熱烈。後來也因羅素突患大病，這個專題演講也就沒有繼續下去。實際上數理邏輯、數理哲學以及對人工理想語言的創制是羅素最重要的哲學貢獻之一。羅素回憶說：「在我治學到一生中，1900 年是最重要的一年，而這一年最重要的事件是參加了巴黎的國際哲學討論會。……在所有的討論中，我對皮阿諾及其學生們所獨有的精確性留下了很深的印象。我請求皮阿諾把他的著作送給我。當我理解這種記號法之後，便立即覺察它加深了數學的精確性，並且可以解決哲學上的許多模糊之處。以此為基礎，我創造了用符號表示關係的方法。」[59] 因此，羅素在他的一系列著作中始終不斷對人工理想語言的創制工作，其中最主要的努力之一就是將傳統的哲學問題尤其是認識論問題還原與數學問題。

　　羅素與懷特海合著的《數學原理》第一卷中，主要探討了數理邏輯的重要內容：一、演繹論，如初始概念與命題，初始命題的直接結果，兩個命題的邏輯積以及等值與形式規則等；二、表觀變項學說，如從低類型到高類型的演繹論，含有表觀變項的命題論，二項表觀變項的學說，類型的層次與歸原公理以及等同與摹狀等；三、類與關係，如類與關係的一般理論，類與關係的計算，全類、無效類的存在以及普遍關係、無效關係與關係的存在等；四、關係邏輯，如摹狀函項與反義關係，給定項與給定關係，域、反域與關係的範圍，兩項關係的關係積，有限域與反域的關係，有限範圍的關係與多元摹狀函項以及關係與來自雙重摹狀函項的類等；五、類的積與和，如類的類的積與和，關係類的積與和，關係積與其因數的關係等。當羅素悖論提出後，在數學上引起了如同當時物理學危機一樣的危機，使整個歐美數學界和哲學界為之震驚，因為它觸動了數學與邏輯這兩門被人們視為最嚴謹的科學。羅素寫信給弗雷格，後者在回信中非常嚴肅地說：「算術陷入了困境。」並指出自己的

---

[58] 慕岩筆記，《羅素及勃拉克講演集》，惟一日報社，1922 年。本書著者將原筆記中的一些錯誤作了修正。

[59] 羅素：〈我的思想發展〉，丁子江譯，載《哲學譯叢》，1981 年第 5 期，原載 P. Schilpp (ed).*The Philosophy of Bertrand Russell*，Northwestern University Press, 1944，pp. 3-20。

第五個定律因而不得成立。弗雷格還提到：「對一個科學作者來說，沒有任何一件事比自己的著作完稿後，而它整個大廈的基礎發生了動搖更不幸的了。這就是我收到羅素的信之後的處境，而當時我的書即將印刷問世。」[60] 極度懊喪的弗雷格放棄了自己打算畢生從事的從邏輯演繹出算術的計劃。大數學家希爾伯特（D. Hilbert）就曾驚呼：羅素悖論對數學世界彷彿是直接的和毀滅性的打擊。哲學家和數學家們意見紛紛，各不相同。例如本來就非難數理邏輯的彭加勒（J. H. Poincaré）幸災樂禍地說：「它有結果了，這就是出現了矛盾。」此話很精彩，但對解決問題毫無助益。另一些本來也不贊同康托的數學家閃爍其辭地說，：「對它厭倦了，還是換個論題吧！」。儘管如此，還是有不少看重數理邏輯的人們探索問題的解決之道。其中首推拉姆塞（F. P. Rammsey）。羅素不無遺憾地歎道：可惜的是他因去世過早，而中斷了他富有成效的努力。羅素很感慨：「在《數學原理》問世前的那些時光裡，我並不清楚對解決這個問題隨後應當做什麼樣的努力。實際上，我只是孤身一人地苦思冥想。」[61] 在寫作《數學原理》的同時，羅素於 1908 年在《美國數學雜誌》上發表了題為「建立在類型論上的數理邏輯」一文，並提出了有關解決悖論的一套著名方法。其中最主要的類型論原是他在小部頭《數學的原則》附錄 B 中作為對付悖論的可能解決方法而「嘗試性地拋出的」。究竟什麼是理想或完美語言？羅素研究的專家桑斯布瑞（R. M. Sainsbury）指出：它表現為兩個方面：一是有關句法與邏輯詞匯，就像《數學原理》所用的；二是有關「超邏輯詞匯」（the extra-logical vocabulary），即本身不可分析也不可定義的那些簡單名稱與謂詞等，就像〈邏輯原子論的哲學〉（Philosophy of Logical Atomism）一文中所用的。桑斯布瑞指出，羅素對這種完美語言的看法，既涉及形而上學和和認識論，又涉及語言哲學。他往往給人這樣一個印象，似乎對日常語言加以充分分析之後，就必須採用完美語言，而且這就等於說任何日常語言，甚至任何可以學的語言都能被翻譯成這種完美語言；也就是說，完美語言的特性可以將見識賦予日常語言的特性。[62]

第二節　杜威重要演講及其影響

　　1919 年初，杜威在和夫人愛麗絲・奇普曼赴日旅行期間，接到了北京大學胡

[60] G. Frege, *Philosophical Writings of Gottlob Frege*, edited by P. Geach & M. Black, Totowa, Rowman & Littlefield, 1980, p.214.

[61] Bertrnd Russell, *My Philosophical Development*, Simon and Schuster, 1959, p.77.

[62] R. M. Sainsbury, *Russell*, Routledge & Kegan Pail, 1979, pp.134-135.

適教授的邀請信。恰巧當時北京大學的陶孟和和南京高等師範學校校長郭秉文等正欲赴歐洲考察教育，途經日本，專門登門拜訪杜威夫婦，並以江蘇省教育會、北大等 5 個學術教育團體的名義，向杜威發出正式邀請，希望他順道來華講學，幫助中國建設「新教育」。杜威很愉快地接受邀請：「這是很榮譽的事，又可藉此遇著一些有趣的人物。」1919 年 5 月 3 日和 4 日，也就是「五四運動」爆發的時刻，杜威來到大都市中國上海，在江蘇教育會開始第一場演講——〈平民主義之教育〉，有千餘青年冒雨趕來，「座為之滿，後來者咸環立兩旁」。由此，開始了杜威在中國講學之旅，為各地教育界、思想界、文化界留下了許多真知灼見，對實用主義在現代中國思想文化的發展產生了很大影響。據史料介紹，其間，正在上海的孫中山親赴滄州別墅，前去拜訪杜威博士，並共進晚餐，兩位頗有共同語言的東西方名人因此有了一次鮮為人知的會晤。

杜威對中國社會發生的事情興趣濃厚，因此，當中國學生希望杜威能在中國多待一些日子時，他非常樂意，特向哥倫比亞大學請假一年，後又續假一年，直到 1921 年 7 月 11 日。這樣，杜威在中國總共待了兩年零兩個月的時間。訪華期間，杜威曾考察過北京、上海以及山西、山東、江蘇、浙江、江西、福建、廣東、湖北、湖南、奉天（今遼寧）、直隸（今河北）等 11 個省份。杜威在其門生胡適、陶行知、蔣夢麟等的安排下，到各地去演講。其中比較重要的是在北京大學所作的《五大演講》，即五大長篇系列講座，分別是《社會哲學與政治哲學》（16 講）、《教育哲學》（16 講）、《思想之派別》（8 講）、《現代的三個哲學家》（3 講）以及《倫理演講紀略》（15 講）。杜威演講內容相當寬泛。據統計，涉及社會與政治哲學的 16 次，教育哲學的 16 次，倫理學的 15 次，有關現代三大哲學家（詹姆士、柏格森、羅素）的三次；還有關於現代教育趨勢，美國民主發展以及實驗邏輯的系列演講等等。此外另有一些專題報告，演講共計 200 多場。[63] 杜威在北京和山東、山西兩省的演講，都是胡適翻譯的。杜威在北京的幾種長期演講，胡適等也挑選了幾位很好的記錄員，把全篇講詞紀錄下來，送給日報和雜誌發表。杜威的這些演講分別發表在《晨報》、《新潮》等報刊上，全文刊登的演講詞共有 58 篇，《社會哲學與政治哲學》《教育哲學》《思想之派別》《現代的三個哲學家》和《倫理演講紀略》等「五大系列演講」還被彙編成《杜威五種長期演講錄》單行本，在 1920 年 8 月，由北京晨報社編輯出版，並在杜威離華之前印了 10 次，每次印數 10000 冊，在當時產生了轟動效應，廣大知識分子競相傳閱，使美國的實用主義哲學在中國廣為傳播，成為五四

---

[63]　參見曲士培：〈杜威在中國的訪問講學〉。

時期中國人瞭解西方思想的一扇窗口。[64] 胡適回憶道，杜威對於每次演講都十分認真，總是預先用他自帶的打字機把大綱打好，將副本交給翻譯，讓他能夠想出合適的中文詞句，以便到時翻譯。每次演講完成後，演講大綱還會交給作記錄的人，讓他們校對一番後再發表。[65]

全國各地報紙都對杜威的訪問和演講活動作了充分的報導。《新教育》雜誌 1920 年第 3 期出了「杜威專號」；《平民教育》雜誌也出了「歡迎杜威博士專號」。杜威在中國的演講被譯成中文，隨即或以整篇或以概要的形式發表在中國的哲學和教育雜誌上。胡適曾把《每週評論》第 26 號、27 號編輯成《杜威演講錄》專輯。有些演講後來還被彙編成書出版，例如，1919 年 10 月由江蘇省立第二師範學校新學社編輯出版的《杜威在華演講集》、1920 年 8 月由北京晨報社發行的《杜威五大演講》、1921 年 2 月由上海泰東圖書局出版的《杜威三大演講》、1921 年 9 月由上海泰東圖書局出版的《杜威羅素演講錄合刊》（張靜廬編）、1921 年 10 月由商務印書館出版的《杜威教育哲學》。其中，《杜威五大演講》一書在出版後的 2 年中，共計重印 14 次。杜威演講由於當時條件所限，並沒有錄音設備，也沒有保留英文原稿，就連提綱也都散失了，保存下來的只有經過翻譯的中文講稿。除很少一部分在當時結集出版外，大部分都散落在《晨報》、《時事新報》、《民國日報》等舊刊上，給研究者帶來很困難，導致中外學術界在研究杜威訪華的影響、杜威在華期間思想演變以及控中外思想文化流等問題上出現了很大空白。[66]

一、第一大演講《社會哲學與政治哲學》

有學者將杜威歸類為社會哲學家，這未免失之偏頗。但在一定意義上，他的確在這個領域有著廣泛而又深入的探索。杜威從實用經驗哲學為基礎認真檢驗和分析了個人與社會的關係以及社會各領域的互動，將從自然科學中歸納出的思維五步法延伸至社會科學領域，對傳統的社會哲學加以了改造。美國學者斯通（Lynda Stone）與中國學者孫彩平通過杜威著述一系列社會語境（生平、哲學以及民主）的闡述，提出了一種社會性解讀；並從此觀念出發，分析了杜威的民主觀念及教育觀念。兩位學者認為，在當今這個躁動的時代，在社會視角下解讀杜威哲學，暗示著新的哲學方向與社會問題的解決方向。[67]

---

[64] 參見周惠斌：〈杜威在中國〉，《中華讀書報》，2011-01-24。

[65] 袁剛、孫家樣、任丙強編：《民治主義與現代社會：杜威在華講演集》，第 775-776 頁。

[66] 參見袁剛、孫家祥、任丙強等編：《民治主義與現代社會──杜威在華講演集》，北京大學出版社，2004 年。

[67] 參見琳達‧斯通，孫彩平：〈杜威哲學是社會哲學〉，《湖南師範大學教育科學學報》，2017 年 5 期

在這位一代大哲去世半個多世紀後，美國學者希克曼（Larry A. Hickman）在其《後－後現代主義的實用主義：約翰‧杜威的教訓》（*Pragmatism as Post-Postmodernism: Lessons from John Dewey*）一書中，指出，作為一個思想家，杜威大量的著述仍然為前沿的哲學辯論提供了新的見解。作者認為，杜威思想正是當代哲學話語的豐富和多元混合體，與法國啟發的後現代主義、現象學、批判理論、海德格爾研究、分析哲學和新實用主義等相互競爭，依舊十分吸引人們。正如希克曼所揭示的，杜威既預見了法國後現代主義的一些中心議題，倘若他如今還活著，肯定會是其中一個最熱情的批評家；除此之外，杜威還預見了與培養全球公民權有關的一些最尖銳的問題。[68]

杜威有關「社會哲學與政治哲學」演講的主要內容如下：一、社會哲學與政治哲學的派別；二、科學精神對社會哲學與政治哲學的影響；三、人群與人群的衝突；四、人與社會的衝突；五、鑒別的標準；六、各社會共同生活的要素；七、經濟生活的重要；八、分位與契約；九、個人主義與社會主義；十、國家與政府；十一、德系學者的答案；十二、英國的自由主義；十三、人民的權利；十四、國際政治；十五、知識思想與社會生活；十六、知識思想的自由。

杜威在演講中開宗明義地聲言：《社會哲學與政治哲學》是關於人類共同生活的學說。諸位須知學說發生在後。正如人先會吃飯，然後有生理學、衛生學；先會說話，然後有修辭學、文法學、邏輯學。社會與政治的哲學亦然，人類先有制度、風俗、習慣，然後有社會哲學與政治哲學。人類有一種天性，遇到需要時自有一種動作去適應他的需要。例如餓了要吃、倦了要睡，久而久之，便成習慣了。但卻從沒有人發生過疑問，我們為什麼要這樣？這樣了又如何？不但沒有人發生過疑問，並且不許別人發生疑問。有許多志士往往對於制度、風俗、習慣，產生了疑問，以致犧牲了性命。歷史上的證據很多，希臘的蘇格拉底便是個最明顯的證據。只因他喜歡發生疑問，人家便加他個妖言惑眾引誘青年的罪名，把他毒死。這便是最初社會不喜歡學理的證據。思想和學說都是討人厭的東西，大家便應從了制度、風俗、習慣走，如何還會有社會哲學與政治哲學產生呢？大概思想學說的由來，都在遇著困難的時候。譬如走路，遇了困難，才產生造舟車的思想。不但個人的思想如此，便是人類共同的思想，亦復如此，總要一切制度、風俗、習慣，到了一個時代，感覺不適，然後才有社會的思想與政治的思想產生。所以社會哲學的產生，一定是在

---

[68] 參見 Larry A. Hickman. 2007. *Pragmatism as Post-Postmodernism: Lessons from John Dewey*, Fordham University Press.

社會有病的時候；政治哲學的產生，一定是在政治有病的時候。杜威說道，從歷史上看去，要是人的身體沒有病，一定不會產生醫學、生理學、解剖學。因為人的身體要遇了傷、染了病，所以才有醫學、生理學、解剖學出現，社會政治亦然，必是人類共同的生活有了病，才有社會哲學與政治哲學。試看歷史上希臘哲學，也發生在紛亂征戰的時候。要是希臘沒有這種紛亂征戰的情形，決不會有柏拉圖和亞里士多德等的學說出現。他認為若自己的意見如果不錯，那麼中國各種學說的產生，亦當如此。要是在老子、孔子的時代，中國的社會與政治沒有病，也決不會有老子和孔子兩大派的學說產生。

　　杜威強調，以上所講的，不過是社會哲學與政治哲學產生的原因，現在要講產生以後的影響。社會哲學與政治哲學既然因社會和政治有病，然後產生，那麼究竟是種空言病狀的診書，還是種真能醫病的藥方呢？譬如汽機的汽，是嗚嗚然放出的，還是真能發動各種機械的呢？這一點是應當注意的，也是現在所應當討論的。他之所以提出這個問題，是論學理與事實的關係如何，就是社會哲學與政治哲學對於實際的社會與政治，有什麼影響。關於這個問題。有兩派極端的學說。一是極端的理想派。這派認為學理對於實際有極大的影響，沒有學理，便什麼都沒有。他們的缺點是忽略人類的習慣、自然的傾向和種種沒有意識的行動。這是太理想的了。例如這次歐戰，依這一派人說，以為都是兩處學說衝突的結果。二是極端的唯物派。這派認為無論什麼理想，都是物質的果，不是物質的因，學說不過是一種果。這一派的人無論批評什麼，都應用唯物歷史觀的。他們注重生活狀態、政治組織和經濟上的利益，甚至某種美術也說是某種生活所產生的。杜威回顧了第一次大戰，進一步提及，若依唯物歷史觀的一派看去，完全不是思想的衝突，而是物質上的衝突。德國在戰前，物質發達已極，不得不向外發展，所以要爭海上、商業、殖民地等霸權。就是英國方面，也有許多物質上的動機。這固是不錯，但依這一派說來，簡直完全是物質的，一切哲學宗教都是物質所生的結果，甚至於正義人道文化等好聽的名詞，據他們說來，都是資本家和軍閥造出來哄人，做保護自己物質的器具，這也太過了。杜威稱自己提出這兩派相反的學說來，並不是想批評他們，不過略為研究，好引起第三派的學說來。第三派的學說是最公平的。大概思想學說最初產生的時候，都是果，而非因，但產生以後，它又變做因了。思想學說很像漏斗一般，漏了什麼東西到什麼地方去，便和什麼東西發生關係。思想學說一經傳佈到人，人有模仿、崇拜的心理。在這裡，人是果，傳到那人時又變因了。我們對於思想學說在社會上政治上要它產生什麼影響，所產生的影響怎樣是好，怎樣是壞，這是我們要討論的。思想產生以後，第一種功用是把流動的變為凝固的，暫時的變為永久的。如

有一件變遷不定、一瞥即過的事實，把它抽象地提出來，變成一種學說，便凝固了，永久了。這個關係，實在太大，往往會引出危險。如羅馬舊教把亞里士多德的學說採納為正宗哲學，便是一例。又如東方孔子的學說，一經許多儒家的闡述，經兩千年相續到今，也可想見這種功用的厲害了。第二種功用便是在最危急的時候，可以維持許多人的信仰，去做很重大的事。例如這次歐戰，只把自由、正義：公理戰勝強權，幾個名詞可以使多數人去開戰。這可證明唯物歷史觀一派的錯誤，若說這是資本家軍閥所利用的，那麼我要問他們為什麼要造這些空名詞，這些空名詞又怎樣能號召人去打仗呢？於此可見學說的勢力，也可見人類的動作，不單是物質的動機。

　　杜威進一步闡述，以上所講的兩種功用，不單是好的學理有，便是壞的學理也有，不過好壞的效果不同罷了。我們現在先討論從前社會哲學與政治哲學的派別，然後再討論現在是否有一種新的社會哲學與政治哲學的需要。大抵這種派別，與人類性格的分類很相近，不外激進和保守兩派，激進派不滿於現在的社會政治，往往想把它根本推翻，另造一個烏托邦。這一派對於現代社會政治，簡直不睬，另有超於現在的社會政治。從歷史上看去，這一派往往在先，保守一派往往在後。例如希臘，先有柏拉圖，後有亞里士多德。柏拉圖先不承認當代的制度，自己想出個「共和國」來做他的烏托邦，然後有亞里士多德的保守論。又如中國，先有老子的哲學，後有孔子的哲學。老子不滿足於當代制度，要去破壞它，另造個烏托邦，他的烏托邦是小國寡民。杜威接著評判說，第一派的學說不承認現代制度，要求理想的制度，所以注重個人的自由、個人的良知、個人的本體；第二派也不是滿意於現代制度，不過以為現代制度不是完全不好，它本身也自有它的道理，後人沒有照著它做，所以壞了，我們只要去找出它原來的道理來改正或改良現制度便好了，所以趨於保守。兩派的區別，大概第一派主張拋棄現行制度，另創烏托邦，第二派主張探求現行制度本身的道理，第一派注重個人的反省，第二派注重研究和考察。自從有了這兩大派的學說，社會和政治事實，都受了影響，有許多人才，都是因此產生的，所以我們不可不注意。歷史上固然有許多社會哲學與政治哲學的派別，但是大概只有上述的兩大派。我形容這兩派學說，不免說得過火一點。我的目的，是要說出社會政治的背景。因為人類有一種通病，不是過便是不及，前幾千年的人類，都吃了這兩種無端的虧。人類的生活，不是完全推翻就可以解決的，也不是完全保守就可以解決的。人類的責任，是在某種時間、某種環境，去尋出某種解決方法來，就是隨時隨地去找出具體的方法來應付具體的問題。這便是第三者的哲學。[69] 杜威對上述

---

[69] 杜威：《杜威五大講演》，胡適口譯，安徽教育出版社，2005 年第二版。第 1-6 頁。

兩派加以抨擊，指出他們同犯一病，便是要「根本解決」。一派極端的什麼都不要，可惜天上不會掉下個烏托邦來，所以他們流於無為。一派極端以為什麼都有理，只要還到本身的道理去，可惜辦不到。這兩派雖各走極端，所犯的病卻一樣。他再次為自己演講點題：怎樣可以使人類的智慧，指揮監督他的動作，應付一時間、一環境的問題，便是現在要講的社會哲學與政治哲學。……[70]

　　杜威強調，純粹的科學是旁觀態度，而社會科學乃是應用科學，需要指導。凡是衝突並不是社會、制度、國家和個人的衝突，是人群和人群的衝突。社會哲學與政治哲學是否提倡個人自由、權力、尊嚴或者全體法律、制度和秩序。杜威劃分了人性的三個標準，1.風俗習慣，2.社會編制（德國），3.共同生活。風俗習慣：蛤蜊的比喻，蛤蜊殼子保護肉體又限制肉體。獨裁一定沒有共同生活。杜威繼續深入探討了社會哲學與政治哲學的三大問題：即政治法律，知識思想，社會經濟。他指出，經濟生活的重要，發生兩種結果：一、人類分工與天才自由發展；二、社會互相幫助和依靠，社會生活彼此聯絡，如網的樣子。工業大革命之後，發生一種新政治哲學—個人主義；也出現了反對個人主義的社會主義哲學。19 世紀下半直至歐戰，是馬克思主義盛行的時代。杜威闡述了馬克思主義的一些基本主張。杜威在演講最後總結道：「全世界共同利害見解的養成，便是精神的解放。這個觀念很為重要，到那時候全人類都有此共同心理。我們為民治主義奮鬥的人，亦可略為安慰，因為結果不僅為了社會、經濟等等制度，還替人類的精神大大解放。」[71]周 策縱在《五四運動史》一書中，評述道：「杜威討論的重要的經濟問題並沒有引起他的中國學生和朋友以及其他中國自由主義者的足夠注意。中國的自由主義者此時關注的是教育改革、學術研究和重新評估國故。他們很少人認真考慮過用經濟組織和實踐在中國實現民主。」[72] 對此，有中國學者曾如此感歎：

　　　　之所以要以杜威在中國演講中表述社會政治哲學為討論的話題，是因為以下
　　　　三個原因。（1）杜威在中國的演講根據內容分幾大塊，其中社會政治哲學共
　　　　16 講，這 16 講在杜威思想發展史上都具有重要的意義。在此之前，杜威也
　　　　寫過一些有關社會和政治哲學的文章，但都零零碎碎，不成系統。這 16 講
　　　　是他應胡適的要求，將他的社會政治哲學第一次系統的表達，其學術意義由
　　　　此可以想見。另外，不知什麼原因，杜威在中國的演講稿始終找不到英文的

---

[70] 節選自杜威：《社會哲學與政治哲學》，北大新知書店。

[71] 杜威：《杜威五大講演》，胡適口譯，安徽教育出版社，2005 年第二版。第 84 頁。

[72] 轉引自張汝倫：〈杜威在中國的命運〉，《讀書》2003 (7): 126-132.

原稿，或哪怕是有關的筆記。我一個月前還問過南伊利諾大學杜威檔案館的主任，他說至今沒有任何蹤跡。因此，現在由上述機構編輯出版的杜威全集沒有他在中國的演講。而夏威夷大學出版社在 1962 年出版的《杜威在中國的演講，1919－1920》是根據中文本翻譯成英語的，就像當年玄奘大師將已在印度失傳的一部佛經再譯成梵文一樣。（2）根據我的看法，這 16 講雖然是正面闡述杜威的社會政治哲學，但不是沒有特意針對中國的地方，這是需要加以闡發的。（3）國內對杜威思想的研究少有涉及他的社會政治哲學，對他在中國的這 16 次關於社會政治哲學的演講，也是他社會政治哲學第一次系統的表達，更是無人問津。而國外研究杜威社會政治哲學的文獻，就我閱讀的範圍而言，也很少提到他在中國的這 16 次演講。這 16 次演講中所表達的思想，即使在今天仍有其現實的意義，而不僅僅只有學術史或思想史的意義，值得我們重視。[73]

　　法國學者佛瑞加（Roberto Frega）根據杜威最近發現的中文《社會與政治哲學講座》原稿，對杜威的社會哲學進行了重新審視。他重塑了杜威在其漫長的職業生涯中與社會哲學的矛盾關係，著重探討杜威在 1919-1923 年間發展自己的社會哲學的嘗試。接著佛瑞加考察了《中國社會政治哲學講座》對杜威社會哲學計劃的貢獻，指出由於原文的缺失，我們對杜威社會哲學的理解受到了嚴重阻礙，但仍可通過中文講稿來理解和評價杜威社會哲學。[74] 佛瑞加結合同一時期的其他出版物和未出版物來源，對原稿的分析提供了新的令人信服的證據，證明在 1919 年至 1923 年期間，杜威積極參與了發展一種社會哲學的項目，然而這種社會哲學從未公開。倘若從杜威為規範社會和政治生活而奮鬥的角度來看，這個項目就顯得尤為重要。為了理解中文文本的獨創性和重要性，佛瑞加首先概述杜威對社會哲學界定；在第二部分中，他解釋了本文與杜威社會哲學的理論關聯；在第三部分中，他闡述了杜威的衝突概念及其與社會哲學的關係；在第四部分中，他從這兩個文本的比較中吸取一些教訓；在第五部分中，他提出一些關於本文對於實用主義社會哲學發展的哲學含義的一般性結論。

　　佛瑞加評析說，杜威在其整個漫長的職業生涯中對社會哲學的探討很難用一種綜合的方式來評估。社會哲學不是一個明確的主題，而杜威的觀點隨時間變化很

---

[73] 張汝倫：〈杜威在中國的命運〉，《讀書》2003 (7): 126-132.

[74] Roberto Frega, "John Dewey's Lectures in Social and Political Philosophy (China)," *European Journal of Pragmatism and American Philosophy*, VII-2,2015 .

大。此外,他似乎對社會哲學有矛盾的看法。在杜威的不同觀點之間找到一種可行的解決辦法是考察其用語的演變,特別是追溯杜威文本中「社會哲學」所表達的不同用途。正如人們所看到的,這一戰略將使杜威的思想發生決定性的轉變,而這種轉變發生在他訪問中國之前的幾年裡。杜威的論述可能會給人一種印象,那就是「社會哲學」這個表達沒有以一致的方式加以使用。它在他的作品整體中出現了大約 65 次,很少作為一個獨特的關注對象。為了有效地進行目前的分析,佛瑞加建議將杜威關於社會哲學的評論劃分為四個階段。

在第一階段,即從杜威的首部論著到 1901 年,從未出現過這種表達。此時他對政治哲學的興趣是有限的,並未表現出對社會層面的關注。在杜威 1888 年的著作中,作為這個時期最重要的政治文本,也沒有社會途徑的痕跡,民主則是指政治制度和道德理想。在這一階段中,並未提到社會是人類生活的中心維度。這並不奇怪,因為在當時,理想主義的假設支配著杜威,從而驅使他的興趣轉向心理或道德維度。從 1896 到 1903 年間,在其倫理學和政治學中可以發現某些例外。「社會哲學」這個詞在這裡出現大約 15 次,但是它的用法總是通用的,並且總是涉及其他學者的工作。對杜威來說,所有過程可以表述為環境與生物體的日益複雜的相互聯繫。這不僅是社會哲學的主要觀點,也是任何哲學的主要觀點,即經驗世界是一個價值世界,因此在不斷變化。[75] 凱爾德(Edward Caird)的《孔德的社會哲學》(*Social Philosophy of Comte*)雖然略微偏離了在這裡討論的問題,但從哲學的角度來看,它無疑是任何社會哲學專業的學生都能讀到的最好的東西之一,因為它引入了更具技術意義的哲學與社會、社會問題以及歷史和宗教問題之間的關係。[76] 從原始時代開始,對醫師社會功能的研究,將是對社會學和社會哲學最重要的貢獻。如果我們把這件事看作是第一個觀點呈現給我們自己,它似乎是一個單獨的問題。一個人生病了,另一個沒有特別生病的人照看著他。[77]

第二個階段發生在 1901 年至 1918 年之間,當時「社會哲學」這個術語很少被使用,可用以下三種方式說明杜威如何開始構想社會和政治理論的任務:第一種方式涉及他本人和他人的教育工作;第二種方式涉及 19 世紀英國哲學家的著作;第三種方式涉及他自己的社會生活觀。尤其是在涉及教育問題的文本中,這種表達通常強調教育學必須考慮到社會因素,而不是局限於個人研究。的確,通過這些文本,

---

[75] DEWEY J. 2010. *Dewey: Lectures. Electronic Edition. Volume 1: Political Philosophy, Logic, Ethics. Part IV*, L. Hickman, ed., Charlottesville, Intelex. 1536.

[76] Ibid., 1891.

[77] Ibid., 1961.

杜威堅持教育的社會維度，學校是一個「社會機構」，也就是說，一個基本上參與整個社會機構的進步和運作的機構。杜威認為，教育是以對社會功能的貢獻為視角來評價教育的。下面的三個引文是這種用法的例證：「倘若通過介紹一種看似簡單的社會哲學形式來處理學校問題似乎並不必要，那麼認識到將這些問題推向學校實踐最前沿的正是相同的力量，就仍然有實際的效用」。「少量的社會哲學和社會洞察力揭示了在人類所有機構中不斷發揮作用的兩個原則：一是走向專業化和由此導致的孤立，另一是走向聯繫和互動」。[78]「我們的立場意味著，教育哲學是社會哲學的一個分支，並且像每一種社會哲學一樣，它需要選擇一種性格、經驗和社會制度，因此涉及道德觀。」[79] 杜威宣稱：「教育改革只是普遍社會變革的一個階段」。[80] 在這裡，他將「改革派」與「保守派」對立起來，並把它們描述為兩種相互對立的社會哲學，即對待教育在調解個人與社會之間的關係中應該扮演的角色的兩種相互對立的普遍觀點。眾所周知，杜威不反對改革主義的觀點。對杜威而言，社會哲學必須提供社會改革的手段和目標。一方面，它需要提供規範標準來界定教育在社會生活大局中的位置。另一方面，它還需要描述實現這些目標所必須的步驟，以及這項工作所需要的組織和教育方法。杜威試圖在手段與目的之間建立內在聯繫，他堅持，只有把手段、過程和程序考慮在內，才能完成對目的的理論討論。杜威認為「不可能把學習過程的理論討論和實踐效率問題從一眼所見的智力和社會條件中分離出來，只要我們認識到學習過程是一種知識組織，生活組織以及社會組織的問題就足夠了。」[81] 與此相關，杜威認為，社會哲學應該關注研究達到這些目的的手段，並且應該促進這些手段的轉變過程，而這些轉變過程則被認作是達到目的的條件。因此，在杜威的教育哲學文本中不斷融合哲學和教育學的考察。社會方法的顯著標誌是積極承認手段和目的之間的相互作用，這反過來意味著社會哲學應該通過分析、批判和改革現有條件來進行。因此，一種被認為是最終目的和價值反射形式的社會哲學是不完整的。

　　根據杜威的觀點，社會哲學和改革主義之間存在著內在的聯繫，因為前者應該指明達到其為改革所設定的規範性目標的方法、步驟、階段、路徑。從這個意義上說，社會哲學被杜威視為社會改革的工具，或者換句話說，被視為社會改革的關鍵點。杜威強調「方向」和「控制」等術語來界定社會哲學的規範性任務。通過這些

---

[78] John Dewey. *The Middle Works of John* Dewey, Volume 1, 1899-1924, 285, 286.

[79] John Dewey. *The Later Works of John* Dewey, Volume 8, 1925-1953, 80.

[80] John Dewey. *The Middle Works of John* Dewey, Volume 1, 1899-1924, 162.

[81] Ibid., 276.

用法，可以清楚地看到杜威的規範性觀點：社會哲學的目的在於社會過程的有意識取向，而這個過程總在不斷變化和處於製造中，因而總是存在。通過杜威所說的「智力」或社會調查來指導和控制。杜威的社會哲學在某種程度上是進步的而不是革命性的。他從來不厭其煩地批評這項革命性工程，因為它沒有能力通過實驗闡明變革道路應該如何展開，也並無能力設計出具體的方法，使社會逐步從目前的環境走向更好的環境。這一主題於是主宰導了杜威在中國有關社會和政治哲學的第一堂課。這個階段的第二個用法是注重歷史的，因為杜威經常提到現代哲學家的社會觀，特別是那些從霍布斯到斯賓塞的英國傳統哲學家們的社會觀，以便表明哲學理論具有改革主義傾向，並且最終涉及社會。通過具體改革項目來解決貧困、排斥、壓迫、平等等問題。這些應用揭示了杜威對時間的哲學參考，以及這些作者所關注的內容。雖然在所有這些事件中，「社會哲學」一詞的用法相當寬鬆，杜威從未打算描述自己的著述，但清楚地表明瞭社會改革者對哲學任務的理解。在討論斯賓塞（Herbert Spencer）的哲學時，杜威把社會哲學界定為：「一種行為理論，它超越個人，成為批評和改革合作事務和社區福利的原則」。斯賓塞的社會哲學被批評為「思辨的」或「浪漫的」，杜威的意思是它「僅僅在批評和重建的程序上提出來的」。[82] 這種「僅僅」（merely）的爭論指向了在連接手段和目標時缺乏與社會和物質環境的直接接觸。第二階段的第三個較不顯著的用法是指社會哲學作為以社會為對象、強調諸如個人生活、政治、教育等現象，不可避免的社會維度的理論事業的一般含義。這種用法與 1896－1903 年的講座一致，並對應於當時常用的術語。

　　1919 年，杜威的社會哲學進入了第三個決定性階段，未出版的《哲學改造八次演講大綱》（*Syllabus of Eight Lectures on Philosophical Reconstruction*）成為杜威同年在日本召開的系列會議的基礎，該系列會議後來以《哲學的改造》（*Reconstruction in Philosophy*）的書名出版。在《大綱》和出版的演講中，「社會哲學」一詞在上一節課的標題中顯而易見：「影響社會哲學的改造」，這清楚地表明杜威願意贊同「社會哲學」一詞，正如他以前從未做過的那樣。作為他自己智力事業的中心維度。同年，杜威在中國發表了題為《社會與政治哲學》的系列演講。這些文本來自杜威對社會哲學思辨實踐的一次批評，以及他努力勾勒所謂的「第三哲學」的輪廓，他用這個表達來指代他自己的社會哲學。在方法論上，第三種社會哲學是根據實用主義的調查方法界定的，根據這種方法：「一般性的回答應該具有覆蓋和支配所有細節

---

[82] Ibid., Volume 3, 1899-1924, 207.

的普遍意義[...]。它們並非用於明確具體社會困難的工具和測試工具。」[83] 然而，要找到對社會哲學的完整定義，我們需要看一下那個時期尚未出版的文本，即 1923 年的《教學大綱：社會制度與道德研究》。[84]在 這裡我們發現社會哲學的以下定義：「社會哲學關注的是社會現象的價值，而後者包括所有依賴於人類社會或人類共同生活的習俗、制度、規劃、宗旨和政策。」[85] 杜威提出將社會哲學設想為產生評估社會現象的規範標準的關鍵任務，它是從對這些現象本身的內在審查開始。因此，社會哲學的任務是進一步推進：除了一般的理論之外，作為社會現象的一個組成部分的反思性估價的過程。社會哲學是一種澄清判斷的技術，這種判斷是根據社會習俗、制度、法律、規劃、實際情況和預期效果而不斷作出的。其主題涉及研究：（1）不同類型的社會群體對關於是非、好與壞的信仰和標準的產生所產生的影響；（2）這些信仰和標準對其他社會力量的反射反應以及影響；並通過這些社會力量生產商品和商品。它的目的是對社會政策進行批判和影響，使之更具啟發性和有效性。[86] 從這些用法中，可以清楚地感覺到一個將社會哲學的主要主題融合在一起的研究計劃：關注與當前社會弊病的直接接觸；朝向非理想理論的方向；尋找證實特定規範性主張的標準；探索社會和歷史環境在確定社會改革的目的和手段方面的相關性，以及反對純政治性的社會政治問題。社會哲學有時也用來表示各民族的民族心態（法國、英國、德國的社會哲學），有時用來描述一種反個人主義的政治哲學，或者一種面向社會條件轉變的哲學。貫穿這些文本，杜威的批判目標始終是從黑格爾到馬克思的德國哲學，其中心論點是，與其他方法相比，社會哲學意味著一種研究形式，它關注特定的社會問題，並具有設計可檢驗的和隱含的目的以及可行的工作解決方案。杜威重申他的主張，社會哲學家應該避免過度概括；相反，他們應該幫助「人們通過提供在改革項目中使用和檢驗的假設來解決具體問題」。[87] 在中國的演講中，杜威又對古典社會哲學過分使用「泛泛概括」進行了批判，他解釋說：「我們須看到，每一種哲學既然具有實踐目的，就與具體情況有關，而這種具體情況又需要掌握。我們必須在特殊疾病和特殊資源的限制下進行思考，以便糾正它們。避免空泛論大，並考慮具體的問題，使用這些理論只是為了給手頭的特殊需要帶來什麼啟發。」[88] 在更抽象層面上研究理論的那個時期，從杜威研究社會哲學的其他幾

---

[83] Ibid., Volume 12, 1899-1924, 188.

[84] Ibid., *Volume 15*, 1899-1924, 230-373.

[85] Ibid., 231.

[86] Ibid., 23-1-2.

[87] Ibid., Volume 12, 1899-1924, 189.

[88] DEWEY J., (2015), "Lectures in Social and Political Philosophy," *European Journal of Pragmatism and American*

個文本中，也可以找到類似的表述。杜威常用來界定社會哲學的兩個假設是：（1）問題驅動和實驗性的研究取向；（2）在社會改革和重建中對科學主導項目的一般性批判。這兩點是杜威社會哲學的基石。

第四階段大約在 1924 年。從那時開始，「社會哲學」的用法再次變得很少。此外，在接下來的 30 年裡，杜威幾乎再也無法用這個表達來界定他自己的哲學項目，這清楚地表明他放棄了發展個人社會哲學的項目。令人驚訝的是，隨著他對社會問題的關注穩步增加，他對社會哲學作為特定知識分子事業的關注正好下降，的確，當時所有的主要政治文本都強調了純粹民主政治觀念的失敗，並且提出了社會和道德因素在塑造事件政治進程方面的重要性。[89]

二、第二大演講《教育哲學》

1919 至 1920 年期間，杜威在北京各處共做過 16 次有關教育哲學的演講，口譯者為胡適。以下為與這個主題演講相應的小標題：1 教育之所以必要；2 教育與兒童與社會；3 遊戲與活動；4 做戲與工作；5 環境與習慣；6 教育即生活；7 學科與生活；8 科學進步對社會的影響；9 科學進步對道德的影響；10 科學發展為何重要；11 科學內容與教育的關係；12 學制的組織；13 中等教育學制的內容；14 職業教育；15 道德教育的內容；16 道德教育的目的。

1920 年上海商務印書館還出版了《杜威教育哲學》一書。該書是作者在南京高等師範的演講稿，全書分兩個部分，第一部分「教育之性質」，分六節，一、教育為什麼是必要的？二、教育為什麼是可能的？三、什麼是教育經程中所應用的利器？四、什麼是教育的效果？五、怎樣判斷教育的效果？六、總論。第二部分「學校教育」，分九節，一、學校中的三要素；二、課程與方法；三、經驗之要素；四、經驗之性質；五、舉數種教材之教授以為上列原則之例；六、職業教育；七、數種教育目的之討論；八、教育者必須培養滋長的四種性質，可視為德謨克拉西的基柱；九、道德教育。1921 年 9 月上海泰東圖書局還出版《杜威羅素演講錄合刊》，收錄杜威在上海浦東中學的演講《公民教育》、在中華職業社的演講《職業教育與勞動問題》等。1921 年 10 月商務印書館推出由金海觀等筆記的《杜威教育哲學》，作為「南京高等師範學校叢書」第四種，內分「教育之性質」、「學校教育」兩部分。1921 年劉衡如譯出的《學校與社會》由上海中華書局初版，分「學校與社會進化」、

Philosophy 7 (2), 7-44.

[89] Roberto Frega, "John Dewey's Lectures in Social and Political Philosophy (China)," *European Journal of Pragmatism and American Philosophy*, VII-2,2015 .

「學校與兒童生活」、「教育之耗資」、「初等教育之心理學」、「福祿倍爾之教育原理」、「手工之心理學」、「初等教育中歷史科的目的」等章，該書出版後銷路甚好，1928 年出版第 7 版，1935 年出版第 10 版。1922 年 9 月商務印書館出版常道直編譯的杜威《平民主義與教育》一書，分「教育與生活」，「教育與環境」，「教育即生長」，「教育主義之批評」，「教育上之平民主義」，「教育上之目的」、「興趣與訓練」、「經驗與思想」等 28 章。1935 年上海泰東圖書局推出劉伯明口譯、沈振聲筆記的《教育哲學》，分「廣義的教育」和「狹義的教育」兩部分，包括杜威的 22 次演講，共計 26 個講題。1935 年 4 月由上海大新書局出版了收集了杜威在華 22 次演講內容的《教育哲學》。[90]

　　中國學者單中惠、王鳳玉出版了《杜威在華教育演講》。這是一部關於杜威在華演講稿的精選集。全書第一部分為教育哲學：〈關於教育哲學的五大演講〉（在北京教育部的演講），〈教育與學校的幾個關鍵問題〉（在南京高等師範學校的演講）；第二部分為社會教育：〈教育與社會的關係〉（在上海松江的演講），〈教育與社會進化之關係〉（在揚州的演講），〈專門教育之社會觀〉（在上海同濟學校的演講），〈社會進化〉（在上海青年會的演講），〈學校與社會〉（在蘇州的演講），〈教育行政之目的〉（在蘇州的演講），〈教育與社會之進步〉，〈美國教育會之組織及其影響於社會〉（在福建省教育會的演講），〈教授青年的教育原理〉（在女子高師的演講），〈教育之社會的要素〉（在濟南的演講），〈學校科目與社會之關係〉（在濟南的演講），〈中國學校的科目問題〉（在濟南的演講），〈學校教育務必與社會生活聯絡〉（在濟南的演講）；第三部分為學校教育：〈經驗與教育之關係〉（在南京的演講），〈教育之要素〉（在南京的演講），〈「自動」的真義〉（在揚州的演講），〈智慧度量法的大綱〉（在常州的演講），〈造就發動的性質的教育〉（在杭州第一師範學校的演講），〈教材的組織〉（在徐州的演講），〈試驗主義〉（在無錫的演講），〈自動的研究〉（在福州青年會的演講），〈天然環境、社會環境與人生之關係〉（在福州青年會的演講），〈教育之心理的要素〉（在濟南的演講）；第四部分為平民教育：〈平民主義的教育〉（在上海的演講），〈平民教育之真諦〉（在浙江教育會的演講），〈平民主義之教育〉（在江蘇教育會的演講），〈平民主義之精義〉（在南京的演講），〈公民教育〉（在上海浦東中學的演講），〈國民教育與國家之關係〉（在福州青年會的演講）；第五部分為職業教育：〈職業教育之精義〉（在中華職業教育社的演講），〈職業教育與勞動問

題〉（在中華職業教育社的演講），〈工藝與文化的關係〉（在上海南洋公學的演講），〈普通教育與職業教育之關係〉（在上海滬江大學的演講），〈教育與實業〉（在蘇州的演講），〈讀書與工作結合〉（在福建省立蠶業學校的演講），〈教育與實業〉（在福州青年會的演講）；第六部分為大學教育：〈大學與民治國輿論的重要〉（在北京大學的演講），〈大學的旨趣〉（在廈門大學的演講）；第七部分為現代教育：〈現代教育之趨勢〉（在北京美術學校的演講），〈學問的新問題〉（在北京尚志學校的演講），〈教育的新趨勢〉（在徐州的演講），〈現代教育的趨勢〉（在廈門集美學校的演講），〈小學教育之新趨勢〉（在杭州的演講）；第八部分為倫理教育：〈教育答問〉（在南京高等師範學校的演講），〈品格之養成為教育之無上目的〉（在山西太原大學校禮堂的演講），〈倫理演講紀略〉（在北京的演講），〈習慣與思想〉（在福州青年會的演講），〈自動道德重要之原因〉（在廣州國立高等師範學校的演講）；第九部分為學生自治：〈學生自治的組織〉（在北京的演講），〈自動與自治〉（在福建第一中學的演講），〈學生會的宗旨與辦法〉（在湖北學生會之演講）；第十部分為教師職責：〈與貴州教育實業參觀團之談話〉（在北京大學哲學教研室），〈教育家之天職〉（在南京的演講），〈教育者的天職〉（在上海第二師範學校 15 周年紀念會上的演講），〈教育者之責任〉（在南通的演講），〈再說教育者的責任〉（在蘇州的演講），〈教育者為社會領袖〉（在福建省立第一師範學校的演講），〈教師職業之現在機會〉（在北京高等師範學校的演講），〈教育者的工作〉（在濟南的演講）等。僅從杜威上述演講的論題來看，簡直堪稱教育的百科全書。

杜威稱自己力圖解決兩大問題，第一是為什麼要有教育？第二是為什麼要有教育哲學？為此，他從以下五個方面進行探索。

首先探尋教育之所以必要的究因。文字教育出現後，使直接人生日用的教育愈趨愈遠，故造成了一種特別階級，並將傳統之物捧之過高，學校便日益與社會脫節，因而變得復古守舊。教育本應為社會性的。對作為教育對象的人而言，即是自然個體，更為社會群體中一員。受教育的人終將要融進社會，承擔各種社會責任。以教育的目的和功用來看，既然培育人，必成為社會重要組成部分，一方面維護社會秩序，另一方面「使社會生活延續」。教育落後，社會也就落後。教育源於社會，最終也要應用於社會。這種社會性使教育與社會生活相融，既推動社會的進化，又促使自身不斷的、靈活的隨著社會的進化而進化。

其次重視教育與兒童的關係。「教育是要把三方面調劑得宜，所以不是容易的事。」「從前的人把介乎兩者當中的學科看的太重，卻把兒童和社會兩方面看得太輕。」中國現今的教育也有這樣的流弊，脫離對學生和社會環境的考量，把學科教

學當作唯一的中心和重心。兒童不同於青少年學生，就教育兒童的目的來說，獲取科學知識不是首要的，而應是使不能獨立的兒童向成人進化，也就是要培養兒童的「獨立」。杜威認為，教育即生長，教育就是兒童當下的生活。在教育中，應以兒童為中心，圍繞兒童開展。教育者需要去探尋、分析兒童的天性、本能和他們在兒童階段的各種需求。相比於那種教兒童死記硬背一些對他們而言拗口、難懂的知識，合乎兒童天性的教育才是更加生動有趣，更有意義的。杜威提倡「從做中學」，他認為人是自然的一部分，個人可以通過社會活動來得到知識和經驗，進而得到發展。在教育過程中，教師要為兒童提供更多的使其「長進」的機會，給兒童開展一些有教育意義、能引起他們興趣的活動。在遊戲過程中，兒童和教師可以共同參與，相互協作；教師要對兒童進行觀察、引導，儘量引導兒童自願參與活動，發揮他們的積極主動性，讓他們不知不覺的在活動中獲得知識，養成品德，對於一些不正確的行為也不能放任兒童。

再次強調教育即生活。「社會環境無意識地、不設任何目的地發揮著教育和塑造的影響」。的確，社會中的人們都在受著社會生活的「教育」。反觀傳統的教育，它和實際社會生活是脫節的。在中國現有的教育模式下，大部分學校開展的教育是以學生的升學為目的的，而教授的知識基本就是在考試中會出現的那些抽象知識。中國課堂的慣有模式就是教師單向地向學生灌輸知識，學生或是靜靜地聽，或是靜靜的神遊，總之中國教學是「被動地吸收」。課堂、教師、課本和試卷即權威，在學校裡沒有「生活經驗」可言。所有的來自前人的經驗都被收錄在課本裡，學生要做的就是重複的記憶和默寫。這種「應試」教育方式使學習變成一項機械、枯燥的工程。由於學生幾乎沒有發現和自主獲得「經驗」的機會，他們會失去興趣，漸漸感到厭倦。在厭學情緒中，學生或許無法掌握某些知識內容。即便學生在考試中表現了出對知識的掌握，那也並不意味著他們能將知識應用於社會生活，這就會使學生在步入社會後缺乏社會生存的知識與技能。在這種與生活經驗脫軌的教育下，學生逐漸沒有了探索知識的欲望，自主性、創新性被扼殺也在所難免。杜威提倡教育要與生活實際靠攏，那麼課程內容的設置就應當要重視社會生活、社會活動。從生活出發，或是以生活實際為媒介，讓學生能夠利用已有的生活經驗來獲取新的知識，並能夠把新的知識轉化為新的生活經驗，把從課堂中獲取的知識帶回生活中實踐。這樣一來一往，不但能打破生活和教育間的隔膜，而且能使教學更加有用、高效。所以，教育就是應該從回歸生活到面向生活，最後超越生活。

第四關注職業教育。杜威提出了傳統的職業教育的兩種弊端：其一，千萬不要認定某種人天生成做某種事業的。其二，千萬不要以現在的實業工業程度作標準。

傳統的職業教育把個人固定在某一職業位置上,並以賺錢為唯一目的。這是非常不合理的,這種職業教育即抹殺了個人在未來的發展可能性,也磨滅了個人對這一職業原有的興趣(心思都在賺錢上)。杜威雖認同傳統的職業教育能讓工人直接掌握他們必備的職業技能,但是也由於這種狹隘的職業訓練,工人對社會環境的意識不足,缺乏適應新環境的能力,社會的變遷會把這些人淘汰。因而傳統的職業教育會使職業與社會發展脫離。每個個體最終都要在社會中選擇某種職業。而職業教育不僅要讓人獲取某種職業的相關知識,同時也要培養個體的擇業觀,培養個體的社會意識、團體意識和他們的學習能力,使他們能在變化莫測的社會大環境中不斷更新,不斷適應,很好的生存和生活下去。

最後是加強道德教育。「無論哪一國講教育的人,都公認教育的最高和最後的目的是道德教育。」道德,就是對社會有益的善,校園裡的道德教育的最終目的就是推動學生在步入社會後「做好自己」,形成所謂的「人格」。在以學生的考試成績為尺度,用分數判斷學生優劣的現行教育模式下,學生的道德素質所占比重非常小。大多數小學、中學是以一門「思想品德課」的成績做為個人品德的定論的。而大部分的大學教育,對學生的品德的關注度也大大低於對學生的科研成績。除了學校,連學生、家長,甚至整個社會,對「道德」少有問津,所有人的都密切的關注著分數的起伏變化,期盼一個好的分數帶他們進入一所好高中,進入一所知名大學,然後有一份好的工作,擁有好的前途。儘管分數很重要,前途很重要,但這只是一方面。學校的教育不要以分數論成敗,而應重視學生能力的綜合發展。教育的目的並非升學,而是要使人全方面發展,進而推動全社會乃至全人類的發展。我們所說的「德智體美勞」,不過也只流於形式。例如中國特色的「思想品德課」,就是以獨立於知識學科的抽象方式「教育」著學生,但這種教育可以說是無用的、無意義的教育。正如杜威所提到的,修身書本子上的那些理論的道德是不能影響人生行為的。而就「理論知識不能影響於人生行為」這一觀點,杜威陳述了兩個原因:一是不能夠引起人的意願和欲望;二是即使能夠引起,也會因知識不夠而不知道怎麼去做。就前一個原因來看,現在很多學校的德育評判以成績高低為依據的,學生之間難免會產生「競爭」,而「德育評判」或是背後的諸如「道德標兵」一類的榮譽,就成了他們「施展道德」的動力,這就有一點「個人主義」和「並非出於本心」的意味。因而學校在引導學生時,還應該增加一些帶有「社會精神」活動,或團隊協作、或幫助弱小,讓學生體會在行善後發自內心的愉悅感,用這些教育來使學生產生助人、行善的欲望,使他們養成好的本能。就第二個原因來看,「社會的目的就是道德的目的」,道德作為教育最高、最後的目的,是為了培養人的品格,使人成

為對社會有益的公民。學校教育要想培養學生的社會的能力和智慧，使其適應社會生活，那麼，學校生活就必然不能脫離社會來進行。在道德教育上，除了直接傳授道德相關的知識，與社會密切相關的學校生活也非常重要。學校是社會生活的縮影，在學生的品德、習慣的培養上要與社會生活相統一。在培育學生品德時，不應只讓學生被動的接受，要多引導學生參與社會生活，給他們儘量多的機會去參與和他們共同的活動。這就可以將學校所學習的道德觀念轉化為實際的道德實踐，也就避免了杜威所說的「會因知識不夠而不知道怎麼去做」。總得來說，目前我們的道德教育太過形式化，下過狹隘，教師只是把「正確的」、「規範化的」行為準則和道德知識扔給學生，而學生獲得的也只是與實際生活有差距的道德知識。很多學校專門設立的「思想品德課」與其他學科之間幾乎沒有關聯，在課上教師要求學生熟記道德標準，要求學生有美德，但學生往往是無動於衷，不痛不癢的。這些道德知識很難被運用到學生的學習、生活的具體情境之中。而且，在具體實踐中，個人是無法僅憑對規範、標準的遵守和服從來解決具體問題的，「個人的理性」才是解決問題、益於社會的關鍵。譬如當我們面對道德方面的抉擇時，嚴苛的準則和死板的規範就無法奏效，只有運用個人的理性，採取符合實際的方式，才能有好的結果。教師在對學生所進行的道德教育也應把大方向的價值觀教給學生，例如「促進人類福利的價值觀」，這也可以使學生在面臨一些抉擇時能做出明智選擇。教師的關注重點應該由學生是否遵守條條框框的道德規則，轉向培養學生積極實用的習慣上。並且老師除了糾正學生的錯誤行為外，也應該對學生的正當行為進行循循善誘、因勢利導。最後，在學科教學中，也應該加入道德教育的因素，教師可以在不同的科目中對學生進行潛移默化的道德教育。

胡適在其恩師杜威去世後，曾這樣評價道：「杜威先生的教育哲學、教育學說，被公認為最新的教育理論，不但影響了全美國的學校，由幼稚園、小學、中學，到大學，也影響了革命初期的俄國。蘇俄那時的教育制度，便是依杜威先生的理論制定的，後來革命的傾向改變，整個教育制度也就改變了。中國教育界自 1919 年到現在，也深受他的教育思想的影響。……」胡適為杜威的教育哲學做了以下注腳：

> 　　杜威先生的知識論用於教育哲學上，有所謂「教育就是生活，並不是生活的預備」「教育是人生的經驗的繼續改造」。剛才我講到知識論時，說人與物一樣，他的應付環境就是生活；隨時應付環境，改造環境，一點一滴繼續不斷的改造；經驗本身也改造。這就是說，教育不是將來生活的預備；當前的生活就是學校，就是教材。所以教育的目的和教育的歷程是一件事，不是

兩件事。人的生活是經驗，是繼續不斷的重新組織經驗。剛才我講的，寫字時後一筆就是改善前一筆；雕刻時也是後一刀改善前一刀：這就是教育。所以生活是不斷的，教育也是不斷的。每種繼續不斷的經驗，都是教育的功用。民主畫家（杜威先生最相信民主主義）的教育，最低限度必須要做到兩件事：

第一，用活的生活經驗作教材，養成一個創造的智慧，以應付困難，解決困難，滿意的解決困難，更滿意的解決困難。教育應該使每個人都有一點創造的智慧。《西遊記》中的孫悟空，曾有了觀音菩薩給他的三根救命的毫毛。創造的智慧，就是要每個人都有這三根救命的毫毛。

第二，就是要養成共同生活的合作習慣（Co-operation in activity）。杜威先生以為要做到這點，書本上的文字教育，記誦，教條，是不夠的；只有把「生活就是教育，生活就是經驗」這個原則拿到學校裡去，才可以做得到。即使不能完全做到，至少也可以朝這個方向走。

關於教育方面，在師範學院裡我不敢多講。總括起來說，我用的名詞好像很新，其實在六十多年前，詹姆士就說過，「實驗主義不過是幾種老法子的一個新名字」。這種思想所以能夠站得住，能夠覺得有根據，就是因為他並不完全是新的，還是根據人生的經驗，合乎人生的經驗。皮爾士、詹姆士和杜威先生的許多思想，並不完全是新的；他們有許多思想古代哲人也曾有過。

杜威的思想可以幫助我們明瞭中國過去的一些思想，譬如教育方面：朱子的教育方法也有部分是講實驗主義的。三百年前，中國北方起了一個「顏李學派」（顏元和他的學生李塨）。顏元的思想注重在動——行動、活動。他的齋名叫「習齋」，就是所謂「學而時習之」的意思。他說：學彈琴的，不是拿書本子學的，要天天彈，越彈才越有進步。這和我剛才所講的「時時刻刻改善你的經驗」意義很相近。我國古時關於教育的學說，像這種例子的很多。[91]

杜威在《民主主義與教育》中曾對蘇格拉底的弟子柏拉圖思想提出質疑，指出柏拉圖筆下的「理想國」完全是一幅靜止的城邦圖景，杜絕改變成為維持「理想」的要務，「雖然柏拉圖的教育哲學是革命的，但它仍然受他的靜止的理想所束縛。……雖然他想根本改變當時的社會狀況，他的目的卻是建立一個不容變革的國家」。[92]

---

[91] 胡適：〈杜威哲學〉，原載 1952 年 12 月 4 日、9 日臺北《中央日報》。
[92] 杜威：《民主主義與教育》，王承緒譯，人民教育出版社，2001 年版，第 101 頁。

本書著者認為，應該結合本書第十三章「對兩位大哲教育觀的比較」中對杜威教育觀的闡述，才能跟全盤瞭解杜威在華有關教育哲學的演講。

三、第三大演講《思想之派別》

杜威的這回演講概括說起來，就是說明四大派的思想方法分為四大派別。那四大派是：第一派為系統派（Systematizing or Classifying），以亞里士多德為代表；第二派為理性派（Rationalist or Deductive），以笛卡爾為代表；第三派為經驗派（Emparical or Sesationalistic），以洛克為代表；第四派為實驗派（Emperimental）。[93]在杜威看來：亞里士多德注重整理、分析、類別、界說以及共同和永久存在等（這種思想方法起於思想發生無政府時期，當日的思想極糅雜、極紛亂，就是哲學史上所說的哲人時代）；[94] 笛卡爾強調積和動，算學以及解析幾何，否認最後動因，直覺和演繹等；[95] 洛克關心人心知識的範圍，自由，組合、比較與抽象，分析與推斷等；[96] 而實驗派受進化論和近代心理學的影響。

為更好的理解杜威這個演講所談的「系統派」，我們可同時引介他在南京高等師範學校所作「哲學史」系列講座。這個講座中的第一章討論了歐洲思想的起源，包括為何會產生哲學思潮？古希臘哲學為什麼不在古希臘本土產生？東西哲學的比較等。第二章討論了古希臘最初的哲學，包括自然問題，知識問題，人的問題等。第三章討論了柏拉圖的學說，包括柏拉圖學說和蘇格拉底學說的異同，柏拉圖對社會混亂的解釋，柏拉圖的達到實體世界的唯一方法，以及柏拉圖的知識論、人生哲學、社會哲學、政治哲學、教育哲學、倫理學說等。第四章討論了亞里士多德的學說，包括對柏拉圖學說的批評，對一、多和定、變問題的解釋，對物質和精神問題的解釋，對自然界的研究，對種類的斷言，與實驗科學的比較和爭論，政治哲學和人生哲學，亞里士多德學說在宗教上的應用以及亞里士多德學說的社會影響等。

杜威首先揭示了哲學作為一種生活智慧，首先源於對人間事務的關切，而不是對自然界的玄思。哲學是怎樣產生的？其起源大概是社會現象的不安定。自古傳下來的思想習慣，不能維繫人心的時候，哲學家們就出來批評。東西哲學的比較？古希臘最初的哲學，與現在的哲學不同。他們所研究的對象，並非關於人生的問題。西方哲學後來由自然轉向人生的研究。在杜威看來，哲學（philosophy），這個詞在

[93] 杜威：《杜威五大講演》，胡適口譯，安徽教育出版社，2005 年第二版。第 174 頁。
[94] 同上，第 177-180 頁。
[95] 同上，第 189-194 頁。
[96] 同上，第 206-214 頁。

蘇格拉底那裡的本意是「愛智」。如何理解蘇格拉底「知識既是美德」？蘇格拉底所謂的知識不是普通的知識。所謂普通的知識是空泛的知識，蘇格拉底所謂的知識是真切的知識。個人在感情方面有所欣賞，內心覺得不可不付諸行動，因此就產生道德，能洞察是否之所在。蘇格拉底的邏輯學。蘇格拉底一直強調自己的無知。人要有覺悟，即覺悟自己的無知，而後才可以求知。蘇格拉底用問答的方式教人有這種覺悟。問他一句，他答一句，就他答的再問，問後再答，就這樣根據他所答，一直問到辭窮的時候，他就自相矛盾，前後不一致了。這就是承認自己無知，就是覺悟。他如果真能有知，必能對於自己所說的意義十分明瞭，前前後後必定能夠一致。之所以問到最後，自己陷入矛盾，必定因為還沒有明白。對杜威來說，「山洞的比喻」乃蘇格拉底的愛徒柏拉圖關於知識的比喻。人在世上所見，也是變幻無常的影像，不曾看見實體的真相，與洞裡的情形沒什麼不同。假如有一兩個人被釋放出來，走到洞的外面，要把外面真實的世界報告給洞裡的人聽，雖然洞裡的人不見得理解和相信。柏拉圖認為，在直覺的境況中，「靈魂」和「本體」合二為一，直覺的知識就是靈魂超越變幻的世界，進入本體的世界，「退步」到它原來的本體世界的地位。這種意思帶有神秘的意味，帶有宗教的色彩。柏拉圖認為教育的結果是社會上有三種不同等級的人，工商界的人，軍人、公民及執政的人，哲學家。前者天資差，好「物質」，中者好「名」，後者是精英，好「智慧」。

　　亞里士多德與其老師柏拉圖的不同。亞里士多德學說猶如百科全書，猶如美麗的詩篇，猶如書櫥，猶如一幅大圖畫，看起來很美麗，很豐富，各門學問都是很有系統，但沒有生氣。亞里士多德偏於科學，偏於經驗，實際方面多一些，而柏拉圖則偏於理論，偏於神秘。柏拉圖先覺的思想比亞里士多德來的多。所以，讀柏拉圖的學說，就會有一種感觸，認為這是詩人的先知先覺，因此能讓人的思想漂浮不定。亞里士多德卻能讓人的思想有組織有系統。所以柏拉圖使人進取，亞里士多德使人保守。亞里士多德的精神是「為己」的精神，他的態度是「旁觀的態度」。中世紀時，人們都傾向於守舊，所以許多人研究亞里士多德，後來到強調進化的時候才去研究柏拉圖。杜威指出，達爾文的《物種起源》認為高等動物是由低等動物進化來的，亞里士多德認為物種都是有分類的，彼此不可穿越，由於亞里士多德在歐洲的傳統影響，達爾文的思想受到烈的抵抗。杜威進而引申，說為什麼西方的「科學」進入到中國後沒有遇到強烈的抵抗？他認為，中國的傳統學說，向來沒有系統，沒有組織，所以不能表現出一種有組織的抵抗力。科學和知識只是謀求國家富強的工具而已，至於科學對人生精神生活的影響，中國人連做夢都沒有想到過。杜威宣稱，西方幾百年的思想文化受到亞里士多德學說和基督教獨斷的神學這兩種束縛，其實

更深，他聲言東方現在（五四時期）可以算是思想解放的時候，西方的思想解放，也不過是比東方早一兩百年而已。[97]

　　杜威將笛卡爾以來的現代精神定性為沉迷於無望的「對確定性的追求」——無望是因為現實世界中並不存在確定性。杜威則認為：「笛卡爾企圖在能知的心裡內部去尋求絕對確定性的所在；他一方面排除了古代人試想在外在世界上去發現這種絕對確定性的企圖，另一方面又排除了中世紀人。對杜威而言，所有近代哲學的討論，無論理性派與經驗派、唯心論與唯物論的論爭等，既無結果，又毫無價值，因其都根本不理解「經驗」這一概念的真正意義。

四、第四大演講《現代的三個哲學家》

　　杜威在此次演講中主要談及了美國實用主義哲學家詹姆斯，法國生命哲學家伯格森以及當時即將來訪的英國哲學家羅素。對於詹姆斯，杜威著重闡述了他根本的經驗主義與多元主義；知識是心理作用的部分；意識之流的重要性；理想系統起源的前門與後門；一切經驗看作是真；信仰的意志；真理理論在於試驗等。對於柏格森，杜威審視了其注重內省；承接《物種起源》；可稱為黑格爾後的系統哲學家；本體界與現象界；變與不變；心與物問題；《創造的進化》以及生命的奮進等。對於羅素，杜威則評析了其邏輯原子論，絕對多元論以及哲學與科學的方法等；並引介了《社會改造原理》《政治的理想》《自由的路》中的思想觀念等。

　　早在 1913 年，錢智修便在《東方雜誌》上著文介紹柏格森和倭鏗的哲學，1914 年 10 月，他又在同一雜誌上發表了〈布格遜（Bergson）哲學說之批評〉一文；1917 年底，張東蓀就已經開始了他的《創化論》之翻譯工作，並從 1918 年元旦起在《時事新報》上連載；同年，劉叔雅也在《新青年》上著文介紹過柏格森之哲學。杜威來華講學期間的引介和推許，更是刺激了人們對柏格森哲學的極大關注和持續的熱情。[98] 他強調柏氏思想的獨特性在於：發揮進化論、注重內省的心理學，以及超越知識的直覺方法等。這些內容無疑對當時的中國知識分子都有著極大的誘惑力，這也確實直接影響到了梁漱溟等人的興趣。）特別是在 1921 年，《民鐸》雜誌編輯出版了「柏格森號」，將這一播撒活動推向高潮。該期雜誌收入當時一大批活躍在思想界的頂尖人物之專文，對柏格森哲學做了相當全面和細緻的研究，以至於在我

---

[97] 參見杜威：《哲學史》，楊玉成編，北京出版社，2009 年版。

[98] 杜威在《現代的三個哲學家》之著名演講（1920 年 3 月）中稱：「從歷史上看來，我們總以為黑格爾以後，世界上不會再有系統的哲學了。詎知先有斯賓塞的哲學系統，最近又有柏格森的，惟他獨有的哲學系統。」（《杜威在華講演集》，袁剛等編，北京大學出版社 2004 年版，第 247-248 頁）

們今天看來，這其中不乏理解深刻、分析到位的經典之作。如李石岑的〈柏格森哲學之解釋與批判〉一文認為：「柏氏哲學之神髓，全貫注於《時間與自由意志》一書。」他圍繞著時間、意志和本能三個概念，對這本書的思想做了相當深入的分析。張東蓀的〈柏格森哲學與羅素的批評〉一文，比較了這兩位哲學家的差別，並且在論述中透顯出他自己的一種哲學立場和見識。呂澂和梁漱溟的文章，分別比較說明了柏格森的生命哲學與佛教唯識學之間的聯繫，具有相當的開創意義。當時主其事的李石岑，曾經這樣描述柏格森研究之盛況：「近今評柏格森哲學之著述，不下數百十種。譽之者稱為康德以來之最富獨創，且永傳後世之產物。」[99] 由梁啟超、張東蓀等人組成的民間社團——講學社，還準備邀請柏格森來華講學，後因為種種緣故而未能成行。1922 年，他們改邀了與柏格森哲學觀念較為接近的德國生機論哲學家杜里舒來華，算是一個退而求其次的結局。在這前後，張東蓀譯的《創化論》（1919）和《物質與記憶》（1922），楊正宇譯的《形而上學序論》（1921），胡國鈺譯的《心力》（1924），潘梓年譯的《時間與自由意志》（1926）等，先後由商務印書館出版。商務和泰東書局還翻譯出版了數種由英、法學者寫的研究柏格森的著作，其中卡爾（H.W.Carr）的 The Philosophy of Change 一書竟然同時有兩個譯本。凡此種種，均可見當時對於柏格森之哲學，人們的興趣之濃和熱情之高。杜威在演講中宣稱：「從歷史上看來，我們總以為黑格爾以後，世界上不會再有系統的哲學了。詎知先有斯賓塞的哲學系統，最近又有柏格森的，惟他獨有的哲學系統。」[100]

五、第五大演講《倫理演講紀略》

杜威在北京時曾做過題為「東西方倫理思想的比較」的演講。他指出，道德適應環境而產生，某種道德對於某種環境為善，對於他種環境又不然，所以東西道德實無長短之言。杜威自稱所討論的是理智上的比較，是東西思想的對照。他坦承，自己對於東方學問毫無研究，議論有錯，還請原諒。據他看來，東西思想有三點差異：

一、東方思想更切實、更健全，西方思想更抽象、更理智。例如五倫：君臣、父子、夫婦、兄弟、朋友，都是健全的確定的切實的天然的人生關係。人人都有父、有子、有夫婦兄弟，人人都是一國的臣民或君長，人人都有朋友。所以東方的聖人，就規定五倫的道德規範，教人怎樣做君臣、做父子、夫婦、兄弟、朋友。西方的思想卻不同。大概西方的主要觀念為正直（Justiec）

[99] 李石岑：《李石岑論文集》，商務印書館，1924 年版，第 59 頁。
[100] 轉引自袁剛等編：《民治主義與現代社會——杜威在華講演集》，北京：北京大學出版社，第 247-248 頁。

與仁慈（1lenevolence），都是抽象的觀念，並沒有具體指那種倫常事物。換句話說，正直和仁慈都從理智推究出來的。切實的道德觀念有種好處，就是有確定的標準，教的省得麻煩，學的容易領悟。弊病就是因確定生執拗，因切實成拘泥，習故安常，不能通權達變，以適應時勢。理智的、抽象的、道德觀念，能權能變。例如正直和仁慈，應用到君臣、父子、夫婦、兄弟、朋友都可。臣對君要正直和仁慈，君對臣也要正直和仁慈，不像東方臣對君要忠，君對臣就不要忠了。所以西方道德是平等的、普遍的、活的、能權能變以適應環境，環境變，觀念也變，大抵事物愈確定，變化愈難。例如說臣要忠，就使數千百年的臣都要忠。原理愈普通，變化愈易。雖然有含糊的毛病，卻能通權達變。

二、西方倫理根據個性，東方倫理根據家庭。這種差異，人人都知道的。他和第一個差異有密切的關係，簡直是二五和一十。西方人不承認人倫有何確定的關係。好像君臣等。他們只知道有我，有個人，所以沒有尊卑的分別，正直和仁慈對父對子都可以。東方經書所說的五倫，有三個屬家庭（即父子、夫婦、兄弟），其餘下的君臣是父子的變相，朋友是兄弟的變相。所以東方的道德觀念，簡直可說全然根據家庭。所以經書常說孝是德之本。而孝的範圍也最大，不信不誠，敗壞家聲，可算不孝；建德立功，揚名顯親，就可算孝。

三、西方倫理尊重個人權利。東方倫理蔑視個人權利。西方一二百年來，個人權利最受尊崇。所以個人有行動自由的權利。別人不得干涉，有保存財產的權利，別人不得強取，有養護身體的權利，別人不得毒打，有保全榮譽的權利，別人不得敗壞。凡干涉別人自由，強取別人財產，破壞別人榮譽的，都是不道德的。後來這種權利觀念，漸漸推到政治。美國宣告獨立文中，開宗明義就說人人有生命財產和自求多福的權利。從道德方面說，個人不能侵犯他人權利。所以從政治方面說。政府就應當保護人民的權利了。這就是個人主義的真表現。人人都是多種權利的中心點，社會上一切平等。……東方道德就是注重自己對人應盡的義務，所以沒有西方道德自私自利的毛病。[101]

　　本書著者認為，讀者若想更好地理解杜威有關倫理的演講，可以結合本書第十二章「對兩位大哲倫理觀的比較」中對杜威倫理觀的闡述。

---

[101] 節選自杜威《倫理講演紀略》，北大新知書店。

本篇簡評

　　2004 年，北京大學出版社整理出版了《中國到自由之路羅素在華演講集》，通過對相關歷史文獻的全面梳理和編校，將散落在當時的報刊和書籍上的羅素演講一併收入，同時附有勃拉克女士的部分演講和「羅素來華行程及演講總表」以及一些名人的評論文章。出版者指出，羅素演講由於當時條件所限，沒有保留英文原稿，保存下來的只有經過翻譯的中文講稿。羅素的演講曾以《羅素五大演講》結集出版，但還有部分重要演講散見於舊刊之中，給研究者（特別是外國研究者）帶來很大困難，導致中外學術界在研究羅素訪華的影響、羅素在華期間思想演變通訊近代中外思想文化交流等問題上長期出現空白。

　　同樣，由於杜威沒有留下演講的英文的原稿，因此，直到由美國學者克洛普頓和香港學者吳俊升合編的英文譯本《杜威在中國的演講》（*John Dewey：Lectures in China, 1919-1920*）於 1973 年出版後，美國教育學者及西方教育界才瞭解杜威在華演講的具體內容。有趣的是，這項回譯過程經過了四個回合：第一回合，由中譯直譯還原為英文，是由當時在夏威夷大學讀教育的臺灣留學生 Lu Chung-ming 負責的。第二回合，則是把直譯出來的英文潤飾成口語化的英文，負責這個工作得到是克洛普頓（Robert Clopton）。第三回合，是把克洛普頓的英譯本跟杜威在華演講的中譯本對照，務求其信實，負責的是當時香港新亞書院的院長吳俊升（Ou Tsuin-chen）。最後的第四回合，則是由克洛普頓參考吳俊升的建議，作最後的潤色與定稿。[1]

　　中國學者蘇俊斌講述了自己於 2014 年 9 月中旬，在哥倫比亞大學新聞學院聽理查德‧約翰（Richard John）教授講杜威新聞觀的有趣經歷。課後這位學者向約翰教授提起，杜威曾於 1921 年 4 月 11 日訪問過廈門大學，並在廈大發表了題為〈大學的旨趣〉的演講。教授對這條資訊非常感興趣，因為在有關杜威的英語文獻裡並沒有這篇演講，於是便問道：「杜威在廈門大學講了什麼？你怎樣評價杜威的演講？」這位學者回顧道：杜威在演講中開宗明義指出，學校無非是學生共同生活的

---

[1] 參見潘光哲主編：《胡適與現代中國的理想追尋：紀念胡適先生 120 歲誕辰國際學術研討會論文集》，臺北，秀威資訊，2013 年，第 104 頁。

場所，而「大學為最高學府」，這種共同生活的目的在於「培養領袖型人才」。結合他對當時中國社會之觀察，杜威認為，「中國自革命之後，大家都抱一種悲觀」，根本原因正在於「缺乏領袖型人才」。作為中國新式大學的廈門大學創立，應當以培養工商業以及政治與社會的領袖人才為使命。杜威進一步指出，領袖人才的培養，不是靠知識的灌輸，而在於實踐能力的養成，所以在「共同生活」中首先應當培養自治能力與合作精神。據考證，杜威到訪廈大，是應廈大首任校長鄧芝園的邀請來參加學校成立儀式的。實際上，杜威在中國已經待了將近兩年。作為哥倫比亞大學哲學與教育學教授，在中國進行將近兩年的遊歷，跟當時中國的政界、知識界與教育界精英廣泛接觸之後，杜威在一所新大學的成立儀式上，闡明了他對中國大學使命的理解。「刊載於《晨報》的杜威演講內容，是根據現場記錄整理出的中文。在約翰教授的鼓勵下，我把杜威的演講又譯成英文。約翰教授看了譯文之後評論說，這確實是杜威的一貫主張。關於杜威的演講，我與約翰教授查找、閱讀了很多相關文獻，其間還不斷有其他教授參加進來。我曾提出，作為平民主義教育家的杜威，為何在中國反而主張大學應當培養領袖型人才？哥大新聞社會學家邁克爾·舒德森教授認為，這恰恰說明杜威理解了當時中國社會的迫切需要。」[2]

1998年，杜威在華演講被中國文化書院評選為「影響中國20世紀歷史進程的重要文獻」。美國知名東亞問題研究專家羅斯（Robert S. Ross，陸伯彬）指出：「未來的思想必定會超過杜威……但很難想像，它在前進中怎麼能夠繞過杜威。」[3]

羅素與杜威訪華演講，可稱作東西方思想對話的偉大盛舉。這兩位大哲與中華文化難以割捨的關係，正是形成於中華民族亙古未有的社會轉型期，即新文化運動與五四運動剛剛發生的時期。正如本書著者在自序中所評價的：對中國知識界來說，最有意義的是，這兩位享有世界盛名的西方大哲，竟於華夏重大的社會轉型期，幾乎同時訪華並極大地影響了中國。杜威與羅素對中國的影響和衝擊是空前的，儘管不一定是絕後的；但歷數訪華過的西方哲人或著名學者，至今還沒有哪一位能達到這種熱烈程度。這種「空前」至少表現在：一、杜威與羅素訪華之前，歷史從未有過任何重要西方哲學家或著名學者（傳教士除外）來過中國；二、綜合來說，當時杜威與羅素的博學智慧與文理皆通的學術造詣、思想的敏銳與豐富的閱歷、人格的力量與強烈的社會責任感，都盛名於世；三、當時的中國正處在辛亥革命和五四運動後社會轉型與重建的關鍵時期，也是動亂暫停百廢待興而相對和平發展的短瞬

2　蘇俊斌：〈約翰·杜威「廈大演講」的橋樑意義〉，《中國青年報》，2016年12月9日。
3　轉引自吳子桐、安樂哲、孫友忠：〈杜威與現代中國〉，《中華讀書報》，2011年8月3日，第309期。

階段，思想文化界和知識分子的理性、求知、包容、活躍，科學態度以及追求真理和批判探索精神是古今未有的；四、杜威在華超過兩年多，羅素在華也有十個多月，他們都作過大量的演講，也進行了相當廣泛的社會接觸，在後來的各種著作和場合經常提及中國，以致形成了獨到的中國觀與難以忘懷的中國情結。

後記　在大哲遨遊的歷史時空穿越

「與造物者遊，」追尋著莊子的瀟灑心境，掛在這場轟轟烈烈思想對話者們所舒展的巨翅上，在羅素與杜威等中西大師們遨遊的歷史時空穿越了一遭，宛若升騰到了一個從未達到的境界。在那之上，俯視大地人間，萬事萬物萬景似乎盡收眼底，一覽無遺，但匆匆掠過，這一切又如此模糊不定。在交織混雜的陽光與陰霾下，冷熱空氣對流生風，微風颶風糾纏變換。當飛到自己的能力極致，頓感搖搖欲墜的恐懼。但不管如何，在思想巨擘的內力穿透下，追求知識與真理的底氣大增。

在時空的穿越中，彷彿聽到，有人問及湯因比希望出生在哪個國家時，這位大歷史學家面帶笑容地回答，他希望出生在「公元 1 世紀佛教已經傳入的中國新疆」；[1] 接著又似乎聽到季羨林先生不約而至地為此作了一個注腳：「世界歷史悠久、地域廣闊、自成體系、影響深遠的文化體系只有四個：中國、印度、希臘、伊斯蘭，再沒有第五個，而這四個文化體系匯流的地方只有一個，就是中國的敦煌和新疆地區，再沒有第二個。」[2]「會當凌絕頂，一覽眾山小」。湯因比以寬廣的視角，高瞻遠矚地注視著人類東西方文明開始撞擊與融合的最初發源地，並在過去、現在、未來的歷史大時空中，縱橫馳騁著他無以倫比的想像、理念與預言。不愧為一代大師！而這本書的主人公羅素這一類的巨匠，就是東西方思想對話的最佳載體和溝通者。

無論何時何處，下至個人、家庭、團體、行業，上至國家、民族、社會、世界，各種人們都在進行著從微觀到宏觀不同的「對話」：政治的、經濟的、文化的、宗教的、教育的、文藝的、日常生活的。其中最高層次一定是思想與思想的對話。「不知別國語言者，對自己的語言便也一無所知」，這是大文豪歌德的一句名言。同樣，不知別國文化者，對自己的文化便也一無所知。這種比法，似乎有些武斷，但沉思之後，它的蘊義確可發人深省。

「這是最好的時代，也是最壞的時代」（It was the best of times, it was the worst of times）——大文豪狄更斯《雙城記》中的一句警示，如同留給身後 160 餘年的預言。

1　《展望二十一世紀——湯恩比與池田大作對話錄》序，日本聖教新聞社 1984 年出版，旬春生、朱繼征、陳國梁譯，國際文化出版公司 1985 年出版。

2　季羨林：〈敦煌學、吐魯番學在中國文化史上的地位和作用〉，1986 年《紅旗》第 3 期。

人類當今的時代，充滿悲情、困境、危機、挑戰，但同時也充滿驚人的成就與希望。在世界歷史的滾滾長河中，物質與精神的雙重文明，經過東西方不斷的撞擊與融合，而得到發展。在世代相傳的時空貫穿中，人類精神文明的積極方向，就是思想與思想良性互動的對話。整個世界處於一個歷史的拐點；整個東西方關係處於一個歷史的拐點；與此相應，整個東西方思想的對話當然也處於一個歷史的拐點。人類在 20 世紀末與 21 世紀初，天災人禍紛遝而至，經濟狀況危機四伏：前蘇聯東歐陣營的崩潰，冷戰的終結，9/11 恐怖攻擊，阿富汗與伊拉克戰爭，阿拉伯之春等，把世界引向另一種失掉相對均衡的格局。當代社會的種種「怪物」及其變種：私有化、工業化、都市化、高科技化、全商品化、高消費化、強競爭化、泛福利化、職業白領化以及族裔衝突化等給人們帶來了形形色色的社會、政治與精神危機。當前，社會的衝突、政治的衝突、經濟的衝突、軍事的衝突、宗教的衝突、道德的衝突，以及資源和能源的爭奪，環境的全方位破壞，人類生存條件的急劇惡化，另外還有數不盡的禍端災變，如新冠肺炎疫情肆虐等等等等，讓人類進行了價值、理念以及各種訴求的重構，這一切都是不斷影響東西方思想對話的宏觀條件。

當高科技電子化數字化浪潮鋪天蓋地壓來之時，人們猛然驚覺，很多事情都已改變。娛樂化網絡化商業化消費化，還有一些什麼「化」，似乎漫不經心地聯手塗抹了我們頭頂的星空，使人類有所追求的「精神本體」，退到繁複的重彩後面。在這個觀念似乎新潮而又失向和錯位的年代，許多像我們一樣的人，基於某種固執的信念，繼續在天空質樸的原色中跋涉。來自蒼穹的光波，本初而強勁！在主編一套叢書時，著者這樣說過：在色彩學中，質樸的藍色與紅、黃兩色同為三原色，天然而成，無法分解成其它顏色，卻可融合成無數新的色彩；而在思想與思想的對話中，這種「三原色」正是良知、智慧、理性；它們因人、因時、因地、因事而異，融合成無數引領潮流的新思想，而使人文精神發揚得越加光大。這正是人類文明和文化純淨而透徹的結晶。正是這一結晶，賦予社會發展以靈魂、動力、脊樑和血脈，而它們的肉身顯現或人格載體就是一代代的東西方大思想家。以此觀察歷史、現狀和未來，便有了一種理智、公正、犀利的洞穿。這種洞穿，是致力於東西方思想對話的作者在無止境的跋涉間隙，真誠奉獻給讀者的禮物，微薄而又厚重。它將反觀那些連貫古今思想上的一步步累積過程，及其不斷爆發的聚變；正是這些累積與聚變，引起了人類社會巨大的發展與進步。為了實現這種洞穿，這本題為《羅素與杜威──對直接影響中國的兩位西方大哲之比較》的著述遂應運而生。

羅素與杜威一生的所說所為，就是由人類精神和人文底蘊的「原色」，即良知、智慧、理性，所凝成的結晶。評說羅素與杜威，對他們洞若觀火的睿智，獨闢蹊徑

的創力，百科全書式的博學，同情人世苦難的良知以及充滿戲劇張力的整個生涯，不可能也沒必要全部包攬到位；也許多留一些未完成的遺憾，也是一種令人滿足的「成就」，因為可以啟迪更多的人繼續走下去，走下去……。

丁子江

2021 年 5 月修改稿

本書參考文獻

英文文獻

羅素英文原著

Bertrand Russell, *German Social Democracy*, Allen & Unwin, 1965.

Bertrand Russell, *An Essay on the Foundation of Geometry*, Scholarly Publishing Office, University of Michigan Library, 2005.

Bertrand Russell, *A Critical Exposition of Philosophy of Leibniz*, The University Press, 1900.

Bertrand Russell, *Free Thought and Official Propaganda*, New York: B. W. Huebsch, Inc., 1922.

Bertrand Russell, "The Study of Mathematics," *Mysticism and Logic and Other Essays*, CreateSpace Independent Publishing Platform,2015.

Bertrand Russell," An Englishman's China," Review of E.T.C. Werner, *China of the Chinese*, *The Athenaeum* no. 4,658 (Aug 8 1919), pp.715-6; *Uncertain Paths to Freedom: Russia and China, 1919-22*, Routledge, 2000.

Bertrand Russell, *The Principles of Mathematics*, W. W. Norton & Company, INC., 1931.

Bertrand Russell, *Principia Mathematica*, Cambridge University Press, 1960.

Bertrand Russell, *The Problems of Philosophy*, Prometheus Books, 1988.

Bertrand Russell, *Our Knowledge of the External World*, Routledge, 1993.

Bertrand Russell, *War, the Offspring of Fear*, The Union of Democratic Control, 1916.

Bertrand Russell, *Justice in War-time*, Spokesman Books, 2005.

Bertrand Russell, *Principle of Social Reconstruction*, Routledge, 1997.

Bertrand Russell, *Political Ideals*, Kessinger Publishing, LLC, 1917.

Bertrand Russell, *Roads to Freedom*, Routledge, 1970.

Bertrand Russell, *Mysticism and Logic*, Dover Publications, 2004.

Bertrand Russell, *Introduction to Mathematical Philosophy*, George Allen and Unwin LTD, 1956.

Bertrand Russell, *The Practice and Theory of Bolshevism*, Simon and Schuster, 1964.

Bertrand Russell, *The Analysis of Mind*, George Allen and Unwin LTD, 1956.

Bertrand Russell, *The Problem of China*, New York: The Century Co., 1922.

Bertrand Russell, *Free Thought and Official Propaganda*, Huebsch, 1924.

Bertrand Russell, *The Prospect of Industrial Civilization*, The Century Co., 1923.

Bertrand Russell, *How to be Free and Happy*, The Rand School of Social Science, 1924.

Bertrand Russell, *What I believe*, Routledge, 2004.

Bertrand Russell, *The ABC of Relativity*, Routledge, 2001.

Bertrand Russell, *On Education, Especially in Early Childhood*, Taylor & Francis Books Ltd, 1985.

Bertrand Russell, *An Outline of Philosophy*, W. W. Norton & Company, INC., 1927.

Bertrand Russell, *Why I am not a Christian*, Simon and Schuster, 1957.

Bertrand Russell, *The Analysis of Matter*, Dover Publication, Inc., 1954.

Bertrand Russell, *Sceptical Essays*, Routledge, 2004 .

Bertrand Russell, *Marriage and Morals*, Liveright Publishing Corporation, 1970.

Bertrand Russell, *The Conquest Happiness*, Liveright Publishing Corporation, 1996.

Bertrand Russell, *The Scientific Outlook*, NORTON, 1970.

Bertrand Russell, *Education and the Social Order*, Routledge, 1932.

Bertrand Russell, *Freedom and Organization*, G. Allen & Unwin ltd, 1934.

Bertrand Russell, *In Praise of Idleness*, W. W. Norton & Company, INC., 1935.

Bertrand Russell, *Religion and Science*, Oxford University Press, 1997.

Bertrand Russell, *Which Way to Peace?*, M. Joseph Ltd, 1936.

Bertrand Russell, *Power; A New Social Analysis*, Allen, 1948.

Bertrand Russell, *An Inquiry into Meaning and Truth*, Unwin Paperbacks, 1980.

Bertrand Russell, *A History of Western Philosophy*, Touchstone, 1972.

Bertrand Russell, *Philosophy and Politics*, London, 1947.

Bertrand Russell, *Human Knowledge: Its Scope and Limits*, Simon and Schuster, 1948.

Bertrand Russell, *Free Thought and Official Propaganda*, New York: B. W. Huebsch, Inc., 1922.

Bertrand Russell, "The Study of Mathematics, *Mysticism and Logic and Other Essays*" Create Space Independent Publishing Platform, 2015.

Bertrand Russell, *Authority and the Individual*, Beacon Press, 1960.

Bertrand Russell, *Unpopular Essays*, Simon and Schuster, 1950.

Bertrand Russell, *The Impact of Science on Society*,Routledge,1985.

Bertrand Russell, *New Hopes for a Changing World*,1951.

Bertrand Russell, *Satan in the Suburbs*, Simon and Schuster, 1953.

Bertrand Russell, *Human Society in Ethics and Politics*, Simon and Schuster, 1955.

Bertrand Russell, *Nightmares of Eminent Persons*, Simon and Schuster, 1955.

Bertrand Russell, *Portraits from Memory*, Allen & Unwin London, 1956.

Bertrand Russell, *Wisdom of the West*, Penguin Books Ltd, 1989.

Bertrand Russell, *My Philosophical Development*, Simon and Schuster, 1959.

Bertrand Russell, *Has Man a Future?*, Spokesman Books, 2001.

Bertrand Russell, *Education of Character*, Philosophical Library, 1961.

Bertrand Russell, *The Basic Writings of Bertrand Russell*,1903-1959, ed. by R. Egner and L. Denonn, Simon and Schuster, 1961.

Bertrand Russell, *Philosophical Essays*, Simon and Schuster, 1966.

Bertrand Russell, *Logic and Knowledge*, George Allen and Unwin LTD,1977.

Bertrand Russell, *The Autobiography of Bertrand Russell*, George Allen and Unwin LTD, 1967, 1968, 1969.

Bertrand Russell, *The Collected Stories of Bertrand Russell*, G. Allen & Unwin, 1972.

Bertrand Russell, *Essays in Analysis*, George Braziller, 1973.

Bertrand Russell, *The Art of Philosophizing : and other Essays*, Littlefield, Adams & Co., 1977.

Bertrand Russell, *The Collected Papers of Bertrand Russell*, Routledge, 2000, 11、15、28、29.

Bertrand Russell, "Professor Dewey's 'Essays in Experimental Logic'," *The Journal of Philosophy, Psychology and Scientific Methods, Jounarory, 1919.*

杜威英文原著

John Dewey, *Correspondence.* Edited by L. Hickman. Charlottesville: Intelex,1920.

John Dewey, *Reconstruction in Philosophy*. Boston: Beacon Press, 1948.

John Dewey, *Brief Studies of Realism, Journal of Philosophy* 8, 1911.

John Dewey, *Letters from China and Japan*, J. M. Dent & Sons,1920.

John Dewey, The School and Society & The Child and the Curriculum, Dover Publications,2001.

John Dewey, *Democracy and Education. The Free Press, 1916, 1944.*

John Dewey, *Impressions of Soviet Russia and the Revolutionary World,* New Republic Inc., 1929. George Novack, *Pragmatism Versus Marxism: An Appraisal of John Dewey's Philosophy*, Pathfinder Press, 1975, pp. 309-322.

John Dewey, "Transforming the Mind of China," *Asia*, Vol. 19, November, 1919.

John Dewey, *Impressions of Soviet Russia and the Revolutionary World*. New York, 1929.

John Dewey, "Young China and Old", *Asia*, May, 1921, reprinted in Characters and Events, New York, 1929.

John Dewey, "New Culture in China", *Asia*, July, 1921, reprinted in Characters and Events.

John Dewey, "Mexico's Educational Renaissance", 2016, reprinted in 1984

John Dewey, *Dewey: Lectures.* Electronic Edition. Volume 1, 2010.

John Dewey, "Lectures in Social and Political Philosophy," *European Journal of Pragmatism and American Philosophy* 7 (2), 7-44, 2015.

John Dewey and H. M. Kallen, *The Bertrand Russell Case,* Da Capo Press, 1972.

Dewey, edited by Molly Cochran, Cambridge University Press.

John Dewey, *Logic：The Theory of Inquire*. New York: Holt, Rinchart & Winston, 1938.

John Deway," Creative Democracy-The Task Still Before Us," *American Journal of Theology & Philosophy* 21, no. 3 (September), pp. 215-228

John Dewey, "Theory of Valuation," from the *International Encyclopedia of Unified Science*, Chicago: Univ. of Chicago Press, Vol. II, #4, 1939.

John Dewey, *The Early Works 1882-1898* ed. Jo Ann Boydston. Southern Illinois Univ. Press, 1967.

John Dewey, *The Middle Works of John* Dewey, Volume 1, 1899-1924. Jo Ann Boydston. Southern Illinois Univ. Press, 1967.

John Dewey, *The Later Works of John Dewey,1925-1953：1939 - 1941,*Souther Illinois University Press, 2008.

John Dewey, "Propositions, Warranted Assertibility, and Truth," in *The Essential Dewey*, vol 2, Indiana University Press, 1998.

John Dewey, *The Quest for Certainty*, New York: Minton, Balch & Company, 1929.

John Dewey, *Experience and Education*, Free Press; Reprint edition, 1997.

John Dewey, *Essays in Experimental Logic*, New York: Dover Publication, 1916, 1923.

John Dewey, "The Sequel of the Student Revolt," *The New Republic*, XXI, 273,March 3, 1920.

John Dewey, "New Culture in China," *Asia*,1921, Issue 7.

John Dewey, *Ethics*, New York: Henry Holt, 1908.

John Dewey, *Reconstruction in Philosophy* ,Boston: Beacon, 1920.

John Dewey, "Theory of Valuation," from the *International Encyclopedia of Unified Science*, Chicago: Univ. of Chicago Press, Vol. II, #4, 1939.

John Dewey, "Health and Sex in Higher Education," *Popular Science Monthly*, XXVIII (March, 1886).

John Dewey, *Human Nature and Conduct*, New York: Modern Library, 1922, 1957.

John Dewey, *Lectures in China, 1919-1920*. Edited and translated by R. W. Clopton & Tsuin-Chen Ou. Honolulu: The University Press of Hawaii, 1973.

John Dewey, *China, Japan, and the U.S.A.: Present-Day Conditions in the Far East and Their Bearing on the Washington Conference*. New Republic Pamphlet, n°. 1, New York: Republic Publishing, 1921.

其他英文著述

V. Aldrich, "John Dewey's Use of Language," *Journal of Philosophy*, 41: 261-270, 1944.

T. Alexander, *John Dewey's Theory of Art, Experience, and Nature: The Horizon of Feeling*, Albany: SUNY Press, 1987.

T. Alexander, "The Music in the Heart, the Way of Water, and the Light of a Thousand Suns, A Response to Richard Shusterman, Crispin Sartwell, and Scott Stroud," *The Journal of Aesthetic Education*, 43: 41-58, 2009.

V. M. Ames, "John Dewey as Aesthetician," *Journal of Aesthetics and Art Criticism*, 12: 145-168, 1953.

A. J. Ayer, *Language, Truth and Logic*, Dover Publications,1952.

M. Balaban (ed), *Scientific Information Transfer: The Editor's Role*, D. Reidel Publishing compony, 1977.

Michael Beaney (ED.), *The Oxford Handbook of The History of Analytic Philosophy*, Oxford University Press, 2013.

Manfred Beller, Joseph Theodoor Leerssen (ed.), *Imagology: The Cultural Construction and Literary Representation of National characters*, Rodopi, 2007.

B. Bernstein, *Class, codes and control*. Vol. IV. *The structuring of pedagogic discourse*. London: Routledge, 1990.

A. T. Berleant, *Art and Engagement*, Philadelphia: Temple University Press, 1991.

A. Berleant, *The Aesthetic Field*, Springfield, Illinois: Charles C., 1970.

M. R. Berube, "John Dewey and the Abstract Expressionists," *Educational Theory*, 48: 211-227, 1998

M. Billington, "The British Role in Creating Maoism," *Executive Intelligence Review*),1995.

D. Black, *The Tamarisk: My Quest for Liberty and Love*,1975.

John Blewett, *John Dewey: His Thought and Influence*, Greenwood Press Reprint, 1973.

R. D. Boisvert, *John Dewey: Rethinking Our Time, State Universite of New York Press,*1998.

R. B. Braithwaite," Bertrand Russell as Philosopher of Science," *The British Journal for the Philosophy of Science*, Volume 21, Issue 2, 1 May 1970.

Gerald Brenan, *Personal Record, 1920-1972,* London: Jonathan Cape, 1974.

William W. Brichman, *John Dewey: Master Education*, New York,1961.

Svend Brinkmann, *John Dewey: Science for a Changing World*,Routledge,2013.

J. Brodsky, "How to 『see』 with the Whole Body," *Visual Studies*, 17: 99-112, 2002.

Eric Midthun Brooks, *The Enlightenment European Perception of China: Sinophilia, Sinophobia, and Modernity*, *Institutional Scholarship* ,2009.

Matthew J. Brown, "John Dewey』 s Logic of Science," *HOPOS: The Journal of the International Society for the History of Philosophy of Science*, Vol. 2, No. 2, Fall 2012.

Matthew J. Brown, "John Dewey』 s Logic of Science," *HOPOS: The Journal of the International Society for the History of Philosophy of Science,* Vol. 2, No. 2 (Fall 2012), pp. 258-306.

R. S. Brumbaugh, *Dewey, Russell. Whitehead: Philosophers as Educators*, Carbondale: University of Southern Illinois Press, 1985.

Jerome Bruner, *The Process of Education,* Harvard University Press,*1977.*

Nancy Bunge, "Love & Logic," *Philosophy Now*, 2004.

Tom Burke, *Dewey's New Logic: A Reply to Russell*, University of Chicago Press, 1998.

Gilles Campagnolo (ed.), *Liberalism and Chinese Economic Development: Perspectives from Europe and Asia*, Routledge, 2016.

Amy Sterling Casil, *John Dewey: The Founder of American Liberalism,* The Rosen Publishing Group, 2006.

James Campbel, *Understanding John Dewey: Nature and Cooperative Intelligence,* Open Court, 1996.

Wing-Tsit Chan, "Hu Shih and Chinese Philosophy," *Philosophy East and West*

Vol. 6, No. 1 (Apr., 1956), pp. 3-12.

Sin-Wai Chan, David E. Pollard. 2001. An Encyclopaedia of Translation: Chinese-English, English-Chinese, Hong Kong: Chinese University Press.

Julia Ching, "Chenese Ethics and Kant", *Philosophy East and West* 28 (1976), 161-72.

Tse-tung Chow, *The May Fourth Movement*, Harvard University Press, 1980.

Shih-ying Chu, "Russell." *The Russell Monthly*. January 1921. P.1.

Karier Clarence, *Roots of Crisis: American Education in the Twentieth Century*, New York: Rand Mcnally, 1973.

R. Clark：*Bertrand Russell and His World*, Thamas and Hundson,1960.

R. Clark ,*The Life of Bertrand Russell*, Bloomsbury Publishing, 1974.

R. W. Clopton and T. Ou：*John Dewey Lectures in China, 1919-1920.*

Robert S. Cohen, *Revolutions in Science*. Cambridge: Harvard University Press,1985.

Crawshay-Williams, *Russell Remembered*, Oxford University Press, 1970.

Michel Delon　(ed.),*Encyclopedia of the Enlightenment*, Routledge, 2001.

Benedetto Croce, *History, Its Theory and Practice*, translated by Douglas Ainslie, New York, Russell & Russell, 1960.

D. Davidson, "The Method of Truth in Metaphysics," in P.A. French, T. E. Uehling and H.Wettstein (eds.), *Midwest Studies in Philosophy*, II: Studies in Metaphysics Minneapolis, MN: University of Minnesota Press, 1977.

P.J. Deneen, "The Politics of Hope and Optimism: Rorty, Havel, and the Democratic Faith of John Dewey," *Social Research* , Vol. 66, No. 2, SUMMER 1999, pp. 577-609

J. Derrida, *Of Grammatology*, trans. G. Spivak, Baltimore: Johns Hopkins University Press, 1976.

Zijiang Ding, "A Comparison of Dewey's and Russell's Influences on China," June 2007, *Dao*, Volume 6, Issue 2, pp. 149-165.

S. Buettner, "John Dewey and the Visual Arts in America," *Journal of Aesthetics and Art Criticism*, 33: 383-391, 1975.

James Donald, "Dewey-eyed Optimism: The Possibility of Democratic Education", *New Left Review*, I/192, March-April 1992.

D. Douglas, *Essays in Analysis*. New York: George Braziller, 1973.

D. Drake, *Essays in Critical Realism,* Macmillan, 1920.

H. Dubs, "Recent Chinese Philosophy," *Journal of Philosophy*, 35 (13), 1938.

J. Duran, "A Holistically Deweyan Feminism," *Metaphilosophy,* 32: 279-292, 2001.

G. Dykhuizen, *The Life and Mind of John Dewey*. Southern Illinois University Press, 1973.

E. R. Eames, *Bertrand Russell's Theory of Knowledge*, George Braziller, 1969.

S. Eerdmans, C. Prevignano & P. Thibault, *Language and interaction. Discussions with J. J. Gumperz.* Amsterdam: Benjamins, 2002.

C. Earls, "Zen and the Art of John Dewey", *Southwest Philosophy Review*, 8: 165-172, 1992.

R. Eldridge, "Dewey's Aesthetics," in *The Cambridge Companion to* Dewey, M. Cochran (ed.), Cambridge: Cambridge University Press 242-264, 2010.

David C. Engerman," John Dewey and the Soviet Union: When Pragmatism Meets Revolution," *Modern Intellectual History*, Volume 3, Issue 1, April,2006, pp. 33-63.

Paul Fairfield (ed.), *John Dewey and Continental Philosophy*, South Illinois University, 2010.

William T. Feldman, *Philosophy of John Dewey: A Critical Analysis*, Greenwood Pub Group, 1968.

Thomas Fallace, "John Dewey's Influence on the Origins of the Social Studies: An Analysis of the Historiography and New Interpretation", *Review of Educational Research*, January 10, 2017.

Matthew Festenstein, "Dewey's Political Philosophy," *Stanford Encyclopedia of Philosophy*, 2004.

Richard Field. "John Dewey," *The Internet Encyclopedia of Philosophy*.

J. Fisher, "Some Remarks on What Happened to John Dewey," *Journal of Aesthetic Education*, 23,1989.

William K. Frankena, Nathan Raybeck, Nicholas Burbules, "Philosophy of Education". In Guthrie, James W, Encyclopedia of Education, 2nd edition. New York, NY: Macmillan Reference,2002.

G. Frege, *Philosophical Writings of Gottlob Frege*, edited by P. Geach & M. Black, Totowa, Rowman & Littlefield, 1980.

Roberto Frega, "John Dewey's Lectures in Social and Political Philosophy (China)," *European Journal of Pragmatism and American Philosophy*, VII-2,2015.

Thomson Gale, "Naturalized Philosophy of Science," *Encyclopedia of Philosophy*, 2006.

Louis J. Gallagher (trans.), *China in the Sixteenth Century: The Journals of Matteo Ricci: 1583-1610*, Random House, New York, 1953.

A. Garciadiego, *Bertrand Russell and the Origin of the 'Set-Theoretic' Paradoxes*, Birkhauser, 1992.

A. George and D. Velleman: *Philosophy of Mathematics*, Blackwell Publishing, 2002.

Mordechai Gordon, "Why Should Scholars Keep Coming Back to John Dewey? "*Educational Philosophy and Theory*," Volume 48, 2016-Issue 10: Dewey's Democracy and Education in an Era of Globalization, pp. 1077-1091.

J. Gosse, "From art to experience: the porous philosophy of Ray Johnson," *Black Mountain College Studies*, 2012.

J. Grange, "Dao, technology, and American Naturalism," *Philosophy East & West*, 51: 363-77, 2001.

J. B. Grieder, *Hu Shih and the Chinese Renaissance: Liberalism in the Chinese Revolution, 1917-1937*, Cambridge: Harvard University Press, 1970.

Nicholas Griffin (ed.), *The Cambridge Companion to Bertrand Russell*, Cambridge University Press, 2003.

Os Guinness, Fit Bodies, Fat Minds: *Why Evangelicals Don't Think and What to do About it,* Grand Rapids: Baker Books, 1994.

J. J. Gumperz, *Discourse strategies*. Cambridge: Cambridge University Press, 1982.

Jürgen Habermas, *The New Conservatism: Cultural Criticism and the Historians' Debate*, MIT Press, 1991.

Jürgen Habermas, "Reflections on pragmatism", in Mitchell Aboulafia, et al (eds.): *Habermas and Pragmatism*, Routeledge, London and New York, 2002.

P. Hager: *Continuity and Change in the Development of Russell's Philosophy*, Springer, 1899.

Francis Halsall, Julia Alejandra Jansen, Tony O'Connor, (ed.)*Rediscovering Aesthetics: Transdisciplinary Voices from Art History and Art Practice,* Stanford University Press, 2009.

Stuart Hampshire, "Russell, Radicalism, and Reason," *The New York Review of Books,* October 8, 1970 Issue.

W. T. Hanes and F. Sanello：The Opium Wars, Sourcebooks, Inc., 2004

Larry A. Hickman, *John Dewey's Pragmatic Technology*, Indiana University Press, 1992.

Larry A. Hickman, *Pragmatism as Post-Postmodernism: Lessons from John Dewey*, Fordham University Press, 2007.

C. Hill, *Word and Object in Husserl, Frege, and Russell*, Ohio Univ Press, 1991.

T. Hobbes: *The English Works of Thomas Hobbes*. London: John Bohn, 1989.

Richard Hofstadter, *Anti-intellectualism in American Life*, New York: Alfred A. Knopf, 1970.

C. Hollingsworth, "Port of Sanctuary: The Aesthetic of the African/African American and the Barnes Foundation," *Art Education*, 47 (6), 1994.

E. B. Holt, *The New Realism*, Periodicals Service Co, 1974.

Howley, C. B., Howley, A., & Pendarvis, E. D., *Out of Our Minds: Turning the Tide of Anti-intellectualism in American Schools* (Second edition, revised edition). Waco, Texas: Prufrock Press Inc., 2017.

Delton Thomas Howard, *John Dewey's Logical Theory*, Press of The New Era Printing Company, 1919.

E. R. Hughes, *The Invasion of China by the Western World*, Macmillan, 1938.

P. Hylton, *Russell, Idealism and the Emergence of Analytic Philosophy*, 1993.

L. Jacobson, "Art as Experience and American Visual Art Today," *The Journal of Aesthetics and Art Criticism*, 19: 117-126, 1960.

R. Jager, *The Development of Bertrand Russell's Philosophy*, Routledge, 2004.

W. James, *A Pluralistic Universe*, Longmans, Green and Co., 1909.

M. Jay, "Somaesthetics and Democracy: Dewey and Contemporary Body Art," *Journal of Aesthetic Education*, 36: 55-69, 2002.

T. Jeannot, "A Propaedeutic to the Philosophical Hermeneutics of John Dewey: "Art As Experience" and "Truth and Method"," *Journal of Speculative Philosophy*, 15: 1-13, 2001.

James Scott Johnston, *John Dewey's Earlier Logical Theory*, SUNY Press, 2014.

M. Johnson, *The Meaning of the Body: Aesthetics of Human Understanding*, Chicago: University of Chicago Press, 2007.

James Scott Johnston, "John Dewey and the Role of Scientific Method in Aesthetic Experience," *Studies in Philosophy and Education*, January 2002, Volume 21, Issue 1, pp. 1-15.

Paul Johnson, *Intellectuals*, New York: Harper & Row, 1988.

V. Jubiliee, "The Barnes Foundation: Pioneer Patron of Black Artists," *The Journal of Negro Education*, 51, 1982.

Clarence J. Karier, *The Individual, Society, and Education: A History of American Educational Ideas*, University of Illinois Press, 1986.

Barry Keenan, *John Dewey in China, His Visit and the Reception of his Ideas* 1917-1927. (Unpublished Ph.D. dissertation), Claremont Graduate School, 1969.

V. Kestenbaum, *The Phenomenological Sense of John Dewey: Habit and Meaning*, Atlantic Highlands, N.J.: Humanities Press, 1977.

J. Kelly, "Introduction," in Kaprow, A., *Essays on The Blurring of Art and Life*, ed. Kelly, J., Berkeley, University of California Press, 2003.

J. M. Keynes, *Two Memoirs*, London: Rupert Hart-Davis, 1949.

E. D. Klemke, *Essays on Bertrand Russell*, 1971.

Elizabeth Knoll, "looks back on the 1960 publication of Jerome Bruner's *The Process of Education*, " *Education, Psychology*,04 March 2013.

S. A. Kripke, *Naming and Necessity*, Harvard University Press, 2006.

Peter Kupfer (ed.), *Youtai-Presence and Perception of Jews and Judaism in China*, Peter Long, 2008.

Thomas Kuhn, *The Structure of Scientific Revolutions*, Chicago: University of Chicago Press, 1962.

P. G. Kuntz, *Russell*, Boston: Twayne Publishers,1986.

Andrew David Irvine, "Bertrand Russell," *Stanford Encyclopedia of Philosophy*, Jun 29, 2017.

A.Isenberg, "Analytical Philosophy and The Study of Art," *The Journal of Aesthetics and Art Criticism*, 46 Special Issue: Analytic Aesthetics: 125-136.1987 (originally 1950).

Patricia Laurence, *Lily Briscoe's Chinese Eyes: Bloomsbury, Modernism, and China*, Columbia, South Carolina: University of South Carolina Press, 2003.

Tom Leddy, "Dewey's Aesthetics," *Stanford Encyclopedia of Philosophy*, Feb 8, 2016.

Shulman Lee, "Knowledge and Teaching: Foundations of the New Reform," Harvard Educational Review. 15 (2): 4-14.

Thomas H. C. Lee (ed.), *China and Europe: Images and Influences in Sixteenth to Eighteenth Centuries*, Chinese University Press, 1991.

J. Legge, translator, *The Sacred Books of China: The Texts of Taoism, Part I*. 1891.

Gottfried Wilhelm Leibniz, *Writings on China*. Ed. Daniel J. Cook and Henry Rose-mont. Chicago and La Salle, Illinois: Open Court, 1994.

Bernhard Leitner, *The Architecture of Ludwig Wittgenstein: A Documentation,* London: Studio International; Halifax: The Press of the Nova Scotia College of Art and Design, 1973.

Isaac Levi, "Dewey's Logic of Inquiry," Oxford Scholarship Online: January 2013.

Barbara Levine, *Works about John Dewey*. Southern Illinois University Press, 1995.

W. S. Lewis, "Art or Propaganda? Dewey and Adorno on the Relationship between Politics and Art," *The Journal of Speculative Philosophy*, 19: 42-52, 2005.

Yu-sheng Lin, *Crisis of Chinese Consciousness: Radical Antitraditionalism in the May Fourth Era*, Univ of Wisconsin Press, 1979.

Alexander Livingston, "John Dewey's Experiments in Democratic Socialism," *Jacobin*, 01.08, 2018.

Charles Lowney, "Dewey's Criticisms of Traditional Philosophy: Towards a Pragmatic Conception of Philosophy," *The Twentieth World Congress of Philosophy*, Boston, August 10-15, 1998.

Knud Lundbæk. *Joseph De Prémare (1666-1736): Chinese Philology and Figurism.* (Aarhus: Aarhus University Press, Acta Jutlandica, 1991.

J. Lysaker, "Binding the Beautiful: Art as Criticism in Adorno and Dewey," *Journal of Speculative Philosophy*, 12: 233-244, 1998.

T. Madigan, *Russell and Dewey on Education: Similarities and Differences, Project MUSE*, The Johns Hopkins University Press in collaboration with The Milton S. Eisenhower Library, 2017.

A. Makedon, "Is Teaching a Science or an Art," *Proceedings of the Midwest Philosophy of Education Society*, 1989 & 1990.

A. Makedon. "Some Thoughts on His Views of Science and Play in Education," *The Proceedings of the Midwest Philosophy of Education Society*, 1991 and 1992, ed. David B. Owen and Ronald M. Swartz, Oakland, Michigan: College of Education, Oakland University, 1993, pp. 93-102.

Joseph Margolis, *Reinventing Pragmatism: American Philosophy at the End of the Twentieth Century*, Cornell University Press, 2002.

J. Margolis, *Art and Philosophy*, Brighton, Sussex: The Harvester Press, 1980.

P. J. Marshall, *Cambridge Illustrated History*, Cambridge University Press, 2001.

J. Margolis, "Replies in Search of Self-Discovery," in Krausz, M. and Shusterman, R., ed., *Interpretation, Relativism, and the Metaphysics of Culture: Themes in the Philosophy of Joseph Margolis*, New York: Humanity Books, 1999.

Jay Martin, *The Education of John Dewey: A* Biography, Columbia University Press, 2003.

Dismas Aloys Masolo, *African Philosophy in Search of Identity*, Indiana University Press, pp124-146, 1994.

D. Mathur, "Abhinavagupta and Dewey on Art and its Relation to Morality: Comparisons and Evaluations," *Philosophy and Phenomenological Research*, 42: 224-235, 1981.

G. Mavigliano, "The Federal Art Project: Holger Cahill's Program of Action," *Art Education*, 37: 26-30, 1984.

Hugh P. McDonald, *John Dewey and Environmental Philosophy*, State University of New York Press, 2004.

Hugh McDonald, *Dewey's Holism*, Society for the Advancement of American Philosophy.

Colin McGinn*, Minds and Bodies: Philosophers and Their Ideas*, Oxford University Press.

John L. McKenney, "Dewey and Russell: Fraternal Twins in Philosophy,"

Educational Theory, Volume 9, Issue 1, January 1959, pp 24-30.

W. L. van der Merwe, "African Philosophy and the Contextualization of Philosophy in a Multicultural Society," in G. Katsiaficas/T. Kiros (ed.): *The Promise of Multiculturalism*. London: Routledge, 1998.

S. Meyer: *Dewey and Russell: an Exchange*, Allied Books Ltd, 1985.

F. H. Michael and G. E. Taylor, *The Far East in the Modern World*, Holt, Reinhart and Winston, Inc., 1965.

F. H. Michael and G. E. Taylor, *The Far East in the Modern World*, Holt,

Ashley E. Millar, "Revisiting the sinophilia/sinophobia dichotomy in the European enlightenment through Adam Smith's 'duties of government'," *Asian Journal of Social Science,* 38 (5). 2010, pp. 716-737.

Caroline Moorhead: *Bertrand Russell: A Life*, Viking, 1993.

R. Monk, *Bertrand Russell: the Ghost of Madness*, Free Press, 2000.

R. Monk, *Ludwig Wittgenstein: the Duty of Genius*, Free Press, 1990.

R．Monk, *Bertrand Russell: The Spirit of Solitude*, 1872-1921, Volume 1. The Free Press. 1996.

Ray Monk and Anthony Palmer (Eds.), *Bertrand Russell and the Origins of Analytical Philosophy*, Thoemmes Pr, 1996.

Caroline Moorhead, *Bertrand Russell: A Life,* Viking, 1993.

J. H. Muirhead, *Contemporary British Philosophy*, Routledge, 1976.

Nel *Noddings, Philosophy of Education. Boulder, CO: Westview Press, 1995.*

P. Ogden, "The Sage in the Inkpot: Bertrand Russell and China's Social Reconstruction in the 1920s." *Modern Asian Studies.*16,4, 1982, pp. 529-600, 1982.

John Ongley & Rosalind Carey, *Russell: A Guide for the Perplexed*, Bloomsbury Academic, 2013.

Stephen Palmquist, "How 'Chinese' was Kant？", *The Philosipher,* LXXXIV. 1 (1996), 3-9.

W. Patterson, *Bertrand Russell's Philosophy of Logical Atomism*, Peter Lang Publishing, 1967.

Gary Pavela, "John Dewey in China", *Law and Policy in Higher Education*, July 23, 2016.

D. Pears, *Bertrand Russell and the British Tradition in Philosophy*, New York: Random House, 1967.

D. Pears, *The Philosophy of Logical Atomism*, Peter Lang Publishing, 1993.

C. Perricone, "The Influence of Darwinism on John Dewey's Philosophy of Art ," *Journal of Speculative Philosophy*, 20: 20-41.

R. B. Perry. *Present Philosophical Tendencies*, Athena University Press, 2004.

Scott L. Pratt, "Inquiry and Analysis: Dewey and Russell on Philosophy," *Studies in Philosophy and Education*, Volume 17, Issue 2-3, 1998.

W. V. Quine, *From a Logical Point of View*, Harvard University Press, 1980.

Anthony Quinton, "Inquiry, Thought and Action: John Dewey's Theory of Knowledge," *John Dewey Reconsidered* edited by R.S. Peters, Routledge, 2010.

F. Ramsey, *The Foundation of Mathematics and other Logical Essays*, Routledge, 1931.

John Herman Jr. Randall, *Philosophy after Darvin*, Volume III, ed. By Beth J. Singer. New York: Columbia University Press, 1977.

Joseph Ratner, *Intelligence in the Modern World, New York*, 1939.

C.F. Remer, "John Dewey in China," *Millard's Review*, XIII, No. 5, July 3, 1920.

F. Rodriguez-Consuegra: *The Mathematical Philosophy of Bertrand Russell*, Birkhauser, 1991.

R. Rorty, "Dewey between Hegel and Darwin." In Herman J. Saatkamo Jr., ed., *Rorty and Pragmatism: the Philosopher Responds to His Critics*. Nashville, TN: Vanderbilt University Press, 1995.

R. Rorty, *Philosophy and the Mirror of Nature*, Princeton: Princeton University Press, 1979.

Alan Ryan, *John Dewey and the High Tide of American Liberalism*. New York: Norton, 1995.

R. M. Sainsbury, *Russell*, Routledge & Kegan Pail, 1979.

C. Sartwell, *The Art of Living: Aesthetics of the Ordinary in World Spiritual Traditions*, Albany: SUNY Press, 1995.

C. Savage and C. Anderson: *Rereading Russell*, University of Minnesota Press, 1989.

P. Schilpp, *The Philosophy of Bertrand Russell*, Northwestern University Press, 1944.

P. Schilpp, *The Philosophy of G. E. Moore*, Tudor Publishing Company, 1952.

P. Schilpp, *The Philosophy of Alfred North Whitehead*, Tudor Publishing Company, 1941.

P. Schilpp, *The Philosophy of John Dewey*, Open Court Publishing Company, 1989.

B.I. Schwartz, *Chinese Communism and the Rise of Mao*, Harvard University Press, 1989.

S. P. Schwartz, *A Brief History of Analytic Philosophy: From Russell to Rawls*, Blackwell, 2012.

Boyd Shafter, *Nationalism Myth and Reality*, New York, 1955.

John R. Shook, *Pragmatism: An Annotated Bibliography, 1898-1940*, Rodipi, 1998.

R. Shusterman, *Pragmatist Aesthetics: Living Beauty, Rethinking Art*, Oxford and Cambridge, Mass.: Blackwell, 1992.

R. Shusterman, "Pragmatist Aesthetics and Confucianism," *The Journal of Aesthetic Education*, 43 (1) : 89-29. Man, E., 2007.

R. Shusterman, "Aesthetics," *A Companion to Pragmatism*, Shook, R., and Margolis, J. (eds.) Malden, MA: Blackwell, 352-360, 2006.

George P. Simmonds, "What Can Be Learned from Bertrand Russell's Life as a Philanderer?," *Philosophy News*, 17. March 2014.

G. Smith: *A History of England*, C. Scribner's Sons, 1957.

Scott Soames, *The Analytic Tradition in Philosophy*, Volume 1: *The Founding Giants*, Princeton University Press, 2014

Carl Spadoni. "Bertrand Russell on Aesthetics," *Russell: The Journal of Bertrand Russell Studies*, 4 (1):49, 1984.

J. D. Spence, *The Search for Modern China*, W. W. Norton & Company, 1990.

J‧D. Spence, *The Memory Palace of Matteo Ricci.* New York: Viking, 1984.

S. Stroud, *John Dewey and the Artful Life: Pragmatism, Aesthetics, and Morality*, University Park: The Pennsylvania State University Press, 2011.

Manik V. Suri, "Conceptualizing China Within the Kantian Peace," *Harvard International Law Journal*, Volume 54, Issue 1: Winter 2013.

K. Tait, *My Father Bertrand Russell*, Thoemmes Press, 1975.

Mark Dietrich Tschaepe, "John Dewey's Conception of Scientific Explanation: Moving Philosophers of Science Past the Realism-Antirealism Debate," *Contemporary Pragmatism*. Dec. 2011, Vol. 8, Issue 2, pp. 187-203.

Nick Turnbull, "Dewey's Philosophy of Questioning: Science, Practical Reason and Democracy," *History of the Human Sciences*, February 1, 2008.

Antonella Tulli, *The Current Situation of Sinological Research in Italy*，天主教輔仁大學華裔學志漢學研究中心, 2004.

H. S. Thayer, "Two Theories of Truth: The Relation between the Theories of John Dewey and Bertrand Russell," *The Journal of Philosophy*, Vol. 44, No. 19 (Sep. 11, 1947).

Jacob Vigdor, "Solving America's Math Problem," *Education Next*, Winter 2013 / Vol. 13, No. 1.

Rein Vos, "Doing Good or Right? Kant's Critique on Confucius," *Cultivating Personhood: Kant and Asian Philosophy*, edited by Stephen R. Palmquist. De Gruyter, 2010.

Henry Vyverberg, *Human Nature, Cultural Diversity, and the French Enlightenment*, Oxford University Press.

David I. Waddington, "John Dewey: Closet Conservative?," *Philosophical Inquiry in Education*, Vol 17, No 2, 2008.

F. Waismann, *Philosophical Papers*, Reidel, 1977.

Jessica Ching-Sze Wang, *John Dewey in China: To Teach and to Learn*, State University of New York Press, 2007.

James M. Wallace, "The Anti-intellectualism of the Intellectuals: Perspectives from Liberal Journalism," *ERIC*, 1986.

A. D. Wedekind, *Russell and Analytic Philosophy*, Toronto: University of Toronto Press, 1993.

M. Weitz, *Introduction to Twentieth Century Philosophy: The Analytical Tradition*, Free Press, 2000.

Zbigniew Wesołowski SVD, *An Overview of Chinese Studies in the UK*, pp.3-7.

Robert B. Westbrook, *John Dewey and American Democracy*, Cornell University Press, 1991.

Morton White, *From a Philosophical Point of View: Selected Studies*, Princeton University Press , 2005.

M. White, *The Age of Analysis*, The New American Library, 1955.

L. Wittgenstein, *Tractatus logico-philosophicus*, Routledge, 2001.

A. Wood, *Bertrand Russell—the Passionate Skeptic*,Simon and Schuster, 1958.

G. H. von Wright, *Tree of Knowledge and Other Essays*, Brill Academic Publishers, 1993.

Josh Zaslow,"Russell and Dewey on the Problem of the Inferred World," *Russell: The Journal of Bertrand Russell Studies*, 32 (1), 2012.

Charles L. Zerby,John Dewey and the Polish Question: A Response to the Revisionist Historians, History of Education Quarterly, Volume 15, Spring 1975, pp. 17-30.

P. Zeltner, *John Dewey's Aesthetic Philosophy*, Amsterdam: Grüner, 1975.

Chunjie Zhang, "From Sinophilia to Sinophobia: China, History, and Recognition," *Colloquia Germanica*, 2, 2008.

Zhixin Zhu, "A Critical Evaluation of John Dewey's Influence on Chinese Education," *American Journal of Education,* May 1995.

R. Zigler, "Experience and Pure Consciousness: Reconsidering Dewey's Aesthetics," *Philosophical Studies in Education*, 107-114, 1982.

中文文獻

愛因斯坦、英費爾德著，周肇威譯，《物理學的進化》，上海：上海科學技術出版社，1962 年。

北平故宮博物院編：《康熙與羅馬使節關係文書影印本》，1932 年。

蔡尚思主編：《中國現代思想史資料簡編》，浙江人民出版社，1981 年。

常乃悳：《中國思想小史》，上海古籍出版社，2009 年。

陳獨秀：〈新文化運動是什麼？〉，《新青年》7 卷 5 號，《陳獨秀文章選編》，三聯書店，1984。

陳獨秀：〈實行民治的基礎〉，《陳獨秀著作選》，任建樹等編，上海人民出版社 1993 年版。

陳文彬：〈五四時期知識界的「挾洋自重」〉，《故鄉》，2006 年 8 月 7 日。

岑紹基：《語言功能與中文教學（系統功能語言學在中文科教學上的應用）》，香港大學出版社，2003 年。

程俊英，〈回憶女師大〉，《程俊英紀念文集》朱傑人等編，華東師大出版社，2004 年版。

成中英與馮俊主編：《康德與中國哲學智慧》2009 年卷第 1 輯，中國人民大學出版社。

戴維斯（M. Davis）：《邏輯的引擎》，張卜天譯，湖南科學技術出版社，2005 年。

丁文江編：《梁啟超年譜長編》，上海人民出版社出版，1983 年。

丁子江：《羅素與分析哲學：現代西方主導思潮的再審思》，北京大學出版社，2017 年版。

丁子江：《羅素與中華文化：東西方思想的一場直接對話》，北京大學出版社，2015 年版。

丁子江：《羅素：所有哲學的哲學家》，九州出版社，2012 年版。

杜威：《杜威全集・早期著作（1882-1888）》（第 1 卷），劉放桐主編，張國清譯，2010 年。

杜威：《杜威全集・早期著作（1882-1888）》（第 1 卷），劉放桐主編，張國清譯，2010 年。

杜威：《經驗與自然》。傅統先譯。南京：江蘇教育出版社，2005 年版，第 228 頁。

杜威：《杜威五大演講》，胡適口譯，安徽教育出版社，2005 年第二版。第 1-6 頁。

杜威：《社會哲學與政治哲學》，北大新知書店。

杜威：《哲學史》，楊玉成編，北京出版社，2009 年版。

杜威：《倫理演講紀略》，北大新知書店。

杜威：《民主義與教育》王承緒譯。北京：人民教育出版社，1990 年。

杜威：《確定性的尋求──關於知行關係的研究》。付統先譯。上海人民出版社。2005 年版。

杜威：《哲學的改造》張穎譯。西安：陝西人民出版社，2004 年。

杜威：（《新舊個人主義──杜威文選》，上海社會科學出版社，1997 年。

杜威：《人的問題》，上海人民出版社，1986 年。

杜威：《杜威文選》，塗紀亮編譯，社會科學文獻出版社，2006 年。

杜威：《哲學的改造》，商務印書館，1958 年。

杜威：《新舊個人主義──杜威文選》，上海社會科學出版社，1997 年。

杜威：《哲學的改造》，商務印書館，1958 年。

杜威：《哲學的改造》，商務印書館，1958 年。

杜威：《人的問題》，童世俊譯，江蘇人民出版社，2006 年。

杜威：《自由與文化》。傅統先譯。北京：商務印書館，2013 年。

杜威：《現代的三個哲學家》，《杜威五大演講》，晨報社印行，1920 年 7 月。

杜威：〈新文化在中國〉，《亞洲》雜誌，英文版第 581 頁，1921 年 7 月。

杜威：《杜威五大演講》，晨報社印行，1920 年。

杜威夫婦：《中國書簡》，王運如譯，臺北地平線出版社。

杜築生：〈儒學與中華人文精神──歐洲儒學研究之現況〉，《國際儒學研究》第 17 輯，2011 年

馮友蘭：《中國哲學簡史》，北京大學出版社，1985 年。

馮友蘭：《馮友蘭自述》，中國人民大學出版社，2004 年版。

黑格爾：《歷史哲學》，王造時譯，三聯書店 1956 年版。

黑格爾：《哲學史演講錄》，第一卷，北京，商務印書館，1981 版。

黑格爾：《歷史哲學》，上海，上海書局，1999 年版。

黑格爾：《歷史哲學》，上海，上海書局，1999 年版。

郝大維、安樂哲：《在先賢的民主：杜威、孔子與中國民主之希望》，何剛強譯，劉東校。江蘇人民出版
　　社，2004 年。

何兆武、柳卸林主編的《中國印象──世界名人論中國文化》，廣西師範大學出版社，2001 年版。

胡適：《胡適文集》，北京大學出版社，1998 年。

胡適：《胡適書信集》（上），耿雲志、歐陽哲生編，北京大學出版社，1996 年。

胡適：《中國的文藝復興》，外語教學與研究出版社，2001 年。

胡適：《杜威在中國》，袁剛等編：《民治主義與現代社會──杜威在華演講集》，北京大學出版社。

胡適：《杜威先生與中國》，《胡適全集》第 1 卷。

胡適：《中國的文藝復興》，北京，外語教學與研究出版社。

胡適：《杜威先生與中國》，《胡適全集》第 1 卷，安徽教育出版社。

胡適：〈胡適致孫伏廬和常乃德〉，1922 年 6 月 16 日，《文集》。

胡適《五十年來之世界哲學》，《胡適文集》第三卷，第 300 頁，北京大學出版社，1998 年。

胡適：〈杜威哲學〉，原載 1952 年 12 月 4 日、9 日，臺北《中央日報》。

胡軍：《金嶽霖思想研究》附錄《金嶽霖年表》，社科出版社，2004 年版。

洪謙：《論邏輯經驗主義》，商務印書館，1994 年版。

胡作玄：《羅素》，載《西方著名哲學家評傳》，第 8 卷。

郭沫若：〈泰戈爾來華的我見〉，《創造週報》，1923 年 10 月 4 日。

郭湛波：《近五十年中國思想史》，上海古籍出版社，2010 年版。

　　　　《國學海外漢學》，北京國學時代公司。

賀麟：《現代西方哲學演講集》，上海人民出版社，1984 年。

黑格爾：《哲學全書》，商務印書館，中譯版。

黑格爾：《小邏輯》，商務印書館，中譯版。

黃伯祿編，《正教奉褒》，上海：上海慈母堂第 3 次排印，1904 年。

洪謙：《論邏輯經驗主義》，商務印書館，1994 年。

蔣夢麟：第十五章〈北京大學和學生運動〉，《西潮與新潮》，東方出版社，2006 年。

蔣夢麟：《西潮・新潮》，長沙：嶽麓書社，2000 年。

姜祥林：《儒學在國外的傳播與影響》，齊魯書社，2004 年版。

金嶽霖：《金岳霖文集》，甘肅人民出版社，1995 年。

金嶽霖：《論道》，中國人民大學出版社，2005 年。

康內爾著、張法琨等譯：《二十世紀世界教育史》，人民教育出版社，1990 年版。

李大釗：《李大釗文集》（下），人民出版社，1984 年。

李嘉圖：《政治經濟學及賦稅原理》，商務印書館，中譯本，1962 年。

李澤厚：《中國思想史論》，安徽文藝出版社，1999 年。

梁啟超：《梁啟超文集》，陳書良編，北京燕山出版社，1997 年。

梁實秋：《梁實秋文集》，鷺江出版社，2002 年。

梁實秋：〈灰色的書目〉，《晨報副刊》，1923 年 10 月 15 日。

梁漱溟：《梁漱溟全集》，山東人民出版社，1990 年。

梁漱溟：《東西文化及其哲學》，商務印書館，1987 年。

梁漱溟：《中國文化要義》，學林出版社，1987 年。

梁漱溟：《人心與人生》，上海學林出版社，1984 年。

梁漱溟：《唯識述義》，《梁漱溟全集》（第 1 卷），山東人民出版社，1989 年。

林語堂：《林語堂自傳》，中國戲劇出版社，1990 年。

林語堂：《林語堂名著全集》，東北師範大學出版社，1994 年。

劉介民：《風流才子徐志摩》，廣東人民出版社，2002 年。

劉培育主編：《金嶽霖的回憶與回憶金嶽霖》，四川教育出版社，1995 年。

魯迅：《智識即罪惡》，《魯迅全集》卷 1。

魯迅：《關於知識階級》，《魯迅全集》卷 8。

羅蒂：《後形而上學希望》，張國清譯，上海譯文出版社，2009 年，第 387 頁。

E. M. 羅傑斯：《傳播學史》，上海譯文出版社，2004 年。

羅素：〈我的思想發展〉，丁子江譯，載《哲學譯叢》，1981 年第 5 期，原載 P. Schilpp（ed）. *The Philosophy of Bertrand Russell*, Northwestern University Press, 1944, pp. 3-20。

羅素、勃拉克：《羅素及勃拉克演講集》，惟一日報社，1922 年。

馬勇：〈章太炎 1920 年長沙之行考實〉，《一九二〇年代的中國》，社會科學文獻出版社，2005 年版。
　　〈美國教育者杜威〉，《晨報》，1919 年 5 月 14 日，第 7 版。
牟宗三：《中國哲學十九講》，臺灣學生書局，1983 年。
梅貽寶：《大學教育五十年》，聯經出版社，1982 年版。
潘光哲主編：《胡適與現代中國的理想追尋：紀念胡適先生 120 歲誕辰國際學術研討會論文集》，臺北，
　　秀威資訊，2013 年。
錢穆：《中國歷代政治得失》，生活・讀書・新知三聯書店，2004 版。
瞿秋白：《瞿秋白文集》，人民文學出版社，1953 年。
沈清松：《馮友蘭》，臺灣商務印書館，1999 年。
沈益洪編：《羅素談中國》，浙江文藝出版社，2001 年。
史英：《看的方法》I，臺灣人本教育基金會，2003 年版。
舒衡哲（美）：《張申府訪談錄》，李紹明譯，北京圖書館出版社，2001 年。
孫中山：《孫中山全集》第 9 卷。
湯恩比：《展望二十一世紀湯恩比與池田大作對話錄》，國際文化出版公司，1997 年版。
湯用彤：《湯用彤選集・評近日之文化研究》，天津人民出版社。
唐君毅：《唐君毅全集》，臺灣學生書局，1988 年。
圖爾敏：〈科學理論的機構〉，丁子江譯，載《哲學譯叢》1983 年第三期。英文原作載 F. Suppe, *In The*
　　Structure of Scientific Theories, 1973。
田中裕：《懷特海有機哲學》，包國光譯，河北教育出版社，2001 年。
威斯特霍夫：〈知識的大眾化：約翰・杜威論專家和民主〉，《人文學與大學理念》，牛可譯，江蘇教育出
　　版社，2007 年。
夏瑞春編《德國思想家論中國》，許雅萍譯，南京，江蘇人民出版社・1995 年版。
夏志清，《中國現代小說史》，中文大學出版社，2015 年。
休謨：《人性論》，商務印書館，中譯本。
楊森富：《中國基督教史》，臺灣商務印書館，1978 年。
楊壽堪、王成兵：《實用主義的中國之旅》，中國社會科學出版社，2014 年。
葉揚：〈東風西漸的困惑與挑戰〉，《東西方研究學刊》第一輯，九州出版社，2012 年。
葉秀山等編：《西方著名哲學家評傳》，第 8 卷，山東人民出版社，1984 年。
《一大前後》（一），人民出版社，1980 年。
余光中：《左手的繆思》，時代文藝出版社，1997 年。
余英時：《人文與理性的中國》，聯經出版事業公司，2008 年。
余英時：《中國思想傳統的現代詮釋南京》，江蘇人民出版社，1989 年。
余世存編：《非常道——1840-的中國話語》，社會科學文獻出版社，1005 年。
袁剛：《中國到自由之路：羅素在華演講集》，北京大學出版社，2004 年版。
袁剛、孫家祥、任丙強等編：《民治主義與現代社會——杜威在華演講集》，北京大學出版社，2004 年。
張寶貴編著：《杜威與中國》，河北人民出版社，2001 年版。
張岱年：《張岱年論文集》，安徽教育出版社，1998 年。
張岱年：《張岱年文集》，清華大學出版社，1989 年。
張岱年：〈論中國哲學發展的前景」，《張岱年論文集》，安徽教育出版社，1998 年。
張君勱：《中西印哲學文集》，臺灣：沉重書局，1981 年版。
張申府：《所憶》，中國文史出版社，1993 年。

張申府：〈英法共產黨——中國改造〉（1921 年 6 月 12 日），《一大前後》（一），人民出版社，1980 年版。

張允熠、陶武、張弛：〈論儒家思想與近代歐洲哲學〉，時代出版傳媒股份有限公司，2010 年版。

張者：《文化自白書》，北京廣播學院出版社，2004 年。

趙元任：《從家鄉到美國》，關鴻、魏平譯，學林出版社，1997 年。

周恩來：《周恩來選集》，人民出版社，1984 年。

周策縱：《五四運動：現代中國的思想革命》，周子平等譯，江蘇人民出版社。

周由廙：〈約翰杜威博士教育事業記〉，《東方雜誌》第 16 卷第 6 號。

鄭師渠：〈五四前後外國名哲來華講學與中國思想界的變動〉，《近代史研究》，2012 年 02 期。

朱光潛：《自傳》，江蘇文藝出版社，1998 年。

朱傑人等編：《程俊英紀念文集》，華東師大出版社，2004 年。

朱靜：《洋教士看中國朝廷》，上海人民出版社，1995。

朱謙之：《中國哲學對於歐洲的影響》，河北人民出版社，1999 年。

羅素著作中文譯本列表

1949 年以前

羅素：《哲學問題》，新青年叢書，黃凌霜譯，新青年社，1920 年版。

羅素：《算理哲學》，萬有文庫第一集，付種孫、張邦銘譯，1920 年版。

羅素：《社會改造之原理》，晨報叢書，余家菊譯，晨報出版部，1920 年版。

羅素：《社會改造原理》，公民叢書，岫廬譯，群益書社&伊文思圖書公司，1920 年版。

羅素：《羅素五大演講哲學問題》，北京大學新知書社，1921 年版

羅素：《羅素五大演講心之分析》，北京大學新知書社，1921 年版。

羅素：《羅素五大演講物之分析》，北京大學新知書社，1921 年版。

羅素：《羅素五大演講數理邏輯》，北京大學新知書社，1921 年版。

羅素：《羅素五大演講社會結構學》，北京大學新知書社，1921 年版。

羅素：《物的分析》附《數理邏輯》，北京惟一日報社叢書，宗錫鈞、李小峰編，北京惟一日報社，1921 年版

羅素：《社會結構學五講》，晨報社，1921 年版。

羅素、勃拉克：《羅素勃拉克演講合刊》，北京大學新知書社，1921 年版。

羅素：《社會結構學》，晨報社，1921 年版。

羅素：《政治理想》，程振基譯，商務印書館，1921 年版。

羅素：《社會改造之原理》，余家菊譯，晨報社，1921 年版。

羅素：《哲學中之科學方法》，羅素叢書，王星拱譯，1922 年版。1995 年 4 月，臺灣聯經出版公司據以重印。

羅素：《德國社會民主黨》，陳與漪譯，商務印書館，1922 年版。

羅素：《物的分析》，任鴻雋等譯記，商務印書館，1922 年版。

羅素：《羅素的相對原理觀》，關桐華譯，商務印書館，1922 年版。

羅素：《羅素論文集》，東方文庫叢書，楊端六等譯，東方雜誌社，1923 年版。

羅素：《戰時之正義》，羅素叢書，鄭太樸譯，1921，1923 年版。

羅素：《政治理想》，羅素叢書，程振基譯，1924 年版。

羅素：《羅素論思想自由》，新中國叢書，朱枕薪譯，民智書局，1924 年版。

羅素：《哲學問題》，東方文庫叢書，東方雜誌社，1924 年版。

羅素：《哲學中之科學方法》，共學社羅素叢書，王星拱譯，1926 年版。

羅素：《物的分析》，羅素演講錄，任鴻雋（筆記），1926 年版。

羅素：《我的信仰》，何道生譯，1926 年版。

羅素：《社會結構學》，羅素演講錄，伏廬（筆記），1926 年版。

羅素：《工業文明的景況》，鄧家彥編，1927 年版。

羅素：《心的分析》，北京惟一日報社叢書，羅素演講，宗錫鈞、李小峰筆記，北京惟一日報社，1928 年版。

羅素：《婚姻革命》，世界學會叢書，野廬譯，世界學會，1930 年版。

羅素：《教育論》，北平文化學社，1930 年版。

羅素：《羅素教育論》，師範叢書，柳其偉譯，1931 版。

羅素：《快樂的心理》，於照倫譯，商務印書館，1932 年版。

羅素：《幼兒之教育》，錢星海編，1932 年版。

羅素：《兒童教育原理》，新兒童教育叢書，謝曼譯，新中國書局，1933 年版。

羅素：《懷疑論集》，萬有文庫第一集，嚴既澄譯，1933 年版。

羅素：《快樂的心理》，社會科學叢書，於熙儉譯，1933 年版。

羅素：《自由與組織》，陳瘦石譯，商務印書館，1934 年版。

羅素：《科學觀》，王光煦等譯，商務印書館，1935 年版。

羅素：《婚姻與道德》，李惟運譯，中華書局，1935 年版；此為《性愛與婚姻》的第二個譯本。

羅素：《科學之將來》，百科小叢書，1935 年版。

羅素：《哲學問題》，黃凌霜譯，上海新文化書社，1935 年版，該書撰寫於 1917 年，此為《哲學問題》目前所知之最早譯本。

羅素：《我的人生觀》，哲學叢刊，丘瑾璋譯，正中書局，1936 年版。

羅素：《哲學問題》，葉青譯，辛墾書店，1936 年版。

羅素：《中國之問題》，趙文銳譯，上海中華書局，1936 年版。

羅素：《哲學大綱》，高名凱譯，正中書局，1937 年版。

羅素：《贊閑》，柯碩亭譯，正中書局，1937 年版。

羅素：《罪人之書》，廣學會，1939 年版。

羅素：《結婚與道德》，程希亮譯，上海商務印書館，1940 年版；此為《性愛與婚姻》的第三個譯本。1990 年 1 月，商務印書館據以影印再版。

羅素：《羅素與迪肯生對於中國文化的批判》，張引翼編，1942 年版。

羅素：《幸福之路：貝特蘭・羅素通情達理集》，傅雷譯，海南國出版社，1947 年版。截至目前，陝西師範大學出版社（2003 年 4 月）、文化藝術出版社（2005 年 8 月）、天津人民出版社（2007 年 7 月）等數家出版社已陸續有重印本問世。2005 年 1 月，團結出版社據以重印，書名改作《羅素論幸福》。

羅素：《兒童教育原理》，新中國教育叢書，新中國書局，1948 年版。

羅素：《羅素之西方文化論》，現代文庫，張其昀編，華夏圖書出版公司，1948 年版。

羅素：《哲學大綱》，高名凱譯，臺北：正中書局，1959 年版。

羅素：《世界之希望》，張易譯，臺北：正中書局，1959 年版

羅素：《羅素自傳》，宋瑞、賴永松譯，臺北：水牛出版社，1962 年版。

羅素：《科學對社會的影響》，鄧宗培譯，臺北：協志工業叢書出版公司，1962 年版。

1949 **年以後，臺灣版**

羅素：《西方哲學史》，鐘建閎譯，臺北：中華文化出版事業委員會，1955 年版。
羅素：《哲學大綱》，高名凱譯，臺北：正中書局，1959 年版。
羅素：《世界之希望》，張易譯，臺北：正中書局，1959 年版。
羅素：《哲學中之科學方法》，臺北：文星書店，1955 年版。
羅素：《幸福之路》，臺北：水牛出版社，1956 年版。
羅素：《苦惱之克服》，方略、牛惠臨譯，臺北：啟智出版社，1957 年版。
羅素：《羅素算理哲學》，臺北：正文出版社，1958 年版。
羅素：《羅素論選集》，張菘年等譯，臺北：水牛出版社，1958 年版。
羅素：《羅素選集》，楊端六等譯，臺北：水牛出版社，1958 年版。
羅素：《羅素回憶錄》，林衡哲譯，臺北：志文出版社，1963 年版。
羅素：《人類有前途嗎？》，吳憶萱譯，商務印書館，1964 年版。
羅素：《算理哲學》，傅鐘孫、張邦銘譯，臺北：臺灣商務出版社。1965 年版。
羅素：《婚姻與道德》，水牛出版社，1966 年版。
羅素：《哲學中的科學方法》，王星拱譯，臺北：臺灣商務印書館，1966 年版。
羅素：《我為什麼不是基督徒》，王若璧譯，臺北：牧童出版社，1966 年版。
羅素：《羅素回憶集》，林衡哲譯，臺北：水牛出版社，1967 年版。
羅素：《羅素教育論》，柳其偉譯，臺北：臺灣商務印書館，1967 年版。
羅素：《哲學與科學知識》，張雄俊譯，臺北：正文出版社，1967 年版。
羅素：《人類的命運》，黃興宙譯，臺北：正文出版社，1968 年版。
羅素：《羅素選集》，李敖主編，臺北：水牛出版社，1968 年版。
羅素：《羅素論社會主義與自由主義》，劉福增主編，水牛出版社，1968 年版。
羅素：《羅素的戰爭倫理學》，劉福增主編，水牛出版社，1968 年版。
羅素：《羅素論哲學與政治》，福曾主編，水牛出版社，1968 年版。
羅素：《哲學問題》，黃凌霜譯，臺北：水牛出版社，1968 年版。
羅素：《羅素論文集》，大方出版社編譯，臺北：大方出版社，1968 年版。
羅素：《科學觀》，王光熙、蔡賓牟譯，臺北：臺灣商務印書館，1969 年版。
羅素：《論科學》，黃興宙譯，臺北：正文出版社，1969 年版。
羅素：《羅素論世界的新希望》，劉福增主編，水牛出版社，1970 年版。
羅素：《懶散頌》，許麗玉譯，臺北：牧童出版社，1970 年版。
羅素：《羅素雜文集》，蔡伸章譯，臺北：幼獅書店，1970 年版。
羅素：《權威與個人》，李欣、李安迪譯，臺北：晨鐘出版社，1970 年版。
羅素：《羅素書簡》，裴少青譯，臺北：牧童出版社，1972 年版。
羅素：《宗教與科學》，臺北：牧童出版社，1972 年版。
羅素：《羅素散文集》，牟治中譯，臺北：志文出版社，1973 年版。
羅素：《社會重建原理》，鄭緯民譯，臺北：世界文物出版社，1973 年版。
羅素：《懷疑論集》，楊耐冬譯，臺北：志文出版社，1974 年版。
羅素：《人類的將來》，杜若洲譯，臺北：志文出版社，1975 年版。

羅素：《羅素論快樂》，法迪譯，德華出版社，1976 年版。
羅素：《廿世紀命運與展望》，臺北：志文出版社，1977 年版。
羅素：《羅素》，臺北：書華出版事業公司，1980 年版。
羅素：《哲學大綱》，高名凱譯，臺北：正中書局，1959 年版。
羅素：《西洋哲學史及其有關的政治與社會》，邱言曦譯，臺北：臺灣中華書局，1980 年版。
羅素：《婚姻與道德》肖瑞松譯，臺北：輔新書局，1982 年版。
羅素：《羅素短論集》，梁祥美譯，臺北：志文出版，1984 年。
羅素：《西洋哲學史》，臺北：遠景出版事業公司，1982 年版。
羅素：《懷疑論集》，臺北：志文出版社，1987 年版。
羅素：《羅素論中西文化》，胡品清譯，劉福增主編，水牛出版社，1988 年版。
羅素：《羅素論現代教育》，劉福增主編，水牛出版社，1988 年版。
羅素：《羅素論權威與個體》，劉福增主編，水牛出版社，1988 年版。
羅素：《羅素論哲學與政治》，劉福增譯，臺北：水牛出版社，1989 年版。
羅素：《婚姻革命》，靳建國譯，臺北：遠流出版事業公司，2000 年版。
羅素：《羅素的回憶：來自記憶裡的肖像》，吳凱琳譯，左岸文化，2002 年版。
羅素：《來自記憶裡的肖像：羅素的回憶》，容士毅譯，左岸文化，2006 年版。
羅素：《心之分析》，蔣年豐譯，協志工業出版社，1982 年版。
羅素：《懷疑論集》，楊耐冬譯，臺北：志文出版社，1984 年版。
羅素：《西方的智慧》，何保中等譯，臺北：志文出版社，1986 年版。
羅素：《西方的智慧》，何保中譯，臺北：業強出版社，1986 年版。
羅素：《哲學問題》，張素瑢、簡貞貞譯，臺北：業強出版社，1987 年版。
羅素：《走向幸福》，臺北：林鬱圖書事業公司，1992 年版。
羅素：《哲學問題及精彩附集》臺北：心理出版社，1997 年版。
羅素：《羅素短論集》，梁祥美譯，臺北：志文出版社，1998 年版。

1949 年-1977 年，中國大陸版

羅素：《西方哲學史（上卷）》，何兆武、李約瑟譯，商務印書館，1959 年版。該書撰寫於 1945 年，截止 2010 年 8 月已第 25 次印刷。
羅素：《哲學問題》，何兆武譯（當時譯者署名「何明」），商務印書館，1959 年版；2007 年 4 月，經過譯者大幅修訂後，出版新一版，截止 2010 年 10 月也已第 4 次印刷。
羅素：《社會改造原理》，張師竹譯，上海人民出版社，1959 年版；截止 2001 年 10 月已第 3 次再版。
羅素：《自由之路》，何新譯，商務印書館，1959 年版。
羅素：《常識與核武器戰爭》，張師竹譯，商務印書館，1959 年版。
羅素：《西方哲學史（下卷）》，馬元德譯，商務印書館，1963 年；截止 2010 年 8 月，《西方哲學史（下卷）》已第 25 次印刷。

1977 年-2018 年，中國大陸版

羅素：《真與愛：羅素散文集》，江燕譯，生活、讀書、新知上海三聯書店，1988 年版。

羅素：《為什麼我不是基督徒》，沈海康譯，商務印書館，1982 年版。

羅素：《數理哲學導論》，晏成書譯，科學出版社，1982 年版；該書撰寫於 1919 年，1982 年 6 月商務印書館據以重印並收入《漢譯世界學術名著叢書》。

羅素：《我的哲學的發展》，溫錫增譯，商務印書館，1982 年版；該書撰寫於 1959 年，截止 2008 年 9 月已第 10 次印刷。

羅素：《人類的知識──其範圍與限度》，張金言譯，商務印書館，1983 年版；該書撰寫於 1948 年，1989 年收入《漢譯世界學術名著叢書》，截止 2008 年 9 月已第 8 次印刷。

羅素：《權力論》，靳建東譯，東方出版社，1988 年版。

羅素：《權威與個人》，肖巍譯，中國社會科學出版社，1990 年版。

羅素：《教育論》，靳建國譯，東方出版社，1990 年版。

羅素：《權力論──一個新的社會分析》，吳友三譯，商務印書館，1991 年版。

羅素：《論歷史》，何兆武、肖巍、張文傑譯，生活・讀書・新知三聯書店，1991 年版；2001 年 1 月廣西師範大學出版社據以重印。

羅素：《西方的智慧：西方哲學在它的社會和政治背景中的歷史考察》，馬家駒譯，世界知識出版社，1992 年版。

羅素：《我們關於外在世界的知識》，任曉明譯，東方出版社，1992 年。

羅素：《中國人的性格》，王正平譯，中國工人出版社，1993 年版。

羅素：《邏輯與知識》，苑莉均譯、張家龍校，商務印書館，1996 年版；截止 2009 年 7 月，已第 3 次印刷。

羅素：《中國問題》，秦悅譯，學林出版社，1996 年版。

羅素：《對萊布尼茨哲學的批評性解釋》，段德智、張傳有、陳家琪譯，陳修齋、段德智校，商務印書館，1997 年版；該書撰寫於 1900 年，2010 年 12 月收入《漢譯世界學術名著叢書》後再版。

羅素：《西方的智慧》，崔權醴譯，文化藝術出版社，1997 年版。

羅素：《自由之路》，李國山譯，文化藝術出版社，1998 年版；2003 年 1 月，西苑出版社據以重印。

羅素：《拋棄煩惱掌握快樂》，劉楨譯，臺北：業強出版社，1998 年版。

羅素：《西方的智慧：從社會政治背景對西方哲學所作的歷史考察》，溫錫增譯，商務印書館，1999 年版。

羅素：《教育與美好生活》，河北人民出版社，1999 年版。

羅素：《宗教與科學》，徐奕春、林國夫譯，商務印書館，2000 年版；2010 年 9 月，收入《漢譯世界學術名著叢書》後再版。

羅素：《社會改造原理》，張師竹譯，上海人民出版社，2001 年版。

羅素：《羅素自傳（第一卷）》，胡作玄、趙慧琪譯，商務印書館，2002 年版。

羅素：《中國問題》，李靜譯，中國工人出版社，2002 年版。

羅素：《倫理學和政治學中的人類社會》，肖巍譯，河北教育出版社，2003 年版。

羅素：《羅素自傳（第二卷）》，陳啟偉譯，商務印書館，2003 年版。

羅素：《衝突的原由》，趙宗金譯，吉林大學出版社，2004 年版。

羅素：《羅素自傳（第三卷）》，徐奕春譯，商務印書館，2004 年版。

羅素：《羅素道德哲學》，李國山、張永紅、張志明、許峰譯，九州出版社，2004 年版。

羅素：《中國到自由之路：羅素在華演講集》，袁剛編，北京大學出版社，2004 年版。

羅素：《自由之路》，李國山譯，西苑出版社，2004 年版。

羅素：《俗物的道德與幸福》，文良文化譯，華文出版，2004 年。

羅素：《西方哲學史》，何兆武、李約瑟譯，左岸文化，2005 年版。

羅素：《自由之路》，李國山譯，文化藝術出版社，2005 年版。

羅素：《邏輯與智識：1901-1905 年論文集》，苑莉均譯，商務印書館，2005 年版。

羅素：《西方哲學史》，錢發平譯，重慶出版社，2006 年版。

羅素：《羅素回憶錄：來自記憶裡的肖像》，吳凱琳譯，希望出版社，2006 年版。

羅素：《羅素自選文集》，戴玉慶譯，商務印書館，2006 年版，〈神秘主義與邏輯〉、〈人類為何戰鬥〉和〈自由之路〉等著名篇章均收錄在內。

羅素：《我們關於外間世界的知識：哲學上科學方法應用的一個領域》，陳啟偉譯，上海譯文出版社，2006 年版。

羅素：《羅素快樂智慧書》，荷蘭譯，中國國際廣播出版社，2006 年版。

羅素：《羅素論幸福人生》，楊玉成、崔人元合譯，世界知識出版社，2007 年版，即《幸福之路》一書之譯。

羅素：《羅素論自由》，郭義貴譯，世界知識出版社，2007 年版；此譯本或與《自由之路》密切相關。

羅素：《幸福之路：貝特蘭·羅素通情達理集》，傅雷，天津人民出版社，2007 年版。

羅素：《西方哲學史》，張作成譯，北京出版社，2007 年版。

羅素：《西方的智慧》，亞北譯，中央編譯出版社，2007 年版。

羅素：《哲學盛宴：羅素在華十大演講》，姜繼為編，安徽教育出版社，2007 年版。

羅素：《我們關於外間世界的知識──哲學上科學方法應用的一個領域》，陳啟偉譯，上海譯文出版社，2008 年版。

羅素：《西方的智慧》，亞北譯，中央編譯出版社，2008 年版。

羅素：《幸福之路》，吳默朗、金劍譯，中央編譯出版社，2009 年版。

羅素：《羅素論教育》，楊漢麟譯，人民教育出版社，2009 年版。

羅素：《性愛與婚姻》，文良、文化譯，中央編譯出版社，2009 年版。

羅素：《羅素道德哲學》（包括西方的智慧、我的信仰、社會改造原理、自由之路、論權力、幸福之路、道德與婚姻等部分），李國山譯，九州出版社，2009 年版。

羅素：《性愛與婚姻》，文良文化譯，中央編譯出版社，2009 年版。

羅素：《心的分析》，賈可春譯，商務印書館，2009 年版；2010 年 10 月收入《漢譯世界學術名著叢書》後再版。

羅素：《意義與真理的探究》，賈可春譯，商務印書館，2009 年版。

羅素：《西方哲學史》，程舒偉等編譯，中國商業出版社，2009 年版。

羅素：《西方的智慧》，王嵐譯，中國致公出版社，2010 年版。

羅素：《西方哲學史》，錢遜譯，重慶出版社，2010 年版。

羅素：《權威與個人》，儲智勇譯，商務印書館，2010 年版。

羅素：《我的哲學的發展》，楊洋譯，江蘇文藝出版社，2010 年版。

羅素：《為什麼我不是基督徒》，徐奕春譯，商務印書館，2010 年版（商務印書館關於此書的第二個譯本）。

羅素：《羅素論自由》，郭義貴譯，世界知識出版社，2010 年版。

羅素：《羅素說幸福人生》，李子勳譯，現代出版社，2010 年版。

羅素：《羅素論中西文化》，楊發庭譯，北京出版社，2010 年版。

羅素：《羅素談人生智慧》，丹明子譯，中國工人出版社，2011 年版。

羅素：《理想與歷程》，高適編譯，華中科技大學出版社，2012 年版。

羅素：《權威與個人》，儲智勇譯，商務印書館，2012 年版。

羅素：《西方的智慧》（2 卷），中國畫報出版社，2012 年版。

羅素：《意義與真理的探究》，賈可春譯，商務印書館，2012 年版。

羅素：《為什麼我不是基督教徒》，商務印書館，2012 年版。

羅素：《從科學到神：一位物理學家的意識探秘之旅》，深圳報業集團出版社，2012 年版。

羅素：《羅素文集》第 1 卷：對萊布尼茨哲學的批評性解釋，段德智、張傳有、陳家琪譯，商務印書館，2012 年版。

羅素：《羅素文集》第 2 卷：哲學問題、宗教與哲學，徐奕春、林國夫譯，商務印書館，2010 年版。

羅素：《羅素文集》第 3 卷：數理哲學導論，晏成書譯，商務印書館，2012 年版。

羅素：《羅素文集》第 4 卷：心的分析，商務印書館，2012 年版。

羅素：《羅素文集》第 5 卷：權力論、權威與個人，商務印書館，2012 年版。

羅素：《羅素文集》第 6 卷：意義與真理的探究，賈可春譯，商務印書館，2012 年版。

羅素：《羅素文集》第 7 卷：西方哲學史及其從古代到現代的政治、社會情況的聯繫（上卷），何兆武譯，商務印書館，2012 年版。

羅素：《羅素文集》第 8 卷：西方哲學史及其從古代到現代的政治、社會情況的聯繫（下卷），何兆武譯，商務印書館，2012 年版。

羅素：《羅素文集》第 9 卷：人類的知識──其範圍與限度，商務印書館，2012 年版。

羅素：《羅素文集》第 10 卷：邏輯與知識，苑莉均譯，商務印書館，2012 年版。

羅素：《羅素文集》第 11 卷：為什麼我不是基督徒、宗教和有關問題論文集，徐奕春、胡溪、漁仁譯，商務印書館，2012 年版。

羅素：《羅素文集》第 12 卷：我的哲學的發展，商務印書館，2012 年版。

羅素：《羅素文集》第 13 卷：羅素自傳　第一卷（1872-1914），胡作玄、趙慧琪譯，商務印書館，2012 年版。

羅素：《羅素文集》第 14 卷：羅素自傳　第二卷（1914-1944），陳啟偉譯，2012 年版。

羅素：《羅素文集》第 15 卷：羅素自傳　第三卷（1944-1967），徐奕春譯，商務印書館，2012 年版。

羅素：《幸福之路》，華夏出版社，2015 年版。

羅素：《我的哲學的發展》，商務印書館，2015 年版。

羅素：《幸福婚姻與性》，華夏出版社，2015 年版。

羅素：《幸福之路》，劉勃譯，華夏出版社，2016 年版。

羅素：《相對論 ABC》，譯林出版社，2016 年版。

羅素：《物的分析》，賈可春譯，商務印書館，2016 年版。

羅素：《教育與美好生活理想人格的基礎》，上海人民出版社，2017 年版。

羅素：《神秘主義與邏輯及其他論文》，賈可春譯，商務印書館，2017 年版。

羅素：《我的信念》，莫曉敏譯，上海譯文出版社，2018 年版。

羅素：《羅素思想小品》，張廣勇編譯，上海社會科學院出版社，2018 年版。

羅素：《我們關於外間世界的知識》，上海譯文出版社，2018 年版。

羅素：《倫理學和政治學中的人類社會》，上海譯文出版社，2018 年版。

杜威著作中文譯本列表

1949 年以前版

杜威：〈明日之學校〉，天民譯，上海《教育雜誌》，1917-1918 年版。

杜威：《思維術》，劉經庶譯，南京國立南京高等師範學校，1919 年版，中華書局 1920 年再版。

杜威：〈教育主義〉，鄭宗海譯，上海《新教育》，1919 年版。

杜威：〈教育上之民主主義〉，真常譯，上海《教育雜誌》，1919 年版，《民主與教育》第七章。

杜威：〈美國民治的發展〉，載《每週評論》第 26 號，1919 年 6 月 15 日。

杜威：《杜威五大演講》，胡適譯，晨報社，1920 年版。

杜威：〈習慣與思想〉（杜威在福州青年會演講），晨報，1921 年 7 月 1 日。

杜威：《德育原理》，元尚仁譯，上海中華書局 1921 年第 2 版

杜威：《教育中的道德原理》，元尚仁譯，中華書局，1921 年版。

杜威：《平民主義與教育》，常道直譯，上海商務印書館，1922 版。

杜威：《教育中的興味與努力》，張裕卿、楊偉文譯出，上海商務印書館，1923 年版。

杜威：《明日之學校》，朱經農、潘梓年譯，商務印書館出版，1923 年版。

杜威：《思維術》，劉伯明譯，中華書局，1925 年版。

杜威：《民本主義與教育》，鄒恩潤（韜奮）譯，上海商務印書館，1929 年版。

杜威：《德育原理》，張銘鼎譯，上海商務印書館，1930 版。

杜威：《學校與社會》，劉衡如譯，上海中華書局，1930 年第 5 版。

杜威：《教育中的道德原理》，張銘鼎譯，中華書局，1930 年版。

杜威：《教育上興味與努力》，張裕卿、楊偉文譯，上海商務印書館，1931 年第 2 版

杜威：《兒童與教材》，鄭宗海譯，上海中華書局，1931 年版。

杜威：《道德學》，余家菊譯，中華書局，1932 年版。

杜威：《教育科學之資源》，張岱年、傅繼良譯，商務印書館，1932 年版。

杜威：《我們怎樣思維》，1933 年版。

杜威：《哲學之改造》，許崇清譯，商務印書館，1933 年版。

杜威：《哲學之改造》，胡適等譯，商務印書館，1934 年版。

杜威：《思想方法論》，丘瑾璋譯，上海世界書局，1935 版。

杜威：《道德學》，余家菊、塔夫茨譯，上海中華書局，1935 年版。

杜威：《教育科學之資源》，丘瑾樟譯，商務印書館，1935 年版。

杜威：《思維術》，邱瑾璋譯，上海世界書局，1935 年版。

杜威：《思維術》，孟憲承譯，商務印書館，1936 年版。

杜威：《思維與教學》，孟憲承、俞慶堂譯，上海商務印書館，1936 版。

杜威：《科學的宗教觀》，吳耀宗譯，上海青年協會書局 1936 年版。

杜威：《哲學之改造》，許崇清譯，上海商務印書館，1939 年版。

杜威等：《道德與辯證法》，李書勳譯，上海亞東圖書館，1939 年版（杜威《手段與目的》和托洛茨基
　　　　等人的文章）。

杜威：《經驗與教育》，曾昭森譯，長沙商務印書館，1940 年版。

杜威：《經驗與教育》，李相勖、阮春芳譯，貴陽文通書局，1941 年版。

杜威：《經驗與教育》，李培囿譯，上海正中書局，1942 年版。

杜威：《經驗與教育》，李相勖等譯，重慶交通書局，1946 年版。

杜威：《今日之教育》，董時光，上海商務印書館，1947 年版。

1949 年以後臺灣版

杜威：《杜威論經驗、自然與自由》，曾紀元譯，臺灣商務印書館（繁體），1981 年版。

杜威：《民主與教育》，林玉體譯，臺灣師大書苑有限公司出版（繁體），1996 年版。

杜威：《我們如何思考》，章瑋譯，臺灣商周（繁體），2017 年版。

杜威：《明日學校：杜威論學校教育》，呂金燮譯，臺灣商周（繁體），2018。

杜威：《民主主義與教育》，由林寶山等 12 人合譯，臺灣五南圖書出版公司（繁體），1989 年版。

1949 年-1977 年大陸版

杜威：《哲學的改造》，許崇清譯，商務印書館，1958 年版。

杜威：《經驗與自然》，商務印書館，1960 年版。

杜威：《經驗與自然》，洪謙主編：《西方現代資產階級哲學論著選輯》，商務印書館 1964 年版。

杜威：《人的問題》，傅統先、邱椿譯，上海人民出版社 1965 年版

杜威：《人的問題》，傅統先、邱椿譯，上海：上海人民出版社，1965 年版。

杜威：《美國實用主義的發展》，《哲學研究》編輯部編：《資產階級哲學資料選輯》（第二輯），上海人
　　　　民出版社，1965 年版。

杜威：《確定性的追求》，《資產階級哲學資料選輯》，第九輯，《哲學研究》編輯部編，傅統先譯，上海
　　　　人民出版社，1966 年版。

1977 年-2018 年大陸版

杜威：《杜威教育論著選》，趙祥麟、王承緒編譯，華東師範大學出版社，1981 年版。

杜威：《我們怎樣思維》，姜文閔譯，人民教育出版社，1991 年版。

杜威：《學校與社會・明日之學校》，趙祥麟譯，人民教育出版社，1994 年版。

杜威：《新舊個人主義－杜威文集》，孫有中譯，上海：上海社會科學出版社，1997 年版。

杜威：《哲學的改造》，許崇清譯，商務印書館，1997 年版。

杜威：《新舊個人主義》，孫有中等譯，上海社會科學院出版社，1997 年版。

杜威：《社會哲學與政治哲學》,《杜威五大演講》,胡適譯,安徽教育出版社 1999 年版。
杜威：《民主主義與教育》,王承緒譯,人民教育出版社,2001 年版。
杜威：《民治主義與現代社會——杜威在華演講集》,袁剛等譯,北京大學出版社,2004 年版。
杜威：《確定性的尋求——關於知行關係的研究》,傅統先譯,上海人民出版社,2004 年版。
杜威：《哲學的改造》,張穎譯,陝西人民出版社,2004 年版。
杜威：《經驗與自然》,傅統先譯,南京：江蘇教育出版社,2005 年。
杜威：《確定性的追求》,傅統先譯,上海人民出版社,2005 年版。
杜威：《學校與社會・明日之學校》,趙祥麟、任鐘印、吳志宏譯。人民教育出版社,2005 年版。
杜威：《我們怎樣思維》,姜文閔譯,人民教育出版社,2005 年版。
杜威：《經驗與教育》,姜文閔譯,人民教育出版社,2005 年版。
杜威：《教育論著選》,趙祥麟譯,華東師範大學出版社,2005 年版。
杜威：《人的問題》,傅統先、邱椿譯,上海人民出版社,2006 年版。
杜威：《杜威文選》,塗紀亮譯,北京：社會科學文獻出版社,2006 年版。
杜威：《哲學的改造》,胡適、唐擘黃譯,安徽教育出版社,2006 年版。
杜威：《實用主義》,田永勝譯,世界知識出版社,2007 年版。
杜威：《杜威教育文集》（第 1 卷）,劉立德編著,人民教育出版社,2008 年版。
杜威：《藝術即經驗》,高建平譯,商務印書館,2009 年版。
杜威：《哲學的改造》,許崇清譯,商務印書館,2009 年版。
杜威：《哲學史》,楊玉成編,北京出版社,2009 年版。
杜威：《藝術即經驗》,高建平譯,商務印書館,2010 年版。
杜威：《我們怎麼思維》,伍中友譯,新華出版社,2010 年。
杜威：《經驗與自然》,傅統先譯,人民大學出版社,2011 年版。
杜威：《我的教育信條》,彭正梅譯,上海人民出版社,2011 年。
杜威：《懷舊製造廠：記憶時間變老》,李煉譯,花城出版社,2011 年版。
杜威：《杜威五大演講》,張恒編,金城出版社,2012 年版。
杜威：《民主與教育》,薛絢譯,譯林出版社,2012 年版。
杜威：《自由與文化》,傅統先譯,北京：商務印書館,2013 年版。
杜威：《杜威教育文集》（第 1 卷）,呂達、劉立德、鄒海燕編著,人民教育出版社,2013 年版。
杜威：《杜威在華演講錄——民主主義與教育》,周洪宇、陳競蓉編著,安徽教育出版社,2013 年版。
杜威：《杜威全集》（中期著作・第六卷）,王路,馬明輝,周小華等譯。上海：華東師範大學出版社,2013 年版。
杜威：《人的問題》,傅統先、邱椿譯,上海人民出版社,2014 年版。
杜威：《公眾及其問題》,翻譯組譯,復旦大學出版社,2015 年版。
杜威：《經驗與自然》,王鐵生譯,商務印書館,2015 年版。
杜威：《我的教育信條》,羅德紅、楊小微譯,華東師範大學出版社,2015 年版。
杜威：《我們如何思維》,伍中友譯,新華出版社,2015 年版。
杜威：《經驗與教育》,盛群力譯,中國輕工業出版社,2016 年版。
杜威：《杜威家書：1919 年所見中國與日本》,劉幸譯,北京師範大學出版社,2016 年版。
杜威：《自由和文化》,中國傳媒大學出版社,2016 年版。
杜威：《追求確定性：知識與行為的關係研究》,中國傳媒大學出版社,2016 年版。
杜威：《經驗的重構：杜威教育學與心理學》,李業富譯,華東師範大學出版社,2017 年版。

杜威：《哥白尼式的革命：杜威哲學》，王成兵編，華東師範大學出版社，2017 年版。

杜威：《思維術》，上海社會科學院出版社，李天綱主編，2017 年版。

杜威：《兒童與課程》，中國傳媒大學出版社，2017 年版。

杜威：《教育中的興趣及努力》，中國傳媒大學出版社，2017 年版。

杜威：《教育科學的資源》，中國傳媒大學出版社，2017 年版。

杜威：《我們如何思維》，中國傳媒大學出版社，2017 年版。

杜威：《藝術即經驗》，中國傳媒大學出版社，2017 年版。

杜威：《哲學的改造》，中國傳媒大學出版社，2017 年。

杜威：《人性與行為》，中國傳媒大學出版社，2017 年版。

杜威：《我的教育信條》，中國傳媒大學出版社，2017 年版。

杜威：《我們如何正確思維》，現代出版社，2017 年版。

杜威：《公眾及其問題：論政治探究》，魏曉慧譯，新華出版社，2017 年版。

杜威等：《道德與辯證法》，上海社會科學院出版社，2017 年版。

杜威：《教育中的興趣及努力》，中國傳媒大學出版社，2018 年版。

杜威：《思維的本質》，孟憲承、俞慶棠譯，台海出版社，2018 年版。

杜威：《民主主義與教育》，魏莉譯，長江文藝出版社，2018 年版。

杜威：《思維的本質一本書讓你認識思維的本質》，孟憲承、俞慶棠譯，台海出版社，2018 年版。

羅素訪華大事記

1920 年 10 月 8 日，羅素與後來的第二任妻子勃拉克乘海輪到達上海。

1920 年 10 月 9 日，江蘇教育總會、中華職業教育社、新教育共進社、中國公學、時事新報、申報、基督教救國會等團體在大東旅社召開歡迎晚會，超過百位的各界人士蒞臨。羅素發表即興演講。

1920 年 10 月 13 日，應江蘇教育會、中國公學、《時事新報》等團體的邀請，羅素在上海大東旅社發表〈中國應保存固有之國粹〉的演講。

1920 年 10 月 14 日，羅素在上海的中國公學發表題為〈社會改造原理〉的演講。

1920 年 10 月 16 日，羅素在上海中華職業教育社等三團體的會上，發表了題為〈教育之效能〉的演講。

1920 年 10 月 19 日，在杭州作了〈教育問題〉的演講。

1920 年 10 月 20 日，從杭州回上海，然後轉道南京。

1920 年 10 月 21 日，在南京大學作了〈關於哲學〉的演講，還在南京講了〈愛因斯坦引力說〉的演講。

1920 年 10 月 26 日，羅素訪問漢口後，轉道長沙。

1920 年 10 月 26-27 日，羅素在長沙發表題為〈布爾什維克與世界政治〉的演講。

1920 年 10 月 31 日，羅素到達北京。

1920 年 11 月 7 日，羅素在北大發表〈哲學問題〉的演講。在此之後，還陸續做了〈心之分析〉,〈物之分析〉,〈社會結構學〉,〈數理邏輯〉等五大演講。

1920 年 11 月 9 日，在北京講學社的歡迎會上，發表有關中西方文化比較的演講。

1920 年 11 月 9 日，羅素在北京女師大發表〈布爾什維克之思想〉的演講。

1920 年 12 月 10 日，在中國社會政治學會，發表〈未開發國的工業〉的演講；

1920 年 12 月 14 日、21 日以及 28 日，羅素參與了〈真理的客觀性〉和〈共產主義何以不能實現於現在的中國〉的討論。

1921 年 3 月 14 日，羅素在河北保定的育德中學演講時受到風寒，感染了肺炎。他在一家德國醫院治療多日。

1921 年 3 月 26 日，羅素瀕於死亡。同在北京的杜威還為他擬好了遺囑草稿。羅素掙扎著簽了字。

1921 年 4 月 17 日，羅素竟奇蹟般地好起來了。此時，勃拉克已經有了身孕，羅素
　　決定回國。

1921 年 7 月 6 日，在教育部會場舉行歡送大會上，發表題為〈中國的到自由之路〉
　　最後演講。

1921 年 7 月 11 日，羅素離開中國。

杜威訪華大事記

1919 年 4 月 30 日：與夫人從日本神戶抵達上海。

1919 年 5 月 3 日至 4 日，在上海作〈民主與教育的關係〉的演講，並出席演講後的晚餐。

1919 年 5 月 5 日至 9 日，訪問杭州。

1919 年 5 月 12 日，與孫中山共進晚餐。

1919 年 5 月 14 日，在教育協會的主持下於杭州舉行講座。

1919 年 5 月 14 日，到南京訪問大約兩周。

1919 年 5 月 20 日，訪問鎮江。

1919 年 5 月，北京國立美術學院作〈當代教育的趨勢〉、〈教育的自然基礎〉、〈對待知識的新態度〉以及〈教育的社會化〉等演講。

1919 年 6 月 8 日，作〈美國的民主發展〉的演講。

1919 年 6 月 10 日，作〈美國的自由、平等、個人主義以及教育〉的演講。

1919 年 6 月 12 日（或 13 日），作〈美國民主的社會方面〉的演講。

1919 年 7 月 28 日，在天津參加高校校長會議，商討重新開辦學校。

1919 年 8 月 6 日，發表〈中國學生的反抗〉。

1919 年 8 月 15 日，作〈新知識問題〉的演講。

1919 年 8 月 27 日，發表〈中國國際對決〉（The International Duel in China）。

1919 年 9 月 10 日，發表〈中國的軍國主義〉。

1919 年 9 月。作〈工業教育〉的講座。

1919 年 10 月至 1920 年 3 月，作關於倫理學的 15 篇系列講座：〈討論的本質〉、〈道德的變與不變的元素〉、〈道德與人性〉、〈情感在道德中的作用〉、〈社會情感〉、〈自私〉、〈自我關注和關注他人〉、〈自我關注和關心他人（續）〉、〈美德與邪惡〉、〈美德與邪惡（繼續）〉、〈東方思想與西方思想的比較〉、〈欲望與幸福〉、〈欲望與誘惑〉、〈欲望與習俗和機構的關係〉以及〈民主機構的實質〉等。

1919 年 10 月，作關於〈學生自治〉的講座。

191910 月，訪問山西省太原市。

1919 年 10 月 4 日，發表〈日本的自由主義〉。

1919 年 10 月 8 日，發表〈理想主義的詆毀〉。

1919 年 11 月 2 日，訪問奉天（瀋陽）。

1919 年 11 月 12 日，開始〈稱為思維類型的八個講座〉：〈亞里士多德的物種概念〉、〈亞里士多德思想的特徵〉、〈笛卡爾：延展與運動〉、〈笛卡爾思想的特徵〉、〈洛克：感覺與反思〉、〈洛克思想的特徵〉、〈實驗主義、對經驗主義與理性主義衝突的回答〉以及〈實驗主義思想的特徵〉等。

1919 年 11 月，發表〈中國思想的轉變〉。

1919 年 12 月，作〈大學與民主輿論〉，

1919 年 12 月 3 日，發表〈中國的美國機遇〉。

1919 年 12 月 24 日，發表〈我們在中國毒品的份額〉、〈中國國情〉。

1920 年，出版《哲學的改造》、《當代三大哲學家：詹姆斯、柏格森和羅素》以及《來自中國與日本的家信》。

1920 年 1 月 20 日，作〈西方思想中的「權利」概念〉的演講。

1920 年 2 月 25 日，發表〈學生的反抗（續）〉。

1920 年 3 月，在北京作六場講座：〈詹姆斯〉、〈詹姆斯（續）〉、〈柏格森〉、〈柏格森（續）〉、〈羅素〉、〈羅素（續）〉。

1920 年 3 月 3 日，發表〈從內部觀察山東〉。

1920 年 3 月 24 日，發表〈我們國家的困境〉。

1920 年 3 月 32 日，出席北京大學校長蔡元培的告別晚宴。

1920 年 4 月，發表〈中國政治中的新天堂〉。

1920 年 4 月 3 日，登泰山。

1920 年 4 月至 6 月，訪問南京六周，在南京師範大學作了 19 次講座：即〈哲學的起源〉、〈早期哲學問題〉、〈尋找大學的原則〉、〈存在與變化〉、〈事實與理論〉、〈智者〉、〈懷疑主義與邏輯〉、〈蘇格拉底〉、〈蘇格拉底的假設〉、〈蘇格拉底的邏輯〉、〈柏拉圖的實在〉、〈柏拉圖的理念〉、〈柏拉圖的認識論〉、〈柏拉圖的教育哲學〉、〈柏拉圖的政治〉、〈從柏拉圖到亞里士多德〉、〈亞里士多德的潛在與實在〉、〈亞里士多德的「個體」與「物種」〉以及〈亞里士多德與現代世界〉等。

1920 年 4 月 30 日，作〈職業教育與勞動問題〉的演講。

1920 年 5 月，發表〈什麼促使中國倒退〉。

1920 年 5 月 5 日，發表〈思想與工作自由〉。

1920 年 5 月 17 日，訪問鎮江。

1920 年 5 月 18 日至 20 日，訪問揚州。

1920 年 5 月 25 日至 26 日，訪問常州。

1920 年 5 月 27 至 6 月 3 日，訪問上海。

1920 年 6 月，作〈民主教育的真正意義〉的演講。

1920 年 6 月 4 日至 30 日，從南京到南通、杭州、上海、蘇州等地訪問，並在上海浦東高中作〈公民教育〉講座。

1920 年 6 月，發表〈美國主義與地方主義〉和〈中國的夢想〉等。

1920 年 7 月，作〈學生政府〉的演講。

1920 年 10 月 6 日，發表〈中國的政治動盪〉。

1920 年 10 月 10 日，在山西作〈培養品格為教育的終極目標〉的演講。

1920 年 10 月 12 日，為山西軍步兵團第十團司令部和師範學校學生作〈學校和村莊〉的演講。

1920 年 10 月 17 日，或北京大學哲學博士榮譽學位。

1920 年 11 月 1 日，參加長沙市憲政與自治會議。

1920 年 11 月，遇見羅素與勃拉克女士。

1920 年 11 月 4 日至 6 日，在武昌發表〈教育和社會改革的六種選擇〉。

1920 年 11 月，訪問江西，在九江與南昌講課。

1920 年 12 月 1 日，向美國公使館作〈中國的布爾什維克主義〉的報告。

1920 年 12 月 8 日，在 *Industrial China* 發表[MW12]

1921 年，發表〈國家相互理解中的一些因素〉、〈中國是國家嗎？〉、〈社會絕對主義〉、〈遠東僵局〉，出版〈百科全書和教育大辭典〉、〈西伯利亞共和國〉等。

1921 年春天，在濟南作〈教育中的社會因素〉、〈學校主體與社會之間的關係〉、〈組織和學校行政與社會的關係〉、〈學校和社會的管理、〈教育中的心理因素〉、〈學校與社會的關係等演講。

1921 年 3 月 26 日，在羅素病（肺炎）重期間拜訪。

1921 年 3 月，在北京師範學院美術俱樂部作〈中國美術〉演講。

1921 年 3 月 30 日，訪問福州。

1921 年 4 月，在福建第一師範學校作〈作為社會領袖的教育者〉演講。

1921 年 4 月 13 日，發表〈中國的財團〉。

1921 年 4 月 28 日至 5 月 9 日，向廣東高等師範學校和廣東基督教的學生講話。

1921 年 5 月，作〈教育與國家的關係〉、〈自我活動與自我〉、〈美國教育協會及其

　　對社會的影響〉、〈民主政治的本質〉、〈教育與工業〉等演講。

1921 年 6 月，在福建基督教青年會講授〈基礎教育與國家的關係〉、〈學習中的自
　　發性〉,〈自然和社會環境與人類生活〉、〈習慣與思考〉等。

1921 年 6 月，在北京師範大學發表〈告別演說〉。

1921 年 7 月，發表〈中國新文化〉、〈分裂的中國〉等。

1921 年 7 月 25 日，乘火車到青島。

1921 年 8 月 2 日，乘海輪到神戶。

羅素生平年表

1872 年：5 月 18 日出生於英國威爾士的拉文斯克羅夫特（Ravenscroft, Wales）。

1874 年：兩歲的羅素與他的姐姐訪問祖父母的府邸時，見到維多利亞女王。母親與 6 歲的姐姐病故。

1876 年：父親去世。羅素的祖父約翰・羅素爵士（前英國首相）和祖母推翻羅素父親的遺囑，而獲得羅素兄弟的監護權。

1878 年：祖父去世；羅素的祖母培育他的成長。

1883 年：向哥哥弗蘭克學習歐幾里德幾何學，這是他少年時代一個重大的事件。

1886 年：產生了與笛卡爾主義者十分相似的想法。

1889 年：夏季來到叔叔羅洛家中住了 3 個月，認識了美國人斯密斯夫婦以及他們的女兒阿莉絲・斯密斯（Alys Smith）。

1890 年：羅素進入劍橋大學三一學院學習。

1891 年：加入劍橋秘密團體「社團」（The Society），也稱「使徒」（The Apostles）

1893 年：獲得數學畢業考試（Tripos）甲等（Wrangler）第七名。

1894 年：通過道德科學考試（Moral Sciences Tripos，Part II）。成為了黑格爾主義者。大學畢業，擔任了英國駐巴黎使館的名譽隨員。與愛麗絲結婚。

1895 年：在柏林研究經濟學和德國社會民主黨。

1896 年：第一次訪美 3 個月。出版第一部著作《德國社會民主》（*German Social Democracy*）一書。

1897 年：發表一篇有關幾何基礎的論文。

1898 年：羅素追隨摩爾反叛黑格爾主義。在劍橋代課。

1900 年：在巴黎國際會議上遇到皮阿諾（Peano）；出版《萊布尼茲哲學的批判解說》（*A Critical Exposition of Philosophy of Leibniz*）一書。

1901 年：發現羅素悖論。開始反對第一次世界大戰。

1902 年：與弗雷格（Frege）聯繫。

1903 年：出版《數學的原則》（*The Principles of Mathematics*）一書。

1905 年：在《心靈》雜誌上發表〈論指稱〉（On Denoting）一文。

1908 年：被選為皇家學會會員。

1910 年：與懷特海合著出版了《數學原理》（*Principia Mathematica*）第一卷。希望
　　　　參政競選議員，但未實現。受聘三一學院擔任數學講師。結識奧托
　　　　琳 • 莫瑞爾（Ottoline Morrell）夫人。

1911 年：與阿莉絲分居。

1912 年：與懷特海合著出版了《數學原理》（*Principia Mathematica*）第二卷；並出
　　　　版《哲學問題》（*The Problems of Philosophy*）。

1913 年：與懷特海合著出版了《數學原理》（*Principia Mathematica*）第三卷。

1914 年：出版了《我們對於外界的知識》（*Our Knowledge of the External World*）
　　　　一書。

1915 年：出版了《戰爭是恐懼的源泉》（*War, the Offspring of Fear*）一書。

1916 年：因反戰而被罰款 110 英鎊，並遭到三一學院的開除；出版了《社會重建
　　　　的原理》（*Principle of Social Reconstruction*）一書。結識考萊特 • 奧尼爾
　　　　（Collette O'Neil）。

1917 年：出版了《政治理想》（*Political Ideals*）一書。

1918 年：因反戰遭監禁 6 個月；在獄中撰寫並出版了《神秘主義與邏輯》（*Mysticism
　　　　and Logic*），《自由之路》（*Roads to Freedom*）等書。

1919 年：出版了《數理哲學引論》（*Introduction to Mathematical Philosophy*）一書。

1920 年：在西班牙講學後訪問俄國，接著又訪問了中國，並在那裡停留近一年。

1921 年：在保定育德中學演講後，突然患病，瀕臨死亡，傳言散佈到了全世界。7
　　　　月 11 日離開中國。與愛麗絲離婚，並與多拉 • 勃拉克（Dora Black）結
　　　　婚。出版了《心的分析》（*The Analysis of Mind*）一書。11 月 16 日他們的
　　　　第一個孩子約翰出生。

1922 年：出版了《中國問題》（*The Problem of China*）一書。

1924 年：12 月 29 日，女兒凱瑟琳出生。

1927 年：與多拉開辦了燈塔山實驗學校。出版了《物的分析》（*The Analysis of
　　　　Matter*）一書。

1929 年：出版了《婚姻與道德》（*Marriage and Morals*）一書。

1931 年：在哥哥弗蘭可去世後繼承了伯爵的稱號。

1934 年：由於數學上的成就，獲得了英國皇家學會的西爾威斯特獎和皇家數學會
　　　　的德摩根獎。

1935 年：與多拉離婚。

1936 年：與皮特 • 斯本斯（Peter Helen Spence）結婚。

1937 年：羅素親筆寫了一篇自我訃告。最小的兒子康拉德（Conrad）出生。

1938 年：應聘到美國芝加哥大學開了一個大型研討班。

1939 年：第二次世界大戰爆發，利用暑假探望父親的約翰和凱特無法返英，便留美上學。

1940 年：受聘於紐約市立學院，但遭到公眾的抗議，並糾纏於官司之中；出版了《意義與真理的探索》（*An Inquiry into Meaning and Truth*）一書。與發明家巴恩斯博士與他簽了 5 年的約到費城授課。

1943 年：遭到賓西法尼亞巴恩斯基金毀約。

1944 年：返英並重新執教於三一學院。

1945 年：出版了《西方哲學史》（*A History of Western Philosophy*）一書。

1948 年：出版了《人類知識》（*Human Knowledge: Its Scope and Limits*）一書。11 月 20 日，發表威斯敏斯特演講。在從挪威奧斯陸到特隆赫姆大學的演講途中，竟遭遇風暴而飛艇失事，掉入海中，後被救起。

1949 年：榮獲英王六世頒發不列顛最高聲望公民「榮譽勳章（the Order of Merit）」。

1950 年：夏季第三次訪美。榮獲諾貝爾文學獎。年底，來到斯德哥爾摩參加頒獎儀式。

1952 年：與皮特離婚，並與艾蒂斯・芬奇（Edith Finch）結婚。

1954 年：12 月 23 日，在 BBC 廣播電臺發表針對核威脅的「人類的危險」演說。

1955 年：公佈羅素－愛因斯坦宣言（Russell-Einstein Manifesto）。

1957 年：組織了第一屆普格瓦斯大會（Pugwash Conference）。

1958 年：成為取消核軍備運動的主席。因將科學普及化而獲得加聯合國教科文組織頒發的林達獎（the Kalinga Prize）。

1960 年：獲丹麥索寧獎（Soning Prize）。成立「百人委員會」，並開展「公民反戰不服從行動」。

1961 年：因反核活動遭監禁一個星期。

1962 年：參與古巴導彈危機的國際調停。參與中印邊界衝突的調停。

1963 年：獲德國奧西斯基獎（Ossietzky Medal）和美國湯姆・潘恩獎（Tom・Paine Award）。創立和平基金會。

1966 年：5 月 24 日，通過民族解放陣線電臺對美國士兵發表演說，宣講越戰的非正義性。建立了由各國的傑出人物組成的國際戰爭罪行特別法庭（後來稱為「羅素法庭」）

1967 年：出版了《羅素自傳》（*The Autobiography of Bertrand Russell*）第一卷。羅素法庭在瑞典和丹麥分別開庭，象徵性地傳訊美國總統約翰遜。撰寫了最後一篇只注了「1967」而沒有標題的文章。

1968 年：出版了《羅素自傳》（*The Autobiography of Bertrand Russell*）第二卷。發表聲明抗議蘇聯入侵捷克斯洛伐克。重新見到離別 14 年的小兒子康拉德。

1969 年：出版了《羅素自傳》（*The Autobiography of Bertrand Russell*）第三卷。

1970 年：2 月 2 日於英國威爾士的彭林德拉特去世（Penrhyndeudraeth, Wales）；骨灰灑在群山中。

杜威生平年表

1859 年：10 月 20 日出生於美國佛蒙特州博林頓一個雜貨商家庭。

1879 年：畢業於佛蒙特大學。

1880 年：在家鄉中學教書，並結識哈瑞斯教授（W.T. Harris）。

1882 年：在兼任《思辨哲學》（*Speculative philosophy*）雜誌主編的哈瑞斯教授推薦下，三篇論文被刊登在該雜誌上。

1884 年：獲約翰‧霍普金斯大學哲學博士學位，並開始在密西根大學擔任講師。

1986 年：出版了《心理學》。

1889 年：明尼蘇達大學教授哲學。

1896 年：與第一任妻子合辦了一所實驗中學作為他教育理論的實驗基地，並任該校校長。

1894 年-1904 年：芝加哥大學教書。

1897 年：出版《我的教育信條》一書。

1899 年：出版《學校與社會》一書。

1902 年：出版《兒童與課程》一書，兼任芝加哥大學教育學院院長。

1904 年-1930 年：在當時心理學界權威詹姆斯及杜威老友卡特爾（J. Mckeenl Cattel）協助下，在哥倫比亞師範學院謀得一職；並先後任哲學系、心理學系和教育系主任，還擔任過美國心理學聯合會、美國哲學協會、美國大學教授聯合會會長。

1910 年：出版《我們怎樣思維》一書。

1914 年：在其鼓勵下，美國大學教師組織了全美大學教授聯合會。

1915 年：出版《明日之學校》一書。《進步教育與教育科學》（1928 年）、《芝加哥實驗的理論》（1936 年）、《經驗與教育》（1938 年）、《人的問題》（1946 年）、〈《教育資源的使用》一書引言〉（1952 年）等。

1916 年：出版了名作《民本主義與教育》。

1918 年：在其精神指引下，美國大學教師成立在紐約組織了紐約教師聯合會（The New York Teachers Union）；同年到日本東京帝大的講學。

1919-1921 年：曾經先後在北京、南京、杭州、上海、廣州等地講學。

1920 年：出版了《哲學的改造》一書。

1925 年：出版《經驗與自然》一書。

1928 年：出版《進步教育與教育科學》一書；訪問蘇聯；並曾到土耳其，協助該
　　　　　國教育的改革；接著又到南非、墨西哥等地。

1929 年：出版《追求確定性》一書。

1934 年：出版《藝術即經驗》一書。

1936 年：出版《芝加哥實驗的理論》一書。

1938 年：出版《邏輯——探究之理論》《經驗與教育》二書；一度到墨西哥為蘇聯
　　　　　托洛斯基（Leon Trotsky）辯護，駁斥史達林林托氏的指控。

1840 年：為聲援在紐約受到保守勢力迫害的羅素，杜威發信表示憤慨，並主編了
　　　　　一本書名為《羅素案件》的專集，組織九位著名教授揭露並分析了羅素
　　　　　的這場官司的來龍去脈，如有關它的內幕、審判過程、天主教會的態度、
　　　　　教育行政部門的作法、在民主制度中所引起教育問題以及與社區的關係
　　　　　等等，並指出它是一件違反正義的醜聞；杜威本人親自還撰寫了其中一
　　　　　篇題為〈與社會實情相對立的法庭政治虛構〉的文章。

1946 年：再婚。出版《人的問題》一書。

1949 年：90 高齡時，出版了與人合著的《認知與所知》（*Knowing and the Known*）。

1952 年：出版〈《教育資源的使用》一書引言〉；6 月 1 日，因肺炎去世。

讀歷史 143　史地傳記類　PC0910

羅素與杜威
——對直接影響中國的兩位西方大哲之比較

作　　者 / 丁子江
責任編輯 / 鄭伊庭
圖文排版 / 黃莉珊
封面設計 / 劉肇昇

發 行 人 / 宋政坤
法律顧問 / 毛國樑　律師
出版發行 / 秀威資訊科技股份有限公司
　　　　　114 台北市內湖區瑞光路 76 巷 65 號 1 樓
　　　　　電話：+886-2-2796-3638　傳真：+886-2-2796-1377
　　　　　http://www.showwe.com.tw
劃撥帳號 / 19563868　戶名：秀威資訊科技股份有限公司
　　　　　讀者服務信箱：service@showwe.com.tw
展售門市 / 國家書店（松江門市）
　　　　　104 台北市中山區松江路 209 號 1 樓
　　　　　電話：+886-2-2518-0207　傳真：+886-2-2518-0778
網路訂購 / 秀威網路書店：https://store.showwe.tw
　　　　　國家網路書店：https://www.govbooks.com.tw

2022 年 01 月　BOD 一版
定價：690 元
版權所有　翻印必究
本書如有缺頁、破損或裝訂錯誤，請寄回更換

讀者回函卡

國家圖書館出版品預行編目

羅素與杜威：對直接影響中國的兩位西方大哲之
比較 / 丁子江著. -- 一版. -- 臺北市：秀威資
訊科技股份有限公司, 2022.01
    面；   公分. -- (史地傳記類)
BOD 版
ISBN 978-626-7088-23-4(平裝)

 1.羅素(Russell, Bertrand, 1872-1970)
 2.杜威(Dewey, John, 1859-1952) 3.學術思想
 4.西洋哲學 5.比較研究

144.71   110021446